民国大师文库

（第十辑）

中国文化史

（上）

柳诒徵◎著

北京联合出版公司
Beijing United Publishing Co.,Ltd.

目录

弁言 / 001
绪论 / 001

第一编　上古文化史

第一章　中国人种之起源 / 003
第二章　洪水以前之制作 / 012
第三章　家族及私产制度之起源 / 020
第四章　政法之萌芽 / 025
第五章　文字之兴 / 031
第六章　洪水以后之中国 / 039
第七章　衣裳之治 / 046
第八章　治历授时 / 053
第九章　唐虞之让国 / 059
第十章　治水之功 / 067
第十一章　唐虞之政教 / 074
第十二章　夏之文化 / 085
第十三章　忠孝之兴 / 093
第十四章　洪范与五行 / 099
第十五章　汤之革命及伊尹之任 / 106
第十六章　殷商之文化 / 113

目录

第十七章　传疑之制度 / 125
第十八章　周室之勃兴 / 133
第十九章　周之礼制 / 144
第一节　国土之区画 / 148
第二节　官吏之职掌 / 153
第三节　乡遂之自治 / 157
第四节　授田之制(附兵制) / 164
第五节　市肆门关之政 / 171
第六节　王朝之教育 / 176
第七节　城郭道路宫室之制 / 181
第八节　衣服饮食医药之制 / 186
第九节　礼俗 / 198
第十节　乐舞 / 206
第十一节　王朝与诸侯之关系 / 214
第十二节　结论 / 219
第二十章　文字与学术 / 225
第二十一章　共和与民权 / 237
第二十二章　周代之变迁 / 243
第二十三章　学术之分裂 / 259
第二十四章　老子与管子 / 267
第二十五章　孔子 / 275
第二十六章　孔门弟子 / 293

目录

第二十七章　周末之变迁 / 304
第二十八章　诸子之学 / 321
第二十九章　秦之统一 / 343
第三十章　秦之文化 / 352
第三十一章　汉代内外之开辟 / 361
第三十二章　两汉之学术及文艺 / 368
第三十三章　建筑工艺之进步 / 390

第二编　中古文化史

第一章　中国文化中衰及印度文化东来之故 / 407
第二章　佛教入中国之初期 / 416
第三章　诸族并兴及其同化 / 421
第四章　南北之对峙 / 434
第五章　清谈与讲学 / 442
第六章　选举与世族 / 454
第七章　三国以降文物之进步 / 463
第八章　元魏之制度 / 478
第九章　佛教之盛兴 / 489
第十章　佛教之反动 / 502
第十一章　隋唐之统一及开拓 / 511

目录

第十二章　隋唐之制度 / 521
第十三章　隋唐之学术文艺 / 544
第十四章　工商进步之特征 / 562
第十五章　隋唐之佛教 / 571
第十六章　唐宋间社会之变迁 / 585
第十七章　雕板印书之盛兴 / 596
第十八章　宋儒之学 / 603
第十九章　政党政治 / 619
第二十章　辽夏金之文化 / 633
第二十一章　蒙古之文化 / 653
第二十二章　宋元之学校及书院 / 673
第二十三章　宋元间之文物 / 693
第二十四章　河流漕运及水利 / 721
第二十五章　明儒之学 / 732
第二十六章　明之文物 / 742

第三编　近世文化史

第一章　元明时海上之交通 / 779
第二章　西教之东来 / 790
第三章　明季之腐败及满清之勃兴 / 802

目录

第四章　西方学术之输入 / 815
第五章　清代之开拓 / 841
第六章　满清之制度 / 852
第七章　清初诸儒之思想 / 863
第八章　康乾诸帝之于文化 / 873
第九章　学校教育 / 885
第十章　考证学派 / 896
第十一章　国际贸易与鸦片之祸 / 908
第十二章　内治之腐败及白莲发捻之乱 / 923
第十三章　外患与变法 / 935
第十四章　译书与游学 / 965
第十五章　机械之兴 / 984
第十六章　种族革命与政治革命 / 1000
第十七章　法制之变迁 / 1013
第十八章　经济之变迁 / 1030
第十九章　最近之文化 / 1054

弁　言

往玷学校讲席，草创文化史稿，管窥蠡测，无当万一，未敢以问世也。吴君雨僧猥附之《学衡》社友论撰，缪赞虞、张晓峰诸子设钟山书局，复因中华纸版印布千部，蜀中又有线装本及缩印本，转相流布。覆视之，恒自愧汗，不足语于述作。既病懒，复牵迫他务，不克充其意增削之，良惧传播之误学者。顾是稿刊布后，梁新会有纵断之作，才成一二目，未竟其绪。王君云五复鸠各作家分辑专史，所辑亦未赅备，且分帙猥多，只可供学者参考，不便于学年学程之讲习。又凡陈一事，率与他事有连，专治一目者，必旁及相关之政俗，苟尽芟缍复，又无以明其联系之因果，此纵断之病也。他坊肆有译籍及规仿为之者，率不餍众望。荏苒迄今，言吾中国文化，盖尚未有比较丰约适当之学校用书。吴君士选乃为正中书局订约复印是稿，且属再为弁言。嗟乎！此覆酱瓿之本，阅廿年无进境，尚安足言！无已，姑仍其管蠡言之。

史非文学，非科学，自有其封域。古之学者治六艺，皆治史耳。故汉志有六艺，不专立书目。刘宋以史俪文、儒、玄三学，似张史学，而乙部益以滋大。顾儒学即史学，而玄又出于史，似四学之并立未谛。近世学校史隶文科，业此而隽其曹者称文学博士，名实诡矣。西国史籍之萌芽，多出文人，故以隶文科，与吾国邃古以来史为政宗异趣。近人欲属之科学，而人文与自然径庭，政治、经济、社会诸学皆产于史，子母不可偶，故吾尝妄谓今之大学宜独立史学院，使学者了然于史之封域非文学、非科学，且创为斯院者，宜莫吾国若。三二纪前，吾史之丰且函有亚洲各国史实，固俨有世界史之性。丽、鲜、越、倭所为国史，皆师吾法。夫以数千年丰备之史为之干，益以近世各国新兴之学拓其封，则独立史学院之自吾倡，不患其异于他国也。

吾国圣哲遗训曰：立天之道曰阴与阳，立地之道曰柔与刚，立人之道曰仁与义。持仁义以为人，爰以参两天地，实即以天地之道立人极，故曰天地之道，博也，厚也，高也，明也，悠也，久也。博厚配地，高明配天，悠久无疆。又曰：惟天下之至诚，为能尽其性；能尽其性，然后能尽人之性；能尽人之性，然后能尽物之性；能尽物之性，则可以赞天地之化育；可以赞天地之化育，则可以与天地参矣。人之性根于天地，汩之则日小，而人道以亡；尽之则无疆，而人道以大。本之天地者，极之参天地，岂惟是营扰于物欲，遂足为人乎！故古之大学明示正鹄，曰明明德，曰新民，曰止于至善。立学校，非以为人之资历，为人之器械也。又申之曰：古之欲明明德于天下者，先治其国；欲治其国者，先齐其家；欲齐其家者，先修其身；欲修其身者，先正其心；欲正其心者，先诚其意；欲诚其意者，先致其知；致知在格物。又曰：自天子以至于庶人，壹是皆以修身为本。庶人修其身，不愧天子；天子不修其身，不足侪庶人。此是若何平等精神！而其大欲在明明德于天下，非曰张霸权于世界，攫政柄于域中也。彝训炳然，百世奉习，官礼之兴以此，文教之昌以此。约之为史，于是迁、固之学为儒之别子史之祖构者，亦即以此。迁之言曰："夫学者载籍极博，犹考信于六艺。"又曰："究天人之际，通古今之变，成一家之言。"固之言曰："修六艺之术，观九家之言，舍短取长，可以通万方之略矣。"又曰："凡《汉书》，叙帝皇，列官司，建侯王。准天地，统阴阳，阐元极，步三光。分州域，物土疆，穷人理，该万方。纬六经，缀道纲，总百氏，赞篇章。函雅故，通古今，正文字，惟学林。"呜呼！吾圣哲之心量之广大，福吾族姓，抚有土宇，推暨边裔，函育万有，非史家之心量能翕受其遗产，恶足以知尽性之极功。彼第知研悦文藻，标举语录，钻索名物者，盖得其偏而未睹其全。而后史之阘冗，又缘政术日替，各族阑入，虽席圣哲之余绪，而本实先拨。顾犹因其服习之久，绵绵然若存若亡，而国史、方志、文儒之传记，得托先业而增拓其封畛焉。吾之谫劣，固不足以语史，第尝妄谓学者必先大其心量以治吾史，进而求圣哲、立人极、参天地者何在，是为认识中国文化之正轨。徒妹妹暖暖于一先生之言，扣槃扪籥，削足适履，则所谓不赅不备一曲之士耳。

虽然，世运日新，吾国亦迈进未已，后此之视吾往史，殆不过世界史中之一部域，一阶程，吾人正不容以往史自囿。然立人之道，参天地，尽物性，必有其宗主，而后博厚高明可推暨于无疆。故吾往史之宗主，虽在此广宇长宙中，若仅仅占有东亚之一方，数千祀之短晷，要其磊磊轩天地者，固积若干圣哲贤智创垂赓续以迄今兹，吾人继往开来，所宜择精语详，以诏来学，以贡世界，此治中国文化史者之责任。而吾此稿之择焉不精、语焉不详之不足副吾悬想，即吾所为覆视而愧汗者也。迁《史》曰："述往事，思来者。"吾岂甘为前哲之奴，正私挟其无穷之望，以企方来之宗主耳！

一九四七年夏五月

柳诒徵

绪　论

历史之学，最重因果。人事不能有因而无果，亦不能有果而无因。治历史者，职在综合人类过去时代复杂之事实，推求其因果而为之解析，以诏示来兹，舍此无所谓史学也。人类之动作，有共同之轨辙，亦有特殊之蜕变。欲知其共同之轨辙，当合世界各国家、各种族之历史，以观其通；欲知其特殊之蜕变，当专求一国家、一民族或多数民族组成一国之历史，以觇其异。今之所述，限于中国。凡所标举，涵有二义：一以求人类演进之通则，一以明吾民独造之真际。盖晚清以来，积腐襮著，综他人所诟病，与吾国人自省其阙失，几若无文化可言。欧战既辍，人心惶扰，远西学者，时或想象东方之文化，国人亦颇思反而自求。然证以最近之纷乱，吾国必有持久不敝者存，又若无以共信。实则凭短期之观察，遽以概全部之历史，客感所淆，矜馁皆失。欲知中国历史之真相及其文化之得失，首宜虚心探索，勿遽为之判断，此吾所渴望于同志者也。

吾书凡分三编：第一编，自邃古以迄两汉，是为吾国民族本其创造之力，由部落而建设国家，构成独立之文化之时期；第二编，自东汉以迄明季，是为印度文化输入吾国，与吾国固有文化由抵牾而融合之时期；第三编，自明季迄今日，是为中印两种文化均已就衰，而远西之学术、思想、宗教、政法以次输入，相激相荡而卒相合之时期。此三期者，初无截然划分之界限，特就其蝉联蜕化之际，略分畛畔，以便寻绎。实则吾民族创造之文化，富于弹性，自古迄今，绵绵相属，虽间有盛衰之判，固未尝有中绝之时。苟从多方诊察，自知其于此见为堕落者，于彼仍见其进行。第二、三期吸收印欧之文化，初非尽弃所有，且有相得益彰者焉。

中国文化为何？中国文化何在？中国文化异于印、欧者何在？此学者所首应质疑者也。吾书即为答此疑问而作。其详具于本文，未可以一言罄。然有一语须先为学者告者，即吾中国具有特殊之性质，求之世界无其伦比也。夫世界任何国家之构成，要皆各有其特殊之处，否则万国雷同，何必特标之为某国某国？然他国之特殊之处，有由强盛而崩裂者，有由弱小而积合者，有由复杂而涣散者，事例綦多；而求之吾民族、吾国家，乃适相反。此吾民所最宜悬以相较，藉觇文化之因果者也。

就今日中国言之，其第一特殊之现象，即幅员之广袤，世罕其匹也。世界大国，固有总计其所统辖之面积广大于中国者，然若英之合五洲属地，华离庞杂号称大国者，固与中国之整齐联属，纯然为一片土地者不同。即以美洲之合众国较之中国，其形势亦复不侔。合众国之东西道里已逊于我[①]，其南北之距离则尤不逮[②]。南北距离既远，气候因以迥殊。其温度，自华氏表平均七十九度以至三十六度，相差至四十余度。其栖息于此同一主权之下之土地上之民族，一切性质习惯，自亦因之大相悬绝。然试合黑龙江北境之人与广东南境之人于一堂，而叩其国籍，固皆自承为中国之人而无所歧视也。且此等广袤国境，固由汉、唐、元、明、清累朝开拓以致此盛。然自《尧典》、《禹贡》以来，其所称领有之境域，已不减于今之半数。

《书·尧典》：“分命羲仲，宅嵎夷，曰旸谷。”“申命羲叔，宅南交。”“分命和仲，宅西，曰昧谷。”“申命和叔，宅朔方，曰幽都。”

《禹贡》：“东渐于海，西被于流沙，朔南暨声教，讫于四海。”

圣哲立言，恒以国与天下对举。

《老子》：“以正治国，以奇用兵，以无事取天下。”“大国者下流，天下之交。”

《大学》：“古之欲明明德于天下者，先治其国。”“国治而后天下平。”

此虽夸大之词，要必自来所见，恢廓无伦，故以思力所及，名曰“天下”。由是数千年来，治权时合时分，而国土之增辟初无或间。今之拥有广土，皆席前人之成劳。试问前人所以开拓此天下，抟结此天下者，果何术乎？

第二，则种族之复杂，至可惊异也。今之中国，号称五族共和，其实尚有苗、傜、僮、蛮诸种，不止五族。其族之最大者，世称汉族。稽之史策，其血统之混杂，决非一单纯种族。数千年来，其所吸收同化之异族，无虑百数。春秋战国时所谓蛮、夷、戎、狄者无论矣，秦、汉以降，若匈奴，若鲜卑，若羌，若奚，若胡，若突厥，若沙陀，若契丹，若女真，若蒙古，若靺鞨，若高丽，若渤海，若安南，时时有同化于汉族，易其姓名，习其文教，通其婚媾者。外此如月氏、安息、天竺、回纥、唐兀、康里、阿速、钦察、雍古、弗林诸国之人，自汉、魏以至元、明，逐渐混入汉族者，复不知凡几。

《汉书》：“金日磾，字翁叔，本匈奴休屠王太子也。”

《晋书》：“卜珝，字子玉，匈奴后部人也。”“段匹磾，东郡鲜卑人也。”“乔智明，字元达，鲜卑前部人也。”④

《通志氏族略》：“党氏本出西羌。”

《唐书》：“王世充，字行满，本姓支，西域胡人也。”“李怀仙，柳城胡人也。”“哥舒翰，突骑施首领哥舒部落之裔也。”“代北李氏，本沙陀部落。”“王武俊，契丹怒皆部落也。”“李光弼，营州柳城人，其先契丹之酋长。”“李怀光，渤海靺鞨人也。”

“高仙芝，本高丽人。”“王毛仲，本高丽人。”“高崇文，其先渤海人。”“姜公辅，安南人。”“史宪诚，其先出于奚虏。”“李宝臣，范阳城旁奚族也。”

《通志》：“支氏，其先月支胡人也。”“安氏，安息王子入侍，遂为汉人。”“竺氏，本天竺胡人。”

《元史》：“昔班，畏吾人。”“余阙，唐兀人。”“斡罗思，康里氏。”“杭忽思，阿速人。”“完者都，钦察人。”“马祖常，世为雍古部。”“爱薛，西域弗林人。”（此类甚多，姑举以示例。）

《日知录》卷二十三：“《章丘志》言：洪武初，翰林编修吴沈奉旨撰《千家姓》，得姓一千九百六十八，而此邑如‘术’、如‘[illegible]’，尚未之录⑤。今访之术姓，有三四百丁，自云金丞相术虎高琪之后⑥。盖二字改为一字者。而撰姓之时，尚未登于黄册也。以此知单姓之改，并在明初以后。而今代山东氏族，其出于金、元之裔者多矣。”“永乐元年九月庚子，上谓兵部尚书刘儁曰：‘各卫鞑靼人多同名，宜赐姓以别之。于是兵部请如洪武中故事，编置勘合，赐给姓氏。’⑦从之，三年七月，赐把都帖木儿名吴允诚，伦都儿灰名柴秉诚，保住名杨效诚，自此遂以为例。”

凡汉族之大姓，若王、若李、若刘者，其得氏之始，虽恒自附于中国帝王，实则多有异族之改姓。其异族之姓，如金、如安、如康、如支、如竺、如元、如源、如冒者，在今日视之，固亦俨然汉族，与姬、姜、子、姒若同一血统矣。甄克思有言：“广进异种者，其社会将日即于盛强。”

《社会通诠》（甄克思）：“世界历史所必不可诬之事实：必严种界，使常清而不杂者，其种将日弱而驯致于不足以自存；广进异种者．其社会将日即于盛强，而种界因之日泯。此其理自草木禽兽以至文明之民，在在可征之实例。孰得孰失，非难见也。……希腊邑社之制，即以严种界而衰灭，罗马肇立，亦以严种界而几沦亡。横览五洲之民，其气脉繁杂者强，英、法、德、美之民，皆杂种也。其血胤单简者弱，东方诸部，皆真种人矣。”

顾欧陆诸国，虽多混合之族，而其人至今犹严种界，斯拉夫、条顿、日耳曼之界，若鸿沟然。而求之吾国，则“非族异心”之语，“岛夷索虏”之争，固亦时著于史，如：

《左传》成公四年：“史佚之《志》有之曰：非我族类，其心必异。”

《通鉴》卷六十九：“宋魏以降，南北分治。南谓北为索虏，北谓南为岛夷。”

而异族之强悍者，久之多同化于汉族，汉族亦遂泯然与之相忘。试问吾国所以容纳此诸族，沟通此诸族者，果何道乎？

第三，则年祀之久远，相承勿替也。世界开化最早之国，曰巴比伦，曰埃及，曰印度，曰中国。比而观之，中国独寿。

《西洋上古史》（浮田和民）：“迦勒底王国，始於公元前四千年以前，至一千三百年而亡。亚述[⑧]兴于公元前一千三百年，至六百零六年而亡。巴比伦兴于公元前六百二十五年，至五百三十八年，为波斯所灭。……埃及旧帝国兴于公元前四千年，中帝国当公元前二千一百年，新帝国当公元前一千七百年，至五百二十七年，为波斯所灭。”

《印度五千年史》（高桑驹吉）：“印度吠陀时代，始于公元前二千年，公元后七百十四年，为回教徒所征服。”

中国历年之久，姑不问纬书荒诞之说。

《春秋元命苞》：“天地开辟，至春秋获麟之岁，凡二百七十六万岁。”

即以今日所传书籍之确有可稽者言之，据《书经·尧典》，则应托始于公元前二千四百年；据龟甲古文，则作于公元前一千二百年；据《诗经》，则作于公元前一千一百年，至共和纪元以后，则逐年事实，皆有可考，是在公元前八百四十一年。汉、唐而降，虽常有异族入主之时，然以今日五族共和言之，则女真、蒙古、满洲诸族，皆吾中国之人。是即三四千年之间，主权有转移，而国家初未亡灭也。并世诸国，若法、若英、若俄，大抵兴于梁、唐以后，即日本号称万世一系，然彼国隋唐以前之历史，大都出于臆造，不足征信。则合过去之国家与新兴之国家而较之，未有若吾国之多历年所者也。试问吾国所以开化甚早、历久犹存者，果何故乎？

答此问题，惟有求之于史策。吾国史籍之富，亦为世所未有。今日所传之正史，共计三千五百四十三卷：

《史记》一百三十卷，西汉司马迁撰。《汉书》一百二十卷，东汉班固撰。《后汉书》一百二十卷，宋范晔撰[9]。《三国志》六十五卷，晋陈寿撰。《晋书》一百三十卷，唐房玄龄等撰。《宋书》一百卷，梁沈约撰。《南齐书》五十九卷，梁萧子显撰。《梁书》五十六卷，唐姚思廉撰。《陈书》三十六卷，唐姚思廉撰。《魏书》一百三十卷，北齐魏收撰。《北齐书》五十卷，唐李百药撰。《周书》五十卷，唐令狐德棻等撰。《隋书》八十五卷，唐魏徵等撰。《南史》八十卷，唐李延寿撰。《北史》一百卷，唐李延寿撰。《旧唐书》二百卷，晋刘昫等撰。《新唐书》二百五十五卷，宋欧阳修、宋祁撰。《旧五代史》一百五十二卷，宋薛居正等撰。《新五代史》七十五卷，宋欧阳修撰。《宋史》四百九十六卷，元脱脱等撰。《辽史》一百十六卷，元脱脱等撰。《金史》一百三十五卷，元脱脱等撰。《元史》二百十卷，明宋濂等撰。《新元史》二百五十七卷，民国柯劭忞撰。《明史》三百三十六卷，清张廷玉等撰。

自《隋书·经籍志》以下，史部之书，每较经、子、集为多：

《隋书·经籍志》

六艺经纬	六二七部	五三七一卷
史部	八一七部	一三二六四卷
子部	八五三部	六四三七卷
集部	五五四部	六六二二卷
道佛	二三二九部	七四一四卷

《旧唐书·经籍志》

经录	五七五部	六二四一卷
史	八四〇部	一七九四六卷
子	七五三部	一五六三七卷
集	八九二部	一二〇二八卷
释道书	二五〇〇部	九五〇〇卷

《新唐书·艺文志》

经	五九七部	六一四五卷
史	八五七部	一六八七四卷
子	九六七部	一七一五二卷
集	八五六部	一一九二三卷

《宋史·艺文志》

经	一三〇四部	一三六〇八卷
史	二一四七部	四三一〇九卷
子	三九九九部	二八二九〇卷
集	二三六九部	三四九六五卷

《明史·艺文志》

经	九四九部	八七四六卷
史	一三一六部	二八〇五一卷
子	九七〇部	三九二一一卷

集	一三九八部	二九九六六卷
清《四库书目》		
经	六九四部	一〇二六〇卷
史	五六三部	二一九四一卷
子	九〇七部	一七八九六卷
集	一二七七部	二九二五四卷

然经、子、集部，以至道、释二藏之性质，虽与史书有别，实亦无不可备史料。其第以编年纪事，及纪、传、表、志诸体为史书之界限者。初非深知史者也。世恒病吾国史书为皇帝家谱，不能表示民族社会变迁进步之状况，实则民族社会之史料，触处皆是，徒以浩穰无纪，读者不能博观而约取，遂疑吾国所谓史者，不过如坊肆《纲鉴》之类，止有帝王嬗代及武人相斫之事，举凡教学、文艺、社会、风俗以至经济、生活、物产、建筑、图画、雕刻之类，举无可稽。吾书欲祛此惑，故于帝王朝代，国家战伐，多从删略，惟就民族全体之精神所表现者，广搜而列举之。兹事体大，挂漏孔多，姑发其凡，以待来哲尔。

注 释

①中国东至西凡六十度五十五分，美国东至西凡五十七度三十九分。

②中国南至北凡三十八度三十六分，美国南至北凡二十四度二十六分。

③今人多疑《尧典》为儒家伪造，不可尽信。然《墨子·节用篇》："昔者尧治天下，南抚交趾，北降幽都，东西至日所出入，莫不宾服。"足见《尧典》所言国境非儒家臆造之语。即使此等境界。为儒、墨两家想象之词，初非唐、虞时事实，亦可见春秋之末，战国之初之人，已信吾国有此广大领域也。［柳曾符按："1899 年后，殷墟甲骨出土，有大版记四方风名者数版，与《尧典》所记合，亦可见《尧典》非儒家伪造。胡厚宣先生有《甲骨文四方风名考释》一文，足与王国维《殷卜辞中所见先公先王考》并为卜辞证史名篇。"］

④元魏以后，鲜卑人之化为汉族者，不可胜数。

⑤《广韵》“仢”字下注云：“齐大夫名。”

⑥原注：土人呼术为张一反，按《金史》术虎汉姓曰董，今则但为术姓。

⑦按洪武中勘合赐姓，《实录》不载，惟十六年二月，故元云南右丞观音保降，赐姓名李观。又《宣宗实录》：丑闾洪武二十一年来归，赐姓名李贤。

⑧即亚西里亚。

⑨内《续汉志》三十卷，晋司马彪撰。

第一编　上古文化史

第一章　中国人种之起源

中国人种之起源，盖不可考。其故有二：

（一）无文字之证。研究历史，自来皆依据文字。吾人今日所知之文字，仅能及于商、周之时[①]，所读之书，大抵周、秦以来之书。周、秦之人之去太古，不知若干万年。视吾人之去周、秦之年岁，不止十百倍蓰。故虽周、秦人相传之说，不能尽信为正确之史料。后世穿凿附会之说，更不足言。

（二）无器物之证。仅据文字以考史事，不过能识有史以后之事，其未有文字以前之史事，仍无从考证。故欲推测人种之起源，必须得未有文字以前之器物以为证。近世东西学者，若劳夫尔及鸟居龙藏等研究中国各地所发现之石器，多不能定其时代，且谓其未必为中国民族之石器。盖古器湮沉，仅从浮土中略得数事，不足据以考史也。

周、秦之人，已知此理。故其推论古初，约有二法：

（一）约举其理。

《易·序卦》："有天地然后有万物，有万物然后有男女，有男女然后有夫妇，有夫妇然后有父子，有父子然后有君臣，有君臣然后有上下，有上下然后礼义有所错。"

《乾凿度》："有太易，有太初，有太始，有太素。太易者，未见气也；太初者，气之始也；太始者，形之始也；太素者，质

> 之始也。气形质具，而未相离，故曰浑沦。浑沦者，言万物相浑沦而未相离也。视之不见，听之不闻，循之不得，故曰易也。易无形埒，易变而为一，一变而为七，七变而为九。九者，气之究也，乃复变而为一。一者，形变之始也。清轻者上为天，浊重者下为地，冲和气者为人。故天地含精，万物化生。”②

古无文字，无名号，无年代，故人类起源之时，不可确指，仅能以理想推测其发生次序如此。今人以地质及古物，推究人类之年代及进化之次第，亦仅约计，不能如有史以后之事实，可确指其距今若干年，在何地，有何事实也。

（二）斥言其诬。

> 《列子·杨朱篇》：“杨朱曰：太古之事灭矣，孰志之哉？三皇之世，若存若亡；五帝之事，若觉若梦。三王之事，或隐或显，亿不识一；当身之事，或闻或见，万不识一；目前之事，或存或废，千不识一。太古至于今日，年数固不可胜纪，但伏羲以来，三十余万岁，贤愚好丑，成败是非，无不消灭，但迟速之间耳。”

此论极诋历史为不可信。盖谓吾人于目前之事，亦不能尽得其真相，况欲上考太古乎？其谓“太古灭矣，孰志之哉”，亦可见有史以后，虽不能谓史事完全真确，尚可确知有人志记；有史以前，既无人为之记录，但凭后人推测，则更属渺茫矣。

后世治历史者，因亦不复远溯古初，仅自羲、农、黄帝、尧、舜以来言之。而近世学者，以西人称吾国人种来自西方，于是周、秦以来所不能确定而质言者，今人转凿凿言之。或谓来自中央亚细亚，或谓来自阿富汗，或谓来自巴比伦，或谓来自于阗，或谓来自马来半岛，众说纷纭，莫衷一是。而以法人拉克伯里（Lacouperie）所倡“支那太古文明西元论”最为学者所信。

《中国人种从来考》（丁谦）："中国史书，皆始于盘古，而三皇继之，伏羲、神农、黄帝又继之，并无言他处迁来之事。自光绪二十年（公元一千八百九十四年）法人拉克伯里著《支那太古文明西元论》，引据亚洲西方古史，证中西事物法制之多同，而彼间亦实有民族东迁之事。于是中东学者，翕然赞同，初无异词。且搜采古书，以证明其说。如刘光汉之《华夏篇》、《思故国篇》，黄节之《立国篇》，章太炎之《种姓篇》，蒋观云之《中国人种考》，及日本人所著之《兴国史谭》等，虽各有主张，要无不以人种西来之说为可信。"

而德人夏德（F. Hirth）所著《支那太古史》，力斥拉克伯里之傅会，近日学者亦多驳斥其说。盖中国古书，多不可信，年代对比，亦难正确。如谓巴克民族为盘古，当先确定盘古之有无。

《中国人种从来考》（丁谦）："西史谓徙中国者为巴克民族，巴克乃盘古转音。中国人谓盘古氏开辟天地，未免失实，而盘古氏之为中国始迁祖，则固确有可考矣。"

《五运历年记》（徐整）："元气濛鸿，萌芽兹始，遂分天地，肇立乾坤。启阴感阳，分布元气，乃孕中和，是为人也。首生盘古，垂死化身，气成风云，声为雷霆，左眼为日，右眼为月，四肢五体为四极五岳，血液为江河，筋脉为地里，肌肉为田土，发髭为星辰，皮毛为草木，齿骨为金石，精髓为珠玉，汗流为雨泽，身之诸虫，因风所感，化为黎甿。"《三五历记》："天地混沌如鸡子，盘古生其中，万八千岁，天地开辟。阳清为天，阴浊为地，盘古在其中，一日九变，神于天，灵于地。天日高一丈，地日厚一丈，盘古日长一丈。如此万八千岁，天数极高，地数极深、盘古极长。后乃有三皇。"（此等荒诞之说，丁氏亦知失实，然犹信盘古为中国始迁祖，则傅会之过也。）

> 《中国历史》（夏曾佑）：“盘古之名，古籍不见，疑非汉族旧有之说。或‘盘古’、‘盘瓠’音近。盘瓠为南蛮之祖[③]。此为南蛮自说其天地开辟之文，吾人误用以为己有也。故南海独有盘古墓，桂林又有盘古祠[④]。不然，吾族古皇，并在北方，何盘古独居南荒哉？”

谓霭南国王为黄帝，亦难确定黄帝之年代。

> 《中国人种从来考》（丁谦）：“西亚古史，中国人种为丢那尼安族。其族分二派，一思米尔，一阿加逖，皆起于亚洲中境。思米尔人先入美索波达米南境，建立迦勒底国。阿加逖人后至沙蛟山麓，建都城于苏萨，称霭南国。其王廓特奈亨台兼并迦勒底诸部，既乃率其种人，迁入中华，谓即黄帝。以此王时代在公元前二千二百八十年间也。但其说不确。因此年数，即彼土亦不衷一，或谓在二十四世纪至二十七世纪。据《竹书》所纪之年，上推黄帝，为二千六百二十年，与第一说不相应，而与第二说差近。但亦无实证，不足为凭。”
>
> 《中国通史》（陈汉章）：“近今一般社说，并谓中国黄种，皆黄帝子孙，而黄帝实由西北方迁徙而来。按法人拉克伯里说，以奈亨台为丢那尼安种，非塞米的种与黄种合矣。底格里士河边地，与幼发拉的河侧地，并即迦勒底古国，而里海西岸之巴克，并其统领迦勒底国之地，当时实为波斯巴撒迦特族人所居。若率巴克民族东来，则东来者仍是白种（西人说波斯古国者，或云哈母种，或云阿利安种，皆白种），非黄种。且公元前二千八百八十二年，当中国颛顼帝之二十二年[⑤]，犹得以底格里士河边之酋长，由土耳其斯坦来中国者为黄帝乎？”

至以八卦与楔形字为一源，则无论年代不合，但以卦象与楔形字比而观之，一则有横无纵，而数止于三；一则纵横兼备，而笔画亦无定数。虽至愚极浅之人，亦可知其不类也。

> 《中国通史》（陈汉章）："或谓八卦即巴比伦之楔形文字，试问巴比伦始造尖榫文字，在公元前二千一百四十七年，当中国帝挚时[6]，能与伏羲时代附合乎？"

中国人种之起源，既不可知，以从来所传不可尽信之说，比而观之，大约可得二义：

一则出于多元也。羲、农以前之事，多见于纬书。论者谓纬书为古史书。

> 《癸巳类稿》（俞正燮）："纬书论纬者，古史书也。孔子定六经，其余文在太史者，后人目之为纬。"

今其书亦不完，即其所存者观之，多荒诞不经之说，犹各国古史之有神话也。诸纬书所述古事，始于三皇，继分十纪：

> 《春秋命历序》："天地初立，有天皇氏，十二头，淡泊无所施为，而俗自化，木德王，岁起摄提，兄弟十二人，立各一万八千岁。地皇，十一头，火德王，一姓十一人，兴于熊耳龙门山，亦各万八千岁。""人皇，九头，提羽盖，乘云车，使风雨，出旸谷，分九河。""人皇出于提地之国，九男九兄弟相似，别长九国，凡一百五十世，合可万五千六百年。""自开辟至获麟，二百二十七万六千岁，分为十纪。每纪为二十六万七千年，凡世七万六百年[7]。一曰九头纪，二曰五龙纪，三曰摄提纪，四曰合雒纪，五曰连通纪，六曰序命纪，七曰循蜚纪，八曰因提纪，九曰禅通纪，十曰疏仡纪。"按纬书所云十纪，并未实指某纪有某氏某氏，惟云"人皇九头"，故曰"九头纪"，皇伯、皇仲、皇叔、皇季、皇少，五姓同期，俱驾龙，号曰"五龙"。至宋罗泌《路史》，杂采诸书，傅会其说始云摄提纪传五十九世，合雒纪传四世，连通纪传六世，叙命纪传四世，循蜚纪传二十二世，有钜灵氏、句

疆氏、谯明氏、涿光氏、鉤陈氏、黄神氏、犯神氏、犁灵氏、大騩氏、鬼騩氏、弇兹氏、太逢氏、冉相氏、盖盈氏、大敦氏、云阳氏、巫常氏、太一氏、空桑氏、神民氏、倚帝氏、次民氏。因提纪传十三世，有辰放氏、蜀山氏、豗傀氏、浑敦氏、东户氏、皇覃氏、启统氏、吉夷氏、几蘧氏、豨韦氏、大巢氏、燧人氏、庸成氏。禅通纪传十九世，有仓颉氏、轩辕氏、伏羲氏、女娲氏、大庭氏、柏皇氏、中央氏、栗陆氏、骊连氏、尊卢氏、祝融氏、混沌氏、昊英氏、有巢氏、葛天氏、阴康氏、朱襄氏、无怀氏、神农氏。虽其说不尽无稽，要不可据为正确之系统也。

大抵出于臆造。然即此臆造之说推之，亦可立三义，以破后来之谬论：

（一）人类之生历年久远也。古无历法，则纪年必不能如后世之正确。所称若干万年，不过约举臆测，不能视为确数。然以地质证之，自生民之初至于有史时代，至少亦必经数十万年。若谓吾国茫茫九有，从古初无人类，必待至最近数千年中，始由巴比伦、中央亚细亚转徙而来，是则理之所不可信者也。

（二）人类之生不限一地也。天皇起于昆仑，则西方之种族也；地皇兴于熊耳、龙门，则中部之酋长也；人皇出于旸谷、九河，则东方之部落也。吾国地势，固西高而东下，然亦未必人类悉出于西方。吾意天皇、地皇、人皇，初非后先相继，特十口相传之说，谓吾国东、中、西三方，有最初发生之部落，因目之为天、地、人三皇，而后世遂以天、地、人分先后，若近世帝皇相嬗者然。实则纬书之言，仅可为人类初生不限一地之证，不当以后世帝皇例之也。

（三）一地之人各分部落也。天皇十二头，兄弟十二人；地皇十一头，一姓十一人；人皇九头，兄弟九人。此可见最古之时，但有人类，即分部落。部落之中，各有酋长。后世传说，谓其地之相近者，皆此一姓兄弟所据。实则其时父子夫妇之伦未分，恶有所谓兄弟，纬书之言若干头，犹后世盗贼分据山林，各拥头目耳。以此推之，合雒、禅通诸纪之某氏某氏，亦非一时代只有一氏，盖同时有若干部落，即有若干氏。其纷争合并之迹，虽不可详考，要之羲、农以后所谓华夏之族，实由前此无数部落混合而成。必实指此种族为崛兴于某地，或由来于某地，凿矣。

彼以为中国土著，只有一族，后之战胜者，亦只外来之一族者，皆不知古书之传说，固明示以多元之义也。

次则兴于山岳也。世多谓文明起于河流，吾谓吾国文明，实先发生于山岳。盖吾国地居大陆，人种之生，本不限于一地，其拥部众而施号令者，必具居高临下之势，始可以控制多方。非若海滨岛国，地狭人少，徒取一隅之便利也。周、秦诸书，虽不尽可据为上古之信史，然自来传说，古代诸部兴于山岭者多，而起于河流者少。如天皇兴于柱洲昆仑山，地皇兴于熊耳、龙门山，人皇兴于刑马山。出旸谷，分九河之类，实吾民先居山岭，后沿河流之证。更以其后言之，则证据尤多：

（一）君主相传号为林、蒸。《尔雅》："林、蒸，君也。"盖古之部落，其酋长多深居山林，故后世译古代林、蒸之名，即君主之义。

（二）唐、虞时诸侯之长尚号为岳。《尚书》四岳之名，说者不一，或谓为一人，或谓四方各一人。要皆可证古者诸侯之长，多居山岳，故以岳为朝臣首领也。

（三）巡狩之朝诸侯必于山岳。舜巡四岳，禹会诸侯于塗山，即其证。

（四）人民相传号为丘民。《孟子》谓"得乎丘民为天子"。丘民，盖古者相传之称。《禹贡》有"降丘宅土"之文，是洪水以前及洪水时，民多居丘也。

（五）为帝王者必登山封禅。《管子》有云："古者封泰山、禅梁父者七十二家。而夷吾所记者，十有二焉：昔无怀氏封泰山禅云云，虙戏氏封泰山禅云云，神农氏封泰山禅云云，炎帝封泰山禅云云，黄帝封泰山禅云云，颛顼封泰山禅云云，帝喾封泰山禅云云，尧封泰山禅云云，舜封泰山禅云云，禹封泰山禅会稽，汤封泰山禅云云，周成王封泰山禅社首。”此非古人迷信山林之神也。最古之大部强酋，多居山岳，故后之为帝王者，虽已奠都造邑，亦必循古代之仪式，登山行礼，然后为众所推尊。《书》称“尧纳舜于大麓”，亦即此意也。

此外更有可玩味者，古代诸氏，虽皆后人传说，不尽可凭。然奕祀相传，不谓之某林某蒸，或某君某主，而概称之曰氏，则氏字必有其定义。后世胙土始命之氏，氏之名义，实根于土。《说文》之释“氏”字，即援此义为说：

> 《说文》：“氏，巴蜀名山岸胁之自旁箸欲落堕者曰氏。氏崩，声闻数百里。象形。段玉裁注：谓𠂆象傍于山胁也。氏之附于姓者类此。”

然则古所谓某氏某氏者，即所谓某山之部落，某山之酋长耳。诸氏并起于山，故后世傅会名山之古迹，往往有某某之丘，某某之台。

> 《山海经》：“有九丘，以水络之，名曰陶唐之丘。有叔得之丘、孟盈之丘、昆吾之丘、黑白之丘、赤望之丘、参卫之丘、武夫之丘、神民之丘。”“帝尧台、帝喾台，帝丹朱台、帝舜台，各二台，台四方，在昆仑东北。”

其后渐次混合，谋便交通，始有开辟河流、制作舟楫之事。此事实之次序，固可以理测度者也。

注　释

①世所传夏代文字，多不可信。

②亦见《列子·天瑞篇》。盖袭《乾凿度》文。

③《后汉书·南蛮传》。

④任昉：《述异记》。

⑤据《四裔年表》推之。

⑥《四裔年表》帝挚八年。

⑦此说以《春秋元命苞》证之，当云凡二百六十七万岁，每纪为二十六万七千年。凡世云云，当系衍文。

第二章　洪水以前之制作

部落时代，统系无征，年祀莫考。诸称某皇某帝之事迹年代，要皆仅可存疑。

《礼含文嘉》称："三皇：虙戏、燧人、神农。"

《春秋运斗枢》称："伏羲、女娲、神农，为三皇也。"

《潜夫论》（王符）："世多以伏羲、神农为三皇。其一者，或曰燧人，或曰祝融，或曰女娲，是与非未可知也。"

《春秋命历序》称五帝为："炎帝号曰大庭氏，传八世，合五百二十岁。黄帝一曰帝轩辕，传十世，二千五百岁。次曰帝宣，曰少昊；一曰金天氏，则穷桑氏，传八世五百岁。次曰颛顼，则高阳氏，传二十世，三百五十岁。次是帝喾，即高辛氏，传十世，四百岁。乃至尧。"

孔子删《书》，断自唐、虞。盖以唐尧时有洪水。考史者当以此为界限。洪水以前之文物，大都为洪水所荡涤，虽有传说，多不足据也。洪水之祸，历时甚久。

《中国历史》（夏曾佑）："《尧典》称洪水滔天，浩浩怀山襄陵，则其水之大可知。然不详其起于何时，一若起于尧时者然。今案女娲氏时，四极废，九州裂，水浩溔而不息。于是女娲氏断鳌足以立四极，积芦灰以止淫水[①]。其后共工氏与颛顼争为帝，怒而触不周之山。共工氏振滔洪水，以薄穷桑，江淮流通，四海溟涬，民皆上丘陵，赴树木[②]。似洪水之祸，实起于尧以前。特至尧时，人事进化，始治之耳。考天下各族述其古事，莫不有洪水，巴比伦古书言洪水乃一神西苏罗斯所造。洪水前有十王，凡四十三万年，洪水后乃今世。希伯来《创世纪》言耶和华鉴世人罪恶贯盈，以洪水灭之，历百五十日，不死者惟挪亚一家[③]。最近发现云南倮倮古书，亦言洪水，言古有宇宙干燥时代，其后即洪水时代。有兄弟四五人，三男一女，各思避水，长男乘铁箱，次男乘铜箱，三男与季女同乘木箱。其后惟木箱不没，而人类遂存[④]。观此，则知洪水为上古之实事。而此诸族者，亦必有相连之故矣。"

洪水之前后地势，亦有变迁。

《尸子》："古者龙门未开，吕梁未凿。河出于孟门之上，大溢逆流，无有丘阜高陵皆灭之，名曰鸿水。禹于是疏河决江，十年不窥其家。"

《墨子》："古者禹治天下，西为西河渔窦，以泄渠孙皇之水。北为防原泒，注后之邸、嘑池之窦，洒为底柱，凿为龙门，以利燕、代、胡、貉与西河之民。东方漏之陆，防孟诸之泽，洒为九浍，以楗东土之水，以利冀州之民。南为江、汉、淮、汝，东流之，注五湖之处，以利荆楚、干越与南夷之民。"[⑤]

然由洪水以后观之，社会事物，已渐完备，似非一时所能创造，则其渊源所自，必多因袭于前人。其由草昧榛狉，渐底开明之域，历年甚远，作者孔多。后世所传，逸文只句，虽多挂漏，尚可推寻。所谓"自古"、"在昔"、"先民有作"者，不得悉诋为谰言也。

记载洪水以前之制作者，莫详于《世本》，《世本》有《作篇》，专记历代之制作。今据高邮茆泮林所辑《世本》佚文，录之于下：

〔燧人〕燧人出火。造火者燧人，因以为名。

〔庖羲〕（一）伏羲以俪皮制嫁娶之礼。（二）庖羲氏作瑟。宓羲作瑟，八尺二寸，四十五弦。庖羲氏作五十弦，黄帝使素女鼓瑟，哀不自胜，乃破为二十五弦，具二均声。（三）伏羲作琴。伏羲作琴瑟。（四）伏羲臣芒氏作罗。芒作罔[⑥]。

〔神农〕（一）神农和药济人。（二）神农作琴，曰神农氏琴。长三尺六寸六分，上有五弦。曰宫、商、角、徵、羽。文王增二弦，曰少宫、少商。（三）神农作瑟。

〔蚩尤〕蚩尤作兵。蚩尤以金作兵器。蚩尤作五兵，戈、矛、戟、酋矛、夷矛[⑦]。

〔黄帝〕（一）黄帝见百物，始穿井。（二）黄帝乐名《咸池》。（三）黄帝造火食、旃冕。黄帝作旃冕。黄帝作旃。黄帝作冕旒。黄帝作冕。（四）羲和占日。（五）常仪占月。羲和作占月。（六）后益作占岁。（七）臾区占星气。（八）大挠作甲子。黄帝令大挠作甲子。（九）隶首作算数。隶首作数。（十）伶伦造律吕。（十一）容成造历。（十二）苍颉作书。苍颉造文字。沮诵、苍颉作书，并黄帝时史官。（十三）史皇作图。（十四）伯余作衣裳。（十五）胡曹作衣。胡曹作冕。（十六）於则作扉履。（十七）雍父作舂杵臼。（十八）胲作服牛。（十九）相土作乘马。（二十）腸作驾。（二十一）共鼓、货狄作舟[⑧]。（二十二）女娲作笙簧。女娲作簧[⑨]。（二十三）随作笙[⑩]。随作竽。（二十四）夷作鼓。（二十五）挥作弓。（二十六）夷牟作矢。（二十七）巫彭作医。

〔颛顼〕祝融作市[⑪]。

上皆唐、虞洪水以前之制作也。其唐、虞前之制作，未能确定为洪水前后者。如：

〔尧〕（一）巫咸初作医。巫咸作筮。巫咸作鼓。（二）无句作磬。（三）化益作井。

〔舜〕（一）舜始陶，夏臣昆吾更增加。（二）倕作规矩准绳（三）垂作丰耜。垂作耒耨。垂作铫耨。（四）咎繇作耒耜。（五）伯夷作五刑。（六）箫，舜所造，其形参差，象凤翼，十管，长二尺。（七）垂作钟。（八）夔作乐。（九）磬，叔所造[12]。（十）乌曹作簙。

〔夏〕（一）鲧作城郭。（二）禹作宫室。（三）奚仲作车。（四）夏作赎刑。（五）仪狄造酒。

亦见于《作篇》，皆可为研究古代社会开化之资料者也。外此则诸经、诸子纪载古代之制作，亦可与《作篇》相参证。如：

《易·系辞》："古者包牺氏之王天下也，仰则观象于天，俯则观法于地，观鸟兽之文与地之宜，近取诸身，远取诸物，于是始作八卦，以通神明之德，以类万物之情。作结绳为罔罟，以佃以渔，盖取诸《离》。包牺氏没，神农氏作，斫木为耜，揉木为耒，耒耨之利，以教天下，盖取诸《益》。日中为市，致天下之民，聚天下之货，交易而退。各得其所，盖取诸《噬嗑》。神农氏没，黄帝、尧、舜氏作，通其变，使民不倦；神而化之，使民宜之。《易》，穷则变，变则通，通则久。是以自天祐之，吉无不利。黄帝、尧、舜垂衣裳而天下治，盖取诸《乾》、《坤》。刳木为舟，剡木为楫。舟楫之利，以济不通，致远以利天下，盖取诸《涣》。服牛乘马，引重致远，以利天下，盖取诸《随》。重门击柝以待暴客，盖取诸豫。断木为杵，掘地为臼，杵臼之利，万民以济，盖取诸《小过》。弦木为弧，剡木为矢，弧矢之利，以威天下，盖取诸《睽》。上古穴居而野处，后世圣人易之以宫室。上栋下宇，以待风雨，盖取诸《大壮》。古之葬者，厚衣之以薪，葬之中野，不封不树，丧期无数。后世圣人，易之以棺椁，盖取诸《大过》。上古结绳而治，后世圣人易之以书契。百官以治，万民以察，盖取诸《夬》。”

《管子》：“虙戏作造六峜，以迎阴阳。作九九之数，以合天道。……黄帝作钻燧生火，以熟荤臊。”

《尸子》：“宓羲氏之世，天下多兽，故教民以猎。”

《吕氏春秋》：“大挠作甲子，黔如作虏首，容成作历，羲和作占日，尚仪作占月，后益作占岁，胡曹作衣，夷羿作弓，祝融作市，仪狄作酒，高元作室，虞姁作舟，伯益作井，赤冀作臼，乘雅作驾，寒哀作御，王冰作服牛，史皇作图，巫彭作医，巫咸作筮。”

《山海经》：殳始为侯，鼓、延是始为钟。番禺是始为舟。吉光是始以木为车。般是始为弓矢，晏龙是为琴瑟。帝俊有子八人，是始为歌舞。义均是始为巧垂，是始作下民百巧。后稷是播百谷。稷之孙曰叔均，始作牛耕。大比赤阴是始为国。禹、鲧是始布土，均定九州。

《白虎通》：“神农制耒耜，教民农作。黄帝作宫室，以避寒暑。”

《说文》：瑟，庖牺所作弦乐也。琴，神农所作。古者芒氏初作罗。古者夙沙氏初作煮海盐。黄帝初教作糜。古者黄帝初作冕。古者掘地为臼。古者共鼓、货狄刳木为舟，剡木为楫，以济不通。古者女娲作簧。古者随作笙。古者挥作弓。古者夷牟初作矢。古者巫彭始作医。古者巫咸初作巫。古者伯益初作井。古者昆吾作匋。古者垂作耒梠，以振民也。古者垂作钟。古者乌曹作簙。车，夏后氏奚仲所造。

《汉书》：“黄帝作舟车，以济不通。”

《释名》："黄帝造车，故号轩辕氏。"

上皆可见洪水以前制作之盛。然诸书所言，多有抵牾，制作之方，亦未详举。吾侪研究古史，随在皆见可疑之迹。如《系辞》明言"神农氏作，斫木为耜，揉木为耒"，而《世本》称耒耜为垂与咎繇所作。马骕《绎史》虽谓垂为神农臣，与茆辑《世本》以垂为舜臣者不同，然咎繇固舜臣也。神农既已创作，何待咎繇更作？然此犹两书所言不同也。《世本》一书，即互有不同。如言伏羲作琴瑟，又言神农作琴瑟；言黄帝始穿井，又言化益作井；言夷作鼓，又言巫咸作鼓；言巫彭作医，又言巫咸初作医；言常仪占月，又言羲和作占月；言伯余作衣裳，又言胡曹作衣；言黄帝作冕旒，又言胡曹作冕。有同时而二人并作者，有异代而前后迭制者。是果何故欤？

《考工记》曰："知者创物，巧者述之。守之世，谓之工。百工之事，皆圣人之作也。烁金以为刃，凝土以为器，作车以行陆，作舟以行水，此皆圣人之所作也。"知创，巧述，皆得谓之作。而《世本》所载一器为前后迭作者，尤可见古代进化之迹。神农之去伏羲远矣，伏羲作琴瑟，大抵出于草创，未能完善，传至神农时，神农又加以研究，于是琴瑟之制，始渐如后世之制。后世溯其原始，独称伏羲不可也，独称神农亦不可也，则两记之。而草创与改良之人，均称曰作焉，此一义也。后世之人发明一物，往往有同时异地各不相谋者，矧古代交通不便，未有文书，仿效传播，不若后世之捷乎？黄帝作井之法，或限于一地，或久而失传。唐尧之时，化益别于一地作井，则作井之人，后先有二矣。神农作耒耜于陈，咎繇作耒耜于虞，度亦同之。此又一义也。发明创制不必一人，亦不必同时，伯余、胡曹皆作衣，犹之共鼓、货狄皆作舟，或相续为之，或各极其意匠，后世以其皆在黄帝时代，则并举曰黄帝时某某作某，是亦无足异也。

《检论·尊史篇》（章炳麟）："夫古器纯朴，后制丽则，故有名物大同，形范革良者，一矣[13]。礼极而褫，乐极而崩，遗器坠失，光复旧物者，二也[14]。此既冠带，彼犹毛薪，则其闭门创造，眇与佗会者，三矣[15]。三者非始作，然皆可以作者称之。”

自燧人以迄唐、虞洪水之时，其历年虽无确数，以意度之，最少当亦不下数千年。故合而观其制作，则惊古圣之多；分而按其时期，则见初民之陋。牺、农之时，虽有琴瑟、罔罟、耒耜、兵戈诸物，其生活之单简可想。至黄帝时，诸圣勃兴，而宫室、衣裳、舟车、弓矢、文书、图画、律历、算数始并作焉。故洪水以前，实以黄帝时为最盛之时。后世盛称黄帝，有以也。然黄帝时之制作，或恃前人之经验，或赖多士之分工，万物并兴，实非一手一足之烈。故知社会之开明，必基于民族之自力，非可徒责望于少数智能之士。而研究历史，尤当涤除旧念，著眼于人民之进化，勿认开物成务，为一人一家之绩也。

注　释

①此据《淮南子·览冥训》文，实不可信。《论衡·谈天篇》极言其诬。然《论衡》谓儒书云云，又曰：此久远之文，盖传说甚久，可取以为洪水之证。

②《淮南子·本经训》语。

③《旧约·创世纪》。

④日本鸟居龙藏引西书。

⑤此文所述地名，有后世所无者，度皆洪水以前之名称，诸家务以后世地理证之，殆未悟此义。

⑥宋衷曰：“芒，庖羲之臣。”

⑦宋衷曰：“蚩尤，神农臣也。”

⑧注曰：“二人，黄帝臣也。”

⑨宋衷注曰：“女娲，黄帝臣也。”

⑩宋衷注：“随，女娲氏之臣。”

⑪宋衷注：“祝融，颛顼臣，为高辛氏火正。”

⑫叔，舜时人。

⑬若古自有笛，汉丘仲亦作笛。京房乃备五音也。

⑭若前汉冕已亡，明帝始作。

⑮泰古关梁不通，故合宫衢室，黄唐粗备，及古公迁岐，犹陶复陶穴，未有家室。此见质文变革，远及千年。禹域一隅，自为胡越，今时床几，由来久矣，而席地之仪，犹在日本。古之九州，亦若神州东国。进化异时，谅无多怪者也。

第三章　家族及私产制度之起源

上古历史，虽多懵昧难考，然即周、秦以来之书，推究上古社会之状况，亦往往有端绪可寻。盖自草昧社会进而至于开明，其中阶级甚多，必经若干年岁之蜕化，始渐即于完成。而后来社会之语言、文字、思想、制度，亦必仍有前此之迹象，蝉联寓伏于其中。由后推前，不难见其经过之迹也。今世学者研究社会制度，病其拘牵束缚，欲一切破坏，以求其理想中廓然大公之境，实则草昧社会本无后来一切制度，而人类之思想，所以必构造此拘束人生自由之具，相沿至于数千年者，要必有其不得已之故。此非研究上古历史，无以明其由来也。

上古之社会无所谓家族也。人类之生，同于禽兽，男女无别，亦无名称。

> 《说文》："男，丈夫也，从田力，言男子力于田也。"亀甲古文男字作[illegible]，钟鼎文作[illegible]。据此可知男女之别，起于农业既兴之后。渔牧时代，男女群行，初无分别，至后服田力穑，则为男子专职。女子家居，席地作事①，别有所持②。是皆可以文字推求其原始者也。

至于伏羲之时，始有夫妇之制。

> 《白虎通》："古之时，未有三纲六纪。民人但知其母，不知其父，能覆前而不能覆后。卧之祛祛，起之吁吁。饥即求食，饱

即弃余，茹毛饮血而衣皮革。于是伏羲仰观象于天，俯察法于地，因夫妇，正五行，始定人道。”

其源创制之始，必以人类男女之欲，不可漫无禁制。不立夫妇之制，则淫污争夺，其害有不可胜言者。以后世婚礼推之，即知其制之出于不得已矣。

《中国历史教科书》（刘师培）：“上古婚礼未备，以女子为一国所共有，故民知母不知父。且当时之民，非惟以女子为一国所共有也，且有劫夺妇女之风[③]。凡战胜他族，必系累妇女，以备嫔嫱，故取女必于异部[④]。而妇女亦与奴婢相同[⑤]。其始也，盛行一妻多夫之制，及男权日昌，使女子终身事一夫，故一妻多夫之制革，而一夫多妻之制，仍属盛行。伏羲之世。虑劫略之易于造乱，乃创为俪皮之礼，定夫妇之道。而女娲亦佐伏羲定婚礼，并置女媒[⑥]。然俪皮之礼，即买卖妇女之俗也。故视妇女为财产之一[⑦]。后世婚姻行纳采、纳吉、问名、纳徵、请期、亲迎六礼，纳采、纳吉皆奠雁，而纳徵则用玄纁束帛[⑧]，所以沿买卖妇女之俗也。而亲迎必以昏者，则古代劫略妇女，必乘妇女之不备，且使之不知为谁何，故必以昏时。”

按刘氏之说，大致可以证明婚姻制度因乱交而起，至以聘礼为买卖，则有未当。古者相见必执贽，或执羔，或执雁；国家聘使，则以玉帛：所以表示敬礼，不得谓之买卖也。婚姻之道，男下女，女从男，故男子以其所有赠遗于女氏，游猎之民所有者惟兽皮，爰以此为赠品。后世相沿，则委禽焉。非恶俗也。

伏羲之时，渔猎之时代也。家族等名起于猎。

《说文》：“家，居也。从宀，豭省声。”古文“家”从古文“豕”。

按豕为家畜。屋下覆豕，实为私产之起源。有私家之观念，于是有私产之制度。“家”字虽未必起于伏羲之时，然后世造字之观念，必根于前人之思想，可断言也。

《说文》：“族，矢锋也。束之族族也。从㫃，从矢。㫃所以标众，众矢之所集。”

按族之本义为矢族，后衍为亲族之谊。其字亦必不起于伏羲之时，然族之所以为亲族者，大抵因血统相近。部落相邻之人，同事畋猎，或相争夺，于是各树旗帜，以供识别。凡在一旗帜之下者，即为一族。故古之分族，犹满洲之分旗也。

财产之制起于渔。

《说文》：“贝，海介虫也。……古者货贝而宝龟。”

按所谓古者，未知何时。而以贝为货，必起于渔。“货”、“财”等字皆从“贝”，知人之私财，由渔得贝，矜为奇宝而起。人类之有私心，其来固以久矣。降而至于神农之世，由渔猎进而为农田，人有定居，益爱护其私产。

《说文》：“里，居也，从田从土。”段玉裁曰：“有田有土，而可居矣。”

按游牧之民无定居，农业之民则有定居。有定居，则爱护私产之念益深，此定理也。由田土而有疆界。

《说文》：“畕，比田也。”“畺，界也，从畕，三其界画也。”按“畺”起于田土之界，后世引申为国家郡邑之疆界。据此，是有田土即有此疆尔界之意。渔猎之时，无界限也。由居宅而有公私。

《韩非子·五蠹篇》：“古者苍颉之作书也，自环者谓之厶，背私谓之公。”

按“自环”者，人私其居，筑为垣墉，以自围匝也。字起于苍颉，而人之有私意，必在苍颉之先。又按后世以私为厶，而稼字从禾，家声；穑字从禾，啬声。可见农业之人，各私其家，务为吝啬，胜于他业矣。《说文》："啬，爱濇也。"田夫谓之啬夫，盖田夫多务盖藏，不肯以所得公之于人也。种谷作酒，宴其部族，而酋长尊属，遂由之起。

《说文》："酋，绎酒也。""尊，酒器也。"

按酋长等义，皆引申之义。是古代初无尊卑，由种谷作酒之后，始以饮食之礼而分尊卑也。原其所以私田产而分尊卑，要亦以人类彼此争攘，无有厌足，非各谋自卫，有家族之组织，不能免祸而争存也。

人类有私必有争，有争而私心愈炽。有圣哲出，或因其私而严为限制，或因其争而别谋变通。故家族之制，相沿不废，而商市井田之制，则因争因私而谋所以调剂之者也。日中为市始于神农。盖由私有之物，不能供其所需，故必甲以私有之物，易乙丙私有之物，而后欲望始平。《易》称"交易而退，各得其所"者，即各得其私心之所需也。然提挈负戴之物，可持以入市交易者，有市易以厌其欲，而田土家屋之不可持以为市者，犹时有多寡、肥瘠、遗传、继续、侵占无主之争，无善法以处之，则生人贼杀斗争之祸未已也。浸淫至于黄帝之时，于是以田土为公有，而井田之法起焉。

《通典》："昔黄帝始经土设井，以塞争端，立步制亩，以防不足。使八家为井，井开四道而分八宅。凿井于中，一则不泄地气，二则无费一家，三则同风俗，四则齐巧拙，五则通财货，六则存亡更守，七则出入相同，八则嫁娶相媒，九则有无相贷，十则疾病相救。是以情性可得而亲，生产可得而均。均则欺凌之路塞，亲则斗讼之心弭。"

按井田之始，专为塞争，亦犹市易之使人各得其所也。土地所有权虽属于公而不得私，而八家各遂其私，是实限制私产之意，特求私产之平均耳。《通典》所言十利虽详，而授受之法，初未陈述。疑黄帝时仅肇其端，亦未遍行于各地。历唐、虞、夏、商而至周，始详制其授受之法也。

注　释

①古“女”字象人席地坐。

②《说文》:“妇从女持帚，洒扫也。”“妻，妇与己齐者也。从女，从屮，从又。又，持事，妻职也。屮声。”

③《礼》言阳侯杀穆侯，劫其夫人，即其证。

④如神农母为有蛴氏，少昊母为西陵氏，颛顼母为蜀山氏。

⑤如妇字象持帚之形，而奴字古文象女子械系之形，婢字亦从女卑。

⑥见《风俗通》。

⑦如妃字本义为帛匹，帑字本义为库藏。

⑧《仪礼》。

第四章　政法之萌芽

太古之世，无所谓政治，亦无所谓君主，各分部落，不相统一。剥林木以为兵，用水火以胜敌，强陵弱，大吞小。不知经若干之岁月，始渐由众部而集为大群。

> 《吕氏春秋·荡兵篇》："兵所自来者久矣。黄、炎故用水火矣，共工氏故次作难矣，五帝固相与争矣。递兴递废，胜者用事。人曰'蚩尤作兵'，蚩尤非作兵也，利其械矣。未有蚩尤之时，民固剥林木以战矣。胜者为长，长则犹不足治之，故立君；君又不足以治之，故立天子。天子之立也出于君，君之立也出于长，长之立也出于争。"

其群愈大者，其争亦愈烈。蚩尤、共工，战祸最酷。

按《汉书·古今人表》，列共工于女娲氏后。《太平御览》引《黄帝世纪》："女娲氏末，有诸侯共工氏，任智刑以强伯。"而《列子》、《淮南子》诸书，或云共工与颛顼争帝，或云共工与高辛争帝。《管子·揆度篇》称："共工之王，水处十之七，陆处十之三，乘天势以隘制天下。"盖共工氏为古部落之最强者，自伏羲氏之末，至高辛氏时，常为世患，其子孙部落，固袭称共工氏。即其同盟之部落，散处各地者，亦以共工氏之名号，表示于敌。故有"水处十七，陆处十三"之说。盖水陆各地，在在有共工氏之名号也。章炳麟《检论·尊史篇》："古者王伯显人之号，或仍世循用，不乃摭取先民，与今欧罗巴人无异。”是可知古代共工之多，实非一人。蚩尤为炎帝时诸侯，而《汉书·高帝纪》注，臣瓒引《大戴礼·用兵篇》，谓蚩尤为庶人之贪者。《书经》释文引马融说，又谓蚩尤为少昊末九黎君号。亦犹共工之不一其人也。《龙鱼河图》称蚩尤兄弟八十一人，或曰七十二人。盖同时称兵之酋长有七八十人，皆以蚩尤为号，故谓之为兄弟耳。虽经炎、黄之圣，亦不必取诸部而一一平之，故挞伐与羁縻之策并行。凡举部族以从号令者，即因其故土而封之，使世袭为侯国。此封建之制所由起也。

> 《封建论》（柳宗元）：“封建非圣人意也。彼其初与万物皆生，草木榛榛，鹿豕狉狉，人不能搏噬，而且无毛羽，莫克自奉自卫。荀卿有言，必将假物以为用者也。夫假物者必争，争而不已，必就其能断曲直者而听命焉。其智而明者，所伏必众。告之以直而不改，必痛之而后畏，由是君长刑政生焉。故近者聚而为群。群之分，其争必大，大而后有兵。有德又有大者，众群之长，又就而听命焉，以安其属。于是有诸侯之列，则其争又有大者焉。德又大者，诸侯之列又就而听命焉，以安其封。于是有方伯连帅之类，则其争又有大者焉。德又大者，方伯连帅之类又就而听命焉，以安其人，然后天下会于一。是故有里胥而后有县大夫，有县大夫而后有诸侯，有诸侯而后有方伯连帅，有方伯连帅而后有天子。自天子至于里胥，其德在人者，死必求其嗣而奉之。故封建非圣人意也，势也。”

封建之制，实为吾国雄长东亚，成为大一统之国家之基。而外观虽号统一，内部之文化实分无限之阶级。自太古以至今日，无论何时何代，举不能以一语概括其时全国文化之程度。此实治中国历史者所当知之第一义也。上古之人，观于邻近部落之多及其降服酋豪之众，而旷览大地，实亦广漠无穷，故往往好为大言，以自表其所辖之广远。后世传述其说，因亦不加深考。

> 《春秋命历序》："神农始立地形，甄度四海，远近山川林薮所至，东西九十万里，南北八十三万里。"（引此第以见古人好为夸词，不必深究其以若干为一里。）
>
> 《史记·五帝本纪》："黄帝置左右大监，监于万国。"
>
> 《汉书·地理志》："昔在黄帝，作舟车以济不通，帝行天下，方制万里，画野分州，得百里之国万区。"

实则当时土地之开辟者，曾不足方数千里，而其建置国家，亦必不能整齐画一，如画棋局然。所谓国家，不过如今之村落。其数或逾万，或不迨数千，亦不能确定也。

当时诸侯之国，固甚藐小，即各部落所共戴之中央政府，亦未必能统辖若干地域。观于相传之辅佐之数，及其官吏所掌职务，即可推见其政刑之简。

> 《论语摘辅象》："伏羲六佐：金提主化俗，鸟明主建福，视默主灾恶，纪通为中职，仲起为海陆，阳侯为江海。""黄帝七辅：风后受金法，天老受天策，五圣受道级，知命受纠俗，窥纪受变复，地典受州络，力墨受准斥。州选举，翼佐帝德。"
>
> 《左传》昭公十七年："郯子曰：昔者黄帝氏以云纪，故为云师而云名；炎帝氏以火纪，故为火师而火名；共工氏以水纪，故为水师而水名；太皞氏以龙纪，故为龙师而龙名。我高祖少皞挚之立也，凤鸟适至，故纪于鸟，为鸟师而鸟名：凤鸟氏，历正也；玄鸟氏，司分者也；伯赵氏，司至者也；青鸟氏，司启者也；丹鸟氏，司闭者也；祝鸠氏，司徒也；雎鸠氏，司马也；鸤鸠氏，司空也；爽鸠氏，司寇也；鹘鸠氏，司事也。五鸠，鸠民者也。五雉为五工正，利器用，正度量，夷民者也。九扈为九农正，扈民无淫者也。自颛顼以来，不能纪远，乃纪于近。为民师

而命以民事，则不能故也。”

《管子·五行篇》：“黄帝得蚩尤而明于天道，得大常而察于地利，得奢龙而辩于东方，得祝融而辩于南方，得大封而辩于西方，得后土而辩于北方。黄帝得六相而天地治，神明至。蚩尤明乎天道，故使为当时；大常察乎地利，故使为廪者；奢龙辩乎东方，故使为士师；祝融辩乎南方，故使为司徒；大封辩乎西方，故使为司马；后土辩乎北方，故使为李。”

诸书所言，虽未尽可据，大抵羲、黄官简，而少皞、颛顼以来乃渐多。政治之进化，盖缘土地渐辟，人事渐繁而然也。

古之帝皇，虽有统一各部而为共主之势，然其居处无定，等于行国，非若后世中央政府，有确定之都城也。

《遁甲开山图》：“伏羲生成纪，徙治陈仓。”

《帝王世纪》：“庖羲氏称大昊，都陈。”“神农都于陈，又徙于鲁。”

《史记·五帝本纪》：“黄帝披山通道，未尝宁居。东至于海，登丸山及岱宗。西至于空桐，登鸡头。南至于江，登熊、湘。北逐荤粥，合符釜山，而邑于涿鹿之阿。迁徙往来无常处，以师兵为营卫。”“黄帝居轩辕之丘，而娶于西陵之女，是为嫘祖。嫘祖为黄帝正妃，生二子，其后皆有天下。其一曰玄嚣，是为青阳，青阳降居江水。其二曰昌意，降居若水。”

《大戴礼·五帝德篇》：“孔子曰：颛顼，黄帝之孙，昌意之子也。……乘龙而至四海，北至于幽陵，南至于交趾，西济于流沙，东至于蟠木。”

以黄帝、颛顼之迁徙往来，即可证伏羲、神农之徙都，亦由于本无确定之都邑，第视兵力所至，形势利便，即屯其众于是。比其老死，即葬身于所死之地，亦不必反其故居[①]。而其子孙分居各地，亦无定处。沿及夏、商，其风犹然[②]。盖由古代地旷人稀，而宫室服御，亦甚简陋，虽至农稼社会，犹存游猎社会之风。治史者正不可徒执一二古迹，谓某帝某皇曾都于是，因以求其文化之发展途辙，或强分为南北东西之部族也。

由部落酋长而发生帝皇官吏之政治，其势实由下而上。故古代虽有君主政体，其君民之别，初不甚严。君者，群也。

《荀子·王制篇》："力不若牛，走不若马，而牛马为用，何也？曰：人能群，彼不能群也。君者，善群者。"

《春秋繁露》："君者，不失其群者也。"

《白虎通》："君，群也。群下之所归心也。"

必得其群之欢心，然后为众所推戴。神农、黄帝皆有明堂，盖合部民议事之所，后世承之，因有衢室街庭等制。

《淮南子·主术训》："神农之治天下也，月省时考，岁终献功，以时尝谷，祀于明堂。明堂之制，有盖而无四方。"

《管子·桓公问篇》："黄帝立明台之议者，上观于贤也。尧有衢室之问者，下听于人也。舜有告善之旌，而主不蔽也。禹立谏鼓于朝，而备讯唉。汤有总街之庭，以观人诽也。武王有灵台之复，而贤者进也。"

故谓君主政治即为专制政治者，实误解古代之事迹也。近人以《书》有"黎民百姓"之语，遂谓古代区分民与百姓为二阶级。百姓者，王公之子孙；民者，冥也。言未见人道，故"民"字专为九黎、有苗而设[③]。

按《史记》称黄帝二十五子，其得姓者十四人。《世本·诸侯篇》云："蜀之为国，肇自人皇。蜀无姓，相承云黄帝后。"是古之无姓者夥矣。以百姓为贵族，民为黎苗之称，则黄帝之子之无姓者皆黎苗乎？孔子称黄帝、高辛时事，数数言"民"。使上古视民为贱族，则《大戴记》及《史记》所书之"民"字，均应改为百姓矣。

《大戴礼·五帝德篇》："黄帝抚万民，度四方[④]。生而民得其利百年，死而民畏其神百年，亡而民用其教百年。”⑤“颛顼治气以教民。”⑥“帝喾知民之隐⑦，抚致万民而利诲之。”⑧

注　释

①如神农死葬长沙，黄帝死葬桥山之类，后来舜、尧、禹亦然。

②史称成汤至契八迁，周之后稷，公刘亦常迁徙。

③夏曾佑《中国历史》、刘师培《中国历史教科书》皆言之。

④《史记·五帝本纪》同此文。

⑤《史记》无此文。

⑥《史记》作“治气以教化”。

⑦《史记》作“知民之意”。

⑧《史记》作“抚教万民而利诲之”。

第五章 文字之兴

文字之功用有二，通今及传后也。草昧之世，交通不广，应求之际，专恃口语，固无需乎文字。其后部落渐多，范围渐广，传说易歧，且难及远，则必思有一法，以通遐迩之情，为后先之证，而文字之需要，乃随世运而生。吾国之有文字，实分三阶级：一曰结绳，二曰图画，三曰书契。是三者，皆有文字之用，而书契最便，故书契独擅文字之名。

《说文序》："黄帝之史仓颉，见鸟兽蹏迒之迹，知分理之可相别异也，初造书契。……仓颉之初作书，盖依类象形，故谓之文；其后形声相益，即谓之字。"是书契独擅文字之名也。

惟三者为同时并兴，抑后先相禅，则古史懵昧，未能确定也。依《说文序》，则图画始于庖羲，结绳始于神农。

《说文序》："古者庖牺氏之王天下也，仰则观象于天，俯则观法于地，观鸟兽之文，与地之宜，近取诸身，远取诸物，于是始作《易》八卦，以垂宪象[①]。及神农氏结绳为治，而统其事……。"

而段懋堂则谓结绳在画八卦之先。

《说文序注》谓："自庖牺以前，及庖牺，及神农，皆结绳为治，而统其事也。《系辞》曰：《易》之兴也，其于中古乎？虞翻曰：兴《易》者，谓庖牺也。庖牺为中古，则庖牺以前为上古，黄帝、尧、舜为后世圣人。按依虞说，则《传》云上古结绳而治者，神农以前皆是。”“庖牺作八卦，虽即文字之肇耑，但八卦尚非文字，自上古至庖牺、神农专恃结绳。”

夫以“上古”二字，定结绳为庖牺以前事，未足据为确证。惟《易·系辞》言结绳者凡二：

《易·系辞》：“古者庖牺氏之王天下也，……作结绳而为网罟。”“上古结绳而治。”

既以作结绳而为网罟专属于庖牺，则结绳丽治不属于庖牺可知。庖牺以下，神农、黄帝、尧、舜所作，一一可以指实，则所谓上古者，必非神农、黄帝之时代又可知。以此推之，结绳之法，盖先图画而兴也。

结绳之法，不可详考。郑玄所言，殆出于臆测。

《周易正义》引郑康成注云：“事大，大结其绳；事小，小结其绳。近人所谓一、二、三等字之古文，及一、丨、丶、丶诸字，皆结绳时代之字，尤为傅会。

《文学教科书》（刘师培）：“结绳之字，不可复考。然观一、二、三诸字，古文则作‘弌’、‘弍’、‘弎’，盖田猎时代，以获禽记数，故古之文一、二、三字。咸附列‘弋’字于其旁，所以表田猎所得之物数也。是结绳时代之字。（盖结绳时代并无‘弋’字之形，惟于所获禽兽之旁，以结绳记数。）结绳之文，始于‘一’字，衡为一，从为丨，缩其形则为丶，斜其体则为丿（考密切），反其体则为乀（分勿切），折其体则为㇆（及），反㇆为厂，（呜旱切），转厂为乚（隐），反乚为亅（居月切），㇆（及）、乚（隐）之合体为口，转环之则为○。是结绳文字，不外方圆平直，此结绳时代本体之字也。”

实则结绳时代，初不限于太古，即近世之苗民，犹有结绳之俗。

《苗疆风俗考》（严如熤）：“苗民不知文字，父子递传，以鼠、牛、虎、马记年月，暗与历书合。有所控告，必倩土人代书。性善记，惧有忘，则结于绳。为契券，刻木以为信。太古之意犹存。”

欲知太古结绳之法，当求之今日未开化之人种，以所结之绳实证其分别表示之法，不可徒以后世篆隶字画求之。古今人类思想，大致相等，惟进化之迟速不同耳。美洲之秘鲁，亚洲之琉球，皆有结绳之俗，吾国古代之结绳，当亦与之相近。观东西学者所述，自可得其梗概。

《涉史余录》（若林胜邦）：“法国人白尔低猷氏之《人类学》尝记秘鲁之克伊普法曰：秘鲁国土人，不知文字，惟以克伊普为记号。克伊普者，即以絛索织组而成，于其各节各标，表示备忘之意之法也。凡人民之统计，土地之界域，各种族及兵卒之标号，以及刑法、宗教之仪仗，无不用克伊普，且各异其种类，故有专攻克伊普之学者焉。克伊普之法虽不一，大抵以色彩示意：赤色为军事及兵卒，黄色为黄金，白色为银及和睦，绿色为谷物。其纪数以绳索之结节为符号，如单结、双结、三结等，即所以示其单数、复数及十、百、千、万等之数也。及其记载家畜之法，以一大绳为轴，附以小绳若干。其第一绳为牡牛，第二绳为牝牛，三为犊，四为羊，其头数年龄，悉以结节表之。”又曰：“琉球所行之结绳，分指示及会意两类。凡物品交换，租税赋纳，用以记数者，为指示类；使役人夫，防护田园，用以示意者，则为会意类。其材料多用藤蔓、草茎或木叶等，今其民尚有用此法者。”

结绳者必托于绳以示意，无绳或未及携绳，则所记识者无从表示也。进而为图画，则随在皆可表示其符号。或画于地，或画于石，或以指蘸水，或以垩示色。既无携持之累，且免积压之患，其为便利，过于结绳远矣。《世本·作篇》谓黄帝时史皇作图，以图画与书契同时并兴。

《历代名画记》（张彦远）："史皇，黄帝之臣也。始善图画，创制垂法，体象天地，功侔造化。"云见《世本》。

然图画实始于伏羲。

《易·通卦验》："伏羲方牙、苍精，作《易》，无书，以画事。"

《尸子》："伏羲始画八卦。"

世谓史皇作图者，图画之法，至史皇而始精耳。

《易》称庖羲作八卦，以仰观俯察诸法得之，又称其出于"河图"、"洛书"。

《系辞》："河出图，洛出书，圣人则之。"

《春秋纬》："河以通乾出天苞，洛以流坤吐地符。河龙图发，洛龟书感。河图有九篇，洛书有六篇。"

《礼含文嘉》："伏羲德合上下，天应以鸟兽文章，地应以河图、洛书。"

后世说者，又谓包羲因燧皇之图而制八卦。

《魏志·高贵乡公传》："《易》博士淳于俊曰：'包羲因燧皇之图而制八卦。'帝曰：'若使包羲因燧皇而作《易》，孔子何以不云燧人氏没包羲氏作乎？'俊不能答。"

是一奇一偶之卦象，初非偶然创获，实积种种思考经验，而后发明此种符号。以《易·说卦》考之，八卦所以代表各种名物：

如"乾为天，为圆，为君，为父，为玉，为金，为寒，为冰，为大赤，为良马，为老马，为瘠马，为驳马，为木果。坤为地，为母，为布，为釜，为吝啬，为均，为子母牛，为大舆，为文，为众，为柄，其于地也为黑"之类。

非专象一事一物，故能以简驭繁，不必一一求其形似。其后事物日多，众庶难于辨别，因之一一图像，务求相肖，而象形之字作矣。

八卦之性质，介乎图画字之间，故世多谓卦象即古之文字。

《易纬乾凿度》：“☰古天字，☷古地字，☴古风字，☶古山字，☵古水字，☲古火字，☳古雷字，☱古泽字。”

《文学教科书》（刘师培）：“八卦为文字之鼻祖，乾坤坎离之卦形，即天地水火之字形。试举其例如下：

乾为天，今天字草书作[illegible]，象乾卦之形。

坤为地，古坤字或作巛，象坤卦之倒形。

坎为水，篆文水字作[illegible]，象坎卦之倒形。

离为火，古文火字作[illegible]，象离卦之象。”

《窕言》（赵曾望）：“伏羲画八卦，为万世文字之祖，人皆知其然，未必皆知其所以然也。夫八卦之画，有何文字哉？盖因而屈曲之，因而转移之，因而合并交互之，而文字肇兴焉。如乾三连，☰也，屈曲之则为[illegible]，合并之则为[illegible]矣。坤六断，☷也，屈曲转移之，则为[illegible]，合并交互之则为[illegible]。”

夫以八卦为八字，则其象甚少，其用甚隘。仅以八字示人，人必不能解也。谓后世之篆隶因袭卦象，颠倒屈曲之则可，谓古之卦象，只作后世篆隶一字之用，则大误矣。世人附会中国人种西来之说，谓八卦即巴比伦之楔形字。愚谓卦象独具横画，不作纵画，实为与楔形字之极大区别。楔形字或纵或横，且多寡不一，故亦无哲理之观念。八卦之数止于三画，又以一画之断续，分别阴阳，而颠倒上下，即寓阴阳消息之义。故八卦可以开中国之哲学，以—为太极，以 - - 为两仪，以三为天地人，举宇宙万有悉可归纳其中。虽伏羲画卦时未必即有此意，然文王、周公能因之以推阐，实亦由卦画之简而能赅所致。使世人观玩巴比伦楔形文字，虽极力附会，必不能成一有系统之哲学也。

书契之作，亦非始于仓颉，仓颉盖始整齐画一之耳。

《造字缘起说》（章炳麟）：“《荀子·解蔽篇》曰：‘好书者

众矣，而仓颉独传者，壹也。’依此，是仓颉以前已有造书者。亦犹后稷以前，神农已务稼穑：后夔以前，伶伦已作律吕也。人具四肢，官骸常动，持莛画地，便已纵横成象，用为符号，百姓与能，自不待仓颉也。今之俚人，亦有符号，家为典型，部为徽识，仓颉以前，亦如是矣。一、二、三诸文，横之纵之，本无定也。马、牛、鱼、鸟，诸形势则卧起飞伏，皆可则象也。体则鳞、羽、毛、鬣，皆可增减也。字各异形，则不足以合契。仓颉者，盖始整齐画一，下笔不容增损。由是率尔箸形之符号，始为约定俗成之书契。彼七十二王皆有刻石，十二家中，无怀已在伏戏前矣。所刻者则犹俚人之符号也。”

以近世苗民之俗证之，中国数千年来，已成同文之治，而苗民之俗，犹沿契刻之文。

《峒谿纤志》（陆次云）：“木契者，刻木为符，以志事也。苗人虽有文字，不能皆习，故每有事，刻木记之，以为约信之验。”

《傜僮传》（诸匡鼎）：“刻木为齿，与人交易，谓之打木格。”

《苗俗纪闻》（方亨咸）：“俗无文契，凡称贷交易，刻木为信，未尝有渝者。木即常木，或一刻，或数刻，以多寡远近不同。分为二，各执一，如约时合之，若符节也。”

足见仓颉之时，各部落皆有契刻之法。黄帝部落欲统一四方之部落，则以其所定之符号，与各部落相要约，而书契之式，遂由复杂而画一。世遂以为文字始于黄帝时之仓颉矣。《易》称“百官以治，万民以察”，知文字之用，始于官书。吾国幅员辽阔，种族复杂，而能团结为一大国家者，即恃文字为工具也。

仓颉时之文字，不可详考。依许慎之说，则其时文字，止有指事、象形二种。

> 《说文序》:“仓颉之初作书,盖依类象形,故谓之文;其后形声相益,即谓之字。”段玉裁注:“依类象形,谓指事、象形二者也。指事亦所以象形也。”“形声相益,谓形声、会意二者也。有形则必有声,声与形相附为形声,形与形相附为会意。其后,为仓颉以后也。仓颉有指事、象形二者而已。”

然以韩非子说“公”、“厶”考之,则仓颉作书,已有会意之法。

> 《韩非子·五蠹篇》:“仓颉之作书也,自环者谓之厶,背私谓之公。”段玉裁曰:“自环为厶,六书之指事也;八厶为公,六书之会意也。”

有会意,亦必有形声相合之字;虽形声之字多后出者,未必当时绝无此类。(如“江”、“河”为形声字,伏羲、黄帝时已有江水、河水,未必当时只书为水也。)故六书之法,仓颉时必已具有四种。惟转注、假借为后起之事。世或以仓颉作书之时已有六书者,亦未明文字发生之次第也。

象形文字为初民同具之思想。然吾国文字,独演象形之法,绵延至数千年,而埃及象形之字不传于后,此实研究人类思想之一问题也。夫人类未有文字,先有语言,演文字者必以语言为根柢。然太古之时,地小而人少者,声音易于齐同;地广而人众者,语言难于画一。以一地一族表示语言之符号,行之千百里外,必致辗转淆讹,不若形象之易于辨识,虽极东西南朔之异音,仍可按形而知义。吾国文字演形而不演声者,殆此故欤!

洪水以前之语言,流传于世者绝稀。愚意《尔雅》岁阳、岁阴等名,实吾国最古之语言。

> 《尔雅·释天》:“太岁在甲曰阏逢,在乙曰旃蒙,在丙曰柔兆,在丁曰强圉,在戊曰箸雍,在己曰屠维,在庚曰上章,在辛曰重光,在壬曰玄黓,在癸曰昭阳。(岁阳)太岁在寅曰摄提格,在卯曰单阏,在辰曰执徐,在巳曰大荒落,在午曰敦牂,在未曰

协洽，在申曰涒滩，在酉曰作噩，在戌曰阉茂，在亥曰大渊献，在子曰困敦，在丑曰赤奋若。(岁阴)”

此等名词，诗书古史鲜有用之者。注《尔雅》者亦无解说。（郭璞《尔雅注》云：其事义皆所未详通，故阙而不论。）惟《史记·历书》以之纪年，疑“阏逢”、“困敦”等语，当未有甲子等字之时，已立此名。既立甲子之后，书写者以甲子为便，读时仍用“阏逢”、“困敦”艺音。其后语言日渐变迁，凡四合五合之音，一律变为二合音，惟史官自黄帝以来，世守其书，传其音读，故至秦、汉时，以今隶译写古音，而其义则蔑有知者。

《史记·历书》：“少皞氏之衰也，九黎乱德，民神杂扰，不可放物，祸菑荐至，莫尽其气。颛顼受之，乃命南正重司天以属神，命火正黎司地以属民，使复旧常，无相侵渎。其后三苗服九黎之德，故二官咸废所职，而闰余乖次，孟陬殄灭，摄提无纪，历数失序。”

盖三苗、九黎之乱，其古代语言变迁之关键乎？《楚辞》“摄提贞于孟陬兮”，用《尔雅》之文。屈原生于南方，或由三苗在南方传述古语，楚人犹用以纪年欤？

注　释

①按垂宪象者，即图画。

第六章　洪水以后之中国

孔子删《书》，断自唐、虞。盖自洪水既平，历史始渐详备可考。

《史记·五帝本纪赞》："学者多称五帝，尚矣。然《尚书》独载尧以来，而百家言黄帝，其文不雅驯，荐绅先生难言之。孔子所传宰予问《五帝德》及《帝系姓》，儒者或不传。"《史记探原》（崔适）："《太史公自序》'述陶唐以来，至于麟止。'则《五帝本纪》本当为《陶唐本纪》，是《史记》亦始于唐、虞也。"

吾国文化之根本，实固定于是时；国家种族之名，胥自是而始见。虽其缘起不可知，然名义所函，具有精理。后世之国民性及哲学家之主张，罔不本焉，是固不可忽视也。

吾国之名为"中国"，始见于《禹贡》。

《禹贡》："中邦锡土姓。"《史记》："中国锡土姓。"（郑康成曰：中即九州也。）孙星衍曰："史迁'邦'作'国'者，非避讳字。后遇'国'字率改为'邦'，误矣。是《禹贡》'邦'字，当从《史记》作'国'。"

后世遂沿用之。

《左传》僖公二十五年：仓葛曰"德以柔中国，刑以威四夷"。

《礼记·王制》：“中国戎夷五方之民，皆有性也，不可推移。”

虽亦有专指京师，

《诗·民劳》：“惠此中国，以绥四方。”《毛传》：“中国，京师也。四方，诸夏也。”

或专指畿甸者，

《孟子》：“尧崩，三年之丧毕，舜避尧之子于南河之南，天下诸侯朝觐者，不之尧之子而之舜；讼狱者，不之尧之子而之舜；讴歌者，不讴歌尧之子而讴歌舜。夫然后之中国，践天子位焉。”

按《孟子》以中国与南河之南对举，似以当时畿甸之地为中国，而畿甸以外即非中国者。要以全国之名为正义。且其以中为名，初非仅以地处中央，别于四裔也。

《中华民国解》（章炳麟）：“中国之名，别于四裔而为言。印度亦称摩伽陀为中国，日本亦称山阳为中国，此本非汉土所独有者。就汉土言汉土，则中国之名，以先汉郡县为界。然印度、日本之言中国者，举中土以对边郡。汉土之言中国者，举领域以对异邦，此其名实相殊之处。”

按此说未尽然。

文明之域与无教化者殊风。此吾国国民所共含之观念也。

《公羊传》隐公七年：“不与夷狄之执中国也。”何休曰：“因地不接京师，故以中国正之。中国者，礼义之国也。”《原道》（韩愈）：“孔子之作《春秋》也，诸侯用夷礼则夷之，进于中国则中国之。”

据此是中国乃文明之国之义，非方位、界域、种族所得限。是实吾国先民高尚广远之特征，与专持种族主义、国家主义、经济主义者，不几霄壤乎！

唐、虞之时所以定国名为“中”者，盖其时哲王，深察人类偏激之失，务以中道诏人御物。

> 《论语》：“尧曰：咨！尔舜！允执其中。舜亦以命禹。”
>
> 《礼记·中庸》：“舜其大知也欤！择其两端，而用其中于民。”
>
> 《书·尧典》：“帝曰：夔！命汝典乐，教胄子，直而温，宽而栗，刚而无虐，简而无傲。”
>
> 《皋陶谟》：“亦行有九德：宽而栗，柔而立，愿而恭，乱而敬，扰而毅，直而温，简而廉，刚而塞，强而义。”

据此，是唐、虞时之教育，专就人性之偏者，矫正而调剂之，使适于中道也。以为非此不足以立国，故制为累世不易之通称。一言国名，而国性即以此表见。其能统制大宇，混合殊族者以此。其民多乡原，不容有主持极端之人，或力求偏胜之事，亦以此也。按中国民性，异常复杂，不得谓之尚武，亦不得谓之文弱；不得谓之易治，亦不得谓之难服。推原其故，殆上古以来尚中之德所养成也。然中无一定之界域，故无时无地，仍不能免于偏执。惟其所执，恒不取其趋于极端耳。

吾国种族之名为“夏”，亦见于唐、虞时。

> 《尧典》：“蛮夷猾夏。”

或谓即夏代之人，以时代之名代表种族。

> 《愈愚录》（刘宝楠）：“《书》‘蛮夷猾夏’，此夏史所记。夏者，禹有天下之号。”

然以《说文》证之，则夏为人种之特称。

> 《说文》：“夏，中国之人也。从夊，从页，从臼。臼，两手。夊，两足也。夐，古文夏。”段注：“中国之人”谓“以别于北方狄，东方貉，南方蛮闽，西方羌，西南焦侥，东方夷也”。

盖“夏”为象形字。实即古之图画。当各族并兴之时，吾民先祖，崛起而特强，侵掠四方，渐成大族，于是表异于众，自绘其形，具有头、目、手、足；而彼四方之众，悉等于犬豸虫羊，此可望文而知义者也。

《说文》：“羌，西戎羊种也，从羊、儿，羊亦声。南方蛮闽，从虫。北方狄，从犬。东方貉，从豸。西方羌，从羊。此六种也。西南僰人，焦侥从人，盖在坤地，颇有顺理之性。唯东夷从大，大，人也。夷俗仁，仁者寿，有君子不死之国。”

按此虽汉人之说，然沿用之文字，其来盖久，未必属小篆也。古人说东方、西南之人，尚近于人类，惟西北之人，则斥之为非人类，明示夏人之非西方种族矣。

先有种名，后有代号。故朝代虽易，而种名不替。

《左传》闵公元年：“戎狄豺狼，不可厌也；诸夏亲昵，不可弃也。”定公十年：“裔不谋夏。”

《论语》：“夷狄之有君，不如诸夏之亡也。”

使以沿用为解，则“庶殷之名亦见于书”。

《书·召诰》：“乃以庶殷攻位于洛汭。”“庶殷丕作。”

何诸人皆称“夏”而不称“殷”乎？夫一族之民，自视为优越之种，而斥他族为非类，其义似隘。然人类皆具兽性，吾族先民，知兽性之不可以立国，则自勉于正义人道，以为殊族之倡，此其所以为大国民也。

春秋之时吾族复有“华”称。

《左传》定公十年：“夷不乱华。”

他书未见此名，而后世相沿，自称“华”人，要不若“夏”之有所取义。近人附会“华夏”之说，类多凿空无稽。章太炎释中华民国，谓“华”取华山；“夏”取夏水，虽颇自圆其说，亦不尽可信也。

《中华民国解》（章炳麟）：“诸华之名，因其民族初至之地而为言。世言昆仑为华国者，特以他事比拟得之，中国前皇曾都昆仑与否，史无明征，不足引以为质。然神灵之胄，自西方来，以雍、梁二州为根本，宓牺生成纪，神农产姜水，黄帝宅桥山，是皆雍州之地。高阳起于若水，高辛起于江水，舜居西城（据《世本》，西城为汉汉中郡属县），禹生石纽，是皆梁州之地。观其帝王所产，而知民族奥区，斯为根极。雍州之地，东南至于华阴而止，梁州之地，东北至于华阳而止，就华山以定限，名其国土曰'华'，则缘起如此也（按此亦属想当然耳之说）。其后人迹所至，遍及九州，至于秦、汉，则朝鲜、越南皆为华民耕稼之乡，'华'之名于是始广。'华'本国名（按此亦未确），非种族之号，然今世已为通语。世称山东人为'侉子'，'侉'即'华'之遗言矣。正言种族，宜就'夏'称，《说文》云：'夏，中国之人也。'或言远因大夏，此亦与昆仑、华国同类。质以史书，'夏'之为名，实因夏水而得。是水或谓之'夏'。或谓之'汉'，或谓之'漾'，或谓之'沔'，凡皆小别互名。本出武都，至汉中而始盛。地在雍、梁之际，因水以为族名。犹生姬水者之氏'姬'、生姜水者之氏'姜'也。'夏'本族名，非都国之号，是故得言'诸夏'。其后因族命地，而关东亦以'东夏'著。下逮刘季，抚有九共，与匈奴、西域相却倚，声教远暨，复受'汉族'之称。此虽近起一王，不为典要，然汉家建国，自受封汉中始，于夏水则为同地，于华阳则为同州，用为通称，适与本名符会。是故'华'云，'夏'云，'汉'云，随举一名，互摄三义。建'汉'名以为族，而邦国之义斯在。建'华'名以为国，而种族之义亦在。此'中华民国'之所以谥也。"

洪水前后有一大事，至虞、夏之时，始稍平靖者，九黎与三苗是也。九黎三苗之事，见于《书·吕刑》及《国语》。

《吕刑》："若古有训，蚩尤惟始作乱，延及于平民。罔不寇贼鸱义，奸宄夺攘矫虔。苗民弗用灵，制以刑，惟作五虐之刑曰法，杀戮无辜。”马融曰：“蚩尤、少昊之末，九黎君名。”郑康成曰：“蚩尤霸天下，黄帝所伐者。学蚩尤为此者，九黎之君少昊之代也，苗民谓九黎之君也。九黎之君于少昊氏衰，而弃善道，上效蚩尤重刑，变九黎言苗民者，有苗九黎之后。颛顼代少昊诛九黎，分流其子孙居于西裔者，为三苗。至高辛之衰，又复九黎之恶。尧兴，又诛之。尧末，又在朝。舜臣尧，又窜之，禹摄位，又在洞庭逆命，禹又诛之。”

《楚语》：“少皞之衰也，九黎乱德，……其后三苗复九黎之德。”韦昭曰：“少皞，黄帝之子，金天氏也。九黎，黎氏九人。三苗，九黎之后。高辛氏衰，三苗为乱，行其凶德，如九黎之为也。”

据郑、韦之说，黎、苗实一族，其为乱累世不绝，尧、舜及禹迭加诛窜，吾族始获安枕。此洪水以后之中国所大异于洪水以前者也。近人或谓黎、苗实古代之地主。

《中国历史》（夏曾佑）：“古时黎族散处江湖间，先于吾族不知几何年。至黄帝时，民族竞争之祸乃不能不起，遂有黄帝、蚩尤之战事。”[①]又曰：“南蛮为神洲之土著，黄帝时蚩尤之难，几覆诸夏。少昊之衰，九黎乱德。颛项媾三苗之乱，至于历数失序，及尧战于丹水之浦[②]，舜时迁三苗于三危[③]，稍以衰落，至禹三危既宅[④]，三苗丕叙[⑤]，于是洞庭、彭蠡之间[⑥]，皆王迹之所经，无旧种人之历史矣。盖吾族与土族之争，自黄帝至禹，上下亘千年，至此而兴亡乃定。”

又谓即今日南方黎、苗之祖，其实亦未尽可信。观章炳麟之文，自知其中之区别矣。

《太炎文录·别录二》：“苗种得名，其说各异。大江以南，陪属猥佌之族，自周讫唐，通谓之‘蛮’，别名则或言‘僚’言‘俚’，言‘陆梁’，未有谓之‘苗’者。称‘苗’者自宋始，明非耆老相传，存此旧语，乃学者逆据《尚书》三苗之文，以相傅丽耳。汉者诸蛮无‘苗’名，说《尚书》者固不以三苗为荆蛮之族。《虞书》‘窜三苗于三危’。马季长曰：‘三苗，国名也，缙云氏之后，为诸侯，盖饕餮也。’《淮南·修务训》高诱注曰：‘三苗盖谓帝鸿氏之裔子浑敦，少昊氏之裔子穷奇，缙云氏之裔子饕餮，三族之苗裔，故谓之三苗。’此则先汉诸师说三苗者，皆谓是神灵苗裔，与今时苗种不涉。”

注　释

①《吕刑》之蚩尤，非黄帝时之蚩尤，观郑注可见。

②《吕览·召类篇》：“尧战于丹水之浦，以服南蛮。”夏氏谓即今南阳浦岸。

③原注：三危西裔也，谓逐之西去。

④原注：谓可居。

⑤原注：谓服教。

⑥《史记·五帝本纪·正义》：“三苗之国，左洞庭而右彭蠡。”

第七章　衣裳之治

《易·系辞》称黄帝、尧、舜之德，首举“垂衣裳而天下治”。其义至可疑。治天下之法多矣，何以首举垂衣裳乎？顾君惕森谓古“衣”字象覆二人之形，衣何以覆二人，义亦不可解。“衣”字之下半，当即“北”字。古代北方开化之人，知有冠服，南方则多裸体文身，故“衣”字象北方之人戴冠者。其说至有思想。衣裳之原，起于御寒。西北气寒，而东南气燠，故《礼记·王制》述四夷，惟西北之人有衣，东南无衣也。

> 《王制》：“东方曰夷，被发文身。南方曰蛮，雕题交趾。西方曰戎，被发衣皮。北方曰狄，衣羽毛穴居。”

以文字证之，南北曰袤，

> 《说文》：“袤，衣带以上。从衣，矛声。一曰南北曰袤，东西曰广。”

边地曰裔。

> 《方言》：“裔，夷狄之总名。”郭璞曰：“边地为裔。”

固皆以衣分中外，而衣服之服，古以为疆界之名。

> 《书·皋陶谟》：“弼成五服。”《禹贡》：“五百里甸服，五百里侯服，五百里绥服，五百里要服，五百里荒服。”

推其引申假借之由，必非出于无故。以事实证之，禹时有裸国。

> 《吕氏春秋·贵因篇》：“禹之裸国，裸人衣出。”

当商时，荆蛮之俗，文身断发。

　　《史记·吴太伯世家》：“太伯、仲雍二人，乃奔荆蛮，文身断发。”

至战国时于越犹然。

　　《庄子·逍遥游》篇：“宋人资章甫而适诸越，越人断发文身，无所用之。

中夏之文明，首以冠裳衣服为重，而南北之别，声教之暨，胥可于衣裳觇之。此《系辞》所以称“垂衣裳而天下治”欤！

衣服之原料古惟有羽皮。

　　《礼记·礼运》：“昔者先王未有麻丝，衣其羽皮。后圣有作，然后治其麻丝，以为布帛。”

若卉服，则惟南方有之。

　　《禹贡》：扬州“岛夷卉服”。

不知何人发明织麻养蚕之法。世传伏羲作布。

　　《白氏帖》：“伏羲作布。”

世又称伏羲化蚕桑为繐帛，《皇图要览》：“伏羲化蚕桑为繐帛，西陵氏始养蚕。”①说均未足据。

然羲、农时已有琴瑟。琴瑟皆用丝弦，则丝之发明久矣。《禹贡》载九州贡物，凡六州有衣服原料。

兖州	厥贡丝	厥篚织文
徐州		厥篚玄纤缟
荆州		厥篚玄纁玑组
青州	厥贡绨丝枲	厥篚檿丝
扬州		厥篚织贝
豫州	厥贡枲绨纻	厥篚纤纩

则洪水以后吾民之利用天产者，其地固甚广矣。

冠服进化之迹，以冠为最著。太古之时，以月复首。

《说文》：“冃，小儿及蛮夷头衣也。”段注：“小儿未冠，夷狄未能言冠，故不冠而冃。荀卿曰：‘古之王者，有务而拘领者矣。’杨注：‘旧读为冒，拘与句同。’《淮南书》曰：‘古者有鍪而绻领以王天下者。’高注：‘古者，盖三皇以前也。鍪著兜鍪帽，言未知制冠。’……务与鍪皆读为月，即今之‘帽’字也。后圣有作，因月以制冠冕，而冃遂为小儿蛮夷头衣。”

其后则有弁。

《说文》：“覍，冕也。弁或覍字。㝹，籀文覍。”段注：“‘㝹’为籀文，则‘覍’本古文也。”按覍从皃，其八象形。盖古者简易之制也。

有冕。

《说文》：“古者黄帝初作冕。”

有冠。

《说文》：“冠，絭也，所以絭发，弁冕之总名也。从冖，从元，元亦声。冠有法制，故从寸。”

而法制渐备，黄帝之冕有旒。

《世本》：“黄帝作冕旒。垂旒，目不邪视也。”

后世因之。以玉为旒。

《尚书》（大小夏侯说）：“冕版广七寸，长尺二寸，前圆后方，前垂四寸，后垂三寸，用白玉珠，十二旒。”

为冠制之至尊者。然冕之布以麻为之，而施以漆，仍存尚质之意。惟麻缕细密，异于余服耳。

《礼书通故》（孔安国、郑玄说）：“麻冕三十升布为之。”蔡邕云：“周爵弁，殷冔，夏收，皆以三十升漆布为壳。”贾公彦曰：“布八十缕为升。”

弁制用皮，而别其色。

《释名》："以爵韦为之，谓之爵弁。以鹿皮为之，谓之皮弁。以韎韦为之，谓之韦弁。"

亦以示法古尚质之义。

《白虎通》："皮弁者，何谓也？所以法古至质冠之名也。弁之为言攀也，所以攀持其发也。上古之时质，先加服皮，以鹿皮者，取其文章也。《礼》曰：'三王共皮弁素积。'言至质不易之服，反古不忘本也。战伐田猎皆服之。"

太古冠亦以布，其色白。斋戒之时，则著黑色之冠。

《仪礼记》："太古冠布，斋则缁之。"

后世则易以皂缯，此其进化之概也。

《仪礼记》："委貌，周道也。章甫，殷道也。毋追，夏后氏之道也。"《礼书通故·续汉志》："委皃，以皂缯为之。孔疏云：三冠皆缁布为之，盖非。记曰：太古冠布，则毋追、章甫，委貌不以布矣。"

古之男子，上衣下裳。

《白虎通》："圣人所以制衣服何？以为絺绤蔽形，表德劝善，别尊卑也。所以名为'裳'何？衣者，隐也；裳者，障也；所以隐形自障蔽也。何以知上为衣，下为裳？以其先言衣也。"

其材或以丝，或以布。

周制，朝服用十五升布，裳用白素绢，爵弁服纯衣。郑《注》："纯衣，丝衣也，是衣之材，或用布，或用丝也。"

其色上玄而下黄，

《续汉舆服志》："乾坤有文，故上衣玄，下裳黄。"

间亦有他色，

《札记·玉藻》："狐裘黄衣以裼之。"是衣亦有黄色也。

《仪礼》："玄端、玄裳、黄裳、杂裳可也。"是裳亦有玄色也。若皮弁服之用白布衣，爵弁服之纁裳纯衣，各视其冠带而为色，初非一律玄衣黄裳也。

其进化之迹不甚可考。观孔子述黄帝之衣裳，知其时已尚彩绘。

《大戴礼·五帝德篇》："黄帝黼黻衣，大带，黼裳。"注："白与黑谓之黼，若斧文。黑与青谓之黻，若两已相戾。"

帝喾、帝尧之衣，皆与黄帝同。

《大戴礼》："帝喾黄黼黻衣，帝尧黄黼黻衣。"

《史记》称帝尧黄收纯衣。是其衣亦有时不绘黼黻也。

《史记·五帝本纪》："帝尧黄收纯衣。"《索隐》："纯，读曰缁。"

虞舜欲观古人之象，以五采彰施于五色，于是衣裳之文绣，盛行于中国者数千年。

《书·益稷》："予欲观古人之象，日、月、星辰、山、龙、华虫，作会；宗彝、藻、火、粉米、黼、黻，絺绣。以五采彰施于五色，作服，汝明。"

虽其说颇多聚讼，不能确定何说为得真。

唐虞衣服之制有二说。《尚书大传》曰："天子衣服，其文华虫、作缋、宗彝、藻火、山龙；诸侯作缋、宗彝、藻火、山龙；子男宗彝、藻火、山龙；大夫藻火、山龙；士山龙。故《书》曰：天命有德，五服五章哉！"又曰："山龙，青也；华虫，黄也；作缋，黑也；宗彝，白也；藻火，赤也。天子服五，诸侯服四，次国服三，大夫服二，士服一。"此今文家说也。郑玄曰："自日月至黼黻，凡十二章，天子以饰祭服。凡画者为绘，刺者为绣。此绣与绘各有六，衣用绘，裳用绣。天子冕服十二章，以日、月、星辰、山、龙、华虫绘于衣，以宗彝、藻、火、粉米、

> 黼、黻绣于裳。诸侯九章，自山、龙以下；伯七章，自华虫以下；子男五章，自藻、火以下；卿大夫三章，自粉米以下。尊者绘衣，卑者不绘衣。”此古文家说也。

然观《尧典》及《皋陶谟》之文，《尧典》：“车服以庸。”《皋陶谟》：“天命有德，五服五章哉!”则此绘绣之法，非第为观美也。文采之多寡，实为阶级之尊卑，而政治之赏罚，即寓于其中，故衣裳为治天下之具也。

阶级之制虽非尽善之道，当人类未尽开明之时，少数贤哲，主持一国之政俗，非有术焉，辨等威而定秩序，使贤智者有所劝，而愚不肖者知愧耻而自勉，则天下脊脊大乱矣。黄帝、尧、舜之治天下，非能家喻而户说也。以劝善惩恶之心，寓于寻常日用之事，而天下为之变化焉，则执简驭繁之术也。《尚书》之文简奥，读者多不能喻其意。惟《尚书大传》释之最详：

> 古之帝王，必有命民，能敬长矜孤，取舍好让者，命于其君，然后得乘饰车、骈马，衣文锦。未有命者，不得衣，不得乘。乘衣者有罚。……未命为士者，不得乘饰车朱轩，不得衣绣。庶人单马木车，衣布帛。

观此文，则知古之车服，以为人民行谊之饰，非好为区别，故示民以异同也。不究其劝勉人民为善之心，第责其区分人民阶级之制，则曰此实不平之事，或愚民之策耳。

衣服之用，有赏有罚。故古代之象刑，即以冠履衣服为刑罚。

> 《尚书大传》：“唐、虞象刑，而民不敢犯。苗民用刑，而民兴相渐。唐、虞之象刑：上刑，赭衣不纯；中刑，杂屦；下刑，墨幪。以居州里，而民耻之。”“唐、虞象刑，犯墨者蒙皂巾，犯劓者赭其衣，犯膑者以墨幪其膑处而画之。犯大辟者，布衣无领。”

荀子尝斥象刑之非。

> 《荀子·正论篇》："世俗之为说者曰：治古无肉刑而有象刑。墨黥（杨注："墨黥当为墨幪，但以墨巾幪其头而已。"）；慅婴（杨注："当为澡缨，谓澡濯其布为缨，澡或读为草，《慎子》作草缨。"）；共艾毕（杨注："共艾未详，或衍字。艾，苍白色，毕与韠同。"）；菲，对屦（杨注："菲，草屦也。对，当为紨。紨，枲也。"）；杀，赭衣而不纯。治古如是。是不然，以为治耶？则人固莫触罪，非独不用肉刑，亦不得用象刑矣。以为轻刑邪？人或触罪矣，而直轻其刑，然则是杀人者不死，伤人者不刑也。罪至重而刑至轻，庸人不知恶矣，乱莫大焉。"

按《书》之象刑，与流宥五刑、鞭、扑并举，初非专恃象刑一种。

> 《书·尧典》："象以典刑，流宥五刑，鞭作官刑，扑作教刑，金作赎刑，眚灾肆赦，怙终贼刑。"

人之知有羞耻者，略加谴责，已惕然自愧，若无所容；其无耻者，虽日加以桁杨桎梏，而无所畏，是固不可以一概论也。后世犯法者，衣服亦异于常人，殆由古者尝以是为罚，后虽用刑，犹沿其制而不废欤！

注　释

①俱见《路史》注。

第八章　治历授时

古人立国，以测天为急；后世立国，以治人为重。盖后人袭前人之法，劝农教稼，已有定时；躔度微差，无关大体。故觉天道远而人道迩，不汲汲于推步测验之术。不知邃古以来，万事草创，生民衣食之始，无在不与天文气候相关，苟无法以贯通天人，则在在皆形枘凿。故古之圣哲，殚精竭力，绵祀历年，察悬象之运行，示人民以法守。自羲、农，经颛顼，迄尧、舜，始获成功。其艰苦愤悱，史虽不传，而以其时代推之，足知其常耗无穷之心力。吾侪生千百世后，日食其赐而不知，殊无以谢先民也。

历算之法相传始于伏羲。

> 《周髀算经》："伏羲作历度。"《汉书·律历志》："自伏羲画八卦，由数起。"

至神农时有历日。

> 《物理论》（杨泉）："畴昔神农正节气，审寒温，以为早晚之期，故立历日。"

而《史记·历书》不言黄帝以前之法。

> 《历书》："太史公曰：神农以前尚矣。"

惟《索隐》谓黄帝以前有《上元》、《太初》等历。

> 《历书》："昔自在古历，建正，作于孟春。"《索隐》："古历

者，谓黄帝《调历》以前，有《上元》、《太初》历等，皆以建寅为正，谓之孟春也。”

据《汉书》，《上元》、《太初》历，距汉武帝元封七年，凡四千六百一十七岁，不知为何人所制也。

《汉书·律历志》：“乃以前历《上元》、《太初》四千六百一十七岁，至于元封七年，复得阏逢摄提格之岁。”

洪水以前，历法之详备，当推黄帝之时。黄帝之历曰《调历》。

《史记索隐》：“《系本》及《律历志》：黄帝使羲和占日，常仪占月，臾区占星气，伶伦造律吕，大挠作甲子，隶首作算数，容成综此六术而著《调历》也。”

置闰定岁，

《历书》：“黄帝考定星历，建立五行，起消息，正闰余。”

建子为正，

《史记索隐》：“黄帝及殷、周、鲁，并建子为正。”

说者谓其时已分二十四气，

《历书》：“昔者黄帝合而不死，名察度验，定清浊，起五部，建气物分数。”孟康曰：“五部，五行也。天有四时，分为五行也。气，二十四气。物，万物也。”

然《左传》称少皞时以诸鸟定分至启闭。是古只分四时，未有二十四气之目也。

《左传》昭公十七年：“少皞挚之立也，凤鸟适至，故纪于鸟，为鸟师而鸟名：凤鸟氏，历正也；玄鸟氏，司分者也；伯赵氏，司至者也；青鸟氏，司启者也；丹鸟氏，司闭者也。”

少皞之后，历法尝再乱。

《历书》：“少皞氏之衰也，九黎乱德，……祸灾荐至，莫尽其气。颛顼受之，乃命南正重司天以属神，命火正黎司地以属民，使复旧常，无相侵渎。其后三苗服九黎之德，故二官咸废所职，而闰余乖次，孟陬殄灭，摄提无纪，历数失序。”

至唐尧时，复定历法，而以闰月定四时成岁之制，遂行用至四千余年。

《尧典》：“期三百有六旬有六日，以闰月定四时，成岁。允厘百工，庶绩咸熙。”

考其定历之法，以实测于四方为主。

《尧典》：“命羲仲，宅嵎夷，曰旸谷。寅宾出日，平秩东作，日中星鸟，以殷仲春。……命羲叔，宅南交，曰明都。平秩南讹，敬致，日永星火，以正仲夏。……命和仲，宅西，曰昧谷。寅饯纳日，平秩西成，宵中星虚，以殷仲秋。……命和叔，宅朔方，曰幽都，平在朔易，日短星昴，以正仲冬。”

而羲和以世官之经验，掌制历之事，则步算尤其专长矣。

《历书》：“尧复遂重黎之后，不忘旧者，使复典之，而立羲、和之官。郑玄曰：“尧育重黎之后，羲氏、和氏之贤者，使掌旧职。”

制历之关系，莫先于农时，《书》称“敬授民时”，以民间不知气候，定播种收获之期，则为害乎民事匪鲜也。《尚书大传》释授时之法最详。

《尚书大传》：“主春者张，昏中可以种谷。主夏者火，昏中可以种黍。主秋者虚，昏中可以种麦。主冬者昴，昏中可以收敛。……田猎断伐，当上告之天子，而下赋之民。故天子南面而视四星之中，知民之缓急，急则不赋籍，不举力役。故曰‘敬授人时’，此之谓也。”

农时之外，一切行政，亦皆根据时令。故《书》有“允厘百工，庶绩咸熙”之说。《大传》亦释之，而其文不全，然其意可推而知也。

《尚书大传》：“天子以秋命三公将率，选士厉兵，以征不义。决狱讼，断刑罚，趣收敛，以顺天道，以佐秋杀。以冬命三公谨盖藏，闭门闾，固封境，入山泽田猎，以顺天道，以佐冬固藏。”

推测步算，必资器具。世传古有浑仪，

《事物纪原》：“刘氏历曰：高阳造浑仪，黄帝为盖天。则浑仪始于高阳氏也。”

《春秋文耀钩》：“黄帝即位，羲、和立浑仪。”

然未能详其形制，以《尚书》考之，舜时有璇玑玉衡。

《尧典》：“璇玑玉衡，以齐七政。”

马、郑之说，皆以为浑天仪。

马融曰：“璇，美玉也；玑，浑天仪，可转旋，故曰玑。衡，其中横筩，所以视星宿也。以璇为玑，以玉为衡，盖贵天象也。日、月、星皆以璇玑玉衡度知其盈缩退进所在。”郑玄曰：“璇玑玉衡，浑天仪也。”

而蔡邕说其制较详。

《史记正义》引蔡邕云：“玉衡长八尺，孔径一寸，下端望之，以视星宿。并县玑以象天，而以衡望之。转玑窥衡，以知星宿。玑径八尺，圆周二丈五尺而强也。”

疑汉代史官，固有相传之古器，邕曾见之。其为虞舜之物与否，未能定也。

《晋书·天文志》：“汉灵帝时，蔡邕于朔方上书，言宣夜之学，绝无师法。《周髀》术数具存，考验天状，多所违失。惟浑天近得其情，今史官候台所用铜仪，则其法也。”①

《晋书·天文志》：“《虞书》曰：‘在璇玑玉衡，以齐七政。’《考灵耀》云：‘分寸之晷，代天气生，以制方圆。方圆以成，参以规矩，昏明主时，乃命中星，观玉仪之游。’郑玄谓以玉为浑仪也。《春秋文耀钩》云：‘唐尧即位，羲和立浑仪。’此则仪象之设，其来远矣。绵代相传，史官禁密，学者不睹，故宣、盖沸腾。”[2]

诸书又传刻漏始于黄帝。

梁《刻漏经》：“肇于轩辕之日，宣于夏商之代。”

《隋书·天文志》：“昔黄帝创观漏水，制器取则，以分昼夜。其后因以命官，《周礼》挈壶氏，则其职也。其法，总以百刻，分于昼夜。冬至昼漏四十刻，夜漏六十刻。夏至昼漏六十刻，夜漏四十刻。春秋二分，昼夜各五十刻。日未出前，二刻半而明；既没后，二刻半乃昏。减夜五刻以益昼，谓之昏旦，漏刻皆随气增。冬、夏二至之间，昼夜长短，凡差二十刻，每差一刻为一箭。冬至互起其首，凡有四十一箭。昼有朝，有禺，有中，有晡，有夕。夜有甲、乙、丙、丁、戊。昏旦有星中，每箭各有其数，皆所以分时代守，更其作役。”

疑亦史官世守之器，以定日夜之时刻者也。

古代星历之事，掌于史官，世传其学，往往守之历千百年。汉、晋之人，犹及见古历。

《汉书·艺文志》：“《黄帝五家历》，三十三卷。《颛顼历》，二十一卷。《颛顼五星历》，十四卷。《夏殷周鲁历》，十四卷。”

虽推验多所不合，

《长历说》（杜预）：“自古以来，论《春秋》者，多述谬误。或用黄帝以来诸历，以推经传朔日，皆不谐合。《春秋》四十七日蚀，《黄帝历》得一蚀，《颛顼历》得八蚀，《夏历》得十四蚀，《真夏历》得一蚀[3]，《殷历》、《周历》得十三蚀，《真周历》得一蚀，《鲁历》得十三蚀。”

然算术古疏后密，未可以不合遽斥为伪。惜晋以后诸历多不传，遂无由知其历式矣。

注　释

①据此是蔡邕亲见史官铜仪，惟是否璇玑玉衡，不可知耳。

②据此，是史官所掌浑仪，禁人窥视。蔡邕曾为史官，故亲见浑仪，而其他学者不能睹也。

③汉末宋仲子集七历以考《春秋》，其夏、周二历术数，皆与《艺文志》所记不同，故更名为《真夏历》、《真周历》。

第九章　唐虞之让国

吾国圣哲之教，以迨后世相承之格言，恒以让为美德。远西诸国，无此礼俗，即其文字，亦未有与吾国“让”字之义相当者。故论中国文化，不可不知逊让之风之由来也。人情好争而不相让，中土初民，固亦如是。如《吕览》谓“君之立出于长，长之立出于争”。可见吾民初非不知竞争，第开化既早，经验较多，积千万年之竞争，熟睹惨杀纷乱之祸之无已，则憬然觉悟，知人类非相让不能相安，而唐、虞之君臣遂身倡而力行之。高位大权，巨富至贵，靡不可以让人，而所争者惟在道德之高下及人群之安否。后此数千年，虽日争夺劫杀之事不绝于史策，然以逊让为美德之意，深中于人心，时时可以杀忿争之毒，而为和亲之媒。故国家与民族，遂历久而不敝。此非历史人物影响于国民性者乎？

唐、虞让国之事，纪于《尚书》。《尚书》开宗明义，即曰“允恭克让”，明其所重在此也。第今世所传之《尚书》，非完全之本，欲考其让国之迹，殊不能得完全之真相，此读史者一大憾事也。孔子所测之《书》，有《尧典》、《舜典》、《大禹谟》，今惟存《尧典》。而晋以后所传之《舜典》，实即《尧典》之文，《舜典》之首二十八字[①]及《大禹谟》，皆后人所伪撰，不可信。故唐尧让位之事，可征于《书》，而虞舜让位之事，则必以他书证之。

唐尧让位之事见于《书序》及《书》者为：

> 《尚书序》：“昔在帝尧，聪明文思，光宅天下，将逊于位，让于虞舜，作《尧典》。”“虞舜侧微，尧闻之聪明，将使嗣位，历试诸难，作《舜典》。”
>
> 《尚书·尧典》：“帝曰：明明扬侧陋。师锡帝曰：有鳏在下，曰虞舜。……帝曰：格汝舜，询事考言，乃言底可绩。三载，汝陟帝位。舜让于德弗嗣。正月上日，受终于文祖。……二十有八载，帝乃殂落。月正元日，舜格于文祖。”

今本《大禹谟》所称：“帝曰：格汝禹，朕宅帝位，三十有三载，耄期倦于勤，汝惟不怠，总朕师。禹曰：朕德罔克，民不依。”及“禹拜稽首固辞……正月朔旦，受命于神宗，率百官若帝之初”。此皆仿《尧典》之文为之，非其原文也。

述唐、虞禅让之事最详者，无过于《孟子》。

> 《孟子·万章上》：“舜相尧二十有八载，尧崩，三年之丧毕，舜避尧之子于南河之南。天下诸侯朝觐者，不之尧之子而之舜；讼狱者，不之尧之子而之舜；讴歌者，不讴歌尧之子而讴歌舜。夫然后之中国，践天子位焉。”“昔者舜荐禹于天，十有七年，舜崩，三年之丧毕，禹避舜之子于阳城，天下之民从之者，若尧崩之后，不从尧之子而从舜也。”

次则《史记》。

> 《史记·五帝本纪》：“尧知子丹朱之不肖，不足授天下，于是乃权授舜。授舜，则天下得其利而丹朱病；授丹朱，则天下病而丹朱得其利。尧曰：‘终不以天下之病而利一人。’而卒授舜以天下。”“舜子商均亦不肖，舜乃豫荐禹于天。十七年而崩。三年丧毕，禹亦乃让舜子，如舜让尧子。诸侯归之，然后禹践天子位。尧子丹朱，舜子商均，皆有疆土，以奉先祀。服其服，乐礼如之，以客见天子。天子弗臣，示不敢专也。”

《史记·夏本纪》："舜荐禹于天，为嗣。十七年而帝舜崩。三年丧毕，禹辞避舜之子商均于阳城。天下诸侯皆去商均而朝禹。禹于是遂即天子位，南面朝天下。……帝禹立而举皋陶荐之，且授为政，而皋陶卒。而后举益，任之政。十年，帝禹东巡狩，至于会稽而崩，以天下授益。三年之丧毕，益让帝禹之子启，而辟居箕山之阳。禹子启贤，天下属意焉。于是启遂即天子之位。

二书所言如此，则尧、舜、禹之皆让国为实事，无可疑矣。外此诸书论述唐虞之事者，凡分三种：

一则附会其事，谓尧、舜历让于诸人，不独让于舜、禹也。

《庄子·逍遥游》："尧让天下于许由，许由曰：予无所用天下为。"《庄子·让王》："尧以天下让许由，许由不受。又让于子州支父，子州支父曰：'以我为天子，犹之可也。虽然，我适有幽忧之病，方且治之，未暇治天下也。'舜让天下于子州支伯，子州支伯曰：'予适有幽忧之病，方且治之，未暇治天下也。'舜以天下让善卷，善卷曰：'余立于宇宙之中，冬目衣皮毛，夏日衣葛絺。春耕种，形足以劳动；秋收敛，身足以休食。日出而作，日入而息，逍遥于天地之间，而心意自得。吾何以天下为哉！悲夫，子之不知予也！'遂不受，于是去而入深山，莫知其处。舜以天下让其友石户之农，石户之农曰：'捲捲乎，后之为人，葆力之士也。'以舜之德未为至也，于是夫负妻戴，携子以入于海，终身不反也。"

《吕氏春秋·离俗览》："舜让其友北人无择，北人无择曰：'异哉，后之为人也！居于畎亩之中，而游入于尧之门，不若是而已，又欲以其辱行漫我，我羞之。'而自投于苍领之渊。"

此皆因《书》之称禅让，而加以附会者也。

一则谓古者天子最劳苦，故尧、禹乐于让国也。

《韩非子·五蠹》：“尧之王天下也，茅茨不翦，采椽不斫，粝粢之食，藜藿之羹，冬日麑裘，夏日葛衣，虽监门之服养，不亏于此矣。禹之王天下，身执耒臿，以为民先，股无胈，胫不生毛，虽臣虏之劳，不苦于此矣。以是言之，夫古之让天子者，是去监门之养，而离臣虏之劳也。古传天下而不足多也。今之县令，一日身死，子孙累世絜驾，故人重之。是以人之于让也，轻辞古之天子，难去今之县令者，薄厚之实异也。”

此则纯以俗情度尧、禹，然亦未尝谓尧、舜未行禅让之事也。

一则疑其让国为虚语，且其得国等于后世之篡弑也。

《史通·疑古篇》（刘子玄）：“按《汲冢琐语》云：‘舜放尧于平阳。’而书云：‘某地有城，以囚尧为号。’识者凭斯异说，颇以禅授为疑。据《山海经》谓放勋之子为帝丹朱，而列君于帝者，得非舜虽废尧，仍立尧子，俄又夺其帝者乎？斯则尧之授舜，其事难明，谓之让国，徒虚语耳！”“《虞书·舜典》云：‘五十载陟方乃死。’注云：‘死苍梧之野，因葬焉。’按苍梧者，地总百越，山连五岭，人风婐划，地气歊瘴，百金之子，犹惮经履其途；万乘之君，而堪巡幸其国？兼复二妃不从，怨旷生离，万里无依，孤魂溘尽，让王高蹈，岂其若是！斯则陟方之死，其殆文命之志乎？《汲冢书》云：‘舜放尧于平阳，益为启所诛。’又曰：‘太甲杀伊尹，文丁杀季历。’凡此数事，语异正经，其书近出，世人多不之信也。舜之放尧，无事别说，足验其情。益与伊尹见戮，并与正书犹无其证，推而论之，如启之诛益，仍可复也。何者？舜废尧而立丹朱，禹黜舜而立商均，益手握机衡，事同舜、禹，而欲因循故事，坐膺天禄，其事不成，自贻伊咎。观夫近古篡夺，桓独不全，马仍反正。若启之诛益，亦犹晋之杀玄者乎？舜、禹相代，事业皆成，唯益覆车，伏辜夏后。亦犹桓效曹、马而独致元兴之祸者乎？”

此则因后世奸雄，假借禅让，因疑古人亦以禅让饰其争夺也。

至于近世，民主之制勃兴，遂有谓尧、舜为首倡共和者。夫共和根于宪法，选举多由政党、总统任事，必有年限，唐、虞之时胥无之，正不容以史事相附会也。

《尧典》所载，君臣交让，其事非一：

帝曰：“咨！四岳，朕在位七十载，汝能庸命，巽朕位。”岳曰：“否德忝帝位。”

帝曰：“俞！咨禹，汝平水土，惟时懋哉！”禹拜，稽首，让于稷、契暨皋陶。

帝曰：“畴若予工？”佥曰：“垂哉！”帝曰：“俞！咨垂，汝共工。”垂拜稽首，让于殳斨暨伯与。

帝曰：“畴若予上下草木鸟兽？”佥曰：“益哉！”帝曰：“俞！咨益，汝作朕虞。”益拜稽首，让于朱虎、熊罴。

帝曰：“咨！四岳，有能典朕三礼？”佥曰：“伯夷。”帝曰：“俞！咨伯，汝作秩宗。”伯拜稽首，让于夔、龙。

《皋陶谟》尤盛称让德之效。

禹曰：“万邦黎献，共惟帝臣。惟帝时举，敷纳以言，明庶以功，车服以庸，谁敢不让，敢不敬应。”夔曰：“虞宾在位，群后德让。”

惟《韩非子》、《吕览》称鲧与共工不慊于尧、舜。

《韩非子·外储说》：“尧欲传天下于舜。鲧谏曰：‘不祥哉！孰以天下而传之于匹夫乎！’尧不听。举兵而诛杀鲧于羽山之郊。共工又谏曰：‘孰以天下而传之于匹夫乎？’尧不听，又举兵而流共工于幽州之都。于是天下莫敢言无传天下于舜。”

《吕氏春秋·行论篇》：“尧以天下让舜，鲧为诸侯，怒于尧曰：‘得天之道者为帝，得地之道者为三公，今我得地之道，而不以我为三公！’以尧为失论。欲得三公，怒甚猛兽，欲以为乱，比兽之角，能以为城；举其尾，能以为旌。召之不来，仿佯于野以患帝。舜于是殛之于羽山，副之以吴刀。”

盖以《书》有四罪之文，故谩为共、鲧反对之说。借使其说而信，亦可见尧之克让，具有定识毅力，不为浮议所摇，而反对之者实为少数也。

让国之事，在人而不在法，故至夏而变为世袭之局。韩愈论其事，以为塞争乱之道。

《对禹问》（韩愈）：“得其人而传之者，尧、舜也；无其人虑其患而不传者，禹也。时益以难理，传之人则争，未前定也。传之子则不争，前定也。前定虽不当贤，犹可以守法，不前定而不遇贤，则争且乱。天下之生大圣也不数，其生大恶也亦不数。传诸人，得大圣，然后人莫敢争。传诸子，得大恶，然后人受其乱。禹之后四百年，然后得桀；亦四百年，然后得汤与伊尹。汤与伊尹不可待而传也。与其传不得圣人，而争且乱，孰若传之子，虽不得贤，犹可守法。”

盖让贵得当，不当之让，徒以启争。立法以定元首之年限，视君主世袭之不能必其得贤，均也。

三代时天子无禅让者，而侯国犹间有之，如吴太伯、伯夷之类。

《史记·吴太伯世家》：“吴太伯，太伯弟仲雍，皆周太王之子，而王季历之兄也。季历贤而有圣子昌，太王欲立季历以及昌，于是太伯、仲雍二人，乃奔荆蛮，文身断发，示不可用，以避季历。季历果立，是为王季，而昌为文王。”

《伯夷列传》：“伯夷、叔齐，孤竹君之二子也。父欲立叔齐。及父卒，叔齐让伯夷。伯夷曰：‘父命也。’遂逃去，叔齐亦不肯立而逃之。国人立其中子。”

《左传》成公十五年：“晋侯执曹伯，归诸京师，诸侯将见子臧于王而立之。子臧辞曰：‘前志有之曰：圣达节，次守节，下失节。为君，非吾节也。虽不能圣，敢失守乎？’遂逃，奔宋。”

《公羊传》襄公二十九年：“吴子使札来聘，……贤季子也。何贤乎季子？让国也。其让国奈何？谒也，馀祭也，夷昧也，与季子同母者四。季子弱而才，兄弟皆爱之，同欲立之以为君。谒曰：‘今若是迮而与季子国，季子犹不受也。请无与子而与弟，弟兄迭为君，而致国乎季子。’皆曰：‘诺。’故诸为君者，皆轻死为勇，饮食必祝曰：‘天苟有吴国，尚速有悔于予身。’故谒也死，馀祭也立。馀祭也死，夷昧也立。夷昧也死，则国宜之季子者也。季子使而亡焉。僚者，长庶也，即之。季子使而反至而君之尔。阖庐曰：‘先君之所以不与子国而与弟者，凡为季子故也。将从先君之命与，则国宜之季子者也。如不从先君之命欤，则我宜立者也。僚恶得为君乎？’于是使专诸刺僚，而致国乎季子。季子不受，曰：‘尔弑吾君，吾受尔国，是吾与尔为篡也。尔杀吾兄，吾又杀尔，是父子兄弟相杀，终身无已也。’去之延陵，终身不入吴国。”

皆让国而遂其志者也。越公子搜则让国而不遂。

《周季编略》：“越三世弑君，公子搜患之，逃乎丹穴。越国无君，求王子搜而不得，从之丹穴，王子搜不肯出。越人熏之以艾，乘之以王舆，搜援绥登车，仰天而呼曰：‘君乎，君乎！独不可以舍我乎？’越人乃立搜为君。”②

合之凡五事，而燕王哙之让国，独为世所笑。

《史记·燕世家》：“燕王哙信其臣子之。子之使鹿毛寿谓燕王：‘不如以国让相子之。人之谓尧贤者，以其让天下于许由，

> 许由不受，有让天下之名，而实不失天下。今王以国让于子之，子之必不敢受，是王与尧同行也。’燕王因属国于子之。子之大重。或曰：‘禹荐益已，而以启人为吏；及老，而以启人为不足任乎天下，传之于益。已而启与交党攻益，夺之。天下谓禹名传天下于益，已而实令启自取之。今王言属国于子之，而吏无非太子人者，是名属子之，而实太子用事也。’王因收印自三百石吏以上，而效之子之。子之南面行王事，而哙老不听政，顾为臣，国事皆决于子之。三年，国大乱。”

伪让而不出于诚，与诚让而不出于伪者，史皆一一著之，非故袒太伯、伯夷等人，而独非燕哙、子之也。历观诸史，知古代自有此一种高尚而纯洁之人，不以身居天下国家之尊位为乐者，是皆尧舜之风，有以感之也。

注　释

①曰若稽古帝舜，曰重华，协于帝，浚哲文明，温恭允塞，玄德升闻，乃命以位。

②此文盖据《竹书纪年》、《庄子·让王篇》、《吕览·贵生篇》合编。

第十章　治水之功

唐、虞之时，以治洪水为一大事。洪水之祸，为时之久，已详于前。兹篇所述，专重治水之功，以明吾国有史以来之大势。按吾国遭水患者非一次，以治水著者亦非一人。

《论语摘辅象》称：伏羲六佐，“仲起为海陆，阳侯为江海”，是皆治水之官。

《礼记·祭法》：“共工氏之霸九州也，其予曰后土，能平九州，故祀以为社。”（按共工氏时，洪水之祸最酷，后土能平九州，当亦专长于治水者。）

《左传》昭公二十九年：“蔡墨曰：少皞氏有四叔，曰重、曰该、曰修、曰熙，实能金、木及水。使重为句芒，该为蓐收，修及熙为玄冥。世不失职，遂济穷桑。”是修、熙二子，为少皞时治水之官也。

共工治水，专事湮塞，为害孔巨。

《国语·周语》：“昔共工虞于湛乐，淫失其身，欲壅防百川，堕高湮卑，以害天下，皇天弗福，庶民弗助，祸乱并兴，共工用灭。”

后土继之，而其法不传，疑必力反共工之所为。唐虞时，鲧、禹父子相继治水，初亦蹈共工之复辙，后始改为疏浚。此可知人事必具有经验，往往有前人已经失败，后人复效其所为者。必一再试之而无功，然后确信失败者之法之不可用，正不独治水一端也。

鲧之治水，曰湮、曰障。

《书·洪范》："箕子曰：我闻在昔，鲧湮洪水，汩陈其五行。"

《祭法》："鲧障鸿水而殛死。"

《山海经·海内经》："洪水滔天，鲧窃帝之息壤，以湮洪水。"

殆惟多筑堤防，以遏水势，故经营九载，而功弗成。

《尧典》："九载绩用弗成。"

然因治水而得城郭之法，后世且崇祀之，亦不可谓鲧为无微功也。

《祭法》疏称："鲧障鸿水殛死者，鲧塞水而无功，而被尧殛死于羽山，亦是有微功于人，故得祀之。若无微功，焉能治水九载。《世本》云'作城郭'，是有功也。"

禹伤父功不成，劳身焦思，以求继续先业而竟其志。

《祭法》："禹能修鲧之功。"

《史记·夏本纪》："禹伤先人父鲧功之不成受诛，乃劳身焦思，居外十三年，过家门不敢入。"

《吴越春秋》："禹伤父功不成，循江溯河，尽济甄淮，乃劳身焦思以行七年，闻乐不听，过门不入，冠挂不顾，履遗不蹑。功未及成，愁然沈思。"

其法盖先行调查测量，

《皋陶谟》："禹曰：予乘四载，随山刊木。"

《禹贡》："禹敷土，随山刊木。"郑玄曰："必随州中之山而登之，除木为道，以望观所当治者，则规其形而度其功焉。"

《史记·夏本纪》："行山表木（《索隐》：表木谓刊木立为表记），陆行乘车，水行乘船，泥行乘橇，山行乘檋。左准绳，右规矩。”

按立木为表记，及携准绳规矩，皆为调查测量之事。郑说规其形而度其功，亦即此义。赵君卿《周髀算经注》：“禹治洪水，决流江河，望山川之形，定高下之势，乃句股所由生。”此一证也。而后从事于疏凿。

《淮南子·本经训》：“舜之时，龙门未开，吕梁未发，江淮通流，四海溟涬，民皆上丘陵，赴树木。舜乃使禹疏三江五湖，辟伊阙，导廛涧，平通沟陆，流注东海。鸿水漏，九州干，万民皆宁其性。”

《修务训》：“禹沐浴霪雨，栉扶风，决江疏河，凿龙门，辟伊阙，修彭蠡之防，乘四载，随山刊木，平治水土，定千八百国。”

其所治之诸水具详于《禹贡》。史家推论其功，尤以导河为大。

《史记·河渠书》：“河菑衍溢，害中国也尤甚。唯是为务，故道河自积石，历龙门，南到华阴，东下砥柱，及孟津、雒汭，至于大邳。于是禹以为河所从来者高，水湍悍，难以行平地，数为败，乃厮二渠，以引其河，北载之高地，过降水，至于大陆，播为九河，同为逆河，入于勃海。九川既疏，九泽既洒，诸夏艾安，功施于三代。”

按河自龙门，至今河间、天津等地，其长殆二千里，皆禹时以人力开凿而成。则中国人造之河流，不自南北运河始也。

专治一河其工之巨，已至可骇，矧兼九州之山水治之。北至河套，南至川、滇，西至青海，东至山东，其面积至少亦有七八百万方里。鲧治之九年，禹之十三年，合计二十二年，而九州之地尽行平治。以今人作事揆之，断不能如此神速。故西洋历史家，于禹之治水极为怀疑。

《支那太古史》（夏德）引爱多阿尔比优氏之说曰：“黄河自入支那以上，其流程达于五百六十力格；江水自禹所视察之湖广地方之大湖以下，其长约二百五十力格；汉水自发源至与江水合流处，长约百五十力格；合计三河之延长，殆达于一千力格。加以禹所治之他河，当有一千二百至于一千五百力格。夫古代支那之大纪念物，即万里长城，虽以非常之劳作而成，其长亦不过三百力格。然此巨大之建设，实亘非常之岁月。其初秦、赵、燕等诸国，业已陆续建造，至秦始皇帝，不过修缮而增设之耳。且以此等泥土筑造之城，比之绵亘一千二百乃至一千五百力格之大河，修筑堤防开浚水道之事，犹为容易之业，然其难且如此，则禹之治水，当需多大之劳苦与岁月乎？试以隆河之屡次泛滥为比，隆河之下流，较之黄河、长江之下流，不过四分之一，然治之犹需若干功力。彼禹之修改支那之大河，几与修正微弱之小川之水道无异。则此等具有怪力之禹，殆非人间之人也。”

按治水之难，以人工及经费为首。近世人工皆须以金钱雇之，故兴工必须巨款。吾国古代每有力役，但须召集民人，无须予以金钱。故《书》、《史》但称禹之治水，不闻唐、虞之人议及工艰费巨者，此其能成此等大工之最大原因也。西人但读《禹贡》，不知其时治水者，实合全国人之力，故疑禹为非常之人。若详考他书，则知其治水非徒恃一二人之功。观《史记》、《书经》注疏即可知矣。

《史记·夏本纪》：“禹与益，后稷奉帝命，命诸侯百姓兴人徒以傅土。”

《书·益稷》：“弼成五服，至于五千，州十有二师。”

伪《孔传》：“服，五百里，四方相距，为方五千里。治洪水，辅成之，一州用三万人功。九州，二十七万庸。”孔颖达疏：“治水之时，所役人功，每州用十有二师，通计之，一州用三万人功，总计九州用二十七万庸。庸亦功也。州境既有阔狭，用功必有多少，例言三万人者，大都通率为然。惟言用三万人者，不知用功日数多少，治水四年乃毕[①]，用功盖多矣，不知用几日也。”

按孔氏以周法证夏事，谓一州用三万人。《尚书大传》则曰：“古者八家而为邻，三邻而为朋，三朋而为里，五里而为邑，十邑而为都，十都而为师，州十有二师焉。”注曰：“州凡四十三万二千家。”据此，则当时每家出一人，助禹治水，即一州有四十三万二千人。九州之水，所用徒役，都三百八十八万八千人。虽未必同时并作，而经年累月，更番迭起，故能成此巨功也。

禹之治水，不徒治大水也，并田间之畎浍而亦治之。

《益稷》：“禹曰：予决九川，距四海，浚畎浍，距川。”

伪《孔传》：“一畎之间，广尺，深尺，曰畎；方百里之间，广二寻，深二仞，曰浍。浚深之至川，亦入海。”

孔子之称禹，不颂其治江河，而独颂其尽力沟洫。

《论语·泰伯》：“子曰：禹吾无间然矣！……卑宫室而尽力乎沟洫。”

盖畎浍沟洫之利，实较江河巨流为大。

《日知录》（顾炎武）：“夫子之称禹也，曰尽力乎沟洫。而禹自言，亦曰浚畎浍距川。古圣人有天下之大事，而不遗乎其小如此。古之通津巨渎，今日多为细流，而中原之田，夏旱秋潦，年年告病矣。”陈斌曰：“三代沟洫之利，其小者，民自为之也。其大者，官所为也。沟洫所起之土，即以为道路。所通之水，即以备旱潦。故沟洫者，万世之利也。试观甽田之法，一尺之甽，二尺之遂，即耕而即成者也。今苏、湖之田，九月种麦，必为田轮，两轮中间，深广二尺。其平阔之乡，万轮鳞接，整齐均一，弥月悉成。古之遂径，岂有异乎？设计其五年而为沟浍，则合八家之力，而先治一横沟。田首之步之为百八十丈者。家出三人，就地筑土，二日而毕矣。明年，以八十家之力治洫，广深三沟，其长十之，料工计日，三日而半，七日而毕矣。又明年，以八百家之力为浍，广深三洫，其长百沟，料工计日，一旬而半，三旬而毕矣。即以三旬之功，分责三岁，其就必矣。及功之俱成，民甽田以为利。一岁之中，家修其遂，众治其沟洫。官督民而浚其浍。有小水旱，可以无饥，十分之饥，可救其五。故曰万世之利也。”

使仅有九川距海，而无畎浍距川，则农田水利，仍无由兴，而治川之功，为虚费矣。然此义若再为西人言之，则必更惊禹之神奇，谓禹遍天下之沟洫而一一治之。不知禹之浚九川及浚畎浍，皆身为之倡，而人民相率效之。

《淮南子·要略》：“禹之时，天下大水，禹身执虆臿，以为民先。”

虽其勤苦异于常人，

《庄子·天下篇》：“墨子称道曰：昔者禹之湮洪水，决江河，而通四夷九州也，名山三百，支川三千，小者无数。禹亲自操橐耜，而九杂天下之川，腓无胈，胫无毛，沐甚雨，栉疾风。”

而以大多数之人民之功，悉归于禹，则未知事实之真相耳。

治水之功，除水患，一也；利农业，二也；便交通，三也。观《禹贡》所载各州贡道：

〔冀州〕夹右碣石，入于河。

〔徐州〕浮于淮、泗，达于河。

〔豫州〕浮于洛，达于河。

〔兖州〕浮于济、漯，达于河。

〔扬州〕沿于江、海，达于淮、泗。

〔梁州〕浮于潜，逾于沔，入于渭，乱于河。

〔青州〕浮于汶，达于济。

〔荆州〕浮于江、沱、潜、汉，逾于洛，至于南河。

〔雍州〕浮于积石，至于龙门西河，会于渭汭。

是各州之路，无不达于河，亦无不达于冀州帝都者。以政治言，则帝都与侯国消息灵通，居中驭外，故能构成一大帝国；以经济言，则九州物产，转输交易，生计自裕。故人民咸遂其生，而有“于变时雍”之美。犹之近世国家，开通铁道，而政治经济，咸呈极大之变化。《禹贡》所称治水之功效：

> 九州攸同，四隩既宅。九山刊旅，九川涤源，九泽既陂，四海会同，六府孔修。庶土交正，厎慎财赋，咸则三壤，成赋中邦。锡土姓，祗台德先，不距朕行。

洵非虚语也！

注释

①治水年数，或曰十三年、或曰四年，盖以鲧之九年，合禹四年计之为十三年也。孔曰四年乃毕，是以为十三年中，应除鲧之九年也。然《史记》一曰禹抑洪水十三年，再曰居外十三年，皆指禹一身言，不兼计鲧之九载也。

第十一章 唐虞之政教

自唐、虞至周皆封建时代，帝王与诸侯分地而治。帝王直辖之地不过方千里。其势殆等于今日一省之督军、省长。然以其为天下共主，故其政教必足以为各国之模范，而后可以统治诸侯。吾辈治古代历史者，当知其时帝王政教，具有二义：（一）施之于其直辖之地，兼以为各国之模范者；（二）统治各国之法。以此二义，故凡事皆取自近及远之术。

> 《书·尧典》：“克明俊德，以亲九族。九族既睦，平章百姓，百姓昭明，协和万邦。……柔远能迩。惇德允元，而难任人，蛮夷率服。”《皋陶谟》：“慎厥身，修思永。惇叙九族，庶明励翼，迩可远在兹。”

其所设施，大都指畿甸而言，不能胥诸侯万国，一一如其措注。后世儒者，盛称其时之政教，则误认为道一风同。今人就各方面研究，见其多有出入，又痛诋古书为不可信，要皆未喻此义也。

唐、虞之时，以天然地理画分九州：冀州，济、河惟兖州，海、岱惟青州。海、岱及淮惟徐州，淮、海惟扬州，荆及衡阳惟荆州，荆、河惟豫州，华阳、黑水惟梁州，黑水、西河惟雍州。中间尝分为十二州。说者谓舜以冀州之北广大，分置并州；以青州越海，分置营州；又分燕以北为幽州。至禹即位，复为九州。然其文无征，不能定其界域。惟知其时确尝分为十二区域耳。

《尧典》：“肇十有二州，封十有二山。”“咨十有二牧。”

又即九州分为五服。

《皋陶谟》：“弼成五服，至于五千。”《史记·夏本纪》谓：令天子之国以外五百里甸服，甸服外五百里侯服，侯服外五百里绥服，绥服外五百里要服，要服外五百里荒服。

以地形证之，四方相距，未必能平均如其里数。惟可知其治地约分此五种界限，甸服直接于天子，侯、绥为诸侯治地，要、荒服皆蛮夷，其文化相悬甚远耳。

当时诸侯号为万邦，亦非确数。其阶级盖分五等。

《尧典》：“辑五瑞。”马融曰：“五瑞：公、侯、伯、子、男所执以为瑞信也。”

其长曰牧，曰岳，曰伯。

《尧典》：“觐四岳群牧。”“咨十有二牧。”《左传》宣公三年：“贡金九牧。”《尚书大传·虞夏传》：“惟元祀，巡守四岳八伯。”“八伯咸进稽首。”

其国中制度不可考。以书观之，岳、牧之在中央政府颇有大权。如尧、舜举人命官，皆咨询岳、牧。而中央政府亦可黜陟之：

《尚书大传·唐传》：“《书》曰：三岁考绩，三考黜陟幽明。其训曰：三岁而小考者，正职而行事也。九岁而大考者，黜无职而赏有功也。其赏有功也，诸侯赐弓矢者，得专征；赐铁钺者，得专杀；赐圭瓒者，得为鬯以祭。不得专征者，以兵属于得专征之国；不得专杀者，以狱属于得专杀之国；不得专赐圭瓒者，资鬯于天子之国，然后祭。”

《虞夏传》：“古者，诸侯之于天子也，三年一贡士。天子命与诸侯辅助为政，所以通贤共治，示不独专，重民之至。大国举三人，次国举二人，小国举一人。一适谓之攸好德，再适谓之贤贤，三适谓之有功。有功者，天子赐以车服弓矢，再赐以秬鬯，三赐以虎贲百人，号曰‘命诸侯’。命诸侯得专征者，邻国有臣弑其君、孽伐其宗者，虽勿请于天子而征之，可也。征而归其地于天子。有不贡士，谓之不率正者，天子绌之。一不适谓之过，再不适谓之敖，三不适谓之诬。诬者天子绌之，一绌，少绌以爵；再绌，少绌以地；三绌，而爵地毕。”（按《大传》之言，未必即为唐、虞之定制，然足证当时诸侯可以黜陟。）

中央政府与各州诸侯之关系，以巡狩述职为最重之事。

《尧典》：“五载一巡狩，群后四朝。”《尚书大传·唐传》：“五年，亲自巡狩。巡，犹循也；狩，犹守也。循行守视之辞，亦不可国至人见为烦扰。故至四岳，知四方之政而已。”《虞传》：“九共以诸侯来朝，各述其土地所生美恶。人民好恶，为之贡赋政教。”

观《尚书》之文，当时帝者巡狩之要义有三：（一）致祭。如岁二月至于岱宗，柴，望秩于山川是；（二）壹法。如协时月，正日，同律度量衡是；（三）修礼。如修五礼、五玉，三帛，二生一死贽，如五器，卒乃复是。三者之中，以第二义为最切于民生日用，并可以推见当时诸侯之国，往往各用其相传之正朔，各用其律度量衡，不必与中央政府之定制相同。故虞帝定制，越五年一往考察，务使之齐同均一。此即统一中国之大纲也。《尚书大传》述古巡狩之事项较《虞书》为详，疑其以后世之法傅之，未必即为唐、虞之制。然其意亦可参考也。

《尚书大传·唐传》：“见诸侯，问百年，命大师陈诗以观民风俗，命市纳贾以观民好恶。山川神祇有不举者为不敬，不敬者削以地。宗庙有不顺者为不孝，不孝者黜以爵。变礼易乐为不从，不从者君流。改衣服制度为畔，畔者君讨。有功者赏之。《尚书》曰：‘明试以功，车服以庸。”’

古无印绶符节之制，其执以为信者，曰瑞，曰圭。有颁敛留复之法，犹后世之摘印、接印也。

《尧典》："辑五瑞。""班瑞于群后。"马融曰："尧将禅舜，使群牧敛之，使舜亲往班之。"《尚书大传·唐传》："古者，圭必有冒。言下之必有冒，不敢专达也。天子执冒以朝诸侯，见则复之。故冒圭者，天子所与诸侯为瑞也。瑞也者，属也。无过行者，得复其圭，以归其国。有过行者，留其圭。能改过者，复其圭。三年，圭不复，少黜以爵；六年，圭不复，少黜以地；九年，圭不复，而地毕。所谓诸侯之朝于天子也，义则见属，不义则不见属。"

禹会涂山，诸侯执玉，即沿唐、虞之制。

《左传》哀公七年："禹会诸侯于涂山，执玉帛者万国。"[①]

非徒以之行礼，且以之行赏罚焉。中央有黜陟之权，而后藩镇有戒慎之意。若徒事宽大，任诸侯之跋扈，而莫可如何，岂所以为政哉！

唐、虞之时，中央政府之财政与各国之财政，亦截然划分。冀州甸服，有赋无贡，而人民之粟米直接输纳于帝廷之官府。此外八州四服，则民赋各输于其国，而国君各市其地之物以为贡。

《禹贡》："五百里甸服，百里赋纳总，二百里纳铚，三百里纳秸服，四百里粟，五百里米。"孙星衍曰："《诗·甫田》疏引郑志云：凡所贡篚之物，皆以税物市之，随时物价，以当邦赋。《周礼》：太宰以九贡致邦国之用。疏云：诸侯国内，得民税，大国贡半，次国三之一，小国四之一。所贡者，市取当国所出美物，则《禹贡》所云'厥篚厥贡'之类是也。据此，知徐州虽有厥贡之文，不入谷，准其赋之额，买土物以贡。冀州不言厥贡，以帝都所需，令有司市买，不烦诸侯贡篚，故入谷不贡也。"

其时矿产发达，货币之用渐兴。

> 《禹贡》："扬州贡金三品。""荆州贡金三品。""梁州贡璆、铁、银、镂。"《山海经》："禹曰天下名山，经五千三百五十，六万四千五十六里……出铜之山，四百六十七，出铁之山，三千六百九十。"《史记·平准书》："虞夏之币，金为三品。"

以禹以九牧贡金铸鼎之事推之，疑当时各国所用货币，其鼓铸及发行之权，皆属于中央，故曰"六府孔修，底慎财赋"也。

吾观于唐、虞帝者之抚侯国，可谓疏节阔目矣。然黜陟大权，操之自上，不使有外重内轻之虞。分画财赋，各有权限，俨然有国家地方之别。是古代固以法治，非徒以人治也。法立令行，内外井井，而中央政府之政务，自亦简易而无须多人。伪古文《周官》篇称"唐、虞稽古，建官惟百"，虽未必可信，然《尧典》、《皋陶谟》称其时之官吏，不过曰百工、百揆、百僚，是官吏之大数不过百也。更稽其职掌，则有：

历官，羲和及四子司历象。司空，禹作司空，宅百揆。稷官，弃居稷官，播百谷。司徒，契为司徒，敷五谷。理官，皋陶作士，司五刑。(《说苑·修文篇》："皋陶为大理。")工官，垂为共工。虞，益作虞，司上下草木鸟兽。礼官，伯夷作秩宗，典三礼。教官，夔典乐，教胄子。纳言，龙作纳言，出纳帝命。

荦荦数大端，中央政府之政务已赅括无余。其异于后世者，独无外交官及海陆军耳。

唐、虞帝国之官，司教育者有二职，盖一司普通教育，一司专门教育也。普通教育专重伦理。

> 《左传》文公十八年："举八元、使布五教于四方，父义、母慈、兄友、弟恭、子孝，内平外成。"《孟子·滕文公》："人之有道也，饱食、暖衣、逸居而无教，则近于禽兽。圣人有忧之，使契为司徒，教以人伦，父子有亲，君臣有义，夫妇有别，长幼有序，朋友有信。"

其施教之法不可考。专门教育则有学校，其学校曰庠，亦曰米廪。

《礼记·王制》："有虞氏养国老于上庠，养庶老于下庠。""虞庠在国之四郊。"《明堂位》："米廪，有虞氏之庠也。"

以《王制》之言推之，有虞氏国都内外，当有学校六所[②]。夔之所司，未知属何学校，或夔专司上庠，而下庠及四郊之庠，则属于司徒欤？

有虞之学校有二事：一曰养老，

《礼记·王制》："有虞氏皇而祭，深衣而养老。""凡养老，有虞氏以燕礼。"

据说《礼》者之言，则学校所养之老，凡四种：

皇侃曰："人君养老有四种，一是养三老五更；二是子孙为国难而死，王养死者父祖；三是养致仕之老；四是引户校年，养庶人之老。"

有虞所谓国老，殆即前三者，而庶老则第四种也。以燕礼养老，未知专指国老，抑兼养庶老，其礼亦不可考。说者以《周礼》释之，大致当亦不远。

《王制》疏："有虞氏以燕礼者，虞氏云：燕礼，脱屦升堂。崔氏云：燕者，肴烝于俎，行一献之礼，坐而饮酒，以至于醉。以虞氏帝道弘大，故养老以燕礼。"

吾意虞学名庠，庠者，养也。其养之之法，必不止于帝者来庠之时，一举燕礼而已。凡在庠之老者，必有常年之膳食，如近世各国之有养老金者然。而老者在庠无所事事，则又等于素餐，故必各就所长及其多年之经验，聚少年学子而教之。于是耆老之所居，转成最高之学府。而帝者以其为宿学之所萃，亦时时临莅，以聆其名言至论，取以为修身治国之准绳。少年学子见一国之元首，亦隆礼在庠之师儒，则服教说学之心因之益挚。此古代以学校养老之用意也。

一曰教乐，其所教为诗歌声律。

柷敔《尧典》："诗言志，歌永言，声依永，律和声。"

即近世所谓声音学、言语学、文学、音乐诸科也。此诸科者，似不切于实用。然观当时之风气，则诗乐实与宗教、政治有大关系。

《尧典》曰："八音克谐，无相夺伦，神人以和。"《皋陶谟》曰："戛击鸣球，抟拊琴瑟以咏。祖考来格，虞宾在位，群后德让，下管鼗鼓，合止柷敔，笙镛以间，鸟兽跄跄，箫韶九成，凤皇来仪。"（是宗教之关系也）"帝庸作歌曰：勅天之命，惟时惟几。乃歌曰：股肱喜哉！元首起哉！百工熙哉！皋陶拜手稽首飏言曰：念哉！率作兴事，慎乃宪，钦哉！屡省乃成，钦哉！乃赓载歌曰：元首明哉！股肱良哉！庶事康哉！又歌曰：元首丛脞哉！股肱惰哉！万事堕哉！"（是政治之关系也）《尚书大传·虞夏传》："乐正定乐名，元祀代泰山，贡两伯之乐焉。阳伯之乐，舞《株离》，其歌声比余谣，名曰《皙阳》。仪伯之乐，舞鼚哉，其歌声比大谣，名曰《南阳》。中祀大交霍山，贡两伯之乐焉。夏伯之乐，舞谩彧，其歌声比中谣，名日《初虑》。羲伯之乐，舞将阳，其歌声比大谣，名曰《朱于》。秋祀柳谷华山，贡两伯之乐焉。秋伯之乐，舞蔡俶，其歌声比小谣，名曰《苓落》。和伯之乐，舞玄鹤，其歌声比中谣，名曰《归来》。幽都弘山祀，贡两伯之乐焉。冬伯之乐，舞齐落，歌曰《缦缦》，垂为冬伯，舞丹凤，一曰《齐落》，歌曰《齐落》，一曰《缦缦》。"

是天子巡狩之时，八伯皆须贡乐，亦与政治、宗教有关系也。诵诗可以知政，作乐可以降神，则文化教育，亦即其时之实用教育也。观舜以音乐察治忽。

《皋陶谟》："予欲闻六律五声八音，在治忽。"

盖古人以声音之道与政通，故恒注重于声乐。而学生以此为教科，则一以淑学者之性情，一以裕学者之知识，储材化俗之意兼而有之焉。

唐、虞之官吏，殆多由大臣举用。

《左传》文公十八年："舜臣尧，举八恺，使主后土，……举八元，使布五教于四方。"

其用人虽多出于贵族，然必以其言论及事功参稽而用之。

《尧典》："询事考言。""敷奏以言，明试以功。"

《皋陶谟》："工以纳言，时而飏之。格则承之庸之。"

且惩戒之法甚严，失职不免鞭挞，甚且著之刑书。

《尧典》："鞭作官刑。"《皋陶谟》："挞以记之，书用识哉。"

其考绩必以三年者，取其官久而事习，然后可以定其优劣也。

《尧典》："三载考绩。"（后世官吏有任期，实本此制）

官法虽严，而君臣之分际，初不若后世之悬隔。相与对语，率以"尔"、"汝"之称。

如《皋陶谟》："帝曰：来！禹，汝亦昌言。""皋陶曰："俞！师汝昌言。""禹曰：安汝止。"③

且设四邻，以为人主之监督。

《尚书大传·虞夏传》："古者，天子必有四邻，前曰疑，后曰丞，左曰辅，右曰弼。天子中立而听朝，则四圣维之。是以虑无失计，举无过事。故《书》曰：'钦四邻'，此之谓也。""天子有问，无以对，责之疑；可志而不志，责之丞；可正而不正，责之辅；可扬而不扬，责之弼。其爵视卿，其禄视次国之君。"

故君主无由专制，而政事无不公开也。

唐、虞地方之制不可考，以《大传》及《史记》相参，则其时有邑、里、都、师等区画。

《尚书大传·召诰》："古者处师，八家而为邻，三邻而为朋，三朋而为里，五里而为邑，十邑而为都，十都而为师，州十有二师焉。家不盈三口者不朋，由命士以上不朋。"《史记·五帝本纪》：“一年而所居成聚，二年成邑，三年成都。”

其民殆多聚族而居。

《书序》：“帝厘下土，方设居方，别生分类，作汩作，九共九篇。”[④]

无姓者则赐之以姓。

《禹贡》：“锡土姓。”[⑤]

人民之职业甚多。

《淮南子·齐俗训》：“尧之治天下，导万民也，水处者渔，山处者木，谷处者牧，陆处者农。地宜其事，事宜其械，械宜其用，用宜其人。泽皋织网，陵阪耕田，得以所有易所无，以所工易所拙。”《史记·五帝本纪》：“舜耕历山，渔雷泽，陶河滨，作什器于寿丘，就时于负夏。”（《禹贡》详载各州贡品，知其时畜牧、田渔、漆桑、纺织、商矿诸业皆备）《考工记》：“有虞氏上陶。”

大要以农业为本，有甽田之制。

《汉书·食货志》：“后稷始甽田，以二耜为耦，广尺深尺为圳，长终亩。一亩三圳，一夫三百圳。而播种于甽中。”

其民大率春夏皆处于野，秋冬则邑居。

《尧典》：“春厥民析[⑥]，夏厥民因[⑦]，秋厥民夷，冬厥民燠。”

按《汉书·食货志》述古制：“春令民毕出在野，冬则毕入于邑。其《诗》曰：‘四之日举趾，同我妇子，馌彼南亩，田馂至喜。’又曰：‘十月蟋蟀，入我床下，嗟我妇子，聿为改岁，入此室处。’所以顺阴阳，备寇贼，习礼文也。”可与《尧典》相证[⑧]。

后世传其时垦田甚多，而人口甚少，虽多出于臆测，然以地域及史事观之，计亦约略相等。

《后汉书·郡国志》注引皇甫谧《帝王世纪》：“禹平洪水

时，民口千三百五十五万三千九百二十三人。九州之地，凡二千四百三十万八千二十四顷。定垦者九百三十万六千二十四顷，不垦者千五百万二千顷。”

按皇甫谧不知据何书而能言唐、虞时田土人口之数凿凿如此，似不可信。然九州之地，垦辟不足一千万顷，似亦非过言。以《尚书大传》一州四十三万二千家计之，九州三百八十八万八千家，平均一家五口，亦不过一千九百四十四万人。况九州之都邑，未必一一皆如其数。则其时之人口，自不过一千数百万。观舜所居二年成邑，三年成都，则舜未居其地之前，皆空旷之地，无都邑也。土旷人稀，而生计进步，此尤其时号称郅治之大原。吾辈读史，不可徒研究其政教，而不就当时土地人民之数，一究其因果也。

唐、虞政教之梗概，及其社会之状况，具如上述。其尤重要者，则敬天爱民之义为后世立国根本。虽有专制之君、暴虐之主、刚愎自用之大臣，间亦违反此信条，而自恣其意，然大多数之人诵习典谟，认为立国惟一要义，反复引申，以制暴君污吏之毒焰。于是柄政者，贤固益以自勉，不肖亦有所惩。即异族入主中国，亦不能不本斯义，以临吾民。故制度可变，方法可变，而此立国之根本不可变。如：

《尧典》：“钦若昊天。”“敬授民时。”“钦哉，惟时亮天功。”《皋陶谟》：“在知人，在安民。”“安民则惠，黎民怀之。”“天工人其代之。”“天叙有典，勅我五典五惇哉。”“天秩有礼，自我五礼有庸哉。”“天命有德，五服五章哉！天讨有罪，五刑五用哉！”“天聪明，自我民聪明。天明畏，自我民明威。”“惟动丕应徯志，以昭受上帝，天其申命用休。”

等等诸语，以天与民合为一事，欲知天意，但顺民心。凡人君之立政施教，不过就天道自然之秩序，阐发而推行之，直无所用其一人之主张。此尤治史者所当深考者也。

注　释

①杜《注》：诸侯执玉，附庸执帛。

②上下庠各一，四郊之庠四。

③《史记》作安尔汝。

④刘师培曰：别生，犹言别姓，所以辨别其氏姓耳。

⑤刘师培曰：古人从母得姓，自禹锡土姓，其所谓姓，始不从母而从父。

⑥孙星衍《尚书今古文注疏》曰：“高诱注《吕览·仲春纪》引《书》此文，说之云：散布于野。《史记·司马相如传·索隐》引如淳云：析，分也。言使民分散耕种。”

⑦孙曰：《尔雅·释诂》：儴，因也。《说文》云：汉令解衣耕谓之襄，盖谓民相就而助成耕穤事。

⑧《豳风》述后稷、公刘，当是虞、夏时风俗。

第十二章　夏之文化

夏后氏十四世，十七君，传祚四百数十年。

《史记·三代世表》："从禹至桀十七世。"《通鉴外纪》注："夏十七君，十四世，通羿、浞四百三十二年。"

以进化之律论之，夏之社会，必以大进于唐、虞之时，然夏之历史多不可考，孔子尝屡言之。

《礼记，礼运》："孔子曰：我欲观夏道，是故之杞而不足征也，吾得夏时焉。"《论语》："子曰：夏礼吾能言之，杞不足征也。"

太史公著《史记》，于当时所传夏代之书，亦多疑词。

《史记·夏本纪》："太史公曰：孔子正夏时，学者多传《夏小正》云。"《大宛列传》："太史公曰：言九州山川，《尚书》近之矣，至《禹本纪》、《山海经》所有怪物，余不敢言之也。"

今所传《虞》、《夏书》，自《禹贡》以上，皆述唐、虞时事。其专述夏事者，惟三篇：

《甘誓》、《五子之歌》、《胤征》。

后仅存《甘誓》一篇，其文献之不足征，更甚于孔子、史公之时。故欲云夏之文化，无非凿空附会而已。虽然，孔子能言夏礼，墨子多用夏政。

《淮南子·要略》："墨子背周道而用夏政。"

箕子尝陈《鸿范》，魏绛实见《夏训》。

《左传》襄公四年："魏绛曰：《夏训》有之曰：有穷后羿。"

《孝经》本于夏法（章炳麟有《孝经本夏法说》）。《汉志》亦载《夏龟》，

《汉书·艺文志》："《夏龟》，二十六卷。"

《七月》、《公刘》之诗，多述夏代社会礼俗，可与《夏小正》参证。《小戴记》、《王制》、《内则》、《祭义》、《明堂位》诸篇，凡言三代典制者，往往举夏后氏之制为首。是夏之文献虽荒落，然亦未尝不可征考其万一也。

夏之社会，农业之社会也。观《夏小正》及《豳风》，皆以农时为主，而附载其他事业。知其时所最重者，惟农事矣。当时田制有公私之分。

《夏小正》："正月初服于公田。"《传》："古有公田焉者，言先服公田而后服其田也。"

公私之田，一家种若干亩不可考，或谓一夫授田五十亩。

《孟子·滕文公》："夏后氏五十而贡。"赵岐注："民耕五十亩，贡上五亩。"

《日知录》（顾炎武）："古来田赋之制，实始于禹。水土既平，咸则三壤，后之王者，不过因其成迹而已。故《诗》曰：'信彼南山，维禹甸之。畇畇原隰，曾孙田之。我疆我理，南东其亩。'然则周之疆理，犹禹之遗法也。《孟子》乃曰：'夏后氏五十而贡，殷人七十而助，周人百亩而彻。'夫井田之制，一井之地，画为九区，故苏洵谓万夫之地。盖三十二里有半，而其间为川为路者一，为浍为道者九，为洫为涂者百，为沟为畛者千，为遂为径者万。使夏必五十，殷必七十，周必百，则是一王之兴，必将改畛涂，变沟洫，移道路以就之。为此烦扰而无益于民之事也，岂其然乎？盖三代取民之异在乎贡、助、彻，而不在乎

五十、七十、百亩，特丈尺之不同，而田未尝易也。故曰‘其实皆什一’也。……夏时土旷人稀，故其亩特大，殷周土易人多，故其亩渐小。以夏之一亩为二亩。其名殊而实一矣。”

其名地，方十里为成，

《左传》哀公元年：“夏少康有田一成，有众一旅。”杜《注》：“方十里为成。”方八里为甸。

《诗·信南山》：“维禹甸之。”郑《笺》：“六十四井为甸，甸方八里，居一成之中。成方十里，出兵车一乘。”

其典农者曰田畯，

《诗·豳风》：“田畯至喜。”《传》：“田畯，田大夫也。”

其居民多茅屋、土壁、荜户，

《诗·豳风》：“昼尔于茅，宵尔索绹，亟其乘屋。”“穹窒熏鼠，塞向墐户。”毛《传》：“向，北出牖也。墐，涂也。庶人荜户。”

缘屋种桑，男治田而女治蚕，

《诗·豳风》：“女执懿筐，遵彼微行，爰求柔桑。”毛《传》：“微行，墙下径也。五亩之宅，树之以桑。”

农隙则田夫射猎以肄武。

《诗·豳风》：“一之日于貉，取彼狐狸，为公子裘。二之日其同，载缵武功，言私其豵，献豜于公。

事皆先公而后私，其民风之淳朴，颇足多焉。

夏之教育，有序，有校。

《明堂位》：“序，夏后氏之序也。”《孟子》：“夏曰校。”

乡校一曰公堂。

《诗·豳风》：“跻彼公堂。”毛《传》：“公堂，学校也。”

国学则曰学。

《夏小正》："二月丁亥，万用入学。"《传》："入学也者，大学也。

入学以春仲吉日，行礼则舞干戚。

《夏小正传》："丁亥者，吉日也。万也者，干戚舞也。"

国之老者，亦养于学。

《礼记·王制》："夏后氏以飨礼。""养国老于东序，养庶老于西序。""夏后氏收而祭，燕衣而养老。"

乡人则于十月跻公堂，行饮酒之礼。

《诗·豳风》："十月涤场，朋酒斯飨。曰杀羔羊，跻彼公堂，称彼兕觥，万寿无疆。"

而国学特重教射焉，

《孟子》："序者，射也。"

孔子称夏禹卑宫室，而启有钧台。

《左传》昭公四年："夏启有钧台之享。"

世又传启有璇台，桀有倾宫、瑶台。

《竹书纪年》："帝启元年，大飨诸侯于钧台。诸侯从帝归于冀都，大享诸侯于璇台。""夏桀作倾宫、瑶台，殚百姓之财。"

其宫室之崇卑，殆亦随时不同。《考工记》载夏世室之制，

《考工记》："夏后氏世室，堂修二七，广四修一，五室，三四步，四三尺，九阶，四旁两夹窗，白盛，门堂三之二，室三之一。"

假定其时六尺为步，其尺之长略等于周尺，则其世室之修，不过今尺六丈有奇，广亦不过八丈有奇，而其中之室深不过二丈，宽亦不过二丈有奇，其制度之褊隘可想。《记》不言其屋高若干，以其深广度之，亦必不能过高。此孔子所以谓其"卑宫室"欤？

夏之器用颇简陋，观《公刘》之诗可见。

《诗·公刘》：“乃裹餱粮，于橐于囊，弓矢斯张，干戈戚扬。”“何以舟之，维玉及瑶，鞞琫容刀。”“跄跄济济，俾筵俾几。”“执豕于牢，酌之用匏。”“涉渭为乱，取厉取锻。”

《礼记》述其礼器，有山罍、鸡彝、龙勺、龙簨簴。

《明堂位》：“山罍，夏后氏之尊也。”“夏后氏以鸡彝。”“夏后氏以龙勺。”“夏后氏之龙簨簴。”

则宗庙器具，亦有雕刻为鸡、龙等形者。惟其时色尚黑，

《檀弓》：“夏后氏尚黑，大事敛用昏，戎事乘骊，牲用玄。”

虽有雕刻，度必墨色而无华采。此亦风尚质朴之征也。《考工记》称“夏后氏尚匠”。盖专重治水土、兴沟洫之事，而宫室器用则弗求其美备欤?

夏代官制散见群书，其大数盖亦百人。

《明堂位》：“夏后氏官百。”郑注《昏义》曰：“天子立六官、三公、九卿、二十七大夫、八十一元士，盖谓夏氏也。……夏后氏官百二十。”

执政之官，初为六卿，

《甘誓》：“乃召六卿。”郑注《大传·夏书》云：“六卿者，后稷、司徒、秩宗、司马、作士、共工也。”

后改为五官。

《礼书通故》：“洪范八政：一曰食，二曰货，即虞后稷所掌；三曰祀，即虞秩宗所掌；四曰司空，五曰司徒，与虞官名同；六曰司寇，即虞之士；七曰宾，郑《注》云：若周大行人，是为司寇之属；八曰师，其司马也[①]。夏自不窋失官后，后稷废，兵刑分。其制以秩宗、司徒、司空、司寇、司马为五官。”

其司空、司徒、司马，又号三公。

《尚书大传·夏传》：“天子三公：一曰司徒公，二曰司马公，

三曰司空公。”

《月令正义》曰：“《书传》三公领三卿，此夏制也。”此外有遒人。

《左传》襄公四年：“《夏书》曰：遒人以木铎徇于路，官师相规，工执艺事以谏。”

有羲和，

《史记·夏本纪》：“中康时，羲、和湎淫，废时乱日，胤往征之，作《胤征》。”

有太史，

《淮南子·氾论训》：“夏之将亡，太史令终古先奔于商。”

及车正，

《通典》：“夏后氏俾车正奚仲建旗旐，尊卑上下，各有等级。”

乐正，

《左传》昭公二十八年：“乐正后夔生伯封，……有穷后羿灭之，夔是以不祀。”

虞人，啬人等官。

《夏小正》：“十一月，啬人不从。”“十二月，虞人入梁。”

其诸侯之长曰九牧，侯国之官有牧正、庖正。

《左传》哀公元年：“少康为仍牧正，又为虞庖正。”

皆可推见夏之制度焉。

洪水以前虽有史官，而其著作之文罕传于后，今所传之虞夏书皆夏史官所纪载也。《皋陶谟》一篇或谓伯夷所作。

孙星衍曰：“史公云：禹、伯夷、皋陶相与语帝前，经文无伯夷者。《大戴礼·诰志篇》孔子引虞史伯夷曰：明，孟也。幽，幼也。似解‘幽明庶绩咸熙’。是伯夷为虞史官。史迁以‘皋陶方祗厥叙'，及'夔曰戛击鸣球'，至'庶尹允谐'，为史臣叙事之文，则即伯夷所述语也。”（按《尧典》至舜死，《皋陶谟》在《尧典》后，当皆夏时所撰。是伯夷为虞史，亦即夏史也。）

故论吾国史家义法，当始于夏。夏之史官，世掌图法。

《吕氏春秋·先识览》：“夏太史令终古出其图法，执而泣之。”

不知其图若何。世传伊尹见汤，言九品图画。

《史记·殷本纪》：“伊尹……从汤，言素王及九主之事。”《集解》：“刘向《别录》曰：九主者，有法君、专君、授君、劳君、等君、寄君、破君、国君、三岁社君，凡九品，图画其形。”②

关龙逢引《皇图》。

《尚书帝命验》：“夏桀无道，杀关龙逢，绝灭《皇图》，坏乱历纪。”郑玄曰：“天之图形，龙逢引以谏桀也。”

疑当时史策，往往绘画古代帝皇之事，以昭监戒。史官所掌之外，学士大夫亦多习之。正不独九鼎之图画物象也。

《左传》宣公三年：“昔夏之方有德也，远方图物，贡金九牧，铸鼎象物，百物而为之备，使民知神奸。故民入川泽山林，不逢不若，魑魅罔两，莫能逢之。”

金石文字，传世最久者，莫如夏鼎。而其鼎没于泗水，秦始皇使千人求之不得，后世亦无发见之者，可异也。

《周季编略》：“周显王三十三年，九鼎没于泗水。”

《史记·始皇本纪》：“二十八年，过彭城，斋戒祷祠，欲出周鼎泗水。使千人没水求之，弗得。”

后世所传《岣嵝碑》，

韩愈诗：“岣嵝山尖神禹碑，字青石赤形模奇。”

琱戈钩带及禹篆，

《钟鼎彝器款识》（薛尚功）：“有夏琱戈及钩带。”

《淳化阁帖》有夏禹篆书十二字，释者谓止“出、令、聂、子、星、记、齐、其、尚”九字。

皆伪作，不可信。《山西通志》载夏货甚多，盖亦《通志》所称尧泉、舜币之类耳。

注　释

①按此则夏之六卿，当为后稷、秩宗、司空、司徒、司寇、司马。与郑注《大传》说不同。

②曾符按：依1973年湖南长沙马王堆三号汉墓出土佚书，九主当改为“专授君二、劳君、等君、寄君、破国君二、灭社君二”。

第十三章　忠孝之兴

唐、虞以降，国家统一，政治组织，渐臻完备。于是立国行政，始有确定之方针。其方针大抵因时势之需要而定，救弊补偏，必有所尚。时移势异，偏弊不同，则所尚亦因之而异。其时无所谓政纲政策，故但名之曰道、曰尚。虞、夏、商、周所尚之道，详于《礼记·表记》：

> 子曰：夏道尊命，事鬼敬神而远之，近人而忠焉。先禄而后威，先赏而后罚，亲而不尊。其民之敝，蠢而愚，乔而野，朴而不文。殷人尊神，率民以事神，先鬼而后礼，先罚而后赏，尊而不亲。其民之敝，荡而不静，胜而无耻。周人尊礼尚施，事鬼敬神而远之，近人而忠焉。其赏罚用爵列，亲而不尊。其民之敝，利而巧，文而不惭，贼而蔽。
>
> 夏道未渎辞，不求备，不大望于民，民未厌其亲。殷人未渎礼，而求备于民。周人强民，未渎神，而赏爵刑罚穷矣。
>
> 虞夏之道，寡怨于民。殷周之道，不胜其敝。
>
> 虞夏之质，殷周之文，至矣。虞夏之文，不胜其质。殷周之质，不胜其文。
>
> 后世虽有作者，虞帝弗可及也已矣。君天下，生无私，死不厚其子。子民如父母，有憯怛之爱，有忠利之教。亲而尊，安而敬，威而爱，富而有礼，惠而能散。其君子尊仁畏义，耻费轻

实，忠而不犯。义而顺，文而静，宽而有辨。

据此，是一代有一代所尚之道，其道各有所敝。而夏道近于虞，故虞、夏往往连言。后世遂只称夏、商、周三教而不称虞。

《说苑·修文篇》：“夏后氏教以忠，而君子忠矣；小人之失野，救野莫如敬，故殷人教以敬，而君子敬矣；小人之失鬼，救鬼莫如文，故周人教以文，而君子文矣；小人之失薄，救薄莫如忠。”《白虎通义》：“王者设三教者何？承衰救弊，欲民反正道也。三正之有失，故立三教以相指受。夏人之王教以忠，其失野，救野之失莫如敬。殷人之王教以敬，其失鬼，救鬼之失莫如文。周人之王教以文，其失薄，救薄之失莫如忠。三教改易自夏后氏始。三教所以先忠何？行之本也。”董仲舒《对策》曰：“王者有改制之名，亡变道之实。然夏上忠，殷上敬，周上文者，所继之救，当用此也。……夏因于虞，而独不言所损益者，其道如一而所上同也。”

夏、商、周三代绵亘二千年，其政教风俗之变迁多矣。近世混而言之，不复加以区别，不知周、汉之人论三代史事，研究其性质，则立国行政之方针，固各有其截然不同者在。而其利弊得失，亦直言之而不为讳，足知昔人之论史，初非一意崇奉古人，不敢一议其失也。商、周之事以俟后论，兹先言虞、夏所尚之道。

夏道尚忠，本于虞。以孔子所言味之，如“忠利之教”，“忠而不犯”，“近人而忠”，则言君主及官吏之忠于民者二，而言官吏忠于君主者一。

孔《疏》：“忠利之教者，言有忠恕利益之教也。以忠恕养于民，是忠焉也。”此二者皆指君主官吏尽忠于民而言。“忠利之教”当以《左传》桓公六年“上思利民，忠也”，及《孟子》“教人以善谓之忠”二义解之。孔《疏》：“忠而不犯者，尽心于君，是其忠也。无违政教，是不犯也。”此则为官吏对君上之忠。

足见夏时所尚之忠，非专指臣民尽心事上，更非专指见危授命。第谓居职任事者，当尽心竭力求利于人而已。人人求利于人而不自恤其私，则牺牲主义、劳动主义、互助主义悉赅括于其中，而国家社会之幸福，自由此而烝烝日进矣。

夏书不尽传，故夏道之证不多。周时专倡夏道者，墨子也。观墨子所称道，即可以推知夏道。

> 《庄子·天下篇》："墨子称道曰：'昔者禹之湮洪水，决江河，通四夷九州也，名山三百，支川三千，小者无数，禹亲自操橐耜而九杂天下之川，腓无胈，胫无毛，沐甚雨，栉疾风，置万国。禹大圣也，而形劳天下也如此。'使后世之墨者多以裘褐为衣，以跂跻为服，日夜不休，以自苦为极，曰：'不能如此，非禹之道也，不足为墨。"'

大抵尚同、兼爱、节用、节葬之义，多由夏道而引申之。凡所谓圣王之法，疑皆夏时之法[①]。

> 《墨子·节用篇上》："昔者圣王为法，曰：丈夫年二十，毋敢不处家；女子年十五，毋敢不事人。"《节用篇中》："古者圣王制为节用之法。曰：凡天下群工，轮、车、鞼、匏、陶、冶、梓匠，使各从事其所能。曰：凡足以奉给民用则止，诸加费不加于民利者，圣王弗为。""古者圣王制为饮食之法，曰：足以充虚继气，强股肱，耳目聪明，则止。不极五味之调，芬香之和，不致远国珍怪异物。""古者圣王制为衣服之法，曰：冬服绀緅之衣，轻且暖；夏服絺綌之衣，轻且清，则止。诸加费不加于民利者，圣王弗为。""古者圣王制为节葬之法。曰：衣三领，足以朽肉；棺三寸，足以朽骸，堀穴深不通于泉流，不发泄，则止。"《节葬篇下》："故圣王制为葬埋之法[②]，曰：桐棺三寸，足以朽体；衣衾三领，足以覆恶；以及其葬也，下毋及泉，上毋通臭，

> 垡若参耕之亩，则止矣。”

其忠于民以实利为止，不以浮侈为利。外以塞消耗之源，内以节嗜欲之过。于是薄于为己者，乃相率勇于为人，勤勤恳恳，至死不倦。

> 《节葬篇下》：“昔者尧北教乎八狄，道死，葬蛩山之阴。舜西教乎七戎，道死，葬南巳之市。禹东教乎九夷，道死，葬会稽之山。”

此牺牲之真精神，亦即尚忠之确证也。夫人主不恋权位，不恤子孙，并一己之生命，亦愿尽献于国民而无所惜，垂死犹欲教化远方异种之人，其教忠之法何如乎？后儒不知忠之古谊，以臣民效命于元首为忠，于是盗贼豺虎，但据高位，即可贼民病国，而无所忌惮；而为其下者，亦相率为欺诈叛乱之行，侈陈忠义而忠义之效泯焉不可一睹。岂非学者不明古史，不通古谊之过哉！

夏道尚忠，复尚孝。章炳麟《孝经本夏法说》详言之：

> 《孝经·开宗明义章》曰：先王有至德要道。《释文》引郑氏说云：禹，三王先者。斯义最宏远，无证明者。山阳丁晏稍理其说，犹未昭晳。予以郑氏综撮全经，知其皆述禹道，故以先王属禹，非凭臆言之也。禹书不存，当以《墨子》为说。墨子兼爱，孟轲以为无父。然非其本。《艺文志》序墨家者流云：以孝视天下，是以尚同。《孝经·三才章》曰：先之以博爱，而民莫遗其亲。博爱，即兼爱。《天子章》曰：爱亲者不敢恶于人。疏引魏真克说，以为博爱。此即兼爱明矣。其征一也。《感应章》曰：故虽天子，必有尊也，言有父也；必有先也，言有兄也。《援神契》释以尊事三老，兄事五更。《白虎通德论》曰：不臣三老五更者，欲率天下为人子弟。《艺文志》序墨家曰：养三老五更，是以兼爱。此又墨家所述禹道，与《孝经》同。其征二也。《艺文志》序墨家曰：墨家者流，盖出于清庙之守。宗祀严父，是以右鬼。《孝经·圣治章》曰：孝莫大于严父，严父莫大于配天。是道相合。又

《祭法》曰：有虞氏祖颛顼而宗尧，夏后氏祖颛顼而宗禹。此则明堂宗祝，虞以上祀异姓有德者，其以父配天，实自夏始。宗禹者启也，若禹即宗鲧矣。然则严父大孝，创制者禹。其征三也。及夫墨家之蔽，不别亲疏，《节葬》所说与《丧亲章》义绝相反，要之同源异流，其本于禹道一也。其在《墨子》外者，《左氏传》曰：禹合诸侯于涂山，执玉帛者万国。《异义》引《公羊》说：殷三千诸侯，周千八百诸侯。是殷、周无万国，独夏有此。《孝经·孝治章》曰：故得万国之欢心，以事其先王[③]。自非夏法，何有万国之数？其征一也。《周礼》五刑各五百，为二千五百章。《曲礼》曰：刑不上大夫。《正义》引张逸曰：谓所犯之罪，不在夏三千，周二千五百之科。《书·吕刑》序曰：吕命穆王训夏赎刑，其书言五刑之属三千。是则条律之数，夏、周有殊。《孝经·五刑章》曰：五刑之属三千，而罪莫大于不孝。非夏法则不得此数。其征二也。故以《墨子》明大义，以《书》、《礼》、《春秋》辨其典章，则《孝经》皆取夏法，先王为禹，灼然明矣。

考"孝"字始见于《虞书》。

《尧典》："克谐以孝，烝烝乂，不格奸。"

而契之教孝，则在禹平洪水以后。虞、夏同道，故谓先王为禹，非凿空之谈也。章氏仅明《孝经》为夏法，而未言孝之关系。愚按古人知有母而不知有父，故姓多从母。自禹锡姓，而父子之伦以正。娶妻不娶同姓，而夫妇之伦以正。自秦以降，虽多以氏为姓，而男系相承，奕世不改。种族之繁，即由于最初之别姓。非若东西各国近亲为婚，漫无区别。此夏道之有关吾国历代之文明者一也。近世研究社会学者，谓社会之进化，当由宗法而进于军国。吾国数千年皆在宗法社会中，故进步迟滞。不知吾国进化，实由古昔圣哲提倡孝道。孝之为义，初不限于经营家族。如：

《孝经》曰："立身行道，扬名于后世，以显父母，孝之终也。”

《祭义》曰：“居处不庄，非孝也。事君不忠，非孝也。莅官不敬，非孝也。朋友不信，非孝也。战陈无勇，非孝也。”

皆非仅以顺从亲意为孝。举凡增进人格，改良世风，研求政治，保卫国土之义，无不赅于孝道。即以禹之殚心治水，干父之蛊为例，知禹惟孝其父，乃能尽力于社会国家之事。其劳身焦思不避艰险，日与洪水猛兽奋斗，务出斯民于窟穴者，纯孝之精诚所致也。军国之义已非今世所尚，即以此为言，亦非夏道所病。观《甘誓》：“用命赏于祖，不用命戮于社。”知战陈之勇，正为孝子所嘉。后世务为狭义之孝者，不可以咎古人。而礼俗相沿，人重伦纪，以家庭之肫笃，而产生巨人长德，效用于社会国家者，不可胜纪。此夏道之有关于吾国历代之文明者二也。世目吾国为祖先教，其风实始于夏。“严父配天”，已见章说，宗庙之制，章未之及。

《考工记》：“夏后氏世室。”注：“世室者，宗庙也。”《明堂位》：“鲁公之庙，文世室也。武公之庙，武世室也。”

按之二记，则周、鲁宗庙多沿夏世之法。所谓非饮食而致孝乎鬼神者，即指其注重庙祭而言也。祭享之礼，其事似近于迷信，然尊祖敬宗实为报本追远之正务，视其他宗教徒求之冥漠不可知之上帝，或妄诞不经之教主者，盖有别矣。后世之于祭祀，因革损益，代有不同，而相承至今，无贵贱贫富，咸隆此祀祖之谊，虽侨民散处列邦，语言衣服胥已变异，而语及祖宗之国，父母之邦，庙祧坟墓之重，则渊然动其情感，而抟结维系，惟恐或先。此夏道之有关于吾国历代之文明者三也。

注　释

①以《孝经》先王之王为禹例之可见。

②孙诒让曰：《宋书·礼志》引《尸子》禹治水为丧法。《墨子》所述或即夏法与？

③此先王不指禹言。

第十四章　洪范与五行

夏代有治国之大法九条，其文盖甚简约。流传至于商室，商之太师箕子独得其说。

> 《史记·宋微子世家》“太师少师”注：孔安国曰：“太师，箕子也。”

周武王克殷，访问箕子。箕子乃举所传者告之，是曰“洪范九畴”，亦曰“洪范九等”。

> 《书·洪范》：“维十有三祀，王访于箕子。王乃言曰：‘呜呼！箕子，惟天阴骘下民，相协厥居，我不知其彝伦攸叙。’箕子乃言曰：‘我闻在昔鲧湮洪水，汩陈其五行，帝乃震怒，不畀洪范九畴，彝伦攸斁，鲧则殛死。禹乃嗣兴，天乃锡禹洪范九畴，彝伦攸叙。初一曰五行，次二曰敬用五事，次三曰农用八政，次四曰协用五纪，次五曰建用皇极，次六曰乂用三德，次七曰明用稽疑，次八曰念用庶征，次九曰向用五福，威用六极。”《史记·宋世家》：“武王既克殷，访问箕子。武王曰：‘於乎！维天阴定下民，相和其居，我不知其常伦所序。’箕子对曰：‘在昔鲧湮洪水，汩陈其五行，帝乃震怒，不从洪范九等，常伦所斁，鲧则殛死。禹乃嗣兴，天乃锡禹洪范九等，常伦所叙。初一曰五行，二曰五事，三曰八政，四曰五纪，五曰皇极，六曰三

德，七曰稽疑，八曰庶征，九曰向用五福，畏用六极。”

虽曰天之所锡，初未言天若何锡之，所谓彝伦，即常伦，犹言常事之次叙，亦未尝有何神秘之意义也。汉人始谓《洪范》出于《雒书》。

《汉书·五行志》：“《易》曰：‘河出图，雒出书，圣人则之。’刘歆以为虑羲氏继天而王，受《河图》，则而画之，八卦是也。禹治洪水，赐《雒书》，法而陈之，《洪范》是也。”齐召南曰：“《易大传》曰：‘河出图，洛出书，圣人则之。’是言图书二者，皆出于伏羲之世，故则之以画八卦。即《尚书》本文，只言‘天乃锡禹洪范九畴’，不云锡禹以《洛书》，亦不云禹因《洛书》陈《洪范》也。以《洛书》为《洪范》，始于刘歆父子，后儒遂信之。”

《雒书》本文凡六十五字。

《汉书·五行志》：“初一曰五行，次二曰羞用五事，次三曰农用八政，次四曰叶用五纪，次五曰建用皇极，次六曰艾用三德，次七曰明用稽疑，次八曰念用庶征，次九曰向用五福，畏用六极。凡此六十五字，皆《雒书》本文……”

又谓为神龟所负。

《尚书大传》郑注：“初，禹治水得神龟，负文于洛。于以尽得天人阴阳之用。”

其说颇荒诞。又凡汉人说洪范者，以五行附会人事，曰《洪范五行传》（《尚书大传》有《洪范五行传》）。

《汉书·五行志》：“刘向治《穀梁春秋》，数其祸福，传以《洪范》，……向子歆言《五行传》，又颇不同。”

尤支离穿凿，世因以此病《洪范》。实则箕子所述夏法[①]，第以次数说，初未以五行贯串其他八畴。即箕子所陈九畴之解释，

《史记集解》：孔安国曰：“五行以下，箕子所陈。”

惟五事，庶征相应。

《史记·宋世家》：“五事：一曰貌，二曰言，三曰视，四曰听，五曰思。貌曰恭，言曰从，视曰明，听曰聪，思曰睿。恭作肃，从作治，明作智，聪作谋，睿作圣。”“庶征：曰雨，曰旸，曰奥，曰寒，曰风，曰时。五者来备，各以其序，庶草繁庑。一极备，凶。一极亡，凶。曰休征：曰肃，时雨若；曰治，时旸若；曰知，时奥若；曰谋，时寒若；曰圣，时风若。曰咎征。曰狂，常雨若；曰僭，常旸若；曰舒，常奥若；曰急，常寒若；曰雺，常风若。”

亦未指此五者与五行相应也。故《洪范》之中，有五行一畴，非九畴皆摄于五行。以五行为《洪范》中之一畴，而夏之大法彰；以九畴皆摄于五行，而夏之大法晦。此读经治史者所宜详考也。

汉代五行之说最盛，近人病其支离穿凿，则欲举古之所谓五行而并斥之。援据《荀子》，谓五行之说起于儒家。

《子思孟轲五行说》（章炳麟）：“荀子《非十二子》讥子思、孟轲曰：‘案往旧造说，谓之五行。’杨倞曰：‘五行，五常，仁、义、礼、智、信也。’五常之义旧矣，虽子思倡之，亦无损。荀卿何讥焉？寻子思作《中庸》，其发端曰：‘天命之谓性。’注曰：‘木神则仁，金神则义，火神则礼，水神则智，土神则信。’《孝经》说略同此[②]，是子思之遗说也。古者洪范九畴，举五行，附人事，义未彰著。子思始善附会，旁有燕、齐怪迂之士，侈搪其说，以为神奇。耀世诬人，自子思始。宜哉，荀卿以为讥也。”[③]

不知五行之见于经者，自《夏书》始。《墨子·明鬼篇》尝引之。

《书·甘誓》：“有扈氏威侮五行，怠弃三正。”《墨子·明鬼篇下》：“然则姑尝上观乎《夏书·禹誓》曰：大战于甘，王乃命左右六人，下听誓于中军，曰有扈氏威侮五行，怠弃三正，天用剿绝其命。”

此岂儒家所伪造乎？按五行实起于黄帝。

《管子·五行篇》：“昔黄帝作五声，以政五钟。五声既调，然后作立五行，以正天时，五官以正人位。人与天调，然后天地之美生。”《史记·历书》：“黄帝考定星历，建立五行。”

或谓起于伏羲，

《白虎通义》：“伏羲因夫妇，正五行，始定人道。”

其来甚久。至于夏代，因五行而起战争，则夏之特重五行可知。夏之大法首五行，箕子释之甚简。

《洪范》：“五行：一曰水，二曰火，三曰木，四曰金，五曰土。水曰润下，火曰炎上，木曰曲直，金曰从革，土爰稼穑。润下作咸，炎上作苦，曲直作酸，从革作辛，稼穑作甘。”

伏生释之，其义始显。

《尚书大传》：“水火者，百姓之所饮食也；金木者，百姓之所兴作也：土者，万物之所资生也，是为人用。”

明乎五行之切于人用，自知夏之大法首五行之故。征之《夏书》，五行之物，皆利用厚生所必须。

《左传》文公七年：“《夏书》曰：‘戒之用休，董之用威，劝之以《九歌》，勿使坏。’九功之德皆可歌也，谓之《九歌》。六府、三事，谓之九功。水、火、金、木、土、谷，谓之六府；正德、利用、厚生，谓之三事。”

夏禹治水，益烈山，九牧贡金，徐州贡土，扬州贡木；以及稷教稼，而各州皆治田。即当时六府之行政。六府之政行而天下大治。故《书》曰“六府孔修”。有扈氏不修此六府，其民生国计之困乏可知。故曰“威侮五行，怠弃三正”，而为天子者不可以不讨。此夏代之法，亦即万世之法也。

《洪范》五事，与休征、咎征相应，其理颇深赜，解者不得其指，则以五行妖妄附会之。

> 《洪范五行传》：“一曰貌。貌之不恭，是谓不肃。厥咎狂，厥罚常雨。厥极恶，时则有服妖，时则有龟孽，时则有鸡祸，时则有下体生于上之疴，时则有青眚青祥，维金沴木。次二事曰言。言之不从，是谓不艾。厥咎僭，厥罚常阳。厥极忧，时则有诗妖，时则有介虫之孽，时则有大祸，时则有口舌之疴，时则有白眚不祥，维木渗金。次三事曰视。视之不明，是谓不悊。厥咎荼，厥罚常奥。厥极疾，时则有草妖，时则有倮虫之孽，时则有羊祸，时则有目疴，时则有赤眚赤祥，维水沴火。次四事曰听。听之不聪，是谓不谋。厥咎急，厥罚常寒。厥极贫，时则有鼓妖，时则有鱼孽，时则有豕祸，时则有耳疴，时则有黑眚黑祥，维火沴水。次五事曰思。思心之不容，是谓不圣。厥咎霿，厥罚常风。厥极凶短折，时则有脂夜之妖，时则有华孽，时则有牛祸，时则有心腹之疴，时则有黄眚黄祥。维木、金、水、火沴土。”《郑注》：“凡貌、言、视、听、思、心，一事失，则逆人之心。人心逆，则怨。木、金、水、火、土、气为之伤，伤则冲胜来乘殄之。于是神怒人怨，将为祸乱。故五行先见变异，以谴告人也。及妖孽、祸疴、眚祥，皆其气类暴作，非常为时怪者也。各以物象为之占也。”

实则五行之得当与否，视一国之人之貌、言、视、听、思、心以为进退。虽不必以某事与某征相配，而其理实通于古今。如今人以水旱之灾为人事不尽之征，苟一国之人治水造林各尽心力，则年谷可以常丰。反之，则水旱频年，灾害并作者，其理与《洪范》所言何异?《洪范》但言尽人事则得休征，悖其道则得咎征，未尝专指帝王。使误认为一人之貌不恭，天即为之恒雨；一人之言不从，天即为之恒旸，则此帝王洵如小说中呼风唤雨之道士。如以国民全体解之，则《洪范》之言正可以惊觉国民，使各竭其耳、目、心、思以预防雨、旸、寒、燠之偏。充《洪范》之义，虽曰今之世界休明，科学发达，咸由人类五事运用得宜亦无不可。盖利用天然力与防卫天然力之变化，皆人类精神之作用。其为休咎无一能外于五事。世人日从事于此，而不知《洪范》备言其理，何哉？（按：五事之于休征、咎征，即近人所谓因果律。人事为因，而天行为果。其言初不奇异，如《老子》谓“大军之后，必有凶年”，亦以人事不尽为因，推言天行不顺之果也。）

《洪范》最尊皇极，盖当时政体如此，不足为病。《墨子》主张万民上同乎天子而不敢下比，天子之所是必是之，天子之所非必非之。即《洪范》所谓“皇极之敷言，是彝是训，于帝其训”之谊。然《洪范》一面尊主权，一面又重民意。如：

> 凡厥庶民，极之敷言。④是训是行，以近天子之光。
>
> 汝则有大疑，谋及乃心，谋及卿士，谋及庶人，谋及卜筮。

等语，皆可见夏、商之时，人民得尽言于天子之前。天子有疑，且谋及于庶人。初非徒尊皇极而夺民权也。以今日投票权例之，当时国事分为五权：天子一人一权，卿士若干人一权，庶民若干人一权，龟一权，筮一权。五权之中，三可二否，皆可行事。庶民之权，等于天子。如：

> 汝则从，龟从，筮从，卿士逆，庶民逆，吉。

是卿士、庶民皆反对，而天子借龟、筮之赞成，可以专断。又如：

> 庶民从，龟从，筮从，汝则逆，卿士逆，吉。

则天子、卿士皆反对，而庶民借龟、筮之赞成，亦可以使天子、卿士放弃其主张，而从庶民之说也。《洪范》之尊重庶民若此，可以其行君主之制，遂谓为专制乎？《洪范》庶征一畴，末段曰：“庶民维星，星有好风，星有好雨，日月之行，则有冬有夏。月之从星，则以风雨。”亦谓卿士当从民之所好。好风则以风，好雨则以雨，或各从所好，则同时分为两党。如国民有好保守者，则卿士之保守党从之；国民有好进取者，则卿士之进取党从之。两党相切相劘，而政治遂得其中。此尤民主国家之法也。

注 释

①即所谓六十五字。

②《王制正义》引。

③章氏此说，犹未直以五行为子思所创，不过谓傅会之说始于子思耳。胡适本章氏之说，遂谓五行之说，大概起于儒家。

④马融曰：亦尽极敷陈其言于上也。

第十五章　汤之革命及伊尹之任

君主世及之制，至夏而定。臣民革命之例，亦自夏而开。

《易》："汤武革命。"

然汤之革命，实为贵族革暴君之命，而非平民革贵族之命，此治史者所不可不辨。夏祚四百年，尝复国者再，五观之乱，则其宗室。

《中国历史教科书》（刘师培）："太康荒纵自娱，居于斟鄩。昆弟五人，须于洛汭，忘大禹之命，以作乱，拟伐斟灌。故夏人作《五子之歌》，以致太康失邦。即古籍所谓五观之乱也。"

羿浞之篡，亦为贵臣。

《左传》"有穷后羿"注："羿，有穷君之号。"《中国历史教科书》："后羿者，其先祖世为先王射官，帝喾封之于鉏。及有夏方衰，羿乃自鉏迁穷石，因夏民以代夏政。"《左传》襄公四年："寒浞，伯明氏之谗子弟也。伯明后寒弃之，夷羿收之，信而使之，以为己相。"

至于汤之伐桀，尤为贵族代嬗之政。汤之先祖与禹同为舜臣，相土及冥，世有勋业，积十四世之经营，

《史记·殷本纪》："殷契兴于唐、虞、大禹之际，功业著于百姓。"《史记索隐》："相土佐夏，功著于商。《诗·商颂》曰'相土烈烈，海外有截'是也。"

《礼记·祭法》："冥勤其官而水死，殷人祖契而郊冥。"《国语·周语》："玄王勤商，十四世而兴。"

有数十国之归向，

《尚书大传·殷传》："桀无道，囚汤。后释之。诸侯八译来朝者六国。汉南诸侯闻之，归之四十国。"

然后可以革夏政而抚夏民。故知吾国平民，自古无革命思想，非贵族为之倡始，势不能有大改革也。

古书述汤伐桀之事者甚多，而《书经》仅存汤誓众之词，其事之首尾不具。即以其文论之，似汤伐桀迥非民意，义师之举，纯由威逼利诱而来。

《汤誓》："格尔众庶，悉听朕言。非台小子敢行称乱。有夏多罪，天命殛之。今尔有众，汝曰：'我后不恤我众，舍我穑事而割正夏。'予惟闻汝众言，夏氏有罪。予畏上帝，不敢不正。今汝其曰：'夏罪其如台？'夏王率遏众力，率割夏邑，有众率怠弗协，曰：'时日曷丧，予及汝偕亡！'夏德若兹，今朕必往。尔尚辅予一人，致天之罚，予其大赉汝。尔无不信，朕不食言。尔不从誓言，予则孥戮汝，罔有攸赦。"

虽师之用命与否，夏代例有誓词。

《甘誓》："用命，赏于祖。不用命，戮于社。"

然既歆以大赉，又复恐以孥戮，此岂人人皆欲伐桀之词气耶？《逸周书》、《孟子》所言则大异是：

《逸周书·殷祝》："汤将放桀于中野，士民闻汤在野，皆委货扶老携幼奔，国中虚。……桀与其属五百人南徙千里，止于不齐。民往奔汤于中野。……桀与其属五百人徙于鲁，鲁士民复奔汤。"

《孟子·滕文公》："汤始征，自葛载。十一征而无敌于天下。

东面而征，西夷怨，南面而征，北狄怨。曰：‘奚为后我？’民之望之，若大旱之望雨也。归市者不止，芸者不变，诛其君，吊其民，如时雨降，民大悦。《书》曰：‘徯我后，后来其无罚！”

两者相较，恐美汤者或非其实也。

唐、虞以来，礼教最重秩叙。

《书·皋陶谟》：“天秩有礼，自我五礼有庸哉！”郑玄曰：“五礼：天子也，诸侯也，卿大夫也，士也，庶民也。”

庶民之去天子，阶级甚远，故虽有暴君昏主，人民亦敢怒而不敢言。非贵族强藩，躬冒不韪，无人能号召天下。然即世有勋伐如汤者，亦必自白其非称乱。此古人所谓名教之效，亦即今人所谓阶级之害也。夫革命与称乱近似而实大不同，无论贵族平民，均当分别其鹄的。恶专制而倡革命，可也；恶阶级而奖乱，不可也。汤之所以非称乱者，以其非以己之私利私害图夺桀位，而力求有功于民也。

《逸周书·殷祝》：“汤放桀而复薄，三千诸侯大会。汤取天子之玺，置之天子之坐，左退而再拜从诸侯之位。汤曰：‘此天子位，有道者可以处之。天下非一家所有也，有道者之有也。故天下者，唯有道者理之，唯有道者纪之，唯有道者宜久处之。’汤以此三让，三千诸侯莫敢即位，然后汤即天子之位。”①

《史记·殷本纪》：“既绌夏命，还亳，作《汤诰》：维三月，王自至于东郊。告诸侯群后：‘毋不有功于民，勤力乃事。予乃大罚殛汝，毋予怨。”’

观其有国之后，为民请命，其为壹意救民，益可知矣。

《墨子·兼爱下》：“汤曰：‘唯予小子履，敢用玄牡’告于上天后曰：今天大旱，即当朕身履，未知得罪于上下，有善不敢蔽，有罪不敢赦，简在帝心。万方有罪，即当联身；朕身有罪，无及万方。’即此言汤贵为天子，富有天下，然且不惮以身为牺牲，以祠说于上帝鬼神。”

汤之为人民而革命，以伊尹为主动之人。伊尹之为汤用，古书说者不同。或谓伊自干汤。

《墨子·尚贤中》：“伊挚有莘氏女之私臣，亲为庖人。汤得之，举以为己相，与接天下之政，治天下之民。”

《庄子·庚桑楚》：“汤以胞人笼伊尹。”

《史记·殷本纪》：“伊尹名阿衡。阿衡欲干汤而无由，乃为有莘氏媵臣，负鼎俎以滋味说汤，致于王道。”②

或谓汤先聘尹。

《孟子·万章》：“伊尹耕于有莘之野，而乐尧舜之道焉。……汤使人以币聘之，嚣嚣然曰：‘我何以汤之聘币为哉！’……汤三使往聘之，既而幡然改，……”《史记·殷本纪》：“或曰：伊尹处士，汤使人聘迎之，五反，然后肯往从汤。……”

而《吕览》则折衷二说。

《吕氏春秋·本味篇》：“伊尹生空桑，长而贤。汤闻伊尹，使人请之有侁氏。有侁氏不可。伊尹亦欲归汤。汤于是请取妇为婚。有侁氏喜，以伊尹为媵，送女。……汤得伊尹，祓之于庙，爝以爟火，衅以牺猳。明日，设朝而见之，说汤以至味。”

要之，伊尹之佐汤革命，实为由平民崛起之伟人，故后世慕之，传说其进身之由，各以己意增益之耳。

《汉书·艺文志》道家有《伊尹》五十一篇。当亦出于伪托，非尹之自著。尹之学说，惟略见于《史记》：

《史记·殷本纪》：“汤曰：‘予有言，人视水见形，视民知治不？’伊尹曰：‘明哉！言能听，道乃进。君国子民，为善者皆在王官。勉哉，勉哉！’……从汤，言素王及九主之事。”

而《孟子》推言伊尹之志事独详。

> 《孟子·万章》："伊尹耕于有莘之野，而乐尧舜之道焉。非其义也，非其道也，禄之以天下，弗顾也；系马千驷，弗视也。非其义也，非其道也，一介不以与人，一介不以取诸人。……天之生斯民也，使先知觉后知，使先觉觉后觉也。予，天民之先觉者也。予将以斯道觉斯民也。非予觉之，而谁也？思天下之民，匹夫匹妇有不被尧舜之泽者，若己推而内之沟中。其自任以天下之重如此。""何事非君？何使非民？治亦进，乱亦进。"

盖尹之志愿，专在改进当时之社会。不但不为一己之权利，不为成汤之权利，并亦不必推翻夏之政府。苟夏之政府能用其言，行其志，亦可以出于和平之改革。

> 《孟子·告子》："五就汤，五就桀者，伊尹也。"
>
> 《史记·殷本纪》："伊尹去汤适夏。既丑有夏，复归于亳。"

夏既不能用之，始不得已而佐汤伐夏。然其对天下负责之心，则不以夏室既亡而自懈，此诚平民革命者之模范。彼徒知破坏，不务建设，或惟争权力，不负责任者，正不能妄比于伊尹矣。

伊尹之建设，当见于《咸有一德》、《伊训》诸书。今其文已亡，不可考见。惟《逸周书》载伊尹献令，略可见其规画。

> 《逸周书·伊尹朝献》："汤问伊尹曰：'诸侯来献，或无马牛之所生，而献远方之物，事实相反，不利。今吾欲因其地势所有献之，必易得而不贵。其为四方献令。'伊尹受命，于是为四方令，曰：'臣请正东，符娄仇州伊虑沤深九夷十蛮越沤鬋发文身，请令以鱼皮之鞞、鲗鲗之酱、鲛瞂、利剑为献；正南，瓯邓桂国损子产里百濮九菌，请令以珠玑、玳瑁、象齿、文犀，翠羽、菌鹤、短狗为献；正西，昆仑狗国鬼亲枳已阘耳贯胸雕题离身漆齿，请令以丹、青、白旄、纰罽、江历、龙角、神龟为献；正北，空同大夏莎车姑他旦略豹胡代翟匈奴楼烦月氏孅犁其龙东

胡，请令以橐驼、白玉、野马、騊駼、駃騠、良弓为献。’汤曰：‘善。”’

其后，放太甲而代之行政，复归政于太甲，尤为人所难能。

《史记·殷本纪》：“汤崩，太子太丁未立而卒。于是乃立太丁之弟外丙，是为帝外丙。帝外丙即位三年，崩。立外丙之弟中壬，是为帝中壬，帝中壬即位四年，崩。伊尹乃立太丁之子太甲。……帝太甲元年，伊尹作《伊训》，作《肆命》，作《徂后》。帝太甲既立三年，不明，暴虐，不遵汤法，乱德，于是伊尹放之于桐宫。三年，伊尹摄行政当国，以朝诸侯。帝太甲居桐宫三年，悔过自责，反善。于是伊尹乃迎帝太甲而授之政。帝太甲修德，诸侯咸归殷，百姓以宁。伊尹嘉之，乃作《太甲训》三篇，褒帝太甲，称太宗。”

世或以《竹书》为疑。

《竹书纪年》：“太甲元年，伊尹放太甲于桐，乃自立。七年，王潜出自桐，杀伊尹。”

然太甲思庸，咎单作训，其书虽亡，而《序》犹可见。

《书序》：“太甲既立，不明，伊尹放诸桐。三年，复归于亳，思庸②。伊尹作《太甲》三篇。”“沃丁既葬伊尹于亳④。咎单遂训伊尹事，作《沃丁》。”

则伊尹事太甲，至沃丁时始卒，太甲何尝杀之？即刘知几亦以为事无佐证，不信其说。

《史通·疑古篇》：“《汲冢书》云：‘太甲杀伊尹。’”“伊尹见戮，并于正书，犹无其证。”

故论伊尹放太甲事，当以《孟子》之论为归。

《孟子·尽心》：“公孙丑曰：‘伊尹曰：予不狎于不顺，放太甲于桐，民大悦。太甲贤，又反之。民大悦。贤者之为人臣也，其君不贤，则固可放与？’孟子曰：‘有伊尹之志，则可；无伊尹之志；则篡也。”

惟尹有一介不取之志，故能行此非常之事。伊尹者洵吾国自有历史以来最奇之一人物也。

注　释

①《太平御览》引此文为《尚书大传》之语。

②据《孟子·万章》之问，是战国时有此说。

③伪《孔传》曰念常道。

④《汉书·古今人表》：茓丁，太甲子。

第十六章　殷商之文化

殷商传世年数，说者不同。

> 《史记·三代世表》："从汤至纣二十九世。"《史记·殷本纪》"集解"："谯周曰：'殷凡三十一世，六百余年。'《汲冢纪年》曰：'汤灭夏，以至于受。二十九王，用岁四百九十六年。"'

要其自夏至周，实经五六百年。政教风尚，均大有改革。其传于今之文字，较夏为多。《书》之存者七篇：

> 《汤誓》、《盘庚》三篇、《高宗肜日》、《西伯戡黎》、《微子》。

其佚而犹知其所为作者，凡三十余篇。

> 《书序》："自契至于成汤，八迁，汤始居亳，从先王居。作《帝告釐沃》。汤征诸侯，葛伯不祀，汤始征之。作《汤征》。伊尹去亳适夏，既丑有夏，复归于亳。入自北门，乃遇女鸠女房。作《女鸠女房》。""汤既胜夏，欲迁其社，不可，作《夏社》、《疑至》、《臣扈》。""汤归自夏，至于大坰，仲虺作《诰》。""汤既黜夏命，复归于亳，作《汤诰》。""伊尹作《咸有一德》。""夏师败绩，汤遂伐三朡，俘厥宝玉，义伯、仲伯作《典宝》。""咎单作《明居》。成汤既殁，太甲元年，伊尹作《伊训》、《肆命》、《徂后》。""伊尹作《太甲》三篇。""咎单训伊尹事，作

《沃丁》。伊陟相大戊，亳有祥桑、谷共生于朝，伊陟赞于巫咸，作《咸乂》四篇。大戊赞于伊陟，作伊陟《原命》。仲丁迁于嚣，作《仲丁》。河亶甲居相，作《河亶甲》。祖乙圮耿，作《祖乙》。”“高宗梦得说，使百工营求诸野，得之傅岩，作《说命》三篇。”“祖己作《高宗之训》。”

《诗》之名颂十二篇，今之存者五篇。

《诗谱》（郑玄）：“宋戴公时当宣王，大夫正考父者，校商之名颂十二篇于周太师。以《那》为首，归以祀其先王。孔子录诗之时，则得五篇而已。”《诗小序》载：《那》，祀成汤也。《烈祖》，祀中宗也。《玄鸟》，祀高宗也。《长发》，大禘也。《殷武》，祀高宗也。

其钟鼎之文传世至夥。

《积古斋钟鼎彝器款识》（阮元）载商钟三，鼎二十三，尊十七，彝二十七、卣十三、壶六，爵三十三、觚四、觯十四、角七、敦六、甗二、鬲四，盉二、匜二、盘二、戈三、句兵二。阮录以文字有甲子等字者为商器，故著录最夥。《窸斋集古录》（吴大澂）第七册则以甲乙等字为祭器之数，多不标商器，然亦以商器文简为言。如亚形母癸敦未标商器，其跋语则谓“商器文简，多象形文字”。若以吴录所载敦鼎诸器分标商字，其数当更多于阮录也。

而近世发见之龟甲古文，学者咸称为殷商文字。

《殷商贞卜文字考》（罗振玉）：“光绪己亥，闻河南之汤阴发现古龟甲兽骨，其上皆有刻辞。翌年传至江南，予一见诧为奇宝。又从估人之来自中州者，博观龟甲兽骨数千枚，选其尤殊者七百。并询知发见之地。乃在安阳县西五里之小屯，而非汤阴。其地为武乙之墟，又于刻辞中得殷帝王名谥十余，乃恍然悟此卜辞者，实为殷室王朝之遗物。其文字虽简略，然可正史家之违失，考小学之源流，求古代之卜法。”

故考殷之文化，较愈于夏之无征焉。

商之异于夏者，教尚敬（见前），尚质，

《礼含文嘉》：“质以天德，文以地德，殷援天而王，周据地而王。”《说苑·修文篇》：“商者，常也。常者质，质主天。”

色尚白，

《礼记·檀弓》：“殷人尚白，大事敛用日中，戎事乘翰，牲用白。”

以十二月为正月，

《尚书大传》：“殷以季冬月为正。”

岁曰祀，

《尔雅》：“夏曰岁，商曰祀，周曰年，唐虞曰载。”

其授田人七十亩，其工尚梓，

《考工记》：“殷人尚梓。”

其庙制为重屋，

《考工记》：“殷人重屋，堂修七寻，堂崇二尺，四阿重屋。

其封爵以三等。

《白虎通》：“殷爵三等，谓公、侯、伯也。”

而其尤异者，有三事：一曰迁国，二曰田猎，三曰祭祀。夏都安邑，未尝迁居[①]。而商则自契至汤八迁：

《史记·殷本纪》：“自契至汤八迁。”《通鉴外纪注》（刘恕）：“契居商，昭明居砥石，相土居商丘，汤居亳，四迁事见《经》、《传》，而不见余四迁。”《补注》（胡克家）：“契始封商，昭明再迁砥石，三迁商，相土四迁商丘，帝芒时五迁殷，帝孔甲时六迁商丘，汤七迁南亳，八迁西亳。”[②]

汤所居之亳有三：

《中国历史教科书》："汤既胜夏，立景亳[③]于河南，建为帝都。建东亳于商丘，西亳于商州[④]，皆曰商邑。"

其后诸王复不常厥居。

《史记·殷本纪)："帝仲丁迁于隞[⑤]。河亶甲居相[⑥]。祖乙迁于邢[⑦]。……帝盘庚之时，殷已都河北，盘庚渡河南，复居成汤之故居，乃五迁，无定处。……帝武乙立，殷复去亳，徙河北。"

《书古微》（魏源)："盘庚自邢迁亳，殷武丁又耸其德至于神明，以入于河，自河徂亳[⑧]。武丁既没，其孙武乙又去亳而迁于河北之朝歌。"

《殷商贞卜文字考》："《史记·殷本纪》张守节《正义》言：《竹书纪年》自盘庚徙殷至纣之灭，二百七十五年，更不迁都。然考盘庚以后，尚迁都者再。《史记·殷本纪》：'武乙立，殷复去亳徙河北。'今本《竹书纪年》：'武乙三年，自殷迁于河北。十五年，自河北迁于沬。'此盘庚以后再迁之明证也。但《史记》及《竹书》均言武乙徙河北，而未明指其地。今者龟甲兽骨，实出于安阳县城西五里之小屯，当洹水之阳。证以古籍，知其地为殷墟，武乙所徙，盖在此也。"

其迁居之原因多不可考。惟盘庚之迁殷，略述其故。

《盘庚上》："先王有服，恪谨天命。兹犹不常宁。不常厥居，于今五邦。"

《盘庚中》："先王不怀厥攸作，视民利用迁。"

《盘庚下》："古我先王将多于前功，适于山。"

视利而迁，且适于山。山之利，殆即田猎之利。仲丁迁隞，其地多兽[⑨]。武乙好猎，至为雷震。

《史记·殷本纪》："武乙猎于河、渭之间，暴雷，武乙震死。”

殷之多迁都，实含古代游牧行国之性质。其谓诸帝因水患而徙者，未足为据也。

《书序》郑注：“祖乙又去相居耿，而国为水所毁，于是修德以御之，不复徙。祖乙居耿，后奢侈逾礼，土地迫近山，水尝圮焉。至阳甲立，盘庚为之臣，乃谋徙居汤旧都，治于亳之殷地。商家自徙此而改号曰殷。”

殷之王室迁徙无常，其侯国亦遂效之。如周《诗》所载太王迁岐，文王作丰，武王都镐，皆殷事也。吾读诸诗，想见其时旷土甚多，丰草长林，初无居人，待新迁国者经营开辟。

《诗·大雅·绵》：“周原朊朊，堇荼如饴。”“乃疆乃理，乃宣乃亩。”“柞棫拔矣，行道兑矣。”《皇矣》：“作之屏之，其菑其翳。修之平之，其灌其栵。启之辟之，其柽其椐。攘之剔之，其檿其柘。”“柞棫斯拔，松柏斯兑。”

则殷王室之迁徙，亦可由此而推知矣。

殷人之尚田猎，见于新出土之龟甲卜辞。

《殷商贞卜文字考》：“卜辞中所贞之事，祀与田猎几居其半。”“戊午，王卜贞田盂，往来无巛。”“戊子，王卜贞田𩫖，往来无巛。”“壬申，卜贞王田奚，往来无巛。”“壬辰，王卜贞田玫，往来无巛。”“丁卯，卜贞王田大，往来无巛。”“癸未，卜王曰贞，有马在行，其左射获。”“己未，卜以贞逐豕获。”“逐鹿获。”“贞其射鹿获。”（卜辞甚多，此仅摘录数条）

其后世如纣之为沙丘苑台，广聚鸟兽，殆亦本其国之习俗而加甚耳。

《史记·殷本纪》：“益收狗马奇物，充仞宫室。益广沙丘苑台，多取野兽蜚鸟置其中。”

周公称文王不敢盘于游田，又戒成王毋淫于观、于逸、于游、于田，即由以殷为鉴，而动此反感也（均见《书·无逸》）。然《诗》之《灵台》，尚夸鸟兽。

《诗·灵台》："王在灵囿，麀鹿攸伏。麀鹿濯濯，白鸟翯翯。"

而《逸周书》载武王猎兽，其数之多，至可骇异。

《逸周书·世俘篇》："武王狩，禽虎二十有二、猫二、麋五千二百三十五、犀十有二、氂七百二十有一、熊百五十有一、罴百一十有八、豕三百五十有二、貉十有八、麈十有六、麝五十、麋三十、鹿三千五百有八。"

是皆夏、商之际所未有也。

殷之尚猎，盖缘尚武之风。自汤以来，极重武力。

《史记·殷本纪》："汤曰：'吾甚武。'号曰武王。"《诗·商颂·长发》："武王载旆，有虔秉钺。如火烈烈，则莫我敢曷。"

故囿制始于汤。

《淮南子·泰族训》："汤之初作囿也，以奉宗庙鲜犒之具，简士卒，习射御，以戒不虞。及至其衰也，驰骋猎射，以夺民时，罢民之力。"

其后武丁复张殷武，

《商颂·殷武》："挞彼殷武。"

伐鬼方，

《易·既济》："高宗伐鬼方，三年克之。"

服章多用翟羽。

《通鉴外纪》："武丁时编发来朝者六国，自是服章多用翟羽。"⑩

至于武乙，且仰而射天。

《史记·殷本纪》："武乙为革囊盛血，仰而射之，命曰射天。”

其世尚强御可想矣。

《诗·大雅·荡》：“文王曰咨，咨女殷商，曾是强御。”“强御多怼。”

殷人之尊神先鬼，孔子已言之。观汤之征葛，以葛之不祀为罪。

《书序》：“葛伯不祀，汤始征之，作《汤征》。”《孟子·滕文公》：“汤居亳，与葛为邻。葛伯放而不祀。汤使人问之曰：‘何为不祀？’曰：‘无以供牺牲也。’汤使遗之牛羊。葛伯食之，又不以祀。汤又使人问之曰：‘何为不祀？’曰：‘无以共粢盛也。’汤使亳众往为之耕，老弱馈食。葛伯率其民，要其有酒食黍稻者夺之，不授者杀之。有童子以黍肉饷，杀而夺之。……为其杀是童子而征之。”

殆由葛伯主张无鬼，不以祭祀祖先为然。而汤则以祖先教号召天下。故因宗教不同而动兵戈。其后之以岁为祀，亦以明其注重祀事，更甚于夏也。《商颂》五篇，皆祭祀之诗。读《那》及《烈祖》诸篇，可推见其时祭祀之仪式。

《诗·那》：“猗与那与，置我鞉鼓。奏鼓简简，衎我烈祖。汤孙奏假，绥我思成。鞉鼓渊渊，嘒嘒管声。既和且平，依我磬声。於赫汤孙，穆穆厥声。庸鼓有斁，万舞有奕。我有嘉客，亦不夷怿。自古在昔，先民有作。温恭朝夕，执事有恪。顾予烝尝，汤孙之将。”

《诗·烈祖》：“嗟嗟烈祖，有秩斯祜。申锡无疆，及尔斯所。既载清酤，赉我思成。亦有和羹，既戒既平。鬷假无言，时靡有争。绥我眉寿，黄耇无疆。约軧错衡，八鸾鸧鸧。以假以享，我受命溥将。自天降康，丰年穰穰。来假来享，降福无疆。顾予烝尝，汤孙之将。

《商书》亦多言祭祀鬼神之事。

> 《盘庚上》："兹予大享于先王，尔祖其从与享之。"
>
> 《盘庚中》："我先后绥乃祖乃父。乃祖乃父，乃断弃汝，不救乃死。""乃祖乃父丕乃告我高后，曰：'作丕刑于朕孙！'迪高后丕乃崇降不祥。"
>
> 《高宗肜日》："典祀无丰于昵。"
>
> 《微子》："今殷民乃攘窃神祇之牺牷牲，用以容，将食无灾。"

周之伐殷，且以弗祀为纣之罪状。

> 《书·牧誓》："昏弃厥肆祀弗答。"

盖殷以崇祀而兴，以不祀而亡，此尤殷商一朝之特点也。尚鬼，故信巫。而巫氏世相殷室。

> 《书·君奭》："在大戊时，……巫咸乂王家。在祖乙时，则有若巫贤。"《史记·殷本纪》："伊陟赞言于巫咸。巫咸治王家有成，作《咸艾》。""祖乙立，殷复兴，巫贤任职。"《史记·封禅书》："伊陟赞巫咸，巫咸之兴自此始。"[11]

重祀，故精治祭器，而钟鼎尊彝之制大兴。

> 《册册父乙鼎跋》（阮元）："周器铭往往有'王呼史册'、'命某某'等语，商人尚质，但书册字而已。子为父作，则称父，以十干为名字。商人无贵贱皆同，不必定为君也。"（据此，知商之钟鼎独多者，以其君臣上下多为祭器以祀先也。）

祭必择日，故卜日之龟甲，犹流传于今世。此皆事理之相因者也。

殷之风气，既如上述。殊无以见其享国久长之故，吾尝反复诸书，深思其时之情势，而得数义焉。一则殷多贤君，故其国迭衰迭兴也。《史记·殷本纪》之称殷之兴衰凡十见：

> 雍己立，殷道衰。大戊立，殷复兴。河亶甲时，殷复衰。祖

乙立，殷复兴。帝阳甲之时，殷衰。盘庚之时，殷道复兴。小辛立，殷复衰。武丁立，殷道复兴。帝甲淫乱，殷复衰。帝乙立，殷益衰。

与《夏本纪》之一称夏后氏德衰者不同，周公以《无逸》勉成王，盛称殷之三宗。

《书·无逸》："昔在殷王中宗，严恭寅畏天命自度，治民祗惧，不敢荒宁。""其在高宗时，旧劳于外，爰暨小人，作其即位，……不敢荒宁，嘉靖殷邦。至于小大，无时或怨。""其在祖甲，不义惟王，旧为小人。作其即位，爰知小人之依，能保惠于庶民。……"

而《孟子》则谓其时贤圣之君六七作。

《孟子·公孙丑》："自成汤至于武丁，贤圣之君六七作。"

足知殷之贤君多于夏代矣。且商虽自汤以来，世尚武功，而其政术则任贤而执中，

《诗·长发》："汤降不迟，圣敬日跻[12]。……不竞不絿，不刚不柔，敷政优优，百禄是遒。"《孟子·离娄》："汤执中，立贤无方。"

非专偏于武力。至箕子陈述皇极。犹以刚柔互克为言。《史记》所谓殷道，其在是欤？

一则殷之兴学，盛于夏代也。据《礼记·王制》，殷有左右二学，

《王制》："殷人养国老于右学，养庶老于左学。"

又有瞽宗，

《明堂位》："瞽宗，殷学也。"

及庠序。

《学记》："党有庠，术有序。"庾氏云："党有庠，谓夏殷礼。"[13]

《孟子·滕文公》："殷曰序。"

至其末造，周有辟雍，疑必殷有其制而周仿之。

《诗·灵台》："于论鼓钟，于乐辟雍。"《王制》："天子曰辟雍，诸侯曰泮宫。"是周之为辟雍，实仿天子之制也。

虽其教法不可详考，以《说命》之遗文证之。知殷人之讲求教育及学术，远有端绪。

《文王世子》引《说命》曰："念终始典于学。"《学记》引《说命》曰："惟敩学半。""敬孙务时敏，厥修乃来。"

风气所被，私家之学也兴。

《尚书大传》："散宜生、闳夭、南宫适三子者，学于太公。太公见三子，知为贤人，遂酌酒切脯，除为师学之礼，约为朋友。"（按此虽殷季之事，然私人从师受学，必不始于此。）

商之多士，咸知典册。

《书·多士》："惟尔知，惟殷先人有册有典。"

粒食之民，昭然明视。

《大戴礼·少间篇》："成汤服禹功，以修舜绪，为副于天，粒食之民，昭然明视，民明教，通于四海，……殷德小破，二十有二世，乃有武丁即位，开先祖之府，取其明法，以为君臣上下之节，殷民更眩，近者悦，远者至，粒食之民，昭然明视。"

故其文化盛于夏代，而国家亦多历年所焉。

一则殷之民德纯厚，至帝乙以后始败坏也。殷之民风，略见于《盘庚》三篇，如：

民不适有居，率吁众感，出矢言。相时憸民。犹胥顾于箴言。

盖殷民质直，有不适其意者，则直言之。而顾恤箴规，初不敢放佚为非也。说经者谓殷民奢淫成俗，然亦仅据《盘庚》所谓“乱政同位，具乃贝玉”及“无总于货宝，生生自庸”数语而言，未见其何等奢淫也。其后周公述殷代风俗，则自汤至帝乙时，官民无不勤劳敬慎。

《书·酒诰》：“在昔殷先哲王，迪畏天显小民，经德秉哲，自成汤咸至于帝乙，成王畏相，惟御事，厥棐有恭，不敢自暇自逸，矧曰其敢崇饮。越在外服，侯甸男卫邦伯。越在内服，百僚庶尹，惟亚惟服宗工，越百姓里居，罔敢湎于酒，不惟不敢，亦不暇。惟助成王德显，越尹人祇辟。”

与《商颂》之言相合。

《诗·殷武》：“稼穑匪解，……不敢怠遑。”

至纣时，酗酒乱德，民俗大坏。

《书·微子》：“殷罔不小大，好草窃奸宄。”“小民方兴，相为敌仇。”

殷始由之而亡。周既定鼎，殷民犹思恢复。周公惮之，屡加诰诫，惟愿其安居田里。

《书·多士》：“尔乃尚有尔土，尔乃尚宁干止。”“今尔惟时宅尔邑，继尔居。”

《书·多方》：“今尔尚宅尔宅，畋尔田。”

又时时迁徙其居，分散其族。

《书序》：“成周既成，迁殷顽民。”⑭

《左传》定公四年：“周分鲁公以殷民六族，条氏、徐氏、萧氏、索氏、长勺氏、尾勺氏，使帅其宗氏，辑其分族，将其丑类，以法则周公。用即命于周。是使之职事于鲁。分康叔以殷民七族，陶氏、施氏、繁氏、锜氏、樊氏、饥氏、终葵氏，……启以商政，疆以周索。”

盖殷民悍直之气与其团结之力，固易代而不衰也。

注　释

①《竹书纪年》称“桀居斟邿，迁于河南”。魏源《书古微》力驳其非。

②此盖据《竹书纪年》。

③今偃师县。

④据魏源《书古微》。

⑤亦作嚣，今河南荥泽县西。

⑥内黄县东南。

⑦邢台县。

⑧此数语本《国语》。

⑨《诗·车攻》：“搏兽于敖。”是周时敖犹多兽。

⑩胡注：“服章句见《通典·礼五》引古今注，今本无此文。”

⑪梁玉绳谓巫咸非巫，阮元谓巫咸、巫贤，世职为巫，故以巫为氏。

⑫郑笺：“汤之下士尊贤甚疾，其圣敬之德日进。”

⑬盖虞名庠，而夏殷承之。

⑭江声曰：由周而言，谓之顽民；由商言之，固不失为谊士。

第十七章　传疑之制度

夏、殷之礼，文献无征。而古书所言古代制度，多有莫知何属者。汉、晋诸儒解释其制，往往托之于夏、殷，谓其与周代制度不合也。今以诸说合为一篇，标曰“传疑之制度”。

（一）九州之界域。

《尔雅》：“九州：两河间曰冀州，河南曰豫州，河西曰雍州，汉南曰荆州，江南曰扬州，济河间曰兖州，济东曰徐州，燕曰幽州，齐曰营州。”郭璞注：“此盖殷制。”郝懿行曰：“郭云‘此盖殷制’者，《释文》引李、郭同。《诗·周南·召南谱正义》引孙炎曰：‘此盖殷制。《禹贡》有梁、青无幽、营，《周礼》有幽、并无徐、营。’是孙炎以《尔雅》之文与《禹贡》、《周礼》异，故疑为殷制。”又曰：“《逸周书·大匡篇》云：‘三州之侯咸率。’《程典篇》云：‘文王合六州之侯奉勤于商。’《商颂》云：‘奄有九有。’《毛传》：‘九有，九州也。’又云：‘帝命式于九围。’《毛传》：‘九围，九州也。’殷有九州，皆其证。”

（二）封建之制。

《礼记·王制》：“天子之田方千里，公侯田方百里，伯七十里，子男五十里；不能五十里者，不合于天子，附于诸侯，曰附庸。”郑玄注：“此殷所因夏爵三等之制也。”

（三）八州封国之数。

《王制》："凡四海之内九州，州方千里。州建百里之国三十。七十里之国六十，五十里之国百有二十，凡二百一十国。名山大泽不以封，其余以为附庸间田。八州，州二百一十国。"郑注："此殷制也。"孔颖达疏："'此殷制也'者，以夏时万国，则地余三千里，周又中国方七千里，今大界三千，非夏非周，故云殷制也。"

（四）王畿封国之数。

《王制》："天子之县内，方百里之国九，七十里之国二十有一，五十里之国六十有三，凡九十三国。名山大泽不以朌，其余以禄士，以为闲田。"郑玄注："县内，夏时天子所居州界名也。殷曰'畿'。《诗·殷颂》曰：'邦畿千里。'周亦曰'畿内'。"

（五）九州封国之总数。

《王制》："凡九州，千七百七十三国。天子之元士，诸侯之附庸，不与。"郑注："《春秋传》云：禹会诸侯于涂山，执玉帛者万国。言执玉帛，则是惟谓中国耳。中国而言万国，则是诸侯之地，有方百里，有方七十里，有方五十里者，禹承尧、舜而然矣。要服之内，地方七千里，乃能容之。夏末既衰，夷狄内侵，诸侯相并，土地减，国数少。殷汤承之，更制中国方三千里之界，亦分为九州，而建此千七百七十三国焉。"

（六）方伯连帅之制。

《王制》："千里之外设方伯。五国以为属，属有长。十国以为连，连有帅。三十国以为卒，卒有正。二百一十国以为州，州有伯。八州，八伯、五十六正、百六十八帅、三百十六长，八伯各有其属。属于天子之老二人，分天下以为左右，曰二伯。"郑注："属、连、卒、州，犹聚也。伯、帅、正，亦长也。凡长皆因贤侯为之。殷之州长曰‘伯’，虞夏及周皆曰‘牧’。”

（七）王室之官制。

《礼记·曲礼》：“天子建天官，先六太，曰太宰、太宗、太史、太祝、太士、太卜，典司六典。”“天子之五官，曰司徒、司马、司空、司士、司寇，典司五众。”“天子之六府，曰司土、司木、司水、司草、司器、司货，典司六职。”“天子之六工，曰土工、金工、石工、木工、兽工、草工，典制六材。”郑玄注皆谓此“殷时制也”。

（八）冢宰制国用之法。

《王制》：“冢宰制国用，必于岁之杪，五谷皆入，然后制国用。用地小大，视年之丰耗，以三十年之通，制国用，量入以为出。祭用数之仂，……丧用三年之仂。丧祭，用不足曰暴，有余曰浩。祭丰年不奢，凶年不俭。国无九年之蓄曰不足，无六年之蓄曰急，无三年之蓄曰国非其国也。三年耕，必有一年之食；九年耕，必有三年之食。以三十年之通，虽有凶旱水溢，民无菜色。然后天子食，日举以乐。”皮锡瑞《王制笺》案：“注疏不解冢宰，当是即以《周官》之冢宰解之。证以《白虎通》，则此经冢宰，必非《周官》冢宰。又引陈立《白虎通疏证》，定此冢宰为殷之太宰。”

（九）质成之法。

《王制》：“天子斋戒受谏，司会以岁之成，质于天子。冢宰斋戒受质。大乐正、大司寇、市、三官以其成质于天子。大司徒、大司马、大司空斋戒受质，百官各以其成质于三官。大司徒、大司马、大司空以百官之成质于天子，百官斋戒受质。然后休老劳农，成岁事，制国用。”黄以周《礼书通故》：“以《尚书·立政》、《伏书·夏传》、《戴记·曲礼》诸文参之，此盖殷制也。夏重司空，以司空公领司空，而上兼百揆。其司马公领司马，而又兼司寇。司徒公领司徒，而又兼秩宗。五官之职，以三公统摄之，是谓三宅。成汤因之。故《书·立政》曰：'三有宅，克即宅。'此所谓大司徒、大司马、大司空者，即司徒公、司马公、司空公也。殷重司徒，故以大司徒、大司马、大司空为次。大乐正为殷之宗伯，大司徒领司徒，亦兼宗伯。故大乐正之质，从大司徒。大司马领司马，亦兼司寇，故大司寇之质，从大司马。大司空领司空，亦兼市，故市之质，从大司空。《曲礼》记殷五官之制，曰司徒、司马、司空、司士、司寇。司士，《左传》作司事，盖即周之宗伯，此又谓之大乐正。于大司徒三官之外，又曰大乐正、大司寇者，明五官之制也。市本小官，故不言大，特欲配下大司空举之耳。大乐正、大司寇、市之质，必从于大司徒、大司马、大司空者，明殷之五官亦如夏制，以三公统摄之也。司会为冢宰之属，冢宰即太宰。《曲礼》记殷官制，天官太宰，不与五官分职。故此司会之质，别受于冢宰，不从于大司徒三官。至周乃以太宰与五官同分职者，殷、周制之别也。"

（十）司空制地之法。

《王制》："司空执度度地，居民山川沮泽，时四时，量地远近，兴事任力，……凡居民材，必因天地寒暖燥湿，广谷大川异制，民生其间者异俗，刚柔轻重迟速异齐，五味异和，器械异制，衣服异宜。修其教不易其俗，齐其政不易其宜，……凡居民，量地以制邑，度地以居民。地邑民居，必参相得也。无旷土，无游民，食节事时，民咸安其居，乐事劝功，尊君亲上，然后兴学。"皮锡瑞《王制笺》："案司空，依今文说当为三公之司空，不当为六卿之司空。《韩诗外传》曰：'三公者何？曰司空、司马、司徒也。'司马主天，司空主土，司徒主人。《汉书·百官公卿表》同。《白虎通·封公侯》篇曰：'司马主兵，司徒主人，司空主地。'引《别名记》同。《御览》引《书大传》曰：'沟渎壅遏，水为民害，则责之司空。'《论衡》引《书大传》曰：'城郭不缮，沟池不修，水泉不降，水为民害，则责于地公。'盖司空一曰地公，正掌度地量地之事。此夏、殷官制与周官六卿不同者也。"

（十一）司徒及乐正教民之法。

《王制》："司徒修六礼以节民性①，明七教以兴民德②，齐八政以防淫③，一道德以同俗，养耆老以致孝，恤孤独以逮不足。上贤以崇德，简不肖以绌恶。命乡简不帅教者以告。耆老皆朝于庠。元日，习射上功，习乡上齿，大司徒帅国之俊士与执事焉。不变，命国之右乡简不帅教者移之左，命国之左乡简不帅教者移之右，如初礼。不变，移之郊，如初礼。不变，移之遂，如初礼。不变，屏之远方，终身不齿。命乡论秀士，升之司徒，曰选士。司徒论选士之秀者而升之学，曰俊士。升于司徒者不征于乡，升于学者不征于司徒，曰造士。乐正崇四术，立四教，顺先王诗、书、礼、乐以造士。春秋教以礼、乐，冬夏教以诗、书。王太子、王子，群后之太子，卿大夫、元士之適子，国之俊、选，皆造焉。凡入学以齿。将出学，小胥、大胥、小乐正，简不帅教者以告于大乐正。大乐正以告于王。王命三公、九卿、大夫、元士皆入学。不变，王亲视学。不变，王三日不举，屏之远方。西方曰棘，东方曰寄，终身不齿。大乐正论造士之秀者以告于王，而升诸司马，曰进士。"（《正义》："熊氏以为此中年举者，为殷礼。"）"天子命之教，然后为学。小学在公宫南之左，大学在郊。天子曰辟雍，诸侯曰頖宫。"郑玄曰："此小学大学，殷之制。"

（十二）司马官人之法。

《王制》：“司马辩论官材，论进士之贤者以告于王而定其论。论定，然后官之。任官，然后爵之。位定，然后禄之。……有发，则命大司徒教士以车甲。凡执技论力，通四方，裸股肱，决射御。凡执技以事上者，祝、史、射、御、医、卜及百工。凡执技以事上者，不贰事，不移官。”皮锡瑞《王制笺》：“案今文家说，司马主天，谓之天官，其位最尊。故进退人才皆由司马。《周官》司马专主武事，与此不同也。”

（十三）司寇正刑明辟之法。

《王制》：“司寇正刑明辟，以听狱讼，必三刺。有旨无简不听。附从轻，赦从重。凡制五刑，必即天论，邮罚丽于事。凡听五刑之讼，必原父子之亲，立君臣之义，以权之。意论轻重之序，慎测浅深之量，以别之。悉其聪明，致其忠爱，以尽之。疑狱，泛与众共之，众疑，赦之。必察小大之比以成之。成狱辞，史以狱辞告于正，正听之。正以狱成告于大司寇，大司寇听之棘木之下。大司寇以狱之成告于王，王命三公参听之。三公以狱之成告于王，王三又然后制刑。凡作刑罚，轻无赦。……析言破律，乱名改作，执左道以乱政，杀。作淫声异服、奇技奇器以疑众，杀。行伪而坚，言伪而辩，学非而博，顺非而泽以疑众，杀。假于鬼神、时日、卜筮以疑众，杀。此四诛者，不以听。凡执禁以齐众，不赦过。”

（十四）田里关市之法。

《王制》：“古者，公田籍而不税，市廛而不税，关讥而不征，林麓川泽以时入而不禁。夫圭田无征。”“圭辟金璋不粥于市，命服命车不粥于市，宗庙之器不粥于市，牺牲不粥于市，戎器不粥于市，用器不中度不粥于市，兵车不中度不粥于市，……锦文珠

> 玉成器不粥于市，衣服饮食不粥于市，五谷不时，果实未熟不粥于市，木不中伐不粥于市，禽兽鱼鳖不中杀不粥于市。关执禁以讥，禁异服，识异言。”郑玄曰：“古者，谓殷时。”孔颖达曰：“此王制多是殷法。”

上十四则，见于《尔雅》者一，《小戴记·曲礼》者一，《王制》者十二。其谓为殷制者，皆以其与周制不合，故用反证之法，以为殷制。夫《商颂》之“九围”、“九有”，既未言其异于夏、周，《殷祝》称诸侯三千，何以九州仅容千八百国？其余诸制亦多可疑。卢植谓《王制》为汉文帝博士诸生所作。郑玄谓《王制》之作在周赧王之后，其时距殷甚远，固不待言。俞樾、皮锡瑞谓《王制》为孔氏之遗书，七十子后学者所记，当亦未必尽弃周制而远法殷商。刘师培纂《中国历史教科书》直以《王制》所云悉属殷制，使学者据以为说，不复究其由来，则袭谬沿讹，其误非浅矣。愚意《王制》之言自属周、秦间学者理想中之制度，第此等理想亦必有其由来。今文家所谓变周之文从殷之质者，故非无见。兹列数证以明其虽非完全殷制，亦可借以推测殷代制度之梗概焉。

（一）诸侯国数。封建诸侯，自不能如布子于棋局，一一恰合其数。然殷末诸侯之数，似亦有一千七八百国。《史记·殷本纪》：“周武王之东伐至盟津，诸侯叛殷会周者八百。”《逸周书·世俘篇》：“武王遂征四方，凡憝国九十有九，凡服国六百五十有二。”以此计之，已有一千五百余国，其他岂无中立而不亡者？则谓殷之诸侯由三千而渐少至千八百国，亦理所宜有也。

（二）当时官制。《史记·殷本纪》：“纣以西伯昌、九侯、鄂侯为三公。”是殷之尊官为三公也。《书·牧誓》周官司徒、司马、司空下，即称“亚旅”、“师氏”，以司徒、司马、司空为三公，与诸大夫有别也。当时周室之制必与殷制相近，故解《王制》者谓司徒、司马、司空为殷之三公，非傅会也。

（三）殷之重刑。商人先罚而后赏，故刑罚最严。《书·多方》曰："乃惟成汤，克以尔多方，简代夏作民主。慎厥丽乃劝，厥民刑用劝，以至于帝乙，罔不明德慎罚，亦克用劝。要囚，殄戮多罪，亦克用劝。开释无辜，亦克用劝。"以此言衡《王制》，则司寇之正罚明辟，似亦本于殷。且《墨子》称"汤有官刑"④，《荀子》言"刑名从商"⑤。刑名之严，殆自商始。《王制》以"析言破律，乱名改作"为大罪，其以此欤？

（四）关市田赋之制。《孟子》："殷人七十而助。"助者，借也。与"公田借而不税"之说合。又称"文王治岐，耕者九一，关市讥而不征，泽梁无禁"，亦殷末之事。《逸周书·大匡篇》："无粥熟，无室市。"所谓粥熟，即饮食之成熟者，所谓室市，即室中各物皆取于市也。此殷之市禁行之于周者，特不如《王制》之详耳。

大抵人类之思想不外吸集、蜕化两途。列国交通，则吸集于外者富；一国独立，则蜕化于前者多。三代制度虽有变迁，而后之承前大都出于蜕化。即降至秦、汉学者，分别质文，要亦不过集合过去之思想为之整理而引申，必不能谓从前绝无此等影响，而后之人突然建立一说，乃亦条理秩然，幻成一乌托邦之制度。故谓《王制》完全系述殷制未免为郑、孔所愚，而举其说一概抹杀，谓其绝无若干成分由殷之制度紬绎而生者，亦未免失之武断也。

注　释

①冠、昏、丧、祭、乡、相见。

②父子、兄弟、夫妇、君臣、长幼、朋友、宾客。

③饮食、衣服、事为、异别、度、量、数、制。

④《非乐》篇。

⑤《正名》篇。

第十八章　周室之勃兴

夏、商以降，史料渐丰，周之文化，烂焉可观。《周书》四十篇，今存者二十篇：

《泰誓》三篇（今存而不全）、《牧誓》（今存）、《武成》、《鸿范》（今存）、《分器》、《旅獒》、《旅巢命》、《金縢》（今存）、《大诰》（今存）、《微子之命》、《归禾》、《嘉禾》、《康诰》（今存）、《酒诰》（今存）、《梓材》（今存）、《召诰》（今存）、《洛诰》（今存）、《多士》（今存）、《无逸》（今存）、《君奭》（今存）、《成王征》、《将蒲姑》、《多方》（今存）、《周官》、《立政》（今存）、《贿肃慎之命》、《亳姑》、《君陈》、《顾命》（今存）、《毕命》、《丰刑》、《君牙》、《冏命》、《蔡仲之命》、《费誓》（今存）、《吕刑》（今存）、《文侯之命》（今存）、《秦誓》（今存）。

其逸者，复存五十九篇：

《汉书·艺文志》："《周书》七十一篇。"① 《逸周书集训校释序》（朱右曾）："《周书》称逸，昉《说文》，系之《汲冢》，自《隋书·经籍志》。《隋志》之失，先儒辨之，不逸而逸，无以别于逸《尚书》，故宜复《汉志》之旧题也，其书存者五十九篇，并序，为六十篇。较《汉志》篇数亡其十有一焉。""师古云：

‘其存者四十五篇。’师古之后，又亡其三。然晋、唐之世，书有二本。刘知几《史通》云：‘《周书》七十一章，上自文、武。下终灵、景。’不言有所阙佚，与师古说殊。《唐书·艺文志》：《汲冢周书》十卷，孔晁注，《周书》八卷。二本并列，尤明征也。其合四十二篇之注于七十一篇之本，而亡其十一篇者，未知何代，要在唐以后矣。”

其诗之存者，三百篇。

《史记·孔子世家》：“古者诗三千余篇，……去其重，取其可施于礼义者……三百五篇。”[②]

而他书之相传为文王、周公所作，以及史家所记，诸子所述者尤夥，较之夏、商之文献无征，不可同日而语也。

周室之兴基于农业，此可以《诗》之《生民》、《七月》、《公刘》、《思文》诸诗见之，无俟深论。公刘居豳之时，仅有庐馆宫室及公堂。

《诗·笃公刘》：“于时庐旅。”“于豳斯馆。”

《诗·七月》：“上入执宫功。”“入此室处。”“跻彼公堂。”

至太王迁岐，始大营城郭宫室。

《诗·绵》：“古公亶父，陶复陶穴。未有家室[③]。……乃召司空，乃召司徒，俾立室家。”“捄之陾陾，度之薨薨。筑之登登，削屡冯冯。百堵皆兴，鼛鼓弗胜。乃立皋门，皋门有伉。乃立应门，应门将将。乃立冢土，戎丑攸行。”

故周之开基，断自太王。太王以前之世系，且不可深考，其事迹更茫昧矣。

《国语》：“自后稷之始基靖民，十五王而文始平之。”《史记志疑》（梁玉绳）：“契十三传为汤，稷十三传为王季，则汤与王季为兄弟矣。而禹、契、稷三圣，共事尧、舜，禹十七传至桀，汤三十七传至纣，二代凡千余年。而稷至武王才十六传，历尽

> 夏、商之世。武王竟以十四世祖伐十四世孙，其谁信之?”

太王之迁岐，《诗》不言其何故，但述其走马而来。

> 《诗·绵》：“古公亶父，来朝走马。率西水浒，至于岐下。爰及姜女，聿来胥宇。”

疑殷商时多行国，故择地而迁，行所无事。而诸书言古公避狄，其言至有理想。

> 《通鉴外纪》：“薰育狄人来攻，古公事之以皮币、犬马、珠玉、菽粟、财货，不得免焉，狄人又欲土地。古公曰：‘与之。’耆老曰：‘君不为社稷乎?’古公曰：‘社稷所以为民也，不可以所谓亡民也。’耆老曰：‘君不为宗庙乎?’公曰：‘宗庙吾私也，不可以私害民。夫有民立君，将以利之。与人之兄居而杀其弟，与人之父居而杀其子，以其所养，害所养，吾不忍也。民之在我与在彼，为吾臣与狄人臣，奚以异哉?二三子何患乎无君?’杖策而去，率其私属，出豳，渡漆沮，逾梁山，邑于岐山之阳，始改国曰周。豳人曰：‘仁人之君，不可失也。’举国扶老携弱从之者二千乘，一止而成三千户之邑。旁国闻其仁，亦多归之。古公乃贬戎狄之俗，营筑城郭室屋而邑别居之。作五官，有司，民皆歌乐颂其德。”④

以之较今之持国家主义，杀人流血无所不至者，相去远矣。

殷商之世，教育发达，其人才多聚于周，而周遂勃兴（此如西汉之季王莽兴学，而其人才为东汉之用之例。盖殷商、新汉，皆帝王家族之分别，而一国之人不限于一时代也）。观《周书》、《史记》之言，周实多得商之人才。

> 《君奭》：“惟文王尚克修和我有夏，亦惟有若虢叔，有若闳夭，有若散宜生，有若泰颠，有若南宫括。”“武王惟兹四人，尚迪有禄。”

《史记·周本纪》："文王礼下贤者，日中不暇食以待士，士以此多归之。伯夷、叔齐、太颠、闳夭、散宜生、鬻子、辛甲大夫之徒，皆往归之。"

下至陶冶柯匠之徒，亦为所用。

《逸周书·文酌篇》："十二来：一弓，二矢、归射，三轮，四舆、归御，五鲍，六鱼、归蓄，七陶，八冶、归灶，九柯，十匠、归林，十一竹，十二苇、归时。"

故周之士夫、野人，咸有才德。

《诗·棫朴》："奉璋峨峨，髦士攸宜。"《诗·兔罝》："肃肃兔罝，椓之丁丁。赳赳武夫，公侯干城。"

诗人但美归于文王后妃之化，尚未推见其远源也。且殷、周之际，不独男子多受教育，即女子亦多受教育者。如周之三母：

《列女传》："周室三母者，太姜、太任、太姒。太姜者，王季之母，有台氏之女。太王娶以为妃，贞训率导，靡有过失[5]。太王谋事迁徙，必与太姜。君子谓太姜广于德教。太任者，文王之母，挚任氏中女也。王季娶为妃。太任之性，端一诚庄，惟德之行。及其有娠，目不视恶色，耳不听淫声，口不出敖言，能以胎教。溲于豕牢而生文王。王生而明圣，太任教之，以一而识百。太姒者，武王之母，禹后有莘姒氏之女。仁而明道，文王嘉之，亲迎于渭，造舟为梁。及入太姒，思媚太姜、太任，旦夕勤劳，以进妇道。太姒号曰文母。文王治外，文母治内，教诲十子，自少及长，未尝见邪辟之事。及其长，文王继而教之，卒成武王、周公之德。"《史记·周本纪》："太姜生少子季历，季历娶太任，皆贤妇人。"

当皆受殷之侯国之教育，非受教于周者也。周之妇女，被后妃之化，亦能赋诗守礼。其时女子教育之盛可知。

《诗·汝坟》："遵彼汝坟，伐其条枚。未见君子，惄如调饥。遵彼汝坟，伐其条肄。既见君子，不我遐弃。鲂鱼赪尾，王室如毁。虽则如毁，父母孔迩。"（《小序》："汝坟，道化行也。文王之化，行乎汝坟之国，妇人能闵其君子，犹勉之以正也。"）

《诗·行露》："厌浥行露，岂不夙夜？谓行多露。谁谓雀无角？何以穿我屋？谁谓女无家？何以速我狱？虽速我狱，室家不足。谁谓鼠无牙？何以穿我墉？谁谓女无家？何以速我讼？虽速我讼，亦不女从。"（《小序》："行露，召伯听讼也。衰乱之俗微，贞信之教兴，强暴之男，不能侵陵贞女也。"）

《列女传》："《周南》之妻者，周南大夫之妻也。大夫受命平治水土，过时不来，妻恐其懈于王事，乃作诗曰：'鲂鱼赪尾，王室如毁，父母孔迩。'盖不得已也。""《召南》申女者，申人之女也。既许嫁于酆，夫家礼不备而欲迎之。女与其人言，以为夫妇者，人伦之始也，不可以不正。夫家轻礼违欲，不可以行，遂不肯往。夫家讼之于理，致之于狱。女终以一物不具，一礼不备，守节持义，必死不往，而作诗曰：'虽速我狱，室家不足。'言夫家之礼不备作也。"（按二《南》之诗，多言妇人女子之事。然不知其为女子自作，抑男子为女子而作？此二诗，则《毛诗》、《鲁诗》[⑥]皆以为女子自作，故引以证其时妇女能文。）

男女贵贱皆有才德，故其国俗丕变，虞、芮质成，相形而有惭色。

《诗·绵》："虞、芮质厥成，文王蹶厥生。"《毛传》："虞、芮之君，相与争田，久而不平。乃相谓曰：'西伯仁人也，盍往质焉？'乃相与朝周。入其境，则耕者让畔，行者让路；入其邑，男女异路，班白不提挈，入其朝，士让为大夫，大夫让为卿。二国之君感而相谓曰：'我等小人不可履君子之庭。'乃相让以其所争田而退。天下闻之而归者四十余国。"

此周室代商最大之原因。故知虽君主时代，亦非徒恃一二圣君贤相，即能崛起而日昌也。

虽然周之兴固有民德之盛，而文王、周公继世有才德，亦其主因之一。文王之德见于《书》者如：

> 《书·康诰》："文王克明德慎罚，不敢侮鳏寡，庸庸、祗祗、威威、显民。"《书·无逸》："文王卑服，即康功田功。徽柔懿恭，怀保小民，惠鲜鳏寡。自朝至于日中昃，不遑暇食，用咸和万民。文王不敢盘于游田，以庶邦惟正之供。"

见于《诗》者如：

> 《诗·文王》："穆穆文王，于缉熙敬止。"
>
> 《诗·大明》："维此文王，小心翼翼。昭事上帝，聿怀多福。厥德不回，以受方国。"

皆可见其人立身处事，处处敬慎之状。周公之性质，殆最似文王，其戒成王、康叔、召公及殷之士民，无在不含有戒慎恐惧之意。合观《诗》、《书》诸文，其原因盖有三端：

一则唐、虞以来相传之道德，皆以敬慎为主。如《皋陶谟》称"慎厥身修，兢兢业业"，《商颂》称"温恭朝夕，圣敬日跻"之类，皆从收敛抑制立论。似吾国国民性，自来以此为尚，与西人之崇尚自由发展者正相反对。文王、周公受累世之教育，秉国民之同性，故其言行若此。

一则历史事迹多可鉴戒，陈古刺今，时时危悚。如《召诰》曰："我不可不监于有夏，亦不可不监于有殷。我不敢知曰：有夏服天命，惟有历年。我不敢知曰：不其延，惟不敬厥德，乃早坠厥命。我不敢知曰：有殷受天命，惟有历年。我不敢知曰：不其延。惟不敬厥德，乃早坠厥命。"《诗·荡》曰"殷鉴不远，在夏后之世"之类，皆以前人之不德，为后人之鉴戒。故文王、周公之敬慎，即夏殷末造之君臣放恣纵肆之反感也。

一则自古以来寅畏天命，常以戒慎恐惧为事天引年之法。如《商颂》

称“上帝是祇，帝命式于九围”，“天命降监，下民有严”之类，是商人之心理也。文王、周公承受此说，益以天命不常为惧。故昭事上帝必矢之以小心。后世儒家、道家、墨家畏天、法天、事天之说，皆本于此。周之《书》、《诗》言天、言上帝者，指不胜屈，其渊源甚远，并非后世儒者假称天命以恐吓帝王，盖自古相承之说。君相之贤者，时时以此自励自戒也。综观《诗》、《书》之文，虽似含有宗教之意，而以天为勉励道德之用，非以天为惑世愚民之用，亦与宗教有别。

文王、周公之学，以《易》之卦爻为最邃。

> 《史记·周本纪》：“西伯盖即位五十年。其囚羑里，盖益《易》之八卦为六十四卦。”《周易正义》：“文王作卦辞，周公作爻辞。”

盖伏羲画卦之后，累世相传，有占卜之书。至文王时，乃演其辞，而名为《易》。

> 《系辞》：“《易》之兴也，其当殷之末世，周之盛德耶？当文王与纣之事耶？”⑦
>
> 《周礼》：“太卜掌三《易》：一曰《连山》，二曰《归藏》，三曰《周易》。”⑧

易，一名而含三义。

> 郑玄《易赞》：“易，一名而含三义。易简，一也；变易，二也；不易，三也。”

有圣人之道四，不专为卜筮之用。

> 《系辞》：“易，有圣人之道四焉，以言者尚其辞，以动者尚其变，以制器者尚其象，以卜筮者尚其占。”

故为吾国哲学书之首。夫以哲学家主持国政，是实吾国之特色也。

> 《中国哲学史》（谢无量）：“希腊柏拉图著《新共和国》，谓当以哲学者宰制天下而出政教。盖仅出于想望，非谓必可见诸实

事也。独吾国自羲、农以来以至尧、舜，皆以一世之大哲，出任元首。故在中国历史中，为治化最隆之世，后世靡得而几焉。”（按伏羲仅画卦象，无文字。尧、舜仅修道德，亦无著作。以哲学家宰制天下者，惟文王、周公耳。）

周公自称多材多艺。

《书·金縢》：“予仁若考，能多材多艺。”

《尚书大传·康诰》称其“制礼作乐”。

《尚书大传》：“周公居摄三年，制礼作乐。……周公将作礼乐，优游之三年不能作。君子耻其言而不见从，耻其行而不见随。将大作，恐天下莫我知也。将小作，恐不能扬父祖功业德泽。然后营洛，以观天下之心。于是四方诸侯率其群党，各攻位于其庭。周公曰：‘示之以力役且犹至。况导之以礼乐乎?’然后敢作礼乐。《书》曰：‘作新大邑于东国雒，四方民大和会。’此之谓也。”

其于《诗》，有《七月》、《鸱鸮》、《常棣》、《时迈》诸篇。

《诗·小序》：“《七月》，陈王业也。周公遭变故，陈后稷先公风化之所由致，王业之艰难也。”“《鸱鸮》，周公救乱也。成王未知周公之志，乃作诗以贻王，名之曰《鸱鸮》焉。”

《国语·周语》：“周文公之颂曰：‘载戢干戈，载櫜弓矢。”“周文公之诗曰：‘兄弟阋于墙，外御其侮。’”据此，是《常棣》、《时迈》二诗，为周公之作，以《时迈》为周文公之颂。度《周颂》诸篇多出于周公，特无质言之者耳。

他若《春秋》凡例，

《春秋左传序》（杜预）：“其发凡以言例，皆经国之常制，周公之垂法，史书之旧章。”《正义》言：“发凡五十，皆是周公旧法。”

《尔雅·释诂》，

> 《西京杂记》（刘歆）："孔子教鲁哀公学《尔雅》。《尔雅》之出远矣，旧传学者皆云周公所记也。"《进广雅表》（张揖）："昔在周公，缵述唐、虞，宗翼文、武，克定四海，勤相成王，六年制礼，以导天下，著《尔雅》一篇。"《释文》（陆德明）："《释诂》一篇，盖周公所作。"

其著作之多，前此所未有也。

三教改易，至周而尚文。盖文王、周公皆尚文德，故周之治以文为主，其礼乐制度具详后篇。兹先述尚文之意。周之伐商，既大用武力，

> 《史记·周本纪》："武王至于商郊……誓已，诸侯兵会者车四千乘，……纣闻武王来，亦发兵七十万人距武王。"

> 《逸周书·克殷篇》："周车三百五十乘，陈于牧野。王既誓，以虎贲戎车驰商师，商师大崩。"

又伐诸国，征四方。

> 《逸周书·世俘篇》称吕他命伐越、戏方，侯来命伐靡集于陈，百弇命伐卫，陈本命伐磨，百韦命伐宣方，新荒命伐蜀，百韦命伐厉。又称武王遂征四方，凡憝国九十有九国，馘磨亿有十万七千七百七十有九，俘人三亿万有二百三十，凡服国六百五十有二。

周非不尚武也，比天下大定，始以觌文匿武为大政方针。

> 《国语·周语》："祭公谋父谏曰：'不可。先生耀德不观兵。夫兵戢而时动，动则威，观则玩，玩则无震。……先王之于民也，懋正其德而厚其性，阜其财求而利其器用，明利害之乡，以文修之，使务利而避害，怀德而畏威，故能保世以兹大。'""仓葛曰：'武不可觌，文不可匿，觌武无烈，匿文不昭。"'

其文教以礼乐为最重。《乐记》述其命意，略可推见当时之政术：

《乐记》："济河而西，马散之华山之阳而弗复乘；牛散之桃林之野而弗复服：车甲衅而藏之府库而弗复用。倒载干戈，包之以虎皮。将帅之士，使为诸侯，名之曰'建櫜'。然后，天下知武王之不复用兵也。散军而郊射，左射狸首，右射驺虞，而贯革之射息也；裨冕搢笏，而虎贲之士说剑也。祀乎明堂而民知孝。朝覲，然后诸侯知所以臣。耕藉，然后诸侯知所以敬。五者，天下之大教也。食三老五更于太学，天子袒而割牲，执酱而馈，执爵而酳，冕而总干，所以教诸侯之弟也。"

夫"倒载干戈"，"衅藏车甲"，似乎弭兵止戈矣，然"散军郊射"、"冕而总干"，仍以武事寓于文事之中。盖明示人以右文，而阴教人以习武，即所谓觌文而匿武也。周公教成王立政，以"诘尔戎兵"为言：

《立政》："其克诘尔戎兵，以陟禹之迹，方行天下，至于海表，罔有不服。以覲文王之耿光，以扬武王之大烈。"

而巡守告祭之《颂》，则称"戢干戈，櫜弓矢"。

《诗·时迈》："载戢干戈，载櫜弓矢。我求懿德，肆于时夏。允王保之。"

《小序·时迈》："巡守告祭柴望也。"

其心盖深知武备国防之不可废。而开国之初，提倡尚武主义，则强藩列辟，日日称戈，其祸将不可止。不得已而为折衷之法，务以文化戢天下人之野心，其旨深矣！

注　释

①注：周史记。师古曰："刘向云：'周时诰誓号令也，盖孔子所论百篇之余也。'今之存者，四十五篇矣。"

②合《商颂》故曰三百五篇。

③据此，知豳之庐馆、宫室多近于土穴。

④胡注："此《孟子》、《淮南子·道应训》、《庄子·让王》、《尚书大传》、《史记·周本纪》、《诗·大雅·绵·毛传》文。"

⑤《史记正义》引此文作："率导诸子，至于成童，靡有过失。"

⑥刘向治《鲁诗》。

⑦此可见从前不名"易"。

⑧是周之书名为《易》，以前之《连山》、《归藏》不名《易》也。

第十九章　周之礼制

周之文化，以礼为渊海，集前古之大成，开后来之政教。其著于典籍者，虽经秦火，所存犹夥。《汉书·艺文志》具存其目：

《礼古经》五十六卷，《经》十七篇。《周官经》六篇。

后世以十七篇之《经》为《仪礼》，六篇之《周官》为《周礼》。

《汉纪》（荀悦）：“刘歆奏请《周官》六篇列之于《经》，为《周礼》。”《经典释文序录》（陆德明）：“刘歆建立《周官经》，以为《周礼》。”《晋书·荀崧传》：“崧上疏，请置郑《仪礼》博士一人。”[①]

其《古经》五十六卷，自十七篇外，谓之《逸礼》。

《礼记正义》（孔颖达）：“郑云：《逸礼》者，《汉书·艺文志》云，汉始于鲁淹中得古《礼》五十七篇[②]，其十七篇与今《仪礼》正同，其余四十篇[③]，藏在秘府，谓之《逸礼》，其《投壶礼》亦此类也。”

而《周官》复亡一篇。

《经典释文序录》：“河间献王开献书之路，时有李氏上《周官》五篇，失《事官》一篇，乃购千金不得，取《考工记》以补之。”

治周史者得《周官》五篇、《礼经》十七篇及汉世大小戴所传之《逸经古记》可以推见有周礼制，讨论其国家社会组织之法，与掇拾夏、商典制，仅能仿象于万一者，迥乎不同矣。虽然，此诸书者，自汉代流传至于今日，固为至可宝贵之史料，而其书为何时何人之作，则异说殊多。或谓《礼经》、《周官》皆周公所作。

《仪礼疏序》（贾公彦）："《周礼》、《仪礼》发源是一，理有终始，分为二部。并是周公摄政太平之书。"《序周礼废兴》："《周官》孝武之时始出，秘而不传。既出于山岩屋壁，复入于秘府。五家之儒，莫得见焉。至孝成皇帝，达才通人刘向子歆校理秘书，始得列序，著于《录》、《略》。时众儒并出，共排以为非是，惟歆独识，知周公致太平之迹，具在于斯。"

或谓《仪礼》为孔子所作。

《三礼通论》（皮锡瑞）："《周礼》、《仪礼》，说者以为并出周公。案以《周礼》为周公作，固非，以《仪礼》为周公作，亦未是也。《礼》十七篇，盖孔子所定。《杂记》云：'恤由之丧，哀公使孺悲之孔子学士丧礼，《士丧礼》于是乎书。'据此，则《士丧》出于孔子，其余篇亦出于孔子可知。"

或谓《周官》为末世渎乱不验之书，及六国阴谋之书。

《序周礼废兴》（贾公彦）："林孝存以为武帝知《周官》末世渎乱不验之书，故作《十论》、《七难》以排弃之。何休亦以为六国阴谋之书，唯有郑玄遍览群经，知《周礼》者，乃周公致太平之迹，故能答林硕之论难，使《周礼》义得条通。"

故近人以《仪礼》为儒家所创，谓之为种种怪现状，种种极琐细的仪文。而《周礼》之为伪书，更不措意。按礼非制于孔子，章炳麟驳皮氏书具言之。

《孔子制礼驳议》："《礼》五十六篇，皆周公旧制。《记》言'哀公使孺悲之孔子学士丧礼，《士丧礼》于是乎书'者，谓旧

> 礼崩坏，自此复著竹帛。故言书，不言作。《丧服》礼兼上下，又非士丧之篇，文不相涉。《礼记·檀弓》曰：‘鲁人有朝祥而暮歌者，子路笑之。’夫子曰：‘三年之丧，亦以久矣夫！’言其久不行也。若自孔子始作者，当云三年之丧，创法自我，不可以责未闻者。何乃言久不行耶？《檀弓》又曰：‘衰，与其不当物也，宁无衰。’然则自斩衰三升，下至缌麻十五升抽其半，其为精粗异度，繁碎亦甚矣。独有制礼自上，民胥效法，故织纴之家，素备其式。假自孔子制之者，纵令遍行鲁国，自適士以至府史，胤族犹当万数，仓卒制之，何由得布？若不自置邸店，亲课女红，布缕既不中程，则衰无以当物，唐为文具，将安设施？此则自卫反鲁，五年之中，专为缝人贾贩，犹惧不给，固无删述《六经》之暇矣。又若制礼昉于孔氏，冠、昏、朝聘以及祭享，其事犹多，哀公不以问孔子，独问士丧，孔子又本不作《士丧礼》，待哀公问然后发之，君则失偏，臣则失缺，其违于事情远矣。即若是者，《礼记·曾子问》篇，孔子自说从老聃受《礼》、宁知今之《礼经》非老聃制之耶？墨子《节葬》、《非儒》，以是专责儒者，此由丧礼废缺，独儒者犹依其法，故名实专归之。古者刑书本无短丧之罚，故得人人自便，弗可禁止，非直晚周也。汉世晁错、翟进为三公，遭丧犹不去官，若以周公时未有丧制，故晚周无三年服，汉世士礼既行，何以持服者寡乎？见晚周无持斋斩者，即云丧礼自孔子制，见汉世无持斋斩者，复可云丧礼自二戴制之邪？”

其仪文度数之中所寓之精义，则《戴记》、《冠》、《婚》、《丧》、《祭》诸义发挥最为透辟。其坊民淑世，非若希腊教偷、罗马斗兽之野蛮也。今世纵不能行其法，不当文致为儒家之过而诋毁之。观韩愈之论则知所折衷矣。

> 《读仪礼》（韩愈）："余尝苦《仪礼》难读，又其行于今者盖寡，沿袭不同，复之无由，考于今，诚无所用之。然文王、周公之法制粗在于是。孔子曰吾从周，谓其文章之盛也。古书之存者希矣，百氏杂家，尚有可取，况圣人之制度耶？"

《周礼》之制度多与他书不同，故攻击者尤众。然前人之攻击之者，亦多认为周制。

> 《周礼问》（毛奇龄）："《周礼》一书出自战国，断断非周公所作，予岂不晓？然周制全亡，所赖以略见大意，只此《周礼》、《仪礼》、《礼记》三经。以其所见者虽不无参臆，而其为周制则尚居十七。此在有心古学，方护卫不暇，而欲进绝之，则饩羊尽亡矣。"《礼经通论》（皮锡瑞）："孔子谓殷因夏礼、周因殷礼，皆有损益。《乐记》云：三王异世，不相袭礼。是一代之制度，不必尽袭前代。改制度，易服色，殊徽号，礼有明征。非特后代之兴必变易前代也，即一代之制度，亦历久而必变。周享国最久，必无历八百年而制度全无变易者。三《礼》所载，皆周礼也。《礼经》十七篇为孔子所定，其余盖出孔子之后，学者各记所闻。而亦必当时实有此制度，非能凭空撰造。"

以其非有来历断不能冥思臆造，创为此等宏纲细目之书也。周、秦、西汉著书者多矣，孔、孟、管、墨、商君、荀卿以及董仲舒、刘歆辈，皆有意于创立法制。今其书之存者，或第言立法之意，或粗举治国之方，无一书能包举天下万事万物，一一为之区分条理，而又贯串联络秩然不紊如《周官》者。后世之《六典》、《会典》等，以有《周官》为之模范，故易于着手，然犹不能及其精微。学者试思为《周官》者，当具何等经验、思想、学力，而后能成此书乎？古今中外政治家、哲学家著书立说，大都徒托空言，不能见之于实行。然学者称举其说，犹许其代表一时代之文化。故《周官》之说即令未尝实行，仅属于一个人之理想，然此一个人之理想产生于此时代，已足令人惊诧，矧其官守法意，降至春秋、战国，犹多遗迹可寻乎！汪中作《周官征文》，以《逸周书》穆王作《职方》为证：

《述学·周官征文》："或曰：《周官》，周公所定。而言穆王作《职方》何也？曰：赋诗之义，有造篇，有述古，夫作亦犹是也。召穆公纠合宗族于成周，而作《常棣》之诗，则述古亦谓之作。详《职方》、《大司乐》二条，知《周官》之文各官皆分载其一，以为官法。故每职之下，皆系曰掌。而太宰建之，以为《六典》，则合为一书。穆王作之，特申其告诫，俾举其职尔。"

则此书实成、康、昭、穆以来王官世守之旧典，以之言西周之文化，固非托古改制之比也。

《仪礼》十七篇所言者为冠、婚、丧、祭、射、乡、朝、聘八目。《周官》则经纬万端。兹择其要者，以次列举于后。

第一节　国土之区画

国土之区画，分以下四种：

（一）九州。九州之区画，自古已然。而周之区画，兼研究其民物之事利，其调查统计盖较《禹贡》为详。

《周官·职方氏》："东南曰扬州，其山镇曰会稽，其泽薮曰具区，其川三江，其浸五湖，其利金、锡、竹、箭，其民二男五女，其畜宜鸟兽，其谷宜稻。正南曰荆州，其山镇曰衡山，其泽薮曰云梦，其川江、汉，其浸颍、湛，其利丹、银、齿、革，其民一男二女，其畜宜鸟兽，其谷宜稻。河南曰豫州，其山镇曰华山，其泽薮曰圃田，其川荧、洛，其浸波、溠，其利林、漆、丝、枲，其民二男三女，其畜宜六扰，其谷宜五种。正东曰青州，其山镇曰沂山，其泽薮曰望诸，其川淮、泗，其浸沂、沭，

> 其利蒲鱼，其民二男三女，其畜宜鸡狗，其谷宜稻麦。河东曰兖州，其山镇曰岱山，其泽薮曰大野，其川河、沛，其浸庐、维，其利蒲鱼，其民二男三女，其畜宜六扰，其谷宜四种。正西曰雍州，其山镇曰岳山，其泽薮曰弦蒲，其川泾、汭，其浸渭、洛，其利玉石，其民三男二女，其畜宜牛马，其谷宜黍稷。东北曰幽州，其山镇曰医无闾，其泽薮曰貕养，其川河、沛，其浸菑、时，其利鱼、盐，其民一男三女，其畜宜四扰，其各宜三种。河内曰冀州，其山镇曰霍山，其泽薮曰扬纡，其川漳，其浸汾、潞，其利松柏，其民五男三女，其畜宜牛羊，其谷宜黍稷。正北曰并州，其山镇曰恒山，其泽薮曰昭余祁，其川呼池、呕夷，其浸涞、易，其利布帛，其民二男二女，其畜宜五扰，其谷宜五种。"

《禹贡》专言贡物，犹专为王侯立法，《职方》注重民利，则周代重民之证也。

（二）畿服。畿服之制亦沿于古，惟商时犹仅五服[4]，至周而斥大之，为九畿，亦曰九服。

> 《周官·大司马》："乃以九畿之籍，施邦国之政职，方千里曰国畿，其外方五百里曰侯畿，又其外方五百里曰甸畿，又其外方五百里曰男畿，又其外方五百里曰采畿，又其外方五百里曰卫畿，又其外方五百里曰蛮畿，又其外方五百里曰夷畿，又其外方五百里曰镇畿，又其外方五百里曰蕃畿。"《职方氏》："乃辨九服之邦国，方千里曰王畿，其外方五百里曰侯服，又其外方五百里曰甸服，又其外方五百里曰男服，又其外方五百里曰采服，又其外方五百里曰卫服，又其外方五百里曰蛮服，又其外方五百里曰夷服，又其外方五百里曰镇服，又其外方五百里曰藩服。"

其地之广袤参考刘师培《古代要服建国考》[5]，章炳麟《封建考》，可得其概。

（三）封国。周之封国，为说经家聚讼之要点。然其国境，大者不过后世之一府，小者乃等于州县，无足异也。

> 《周官·大司徒》："凡建邦国，以土圭土其地而制其域。诸公之地，封疆方五百里，其食者半。诸侯之地，封疆方四百里，其食者参之一。诸伯之地，封疆方三百里，其食者参之一。诸子之地，封疆方二百里，其食者四之一。诸男之地，封疆方百里，其食者四之一。"《职方氏》："凡邦国，千里封公，以方五百里则四公，方四百里则六侯，方三百里则七伯，方二百里则二十五子，方百里则百男，以周知天下。凡邦国小大相维。"

（四）王畿之区画。王畿方千里，四面各五百里，节次分之，其名甚多。

> 《周官·载师》："以廛里任国中之地，以场圃任园地，以宅田、士田、贾田任近郊之地，以官田、牛田、赏田、牧田任远郊之地，以公邑之田任甸地，以家邑之田任稍地，以小都之田任县地，以大都之田任疆地。"郑《注》："五十里为近郊，百里为远郊。"贾《疏》："自百里以至邦国，分为五等：二百里曰甸，三百里曰稍，四百里曰县，五百里日都，畿外邦国。"

郊有六乡，甸有六遂，其制详后。

《周官》一书，虽不过官制、官规之性质，然六官之开端，皆以治地为言。

> 《周官·天官冢宰》："惟王建国，辨方正位，体国经野，设官分职，以为民极。"（按《地官》、《春官》、《夏官》、《秋官》皆同）贾《疏》："六官皆有此叙者，欲见六官所主虽异，以为民极是同故也。"

故观《周官》，可知其时所最重者，实惟辨方正位，体国经野之事。右列之区画，散见于诸官者，似徒为此繁复之名数，而无益于政治。然观其对于版图、测量、土壤、民物一一经画研究，则知周之治地，非徒注意于名数而已也。周之版图，大别有三：

（一）总图。其图盖具全国之形势，兼注明其民族物产者，虽其文未言图中符号比例若何，然其有比例符号殆无可疑。如：

《周官·大司徒》："掌建邦之土地之图与其人民之数，以佐王安扰邦国。以天下土地之图，周知九州之地域广轮之数，辨其山林、川泽、丘陵、坟衍、原隰之名物。"《土训》："掌道地图，以诏地事。道地慝，以辨地物，而原其生，以诏地求。"《司险》："掌九州之图，以周知其山林、川泽之阻，而达其道路。"《职方氏》："掌天下之图，以掌天下之地，辨其邦国、都鄙、四夷、八蛮、七闽、九貉、五戎、六狄之人民，与其财用、九谷、六畜之数要，周知其利害。"

《司书》："掌邦中之版，土地之图，以周知出入百物，以叙其财。"

其图有广轮之数，且有九谷、六畜之数，则不但有比例，兼似附有物产统计表矣。周之官吏据此等图表，以经画天下，其非空言可知。

（二）分图。其图殆如今之一县一乡之图，可据以决狱讼，且可以定各地之形体，视总图尤有实用。如：

《周官·小宰》："以官府之八成经邦治，……三曰听闾里以版图。"《小司徒》："凡民讼，以地比正之。地讼，以图正之。"《遂人》："掌邦之野，以土地之图经田野，造县鄙形体之法。"

县鄙形体，据图以造，则其规画非徒理想，而必按照各地毗连之形势审慎出之，又可知矣。

（三）专图。其图各以一事一地为之，不涉他地他事。如：

《周官·冢人》："掌公墓之地，辨其兆域，而为之图。"《墓大夫》："掌凡邦墓之地域，为之图。"

《丱人》："掌金玉锡石之地，……若以时取之，则物其地图而授之。"

据此，知周代官府地图之多，地治之精密，实基于此。然徒观地图，无以知地之方位气象，则测量尤绘图之先之所重矣。周之诸官掌测量者，如：

《周官·大司徒》："以土圭之法测土深，正日景，以求地中。日南，则景短，多暑。日北，则景长，多寒。日东，则景夕，多风。日西，则景朝，多阴。"

《土方氏》："掌土圭之法以致日景，以土地相宅而建邦国都鄙，以辨土宜土化之法，而授任地者。"

其法可与《考工记》参观，

《考工记》："匠人建国，水地以县，置埶以县，视以景。为规识日出之景与日入之景，昼参诸日中之景，夜考之极星，以正朝夕。"

朝夕测日，夜则测星，既辨方位，兼审土宜。其建邦国都鄙之慎重若此，于地事似已尽心为之矣。然司徒犹有土会、土宜、土均之法，正不止土圭一法也。

《周官·大司徒》："以土会之法[⑥]，辨五地之物生。一曰山林，其动物宜毛物，其植物宜皂物，其民毛而方。二曰川泽，其动物宜鳞物，其植物宜膏物，其民黑而津。三曰丘陵，其动物宜羽物，其植物宜核物，其民专而长。四曰坟衍，其动物宜介物，其植物宜荚物，其民皙而瘠。五曰原隰，其动物宜裸物，其植物宜丛物，其民丰肉而庳。""以土宜之法辨十有二土之名物，以相民宅，而知其利害，以阜人民，以蕃鸟兽，以毓草木，以任土事。辨十有二壤之物而知其种，以教稼穑树艺。""以土均之法辨五物九等，制天下之地征，以作民职，以令地贡，以敛财赋，以均齐天下之政。"

分析土壤，剖辨物种，而民生国政于是乎定。盖人民犹建筑物，土地则其基址，基址未能辨别，建筑物无从著手。周之施政，注重地治，其条理精密若此，此固前古所无，抑亦汉、唐迄今所未能逮也。世人谓吾国研究地学，始于裴秀、贾耽等人，然观晋、唐诸史之言，其于《周官》之制殆不过万分之一。故吾国文明，在周实已达最高之度，嗣又渐降而渐进，至今，则古制澌灭殆尽，而后群诧域外之文明。试即周代治地诸法思之，得谓其时无此事实，而一人撰造伪书，乃能穿穴诸官。使一一相应若此耶?

第二节 官吏之职掌

国家社会未达无治主义之时代，行政官吏在所必设。设之，则必有阶级等差，此天下万国所同也。吾国历代官制虽时有变迁，而其源大都出于《周官》，故周之设官分职，亦为治史者所必措意。周之官吏，分朝命及辟除二途。

> 《周官·大宗伯》：“以九仪之命，正邦国之位。壹命受职，再命受服，三命受位，四命受器，五命赐则，六命赐官，七命赐国，八命作牧，九命作伯。”

大抵自一命为正吏，至六命赐官，为卿、中大夫、下大夫、上士、中士、下士六等。六命之上则诸侯之等级，其辟除或给徭役者，曰府、曰史、曰胥、曰徒。

> 《周官·小宰》：“宰夫掌百官府之征令，……五曰府，掌官契以治藏。六曰史，掌官书以赞治。七曰胥，掌官叙以治叙。八曰徒，掌官令以征令。”《天官》郑《注》：“府，治藏；史，掌书者。凡府、史皆其官长所自辟除，胥、徒皆民给徭役者。胥有才知，为什长。”

官制之大纲分为六属。

《周官·小宰》：“以官府之六属，举邦治。一曰天官，其属六十，掌邦治，大事则从其长，小事则专达。二曰地官，其属六十，掌邦教，大事则从其长，小事则专达。三曰春官，其属六十，掌邦礼，大事则从其长，小事则专达。四曰夏官，其属六十，掌邦政，大事则从其长，小事则专达。五曰秋官，其属六十，掌邦刑，大事则从其长，小事则专达。六曰冬官，其属六十，掌邦事，大事则从其长，小事则专达。”“以官府之六职辨邦治。一曰治职，以平邦国，以均万民，以节财用。二曰教职，以安邦国，以宁万民，以怀宾客。三曰礼职，以和邦国，以谐万民，以事鬼神。四曰政职，以服邦国，以正万民，以聚百物。五曰刑职，以诘邦国，以纠万民，以除盗贼。六曰事职，以富邦国，以养万民，以生百物。”

其官数凡五六万人。

《通典》（杜佑）：“周内官二千六百四十三人，外诸侯国内六万一千三十二人。”《周官·禄田考》（沈彤）：“六官凡五万九千三百余人。”

其治之咸以典法。

《周官·太宰》：“太宰之职，掌建邦之六典，以佐王治邦国。一曰治典，以经邦国，以治官府，以纪万民。二曰教典，以安邦国，以教官府，以扰万民。三曰礼典，以和邦国，以统百官，以谐万民。四曰政典，以平邦国，以正百官，以均万民。五曰刑典，以诘邦国，以刑百官，以纠万民。六曰事典，以富邦国，以任百官，以生万民。”“以八法治官府。一曰官属，以举邦治。二曰官职，以辨邦治。三曰官联，以会官治。四曰官常，以听官治。五曰官成，以经邦治。六曰官法，以正邦治。七曰官刑，以纠邦治。八曰官计，以弊邦治。”“以八则治都鄙。一曰祭祀，以驭其神。二曰法则，以驭其官。三曰废置，以驭其吏。四曰禄位，以驭其士。五曰赋贡，以驭其用。六曰礼俗，以驭其民。七曰刑赏，以驭其威。八曰田役，以驭其众。”

典法施于太宰，而掌之者复有诸官。

《周官·太宰》称正月之吉，乃施典于邦国，施则于都鄙，施法于官府。《小宰》：“掌邦之六典、八法、八则之贰。以逆邦国都鄙官府之治。”《司会》：“掌邦之六典、八法、八则之贰，以逆邦国都鄙官府之治。”《小宰》：“正岁帅治官之属，而观治象之法，徇以木铎曰：不用法者，国有常刑。”《司书》：“掌邦之六典、八法、八则。”《太史》：“掌邦之六典，以逆邦国之治。掌法，以逆官府之治。掌则，以逆都鄙之治。凡辨法者考焉，不信者刑之。”《内史》：“执国法及国令之贰，以考政事，以逆会计。”《御史》：“掌邦国都鄙及万民之治令，以赞冢宰，凡治者受法令焉。”《匡人》：“掌达法则，匡邦国。”《大行人》：“十有一岁修法则。”

据此，则《周官》所载特其大纲，而所谓典法者，必更有详密之条文，正者存于太宰，贰者散在诸官。其有不信，则考诸太史，非一二人所能以意为出入高下也。诸法之中，不可殚举，第就官联一法观之，即可知其立法之精密。

《周官·小宰》：“以官府之六联，合邦治：一曰祭祀之联事。二曰宾客之联事，三曰丧荒之联事，四曰军旅之联事，五曰田役之联事，六曰敛弛之联事。凡小事皆有联。”《周礼订义》（宋王与之）：“王昭禹曰：古者军将皆命卿，而师、旅、卒、长之属，皆下大夫、士掌其事。大司徒、大军旅以旗致万民，治其徒庶之政命。……小司徒会万民之卒伍，而亦帅其众庶。乡师、大军旅正治其徒役，与其輂辇。大司马及战，巡陈视事而赏罚，若此类皆军旅之联事。……太宰掌九贡、九赋，而大府、司会、司书之类亦掌之，所谓敛也。乡大夫国中贵者之类皆舍征，而小司徒凡征役之施舍亦掌之，所谓弛也。凡此类皆敛弛之联事。……非祭祀、宾客、丧荒、军旅、田役、敛弛六者之大事，余皆小事也。若膳夫之官有庖人、亨人、内外饔之类，通职联事，司关掌国货之节，以联门市，皆小事也。”

于组织之中寓互助之意，既以泯其畛域，且使互相监视，不使一机关独断一事，而遂其营私舞弊之谋。此研究法治者所最宜留意者也。

周之官府最重会计。

《周官·小宰》：“以官府之八成，经邦治：一曰听政役以比居，二曰听师田以简稽，三曰听闾里以版图，四曰听称责以傅别，五曰听禄位以礼命，六曰听取予以书契，七曰听买卖以质剂，八曰听出入以要会。以听官府之六计，弊群吏之治。一曰廉善，二曰廉能，三曰廉敬，四曰廉正，五曰廉法，六曰廉辨。……月终，则以官府之叙，受群吏之要，赞冢宰，受岁会。岁终，则令群吏致事。”《宰夫》：“岁终，则令群吏正岁会。月终，则令正月要。旬终，则令正日成，而以考其治。治不以时举者，以告而诛之。”《司会》：“掌国之官府郊野县都之百物财用，凡在书契、版图者之贰，以逆群吏之治，而听其会计，以参互考日成，以月要考月成，以岁会考岁成，以周知四国之治，以诏王及冢宰废置。”《职内》：“掌邦之赋入，辨其财用之物，而执其总，以贰官府都鄙之财入之数，以逆邦国之赋用。凡受财者，受其贰令而书之。及会，以逆职岁，与官府财用之出，而叙其财，以待邦之移用。”《职岁》：“掌邦之赋出，以贰官府都鄙之财出赐之数，以待会计而考之。凡官府都鄙群吏之出财用，受式法于职岁，凡上之赐予，以叙与职币授之。及会，以式法赞逆会。”

日有成，月有要，岁有会，三岁又有大计。

《周官·司书》："三岁则大计群吏之治。"

其出入皆有式法，四国之治无不周知。故官吏皆知尚廉而畏法，非若今之武人、外吏横揽财权，中央莫敢谁何，一任其贪黩恣肆，而惟恃借债以填其欲壑也。

第三节　乡遂之自治

《周官》之精义，莫邃于乡遂之制。乡遂者，直隶于天子而行自治之制之区域也。王城为中央政府，王城之外郊甸之地，即自治之地方。此外则为公邑家邑，小都大都，又其外则诸侯之国。故周代政治为诸侯之模范者，惟乡遂二区。以乡遂例天下，则天下之大，咸可以乡遂之法施之。乡遂之组织，法同而名异。

《周官·大司徒》："五家为比，五比为闾，四闾为族，五族为党，五党为州，五州为乡。"《周官·遂人》："五家为邻，五邻为里，四里为酂，五酂为鄙，五鄙为县，五县为遂。"

其官多由民举，而受天子之命，其职等于王官，而为地方自治之领袖。

《周官·司徒:》："乡老，二乡则公一人。乡大夫，每乡卿一人。州长，每州中大夫一人。党正，每党下大夫一人。族师，每族上士一人。闾胥，每闾中士一人。比长，五家下士一人。遂大夫，每遂中大夫一人。县正，每县下大夫一人。鄙师，每鄙上士一人。酂长，每酂中士一人。里宰，每里下士一人。邻长，五家则一人。"

总计其数，六乡万五千比，则为比长者万五千人。六遂万五千邻，则为邻长者万五千人。推而上之，闾、胥、里、宰各三千人，族师、鄙长各七百五十人，党正、鄙师各百五十人，州长、县正各三十人，合乡、遂大夫十二人及乡老三人，凡三万七千八百七十五人。以方四百里之地、十五万家之民，设三万七千八百有奇之自治职，此民治之极轨也。

周代乡遂之官各有专职。然《周官》之文有详此略彼，而可互相证者如：

《乡大夫》："各掌其乡之政教禁令。正月之吉，受教法于司徒，退而颁之于其乡吏，使各以教其所治，以考其德行，察其道艺。"《遂大夫》："各掌其遂之政令。"

遂大夫不言受法施教之事，似乡大夫掌教育，而遂大夫不掌教育者，实则遂、乡相等，乡官之职所载者，遂官亦行之；遂官之职所载者，乡官亦行之。特文有详略，以避重复，故似职务不同。读《周礼》者当知其互文见义也。

乡、遂之官所掌之事，可分六项：

（一）曰校比。周有邦比之法，犹今所谓调查也。六乡六遂人畜、车辇、旗鼓、兵革以及田野、稼器，无一不需调查，故有邦比之法，登载多寡高下焉。

《周官·闾胥》："以岁时各数其闾之众寡，辨其施舍。"《里宰》："掌比其邑之众寡，与其六畜、兵器。"《族师》："以邦比之法，帅四闾之吏，以时属民，而校登其族之夫家众寡，辨其贵贱老幼废疾可任者，及其六畜、车辇。"《酂长》："以时校登其夫家，比其众寡，以治其丧纪祭祀之事。……若岁时简器，与有司数之。"《党正》："以岁时莅校比。"《鄙师》："以岁时数其众庶，察其嫩恶而诛赏。"《乡大夫》："以岁时登其夫家之众寡，辨其可任者，以岁时入其书。"《遂大夫》："以岁时稽其夫家之众寡六畜田野，辨其可任者，与其可施舍者。"《州长》："三年大比，则大考州里，以赞乡大夫废兴。"《县正》："各掌其县之政令征比，以颁田里，以分职事。"⑦

盖常时之比，闾胥、里宰掌之。四时之比，族师、酂长掌之，党正莅之，乡大夫、遂大夫登其数于书，而入于司徒。至三年大比，则州长、县长、县正掌之，而乡、遂大夫兴其贤能焉。

《乡大夫》："三年则大比，考其德行道艺，而兴贤者能者。"《遂大夫》："三岁大比，则帅其吏而兴甿。"

观此，则知乡遂之官，于其所治之地，无一事一物不调查清晰，登录详明。而凡百政治均由此而兴矣。

（二）曰法治。周代政治以法为本，自王公至庶民无不囿于礼法之中，故时时教民读法。全国之法，岁首悬于象魏，纵民观览十日。

《周官·太宰》："正月之吉，始和布治于邦国都鄙，乃县治象之法于象魏，使万民观治象，浃日而敛之。"

而乡、遂诸官，则时时教民读法。

《周官·闾胥》："凡春秋之祭祀、役征、丧纪之数，聚众庶，既比，则读法，书其敬敏任恤者。"《族师》："月吉，则属民而读邦法，书其孝弟睦姻有学者。春秋祭酺亦如之。"《党正》："四时之孟月吉日，则属民而读邦法，以纠戒之。春秋祭禜亦如之。"《州长》："正月之吉，各属其州之民而读法，以考其德行道艺而劝之，以纠其过恶而戒之。若以岁时祭祀州社，则属其民而读法，亦如之。"

大抵州长属民读法，党正以下率民读之；党正属民读法，族师以下率民读之。虽非各自为政，要其一岁中读法之时，殆不下十五六次。六遂之官不言读法，以乡官例之，当亦与乡无异。乡、遂之民，无人不熟读法令，自无干犯法纪之事。此岂空言法制，而一般人民尚不知现行之法为何物者所能比哉！

（三）曰教育。司徒为教官，所掌自治地外，即以教育为专职。其教育之目，凡十有二。

《周官·大司徒》："施十有二教焉。一曰以祀礼教敬，则民不苟。二曰以阳礼教让，则民不争。三曰以阴礼教亲，则民不怨。四曰以乐礼教和，则民不乖。五曰以仪辨等，则民不越。六曰以俗教安，则民不偷。七曰以刑教中，则民不虣。八曰以誓教恤，则民不怠。九曰以度教节，则民知足。十曰以世事教能，则民不失职。十有一曰以贤制爵，则民慎德。十有二曰以庸制禄，则民兴功。"

盖无一事不含有教育之性质，不专恃学校教育也。然以乡官所有学校推之，其学校之数之多，亦非后书所及。乡官所属党州皆有序。

《州长》："春秋以礼会民，而射于州序。"《党正》："国索鬼神而祭祀，则以礼属民，而饮酒于序。"

六乡百五十党，则百五十序，三十州则三十序，总计学校已百八十，合六遂而计之，则三百六十矣。其乡之学，虽不见于《周官》，以《仪礼》"行乡饮酒之礼于庠"证之，则州党之外别有乡庠也。乡学之教，曰乡三物。

《大司徒》："以乡三物教万民而宾兴之。一曰六德，知、仁、圣、义、忠、和。二曰六行，孝、友、睦、姻、任、恤。三曰六艺，礼、乐、射、御、书、数。"

遂大夫复兼教稼。

《遂大夫》："掌其遂之政令，以教稼穑。

则文化教育而兼职业教育矣。

（四）曰联合。周代人民虽无社会之名，而有联合之法。观《族师》、《比长》诸职之文，知其人民之互相扶助，决非独居孑立，各不相谋者之比。

《族师》："五家为比，十家为联；五人为伍，十伍为联；四闾为族，八族为联。使之相保相受，刑罚庆赏，相及相共，以受邦职，以役国事，以相葬埋。”《比长》：“五家相受，相和亲，有罪奇邪，则相及。”《里宰》：“以岁时合耦于锄，以治稼穑，趋其耕耨，行其秩叙，以待有司之政令。”《邻长》：“掌相纠相受，凡邑中之政相赞。”

受职待令既须联合，奇邪相及则并行为容状，皆使一律而无所歧异，而人民徒知束身自爱者，亦必知劝戒他人以共勉其群德。此尤自治之精神所在，非如此不能去社会之害而扶植善类也。

（五）曰作民。周代人民，对于国家之义务均须负担，其期日掌于均人。

《周官·均人》：“掌均地政，均地守，均地职，均人民牛马车辇之力政。凡均力政，以岁上下，丰年则公旬用三日焉，中年则公旬用二日焉，无年则公旬用一日焉。凶札则无力政，无财赋。”

其年龄定于乡大夫。

《乡大夫》：“以岁时登其夫家之众寡，辨其可任者。国中自七尺以及六十，野自六尺以及六十有五，皆征之。其舍者，国中贵者、贤者、能者、服公事者、老者、疾者皆舍。以岁时入其书。”

而征集之事，则乡、遂诸官任之。凡有征集，名曰作民。

《周官·州长》：“若国作民，而师田行役之事，则帅而致之，掌其戒令与其赏罚。”《党正》：“凡作民而师田行役，则以其法治其政事。”《族师》：“若作民而师田行役，则合其卒伍，简其兵器，以鼓铎、旗物帅而至，掌其治令、戒禁、刑罚。”《县正》：“若将用野民师田行役移执事，则帅而至，治其政令。既役，则稽功会事而诛赏。”《鄙师》：“凡作民则掌其戒令。”《酂长》：“若作其民而用之，则以旗鼓兵革帅而至。”

师田行役，各归部伍，盖州、党、酂、鄙之长，最为亲民。平时服其教训，有事听其指挥，使之作而帅之，自无隐匿、逃亡、诈欺、违犯之弊。古代无养兵之款，无工程之费，一切皆取于民。人民各甘尽其义务，初无推诿怨叛者，以乡、遂之制至精且密也。故不行地方自治之制，不能征兵，不能加赋，不能举行地方一切工程，可以周制断之矣。周之人民不但各有义务，复有对于国家之权利。其时虽无所谓议院，然国有大事必咨询之。

《周官·小司寇》："掌外朝之政，以致万民而询焉。一曰询国危，二曰询国迁，三曰询立君。其位，王南乡，三公及州长、百姓北面，群臣西面，群吏东面，小司寇摈以叙进而问焉，以众辅志而弊谋。"

是人民对于国事胥有发言之权矣。州长职文仅称作民帅致，不及大询之事，而乡大夫之职有之。

《乡大夫》："有大询于众庶，则各帅其乡之众寡，而致于朝。"

乡民得备咨询，遂民宜亦同之。乡、遂之民，家出一人，即十五万人，势不可悉致于朝。其曰"帅其乡之众寡"，殆先征求其意见，而致其欲发言者于朝，故众寡之数不定也。

（六）曰征敛。周制，乡师掌六乡之赋贡，遂师掌六遂之赋贡，皆王朝之官也。然闾里之官亦自掌征敛之事。如：

《里宰》："待有司之政令，而征敛其财赋。"

是即遂官掌征敛之证。里宰职等闾胥，里宰既征敛财赋，闾胥当亦同此例也。《乡师》郑《注》，备言比、闾、族、党所共之器。

《周官·乡师》："正岁稽其乡器，比共吉凶二服，闾共祭器，族共丧器，党共射器，州共宾器，乡共吉凶礼乐之器。"郑《注》："吉服者，祭服也。凶服者，吊服也。比长主集为之，祭

> 器者，簠、簋、鼎、俎之属，闾胥主集为之。丧祭者，夷槃、素俎、楬豆、辁轴之属，族师主集为之。此三者，民所以相共也。射器者，弓矢、楅中之属，党正主集为之。宾器者，尊、俎、笙、瑟之属，州长主集为之。吉器，若闾祭器。凶器，若族丧器。礼乐之器，若州、党宾射之器。乡大夫备集此四者，为州、党、族、闾有故而不共也。"

据此，知州、闾、族、党凡有公共之事，则为师长者，征集其器用于所辖之民家，以近事为比，则其所谓器用，即后世之自治经费也。后世万事非钱不行，故未事而先筹经费。周代虽行钱币，而乡党公事，第征器而不征钱，故无所谓经费。学者能知此意，则知古代人民担负自治经费故亦甚重。而为之领袖者，皆须任征集措置之劳。后世惟地保、图董等为县官征租，而一切公益之事皆不之顾。浮慕西法者，则谓西人能自治，而中国则否。解经者又不通此意，岂非厚诬古人哉！

六者之外，尚有祭祀、丧祀、昏冠、饮酒诸事，乡官详言之，而遂官不言，以乡比遂，殆亦同也。又如：

> 《乡大夫》："岁终则令六乡之吏，皆会政致事。"《州长》："岁终则会其州之政令。"《党正》："岁终则会其党政，帅其吏而致事。"《族师》："岁终则会政致事。"

而六遂复不详言，惟《遂大夫》、《鄙师》及之。

> 《遂大夫》："令为邑者，岁终则会政致事。"《鄙师》："岁终则会其鄙之政而致事。"

盖皆详略互见也。人民之事既多，乡、遂诸官所掌，自必繁琐而易于淆杂。一岁既终，使之层递稽核，以备考绩，则其人自不敢旷职而有所欺隐。今之提倡自治者，但知组织人民，监督官吏，而人民集合之团体，其侵污欺隐，亦无以异于官吏，而立法者初不为之防制。使如周之会政致事，事事以清白昭示于众，亦何至使人民借口于自治之不如官治哉！

第四节　授田之制（附兵制）

周之田制凡三种。一画地为井而无公田者，一画地为井而以其中百亩为公田者，一不画井而但制沟洫者。

（一）画地为井而无公田者。

> 《周官·小司徒》："乃经土地而井牧其田野。九夫为井，四井为邑，四邑为丘，四丘为甸，四甸为县，四县为都，以任地事，而令贡赋。"《注》："郑司农云：井牧者，《春秋传》所谓'井衍沃，牧隰皋'者也。郑玄谓隰皋之地，九夫为牧，二牧而当一井。今造都鄙，授民田，有不易，有一易，有再易，通率二而当一，是之谓井牧。"

按两郑《注》均依《左传》襄公二十五年楚蒍掩书土田之法，以释《周礼》。蒍掩之法曰："度山林，鸠薮泽，辨京陵，表淳卤，数疆潦，规偃潴，町原防，牧隰皋，井衍沃。"《正义》引贾逵说曰："山林之地，九夫为度，九度而当一井；薮泽之地，九夫为鸠，八鸠而当一井；京陵之地，九夫为辨，九辨而当一井；淳卤之地，九夫为表，六表而当一井；疆潦之地，九夫为数，五数而当一井；偃潴之地，九夫为规，四规而当一井；原防之地，九夫为町，三町而当一井；隰皋之地，九夫为牧，二牧而当一井；沃衍之地，亩百为夫，九夫为井。"据此，知古之井田第施于沃衍之地，其余分为八等，各以井田为标准，非谓遍地皆井田也。《周官》明云"井牧"，郑氏明云"通率二而当一"，是其标准依井牧而定。而凡山林薮泽之类，初不尽区为井也。又按：《周官》此文仅云"九夫为井"，未尝言其中一百亩为公田。

（二）画田为井而以其中百亩为公田者。公田之制，《周官》未言。惟《诗·大雅·大田》曰："雨我公田，遂及我私。"《孟子》据以为周有公田之证，又申言其制曰，方里而井，井九百亩，其中为公田，八家皆私百亩，同养公田。公事毕，然后敢治私事。

《考工记注》郑玄曰：“周制畿内用夏之贡法，税夫，无公田。邦国用殷之助法，制公田，不税夫。”孙诒让曰：“郑以《孟子》证邦国有公田，说未确。周之邦国亦税夫，不制公田，与畿内同。公田虽为助之正法，而据《夏小正》，则夏时或已有此制，盖其由来甚久。九服之中，疆索不同，容有沿袭旧制而未能尽改者。先王以俗教安，不必强更其区畛，故《周诗》有公田之文，此亦如《左传》定公四年所说康叔封卫，启以商政之类，非周邦国必制公田也。”

（三）不画井而但制沟洫者。

《周官·遂人》：“凡治野，夫间有遂，遂上有径。十夫有沟，沟上有畛。百夫有洫，洫上有涂。千夫有浍，浍上有道。万夫有川，川上有路，以达于畿。”（按此制与《考工记》不同。《考工记》：“匠人为沟洫，耜广五寸，二耜为耦，一耦之伐，广尺深尺谓之甽；田首倍之，广二尺、深二尺谓之遂；九夫为井，井间广四尺、深四尺谓之沟；方十里为成，成间广八尺、深八尺谓之洫；方八里为同，同间广二寻、深二仞谓之浍。”郑注：“此畿内采地之制。采地制井田，异于乡遂及公邑。”）《中国历史教科书》（刘师培）曰：“按《孟子》有‘野九一而助，国中什一使自赋’之说。其后郑康成注《周礼》，以为周家之制，乡、遂用贡法，十夫有沟是也；都鄙用助法，九夫为井是也。自是两法。朱子亦以为《遂人》以十为数。《匠人》以九为数，决不可合。然尝考之，所谓野九一者，乃授田之制；国中什一者，乃取民之制。盖助有公田，故其数必拘于九，八居四旁之私，一居其中为公，是为九夫，多与少者不可行。若贡则无公田，《孟子》之什一，特言其取之之数，遂人之十夫，特姑举成数言之耳。若九夫自有九夫之贡法，十一夫自有十一夫之贡法，初不必拘以十数，而后贡法可行也。盖自遂达于沟，自沟达于洫，自洫达于浍，自浍达于川，此二法之所以同也。行助法之地，必须以平地之田，分画作九夫。中为公田，而八私环之，列如井字，整如棋局。所谓沟、洫者，直欲限田之多寡，而为之疆界。行贡法之地，则无间高原下隰，截长补短，每夫授之百亩。所谓沟、洫者，不过随地之高下，而为之蓄泄，此二法之所以异也。是以《匠人》言遂必曰二尺，言沟必曰四尺，言洫、言浍必曰八尺、曰二寻。盖以平原广野之地，画九夫之地为井，各自其九以至于同。其间所谓沟、遂、洫、浍者，隘则不足以蓄水，而广则又至于妨田，必有一定之尺寸。若《遂人》止言夫间有遂，十夫有沟，百夫有洫，千夫有浍，盖是山谷薮泽之间，随地为田，横斜广狭，皆可垦辟。故沟、洫、川、浍，亦不言尺寸。大意谓路之下即为水沟，水沟之下为田耳。非若《匠人》之田必拘以九夫，而沟、洫之必拘以若干尺也。”

论周制者，必先知周代之田有此三种区别，而后知周制有因袭前代者，有因地制宜者，并非举全国方万里之地，限以一种法制，务令整齐画一，不得稍有异同也。迂儒论古，第知有所谓井田，并不细心读书，漫以为周代普天之下皆为井田。好为新奇之说者，又据古书一二异点，傅以臆见，直谓古者初未尝有井田，此皆一偏之论也。《周官》本文不但田制有二种，即授田亦有二法。

（一）《大司徒》：“凡造都鄙，制其地域而封沟之，以其室数制之。不易之地家百亩，一易之地家二百亩，再易之地家三百亩。”

（二）《遂人》：“辨其野之土，上地、中地、下地以颁田里。

上地，夫一廛，田百亩，莱五十亩，余夫亦如之。中地，夫一廛，田百亩，莱百亩，余夫亦如之。下地，夫一廛，田百亩，莱二百亩，余夫亦如之。”孙诒让曰：“《大司徒》上、中、下三等田制，与《遂人》六遂田制略同。此所谓易，即彼所谓莱。但彼上地犹有莱五十亩，非全不易者，与此小异耳。”

按其制，则自一家受田百亩至三百亩，凡四等。无论何国，上地极少，必限以八家皆受百亩，则必天下之田皆为上地而后可，否则必有三家而居一井者矣。

周之授田，计口而食，以人之多少，就地之上下。

《周官·小司徒》：“乃均土地，以稽其人民，而周知其数。上地，家七人，可任也者，家三人；中地家六人，可任也者，二家五人；下地家五人，可任也者，家二人。”郑《注》：“一家男女七人以上，则授之以上地，所养者众也；男女五人以下，则授之以下地，所养者寡也。”孙诒让曰：“三等授地，自是较略之制，其细别差率随宜损益，不能豫定。《管子·乘马数》篇云：‘上地之壤，守之若干，间壤守之若干，下壤守之若干，相壤定籍，而民不移。’亦以三等相壤。《吕氏春秋·上农篇》云：‘上田，夫食九人；下田，夫食五人。可以益，不可以损。一人治之，十人食之，六畜皆在其中矣。’此大任地之道也。据《吕览》说，是十人与九人数虽有益，而田不逾上等，足明三等授田制，约而无不赅矣。”

民年三十有室者，授一夫之地。二十以上、三十以下有室者为余夫，授二十五亩之地。皆至六十而归田于官。

《周礼正义载师疏》（孙诒让）：“受田之年，《经》无明文。贾据郑《内则》注义谓三十受田。陈奂云：古者二十受余夫之田，三十受一夫之田，六十归田于公。大凡三十取室生子，子年三十，父年必六十，是父归田，子必受田矣。按陈说足证郑义。盖夫家之名，起于一夫一妇，则受田者无论正夫、余夫，年二十、三十必已取室，而后谓之夫。男子年二十，或已授室，则受余夫之田：至三十，而丁众成家，别自为户，则为正夫，受田百亩。若二十以上，或未授室，则从父兄而耕，不得为余夫。其已授室受田之余夫，虽年过三十，或尚从父兄，不自为户，则仍为余夫。古正夫、余夫受田之法，盖约略如是。"《遂人》疏引王鸣盛云："余夫授田，上地田二十五亩，莱十二亩半；中地田二十五亩，莱田二十五亩；下地田二十五亩，莱五十亩。"

工商之家亦授田而杀于农夫。

《汉书·食货志》："士工商家受田，五口乃当农夫一人。"（按此文未质言周制，惟《周官·载师》有贾田。江永引《汉志》以证之，并谓在民间为工者，亦予以田，如贾人之例。）

其地税，则以远近为差，而大致不过什一。

《周官·载师》："凡任地，国宅无征。园廛二十而一，近郊十一，远郊二十而三，甸稍县都皆无过十二。惟其漆林之征，二十而五。"俞樾曰："周税漆林独重，故《经》文用'唯其'二字，见此不在常科之内。若至国宅，自甸稍县都通率之，适合十一之数，何也？园廛二十，近郊十，远郊二十，稍县都十，其数六十。园廛税一，近郊税一，远郊税三，甸稍县都税二，其数七。是为六十而税七，稍浮于十一。然去国宅一分无税，则适是十而税一矣。"孙诒让曰："《周官·司稼》以年之上下出敛法，是以年之上下为赋法轻重之差也。而《载师》任地，则四郊甸稍县都有十一至十二三等之法，是又以地之远近为轻重之差矣。周之彻法，盖当兼此二者。彻之云者，通乎地之远近、年之上下，以为敛取之法。"

其民之游惰者则有罚。

> 《周官·载师》："凡宅不毛者有里布，凡田不耕者出屋粟，凡民无职事者出夫家之征。"孙诒让曰："宅不毛，田不耕者，盖兼惰民受田宅而芜废不治，及富贵家之广占田宅以为游燕者言之。凡惰民之不事事者，则令出征赋以示罚。"

按周代畿内之地依郑玄之说积百同九百万夫之地，山陵、林麓、川泽、沟渎、城郭、宫室、涂巷三分去一。余六百万夫，又以田不易、一易上、中、下地相通，定受田者三百万家[⑧]，则天子兆民分受此三百万夫之地，自无不足之虑。六乡六遂仅十五万夫，尤不难于均给。故即《周官》论之，无论乡、遂、都、鄙田之井与不井者，皆为王官之所有，而均布于其民，其法实无不通，惟土地有限，人口日增，不能永久不变。后之人不能因其意而消息之，或徒徇私意而隳其制，或深慕前规而泥其迹，则皆后人之失，非当时立法者之过也（周代授田之法，可参考庄存与《周官记载师任地谱》）。

周代授田之法，一以均贫富，一以通兵制，所谓寓兵于农也。乡遂十五万家，家出一人，各以七万五千家为六军。

> 《周官·大司马》："凡制军，万有二千五百人为军。王六军，大国三军，次国二军，小国一军。"《小司徒》："会万民之卒伍，……五人为伍，五伍为两，四两为卒，五卒为旅，五旅为师，五师为军。以起军旅，以作田役，以比追胥，以令贡赋。"

其田与追胥，则壮丁皆出。

> 《小司徒》："凡起徒役，毋过家一人，以其余为羡，唯田与追胥竭作。"贾《疏》："凡起徒役，毋过家一人者，谓起民役徒作之，毋过家一人。以其余为羡者，一家兄弟虽多，除一人为正卒，正卒之外，其余皆为羡卒。田谓田猎，追为逐寇，胥为同捕盗贼，非唯正卒一人，羡卒尽行，以其田与追胥之人多故也。"

盖民居以五为起数，夫田以十为起数，军旅亦以五为起数，三者皆一贯，故无烦临时编制也。乡、遂之外，丘甸皆井牧之地，其数不同，则别有编制。

> 《周官·小司徒》郑《注》引《司马法》曰："六尺为步，步百为亩，亩百为夫，夫三为屋，屋三为井，井十为通。通为匹马，三十家，士一人，徒二人，通十为成。成百井，三百家，革车一乘，士十人，徒二十人，十成为终。终千井，三千家，革车十乘，士百人，徒二百人。十终为同。同方百里，万井，三万家，革车百乘，士千人，徒二千人。"

假定《司马法》为周之制，则丘甸十家出一人，视乡、遂之家出一人者迥殊，盖一以远近区其多寡也。

按周制以师旅卒伍为正，《周官》之外，证佐甚多。孔广森曰："古者车战，故赋舆之法，以乘为主。而《周礼》万二千五百人为军，不言其军数。以《诗》考之，军盖五百乘，乘盖二十五人，天子六军。而《采芑》曰'其车三千'。鲁僖公时二军。而《閟宫》曰'公车千乘'。五百乘为军，是其明证。周法五人为伍，五伍为两，两之言辆也。二十五人而车一辆。百乘成师，则二千五百人。五百乘成军，则万二千五百人。然此唯六乡制军之数如是，其郊遂以外，井地制赋，所谓甸出长毂一乘者，与此不同。"孙诒让曰："《司马法》丘甸出车徒之法，虽与乡、遂不同，而出车则亦以二十五人为一乘，与乡、遂无异。六乡之士卒出于乡里，而兵车、大车、马牛出于官。六遂之士卒出于遂邑，车马牛亦出于官，所谓出兵而不出车也。若都鄙则车徒马牛及将重车者，并出于丘甸，所谓出车而兼出兵也。盖都鄙军籍虽不豫定，至有事征调及之，则亦必以都鄙之卒，配都鄙之车，其不能易伍两之制可知矣。"

《汉书·刑法志》称："殷、周立司马之官，设六军之众，因井田而制军赋，畿方千里，有税有赋，税以足食，赋以足兵。"盖就丘甸言之，未析言乡、遂之六军与丘甸殊法。此亦犹今之学者误认周之田制皆为井田，不知其有井有不井也。然兵制之起于田制，则乡、遂丘甸之性质固有相同之点，国养民而不养兵，民为兵而不病国，此尤古制至要之义也。

第五节 市肆门关之政

周人生计惟恃农田，贾人亦授贾田，则分业尚未甚严，农商可兼治也。然《周礼·地官》于市政亦设专官，货贿之出入门关者，各有治禁。则其商业虽不若后世之繁盛，殆必盛于唐、虞、夏、商，且其教条规制，多为后世所本，则言吾国之商政者，不可不首稽《周官》也。周之掌市肆门关者有：司市、质人、廛人、泉府、司门、司关、掌节诸官。其市官所自辟除者有：胥师、贾师、司虣、司稽、胥、肆长诸职。而立市则掌于内宰。

> 《周官·内宰》："凡建国，佐后立市，设其次，置其叙，正其肆，陈其货贿，出其度量淳制。"

其市在王宫之北。

> 《考工记》："匠人营国，面朝后市。"

盖古人讳言财利，故置之在宫朝之后，以其近于后宫，故使内宰掌之，而君后贵官且禁不得游观。

> 《周官·司市》："国君过市，则刑人赦；夫人过市，罚一幕；世子过市，罚一帟；命夫过市，罚一盖；命妇过市，罚一帷。"郑《注》："市者，人所交利而行刑之处，君子无故不游观焉。若游观则施惠以为说，国君则赦其刑人，夫人、世子、命夫、命妇则使之出罚，异尊卑也。"

皆所以示重农抑商也。

周制市分为三，中曰大市，东曰朝市，西曰夕市，各占一夫之地。

《周官·司市》：“大市，日昃而市，百族为主。朝市，朝时而市，商贾为主。夕市，夕时而市，贩夫贩妇为主。”《考工记·匠人》：“市朝一夫。”孙诒让曰：“三市为地，南北百步，东西三百步，共一里。”

市官所居曰思次，曰介次。

《周官》郑《注》：“思次，若今市亭；介次，市亭所属。”

交易之时，则悬旌于思次，市官莅而治之。

《周官·司市》：“凡市入则胥执鞭度，守门市之群吏平肆，展成奠贾，上旌于思次以令市。市师莅焉而听大治大讼，胥师、贾师莅于介次，而听小治小讼。”

其货之陈列有法。

《周官·司市》：“以次叙分地而经市，以陈肆辨物而平市。”《肆长》：“各掌其肆之政令，陈其货贿，名相近者相远也，实相近者相尔也，而平正之。”

贾值有恒。

《周官·贾师》：“各掌其次之货贿之治，辨其物而均平之，展其成而奠其贾，然后令市。凡天患，禁贵儥者，使有恒贾。四时之珍异亦如之。”

利害有别。

《周官·司市》：“凡治市之货贿六畜珍异，亡者使有，利者使阜，害者使亡，靡者使微。”

伪饰有禁。

《司市》：“凡市伪饰之禁，在民者十有二，在商者十有二，在贾者十有二，在工者十有二。”《胥师》：“各掌其次之政令，而平其货贿，宪刑禁焉。察其诈伪饰行儥慝者，而诛罚之。”

成贾以度量。

《司市》："以量度成贾而征偾。"《质人》："掌稽市之书契，同其度量，壹其淳制[9]。巡而考之，犯禁者举而罚之。"《胥》："各掌其所治之政，执鞭度而巡其前。"

结信以质剂。

《司市》："以质剂结信而止讼。"《质人》："掌成市之货贿、人民、牛马、兵器、珍异，凡卖偾者质剂焉。大市以质，小市以剂，……凡治质剂者，国中一旬，郊二旬，野三旬，都三月，邦国期。期内听，期外不听。"郑《注》："质剂者，为之券藏之也。大市，人民、马牛之属，用长券；小市，兵器、珍异之物，用短券。"

交易以泉布。

《司市》："以商贾阜货而行布。"郑《注》："布，谓泉也。"

其税敛，有纮布、总布、质布、罚布、廛布诸目。

《周官·廛人》："掌敛市之纮布、总布、质布、罚布、廛布，而入于泉府。"《肆长》："敛其总布。"江永曰："纮布者，市之屋税；总布者，货贿之正税：廛布者，市之地税也。"郑《注》："质布者，质人所罚，犯质剂者之泉也。罚布者，犯市令者之泉也。"

其握经济之枢者，有泉府。

《周官·泉府》："掌以市之征布，敛市之不售。货之滞于民用者，以其贾买之物楬而书之，以待不时而买者。买者各从其抵，都鄙从其主，国人郊人从其有司，然后予之。凡赊者，祭祀无过旬日，丧纪无过三月。凡民之贷者，与其有司辨而授之，以国服为之息。凡国事之财用取具焉。岁终，则会其出入，而纳其余。"金榜云："农民受田，计所收者纳税。贾人贷泉，计所得者出息。其息或以泉布，或以货物，轻重皆视田税为差，是谓以国服为之息。郑云：于国事受园廛之田而贷万泉者，则期出息五百。贾《疏》云：万泉出息五百，计当二十取一。若然，近郊十一者，万泉期出息一千。远郊二十而三者，万泉期出息一千五百，甸稍县都之民，万泉期出息二千。郑直云园廛者，略举以言之也。”

其货之出入门关者有节。

《周官·司市》：“凡通货贿，以玺节出入之。”《掌节》：“门关用符节，货贿用玺节，道路用旌节，皆有期以反节。”《司关》：“掌国货之节，以联门市。……凡所达货贿者，则以节传出之。”郑《注》：“货节，谓商本所发司市之玺节也。自外来者，则按其节而书其货之多少，通之国门，国门通之司市。自内出者，司市为之玺节，通之国门，国门通之关门。参相联，以检猾商。”

市肆门关，刑罚綦重。

《司市》：“以刑罚禁虣而去盗。……市刑，小刑宪罚，中刑徇罚，大刑扑罚。其附于刑者，归于士。”《司虣》：“掌宪市之禁令，禁其斗嚣者、与其虣乱者、出入相陵犯者、以属游饮食于市者。若不可禁，则搏而戮之。”《司稽》：“掌巡市而察其犯禁者，与其不物者而搏之。掌执市之盗贼以徇，且刑之。”《胥》：“掌其坐作出入之禁令，袭其不正者，凡有罪者，挞戮而罚之。”《司门》：“掌授管键以启闭国门，幾出入不物者，正其货贿。凡财物犯禁者举之。”《司关》：“司货贿之出入者，掌其治禁与其征廛。凡货不出于关者，举其货，罚其人。……国凶札，则无关门之征，犹幾。”

综观周代治商之政，足知其时王朝及各国商货交通，四方珍异，多萃于京师。而诈伪、饰行、漏税、犯禁者，亦往往而有。设官之多，为法之严，皆由于此。故虽农商未必尽分，而商贾阜通货贿，亦列于太宰九职。

当时之商业，故未可遽目为幼稚矣。又当时商贾之事，虽专掌于《地官》，而《秋官》复有关于商贾之法。

> 《周官·朝士》："凡民同货财者，令以国法行之，犯令者刑罚之。"郑众《注》："同货财者，谓合钱共贾者也。"

同货财之法，《经》未详言，疑当别有专条，盖商法之权舆也。

周代关市之财赋，用途有二。一则供王之膳服；

> 《周官·太府》："凡颁财，以式法授之。关市之赋，以待王之膳服。"

一则养死政之老孤。

> 《周官·司门》："以其财养死政之老与其孤。"

而泉府之共国用者，尚不与焉。《司门》所言，专指死政者之老孤。案《遗人》之职则泛称老孤。

> 《周官·遗人》："掌邦之委积，以待施惠。……门关之委积，以养老孤。"

古者养老必于学校。门关之财既以养老，度即当时学校之经费。惟其详不可考耳。

周之泉布，《经》亦不详其制。自泉府外，司市与外府皆掌之。

> 《周官·司市》："国凶荒札丧，则市无征而作布。"《外府》："掌邦布之入出，以共百物，而待邦之用，凡有法者。"郑《注》："布，泉也。其藏曰泉，行曰布。"

按《汉书·食货志》则周有九府圜法，

> 《汉书·食货志》："太公为周立九府圜法，黄金方寸而重一斤，钱圜函方，轻重以铢；布帛广二尺二寸为幅，长四丈为匹。故货宝于金，利于刀，流于泉，布于布，束于帛。"

今世犹多有周之钱布，布即钱之本名，非专指布匹也。《诗》称"氓之蚩蚩，抱布贸丝"，足证当时市易之通用布矣。

第六节　王朝之教育

周代教育分乡、遂与王朝为二途，犹今地方教育与国家教育之别也。王朝掌教育之官曰师氏、保氏，乐师则掌小学教育者也。

《周官·师氏》：“凡国之贵游子弟学焉。”《保氏》：“掌养国子以道。”《乐师》：“掌国学之政。”

曰大司乐、大胥、小胥、诸子，则掌大学教育者也。

《周官·大司乐》：“掌成均之法，以治建国之学政，而合国之子弟焉。”《大胥》：“掌学士之版，以待致诸子。”《小胥》：“掌学士之征令。”《诸子》：“掌国子之倅，掌其戒令与其教治。”

师氏之教曰三德、三行。

《师氏》：“以三德教国子。一曰至德以为道本，二曰敏德以为行本，三曰孝德以知逆恶。教三行，一曰孝行以亲父母，二曰友行以尊贤良，三曰顺行以事师长。”

保氏之教曰六艺、六仪。

《保氏》：“教六艺，一曰五礼，二曰六乐，三曰五射，四曰五驭，五曰六书，六曰九数。教六仪，一曰祭祀之容，二曰宾客之容，三曰朝廷之容，四曰丧纪之容，五曰军旅之容，六曰车马之容。”

大司乐之教曰乐德、乐语、乐舞。

《大司乐》：“以乐德教国子，中、和、祗、庸、孝、友，以乐语教国子，兴、道、讽、诵、言、语，以乐舞教国子，舞《云门》、《大卷》、《大咸》、《大磬》、《大夏》、《大濩》、《大武》。”

乐师之教曰小舞。

《乐师》：“教国子小舞，凡舞有帗舞、有羽舞、有皇舞、有旄舞、有干舞、有人舞。”

观其所教，与乡、遂之教三物相近，而加详焉。盖乡、遂多平民，国学皆贵族，其时之阶级固有区别，而德行、道艺、科目仍一贯也。

《周官》经无大学、小学之明文，盖古代别有学礼，详载学校教育之法。《周官》仅言官制，故其文不具。清代说经家博考诸书，证明周之小学、大学所在及学者之区别，均可补经文之阙。大抵周之小学，在王宫南大门之左。

《周礼正义》（孙诒让）：“师氏教国子于小学，在王宫南之左，而汉以来多以虎门为小学所在。如《蔡邕集·明堂月令论》谓《周官》有门闱之学，师氏守王门，保氏守王闱。《魏书·刘芳传》引蔡氏《劝学篇》云：‘周之师氏居虎门左，敷陈六艺，以教国子。’与《月令论》说同。《诗·大雅·灵台》孔《疏》引袁准《正论》云：‘周置师保之官，居虎门之侧。’然则学官非一处也。《大戴礼记·保傅篇》卢《注》云：‘小学，谓虎门师保之学也。’《玉海·学校》引《三礼义宗》云：‘《内则》云，人君之子，十年出就外傅。谓就外室而受教也。外室在虎门之左，师氏之旁而筑宫焉。’《广韵·二十三魂》引《周礼》云‘公卿大夫之子，入王端门之左，教以六艺，谓之门子。’盖诸说并因师氏朝位居虎门左，与《王制》‘小学在公宫南之左’方位偶同，遂谓小学即在于彼。金鹗云：‘天子、诸侯小学皆在宫南大门内之左。中门以内，路门之外，则有宗庙，不得为学也。师氏掌小学之教，保氏副之。师氏又以媺诏王，故居虎门之左，司王朝，以治朝在虎门外也。或据此文遂谓天子小学在虎门之左，不知经文但言师氏居虎门之左，未尝谓小学在虎门左也。’案金说是也，王国小学自当如《王制》说，在王宫南之左，即皋门内之左也。师保教小学，其宫虽不及大学之广，然王太子、王子及诸侯、卿大夫之子咸在，其人数甚众，则亦必不甚隘。路门之左，既有宗庙，必无更容小学之地。蔡、卢诸说殆不可通。”

大学有五，在国之南郊。

《周礼正义》（孙诒让）：“周大学之名，见此经者，唯成均。见于《礼记》者，则又有辟雍、上庠、东序、瞽宗。东序亦曰东胶，与成均为五学，皆大学也。其制度及所在之地，诸家之说纷异殊甚。今通校诸经涉学之制文，知周制国中为小学，在王宫之左。南郊为五学，是为大学。至五学方位，北上庠，东东序，西瞽宗，古无异说。唯成均、辟雍众说不同。郑锷云：周五学，中曰辟雍，环之以水。水南为成均，水北为上庠，水东为东序，水西为瞽宗。其义最确。”《礼书通故》（黄以周）：“陆佃、郑锷说天子立四学，并其中学而五，直于一处并建。周人辟雍，则辟雍最居中。其南为成均，其北为上庠，其东为东序，其西为瞽宗。以周按辟雍之制，中曰大学，其外四学环之。大学四达于四学。《诗》曰：镐京辟雍，自西自东，自南自北，无思不服。志其制也。其外四学，兼用四代之制。东学曰东胶，取夏学之制，谓之东序。西学曰西雍（《周颂》谓其在辟雍之西也），取殷学之制，谓之瞽宗。其北学，则取有虞上庠之制也。其南学，则周制谓之成均，无他名焉。”

其学者，则自天子，

《大戴记·保傅篇》：“《学礼》曰：帝入东学，上亲而贵仁，则亲疏有序而恩相及矣。帝入南学，上齿而贵信，则长幼有差，而民不诬矣。帝入西学，上贤而贵德，则圣智在位，而功不匮矣。帝入北学，上贵而尊爵，则贵贱有等，而下不逾矣。帝入太学，承师问道，退习而端于太傅，太傅罚其不则，而违其不及，则德智长而理道得矣。”

太子，

　　《易传·太初篇》："太子旦入东学，昼入南学，暮入西学，夕入北学。"

公卿、大夫之子弟，

　　《周官·师氏》郑《注》："国子，公卿大夫之子弟。"《大司乐》注："国之子弟，公卿、大夫之子弟当学者，谓之国子。"《诸子》注："国子，为诸侯、卿大夫、士之子也。"孙诒让曰："《周礼》有国子，有门子，二者不同。国子者，即国之贵游子弟，此通乎適庶而言者也。《小宗伯》云：其正室谓之门子，则专指王族及公卿大夫之適子言之，此不兼庶子者也。古多世官，故入学者以適子为尤重。实则官族支庶子弟，亦无不入学者，故此经通言国子弟。"

乡、遂所兴之贤能，及侯国之贡士，皆与焉。

　　孙诒让曰："周制大学所教有三：一为国子，即王太子以下至元士之子，由小学而升者也。二为乡、遂大夫所兴贤者能者，司徒论其秀者入大学是也。三为侯国所贡士。此三者，皆大司乐教之。经唯云合国子弟者，举其贵者言之，文不具也。"

国子等入学之年，《周官》无明文，而诸书所言亦不同，大抵自八岁至二十岁。初入小学而后入大学，其年之迟早，则视资禀之敏鲁而定。

　　孙诒让曰："《师氏》之国子，为年十三以上者。《大司乐》之国子，为年二十以上者，长幼不同。国子入学之年，《礼》经无文，《内则》云：十年，出就外傅。……朝夕学幼仪，请肄简谅。十有三年，学乐、诵诗、舞勺；成童舞象、学射御；二十而冠，始学礼，舞《大夏》。郑《注》云：成童，十五以上。《大戴礼记·保傅篇》则谓年八岁而出就外舍，束发而就大学。卢《注》云：束发，谓成童。《白虎通》曰：八岁入小学，十五岁入大学。是也，此太子之礼。《尚书大传》曰：公卿之太子，大夫、元士嫡子，年十三，始入小学，见小节而践小义。年二十，入大学，见大节而践大义。此世子入学之期也。又曰：十五年入小学，十八入大学者，谓诸子姓晚成者，至十五入小学，其早成者，十八入大学。《内则》曰：十年出就外傅，居宿于外，学书计者，谓公卿以下教子于家也。案依卢说，则《保傅》八岁入小学，十五入大学，为王太子之礼。《内则》书传说十三入小学，二十入大学，为诸侯、世子及卿大夫、士嫡子之礼。其或迟三年十五入小学，或早二年十八入大学，为世子以下晚成早成之别制。今考《保傅》上文，自据王太子言之，固当如卢说。然《白虎通义·辟雍》篇、《汉书·食货志》说并与彼同，而不云有贵贱之异。《公羊》僖十年何《注》则云：《礼》诸侯之子，八岁受之少傅，教之以小学，十五受太傅，教之以大学。是诸侯子入学之年又与王太子同，至十三入小学，二十入大学，据《御览》引《书传》自通王太子以下言之。《王制》孔《疏》引《书传略说》又云：余子十五入小学，十八入大学。则卢说皆非伏、王之恉。《贾子·容经》又谓古者年九岁入小学，视《保傅》、《内则》复迟早各较一年，众说乖异，未能明定。要王侯之子，始就傅即入小学，自宜较早。公卿以下之子，必先教于家塾，而后入小学，自宜较迟。此则揆之理而可信者耳。”

其教科，则异地异时，各有所重。

《礼记·文王世子》：“凡学世子及学士，必时。春夏学干戈，秋冬学羽籥，皆于东序。小乐正学干，大胥赞之。籥师学戈，籥师丞赞之。胥鼓南。春诵，夏弦，大师诏之。瞽宗秋学礼，执礼者诏之。冬读书，典书者诏之。《礼》在瞽宗，《书》在上庠。凡祭于养老乞言合语之礼，皆小乐正诏之于东序。大乐正学舞干戚，语说命乞言，皆大乐正授数，大司成论说在东序。”

《礼书通故》（黄以周）：“天子祀先圣先师出师受成，是谓承师问道之中学，又谓之大学，又谓之辟雍，此五学中之尊，学者不得居焉。天子养国老于学，是谓上亲贵仁之东学，谓之东胶，又谓之东序，学干戈羽籥者居之。天子祀先贤于学，是谓上贤贵德之西学，谓之西学，又谓之瞽宗，学礼者居之。天子视学，太子入学以齿，是谓上齿贵信之南学，谓之成均，大司乐教乐德、乐语、乐舞者居之。天子上贵尊爵，其所入者北学，谓之上庠，典书诏书者居之。”

其大学毕业，年限约九年。

《礼记·学记》：“一年视离经辨志，三年视敬业乐群，五年视博习亲师，七年视论学取友，谓之小成；九年知类通达，强立而不反，谓之大成。夫然后足以化民易俗，近者说服，而远者怀之，此大学之道也。”

按《学记》所言，虽未必即指周之大学，然《内则》谓二十而冠，始学礼，舞《大夏》，博学不教，三十而有室，始理男事，博学无方，孙友视志。则古者男子二十至三十，实皆在大学时代，故约计其毕业为九年。《周官·大胥》郑《注》：汉《大乐律》曰：除吏二千石到六百石，及关内侯到五大夫子，先取適子高七尺以上，年二十到三十，颜色和顺、身体修治者以为舞人。与古用卿大夫子同义。是古之卿大夫子弟，隶大乐正之学籍者，大抵自年二十到三十，其敏者九年毕业，甫二十八岁；鲁者或迟一二年，亦不过三十，至年满三十，则不隶于学籍矣。此则研究《周官》者所当参考者也。

第七节　城郭道路宫室之制

周制邦国都鄙皆有封疆。

《周官·大司徒》：“辨其邦国都鄙之数，制其畿疆而沟封之。”“凡造都鄙，制其地域而封沟之。”《形方氏》：“掌制邦国之地域，而正其封疆，无有华离之地。”《掌固》：“凡国都之竟，有沟树之固，郊亦如之，民皆有职焉，若有山川则因之。”

其都邑则有城郭。

《量人》：“掌营国城郭。”《掌固》：“掌修城郭沟池树渠之固，……设其饰器，……若造都邑，则治其固与其守法。”

惟城郭之制未详。《考工记》略言城制：

《考工记》：“匠人营国，方九里，旁三门。”“王宫门阿之制，五雉。宫隅之制，七雉。城隅之制，九雉。……门阿之制，以为都城之制。宫隅之制，以为诸侯之城制。”郑《注》：“雉长三丈，高一丈。”

解《周官》者，即据以为说。

《司门》疏（贾公彦）：“知王城有十二门者，案《匠人》云：‘营国方九里，旁三门。’四面各三门，是有十二门。”《司关》疏：“王畿千里，王城在中，面有五百里，界首面置三关，则亦十二关。”

道路之制，其别有五。

《司险》：“设国之五沟、五涂而树之林。”

郑《注》：“五沟，遂、沟、洫、浍、川也。五涂，径、畛、涂、道、路也。”

据郑《注》则广狭有定数。

《遂人》郑《注》：“径容牛马，畛容大车，涂容乘车一轨，道容二轨，路容三轨。”贾《疏》：“郑知径容牛马之等义如此者，此从川上有路差之，凡道皆有三涂，川上之路，则容三轨，道容二轨，涂容一轨，轨者广八尺。其畛差小，可容大车一轨。

轨广八尺，自然径不容车轨，而容牛马及人之步径。”

而国都涂制，则见于《考工记》。

《匠人》：“国中九经九纬……经涂九轨，环涂七轨，野涂五轨。……环涂以为诸侯经涂，野涂以为都经涂。”郑《注》：“轨凡八尺。”

合而言之，则其时道路广狭之差，凡有八等，而达之、比之、书之各有专官。

《司险》：“掌九州之图，以周知其山林川泽之阻，而达其道路。”[10]《合方氏》：“掌达天下之道路。”[11]《野庐氏》：“掌达道路，至于四畿，比国郊及野之道路宿息井树。”[12]《量人》：“邦国之地，与天下之涂数，皆书而藏之。”[13]

路必有树，

《国语》：“周制有之曰：列树以表道。”[14]

以时修除，

《周官·野庐氏》：“凡国之大事，比修除道路者。……邦之大师，则令扫道路。”

禁令甚严。

《司险》：“国之五沟、五涂，……皆有守禁。国有故，则藩塞阻路而止行者，以其属守之，唯有节者达之。”《野庐氏》：“若有宾客，则令守涂地之人聚柝之，有相翔者诛之。凡道路之舟车擊互者，叙而行之。凡有节者及有爵者至，则为之辟。禁野之横行径逾者……掌凡道禁……且以幾禁行作不时者、不物者。”《司寤氏》：“御晨行者，禁宵行者、夜游者。”

食宿有所。

《遗人》：“凡宾客会同师役，掌其道路之委积。凡国野之道，十里有庐，庐有饮食。三十里有宿，宿有路室，路室有委。五十里有市，市有候馆，候馆有积。”

其路政详备如此，此今之言筑国道者所当知也。

宫室之制，经亦无明文，惟称王有六宫六寝。

《周官·宫人》：“掌王之六寝之修。”⑮《内宰》：“以阴礼教六宫。”⑯

盖《冬官》既亡，其文不具也。以《考工记》观之，略可推见周代建筑之法。

《匠人》：“周人明堂，度九尺之筵。东西九筵，南北七筵，堂崇一筵，五室，凡室二筵。室中度以几，堂上度以筵，宫中度以寻，野度以步，……庙门容大扃七个，闱门容小扃三个，路门不容乘车之五个，应门二彻三个。内有九室，九嫔居之，外有九室，九卿朝焉。“葺屋三分，瓦屋四分，囷窌仓城，逆墙六分，堂涂十有二分。窦，其崇三尺，墙厚三尺，崇三之。”

研究周代礼制者，必先知周之宫室制度，然后知其行礼之方位。自来说经者考据甚多，吾辈欲知吾国宫室沿革，亦不可不于此究心。刘师培《中国历史教科书》述西周宫室之制，撷群书之要领，颇得周制之梗概。今录之于下：

（一）明堂。周初明堂，沿殷故制，方一百一十二尺，高四尺，阶广六尺三寸。室居中，方百尺，中方六十尺⑰。厥后复稍改殷制，度以九尺之筵，东西九筵，南北七筵⑱，其中则分为五室⑲，其宫周垣方三十步，在镐京之近郊⑳，为天子宗祀朝诸侯听政之地。列于五宫之一㉑。而洛邑也有明堂，为东都朝诸侯之地，而方岳之下，亦有明堂。

（二）宗庙。天子七庙，诸侯五庙，大夫三庙，士一庙。太祖庙在北，昭穆相次而南。庙后有寝，寝有东西房、东西夹、东西堂、东西序，亦列于五宫之一㉒。迁主所藏曰祧，在宗庙之外。

（三）朝堂。天子诸侯，均有三朝。一曰燕朝，即内朝也，在王寝门外，路门之内。一为治朝，在应门之外，对内朝而言，则曰外朝；对外朝而言，则亦曰内朝。一为外朝，在库门之外，为象魏所悬之地，亦为嘉石、肺石所置之地[23]。盖周代之宫有五门，在外者为皋门，稍内则为雉门，又稍内则为库门，又进则为应门、路门。燕朝者，在路门内寝之间者也。治朝者，在路门、应门之间者也。外朝者，在雉门、库门之间者也。库门亦曰正门，府库在焉。诸侯之宫门，略与天子制同。

（四）宫寝。天子六寝，一为路寝，其五为小寝。后有六宫，王后治之。诸侯三寝，一为路寝，亦曰大寝，其二为燕寝，亦曰小寝。后有三宫，夫人治之，余为侧室。卿大夫、士均二寝，正寝居前，燕寝居后。其妻二寝，亦如之。正寝亦曰外寝，其旁则曰侧室，此贵显者之居也。

（五）民居。凡民居，必有内室五所，室方一丈，所谓环堵之室也。东西室为库藏之室，中三室为夫妇所居之室。中一室有门向南，中三室前为庭院，院之东西各一室，东室西向，两室东向，谓之侧室，为妾妇所居之室。又前二步为外室，则正寝也，亦并列五室，中三室为男子所居之室，中谓大室，东为东夹室，西为西夹室，皆房也。东夹之东，为藏祖考衣冠、神主之室；西夹之室，为五祀神主之室。中室之北为梱，自梱而东，下阶而北，即内室前之庭院也，谓之曰背。中室之东为牖，西为户。户牖之间，内为中霤，外为堂。堂方二步，东西有墉。堂下两阶，各高一级，阶下有门，谓之中门。中门之外之门谓之外门，自中门至外门，其上有屋，其东西各为一室。东为厨灶之室，西为子弟肄业之所，或为宾馆，即塾之类也。凡室有穴，如圭形，以达气。或谓之曰窦，或谓之向。室之重层者曰台，其狭而修曲者为楼，由大夫以上则有阁。阁者，置板于寝，以庋食物者也。由士以上，寝门之内均有碑，树石为之，所以蔽外内也。大夫、士之屋，皆五梁为之。中脊为栋，栋北一架谓之楣。栋北第二架谓之庋，栋南一架为前楣，楣前一架接檐者亦谓之庋。庙有东两厢，寝无东西厢。室内必设一席，席上则设有几筵，而宫寝则有帏幕，此周代宫室制度之大略也。若夫平民之家，均有井，井分为二，内外不共井。其室旁均有隙地，或以树桑，或为畜狗彘、鸡豚之所[24]。

第八节　衣服饮食医药之制

周制庶人衣服相同。

《周官·大司徒》："以本俗六安万民，……六曰同衣服。"郑《注》："民虽有富者，衣服不得独异。"贾《疏》："士以上衣服皆有采章，庶人皆同，深衣而已。"

其材料皆自给。

《闾师》："凡庶民不蚕者不帛，不绩者不衰。"

其王后及公卿、大夫之礼服，则有专官掌之。

《司裘》："掌为大裘以供王祭天之服。中秋献良裘，王乃行羽物。季秋献功裘，以待颁赐。"[25]《内司服》："掌王后之六服，……凡祭祀宾客共后之衣服，及九嫔世妇。凡命妇，共其衣服，共丧衰亦如之。"《大宗伯》："再命受服。"《司服》："掌王之吉凶衣服，辨其名物与其用事。凡大祭祀、大宾客，共其衣服而奉之。"

其冠服之材之自来，盖有三种：

一则诸侯所贡。

《太宰》："以九贡致邦国之用，二曰嫔贡，七日服贡。"[26]

《大行人》："甸服二岁一见，其贡嫔物；采服四岁一见，其贡服物。"[27]

一则国中嫔妇所贡。

《太宰》："以九职任万民，七曰嫔妇化治丝枲。"《闾师》："任嫔以女事，贡布帛。"

一则征敛所得。

> 《掌皮》："掌秋敛皮，冬敛革，春献之。"《掌葛》："掌以时征絺绤之材于山农。凡葛征，征草贡之材于泽农，以当邦赋之政令，以权度受之。"《掌染草》："掌以春秋敛染草之物，以权量受之，以待时而颁之。"

其治之者，有《典丝》、《典枲》诸职。

> 《典丝》："掌丝人而辨其物，以其贾楬之。掌其藏与其出，以待兴功之时。颁丝于外内工，皆以物授之。凡上之赐予亦如之。及献功，则受良功而藏之，辨其物而书其数，以待有司之政令，上之赐予。凡祭祀，共黼画组就之物。丧纪，共其丝纩组文之物。凡饰邦器者，受文织丝组焉。岁终，则各以其物会之。"《典枲》："掌布、缌、缕、纻之麻草之物，以待时颁功而授赍。及献功受苦功，以其贾楬而藏之，以待时颁。颁衣服，授之；赐予，亦如之。岁终，则各以其物会之。"《缝人》："掌王宫之缝线之事，以役女御，以缝王及后之衣服。"《染人》："掌染丝帛。凡染，春暴练，夏纁玄，秋染夏，冬献功。掌凡染事。"

《冬官》虽阙，亦可考见其时妇功之大概矣。

周之服制，等差甚多，上得兼下，下不得僭上[28]。其大纲见于《周官》中《司服》、《弁师》二职。

> 《司服》："王之吉服，祀昊天上帝，则服大裘而冕。祀五帝，亦如之。享先王，则衮冕。享先公之飨射，则鷩冕。祀四望山川，则毳冕。祭社稷五祀，则希冕。祭群小祀，则玄冕。凡兵事，韦弁服。视朝，则皮弁服。凡甸，冠弁服。凡凶事，服弁服。凡吊事，弁绖服。凡丧，为天王斩衰，为王后齐衰，王为三公六卿锡衰，为诸侯缌衰，为大夫士疑衰，其首服皆弁绖。大札、大荒、大烖，素服。公之服，自衮冕而下如王之服。侯伯之

服，自鷩而下如公之服。子男之服，自毳冕而下如侯伯之服。孤之服，自希冕而下如子男之服。卿大夫之服，自玄冕而下如孤之服。其凶服，加以大功、小功。士之服，自皮弁而下如大夫之服。其凶服亦如之。其齐服，有玄端素端。”

《弁师》：“掌王之五冕，皆玄冕，朱里延纽。五采缫十有二就，皆五采玉十有二，玉笄朱纮。诸侯之缫斿九就，瑉玉三采，其余如王之事，缫斿皆就，玉瑱玉笄。王之皮弁，会五采玉璂，象邸玉笄。王之弁绖，弁而加环绖。诸侯及孤卿大夫之冕、韦弁、皮弁、弁绖，各以其等为之。”

其散见于《仪礼》及《戴记》者，事目烦猥，不可殚述。清代经生研究周之服制，其书尤夥。刘师培之《中国历史教科书》约而述之，尚简明易晓，并录于下：

西周衣服之制，周代著衣之法，则行礼之时，必开服而袒其袖。凡吉凶之礼均左袒，觐礼则右袒。衣之近体者为裼衣，裼衣亦名中服。裼衣以上之衣名曰上服。袒上服亦谓之裼，不袒上服则谓之袭[29]。又无论何服均有缘饰，或谓之纯。在冠则纯其梁之两方[30]，在衣则纯领及袂口[31]，在裳则纯其幅及下[32]，深衣则又纯其边[33]，此西周服饰之大略也。惟古人之服饰分为二类，一为行礼之服，名曰公服；一为私居所作之服，名曰亵服。今试就公服分析之。冕以木为之，广八寸，长一尺六寸。有延，覆于冕上，上玄下纁，以布为之。有纽，所以贯笄。有衡，以玉为之，束于冠之两旁。有纮，从下屈而上属于两旁。天子用朱纮，诸侯青，大夫缁组纁边。有笄，以玉为之，长尺二寸。有武，有紞，所以悬瑱者。人君五色，臣三色，有瑱，天子诸侯皆以玉。大裘之冕无旒，一命之大夫亦无旒。纁裳，前三幅，后四幅，辟积无数，服辟积无数。周制，天子冕服六。大裘祀天，尚质，其衣无文。

衮冕九章，衣五章，曰龙，曰山，曰华虫，曰火，曰宗彝。裳四章，曰藻，曰粉米，曰黼，曰黻。鷩冕七章，衣三章，曰华虫，曰火，曰宗彝。裳四章，曰藻，曰粉米，曰黼，曰黻。毳冕五章，衣三章，曰宗彝，曰藻，曰粉米。裳二章，曰黼，曰黻。絺冕三章，衣一章，曰粉米。裳二章，曰黼，曰黻。玄冕一章，衣无文，裳刺黻。大裘而冕，为祀昊天上帝之服，又为祀五帝之服。衮冕为享先王之服，又为会同宾客之齐服，又为受覲之服，又为大昏亲近之服。鷩冕为享先公之服，又为飨食宾客之服，又为大射之服，宾射亦如之。又为食三老五更于太学之服。毳冕为祀四望山川之服，絺冕为祭社稷五祀之服，玄冕为祭群小祀之服，又为斋戒听朔之服。六冕服，冬裘皆用羔，冕服有裼袭之制。衮冕以下至玄冕，公侯卿大夫降服有差，皆谓之裨冕[34]。上公自衮冕九章而下，其服五，衮冕有降龙无升龙。公之衮冕衣五章，裳四章，为将覲释币于祢之服，为朝覲之服，为从王大祭服，又为鲁祭文王、周公之服，又为二王之后自祭之服，又为二王后与鲁祭天子服。公之鷩冕，衣三章，裳四章，为从王享先公飨射之服。公之毳冕，衣三章，裳二章，为从王中祭祀之服。公之絺冕，衣一章，裳二章，为从王祭社稷五祀之服。公之玄冕，衣无文，裳刺黻，为从王群小祀之服，又为自祭宗庙之服，又为亲迎之服。侯伯自鷩冕七章而下，其服四，侯伯之鷩冕为朝天子之服，又为将覲释币于祢之服，又为从王鷩冕以上之服。侯伯之毳冕、絺冕，从王服，玄冕亦从王服，又为自祭宗庙之服，又为亲迎之服。子男自毳冕五章而下，其服三。子男毳冕，为朝天子之服，又为将覲释币于祢之服，又为从王毳冕以上之服。子男絺冕，从王服。子男玄冕，从王服，又为自祭宗庙之服，又为亲迎之服。王之三公，服鷩冕而下，其服四。若加一等，得服衮冕。

其鷩冕，为助王祭之服。其毳冕，为从王射之服。其𫄨冕，亦从王服。其玄冕，为亲迎之服，又为从王听朔之服，又为郊劳诸侯之服。王之孤卿，毳冕，其服三。若加一等，得服𫄨冕。其毳冕、𫄨冕，皆从王服。其玄冕，为亲迎之服，又为从王听朔之服。王之大夫，𫄨冕，其服二。𫄨冕，为从王助祭之服。玄冕，为亲迎之服，又为从王听朔之服。若加一等，则得服毳冕。诸侯入为王官，仍服其服。公之孤，𫄨冕，其服二。孤之𫄨冕，为聘于王朝之服，又为助祭之服。孤之玄冕，为助君祭之眼，又为亲迎之服。侯、伯、子、男之卿亦如之。公之卿大夫，服玄冕，为聘于天子与助祭之服，又为助祭于公之服，又为亲迎之服。侯伯大夫再命，亦如之。子男大夫一命，亦服玄冕而无旒。冕服有韨，韨制与韠同。长三尺，下广二尺，上广一尺。天子直，公侯前后方，大夫前方后挫角，士前后正。天子之士则直，诸侯之士则方。其色，天子朱韨，诸侯黄朱，大夫素。若大夫助祭于君。则用玄冕赤韨。士无韨，若助祭于君，服爵弁，则缊韨而韎韐也。韨色皆如其裳之色。其带，有大带，天子素带，朱里终辟。诸侯素带终辟。大夫素带辟垂。又有革带，所以悬佩与韨。有佩，有笏，天予以球玉，抒上，终葵首，一曰珽，或谓之大圭。诸侯以象，前绌后直，大夫以鱼须文竹，前诎后诎。凡笏，皆搢于带间。臣于君前将有指画，或书以记事，则执之。有偪，有舄，冕服皆赤舄，自天子至卿大夫同。

刘氏所举惟冕服，以周制冕服最尊也。

《周礼正义》（孙诒让）：“凡服，尊卑之次系于冠。冕服为上，弁服次之，冠服为下。”

其弁服、冠服之差别，详于任大椿《弁服释例》：

爵弁为天子、卿大夫及诸侯之孤，祭于己之服，又为士助祭斋服，又为士助祭之服，又为释祭视涤濯之服，又为天子、诸侯先祖为士者之尸服，又为衅庙、迁庙、祝宗人、宰夫、雍人及从者入庙之服，又为士冠三加之服，又为士亲迎之服，又为诸侯始命之服，又为士之命服，又为诸侯之复服，又为士之复服，又为公之袭服，又为大夫之袭服，又为士之袭服，又为公之襚服，又为天子承天变及哭诸侯之服。爵弁重于皮弁，有爵韦弁，有素爵弁，有布爵弁。一曰冕，或曰韦弁。爵弁无旒，与无旒之冕同，惟不俯尔。爵弁，以三十升布为之，赤色而微黑。上古以布，中古以丝，广八寸，长尺六寸；或曰高八寸，长尺二寸。纯衣，纁裳，韎韐。天子、诸侯爵弁之舄无明文，大夫、士纁屦，黑絇繶纯，中衣用素羔裘。韦弁，为聘礼卿归宾、饔饩之服，又为下大夫聘礼、归介饔饩及介受礼之服，又为聘礼夫人使下大夫归礼之服，又为天子、诸侯、大夫兵事之服。韦弁重于皮弁，形制似皮弁，广狭之度当似后世武弁。天子、诸侯、孤、卿大夫韦弁，会皆有玉璂，璂数与玉采各以其等。朱裳、韠与爵弁同。天子、诸侯舄无明文，大夫白屦，黑絇繶纯。皮弁，为天子郊天听祭报之服，又为大学有司祭菜之服，又为君巡狩之服，又为君卜夫人世妇养蚕之服，又为君蜡祭之服，又为舞大夏之服，又为士冠再加之服，又为天子视朝之服，又为天子常食之服，又为诸侯在王朝之服，又为诸侯视朔之服，又为天子燕同姓之服，又为天子宾射、燕射及诸侯在境宾射之服，又为诸侯大射之服，又为天子受朝宗之服，又为觐礼劳侯氏之服，又为诸侯相朝之服，又为聘礼宾主人之服，又为宾及上介受饔饩之服，又为归饔饩宾拜赐之服，又为卿还玉及宾受玉之服，又为诸侯田猎之服，又为天子除丧之祭服，又为诸侯之复服，又为公之袭服，又为大夫之袭服，又为士之袭服，又为公之襚服，又为上大夫卜宅与葬日占者之服，又为国君吊异国臣之服，又为诸侯、卿大夫、士当事不当事之吊服，又为既夕乘车所载之服，又为公于公族变降之服。皮弁重于朝服，弁以鹿皮浅毛为之，衣用十五升布，素积，素韠（大夫以上素带，士缁带，与爵弁同）。天子诸侯白舄，青絇繶纯，大夫、士白屦，缁絇繶纯。纯博寸，一曰素积，或曰素端。中衣用布（朝服玄端同）。天子视朝，三公及诸侯在王朝，服皮弁用狐白裘，锦衣裼。诸侯在国视朔及受聘享，服皮弁，则素衣麛裘。天子、卿大夫及诸侯、卿大夫在天子之朝亦皮弁，狐白裘，素衣裼。天子之士及诸侯之士在天子之朝，皮弁，麑裘。朝服，为衅庙礼成君听反命之服，又为大夫家祭筮日之服，又为大夫家祭宗人请期之服，又为大夫家祭视杀、视濯之服，又为大夫家祭尸服，又为诸侯大夫及天子之士正祭之服，又为士家祭宾及兄弟之服，又为酺禜社之服，又为[illegible]祭之服，又为士冠筮日、筮宾之服，又为士冠宿宾及夕为期之服，又为诸侯视朔之服，又为卿大夫莫夕于朝之服，又为王朝卿士退朝治事之服，又为天子诸侯养老及宴群臣之服，又为公食大夫公及宾之服，又为公食大夫宾拜赐之服，又为公食大夫不亲食使大夫致侑币及宾受赐、拜赐之服，又为大夫相食不亲食致侑币之服，又为诸侯常食之服，又为诸侯燕射之服，又为诸侯在国宾射之服，又为乡饮酒戒宾、速宾之服，又为乡饮酒宾主人之服，又为乡饮酒宾主人拜赐、拜辱之服，又为乡射速宾之服，又为乡射宾主人之服，又为乡射宾主人拜赐、拜辱之服，又为士负世子之服，又为君名世子之服，又为命使于君之服，又为乘路马之服，又为仆右之服，又为聘礼使者夕币之服，又力聘礼君展币之服，又为聘礼宾及介释币于祢之服，又为聘礼君进使者授圭璧之服，又为聘礼肆仪之服，又为聘礼入境展币之服，又为聘礼请事、请行、郊劳之服，又为聘礼宰夫设飧之服，又为聘礼宾辞受饔飧之服，又为聘礼宰夫致上介饩及上介受饩之服，又为聘礼问卿宾主人之服，又为聘礼上介问下大夫之服，又为聘礼不亲食使大夫致侑币之服，又为聘礼卿归及郊请反命之服，又为聘礼卿有私丧反命之服，又为天子田猎之服，又为君视疾有疾者见君之服，又为养亲疾之服，又为将死者新加之服，又为始死后者之服，又为宰受含之服，又为公之袭服，又为公之襚服，又为小敛前后吊者之服，又为下大夫及士筮宅占者之服，又为既夕道车所载之服，又为大祥筮日、筮尸、视濯之服，又为大祥夕期及祥祭之服，又为既祥受赠赗之服，又为逾月吉祭之服。朝服重于玄端，一曰玄衣、一曰缁衣、一曰玄端、一曰乡服。朝服、玄端，冠皆玄冠。玄冠，一曰委貌，广二寸，以缯为之，衡缝、内毕、缘边。居冠属武，非燕居则冠与武别。冠武异材，冠缨异材。缨之有饰者曰緌，有緌，有总，有髦。一曰冠弁，有素委貌，衣用十五升缁布，素裳，缁带，素韠，或缁韠。天子诸侯白舄，青絇繶纯，大夫士白屦，黑絇繶纯。凡朝服，君臣皆羔裘，臣则豹袖。玄端，为诸侯大夫士斋服，又为士祭筮日、筮尸、视濯、宾主人及子姓兄弟有司群执事之服，又为宿尸、宿宾尸及宾主人之服，又为大夫、士之尸服，又为士家祭视杀及正祭之服，又为士祭祝佐食之服，又为有司免牲之服，又为士冠初加之服，又为士冠宾主人之服，又为士冠兄弟之服，又为士冠摈者、赞者之服，又为冠者见君及卿大夫、乡先生之服，又为士昏纳采宾主人之服，又为亲迎从者及主人之服，又为天子诸侯燕居之服，又为大夫士私朝之服，又为士夕于君之服，又为世子事亲之服，又为子事父母之服，又为公食大夫戒宾宾拜辱之服，又为乡饮、酒息、司正之服，又为乡射戒宾之服，又为乡射息司正之服，又为大夫去国之服，又为世子亲斋养疾之服，又为疾者及养疾者之服，又为公袭二称之服，又为公之襚服，又为士丧卜日族长及宗人之服，又为士虞尸服，又为绎祭及绎祭后服，又为逾月吉祭后燕居之服，又为殇除丧祭之服。士玄端，大夫以上侈袂，士妻宵衣之袂，皆正方，与士玄端同。大夫命妇侈袂，亦与大夫同。玄端连衣裳，则曰缘衣，衣用十五升黑布。天子诸侯玄端朱裳，大夫素裳，士玄裳、黄裳、杂裳。天子诸侯朱韠，大夫素韠，士爵韠，或以缁韠。天子诸侯黑舄，赤絇繶纯，大夫士黑屦、青絇繶纯。玄端狐青裘，或曰羔裘。

而深衣之制则详于任大椿《深衣释例》：

深衣，古养老及燕群臣之服，又为诸侯之夕服，又为游燕之服，又为大夫士私朝夕服及居家之服，又为道路之服及为庶人之吉服，又为亲始死之服，又为奔丧未成服之服，又为亲殡时之服，又为殡后君吊及未殡之服，又为既祥之服，又为除丧受吊之服，又为公子为其母与妻之服，又为亲迎女在途闻父母死趋丧之服，又为女在涂闻其父死奔丧之服，又为女未至遭婿衰功之丧、男女易吉之服，又为聘使闻私丧既反命之服，又为庶人之吊服，又为童子趋丧之服。深衣，用布十五升，衣与袂各二幅，皆二尺二寸，袪尺二寸。曲袷，属于内外襟，两襟交，则袷交而形自方。裳要缝七尺二寸，缝齐一丈四尺四寸，十裳二幅，前后各六幅。在旁者名曰衽，续衽钩边，衣裳皆有缘。裳之长及踝，带当胁下。凡服，殊衣裳；法衣，不殊衣裳。深衣露著而素纰长袂者曰长衣，有表而长袂者曰中衣，中衣在裘及裼衣之内，布缘者曰麻衣，通曰禅衣。

欲研究周人衣服之差别，不可不熟复乎此也。

周人之食以谷为主，而于人民食品，尤以平均周给为要。

《周官·司稼》：“掌巡邦野之稼，而辨穜稑之种，周知其名，与其所宜地以为法，而县于邑间。巡野观稼。以年之上下出敛法。掌均万民之食而赒其急，而平其兴。”

民数与食物之数均有统计。年有上下，食亦有多寡。其凶年，则有预防及救济之法。

《廪人》：“掌九谷之数：……以岁之上下数邦用，以知足否，以诏谷用，以治年之凶丰。凡万民之食食者，人四鬴，上也；人三鬴，中也；人二鬴，下也[35]。若食不能人二鬴，则令邦移民就谷，诏王杀邦用。”《遗人》：“掌邦之委积，以待施惠。乡里之委积，以恤民之艱阨。……县都之委积，以待凶荒。”《旅师》：“掌聚野之锄粟、屋粟、间粟而用之。以质剂致民，平颁其兴积，施其惠，散其利，而均其政令。凡用粟，春颁而秋敛之。”

而平居所用之牲谷，必责其出于自力。

《闾师》：“凡庶民不畜者，祭无牲；不耕者，祭无盛。”

饮酒必谨而幾之。

《萍氏》：“掌国之水禁、幾酒、谨酒。”

其注意于民之饮食如此。其贵族之饮食。有六谷、

《膳夫》：“凡王之馈食，用六谷。”（郑司农云：六谷，稌、黍、稷、粱、麦、苽。）

六牲、

《膳夫》：“膳用六牲。”（郑《注》：“六牲，马、牛、羊、豕、犬。”）

六兽、六禽、

《庖人》：“掌共六畜、六兽、六禽。”（郑司农云六兽，麋、鹿、熊、麕、野豕、兔。六禽，雁、鹑、鷃、雉、鸠、鸽。郑玄谓六兽，有狼，无熊；六禽为羔、豚、犊、麛、雉、雁。）

六清、

《膳夫》："饮用六清。"《浆人》："掌共王之六饮，水、浆、醴、凉、医、酏。"

庶羞、

《膳夫》："羞用百二十品。"（按其数不可备举，据《内则》有爵、鸮、蜩、范、芝、栭、菱、椇、枣、栗、榛、柿、瓜、桃、李、梅、杏、楂、梨、姜、桂，及牛脩、鹿脯、田豕脯、麋脯、麇脯、雉、兔等。）

八珍、

《膳夫》："珍用八物。"（郑《注》："珍谓淳熬、淳母、炮豚、炮牂、捣珍、渍、熬、肝膋也。"）

五齐、七醢、七菹、三臡等。

《醢人》："王举，则共醢六十瓮，以五齐、七醢、七菹、三臡实之。"（郑《注》：五齐：昌本、脾析、蜃、豚拍、深蒲也。七醢：醓、蠃、蠯、蚳、鱼、兔、雁醢。七菹：韭、菁、茆、葵、芹、箈、笋。三臡：麋、鹿、麇臡也。）

其鱼物、互物、腊物，均有长官掌之。

𩾚人："掌以时𩾚人为梁。春献王鲔，辨鱼物为鲜薨，以共王膳羞。凡祭祀宾客丧纪，共其鱼之鲜薨，凡𩾚者，掌其政令。"《鳖人》："掌取互物，以时簎鱼、鳖、龟、蜃。凡狸物，春献鳖蜃，秋献龟鱼，掌凡邦之簎事。"《腊人》："掌干肉，凡田兽之脯腊膴胖之事。凡祭祀，共豆脯，荐脯膴胖，凡腊物。"

其食以时，

《食医》："凡食齐视春时，羹齐视夏时，酱齐视秋时，饮齐视冬时。凡和，春多酸，夏多苦，秋多辛，冬多咸，调以滑甘。"

其会以宜。

《食医》："凡会膳食之宜，牛宜稌，羊宜黍，豕宜稷，犬宜梁，雁宜麦，鱼宜苽。凡君子之食恒放焉。”

虽其分别等差，不能使平民皆受此等奉养，然取精用宏，养生有法，亦可见其时研究食物之进化矣。（按周代之制，食物之众寡，以爵位之贵贱为差。天子燕食，羞用百二十品，大夫燕食，有脍则无脯，有脯则无脍[36]，上大夫庶羞二十品[37]，羹食。自诸侯以下至于庶人，无等。士不贰羹胾。大夫无秩膳，七十而有阁[38]。士以下，恒食黍稷，大夫以上，加稻粱[39]。故膏粱为贵族子弟之称，庶人自卿大夫为肉食者，此阶级之弊也。）

周之饮食精备如此，而礼制即寓于其中。所谓夫礼之初，始诸饮食也。饮食之礼，详于《仪礼》。刘师培《中国历史教科书》尝约述之：

凡食礼，初食三饭，卒食九饭。设馔，以豆为本。凡正馔，先设黍稷，辅以俎豆，加馔以后，则用稻粱。庶羞，初食加馔之稻粱，以正馔之俎豆佐食。卒食正馔之黍稷，以加馔之庶羞佐食。凡食礼，有豆无笾，饮酒之礼，有豆有笾。其用牲也，士冠礼、士昏礼用豚，乡饮射、飨礼、燕礼、大射均用狗，聘礼用太牢、少牢，公食大夫礼用太牢。士丧、既夕、士虞皆用特牲。凡牲，皆用右胖。牲二十一体，谓之体解。牲七体，谓之豚解。杀者曰饔，生者曰饩。烹牲及鱼腊曰饔爨，炊黍稷曰饎爨，出脯醢谓之荐。此会食礼之大略也。食必于庙，燕必于寝，乡饮必于庠[40]。

盖周之尚文，即一饮一食之微，亦必寓其意焉。后人但斥其繁琐无谓，而不悉心研究其思想制度之所以发生，则用心粗犷之过也。欲知其意，宜先读《乐记》之言。

《乐记》：“夫豢豕为酒，非以为祸也。而狱讼益繁，则酒之流生祸也。是故先王因为酒礼，壹献之礼，宾主百拜，终日饮酒，而不得醉焉。此先王之所以备酒祸也。”

则知周人之于饮食，既求其美备，复防其恣肆，非徒谄人以口腹之欲，亦非徒限人以阶级之制也。

周代饮食进化，故于医药之法，亦极注重。凡医皆属于太宰，而万民皆得从而治之。

> 《疾医》：“掌养万民之疾病。四时皆有疠疾，春时有痟首疾，夏时有痒疥疾，秋时有疟寒疾，冬时有嗽上气疾。以五味、五谷、五药养其病，以五气、五声、五色视其死生。两之以九窍之变，参之以九藏之动。凡民之有疾病者，分而治之。死终，则各书其所以，而入于医师。”《疡医》：“掌肿疡、溃疡、金疡、折疡之祝药劀杀之齐。凡疗疡，以五毒攻之，以五谷养之，以五药疗之，以五味节之。凡药，以酸养骨，以辛养筋，以咸养脉，以苦养气，以甘养肉，以滑养窍。凡有疡者，受其药焉。”《兽医》：“掌疗兽病，疗兽疡。凡疗兽病，灌而行之，以节之，以动其气，观其所发而养之。凡疗兽疡，灌而劀之，以发其恶，然后药之、养之、食之。凡兽之有病者、有疡者，使疗之，死则计其数以进退之。”

人兽之病皆有专医，祝药劀杀，备具诸法，进退差次，考核綦重。

> 《医师》：“掌医之政令，聚毒药，以共医事。凡邦之有疾病者、疕疡者造焉，则使医分而治之。岁终则稽其医事，以制其食。十全为上，十失一次之，十失二次之，十失三次之，十失四为下。”

其重视生命如此，岂若今之纵中外医士草菅人命，无考校者哉！

第九节　礼俗

周之政法，即谓之礼。前所举之制度，皆礼也。此节所言之礼俗，则周代制度中之子目，而于《周官》中专礼之名者也。《周官》举礼之目者

有二官，一为司徒所掌之礼，目有四：祀礼、阳礼、阴礼、乐礼[41]。一为宗伯所掌之礼，目有五，

> 大宗伯之职，掌建邦之天神、人鬼、地祇之礼，以佐王建保邦国。以吉礼事邦国之鬼神示，……以凶礼哀邦国之忧，……以宾礼亲邦国，……以军礼同邦国，……以嘉礼亲万民。

而此五者又各有子目。

（一）吉礼之别十有二：以禋祀祀昊天上帝，以实柴祀日月星辰，以槱燎祀司中、司命、飌师、雨师，以血祭祭社稷五祀五岳，以貍沈祭山林川泽，以疈辜祭四方百物，以肆献祼享先王，以馈食享先王，以祠春享先王，以禴夏享先王，以尝秋享先王，以烝冬享先王。

（二）凶礼之别五：以丧礼哀死亡，以荒礼哀凶札，以吊礼哀祸灾，以禬礼哀围败，以恤礼哀寇乱。

（三）宾礼之别八：春见曰朝，夏见曰宗，秋见曰覲，冬见曰遇，时见曰会，殷见曰同，时聘曰问，殷覜曰视。

（四）军礼之别五：大师之礼用众也，大均之礼恤众也，大田之礼简众也，大役之礼任众也，大封之礼合众也。

（五）嘉礼之别六：以饮食之礼亲宗族兄弟，以昏冠之礼亲成男女，以宾射之礼亲故旧朋友，以飨燕之礼亲四方之宾客，以脤膰之礼亲兄弟之国，以贺庆之礼亲异姓之国（以上均引自《大宗伯》）。此五目三十六项，即赅于司徒所举之四目中，而其仪文度数之繁密，殆不可胜举。今其礼固不尽存，即其存者言之，犹当别为专书，始能详述其制礼之义，本书不能尽述也。近人谓《仪礼》为全书，胪举《礼书》篇目，合之《戴记》，其言颇有见：

> 《礼经通论》（邵懿辰）：“汉初，鲁高堂生传《礼经》十七篇，五传至戴德、戴圣，分为《大戴》、《小戴》之学，皆不言其有阙也。言仅存十七篇者，后人据《汉书·艺文志》及刘歆

《七略》，多因《逸礼》三十九而言耳。夫高堂、后苍、二戴、庆普不以十七篇而不全者，非专己而守残也，彼有所取证，证之所附之记焉耳。观《昏义》曰：夫礼始于‘冠’，本于‘昏’，重于‘丧’、‘祭’，尊于‘朝’、‘聘’，和于‘乡’、‘射’。故有《冠义》以释《士冠》，有《昏义》以释《昏礼》，有《问丧》以释《士丧》，有《祭义》、《祭统》以释《特牲》、《少牢》、《有司彻》，有《乡饮酒义》以释《乡饮》，有《射义》以释《乡射》、《大射》，有《燕义》以释《燕礼》，有《聘义》以释《聘礼》，有《朝事》以释《觐礼》，有《四制》以释《丧服》。而无一篇之义出于十七篇之外者，是冠、昏、丧、祭、朝、聘、乡、射八者，约十七篇言之也。更证之《礼运》，《礼运》尝两举八者以语子游，皆孔子之言也。特‘射、乡’讹为‘射、御’耳。一则曰达于丧、祭、射、乡[42]、冠、昏、朝、聘，再则曰其行之以货、力、辞、让、饮、食、冠、昏、丧、祭、射、乡、朝、聘。货、力、辞、让、饮、食六者，礼之纬也，冠、昏、丧、祭、射、乡、朝、聘八者，礼之经也。冠以明成人，昏以合男女，丧以仁父子，祭以严鬼神，乡饮以合乡里，燕射以成宾主，聘食以睦邦交，朝觐以辨上下。天下之人尽于此矣，天下之事亦尽于此矣。而其证之尤为明确而可指者，适合于《大戴》十七篇之次序。《大戴》《士冠礼》一，《昏礼》二，《士相见》三，《士丧》四，《既夕》五，《士虞》六，《特牲馈食》七，《少牢馈食》八，《有司彻》九，《乡饮》十，《乡射》十一，《燕》十二，《大射》十三，《聘》十四，《公食大夫》十五，《觐》十六，《丧服》十七。是一、二、三篇，冠、昏也；四、五、六、七、八、九，丧、祭也；十、十一、十二、十三，射、乡也；十四、十五、十六，朝、聘也。而丧服之通乎上下者附焉。”

兹就此八者而举之，以见周代礼俗之一斑。

（一）冠。男子二十而行冠礼。未冠之前，必筮日，筮宾。及期，行礼于阼。宾以缁布冠、皮弁、爵弁，三加其首；复醮于客位，字之曰伯某甫[43]。既冠者玄冠、玄端以见君，并谒乡大夫、乡先生，所以示其成人也。適子冠于阼，庶子冠于房；適子醮用醴，庶子则用酒，所以别適庶也。由士以上均行此礼。或曰“天子十二而冠”。

（二）昏。周之昏礼，先使媒氏通言，女氏许之，乃使人纳采，继以问名、纳吉、纳徵、请期诸礼。纳采用雁，纳徵用缁布；由卿以上，则加玄纁、俪皮及珪璋。届期，父醮子而命之迎，子承命以往，执雁而入，奠雁稽首，出门乘车，以俟妇于门外，导妇而归，与妇同牢而食，合卺而饮。次日，妇见于舅姑，舅姑飨之。三月而庙见。凡女子许嫁，笄而字，祖庙未毁，则就公宫教以妇德、妇言、妇容、妇功；祖庙已毁，则教于宗室。

（三）丧。周代丧礼，凡始卒，必于室。小敛后，则奉尸于堂，大敛必于阼阶上。既殡，则置于西阶上，尸柩皆南首，惟朝祖及葬，北首。始卒及小敛、大敛，均朝夕哭，朔月荐新。及迁柩、迁祖、大遣，皆行奠礼。其行奠礼也，小敛以前，皆在尸东；大敛以后，皆在室中；迁祖以后，皆在柩西。既还车，则在柩东。行奠礼，必荐车马，必行哭礼。丈夫踊，降自西，妇人踊，于东南。此奠礼之大略也。有丧必赴，既赴，则吊者至，君使人吊，则主人拜，稽颡成踊，非君之吊，则拜而不踊。若君临大敛，则主人拜，稽颡成踊。此吊礼之大略也。至于送终之典，则敛尸以巾，布席于尸。大敛则加以公服，棺周于身，椁周于棺。天子棺椁九重，诸侯五重，大夫三重，士二重，庶人有棺而无椁。棺椁均用木，被之以革。置柩之地，刊木为重，幂之以布，复以旗为明旌，以铭其生前之绩。其葬期，天子七月，诸侯五月，大夫三月，士逾月。树土为冢，置棺其下，冢人掌之。此殡葬之大略也。其服制，亲丧三年，哭踊均有常节，寝苫枕块。既葬曰“虞”，期年而小祥，又期年而大祥。大祥更间一月则为禫祭，禫祭则除服。故三年之丧，二十五个月而毕。自天子至于庶人均行之。其他服制，则自三年递降，凡七等[44]，其冠衰布缕皆有差。

（四）祭。祭必卜日，先期斋戒，以所祭者之孙或同姓者为尸。卜而宿之，并宿宾。祭前一日之夕，主人及子姓兄弟众宾视濯、视牲。祭之日，主人主妇及执事者视杀、视饎爨，及陈设鼎俎，而后迎尸。尸入坐，主人一献，主妇亚献，宾三献。天子之礼，禘十二献，祫九献，时享七献；诸侯之礼，则七献。事尸毕，祝告利；尸出，佐食彻俎而馂。祭之明日，复享宾，天子诸侯曰“绎”，大夫曰“宾尸”，士曰“宴尸”。凡士祭，尸九饭；大夫祭，尸十一饭。尸未食前之祭，谓之“堕祭”，又谓之“挼祭”。凡正祭于室，傧尸则于堂。此祭之大略也。

（五）射。射礼有三，大射及宾射、燕射也。天子大射，射于射宫；宾射，射于王朝；燕射，射于路寝庭。诸侯、卿亦有大射之典。天子三侯，诸侯二侯，卿大夫一侯。士不大射，诸侯宾射亦二侯，卿以下一侯。大射之侯曰“皮侯”，以虎、豹等皮饰侧，而栖鹄于中。宾射亦用虎、豹、熊、麋之皮饰侧，而中画五采以为正，曰“五采之侯”。燕射，则天子熊侯白质，诸侯麋侯赤质，大夫布侯，画以虎豹，士布侯，画以鹿豕；皆丹质，名曰“兽侯”。凡射，皆三次。初射，三耦射；再射三耦与众耦皆射；三射，则以乐节射，不胜者饮。

（六）乡。乡饮之礼，以乡大夫为主人，处士贤者为宾介。宾至，拜迎于门外；入门，三揖三逊，自西阶升，司正北面受命安宾；升歌，间歌，合乐，主拜宾至，宾拜主洗。凡宾，六十者坐，五十者立。六十者三豆，七十者四豆，八十者五豆，九十者六豆。献酬既毕，降，脱屦升堂，乃羞。无算爵，无算乐，宾出奏《陔》。

（七）朝。周之朝仪有三，外朝之法，朝士掌之。左九棘，孤卿大夫位焉，群士在其后；右九棘，公、侯、伯、子、男位焉，群吏在其后；面三槐，三公位焉，州长众庶在其后。治朝之位，司士正之。王南乡，三公北面东上，孤东面北上；卿大夫西面北上；王族故士虎士在路门之右，南面东上；大仆、大右、大仆从者在路门之左，南面西上。司士摈，孤卿特揖，大夫以其等旅揖。士旁三揖。王还揖门左，揖门右，士先即位，不待王揖；大夫以上，皆待王揖乃就位。燕朝之仪，大仆掌之，大夫坐于上，士立于下，王坐而听政焉。诸侯朝觐，皆受舍于朝，同姓西面北上，异姓东面北上。天子衮冕负斧依，侯氏入门右，坐奠圭，再拜稽首。摈者谒，侯氏坐取圭，升致命，王受之玉，侯氏降阶，东北面再拜稽首。摈者延之曰升；升成拜，乃出。侯氏三享，奉束帛十马，天子赐侯氏以车服。

（八）聘。聘，有使，有介，皆载旜。受命于朝，过邦则假道，入境，肆仪，展币，主君及夫人使使劳之。致馆，设飧。明日，迎宾，设几筵于庙，宾执圭致聘；出，复入，奉束帛，加璧、享，庭实以皮，或以马；聘于夫人，用璋，享用琮。事毕，宾奉束锦以请觌，主君礼，宾上介众介均私觌。宾即馆，主君使人劳之，归饔饩焉。

此皆当时人事所至重者也，传称“国之大事，在祀与戎”。周之祭礼，迷信多神，自天地、山川、日星、风雨、户灶、门行、猫虎、厉鬼之类，皆有专祀，其言多无当于民治，故不胪举。《军礼》已亡，《宗伯》所言五目，都无所考，惟《夏官·大司马》略言之。

《大司马》：“中春，教振旅。司马以旗致民，平列陈，如战之陈，辨鼓、铎，镯、铙之用。王执路鼓，诸侯执贲鼓，军将执晋鼓，师帅执提，旅帅执鼙，卒长执铙，两司马执铎，公司马执镯。以教坐作进退、疾徐、疏数之节，遂以蒐田。中夏，教茇舍，如振旅之陈。群吏撰车徒，读书契，辨号名之用。帅以门名，县鄙各以其名，家以号名，乡以州名，野以邑名，百家各象其事，以辨军之夜事。其他皆如振旅，遂以苗田。中秋，教治兵，如振旅之陈，辨旗物之用。王载大常，诸侯载旂，军吏载旗，师都载旜，乡遂载物，郊野载旐，百官载旟，各书其事与其号焉。其他皆如振旅，遂以狝田。中冬教大阅，前期群吏戒众庶，修战法，虞人莱所田之野为表，百步则一，为三表，又五十步为一表。田之日，司马建旗于后表之中，群吏以旗物、鼓、铎、镯、铙，各帅其民而致。质明，弊旗，诛后至者。乃陈车徒，如战之陈，皆坐。群吏听誓于陈前，斩牲，以左右徇陈，曰："不用命者斩之。"中军以鼙令鼓，鼓人皆三鼓，司马振铎，群吏作旗，车徒皆作，鼓行鸣镯，车徒皆行，及表乃止。三鼓摝铎，群吏弊旗，车徒皆坐。又三鼓，振铎，作旗，车徒皆作，鼓进鸣镯，车骤徒趋，及表乃止，坐作如初。乃鼓，车驰徒走，及表乃止。鼓戒三阕，车三发，徒三刺，乃鼓退，鸣铙且却，及表乃止，坐作如初。遂以狩田，以旌为左右和之门，群吏各帅其车徒，以叙和出，左右陈车徒，有司平之，旗居卒间以分地，前后有屯百步，有司巡其前后。险野，人为主；易野，车为主。既陈，乃设驱逆之车，有司表貉于陈前。中军以鼙令鼓，鼓人皆三鼓，群司马振铎，车徒皆作，遂鼓行，徒衔枚而进。大兽公之，小禽私之，获者取左耳。及所弊，鼓皆骇，车徒皆噪。徒乃弊，致禽馌兽于郊。"

欲考周代狩猎及战陈之概况者，亦可略推其意焉。

周之礼俗，有沿用于后世者，有与后世迥异者。考究当时风俗，及吾国今日习俗之沿革，皆宜于《礼》求之。略举数端，以见古今礼俗之异宜焉。

（一）饮食之俗。凡取饭于器中皆以匕，而承之悉以手。其未食也，先盥其手，将食，则仰其手而奉之。既食，则覆其手，以弃余粒，而扬饭、抟饭、放饭、流歠、啮骨，皆其所戒。若宾主会食，则主人以酒进宾，谓之"献"：宾报主人以酒，谓之"酢"；主人饮酒劝宾，谓之

“酬”；正献既毕之酒，渭之“旅酬”；旅酬既毕之酒，谓之“无算爵”。凡献酒，必荐食。君之酒曰“膳”，臣之酒曰“散”，酌而无酬酢曰“醮”。执爵皆以左手，君臣男女不相袭爵。

（二）迎送揖让授受之俗。凡迎宾，主人敌者于大门外，主人尊者于大门内。君与臣行礼，则不迎送，宾亦然。凡入门，宾入自左，主人人自右，皆主人先入。以臣礼见，则入门右。推手曰“揖”，引手曰“厌”。人门必三揖，升阶皆三让。宾主敌者，俱升俱降；不敌者，不俱升。升阶，均连步，凡授受之礼，同面者谓之“并授受”，相向者谓之“讶授受”；敌者于楹间，不敌者不于楹间。卑者于尊者皆奠而不授，尊者辞乃授。凡一辞而许曰“礼辞”，再辞而许曰“固辞”，三辞不许曰“终辞”。

（三）拜跪之俗。周之拜礼有九。头至地者为稽首顿首拜，头叩地者为顿首拜，头至手者为空手拜，战栗变动之拜为振拜，拜而后稽颡者为吉拜，稽颡而后拜者为凶拜，先屈一膝者为奇拜，再拜者为褒拜，且俯下手者为肃拜。大抵门外之拜，皆东西面，堂上之拜，均北面，室中房中之拜，则以西面为敬。臣与君行礼，皆堂下再拜稽首；君辞则升成拜，拜必互答。凡为人使者，不答拜。凡拜送之礼，送者拜，去者不答拜。丈夫坐而拜，妇人兴而拜，其重拜则极地。

（四）坐立行走之俗。古皆席地而坐，坐必正席。客至于寝门，则主人请人为席。非饮食之客，则布席。席间函丈，主人跪正席，客跪抚席而辞；客彻重席，主人固辞，客践席乃坐。虚坐尽后，食坐尽前。堂上行礼之法，立则不脱屦，坐则脱屦。尊卑在室，则尊者脱屦于户内，余则脱屦于户外。尊卑在堂，亦尊者一人脱屦于堂上，余皆脱屦于堂下；爵位相均，则主宾皆脱屦于堂下。凡立必正方，不中门。以物相授受者，必立而不坐。其趋行之法有二：一为徐趋。君趋接武，大夫继武，士中武；其行皆足不离地，举前曳踵。一为疾趋。直身速行，屦头屡起，而手足仍直正，不得邪低摇动。又依《尔雅》之说，则古之行步，视地而异名。室中谓之“时”，堂上谓之“行”，堂下谓之“步”，门外谓之“趋”，中庭谓之“走”，大路谓之“奔”。

（五）相见执挚之俗。凡与尊者相见，必有所执，以将其意，是谓之挚。天子用鬯，诸侯用圭，孤用皮帛，卿用羔，大夫用雁，士用雉，庶人用鹜，工商用鸡。野外军中无挚，则以缨拾矢。凡宾执挚以见，主人必辞；故士见士，及士见大夫，主人皆辞挚。两士相见，则以宾向时所执者还之于宾，宾亦辞让而后受。士见大夫，则主人俟宾既出，还其挚于门外。臣见于君，则不还挚。若此国之臣以挚见他国之君，君亦使摈还其挚。妇人之挚，枣、栗、腶、脩：无挚，则不能成礼。

凡此皆当时之习惯风俗，不必即谓之礼。而诸书载之甚详，以为周旋进退之节，无在不寓礼意焉。故中国古代所谓“礼”者，实无乎不包，而未易以一语说明其定义也。

第十节　乐　舞

羲、农以来，虽已有乐，而其详不可考。古书之言乐者，殆莫详于《周礼》。汉人以《周官·大宗伯》之《大司乐》章，为乐人之专书。

> 《汉书·艺文志》：“六国之君。魏文侯最为好古。孝文时，得其乐人窦公，献其书，乃《周官·大宗伯》之《大司乐》章也。”

世遂以为《乐经》。盖古《乐》既亡，惟此犹可推见其概也。言乐必本律吕，世传黄帝初命伶伦作律。

> 《吕氏春秋·古乐篇》：“昔黄帝令伶伦作为律，……制十二筒，以听凤凰之鸣，以别十二律。其雄鸣为六，雌鸣亦六。以比黄钟之宫，适合。黄钟之宫皆可以生之，故曰黄钟之宫，律吕之本。”

《书》亦有六律、五声、八音之文，而未详举其目。至《周官》始备言六律、六同，

《周官·大师》："掌六律、六同，以合阴阳之声。阳声，黄钟、大蔟、姑洗、蕤宾、夷则、无射；阴声，大吕、应钟、南吕、函钟、小吕、夹钟。"

及五声、八音，

《大师》："皆文之以五声，宫、商、角、徵、羽；皆播之以八音，金、石、土、革、丝、木、匏、竹。"

辨声和乐之法。

《典同》："掌六律、六同之和，以辨天地四方阴阳之声，以为乐器。凡声，高声䃂，正声缓，下声肆，陂声散，险声敛，达声赢，微声韽，回声衍，侈声筰，弇声郁，薄声甄，厚声石。凡为乐器，以十有二律为之度数，以十有二声为之齐量。凡和乐亦如之。"

言律吕度数者，固无有先于此书者矣。

《国语·周语》："伶州鸠曰：律所以立均出度也。古之神瞽，考中声而量之以制，度律均钟，百官轨仪，纪之以三，平之以六，成于十二，天之道也。"（其人在景王时，已在春秋末世矣。）

言乐必兼舞，古舞之目，亦备于《周官》。

《大司乐》："以乐舞教国子。舞《云门》、《大卷》、《大咸》、《大磬》、《大夏》、《大濩》、《大武》；以六律、六同、五声、八音、六舞大合乐[45]，……乃奏黄钟，歌大吕，舞《云门》，以祀天神；乃奏大蔟，歌应钟，舞《咸池》，以祭地祇；乃奏姑洗，歌南吕，舞《大磬》，以祀四望；乃奏蕤宾，歌函钟，舞《大夏》，以祭山川；乃奏夷则，歌小吕，舞《大濩》，以享先妣；乃奏无射，歌夹钟，舞《大武》，以享先祖。"（郑《注》：《咸池》，《大

咸》也。）

虽《大卷》未知所本，而《云门》、《咸池》、《韶》、《夏》、《濩》、《武》之名，皆可信为累代相传之乐舞。

《乐纬稽耀嘉》：“黄帝乐曰《云门》。”《庄子·天下篇》：“黄帝张《咸池》之乐，于洞庭之野。”《墨子·三辩篇》：“汤因先王之乐，又自作乐，命曰《护》，又修《九招》。”《吕氏春秋·古乐篇》称黄帝命伶伦与荣将铸十二钟，以和五音，以施英韶，命之曰《咸池》。帝舜令质修《九招》、《六列》、《六英》，以明帝德。禹命皋陶作为《夏籥》九成，以昭其功。汤命伊尹作为《大护》，歌《晨露》，修《九招》、《六列》，以见其善。武王伐殷克之，乃命周公为作《大武》。

大舞之外，复有小舞、

《乐师》：“教国子小舞。”

韎舞、

《韎师》：“掌教韎乐，祭祀则帅其属而舞之。”

籥舞、《籥师》：“掌教国子舞羽龡籥，祭祀则鼓羽龡之舞。

燕乐之舞。

《旄人》：“掌教舞散乐、舞夷乐，凡四方之以舞仕者属焉。凡祭祀宾客，舞其燕乐。”

盖乐之为用，全在声容兼备，有声而无容，不得谓之乐。周之乐舞，上备先代，旁及夷野，于历史相传之功德，各地人民之习尚，罔不修举。此其乐之所以盛也。

后世言乐者，多注重于律吕，研究黍尺，聚讼纷如，而于舞法罕言之。制氏所纪之铿锵鼓舞，后亦不传。

《汉书·艺文志》：“制氏以雅乐声律，世在乐官，颇能纪其铿锵鼓舞，而不能言其义。”

惟《乐记》略言其事：

“且夫武始而北出；再成而灭商；三成而南；四成而南国是疆；五成而分，周公左，召公右；六成复缀以崇。天子夹振而驷伐，盛威于中国也。”孔颖达疏：“‘武始而北出’者，谓初舞位，最在于南头，从第一位而北出者，次及第二位，稍北出者作乐，一成而舞，象武王北出观兵也。‘再成而灭商’者，谓作乐再成，舞者从第二位至第三位，象武王灭商。……‘三成而南’者，谓舞者从第三位至第四位，极北而南反，象武王克商而南还也。‘四成而南国是疆’者，谓武曲四成，舞者从北头第一位，却至第二位，象武王伐纣之后，南方之国，于是疆理也。‘五成而分，周公左，召公右’者，从第二位至第三位，分为左右，象周公居左，召公居右也。‘六成复缀以崇’者，缀谓南头初位，舞者从第三位南至本位，故言‘复缀以崇’。崇，充也。……而驷伐者，‘驷’当为四。四伐谓击刺作武乐之时，每一奏之中，而四度击刺，象武王伐纣四伐也。”

贾公彦释《周官》言乐之六变、八变、九变，亦以其法推之。

《周官·大司乐》：“凡乐，圜钟为宫，黄钟为角，大蔟为徵，姑洗为羽。雷鼓雷鼗，孤竹之管，云和之琴瑟，《云门》之舞。冬日至，于地上之圜丘奏之。若乐六变，则天神皆降，可得而礼矣。凡乐，函钟为宫，大蔟为角，姑洗为徵，南吕为羽。灵鼓灵鼗，孙竹之管，空桑之琴瑟，《咸池》之舞。夏日至，于泽中之方丘奏之。若乐八变；则地示皆出，可得而礼矣。凡乐，黄钟为宫。大吕为角，大蔟为徵，应钟为羽。路鼓路鼗，阴竹之管，龙门之琴瑟，九德之歌，《九磬》之舞，于宗庙之中奏之。若乐九变，则人鬼可得而礼矣。”贾公彦《疏》：“言六变、八变、九变者，谓在天地及庙庭而立四表，舞人从南表向第二表，为一成。

一成则一变。从第二至第三为二成；从第三至北头第四表，为三成；舞人各转身南向，于北表之北，还从第一至第二，为四成；从第二至第三，为五成；从第三至南头第一表，为六成；则天神皆降。若八变者，更从南头北向第二，为七成；又从第二至第三，为八成。地祇皆出。若九变者，又从第三至北头第一，为九变；人鬼可得而礼焉。此约周之《大武》，象武王伐纣；……《大护》已上，虽无灭商之事，但舞人须有限约，亦应立四表，以与舞人为曲别也。”黄以周曰：“大武立四表，昉诸大司马田猎之法。田猎立表自南始，故以至北之表为后表。而田猎之行自北始，故郑《注》以初鼓及表，自后表前至第二；又鼓及表；自第二前至第三；三鼓及表，自第三前至前表；四鼓而退，及表，自前表至后表。准郑此《注》，则武始北出，自北表前出至第二表，再成，自第二至第三表。所谓再始以著往也。三成而南，自第三前至南表，所谓周德自北而南也。四成而南国是疆，自南表回至第三表，所谓复乱以饬归也。至六成，又自第二表回至北表，复缀以崇，所谓乐终而德尊也。至圜丘奏乐六变，用《云门》，方丘奏乐八变，用《咸池》，宗庙奏乐九变，用《九磬》，其舞之行列，未必同于《大武》。贾《疏》仍以《大武》约之，固未必然。又因九变欲至北表以象归，遂谓武舞北出自南起，更属难信。”

虽其说未必尽然，然欲考古舞者之地位及节奏，亦可于此略见一斑焉。

古乐陈列之法，见于《周官》，谓之“乐县”。

《周官·小胥》：“正乐县之位。王宫县，诸侯轩县，卿大夫判县，士特县，辨其声。凡县钟磬，半为堵，全为肆。”

其法不见于他书，惟《仪礼·大射仪》陈列乐器之法，可证轩县之制。而宫县之类，亦可以此推之。

《仪礼·大射》："乐人宿县于阼阶东，笙磬西面，其南笙钟，其南镈，皆南陈。建鼓在阼阶西，南鼓，应鼙在其东南鼓[46]。西阶之西，颂磬东面，其南钟，其南镈，皆南陈。一建鼓在其南东鼓，朔鼓在其北[47]。一建鼓在西阶之东南面[48]，荡在建鼓之间，鼗倚于颂磬西纮。"[49]江藩《乐县考》曰："由此推之，宫县四面皆县一肆，钟一堵，磬一堵，有镈，有建鼓，有应鼙。西县之制，同于东县，惟笙磬笙钟，颂磬颂钟，应鼙朔鼙，异其名耳。据此，则南面一肆，北面一肆，亦必有钟、磬、鳞，有鼓有鼙，而钟磬之名不可考。"

县器之外，琴瑟在堂，节以搏拊。

《尚书大传·虞夏传》："古者，帝王升歌清庙，大琴练弦达越，大瑟朱弦达越，以韦为鼓，谓之搏拊。"黄以周曰："《周官》大师、小师两职并云'登歌击拊'，周之搏拊，亦在堂上。"又曰："周之升歌，亦当有琴。燕射诸礼，堂上有瑟无琴，盖诸侯待大夫，礼杀而下就也。"

埙敔之类，陈于县外。

《乐县考》（江藩）："乐备八音，见于《仪礼》者；钟镈，金也；磬，石也；鼓、鼙、鼗，革也；琴、瑟，丝也；簜、匏，竹也。八音之内，所少者惟土与木耳。则宫县之外，尚有土音之埙，木音之敔。贾公彦曰：'自余乐器，陈于外也。"'

奏乐之次序，以器之上下为先后。奏堂上之乐曰，"登歌"，奏堂下之乐曰"下管"。

《周官·大师》："大祭祀，师瞽登歌，令奏击拊[50]。下管，播乐器，令奏鼓朄。"[51]《小师》："大祭祀，登歌击拊；下管，击应鼓。"

次则笙人间歌，

《仪礼·乡饮酒礼》："笙入堂下，磬南北面立，乐《南陔》、

《白华》、《华黍》，……乃间歌《鱼丽》，笙《由庚》；歌《南有嘉鱼》，笙《崇丘》；歌《南山有台》，笙《由仪》。”郑《注》：“笙，吹笙者也。以笙吹此诗以为乐也。间，代也，谓一歌则一吹。”

宫 县 图

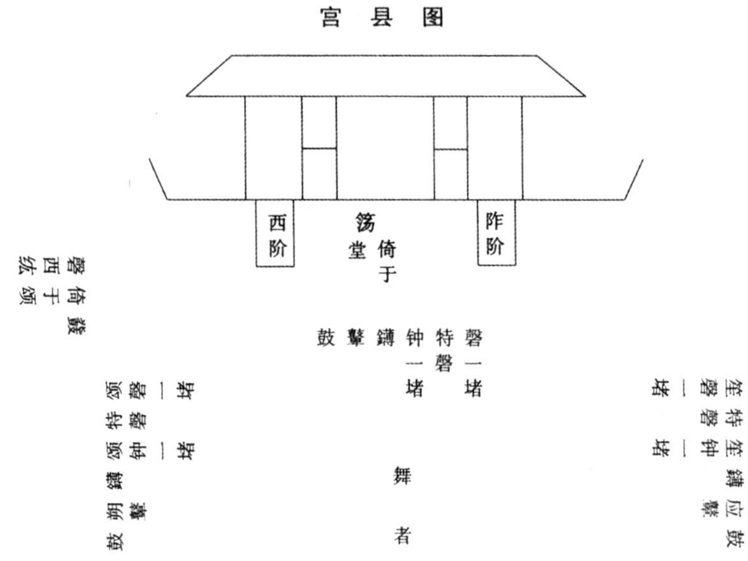

次大合乐，

《乡饮酒礼》：“乃合乐。《周南》：《关雎》、《葛覃》、《卷耳》；《召南》：《鹊巢》、《采蘩》、《采蘋》。”郑《注》：“合乐，谓歌乐与众声俱作。”贾《疏》：“合乐，谓‘歌乐与众声俱作’者，谓堂上有歌瑟，堂下有金磬，合奏此诗，故云‘乐声俱作’。”

次兴舞。

孙诒让曰：“凡舞在合乐之后，《燕礼》记云：‘遂合乡乐，若舞则《勺》。’注云：《勺》，颂篇。既合乡乐，万舞而奏之，是也。”

其天子诸侯之乐，又有金奏。

黄以周曰：“乐有六节，一曰金奏，二曰升歌，三曰下管笙入，四曰间歌，五曰合乐，六曰无算乐。上得下就，下不得上取。”孙诒让曰：“凡天子诸侯之乐，以升歌为第一节，下管为第二节，间歌为第三节，合乐为第四节，每节皆三终。大夫、士之乐，唯无下管，而以笙入为第二节，余三节并同。天子诸侯又有金奏，以迎尸、送尸、迎宾、送宾，谓之先乐。”

钟师掌之，而听令于大司乐。

《周官·钟师》：“掌金奏。凡乐事，以钟鼓奏九夏：《王夏》、《肆夏》、《昭夏》、《纳夏》、《章夏》、《齐夏》、《族夏》、《械夏》、《骜夏》。”《大司乐》：“王出入则令奏《王夏》，尸出入则令奏《肆夏》，牲出入则令奏《昭夏》。”郑《注》：“王出入奏《王夏》，尸出入奏《肆夏》，牲出入奏《昭夏》，四方宾来奏《纳夏》，臣有功奏《章夏》，夫人祭奏《齐夏》，族人侍奏《族夏》，客醉而出奏《陔夏》，公出入奏《骜夏》。”

古所谓乐者，大致如是。今人不惟不知律吕，并舞器位次，管弦终节，都不深考，第习后世之乐器，杂奏而漫举之，便曰国乐，实至可怪之事也。海宁王国维有《乐诗考略·释乐次》篇，综诸书而定其次，今附录之：

凡乐，以金奏始，以金奏终。金奏者，所以迎送宾，亦以优天子诸侯及宾客，以为行礼及步趋之节也。凡金奏之诗以九夏。大夫、士有送宾之乐，而无迎宾之乐。其送宾也，以《陔夏》，诸侯迎以《肆夏》，送以《陔夏》，天子迎以《肆夏》，送以《肆夏》。而天子、诸侯出入，又自有乐。其乐，天子以《王夏》，诸侯以《骜夏》。诸侯大射，惟入用乐。金奏既阕，献酬习礼毕，则工升歌。升歌者，所以乐宾也。升歌之诗以《雅》、《颂》。大夫、士用《小雅》，诸侯燕其臣及他国之臣，亦用《小雅》。两君相见，则用《大雅》，或用《颂》；天子则用《颂》焉。升歌既毕，则笙入，笙之诗，《南陔》、《白华》、《华黍》也。歌者在上，匏竹在下，于是有间有合。间之诗，歌则《鱼丽》、《南有嘉鱼》、《南山有台》，笙则《由庚》、《崇丘》、《由仪》也。合之诗，《周南》：《关雎》、《葛覃》、《卷耳》；《召南》：《鹊巢》、《采蘩》、《采蘋》也。自笙以下诸诗，大夫、士至诸侯共之。诸侯以上，礼之盛者，以管易笙，笙与歌异工，故有间歌，有合乐；管与歌同工，故升而歌，下而管，无间歌合乐。下管之诗，诸侯新宫，天子象也。凡升歌用《雅》者，管与笙均用《雅》；升歌用《颂》者，管亦用《颂》。凡有管，则有舞；舞之诗，诸侯《勺》，天子《大武》、《大夏》也。凡金奏之乐，用钟鼓，天子、诸侯全用之，大夫、士鼓而已。歌用瑟及搏拊，笙与管皆如其名；舞则《大武》用干戚，《大夏》用羽籥。”

第十一节　王朝与诸侯之关系

前所述之十节，周之政教大端粗具矣。要而论之，其体国经野，设官分职之精意，虽兼王朝及侯国而言，而其根本仅在天子都城及六乡、六遂之区域。虽推其功效，固足使诸侯仿行，合无数之乡、遂，而成一大国。

《书·费誓》：“鲁人三郊三遂。”即仿天子之制，为三乡三遂也。

然以周代万里之幅员，而政治之精神，仅见于方四百里之乡、遂，外此之五等诸侯，皆非天子号令之所及，则周天子不过一模范之侯封，不足为四海共主也。吾人今日所当知者，周之制度，小则比、闾、族、党，行政皆民选之官；大则侯、卫、要、荒，率土守王朝之法。其相维相系之妙用，均散见于《周官》。故熟观《周官》，则知周之封建，虽分权于各国，而中央政府之政令固亦无不达于诸侯之虞。其组织各国而成一大国，俨如今人所谓有机体，绝非后世苟且补苴之制所可比也。《周官》所言王朝与诸侯之关系，自封畿画土外，其最要者六事。

（一）曰命官，其官制定于太宰。

《周官·太宰》："施典于邦国，而建其牧，立其监，设其参，傅其伍，陈其殷，置其辅。"

而典命掌其命数，

《典命》："掌诸侯之五仪，诸臣之五等之命。上公九命为伯，侯伯七命，子男五命，公之孤四命，其卿三命，其大夫再命，其士一命；侯伯之卿大夫士亦如之。子男之卿再命，其大夫一命，其士不命。"

由内史策命之。

《内史》："凡命诸侯及孤卿大夫，则策命之。"

侯国之卿未受命于天子者，则谓之小卿，其区别至严也。

《仪礼·大射》："小卿"，郑《注》："小卿，命于其君者也。"

（二）曰贡物，其别有二：

一则每岁常贡，令春入之。

《周官·小行人》："令诸侯春入贡。"贾《疏》："此云贡，即太宰九贡，是岁之常贡也。必使春入者，其所贡之物，并诸侯之国出税于民，民税既得，乃大国贡半，次国三之一，小国四之一，皆市取美物，必经冬至春，乃可入王，以是令春入之也。"

其目有九，

《太宰》："以九贡致邦国之用。一曰祀贡，二曰嫔贡，三曰器贡，四曰币贡，五曰材贡，六曰货贡，七曰服贡，八曰斿贡，九曰物贡。”

皆有定法。

《司会》：“以九贡之法，致邦国之财用。”

一则因朝而贡，各有年限。

《大行人》：“侯服，岁一见，其贡祀物；甸服，二岁一见，其贡嫔物；男服，三岁一见，其贡器物；采服，四岁一见，其贡服物；卫服，五岁一见，其贡材物；要服，六岁一见，其贡货物；蕃国，世一见，各以其所贡宝为挚。”贾《疏》：“此因朝而贡，与太宰九贡及小行人春入贡者别。彼二者是岁之常贡也。”

其贡物皆入于太府，以共王朝对于邦国之用。

《太府》：“掌九贡、九赋、九功之贰，以受其货贿之入。……凡邦国之贡，以待吊用。”

盖王朝之财政，自以万民之贡充府库，初不利诸侯之贡而有所私也。

（三）曰盟约，自诸侯至万民皆有焉。

《司约》：“掌邦国及万民之约剂，治神之约为上，治民之约次之，治地之约次之，治功之约次之，治器之约次之，治挚之约次之。凡大约剂书于宗彝，小约剂书于丹图。”《司盟》：“掌盟载之法。凡邦国有疑，会同，则掌其盟约之载及其礼仪，北面诏明神；既盟，则贰之。盟万民之犯命者，诅其不信者，亦如之。凡民之有约剂者，其贰在司盟。”

其大者则登于天府。

《大司寇》：“凡邦之大盟约，莅其盟书，而登之于天府。太史、内史、司会及六官，皆受其贰而藏之。”

盖其时尚以神道设教，故人事之不可信者，恃盟约以坚之。然当时之王朝，与诸侯万民订约，或诸侯与诸侯，或诸侯与万民，或此国之民与他国

之民立约，其事之多，可由此推见矣

（四）曰朝聘。其法甚多，约之则有君臣二者之礼。

> 《小行人》："朝、覲、宗、遇、会、同，君之礼也，存、覜、省、聘、问，臣之礼也。"

而行人之官掌之。

> 《大行人》："掌大宾之礼及大客之仪，以亲诸侯。春朝诸侯，而图天下之事；秋覲，以比邦国之功；夏宗，以陈天下之谟；冬遇，以协诸侯之虑；时会，以发四方之禁；殷同，以施天下之政；时聘，以结诸侯之好；殷覜，以除邦国之慝；间问，以谕诸侯之志；归服，以交诸侯之福；贺庆，以赞诸侯之喜；致绘，以补诸侯之灾。……王之所以抚邦国诸侯者，岁遍存；三岁，遍頫；五岁，遍省；七岁，属象胥、谕言语、协辞命；九岁，属瞽史，谕书名，听声音；十有一岁，达瑞节，同度量、成牢礼，同数器，修法则；十有二岁，王巡守殷国。"

盖君臣之礼，各有政治之关系，非徒以联情好，饰仪文也。

（五）曰刑罚，邦国之狱讼，既有邦典，

> 《大司寇》："凡诸侯之狱讼，以邦典定之。"

其轻重，又各以性质为区别。

> 《大司寇》："掌建邦之三典，以佐王刑邦国，诘四方。一曰刑新国，用轻典；二曰刑平国，用中典；三曰刑乱国，用重典。"

布宪为之布告，

> 《布宪》："掌宪邦之刑禁。正月之吉，执旌节以宣布于四方。而宪邦之刑禁，以诘四方邦国，及其都鄙，达于四海。"

而讶士专掌折狱焉。

> 《讶士》："掌四方之狱讼，谕罪刑于邦国；凡四方之有治于士者造焉。四方有乱狱，则往而成之。"

至诸侯之大罪，则有九伐之法：

《大司马》："以九伐之法正邦国。冯弱犯寡则眚之，贼贤害民则伐之，暴内陵外则坛之，野荒民散则削之，负固不服则侵之，贼杀其亲则正之，放弑其君则残之，犯令陵政则杜之，外内乱、鸟兽行则灭之。"

盖天子六军，倍于大国之军数，故不患其不服也。

（六）曰哀恤。国有福事，既有庆贺之礼，其他不幸之事，则行人往而哀恤之。

《小行人》："若国札丧，则令赙补之；若国凶荒，则令赒委之；若国师役，则令槁桧之；若国有福事，则令庆贺之；若国有祸灾，则令哀吊之。"

掌客为之杀礼。

《掌客》："凡礼宾客，国新杀礼，凶荒杀礼，札丧杀礼，祸灾杀礼。"

盖王朝与诸侯，内外一体，无论常变，皆与有关系也。

吾考周时王朝与诸侯国之组织，固皆以政法为之枢，而文字之功与宣传之力，尤有关于中外之维系。考之《周官》，当时各国咸有方志，小史、外史、诵训诸官掌之。

《小史》："掌邦国之志，奠系世，辨昭穆。"《外史》："掌四方之志。"《诵训》："掌道方志，以诏观事。"

王朝之人，既熟悉其历史，而各国特别之情况，行人又时时调查而为专书。

《小行人》："掌邦国宾客之礼籍，……及其万民之利害为一书。其礼俗、政事、教治、刑禁之逆顺为一书。其悖逆、暴乱、作慝犹犯令者为一书。其札丧、凶荒、厄贫为一书。其康乐、和亲、安平为一书。凡此五物者，每国辨异之，以反命于王，以周知天下之故。”

训方氏又为之诵道。

《训方氏》：“掌道四方之政事，与其上下之志，诵四方之传道。正岁，则布而训四方，而观新物。”

故王国之人，能周知天下之故，而四方无隐情焉。王国统一四方之文字，既有行人谕之，外史又专掌其命令，并达书名。

《外史》：“掌书外令，……掌达书名于四方；著以书使于四方，则书其令。”

则王国之书之传播于外，亦可见矣。文字之宣传与口语之宣传，相为因也。《周官》有撢人及掌交等官，以口语宣传为专职。

《撢人》：“掌诵王志，道国之政事，以巡天下之邦国而语之；使万民和说，而正王面。”《掌交》：“掌以节与币，巡邦国之诸侯，以及万民之所聚者。道王之德意志虑，使咸知王之好恶，辟行之；使和诸侯之好，达万民之说，掌邦国之通事而结其交好。”

而象胥之传言语，且及于蛮夷、闽貉、戎狄之国。

《象胥》：“掌蛮夷、闽貉、戎狄之国，使掌传王之言，而谕说焉，以和亲之。若以时入宾，则协礼与其辞言传之。”

故内外皆无隔阂，不但诸侯对于王朝靡所隐蔽，即诸侯对于诸侯，及诸侯之民对于他国之民，亦可以无扞格、龃龉之意，其立法之意深矣。

第十二节　结　论

综观上举十一节，而《周礼》、《仪礼》二书之时代功效性质，乃可推论。盖使西周时代无此一种制度，纯出于战国或汉代儒家之伪造，则《春秋》内外传所纪，《诗》、《书》所称一切皆无来历。例如《国语》纪陈灵公时事：

《国语·周语》："定王使单襄公聘于宋。遂假道于陈，以聘于楚。火朝觌矣，道茀不可行，侯不在疆，司空不视涂，泽不陂，川不梁，野有庾积，场功未毕，道无列树，垦田若蓺，膳宰不致饩，司里不授馆，国无寄寓，县无施舍。""周之《秩官》有之曰：敌国宾至，关尹以告，行理以节逆之，候人为导，卿出郊劳，门尹除门，宗祝执祀，司里授馆，司徒具徒，司空视涂，司寇诘奸，虞人入材，甸人积薪，火师监燎，水师监濯，膳宰致饔，廪人献饩，司马陈刍，工人展车，百官以物至，宾入如归。是故小大莫不怀爱。其贵国之宾至，则以班加一等，益虔。至于王吏，则皆官正莅事，上卿监之。若王巡守，则君亲监之。"

使非春秋以前，周代固有若干典章，列国皆奉行惟慎，举凡朝聘之仪，官司之守，道路之政，田地之制，皆有详细条文，则单襄公对于陈国之腐败，何必骇怪，而伪造此等言论以讥刺之？若谓列国各行其法，可以因人事而进化，则彼此朝聘，为何时所订之公约，不但春秋时之国家，绝无此等人物，即《诗》、《书》所载诸侯，如鲁伯禽、召穆公、卫武公、晋文侯、秦非子等，皆无此魄力也。若谓周家立法，随时改进，则夷、厉以降，王朝已衰，更不能创立典章颁行各国矣。周室盛时惟成、康、昭、穆四代，而《左传》称"昭王南征而不反"，《国语》称"穆王征犬戎，荒服者不至"，其时已逊于成、康。故谓穆王时绍述周公《职方》之文则可，谓穆王作《职方》则不可也。曰：然则官礼之文，其效也可睹矣。成、康在位五十余年。

《通鉴外纪》："成王在位三十年，通周公摄政三十七年，康王在位二十六年。"

而王道遂微缺，

《史记·周本纪》："昭王之时，王道微缺。"

周公制礼，复何足称？曰：是当以孔子及朱子之言释之。

《礼记·中庸》："孔子曰：文、武之政，布在方策。其人存，则其政举；其人亡，则其政息。"

此如共和政体，行之美国而治，行之墨西哥而乱。良法美意，待人而行，不得以世乱之因全归之于法制也。

《朱子语类》卷八十六："大抵说制度之书，惟《周礼》、《仪礼》可信，《礼记》便不可深信。《周礼》毕竟出于一家，谓是周公亲笔做成，固不可，然大纲却是周公意思。某所疑者，但恐周公立下此法，却不曾行得尽。"

其行者，已致刑措之效；其不尽行者，遂开后世之衰，是亦无所用其讳饰也。

周之礼教，虽至衰乱之世，亦非全不奉行，观《诗·宾之初筵》之诗可见：

宾之初筵，左右秩秩。笾豆有楚，殽核维旅。酒既和旨，饮酒孔偕。钟鼓既设，举酬逸逸。大侯既抗，弓矢斯张。射夫既同，献尔发功。发彼有的，以祈尔爵。籥舞笙鼓，乐既和奏。烝衎烈祖，以洽百礼。百礼既至，有壬有林。锡尔纯嘏，子孙其湛。其湛曰乐，各奏尔能。宾载手仇，室人入又。酌彼康爵，以奏尔时。宾之初筵，温温其恭。其未醉止，威仪反反。曰既醉止，威仪幡幡。舍其坐迁，屡舞仙仙。其未醉止，威仪抑抑，曰既醉止，威仪怭怭。是曰既醉，不知其秩。宾既醉止，载号载呶。乱我笾豆，屡舞僛僛。是曰既醉，不知其邮。侧弁之俄，屡舞傞傞。既醉而出，并受其福。醉而不出，是谓伐德。饮酒孔嘉，维其令仪。凡此饮酒，或醉或否。既立之监，或佐之史。彼醉不臧，不醉反耻。式勿从谓，无俾大怠。匪言勿言，匪由勿语。由醉之言，俾出童羖。三爵不识，矧敢多又。

此诗，《小序》以为幽王时卫武公刺时之诗。即谓《小序》不可信，不能确指其为何时何人之作，以《诗》之次序论，在《节南山》、《谷风》诸什之后，《鱼藻》诸什之先，其为西周衰乱之时之诗无疑也。观其初筵，实即燕射之礼；宾之威仪温恭，颇守礼法。至于既醉之后，侧弁屡舞，则为衰世之风。然立监佐史，仍与燕礼、乡射礼之立司正相合；三爵献酬，亦同于礼。足知昭、穆以降，并非举先代所制之礼，一概废弃，惟行之不合于礼意，则诗人从而刺之。当时诗人娴于礼教，又可因此而见矣。

近世西人，多有研究《周礼》者，法人俾优（Edouard Constant Biot，1803—1850）曾以法文译之（Le Tcheou—li，trad. du chinois）[52]，德人夏德（Friedrich Hirth）所著《支那古代史》（The Ancient History of China）多称引其说。如曰：

> 《周礼》为周代文化生活最重的典据，亦为后代之向导，对于为政家之模范，永受世人之尊重，殆无可疑。其于国民之教养，实居重大的位置。世界之书籍中，罕见其匹俦。且其关于公共生活及社会生活，详细说明，与陶冶后代之国民，具有非常之势力。因袭之久，世人因此详细之规定，殊不能任意而行，社会万般之生活，无论一言一行，无不依其仪式。俾优氏以为此等详细的规矩。其主要之目的，惟在使人除去公私之生活上放纵粗野之行动，使肉体与道德共具有一定不变之性格，更于其上筑成一不变易状态之政府焉。俾优氏此言，不可谓非卓识。支那王朝虽屡变更，彼等支那人，自《周礼》之时代至于现今，对于此种仪式因袭的尊敬之结果，至于使支那与支那人，国家与国民，均具有巩固不变之性质云。

虽其观察吾国政教礼俗，未能得其真际，而谓《周礼》为陶冶后代国民性之具，亦不可谓无见也。

注　释

①《仪礼》之名始见于此。

②按“七”字当系“六”之讹。

③按当云三十九篇。

④见于《书》者曰甸、侯、男、采、卫。

⑤见丁未年《国粹学报》。

⑥郑《注》:“会，计也。”

⑦县正不言大比，当州长之职相同。

⑧《载师》注。

⑨杜子春云：淳当为纯。纯谓幅广，制谓匹长也。皆当中度量。

⑩郑《注》:“达道路者，山林之阻则开凿之，川泽之阻则桥梁之。”

⑪郑《注》:“津梁相凑，不得陷绝。”

⑫郑《注》:“达，谓巡行通之使不陷绝也。比，犹校也。”

⑬郑《注》:“书地，谓方国山川之广狭。书涂，谓支凑之远近。”

⑭此可与《掌固》、《司险》、《野庐氏》诸职文相证。

⑮郑《注》:“六寝者，路寝一，小寝五。”

⑯郑司农云：六宫后五前一。

⑰《逸周书》。

⑱《考工记》。

⑲以祀五帝，以象五行之数。

⑳《大戴礼》。

㉑《逸周书》。

㉒《逸周书》。

㉓《周礼》及郑《注》。

㉔参用《尔雅》及庄氏《周官指掌》、焦氏《仪礼讲习录》。

㉕郑司农云：功裘，卿大夫所服。

㉖郑《注》:“嫔贡，丝枲，服贡，绨纻也。”

㉗郑《注》:“嫔物，丝枲也，服物，玄纁、绨纩也。”

㉘此二语见《司服》贾《疏》。

㉙《礼记》。

㉚《曲礼疏》。

㉛《礼记疏》。

㉜《士丧礼》注。

㉝《礼记注》。

㉞《曾子问》："大祝裨冕。"

㉟郑《注》："此皆谓一月食米也，六斗四升曰鬴。"

㊱《内则》。

㊲《内则》注。

㊳均见《礼记》。

㊴见《诗疏》及程瑶田《通艺录》。

㊵用凌氏《释例》及焦氏《仪礼讲习录》。

㊶见第三节"乡遂之自治"，第三项教育司徒之十二教。

㊷今本作御。

㊸或仲、叔、季。

㊹斩衰三年，疏衰三年，疏衰一年，大功九月，小功五月，疏衰三月，缌麻三月。

㊺此可知兼乐必兼舞。

㊻江藩曰：此阼阶之一肆。

㊼江藩曰：此西阶之一肆也。

㊽江藩曰：此一县仅设建鼓，乃北面之一肆也。

㊾江藩曰：此二器倚而不县者也。

㊿孙诒让曰：此奏堂上之乐也。

(51)孙诒让曰：此奏堂下之乐。

(52)一八五一年巴黎出版。

第二十章　文字与学术

西周文字可分为二期，周初之古文为一期，宣王以后之籀文为一期。

> 《说文序》：“宣王太史籀作《大篆》十五篇，与古文或异。”①

周初之古文，与夏、商之文字亦不同。

> 《说文序》：“五帝、三王之世，改易殊体，封于泰山者，七十有二代，靡有同焉。”段玉裁曰：“自黄帝而帝颛顼高阳、帝喾高辛、帝尧、帝舜，为五帝；夏禹、商汤、周文、武为三王。其间文字之体，更改非一，不可枚举。传于世者，概谓之仓颉古文，不皆仓颉所作也。”

惟其时文字未有定名，仅可谓之古文耳。今以世传殷、商龟甲文字，与周初钟鼎相较，则商代文字笔画简约，至周初而变为繁饰，且其结体亦与商代不同。固由周代尚文，亦审美之念渐趋繁密之证也。《说文》所载籀文，又多重叠，文饰之风。殆与世并进。而岐阳石鼓行列整齐，近于小篆，其别异于周初之古文，或即在是欤？

世多谓古文简而籀文繁，遂疑古文之重叠者为籀文，如王菉友《说文释例》谓“牙之古文”、“某之古文”皆籀文，实未悟进化之理。凡一事一物之兴，必皆有其渐，而后有人取而整齐之。使周初古文无重叠者，而太史籀一旦创为笔画繁多之字，何能使人通用乎？文字有进步，教授文字亦随而进步。周初教六书：

《说文序》："周礼八岁入小学，保氏教国子，先以六书。一曰指事。指事者，视而可识，察而见意，'上'、'下'是也。二曰象形。象形者，画成其物，随体诘诎，'日'、'月'是也。三曰形声。形声者，以事为名，取譬相成，'江'、'河'是也。四曰会意。会意者，比类合谊，以见指㧑，'武'、'信'是也。五曰转注。转注者，建类一首，同意相受，'考'、'老'是也。六曰假借，假借者，本无其字，依声托事，'令'、'长'是也。"

殆仅教以方名。

《内则》："六年教之数与方名。"

至史籀而有《史篇》，附以说解，以教学童，

《汉书·艺文志》："《史籀篇》者，周时史官教学童书也。"段玉裁曰：许称史篇者三。"奭"下云：此燕召公名，《史篇》名"丑"。"匋"下云：《史篇》读与"缶"同。"姚"下云：《史篇》以为"姚易"。知《史篇》不徒载篆形，亦有说解。

为后世小学书之权舆。西汉时其书尚完好，东汉建武中犹存九篇。足知周、秦、汉人之教学者，率本此书矣。

周代文字，存于今者，有金有石，诸家著录金文，定为周器者，无虑数百种。若师旦鼎[②]、无专鼎[③]、周寰卣[④]、毛公鼎[⑤]、盂鼎[⑥]等，皆西周器也。石文有坛山刻石，文日"吉日癸巳"[⑦]，相传为周穆王时书，然其真伪未定也。惟岐阳石鼓[⑧]，自唐以来，认为周代石刻。

韦应物诗："周宣大猎兮岐之阳，刻石表功兮炜煌煌。石如鼓形数止十，风雨缺剥苔藓涩。……飞湍委蛇相纠错，乃是宣王之臣史籀作。……"

清代诸儒，考订石鼓者，虽多异说，然其吾国最古之石刻，则固无可疑也。

周之书籍，统曰“方策”。

《中庸》：“文、武之政，布在方策。”《聘礼》：“百名以上书于策，不及百名书于方。”

策以竹为之，一曰“毕”。

《尔雅·释器》：“简谓之毕。”郭《注》：“今简札也。”《学记》：“呻其占毕。”郑《注》：“吟诵其所视简之文。”

一曰“牒”，

《说文》：“简，牒也。”

一曰“籥”，

《书·金縢》：“启籥见书。”《说文》：“籥，书童竹笘也。”

大抵单执一札谓之“简”，连编诸简乃名为“策”。故于文，策本作“册”，象其编简之形。

《释名》：“简，间也。编之篇篇有间也。”是诸简连编者，亦名为简。盖对文则简与策别，散文则简与策通也。

方亦曰“牍”，以木为之。

《周代书册制度考》（金鹗）：“方一曰牍。《说文》云：‘牍，书版也。’《论衡·量知篇》云：‘截竹为筒，以为牒，加笔墨之迹，乃成文字。……断木为椠，折之为版，力加刮削，乃成奏牍。’此简策用竹，方版用木之证也。”

方广于策而较短。策长二尺四寸，一策只书一行，其字数自二十至三十不等，字大不逾寸。

《周代书册制度考》：“简策长短之度，说者不一。蔡邕《独断》云：‘策者，简也。其制长二尺，短者半之。’孔冲远《春秋疏》云：‘郑玄注《论语序》以《钩命决》云：《春秋》二尺四寸书之，《孝经》一尺二寸书之。’故知《六经》之策，皆长二尺四寸。蔡邕言二尺者，谓汉世天子策书所用，与《六经》异也。《聘礼》贾《疏》：‘郑作《论语序》云：《易》、《书》、《诗》、《礼》、《乐》、《春秋》策皆尺二寸，《孝经》谦，半之；《论语》八寸策者，三分居一，又谦焉。’贾、孔之言，长短大异，窃谓孔《疏》是也。孔冲远谓‘简容一行字’，郑注《尚书》云：‘三十字一简之文。’《汉书·艺文志》云：‘刘向以中古文校欧阳、大小夏侯三家经文，……率简二十五字者，脱亦二十五字；简二十二字，脱亦二十二字。’是一简容字有多少，然要自二十字以上，大约以三十字为归。周之一尺二寸，当今九寸六分，恐不容三十字。周之六寸，当今四寸八分，《孝经》之策，毋乃太短乎？且彼谓《论语》策‘三分居一，又谦焉。’若《六经》策一尺二寸，《论语》三分居一，当为四寸；四寸当今三寸二分，其短尤甚矣。《论语》一简容八字，诚不以富，亦只以异，错简可证。服虔注《左氏》：‘古文篆书，一简八字。’又一证也。若三寸二分，岂能容八字乎？今观贾《疏》《论语》策实是八寸，以二分居一推之，《六经》策当二尺四寸，《孝经》当一尺二寸，与孔《疏》合。二《疏》同引郑君《论语序》，不应有异。然则贾《疏》‘尺二寸’三字，必是二尺四寸之讹可知矣。《论语》策八寸，容八字；《六经》策二尺四寸者，容二十余字至三十字，其制自合。大约一寸容一字，古用科斗大篆，其字体不宜小，又一简止容一行，则字体更不宜小，故每一寸容一字也。古人书策，每行亦不拘字数，故或有二十五字，或有二十二字，推之或二十三字，或二十四字，皆未可定矣。此由字体有繁简，繁者宜疏，简者宜密。总欲其点画之明析而已。方版之字，长短未闻，然其所书，自百字以下，或为五行，每行二十字；或为四行，每行二十余字。则其长亦当有二尺余，其广大约五六寸；若二三行者，其广不过三四寸，有长方形，故谓之方，非必正方也。”

其书字，以笔墨，有不当则以刀削去，更书他字[⑨]，其法至汉、魏犹沿用之。吾人虽不能见两周之方策，然以近世发见之流沙坠简推之，犹可得其仿佛也。

周之教育，皆官掌之，其教人者曰“师”、曰“儒”。

《周官·太宰》：“以九两系邦国之民，……三曰师以贤得民，四曰儒以道得民。”孙诒让曰：“此经之师、儒，于文王、官人七属，当四曰学则任师，七曰先则任贤，所苞甚广。刘台拱曰：‘师即《礼》经所谓先生。’郑《注》云：‘古者年七十而致仕，老于乡里；大夫名曰父师，士名曰少师，而教学焉是也。’儒即《礼》经所谓君子。郑《注》云‘有大德行不仕者’是也。俞樾云：‘师者，其人有贤德者也；儒者，其人有伎术者也。’《说文·人部》：‘儒，柔也；术士之称。’是古谓术士为儒，凡有一术可称，皆名之曰儒，故有君子儒、小人儒之别。此经所谓儒者，止是术士耳；以道得名者，道亦术也。说此经者，习于后世之言，视儒与道皆甚尊，于是始失其解矣。按刘、俞说得之而未尽也。此经之师、儒，即《大司徒》本俗六之联师儒，皆通乎上下之辞；师则泛指四民之有德行材艺足以教人者而言。上者国学，乡、遂、州、党诸小学，以逮里巷家塾之师，固为师而兼儒；下者如嫔妇有女师，巫医农工亦皆有师。盖齐民曲艺，咸有传授，则亦各有师弟之分。以贤得民，只谓师贤于弟子耳，奚必德行纯备之贤乎？儒则泛指诵说《诗》、《书》，通该术艺者而言，若《荀子·儒效篇》所称俗儒、雅儒、大儒。道有大小，而皆足以得民，亦不必皆有圣贤之道也。”

而稽其学术，大抵出于官守，故清人盛称周代学术本于王官。

《校雠通义》（章学诚）：“后世文字，必溯源于六艺。六艺非孔氏之书，乃《周官》之旧典也。《易》掌太卜，《书》掌外史，《礼》在宗伯，《乐》隶司乐，《诗》领于太师，《春秋》存乎国史。有官斯有法，故法具于官；有法斯有书，故官守其书；有书斯有学，故师传其学；有学斯有业，故弟子习其业。官守学业皆出于一，而天下以同文为治，故私门无著述文字。"

诸学之中尤以史学为渊薮。周之史官，既有太史、小史、内史、外史、御史、女史诸职，其地方复有州史、闾史。

《礼记·内则》："宰告闾史，闾史书为二。其一藏诸闾府，其一献诸州史，州史献诸州伯，州伯命藏诸州府。"

其各官所属之史，专掌官书者，殆不下千余人：

五官之史可数者，天官一百四十四人，地官一百九十二人，春官二百六十四人，夏官二百一十五人，秋官一百七十一人，共九百八十六人。冬官不可知。又如商肆之史，无数可稽。合之，殆不在千人以下也。

其书自三皇、五帝之书。

《周官·外史》："掌三皇、五帝之书。"

至闾里生齿之册，无不备。故刘知几谓史官备于周室。

《史通·外篇》："《周官》、《礼记》有太史、小史、内史、外史、左史、右史之名。太史掌国之六典，小史掌邦国之志，内史掌书王命，外史掌书，使乎四方；左史记言，右史记事。《曲礼》曰：'史载笔，大事书之于策，小事简牍而已。'《大戴礼》曰：'太子既冠成人，免于保傅之严，则有司过之史。'《韩诗外传》云：'据法守职而不敢为非者，太史令也。'斯则史官之作，肇自黄帝，备于周室，名目既多，职务咸异。至于诸侯列国，亦各有史官，求其位号，一同王者。"

亦可谓历代之书，莫备于《周史》。史官所读之书既多，故其学亦邃，周之史官最著者首推史佚。

《墨子序》(汪中):"周太史尹佚实为文王所访[10],克商营洛,祝筴迁鼎,有劳于王室[11]。成王听朝,与周、召、太公同为四辅[12],数有论谏[13],身没而言立。东迁以后,鲁季文子[14]、惠伯[15]、晋荀偃[16]、叔向[17]、秦子桑[18]、后子[19]及左丘明[20],并见引重,遗书十二篇。刘向校书,列诸墨六家之首,《说苑·政理篇》亦载其文。"

其后世掌周史。

《颂鼎》:"尹氏受王命书,王呼史虢生册命颂。"《善夫克簋》:"王命尹氏友史趛册善夫克。"[21]《古今人表考》(梁玉绳):"史佚亦曰尹逸。《晋语》称'文王访于辛尹',尹盖其氏。《通志·氏族略三》云:'少昊之子封于尹城,因以为氏,子孙世为周卿士,食采于尹。'考《左传》昭公二十三年,王子朝入于尹,单、刘伐尹,《疏》谓'尹子食采于尹,世为卿士',然则尹佚乃少昊之裔,而周尹氏乃史佚之后也。"

尹吉甫尤著称于宣王之朝。

《诗·六月》:"文武吉甫,万邦为宪。"《诗·常武》:"王谓尹氏,命程伯休父。"《正义》:"此时尹氏,当是尹吉甫也。"

史佚之外,有左史戎夫,作《史记》以警穆王;

《逸周书·史记》:"维正月,王在成周,昧爽,召三公左史戎夫曰:'今夕朕寤,遂事惊予。'乃取遂事之要戒,俾戎夫言之,朔望以闻。"

有伯阳父,以《史记》决周之衰亡;

《史记·周本纪》:"幽王二年,西周山川皆震,伯阳甫曰:周将亡矣!"又,"幽王得褒姒,爱之,欲废申后,并去太子宜臼,以褒姒为后,以伯服为太子。周太史伯阳读史记曰:周亡矣！”

有史伯硕父、史仆、史宾、史𠂤、史燕、史颂、史懋、史它、史寏、史驹、史吴、史友等，均著名于彝鼎。

《积古斋钟鼎彝器款识》有史伯硕父鼎、史仆壶、史宾钘、史𠂤彝、史燕簋。《愙斋集古录》有史颂敦、史懋壶、史它簋、史寏敦。又《师奎父鼎》：“王呼内史驹‘册命师奎父’。”《师虎敦》：“王呼内史吴曰‘册命虎’。”《无专鼎》：“王呼史友‘册命无专’。”

他官之传于今者，未有若史官之众也。

有史而后有法，故法学出于史官。《周官》太史掌邦法，内史掌八枋，即法律之学所从出也。

《太史》：“掌建邦之六典，以逆邦国之治，掌法以逆官府之治，掌则以逆都鄙之治。凡辨法者考焉，不信者刑之。”《内史》：“掌王之八枋之法，以昭王治。一曰爵，二曰禄，三曰废，四曰置，五曰杀，六曰生，七曰予，八曰夺。执国法及国令之贰，以考政事，以逆会计。”

吕侯命穆王度作刑，以诘四方，而先叙蚩尤、苗民、颛顼、帝尧三氏之历史，足知法学之根据于历史。

《书·吕刑》：“苗民弗用灵，制以刑，惟作五虐之刑曰法。”

史颂听法于苏，尤其明征也。

《愙斋集古录·史颂敦》：“惟三年五月丁巳，王在宗周，命史颂听苏法，友里君百生，帅𩏂盩于成周，休右成事。苏赂章马四匹，吉金，用作𩰫彝。”吴大澂曰：“此史颂奉命往苏听颂，苏人赂以章马四匹吉金，颂因以作此𩰫敦也。”

有史而后有文，故文学亦出于史官。周之典册，皆史所为（如逸作《祝册》之类）。而尹吉甫以史学世家，为周室中叶之大诗家，其诗有

“孔硕”、“肆好”、“穆如清风”之美。

《诗·崧高》：“吉甫作诵，其诗孔硕，其风肆好。”《烝民》：“吉甫作颂，穆如清风。”

他诗人虽有自署其名者，未尝若吉甫之自许也。

如《节南山》诗：“家父作诵，以究王讻。”《巷伯》诗：“寺人孟子，作为此诗。凡百君子，敬而听之。”

史籀作大篆，以教学童，实为文字学之祖。然则周史实兼今之散文、韵文及小学诸家之长矣。近世人论周代史官之学术者，以龚自珍之为最详：

《古史钩沈论》：“周之世官，大者史。史之外，无有语言焉；史之外，无有文字焉；史之外，无人伦品目焉。史存而周存，史亡而周亡。是故儒者言《六经》。经之名，周之东有之。夫《六经》者，周史之宗子也；《易》也者，卜筮之史也；《书》也者，记言之史也；《春秋》也者，记动之史也；《风》也者，史所采于民，而编之竹帛，付之司乐者也；《雅》、《颂》也者，史所采于士大夫者也；《礼》也者，一代之律令，史职藏之故府，而时以诏王者也；小学也者，外史达之四方，瞽史谕之宾客之所为也。宗伯虽掌礼，礼不可以口舌存，儒者得之史，非得之宗伯；乐虽司乐掌之，乐不可以口耳存，儒者得之史，非得之司乐。故曰《六经》者，周史之大宗也；诸子也者，周史之小宗也。故夫道家者流言称辛甲、老聃；墨家者流，言称尹佚。辛甲、尹佚官皆史，聃实为柱下史。若道家、若农家、若杂家、若阴阳家、若兵、若术数、若方技，其言皆称神农、黄帝。神农、黄帝之书，又周史所职藏，所谓三皇、五帝之书者是也。刘向云：‘道家及术数家出于史’，不云余家出于史，此知五纬二十八宿异度，而不知其皆系于天也；知江河异味，而不知皆丽于地也。故曰诸子也者，周史之支孽小宗也。周之东也，孔子曰：‘天子失官。’伤周之史亡也。灭人之国，必先去其史；隳人之枋，败人之纲纪，必先去其史；绝人之材，湮塞人之教，必先去其史；夷人之祖宗，必先去其史。周之东，其史官大罪四，小罪四，其大功三，小功三；帝魁以前，书莫备焉。郯之君知之，楚之左史知之，周史不能存之，故传者不雅驯，而雅驯者不传，谓之大罪一。正考父得商之名颂十二于周，百年之间亡其七，太师亡其声弦焉，太史又亡其简编焉，谓之大罪二。周之《雅》、《颂》，义逸而荒，人逸而名亡；瞽所献，燕享所歌，大氐断章，作者之初指不在，史不能宣而明，谓之大罪三。有黄帝历，有颛顼历，有夏历，有商历，有周历，有鲁历，有列国历，七者，周天子不能同，历敝不改，是以失礼，是失官之大者，谓之大罪四。古之王者，存三统，今《连山》、《归藏》亡矣，三《易》弗具，孔子卒得《乾》、《坤》于宋，亦弗得于周，史之小罪一。列国小学不明，声音混茫，各操其方，微孔子之雅言，古韵其亡乎，史之小罪二。史籀作大篆，非为废仓颉也；周史不肯存古文，文少而字乃多矣。象形指事，十存三四，形声相孳，千万并起，古今困之，史之小罪三。列国展禽、观射父之徒，能言先王命祀，而周史儋乃附苌弘为神怪之言，燕昭、秦皇淫祀渐兴，儋、弘阶之，妖孽是征，史之小罪四。帝魁以降，百篇权舆，孔子删之，十倍是储，虽颇阙不具，资粮有余，史之大功一。孔子与左丘明乘以如周，获百二十国宝书，夫而后《春秋》作也，史之大功二。冠婚之杀，丧祭之等，大夫士之曲仪，咸以为数；夫舍数而言义，吾未之信也，故十七篇之完，亦危而完者也，史之大功三。周之时有推步之方，有占验之学，其步疏，其占密，《天官》有书，先臣是传，唐都、甘公，爰及谈、迁，是迹是宣，史之小功一。史

> 秩下大夫，商高大夫，官必史也；自高以来，畴人守之，九章九数，幸而完，史之小功二。吾踶彼奠世系者，能奠能守，有《历谱牒》，有《世本》，竹帛咸旧，是故仲尼之徒，亦著《帝系姓》，后千余岁，江介之都，夸族始甚，史之小功三。夫功罪之际，存亡之会也，绝续之交也。天生孔子，不后周不先周也，存亡续绝，俾枢纽也。”

刘师培又衍之曰：“六艺掌于史官，九流出于史官，术数、方伎诸学亦出于史官。且列为表以明之。

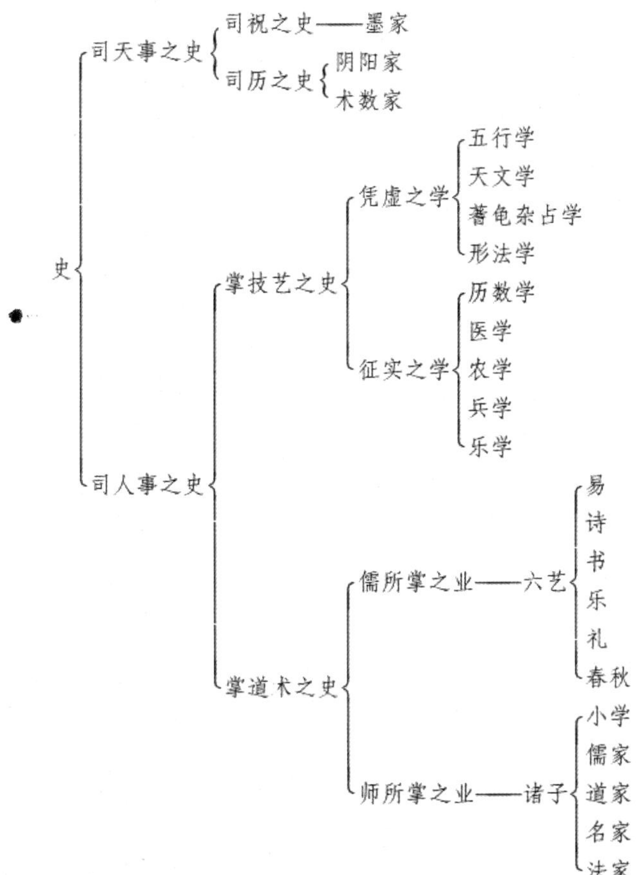

其言虽有附会穿凿，或过于蔓衍者，然亦可见学术之进化，必由综合而区分。以其综合之中，具有萌芽，然后区分而各成一派别，非必谓后世学

术，无一不为古代所包含。然孳乳寖多，其渊源亦必有自，苟不溯其滥觞，则其后之突然而来者，正不知其以何因缘矣。

注　释

①据此，则周宣王以前之文为古文。

②阮元定为成王即政之元年，周公禋祀于文、武所作之器。

③王昶据《诗·郑笺》定为文王时器。阮元定为周宣王时器。

④龚自珍定为成王祭文王庙器。

⑤吴大澂定为成王册命毛叔郑之器。

⑥吴大澂定为成王时南公孙盂所作之鼎。

⑦在今赞皇县学。

⑧今在北京国子监大成门。

⑨亦据金说。

⑩《晋语》。

⑪《周书·克殷解》、《书·洛诰》。

⑫贾谊《新书·保傅篇》。

⑬《淮南子·主术训》、《史记·晋世家》。

⑭《春秋传》成四年。

⑮文十五年。

⑯襄十四年。

⑰《周语》。

⑱僖十五年。

⑲昭九年。

⑳宣十二年。

㉑均见《愙斋集古录》。

第二十一章　共和与民权

海通以来，译人以法、美诸国民主立宪之制，与中国历代君主之制不同，求其名而不得，因以“共和”二字译之。盖以周厉王、宣王之间，国家无天子者凡十四年，其时号曰“共和”。故以国家之无君主者，比附于共和，实则周之共和与近世民主立宪之制迥殊，学者不察，望文生义，以此例彼，贻误非浅。然世人既袭用其名，亦不可不知其名之所由来也。周之共和，凡有二说。一则谓周、召二公，共和行政；

《史记·周本纪》：“厉王出奔彘，……召公、周公二相行政，号曰‘共和’。”《国语》韦昭《注》曰：“彘之乱，公卿相与和而修政事，号曰‘共和’，凡十四年，而宣王立。”

一则谓诸侯奉共伯和行天子事，号曰“共和”。

《史记正义》：“《鲁连子》云：卫州共城县，本周共伯之国也，共伯名和，好行仁义，诸侯贤之。周厉王无道，国人作难，王奔于彘，诸侯奉和以行天子事。号曰共和元年。十四年，厉王死于彘。共伯使诸侯奉王子靖为宣王，而共伯复归国于卫也。”《索隐》：“《汲冢纪年》：‘共伯干王位。’共音恭，共，国；伯，爵，言共伯摄王政，故云干王位也。”

按共伯事又见《吕氏春秋·开春论》，

共伯和修其行，好贤仁，而海内皆以来为稽矣。周厉之难，天子旷绝，而天下皆来谓矣。

及《庄子·让王篇》，

共伯得乎共首。《释文》引司马彪《注》云：“共伯名和，修其行，好贤人，诸侯皆以为贤。周厉王之难，天子旷绝，诸侯皆请以为天子，共伯不听。即于王位，十四年，大旱，屋焚，卜于太阳，兆曰：‘厉王为祟。’召公乃立宣王，共伯复归于宗，逍遥得意共山之首。共丘山在今河内共县西。”

罗泌及梁玉绳多主其说。

《路史发挥·共和辩》（罗泌）：“说者曰：周室无君，周公、召公共和王政，故号之曰‘共和’。自史迁至温公，无异议也。予不敢以为然。当厉王之时，周公、召公，非昔日之周、召也。予闻厉王之后，有共伯和者，修行而好贤，以德和民，诸侯贤之，入为王官；十有四年，天旱，庐火，归还于宗，逍遥共山之首，宣王乃立。是以王子朝告于诸侯，犹曰厉王戾虐，万民弗忍，流王于彘，诸侯释位，以间王政，宣王有志，而后效官。是宣王之前，诸侯有释位间于天子之事者矣。然则所谓共和者，吾以为政自共伯尔。若曰周、召共和，吾弗信也。向秀、郭象援古之说，以为共和者，周王之孙也。怀道抱德，食封于共，厉王之难，诸侯立之。宣王立，乃废。立之不喜，废之不怒，斯则得其情矣。”《史记志疑》（梁玉绳）：“案以共和为周、召行政之号，史公之单说也，而韦注《国语》、孔疏《左传》及《史通》咸宗之，后儒并依斯解。其实不然。昭公二十六年《传》云：厉王戾虐，万民弗忍，流王于彘，诸侯释位，以间王政，宣王有志，而后效官。则知厉、宣之间，诸侯有代王行政者矣。周、召本王朝卿士，傥果摄天子之事，不可言‘释位’，别立名称，若后世之年号，古亦无此法。故颜师古以史公之说为无据也。考《竹书纪年》、《庄子·让王篇》、《吕氏春秋·开春论》及《索隐》引《世纪》，《正义》引《鲁连子》，并以共和为共伯和。共，国；伯，爵；和其名。《人表》厉王后有共伯和，共地近卫，即汉河内郡之共县，周时亦谓之共头。《吕氏春秋·诚廉篇》'武王使召公盟微子于共头之下，是已。古史从《竹书》，《路史》有《共和辨》，可互相证明。盖厉王流彘，诸侯皆往宗共伯，若霸主然；其时宣王尚幼，匿不敢出，周、召居守京师，辅导太子。及后王没而民厌乱，太子年亦加长，共伯乃率诸侯会二相而立之，参核情实，必是如此。凡有言共伯至周摄政者，有言共伯干位篡立者，有言共伯即卫侯者，尽属不经之谈尔。"

予谓《史记·三代世表》自黄帝讫共和，《十二诸侯年表》自共和讫孔子，明共和以前之事，多不可考；而自共和元年以后，诸侯谱牒，咸有可稽。讵有误以共伯和之名，为大臣共和行政之号，纪年之始，即成大错者。

《史记·十二诸侯年表》："共和元年，以宣王少，大臣共和行政。十四年，宣王即位，共和罢。"

故"共和"之解，当以韦昭所谓公卿相与和而行政之说为的。然公卿相与和而行政，仍是贵族执政，与今之所谓民主者，固截然有别也。

周时虽无民主，而有民权。人民之钤制帝王，隐然具有一种伟大的势力，盖周代相传之训，以为天降下民，而后为之作君作师。

《孟子》："《书》曰：天降下民，作之君，作之师。惟曰其助上帝，宠之四方。"

故为君者，恒以畏天保民为主。周、召诸公，于此义尤拳拳焉。

《书·康诰》："文王克明德慎罚，不敢侮鳏寡，庸庸，祗祗，威威，显民。""民情大可见，小人难保。""若保赤子，惟民其康乂。"《酒诰》："人无于水监，当于民监。"《召诰》："其惟王勿以小民淫用非彝。”“予小臣，敢以王之仇民百君子，越友民，保受王威命明德。”

曰“仇民”者，明民与王相匹敌者；曰“友民”者，明民与上为朋友也。礼之若匹敌，亲之若朋友，是实君主对于人民最要之义。故周之立国，虽重礼而上文；等威之辨，严若天泽。而百工士庶，咸可尽言于王朝。观召公谏厉王之语，似庶人传语于王，故有明文规定者。

《国语·周语》：“厉王虐，国人谤王。召公告曰：‘民不堪命矣!’王怒，得卫巫，使监谤者，以告，则杀之。国人莫敢言，道路以目。王喜，告召公曰：‘吾能弭谤矣，乃不敢言。’召公曰：‘是障之也。防民之口，甚于防川。川壅而溃，伤人必多。民亦如之。是故为川者决之使导，为民者宣之使言。故天子听政，使公卿至于列士献诗，瞽献曲，史献书，师箴，瞍赋，矇诵，百工谏，庶人传语，近臣尽规，亲戚补察，瞽、史教诲，耆、艾修之，而后王斟酌焉。是以事行而不悖。民之有口，犹土之有山川也，财用于是乎出；犹其原隰之有衍沃也，衣食于是乎生。口之宣言也，善败于是乎兴，行善而备败，所以阜财用、衣食者也。夫民虑之于心而宣之于口，成而行之，胡可壅也？若壅其口，其与能几何？’王不听，于是国人莫敢出言，三年，乃流王于彘。”

虽以厉王之虐，甫及三年，民已群起而推翻之，周民之有势力可知矣。汤武革命，伊尹放太甲，均有主名之人。而流厉王者，不闻有谁何为之魁师。虽其中经过之事实，史书不详，然以此推之，必为全体人民之意，非出于一二人之主使，尤灼然矣。

君主与人民对待，而公卿大夫则介乎二者之间。周之盛时，公卿大夫固恒以勤恤民隐诏其君主，即至衰世，亦时时代表民意，作为诗歌以刺其上。是厉行阶级制度之时，虽作贵族平民之区别，而贵族之贤者，率知为民请命，初非一律阿附君主，奴隶其民也。据《毛诗小序》、《大雅》刺厉王诗凡五篇。

> 《毛诗小序》："《民劳》，召穆公刺厉王也。""《板》，凡伯刺厉王也。""《荡》，召穆公伤周室大坏也。厉王无道，天下荡荡，无纲纪文章，故作是诗也。""《抑》，卫武公刺厉王，亦以自警。""《桑柔》，芮伯刺厉王也。"

郑笺且以《小雅·十月之交》、《雨无正》、《小旻》、《小宛》四篇，为刺厉王诗。是民莫敢谤者，公卿大夫固昌言刺之也。其后宣王为中兴之君，而《诗》之变雅，则美刺间作。幽王使天下大坏，而诗之刺之者，殆四十篇。作诗者无所忌讳。采诗者著之简编，自君子大夫，至于寺人下国，其怨悱愁苦之言，均能流传于世，是尤可见周家之忠厚矣。使其时实行专制，摧折舆论，则当时讥刺厉、幽之诗，必将如后世之禁毁诛锄，不使传于口耳。又使其时公卿大夫皆无志节，则虽暴如幽、厉，亦何尝不可矫为歌功颂德之文，以淆乱人之视听？故吾辈读史者，当知西周之末世，虽曰暴君代作，谗佞迭兴，人民之穷困颠连已达极点，而学士大夫直言无讳，指陈民瘼，大声疾呼，犹为先世教泽绵延未已之征。其言论之自由，或尚过于后世民主之时代也。

周之重民，累世相传，明哲之士，咸喻斯义。如师旷告晋悼公之言，即召公告厉王之意也。

> 《左传》襄公十四年："师旷曰：天生民而立之君，使司牧之，勿使失性。有君而为之贰，使师保之，勿使过度。是故天子有公，诸侯有卿，卿置侧室，大夫有贰宗，士有朋友，庶人、工、商、皂、隶、牧、圉，皆有亲暱，以相辅佐也。善则赏之，过则匡之，患则救之，失则革之。自王以下，各有父兄子弟，以补察其政。史为书，瞽为诗，工诵箴谏，大夫规诲，士传言，庶人谤，商旅于市，百工献艺。……天子爱民甚矣，岂其使一人肆

于民上，以从其淫，而弃天地之性？必不然矣。”

其他议论类此者甚夥，不可胜举。总之，吾国先哲立国要义，以民为主，其立等威，辨上下，亦以为民，而非为帝王一人或少数武人、贵族纵欲肆虐而设。故虽未有民主立宪之制度，而实有民治之精神。惟其制礼既密，施教亦久，故遇暴虐之君如厉王者，人民虽知群起逐之，而仍必委政权于国之大臣素负民望者，初无削除贵族，悉以平民执政之意。此则古今思想之殊，抑亦平民与贵族不甚悬绝，故不甚痛恶之之证也。

第二十二章　周代之变迁

周自平王至赧王之时，为东周。东周之时，复分为二：自平王之四十九年，至敬王之四十一年，是为春秋之时；自元王至赧王，是为战国之时。“春秋”者，史书之名，而非时代之名，以相沿既久，姑循用之。西周之政教，至春秋时，有相沿而未变者，有蜕化而迥殊者，史家著论，多以为西周降至春秋，实为世衰道微之征。

《汉书·货殖传序》：“周室衰，礼法隳。诸侯刻桷丹楹，大夫山节藻税，八佾舞于庭，雍彻于堂。……陵夷至乎桓、文之后，礼谊大坏，上下相冒，国异政，家殊俗，耆欲不制，僭差无极。”《游侠传序》：“周室既微，礼乐征伐自诸侯出。桓、文之后，大夫世权，陪臣执命。陵夷至于战国，合从连衡，力政争强。”

然就一王定制而论，诚有陵夷衰微之象，就中国之全体而论，未始非民主进步之时。世无一成不变之局，读史者第当识其变迁，以明人民进化之阶级，不必先立一成见也。

春秋之风气，渊源于西周，虽经多年之变乱，而其踪迹犹未尽泯者，无过于尚礼一事。观《春秋左氏传》所载，当时士大夫，觇国之兴衰以礼，

《左传》闽公元年载：齐仲孙湫来省难，归曰：“不去庆父，

鲁难未已。”公曰：“鲁可取乎？”对曰：“不可，犹秉周礼。周礼所以本也。臣闻之，国将亡，本必先颠，而后枝叶从之。鲁不弃周礼，未可动也。”又襄公三十一年载：北宫文子相卫襄公以如楚，宋之盟故也。过郑，……事毕而出，言于卫侯曰：“郑有礼，其数世之福也，其无大国之讨乎！诗云：‘谁能执热，逝不以濯。’礼之于政，如热之有濯也。濯以救热，何患之有？”又昭公五年载：公如晋，自郊劳至于赠贿，无失礼。晋侯谓女叔齐曰：“鲁侯不亦善于礼乎？”对曰：“鲁侯焉知礼！”公曰：“何为？自郊劳至于赠贿，礼无违者，何故不知？”对曰：“是仪也，不可谓礼。礼，所以守其国，行其政令，无失其民者也。今政令在家，不能取也；有子家羁，不能用也；奸大国之盟，陵虐小国；利人之难，不知其私。公室四分，民食于他。思莫在公，不图其终。为国君，难将及身，不恤其所。礼之本末，将于此乎在，而屑屑焉习仪以亟。言善于礼，不亦远乎？”

决军之胜败以礼，

《左传》僖公：二十七年载：蒍贾曰：“子玉刚而无礼，不可以治民，过三百乘，其不能以入矣。”子犯曰：“民未知礼，未生其共。”于是乎大蒐以示之礼，作执秩以正其官，一战而霸。又僖公二十八年载：晋侯登有莘之虚以观师，曰：“少长有礼，其可用也。”又，僖公三十三年载：王孙满曰：“秦师轻而无礼，必败。”又，宣公十二年载：随武子曰：“会闻用师，观衅而动；德刑、政事、典礼不易，不可敌也。”

定人之吉凶以礼，

《左传》僖公十一年载：天王使召武公内史过赐晋侯命，受玉惰。过归，造王曰：“晋侯其无后乎？王赐之命，而惰于受瑞，先自弃也已，其何继之有？礼，国之干也；敬，礼之舆也。不敬，则礼不行；礼不行，则上下昏，何以长世?”又僖公二十三年载：楚子曰：“晋公子广而俭，文而有礼。”又文公十五年载：季文子曰：“齐侯其不免乎？己则无礼，而讨于有礼者，曰：‘汝何故行礼?’礼以顺天，天之道也。己则反天，而又以讨人，难以免矣。”又成公十三年载：郤锜来乞师，将事不敬。孟献子曰：“郤氏其亡乎！礼，身之干也；敬，身之基也。郤子无基。”又襄公二十一年载：会于商任，锢栾氏也。齐侯、卫侯不敬。叔向曰：“二君者必不免。会朝，礼之经也；礼，政之舆也；政，身之守也。怠礼，失政；失政，不立。是以乱也。”又襄公二十六年载：公孙挥曰：“子产其将知政矣。让不失礼。”

聘问则预求其礼，

《左传》文公六年载：季文子将聘于晋，使求遭丧之礼以行。其人曰：“将焉用之？文子曰：“备豫不虞，古之善教也。”

会朝则宿戒其礼，

《左传》昭公十六年载：晋韩起聘于郑，郑伯享之。子产戒曰：“苟有位于朝，无有不供恪！”孔张后至，立于客间，执政御之；适客后，又御之；适县间。客从而笑之。事毕，富子谏曰：“夫大国之人，不可不慎也，几为之笑，而不陵我？我皆有礼，夫犹鄙我。国而无礼，何以求荣？孔张失位，吾子之耻也。”

卿士、大夫以此相教授，

《左传》文公十八年：“季文子使大史克对曰：‘先大夫臧文仲，教行父事君之礼，行父奉以周旋，弗敢失队。’曰：‘见有礼于其君者，事之，如孝子之养父母也；见无礼于其君者，诛之，如鹰鹯之逐鸟雀也。’”

其不能者，则以为病而讲学焉。

《左传》昭公七年：“公至自楚。孟僖子病不能相礼，乃讲学之，苟能礼者从之。及其将死也，召其大夫，曰：‘礼，人之干也。无礼，无以立。’”

此等风气，至战国时则绝无所见。故知春秋诸人，实以近于西周，渊源有自。故所持之见解，所发之议论，均以礼为最要之事也。管子者，儒家所斥为霸佐，不足语于王道者也。然其言之见于《左传》者，则曰“招携以礼，怀远以德，德礼不易，无人不怀”。其所著之经言，亦以礼为四维之首。

《管子·牧民》：“国有四维，一曰礼，二曰义，三曰廉，四曰耻。礼不逾节，义不自进，廉不蔽恶，耻不从枉。”

使此诸书，出于后人所伪造[①]，何以后世之人，对于春秋一时代独造出此等言论，而于其他时代，不一律造为此类言行乎？故春秋者，直接于礼教最盛之时代之后一时代也，又由礼教最盛而渐趋于衰落之一时代也。观诸人之不知礼，不习礼，及误以仪为礼，即可见其时之习此者已居少数。惟其流风余韵，犹浸淫渐渍于人心，故衡量人物，往往以此为断耳。

周制之变也，首在列国之封域。周初千八百国，至春秋之初，仅存百二十四国，其数不逮十一。则厉、宣以降，诸侯之互相吞并，盖已久矣。春秋之时，国之大者十。鲁兼九国之地[②]；齐兼十国之地[③]；晋兼二十二国之地[④]；楚兼四十二国之地[⑤]；宋兼六国之地[⑥]；郑兼三国之地[⑦]；卫兼二国之地[⑧]；秦有周地，东界至河；吴灭五国[⑨]，北境及淮，越又从而有之，弱肉强食，其祸酷矣。而诸小国并为大国，其国家之组织，社会之状况，人群之思想，胥因之而变易。其胚胎于一国之文化，亦有渐推渐广之势。杂居之异族，为之同化；僻远之新国，由是崛兴。此皆互为因果者也。

春秋诸国，并吞小弱，大抵以其国地为县。

《史记·秦本纪》：“武公十年，伐邽、冀戎，初县之。”“十一年，初县杜、郑。”《左传》宣公十一年：“楚子伐陈，因县陈。”十二年又称楚围郑，郑伯逆楚子曰：“使改事君，夷于九县，孤之愿也。”昭公十一年称叔向曰：“楚王奉孙吴以讨于陈曰：‘将定而国。’陈人听命，而遂县之。”

其县之区域，大于《周官》所谓县者，殆不止倍蓰[⑩]，县境悬远，则特使大夫守之。

《左传》僖公：二十六年：“晋使赵衰为原大夫，狐溱为温大夫。”

其职重于内地之大夫，故亦称为守。

《左传》僖公二十五年：“晋侯问原守于寺人勃鞮，对曰：‘昔赵衰以壶飧从径，馁而不食，故使处原。’”是原大夫亦称原守也。

其后或称为命大夫。

《左传》哀公四年：“楚师使谓阴地之命大夫士蔑曰：‘晋楚有盟，好恶同之。’”杜《注》：“命大夫，别县监尹。”《正义》曰：“阴地者，河南山北，东西横长，其间非一邑，特命大夫使总监阴地。”

而楚之属地，则特置县尹或县公以治之。

《左传》庄公十八年：“楚子克权，使鬬缗尹之；以叛国而杀之，迁权于那处，使阎敖尹之。”襄公二十六年：“穿封戌，方城外之县尹也。”又宣公十一年：“楚子曰：‘诸侯县公，皆庆寡人。’”

因灭国而特置县，因置县而特命官，封建之制遂渐变为郡县之制。此政治变迁之至大者也。

《日知录》（顾炎武）：“《汉书·地理志》言秦兼并四海，以为周制微弱，终为诸侯所丧，故不立尺土之封，分天下为郡县，荡灭前圣之苗裔，靡有孑遗。后之文人，祖述其说，以为废封建，立郡县，皆始皇之所为也。以余观之，殆不然。《左传》僖公三十三年，晋襄公以再命命先茅之县赏胥臣。宣公十五年，晋侯赏士伯以瓜衍之县。成公六年，韩献子曰：‘成师以出，而败楚之二县。’襄公二十六年，蔡声子曰：‘晋人将与之县，以比叔向。’三十年，‘绛县人或年长矣’。昭公三年，二宣子曰：‘晋之别县不惟州。’五年薳启疆曰：‘韩赋七邑，皆成县也。’又曰：‘因其十家九县，其余四十县。’二十八年，晋分祁氏之田，以为七县，分羊舌氏之田，以为三县。哀公十七年，子縠曰：‘彭仲爽，申俘也。文王以为令尹，实县申、息。’《晏子春秋》：‘昔我先君桓公予管仲狐与縠，其县十七。’《说苑》：‘景公令吏致千家之县一于晏子。’《战国策》：‘智过言于智伯曰：破赵，则封二子者各万家之县。’《史记·吴世家》：‘王馀祭三年，予庆封朱方之县。’则当春秋之世，灭人之国者，固已为县矣[11]。《史记》：吴王发九郡兵伐齐，范蜎对楚王曰：‘楚南塞厉门而郡江东。’甘茂谓秦王曰：‘宜阳大县，名曰县，其实郡也。’春申君言于楚王曰：‘淮北地边齐，其事急，请以为郡便。’《匈奴传》言赵武灵王‘置云中、雁门、代郡’；‘燕置上谷、渔阳、右北平、辽西、辽东郡，以拒胡’；又言‘魏有河西、上郡以与戎界边’。则当七国之世，而固已有郡矣[12]。《传》称‘禹会诸侯，执玉帛者万国’，至周武王仅千八百国，春秋时见于经传者百四十余国，又并为十二诸侯，又并而为七国，此固其势之必至也。”

《郡县考》（姚鼐）：“周法，中原侯服，疆以周索，国近蛮夷者，乃疆以戎索。故齐、鲁、卫、郑名同于周，而晋、秦、楚乃不同于周，不曰‘都鄙’，而曰‘县’，然始者有县而已，尚无郡名。吾意郡之称，盖始于秦、晋。以所得戎翟地远，使人守之，为戎翟民君长，故名曰郡；如所云阴地之命大夫，盖即郡守之谓也。赵简子之誓曰：‘上大夫受县，下大夫受郡。’郡远而县近，县成聚富庶，而郡荒陋，故之美恶异等，而非郡与县相统属也。《晋语》：夷吾谓公子絷曰：‘君实有郡县。’言晋地属秦，异于秦之近县，则谓之曰郡县，亦非云郡与县相统属也。及三卿分范、中行氏、知氏之县，其县与己故县隔绝，分人以守，略同昔者使人守远地之体，故率以郡名。然而郡乃大矣，所统有属县矣。其后秦、楚亦皆以得诸侯地名郡，惟齐无郡，齐用周制故也。”

因列国之竞争，而田赋兵制，亦相因而变。

《春秋》宣公十五年：“初税亩。”杜《注》：“公田之法，十取其一；今又履其余亩，复十取其一。故哀公曰‘二吾犹不足’。遂以为常，故曰初。”又成公元年：“作丘甲。”杜《注》：“周礼四邑为丘，出戎马一匹，牛三头；四丘为甸，出戎马四匹，牛十二头，甲士三人，步卒七十二人。此甸所赋，今鲁使丘出之。”《左传》昭公四年：“郑子产作丘赋。”杜《注》：“丘当出马一匹，牛三头。今子产别赋其田，如鲁之田赋。”又哀公十一年亦称：“季孙欲以田赋，使冉有访诸仲尼。……仲尼曰：‘君子之行也，敛从其薄。如是，则以丘亦足矣。若不度于礼，而贪冒无厌，则虽以田赋，将又不足。且子季孙若欲行而法，则周公之典在；若欲苟而行，又何访焉？’弗听。”“十有二年春，用田赋。”

齐桓之霸，尤重在变更军制。

《国语·齐语》：“管子对桓公曰：‘作内政而寄军令焉。’桓公曰：‘善。’管子于是制国。五家为轨，轨为之长；十轨为里，里有司；四里为连，连为之长；十连为乡，乡有良人焉。以为军令，五家为轨，故五人为伍，轨长帅之；十轨为里，故五十人为小戎，里有司帅之；四里为连，故二百人为卒，连长帅之；十连为乡，故二千人为旅，乡良人帅之；五乡一帅，故万人为一军，五乡之帅帅之。”

晋文御狄，则作五军；成公赏功，则作六军。

《左传》僖公三十一年：“晋蒐于清原，作五军以御狄。”成公三年：“晋作六军，……赏鞌之功也。”

其后吴、晋争长，至以甲车四千乘自豪。

《左传》昭公十三年：“叔向曰：‘寡君有甲车四千乘在，虽以无道行之，必可畏也。’”

（按杜《注》：“四千乘，三十万人。”其数虽不确，即以二十五人一乘计之，亦十万人矣。）亦周制之变更之大者也。兵事既重，则兵为专业，而工商之业以分，

《国语·齐语》：“管子制国以为二十一乡：工商之乡六，士乡十五。公帅五乡焉，国子帅五乡焉，高子帅五乡焉；参国起案，以为三官，臣立三宰，工立三族，市立三乡，泽立三虞，山立三衡。”韦昭《注》：“此士，军士也。十五乡合三万人，是为三军。农野处而不暱，不在都邑之数，则下所云五鄙是也。”

四民之名以立。

《国语·齐语》：“桓公曰：‘成民之事若何？’管子对曰：‘四民者，勿使杂处；杂处则其言哤，其事易。’公曰：‘处士、农、工、商若何？’管子对曰：‘昔圣王之处士也，使就闲燕，处工就官府，处商就市井，处农就田野。令夫士群萃而州处，……士之子恒为士；工群萃而州处，……工之子恒为工；商群萃而州处，……商之子恒为商；农群萃而州处，……农之子恒为农。’”

按《周官·太宰》以九职任万民，《考工记》称“国有六职”，虽亦分农、工、商，而未尝别立士之一职。《逸周书·程典》曰：“士大夫不杂于工商，孔晁《注》：商不厚，工不楛，农不力，不可成治。士之子不知义，不可以长幼；工不族居，不足以给官；族不乡别，不可以入惠。”虽以士

大夫别于农、工、商，亦未名为四民。四民之别，盖在春秋之时。《穀梁》成公元年《传》：“古者立国家，百官具，农工皆有职以事上。古者有四民，有士民，有商民，有农民，有工民。”虽所称古者，与《管子》所谓“昔圣王”云者，皆若不始于春秋之时。然士皆授田，则与农无别。别立士之名，必为授田之制已废。故愚意春秋之时，授田之制渐废，始有士、农、工、商之分。否则，无此区别也。

军旅之事，苟非危急，专业者率可不与。

《左传》宣公十二年：“士会论楚曰：荆尸而举，商、农、工、贾，不败其业；百官象物而动，军政不戒而备。”

按此是楚国之兵已皆常隶营伍，国虽举兵，不取之于农、商、工、贾也。

业分而专，故多能者，

《管子·山权数篇》：“民之能明于农事者，置之黄金一斤，直食八石；民之能蕃育六畜者，置之黄金一斤，直食八石；民之能树艺者，置之黄金一斤，直食八石；民之能树瓜瓠、荤菜、百果使蕃裕者，置之黄金一斤，直食八石；民之能已民疾痛者，置之黄金一斤，直食八石；民之知时日岁丰且阨，曰‘某谷不登’、曰‘某谷丰’者，置之黄金一斤，直食八石；民之通于蚕桑不疾病者，置之黄金一斤，直食八石。谨听其言，而藏之官，使师旅之事，民无所与。”又《轻重甲篇》：“万乘之国，必有万金之贾；千乘之国，必有千金之贾；百乘之国，必有百金之贾。”

而国家且竭力保护之。

《左传》昭公十六年：子产谓韩宣子曰：“昔我先君桓公与商人皆出自周，庸次比耦，以艾杀此地，斩之蓬蒿藜藿而共处之；世有盟誓，以相信也，曰：‘尔无我叛，我无强贾，……故能相保，以至于今。’”

按郑有保商之法，故其商人如弦高者，能却敌而卫国，盖前此之所未有。

盖国力膨胀，则各种职业皆因而发达，不独兵事一端，为立国所重也。

国家之兴亡，影响于社会至巨，愚者推求其故而不得，则归之于运数，而星相卜筮之术昌。观《左氏传》所载，多前知之言，如懿氏卜妻敬仲，知其将育于姜[13]；毕万筮仕于晋，决其子孙必复其始[14]；虢公之奔，兆之童谣[15]；曹社之亡，始以妖梦[16]；以及季友手文[17]，谷也丰下[18]之类，一人一家之休咎，均若有前定者。盖其时之人考索兴衰之理，不尽关于人事，故广求之于术数，从而附会之也。然社会心理虽多迷信，而贤哲之士，转因之而知尽力于人事。如季梁，

> 《左传》桓公六年：季梁告随侯曰："臣闻小之能敌大也，小道大淫。所谓道，忠于民而信于神也。……夫民，神之主也。是以圣王先成民而后致力于神。"

史嚚，

> 《左传》庄公三十二年："史嚚曰：'虢其亡乎！吾闻之：国将兴，听于民；将亡，听于神。神，聪明正直而一者也，依人而行。虢多凉德，其何土之能得？'"

叔兴，

> 《左传》僖公十六年："陨石于宋五，陨星也。六鹢退飞，过宋都，风也。周内史叔兴聘于宋，宋襄公问焉，曰：'是何祥也？吉凶焉在？'……退而告人曰：'君失问。是阴阳之事，非吉凶所生也。吉凶由人。'"

臧文仲，

> 《左传》僖公二十一年："夏，大旱。公欲焚巫尪。臧文仲曰：'非旱备也。修城郭、贬食、省用、务穑、劝分，此其务也。巫尪何为？天欲杀之，则如勿生；若能为旱，焚之滋甚。'"

子产诸人。

> 《左传》昭公十七年："郑裨灶言于子产曰：'宋、卫、陈、

郑将同日火。若我用瓘斝玉瓒，郑必不火。’子产弗与。”十八年夏五月，“宋、卫、陈、郑皆火。裨灶曰：‘不用吾言，郑又将火。’郑人请用之，子产不可。……曰：‘天道远，人道迩，非所及也，何以知之？灶焉知天道？是亦多言矣，岂不或信？’遂不与，亦不复火。”十九年：“郑大水，龙斗于时门之外洧渊，国人请为禜焉。子产弗许，曰：‘我斗，龙不我觌也；龙斗，我独何觌焉？禳之，则彼其室也。吾无求于龙，龙亦无求于我。’乃止也。”

皆以人事为重，不以神怪之说为然。盖同时有深于迷信者，亦有破除迷信者，不得专执一端以论春秋之风气也。晋、楚之兴，皆尚勤劳。

《左传》宣公十一年：“郤成子求成于众狄。……曰：‘吾闻之，非德莫如勤；非勤何以求人？能勤有继。其从之也。诗曰：文王既勤止。文王犹勤，况寡德乎？’”又宣公十二年：“楚自克庸以来，其君无日不讨国人而训之，于民生之不易、祸至之无日、戒惧之不可以怠；……训之以若敖、蚡冒，筚路蓝缕以启山林。箴之曰：‘民生在勤，勤则不匮。’”

鲁敬姜自勤纺绩，训其子以勤劳。

《国语·鲁语》：“公父文伯退朝，朝其母，其母方绩。文伯曰：‘以歜之家而主犹绩，惧忓季孙之怒也，其以歜为不能事主乎？’其母叹曰：‘鲁其亡乎！使童子备官而未之闻耶？居，吾语汝。昔圣王之处民也，择瘠土而处之，劳其民而用之，故长王天下。夫民劳则思，思则善心生；逸则淫，淫则忘善，忘善则恶心生。沃土之民不材，逸也；瘠土之民莫不向义，劳也。是故天子大采朝日，与三公、九卿祖识地德；日中考政，与百官之政事，师尹维旅，牧相宣序民事；少采夕月，与太史、司载纠虔天刑；日入监九御，使洁奉禘、郊之粢盛，而后即安。诸侯朝修天子之业命，昼考其国职，夕省其典刑，夜儆百工，使无慆淫，而后即安。卿大夫朝考其职，昼讲其庶政，夕序其业，夜庀其家事，而后即安。士朝受业，昼而讲贯，夕而习复，夜而计过无憾，而后即安。自庶人以下，明而动，晦而休，无日以怠。王后亲织玄紞，公侯之夫人加之以纮綖，卿之内子为大带，命妇成祭服，列士之妻加之以朝服，自庶人以下，皆衣其夫。社而赋事，蒸而献功，男女效绩，愆则有辟，古之制也。君子劳心，小人劳力，先王之训也。自上以下，谁敢淫心舍力？今我寡也；尔又在下位，朝夕处事，犹恐忘先人之业。况有怠惰，其何以避辟？吾冀而朝夕修我曰：必无废先人。尔今曰：胡不自安？以是承君之官，余惧穆伯之绝嗣也。'"

以一人之劳逸，即决一国之兴亡，非当时各国社会之变迁有以启之，不能体验人事之因果深彻若斯也。

春秋之时，蛮夷戎狄，杂处内地，各为风气，与周之侯国人民迥然不同。

《左传》襄公十四年，戎子驹支曰："我诸戎饮食衣服不与华同，贽币不通，言语不达，何恶之能为？"

二百四十二年之中，多为诸大国所灭。东夷之莱[19]灭于齐，根牟[20]灭于鲁，南蛮之卢戎[21]灭于楚，西戎之蛮氏[22]灭于楚，骊戎[23]灭于秦，北狄之鄋瞒[24]、潞氏[25]、甲氏[26]、留吁[27]、铎辰[28]，以及东山皋落氏[29]等，咸灭于晋。其种人之酋长既亡，主权无属，必同化于吾族，即存者亦多为大国所用。

《春秋大事表》（顾栋高）："秦、晋迁陆浑之戎于伊川，以藩卫王室，卒得其用。楚庄欲窥觇王室而先伐陆浑，荀吴欲灭陆浑而先有事三涂，居然为王室之藩篱矣。"

此则春秋时文明渐推渐广之征也。孔子修《春秋》，以国家文教之差，为诸夏与夷狄之别，观《公羊传》释荆、吴之称，即见其义。

《公羊》庄十年：“秋九月，荆败蔡师于莘，以蔡侯献舞归。荆者何？州名也。州不若国，国不若氏，氏不若人，人不若名，名不若字，字不若子。”二十三年：“荆人来聘。荆何以称人？始能聘也。”又成公十五年：“冬十有一月，叔孙侨如会晋士燮、齐高无咎、宋华元、卫孙林父、郑公子鳝、邾娄人，会吴于钟离。曷为殊会吴？外吴也。曷为外也？春秋内其国而外诸夏，内诸夏而外夷狄。”又定公四年：“冬十有一月庚午，蔡侯以吴子及楚人战于柏举，楚师败绩。吴何以称子？夷狄也，而忧中国。”[30]

盖当时所谓蛮夷戎狄，初非异种，特其礼教政术异于华夏，故广别其种类，以示贬斥。至于交通既久，文化演进，则亦不复别之。此虽《公羊》一家之言，然以之推测各地人民之进化，亦未必出于穿凿也。

隐、桓之世，齐、郑最强。郑居中原，齐则东方之大国也。庄、僖之世，齐桓称霸，而晋、楚、秦三国相继而兴，其势渐趋于西南矣。成、哀而后，吴、越复兴，天下大势，偏重南服。故春秋之时，实为文化自北而南之时。楚之先出自颛顼，固亦神明之胄；然自初封于丹阳[31]。传至熊通，已十二叶十七君，而熊通犹自居于蛮夷。

《史记·楚世家》：“熊通立，为楚武王。……三十五年，楚伐随。随曰：‘我无罪。’楚曰：‘我蛮夷也。……’”

其文化之不逮北方诸国可知。至春秋而其国始大。

《史记·楚世家》：“文十一年，齐桓公始霸，楚亦始大。”

设官分职，虽多殊于周制[32]，而名法往往与诸夏相同[33]。其人之深于学术者，如申叔之于教育，

《国语·楚语》：“庄王使士亹傅太子葴，……问于申叔时。叔时曰：教之春秋，而为之耸善而抑恶焉，以戒劝其心；教之世，而为之昭明德而废幽昏焉，以休惧其动；教之诗，而为之导广显德，以耀明其志；教之礼，使知上下之则；教之乐，以疏其

秽而镇其浮；教之令，使访物官；教之语，使明其德，而知先王之务用明德于民也；教之故志，使知废兴者而戒惧焉；教之训典，使知族类行比义焉。”

左史倚相之于史学，

《左传》昭公十二年：“左史倚相趋过，王曰：‘是良史也。……是能读三坟、五典、八索、九丘。’”

北方士大夫殆莫之过也。吴出太伯，固亦华裔，然至春秋，其民犹不知乘车及战陈之术。

《左传》成公七年：楚申公巫臣“以两之一卒适吴，舍偏两之一焉。与其射御，教吴乘车，教之战陈，教之叛楚。置其子狐庸焉，使为行人于吴。吴始伐楚，……蛮夷属于楚者，吴尽取之，是以始大，通吴于上国。”

待楚人启之，始与诸夏交通，其初之晦塞，盖可想见。然自成公至襄公时，仅四十年，而季札聘于鲁，请观周乐，于《国风》、《雅》、《颂》之精义，言之无或爽者，其进步之速，又可骇焉。以吴例越，其文化当直接得之于吴，而间接得之于楚。范蠡、文种，皆楚人也。

《史记正义》：“范蠡，楚宛三户人。文种，荆平王时为宛令。”

得此二人，而教士三万，君子六千[34]，勃然而兴；而种、蠡之文章，至今炳然寰宇。其地运之将开欤，抑文明之由人而转徙者，适逢其会也？所可疑者，楚之文化，东下而入吴、越，而其国固有之江南，转无所得。

顾栋高曰：“春秋之世，楚之经营中国，先北向而后东图，其所吞灭诸国，未尝越洞庭湖以南一步。盖其时湖南与闽、广均为荒远之地，惟群蛮、百濮居之，无系于中国之利害，故楚也有所不争也。”

湖湘灵气，遂不能发泄于春秋之时；是则地势之当冲要与否，实文化之关键矣。

注　释

①《左传》及《管子》世多有疑其伪者。

②极、项、邿、邿、根牟、向、须句、鄫、鄟。

③纪、郕、谭、遂、鄣、阳、莱、介根、介、牟。

④韩、耿、霍、魏、虢、虞、荀、贾、杨、焦、邢、滑、梁、沈、姒、蓐、黄、郇、原、樊、冀、温。

⑤权、邢、鄀、谷、鄢、罗、庐、戎、都、郧、贰、轸、绞、州、蓼、息、邓、申、吕、弦、黄、夔、江、六、麇、宗、巢、庸、道、柏、房、沈、蒋、舒蓼、舒庸、舒鸠、赖、唐、顿、胡、蛮氏、陈。

⑥宿、偪阳、曹、杞、戴、彭城。

⑦虢、桧、许。

⑧邶、鄘。

⑨州来、钟离、巢、徐、钟吾。

⑩周制都鄙之地，二千五百家为县，采邑所在地，二千三百零四家。

⑪原注：按昭公二十九《传》，蔡墨言刘累迁于鲁县，则夏后氏已有县之名。《周礼·小司徒》："四甸为县。"《遂人》："五鄙为县。"《县士》注："距王城三百里以外，至四百里曰县。"亦作寰。《国语》谓管子制齐，三乡为寰，寰有帅，十寰为属，属有大夫。

⑫原注：哀公二年《传》："赵简子誓曰：克敌者上大夫受县，下大夫受郡。"杜氏注引《周书·作雒篇》作："千里百县，县有四郡。古时县大而郡小。《说文》：周制，天子地方千里，分为百县，县有四郡。至秦初置三十六郡，以监其县。今按《史记》吴王及春申君之事，则郡之统县，固不始于秦也。"

⑬庄公二十二年。

⑭闵公元年。

⑮僖公五年。

⑯哀公七年。

⑰闵公二年。

⑱文公元年。

⑲今山东黄县。

⑳今山东沂水县。

㉑今湖北南漳县。

㉒今河南伊阳县。

㉓今陕西新丰县。

㉔今山东历城县。

㉕今山西路城县。

㉖今直隶鸡泽县。

㉗今山西屯留县。

㉘今山西屯留县。

㉙今山西垣曲县。

㉚言吴以夷狄能忧中国，故《春秋》许之也。

㉛今湖北秭归县。

㉜如令尹、莫敖之类。

㉝如井牧、田土之类。

㉞均见《越世家》。

第二十三章　学术之分裂

西周之学，官师合一，至春秋而天子失官，

《左传》昭公十七年："仲尼曰：天子失官，学在四夷。

学校不修，

《毛诗·子衿序》："子衿，刺学校废也；乱世则学校不修焉。

民不说学，及其大人。

《左传》昭公十八年："秋，葬曹平公。往者见周原伯鲁焉，与之语，不说学。归以语闵子马。闵子马曰：'周其乱乎？夫必多有是说，而后及其大人。大人患失而惑，又曰：可以无学，无学不害。不害而不学，则苟而可，于是乎下陵上替，能无乱乎！夫学，殖也。不学将落，原氏其亡乎？'"

故官师之学，分裂而为私家之学，其踪迹见于《庄子·天下篇》。

《庄子·天下篇》："天下之治方术者多矣，皆以其有为不可加矣。古之所谓道术者，果恶乎在？曰：'无乎不在。'曰：'神何由降？明何由出？''圣有所生，王有所成，皆原于一。'不离于宗，谓之天人。不离于精，谓之神人。不离于真，谓之至人。以天为宗，以德为本，以道为门，兆于变化，谓之圣人。以仁为恩，以义为理，以礼为行，以乐为和，薰然慈仁，谓之君子。以法为分，以名为表，以参为验，以稽为决，其数一二三四是也。

百官以此相齿，以事为常，以衣食为主，蕃息畜藏，老、弱、孤、寡为意，皆有以养，民之理也。古之人其备乎？配神明，醇天地，育万物，和天下，泽及百姓；明于本数，系于末度，六通四辟，小大精粗，其运无乎不在。其明而在数度者，旧法世传之史，尚多有之。其在于《诗》、《书》、《礼》、《乐》者，邹鲁之士，搢绅先生多能明之。《诗》以道志，《书》以道事，《礼》以道行，《乐》以道和，《易》以道阴阳，《春秋》以道名分。其数散于天下而设于中国者，百家之学，时或称而道之。天下大乱，贤圣不明，道德不一，天下多得一察焉以自好。譬如耳、目、鼻、口，皆有所明，不能相通。犹百家众技也，皆有所长，时有所用。虽然，不该不遍，一曲之士也。判天地之美，析万物之理，察古人之全，寡能备天地之美，称神明之容。是故内圣外王之道暗而不明，郁而不发，天下之人，各为其所欲焉以自为方。悲夫，百家往而不反，必不合矣！后世之学者，不幸不见天地之纯，古人之大体，道术将为天下裂。”

虽其所谓古者与后世者，未尝确指其时代。然观其下文，以古之道术与关尹、老聃、墨翟、禽滑釐相对而言。如曰：

古之道术有在于是者，墨翟、禽滑釐闻其风而说之。古之道术有在于是者，关尹、老聃闻其风而说之。

可见庄子之所谓古，必在春秋以前，而其所谓后者，即指老聃、墨翟等人。古时有圣有王，则学在百官。至春秋时，内圣外王之道不明，则道术分为百家，此非庄子崇拜古人太过，亦非假托古事以欺世人，其时之情事实是如此，由源及流，各有来历，不得不约略叙述也。惟历史事迹，视人之心理为衡。叹为道术分裂，则有退化之观；诩为百家竞兴，则有进化之象。故事实不异，而论断可以迥殊；正不必以春秋时始有专家之术，遂谓从前毫无学术可言。一若学有来历，便失其价值者，此则治史者所当知也。

庄子泛称百家，而未指称某氏之学为某家；汉司马谈《论六家要指》，遂有法家、名家、道家之名。

《史记·太史公自序》："太史公仕于建元、元封之间，愍学者之不达其意而师悖，乃论六家之要指。"①

刘向《别录》、刘歆《七略》，则分为九流十家，而各溯其所出。

《汉书·艺文志》："儒家者流，盖出于司徒之官。""道家者流，盖出于史官。""阴阳家者流，盖出于羲、和之官。""法家者流，盖出于理官。""名家者流，盖出于礼官。""墨家者流，盖出于清庙之守。""纵横家者流，盖出于行人之官。""杂家者流，盖出于议官。""农家者流，盖出于农稷之官。""小说家者流，盖出于稗官。"②

并谓其起于王道既微、诸侯力政之时。

《汉书·艺文志》："诸子十家，其可观者九家而已。皆起于王道既微，诸侯力政，时君世主，好恶殊方。是以九家之术，蜂出并作，各引一端，崇其所善，以此驰说，取合诸侯。"

观其所载诸家之书，上起邃古，下讫汉初，率以战国时之书为多，然古书多出依托。如：

农家《神农》二十篇，注曰："六国时，诸子疾时怠于农业，道耕农事，托之神农。"道家《黄帝君臣》十篇，注曰："起六国时，与《老子》相似。"《杂黄帝》五十八篇，注曰："六国时贤者所作。"《力牧》二十二篇，注曰："六国时所作，托之力牧，黄帝相。"小说家《黄帝说》四十篇，注曰："迂诞依托。"

即西周之书，亦多后人附会者。如：

道家《太公》二百三十七篇，注曰："吕望为周师尚父，本有道者。或有近世为太公术者所增加也。"

大抵自春秋而私家之学始兴，至战国而大盛耳。

学术之分裂，非一时之事，始则由天子畿内分而之各国，继则由各国之学转而为私家。史书亦多纪其事者，如：

《史记·太史公自序》：“昔在颛顼，命南正重以司天，北正黎以司地。唐、虞之际，绍重、黎之后，使复典之，至于夏、商，故重、黎氏世序天地。其在周，程伯休父其后也。当周宣王时，失其守，而为司马氏。司马氏世典周史。惠、襄之间，司马氏去周适晋③。自司马氏去周适晋，分散，或在卫，或在赵，或在秦。”

此学者由天子畿内分而之各国之证也。

《史记·儒林传》：“孔子闵王路废而邪道兴，于是论次《诗》、《书》，修起礼乐。适齐闻《韶》，三月不知肉味。自卫返鲁，然后乐正，《雅》、《颂》各得其所。……自孔子卒后，七十子之徒，散游诸侯。大者为师傅卿相，小者友教士大夫，或隐而不见。故子路居卫，子张居陈，澹台子羽居楚，子夏居西河，子贡终于齐。如田子方、段干木、吴起、禽滑釐之属，皆受业于子夏之伦，为王者师。”

此各国之学转而入私家之证也。当春秋之初，诸侯之国已各自为教。

《管子·大匡篇》：“卫国之教，危傅以利；鲁邑之教，好迩而训于礼；楚国之教，巧文以利。”

其风气之不同，殆由所传之学说不同之故。如鲁秉《周礼》，晋守唐叔所受法度之类④。既而一国之中，又各自为风气。有守其先代之学而不废者，

《国语·晋语》：“悼公使张老为卿，辞曰：‘臣不如魏绛。夫绛之智，能治大官，……其学不废其先人之职。’”

有数典而忘其祖者。

《左传》昭公十二年：王谓籍谈曰：“昔而高祖孙伯黡司晋之

典籍，以为大政，故曰籍氏。及辛有之二子董之，晋于是乎有董史[5]。女，司典之后也，何故忘之？”籍谈不能对。宾出，王曰：“籍父其无后乎！数典而忘其祖。”

官学日微，而私家之师弟则不分国界[6]，故国学变为师弟之家学焉。

官学衰而私家之学兴，其所藏之书，亦多散布于人间。如孔子修《春秋》，得百二十国宝书，

《公羊解诂》：“闵因叙云：昔孔子受端门之命，制春秋之义，使子夏等十四人求周史记，得百二十国宝书。”

墨子尝见百国春秋，

《史通·六家篇》、《隋书·李德林传》并引《墨子》云：“吾见百国春秋。”《墨子·明鬼篇》：“著在周之春秋。”“著在燕之春秋。”“著在宋之春秋。”“著在齐之春秋。”

其书疑皆官书之散在民间者。夫各国史记春秋，藏之史官，苟皆非从师讲授，载笔传写，不能得其书，则求之至难，无论一人不能遍历百国，即十四人亦不能环学于诸国。故吾意春秋时之书，有藏之于官，非亲至其国，求其人，不能读者。

《史记·孔子世家》：“孔子适周问礼，盖见老子云。”《庄子·天道篇》：“孔子西藏书于周室，子路谋曰：‘由闻周之征藏史有老聃者，免而归居；夫子欲藏书，则试往因焉。’”

有散佚于外，好古之士，可以展转求乞者。至于官书变为私书，则无书者固不知学，而有书者转得博学详说，轶于姝姝暖暖于一先生之言者，此圣哲之所以勃兴于春秋之末也。

《墨子·贵义篇》：“墨子南游使卫，关中载书甚多。弦唐子见而怪之曰：‘吾夫子教公尚过曰：揣曲直而已。今夫子载书甚多，何有也？’子墨子曰：‘昔者，周公旦朝读书百篇，夕见七十士，故周公旦佐相天子，其修至于今。翟上无君上之事，下无耕

农之难，吾安敢废此?'"

（按此文，则知春秋之季，民不说学，见载书者，即以为怪。而官师之书，既不全有，学者非自载书，无从得书，亦可推见。）

《说文序》称七国之时，“文字异形，言语异声”。按其端实自春秋时开之。如齐太宰归父盘[7]、齐侯甗、楚公钟、夜雨雷钟、楚曾侯钟、王子申盞盖[8]之类，其文多不类籀文；或取势奇伟，或结体整齐；而清刚瘦劲，渐开小篆之风，与周、鲁之文字浑朴圆和者殊科。

《楚公钟跋》（阮元）：“此钟与夜雨雷钟篆文相类，奇古雄深，与他国迥别，且俱在未称王之时，年代相去当不远也。”《夜雨雷钟跋》：“此钟文字雄奇，不类齐、鲁，可觇荆南霸气。”《王子申盞盖跋》：“此篆文工秀，结体较长，同于楚曾侯钟。曾侯钟，楚惠王器；子西历相昭王、惠王者，可直断为子西器也。”

此文字异形之证也。扬雄《方言》多载齐、秦、楚、晋、宋、卫、鲁、郑诸国不同之语，大抵沿自春秋之时。

如《方言三》：“南楚凡贫人衣被丑敝谓之须捷，或谓之褛裂，或谓之褴褛。《左传》曰：‘筚路褴褛，以启山林。’殆谓此也。”

三《传》所载，亦多异言。

《左传》庄公二十八年：“楚令尹子元以车六百乘伐郑，……众车入自纯门，及逵市，县门不发，楚言而出。”宣公四年：“楚人谓乳穀，谓虎於菟。”《穀梁传》襄公五年：“仲孙蔑、卫孙林父会于善稻。吴谓善伊，谓稻缓。号从中国，名从主人。”《公羊传》隐公五年：“公曷为远而观鱼，登来之也。”[9]桓公六年：“曷为谓之实来？慢之也。曷为慢之？化我也。”[10]

盖自行人之官不修，书名声音，渐不齐一，学术之分，亦由于此。孔子讲学，书必大篆，语必雅言。

《说文序》：“孔子书六经，皆以古文。”[10]《论语·述而》：“子所雅言，诗书执礼，皆雅言也。”孔安国《注》：“雅言，正言也。”郑玄曰：“读先王典法，必正言其音，然后义全。”

盖为各国学者所守不同，欲教之于一堂，不能不出以典雅，犹今之教者，必用通行之语言文字，不能用土语及别字也。《庄子》谓“邹鲁之士，能明《诗》、《书》、《礼》、《乐》”，《史记》称“洙、泗之间，龂龂如也”。

《史记·鲁世家》：太史公曰：“余闻孔子称曰：甚矣，鲁之衰也。洙、泗之间，龂龂如也。”

盖他国之学者，传授歧异，不如洙、泗间读音之正，故后世儒家传授最广，是则儒家独盛之一因也。

周之教育，掌于乐官。周衰，王官失业，即周之学校教育不修之证。

《汉书·礼乐志》：“周衰，五官失业，《雅》、《颂》相错。

然鲁国犹有其官，至哀公时，乐官复分散。

《论语·微子》：“太师挚适齐，亚饭干适楚，三饭缭适蔡，四饭缺适秦，鼓方叔入于河，播鼗武入于汉，少师阳、击磬襄入于海。”（按此文有二说。孔安国曰：“鲁哀公时，礼坏乐崩，乐人皆去。”是挚等皆鲁官；《汉书·古今人表》列挚等于殷末周初。颜师古注曰：“自师挚以下八人，皆纣时人，奔走分散而去。”则以挚等为殷官。刘宝楠《论语正义》从颜说，梁玉绳《人表考》则从孔说。）

学校教育之衰，殆又甚于春秋之初。故春秋时鲁有泮宫，郑有乡校，其风虽不及西周之盛，犹有官学之遗意。春秋以后，则官学泯绝矣。《史记》谓挚等之分散，在仲尼没后。

《史记·礼书》：“仲尼没后，受业之徒沈湮而不举，或适齐、楚，或入河、海，岂不痛哉！”

世或谓八人尝以雅乐受业孔子。

> 《人表考》（梁玉绳）引吴仁杰云：“八人盖以雅乐受业于孔子。”

不知乐官掌官学与私学有别，《论语》志乐官之分散，正以明当时诸侯不重礼乐，亦不重教育。约计其时，当在春秋之末，不必定指为孔子弟子，且意其适齐、楚，入河、海，在孔子没后也。

注 释

①六家，兼举阴阳、儒、墨、名、法、道。而名、法、道三者称家，余则曰阴阳之术、儒者、墨者。

②此皆班固所录刘氏父子之文。

③张晏曰，周惠王、襄王有子穨、叔带之难，故司马氏奔晋。

④《左传》昭公二十九年：“晋国将守唐叔之所受法度，以经纬其民，卿大夫以序守之。”

⑤杜《注》：辛有，周人也。其二子适晋为太史。

⑥如孔子弟子兼有各国之人。

⑦见《簠斋吉金录》。

⑧均见《积古斋钟鼎款识》。

⑨何《注》：登，读言得来。得来之者，齐人语也。

⑩注：行过无礼谓之化，齐人语也。

⑪段玉裁曰：此古文兼大篆言之。

第二十四章 老子与管子

自周代官守不修，学术分裂，于是有九流十家之学。十家之中，以道家为最早，而儒家次之。以今所存道家之书论之，老子、管子皆先于孔子之书。老子实为春秋时代一大思想家，故依其时代论次其学。按《汉书·艺文志》，道家先列《管子》，次及《老子》。

> 《汉书·艺文志》："道三十七家，九百九十三篇。"始《伊尹》、《太公》、《辛甲》、《鬻熊》诸书[①]，次《管子》八十六篇，次《老子邻氏经传》四篇。《老子傅氏经说》十七篇，《老子徐氏经说》六篇。

似老子当后于管子。然老子之年岁不可考。

> 《史记·老子列传》："盖老子百有六十余岁，或言二百余岁，以其修道而养寿也。"[②]

而管子之书。不纯为道家言，则道家固当首老子也。

老子之学，本以自隐无名为务，

> 《老子列传》："老子修道德，其学以自隐无名为务。"

故其事迹亦不彰，史但称为周守藏室之史，

> 《老子列传》："老子者，楚苦县厉乡曲仁里人也。姓李氏，名耳，字伯阳，谥曰聃，周守藏室之史也。"

及为关尹著书之事。

《老子列传》："居周久之，见周衰，乃遂去。至关，关令尹喜曰：'子将隐矣，强为我著书。'于是老子乃著书上下篇，言道德之意五千余言而去。"

以《庄子》证之，关尹殆与老子学派相同。

《庄子·天下篇》："关尹曰：在己无居，形物自著。其动若水，其静若镜，其应若响，芴乎若亡，寂乎若清。同焉者和，得焉皆失。"

其强老子以著书，第以同道相证明，非借著书立说，创一学派或宗教，以要名于世。此讲老子之学者所当先知之义也。

老子生于陈而仕于周，并非楚人。世之论者，以《史记》有"楚苦县人"一语，遂以老子为楚人。因以其文学思想，为春秋时南方学者之首领，并谓与孔子之在北方者对峙（其说倡于日本人，而梁启超盛称之）。实则苦县故属陈，老子生时，尚未属楚，《史记索隐》、《正义》言之甚明。

《史记索隐》："苦县本属陈，春秋时楚灭陈，而苦又属楚，故云楚苦县。至高帝十一年立淮阳国，陈县、苦县皆属焉。"《正义》按《年表》云："淮阳国，景帝三年废。至天汉修史之时，楚节王纯都彭城相近，疑苦此时属楚国，故太史公书之。"（据此，是《史记》之称楚者，以苦县在汉时属楚，并非谓老子时属楚也。按陈尝再灭于楚，陈哀公三十五年，为楚所灭[③]。后五年，惠公复兴[④]。闵公二十一年，卒灭于楚[⑤]。即谓此楚字指春秋之楚亦通，但老子与孔子同时，且其年岁甚高，其生时必为陈而非楚也。）

借令其地属楚，亦在淮水流域，距中夏诸国甚迩，未可以南北判之也。

老子既自晦其迹，故讲老子之学者，言人人殊，儒家则重其习于礼，

《小戴记·曾子问》篇记孔子问礼于老聃者，凡三节。

法家则称其生于术，

《韩非子·解老》篇："所谓有国之母，母者，道也；道也者，生于所以有国之术。"

方士则目为神仙（《列仙传》、《神仙传》等书，称老子之神异甚多），释氏则谓同佛教，

《后汉书·襄楷传》："桓帝时，楷上书曰：或言老子入夷狄，为浮屠。"

《辩正论》（唐释慧琳）："《晋世杂录》云：道士王浮每与沙门帛远挠论，王屡屈焉，遂改换《西域传》为《化胡经》，言喜与聃化胡作佛，佛起于此。"⑥

甚至傅会为耶稣教（严复评老子，前有德国哲学家谓耶和华之号，即起于老子之夷希微，说见黑格尔《哲学历史》），傅会为民主政治（亦见严复评语），傅会为革命家（见胡适《中国哲学史大纲》）。见知见仁，各以其意为说。然即此亦可见老子之学无所不包，此庄子所以谓之为"博大真人"也。

《庄子·天下篇》："关尹、老聃乎？古之博大真人哉！"

老子之学，自有来历，庄子称其出于古之道术，

《庄子·天下篇》："以本为精，以物为粗，以有积为不足，澹然独与神明居。古之道术，有在于是也，关尹、老聃闻其风而悦之。"

老子之说出于诗，

《吕氏春秋·行论》："诗曰：'将欲毁之，必先累之；将欲踣之，必高举之。'其此之谓乎？"（诗，逸诗也。）

老子之学，由汤之史事而来，

《吕氏春秋·制乐》："汤退卜者曰：'吾闻祥者福之先者也，见祥而不为，则福不至；妖者祸之先者也，见妖而为善，则祸不至。'故祸兮福之所倚，福兮祸之所伏。"

《艺文志》称其出于史官。

> 《汉书·艺文志》："道家者流，盖出于史官。历记成败存亡祸福古今之道，然后知秉要执本。清虚以自守，卑弱以自持。"

此二义，老子固自言之。

> 《老子》："执古之道，以御今之有，能知古始，是谓道纪。"

惟其所谓"古始"者，非常久远，不限于有文字以来之历史，亦不限于羲、农、黄帝以来之有道术者。故常抉摘天地造化之根原，而不为后世制度文物所囿，此老子之学所以推倒一切也。然东方人种积习耕稼，偏于仁柔，往往以弱制强，而操最后之胜算。老子习见其事实，故反复申明此理，而后世之人，因亦不能出其范围。实则老子之思想，由吾国人种性及事实所发生，非其学能造成后来之种性及事实也。

老子之书，专说对待之理[⑦]，其原盖出于《易》。惟《易》在孔子未系辞之前，仅示阴阳消息、奇偶对待之象，尚未明示二仪之先之太极。老子从对待之象，推究其发生此对待之故，得恍惚之一元，而反复言之。如曰：

> 视之不见，名曰夷；听之不闻，名曰希；搏之不得，名曰微。此三者不可致诘，故混而为一。其上不皦，其下不昧，绳绳不可名。复归于无物。是谓无状之状，无物之象，是谓恍惚；迎之不见其首，随之不见其后。

又曰：

> 孔德之名，惟道是从；道之为物，惟恍惟惚。惚兮恍兮，其中有象；恍兮惚兮，其中有物。窈兮冥兮，其中有精；其精甚真，其中有信。自古及今，其名不去；以阅众甫，吾何以知众甫之状哉，以此。有物混成，先天地生，寂兮寥兮，独立不改，周行而不殆，可以为天下母。吾不知其名，字之曰"道"，强为之名曰"大"。

盖世人不知此物，惟可以恍惚诏之。老子则知之甚精、甚真、甚信，故能从此原理，剖析众甫之状。是则吾国形而上之哲学实自老子开之，亦可曰一元哲学实自老子开之。不知老子之形而上学，徒就形而下之社会人生，推究老子之学，无当也。

老子既知此原理，见此真境，病世人之竞争于外，而不反求于内也，于是教人无为。其教人以无为，非谓绝无所为也，扫除一切人类后起之知识情欲，然后可从根本用功。故曰："为学日益，为道日损，损之又损，以至于无为。"其下即承之曰："无为而无不为。"盖世人日沉溺于后起之知识情欲，不能见此甚精、甚真、甚信之本原，虽自觉无所不知、无所不能，实则如同梦呓。胥天下而从事于此，止有贼国病民而已。故曰：

> 古之善为道者，非以明民，将以愚之。民之难治，以其智多。故以智治国，国之贼；不以智治国，国之福。知此两者，亦稽式，常知稽式，是谓玄德。玄德深矣远矣，与物反矣，然后乃至大顺。

老子所谓"愚民"，与后世所谓"愚民之术"不同。盖如秦皇之焚书坑儒以愚民，只为固其子孙帝王之业起见，非欲使天下之人咸捐其小智私欲，而同见此甚精、甚真、甚信之本原。老子之所谓"愚民"，则欲民愚于人世之小智私欲，而智于此真精之道，反本还原，以至大顺。故以后世愚民之术，归咎于老子者固非；但知老子主张破坏一切，不知老子欲人人从根本上用功者，亦绝不知老子之学也。

吾国之哲学，与西洋哲学不同者，在不言而躬行，徒执老子之言，以讲老子之学，无一是处。吾所言者，亦不能知老子之究竟也。惟今世学者喜言哲学，喜言老子哲学，且喜以老子之哲学与西洋哲学家比较，故亦不得不略述其管见。总之，老子非徒破坏，非徒消极，彼自有其真知灼见。故觉举世之人，迷罔日久，而稍稍出其绪余，为此五千言，而其所不言者，正不可限量也。

《史记·管仲传》，不详其学术所自，惟称其《牧民》、《山高》、《乘马》、《轻重》、《九府》诸篇，曰："详哉其言之。"按仲为颍上人[8]，春秋之初，其地属郑。仲之所学，殆犹有周代官师之传。观其书于阴阳、五行[9]、天时[10]、地理[11]、兵法[12]、财政[13]，无所不赅，似未可以一家目之。然其学有与老子同原者，如曰：

> 疑今者，察之古；不知来者，视之往。万事之生也，异趣而同归，古今一也[14]。

是即老子执古之道，以御今之有之法也。《封禅》、《国准》、《揆度》诸篇，时时述古代帝王逸事，虽其书不尽管子自著，或出于后之治管子之学者所增益，然《封禅篇》之文，《史记》亦引之。

> 《史记·封禅书》："齐桓公既霸，会诸侯于葵丘，而欲封禅。管仲曰：'古者封泰山、禅梁父者七十二家，而夷吾所记者十有二焉。'"

是管子固熟于史事。《汉志》列《管子》于道家，谓"道家出于史官"，其以此欤？

管子之学，异于道家者，在言政法。其佐齐桓创霸，既改革周制，而其论治，必以法为主。如曰：

> 法者，民之父母也[15]。法者，天下之至道也，圣君之实用也[16]。法之制民也，犹陶之于埴，冶之于金也[17]。君臣上下贵贱皆从法，此之谓大治[18]。圣君任法而不任智，故身佚而天下治[19]。

其言实战国时法家之祖，视老子之以德、仁、义、礼为无足齿数者，相去甚远，此则事之至可疑者也。愚意老子之学，亦自有其作用。如曰：

> 小国寡民，使有什伯之器而不用，使民重死而不远徙。

凡两言使，则其使之之术固有在矣。管子虽偏于法治主义，而其言亦多近于道家者。如《枢言篇》曰：

> 日益之而患少者，惟忠；日损之而患多者，惟欲。吾畏事，

不欲为事；吾畏言，不欲为言。故行年六十而老吃也。

是管子晚年以寡欲省事为主，实道家之学也。《心术》、《白心》诸篇，尤多微眇之论。大抵功名之士，不先有得于道，必以私智私欲而败。管子之改革国政，卓然能有所成，未始不由于其湛深于道术；商鞅、韩非之败，正以其徒知法治，而不知畏事畏言耳。

古无黄、老之名。战国时，治道家之学者，始以黄帝与老子相傅会。

《汉书·艺文志》："《黄帝君臣》十篇。"[20]"《杂黄帝》五十八篇。"[21]

庄子亟称黄帝，又极崇拜老聃，然亦未尝以黄帝、老子并举。黄、老并举，殆在汉初。

《史记·曹相国世家》："胶西有盖公，善治黄、老言。"《儒林传》："窦太后好黄、老之术。"

其后凡一切不事事，及以阴柔处世，概括为黄、老之学。使知管子与老子学术相同，则一方面无为，一方面有为，正合于"无为而无不为"之说。而怠惰苟安者，将无所容其喙矣。

注　释

①诸书多出于依托，不足据。

②《史记》之外，异说甚多。梁玉绳《古今人表考》详举之，兹不录。

③鲁昭公八年。

④鲁昭公十三年。

⑤获麟后三年。

⑥《老子化胡经》在元代已焚毁，清季发见敦煌石室内有《化胡经》残本。

⑦如美恶、善不善、有无、难易、长短、高下、虚实、强弱、后先、得失、曲全、枉直、洼盈、敝新、多少、重轻、静躁、雄雌、白黑、荣辱、壮老、张歙、废兴、与夺、贵贱、损益、坚柔、得亡、成缺、盈冲、辩讷、生死、祸福、大细、有余不足、正奇善妖

之类。

⑧桓宽《盐铁论》谓管子为越人，未知所本。

⑨有《五行篇》。

⑩有《五时篇》。

⑪有《地员》、《地数》、《水地》等篇。

⑫有《兵法篇》。

⑬有《轻重》、《海王》等篇。

⑭《山高篇》。

⑮《法法篇》。

⑯《任法篇》。

⑰《禁藏篇》。

⑱《任法篇》。

⑲《任法篇》。

⑳注曰：起六国时，与《老子》相似也。

㉑注曰：六国时贤者所作。

第二十五章　孔　子

孔子者，中国文化之中心也。无孔子则无中国文化。自孔子以前数千年之文化，赖孔子而传；自孔子以后数千年之文化，赖孔子而开。即使自今以后，吾国国民同化于世界各国之新文化，然过去时代之与孔子之关系，要为历史上不可磨灭之事实。故虽老子与孔子同生于春秋之时，同为中国之大哲，而其影响于全国国民，则老犹远逊于孔，其他诸子，更不可以并论。观夏德（F. Hirth）《支那古代史》（The Ancient History of China）[①]，所引德人加摆伦资（G. von der Cabelentz）之言[②]，则知孔子之地位矣。

> 《孔子与其学说》（Confucius und Seine Lehre）（加摆伦资）："吾人欲测定史的人物之伟大之程度，其适当之法，即观其人物所及于人民者感化之大小、存续之长短及强弱之程度三者之如何是也。以此方法测定孔子，彼实不可不谓为人类中最大人物之一人。盖经过二千年以上之岁月，至于今日，使全人类三分之一于道德的、社会的及政治的生活之点，全然存续于孔子之精神感化之下也。"[③]

孔子之生年月日，说者不一。

> 《春秋公羊传》襄公二十有一年："十有一月，庚子，孔子生。"《春秋穀梁传》襄公二十有一年："冬十月，庚子，孔子

生。”《世本》：“鲁襄公二十二年冬十月，庚子，孔子生。”《史记·十二诸侯年表》：“鲁襄公二十二年，孔子生。”《先圣生卒年月日考》（孔广牧）：“谨案先圣之生，年从《史记》，月从《穀梁》，日从《公羊》、《穀梁》。年从《史记》者，凡《世本》所述春秋卿大夫世系，悉与《左传》合；龙门撰《史记》，于先圣生年，根据《世本》为说，诚以其可信也。月从《穀梁》者，以《穀梁》与《世本》同故。日从《公羊》、《穀梁》者，以《经义骈枝》据《周历》、《三统历》及古《四分历》推得也。”

《经义骈枝》（成蓉镜）：“世传孔子生于鲁襄公二十二年十月庚子，为今之八月二十七日，然以古历步之，实八月二十八日。”

要其生卒灼然可见。

《春秋》哀公十六年续经：“夏四月己丑，孔丘卒。”《经义骈枝》（成蓉镜）：“孔子卒日，集古今诸历步之，十六年四月己卯朔，十一日己丑。”

孔广牧《先圣生卒年月日考》：“先圣卒于鲁哀公十六年，由是岁上溯之襄公二十二年，实七十三岁；他书谓为年七十四者，盖从襄公二十一年起算，失之。”

非若老子、释迦之生死无从稽考也。谶纬诸书，多言孔子生有异征，

《论语撰考谶》：“叔梁纥与徵在祷于尼山，感黑龙精以生仲尼。

死有遗谶。

《易纬通卦验》：“孔子表洛书，摘亡辟，曰：‘亡秦者，胡也；丘以推秦，白精也。’”

《春秋》家又谓孔子受命制作，

《公羊》哀公十四年注：获麟之后，天下血书鲁端门曰：“趋

作法，孔圣没，周姬亡，彗东出，秦政起，胡破术，书记散，孔不绝。”子夏明日往视之，血书飞为赤乌，化为白书，署曰“演孔图”。

自号“素王”。

《六艺论》（郑玄）：“孔子既西狩获麟，自号‘素王’，为后世受命之君制明王之法。”

《春秋序》（贾逵）：“孔子览史记，就是非之说，立素王之法。”

皆视孔子为神奇不经之人，迄今日而称述其说者不衰。欲比孔子于耶稣、穆罕默德，以孔教为标帜，是皆不知孔子者也。孔子不假宗教以惑世，而卓然立人之极，故为生民以来所未有。

《孟子·公孙丑》述有若之言曰：“圣人之于民，亦类也。出于其类。拔乎其萃，自生民以来，未有盛于孔子也。”

学者欲知孔子，当自人事求之，不可神奇其说也。

孔子之学，有得之于家庭者。

《左传》昭公七年，孟僖子曰：“孔丘，圣人之后也，而灭于宋。其祖弗父何以有宋而授厉公。及正考父，佐戴、武、宣，三命兹益共，故其鼎铭云：‘一命而偻，再命而伛，三命而俯，循墙而走，亦莫余敢侮。饘于是，鬻于是，以餬余口。’其共也如是。臧孙纥有言曰：‘圣人有明德者，若不当世，其后必有达人。’今其将在孔丘乎！”

有得之于社会者，

《史记·孔子世家》：“孔子为儿，嬉戏，常陈俎豆，设礼容。”“鲁南宫敬叔言于鲁君曰：‘请与孔子适周。’鲁君与之一乘车，两马，一竖子俱，适周问礼，盖见老子云。”“孔子学鼓琴师襄子，十日不进。师襄子曰：‘可以益矣。’孔子曰：‘丘已习其曲矣，未得其数也。’有间，曰：‘已习其数，可以益矣。’孔子曰：‘丘未得其志也。’有间，曰：‘已习其志，可以益矣。’孔子曰：‘丘未得其为人也。’有间，曰：‘有所穆然深思焉，有所怡然高望而远志焉。’曰：‘丘得其为人，黯然而黑，几然而长，眼如望羊，如王四国，非文王其谁能为此也！’师襄子辟席再拜，曰：‘师盖云《文王操》也。’”

《仲尼弟子列传》：“孔子之所严事：于周，则老子；于卫，蘧伯玉；于齐，晏平仲；于楚，老莱子；于郑，子产；于鲁，孟公绰。数称臧文仲、柳下惠、铜鞮伯华、介山子然，孔子皆后之，不并世。”

盖其时虽曰“世衰道微”，然必家庭社会犹有前代礼教学说流传，其国土之风气，有特殊于他国者[④]。其游踪所至，多得贤士大夫之益[⑤]，然后可以鼓舞奋发，而出一命世之大哲。不可徒谓春秋之时，社会纷乱，政法黑暗，民生痛苦，邪说横行，始因此等反应产生圣哲之思想也。然家庭之遗传，社会之影响，虽亦有关于孔子，而孔子之所以成为孔子者，仍在其自身之好学。故其自言曰：

吾十有五而志于学，三十而立，四十而不惑，五十而知天命，六十而耳顺，七十而从心所欲不逾矩。十室之邑，必有忠信如丘者焉，不如丘之好学也。

忠信之资，初不足以过人，惟好学为所自信。自十五至七十，无一息不学，知行之功，与年俱进，是则非平生师友所可几矣。前乎孔子者，虽有傅说始终典学之语，然未尝有言之亲切详备如孔子者，则虽谓吾民知学自孔子始，可也。

孔子自言其学之程序，且述其学之功效，然只自明其身心所造之境地，未尝及于身外。由此可知孔子为学之目的，在先成己而后成物。其成己之法，在充满其心性之本能，至于从心所欲不逾矩之境，而一切牖世觉民之方，乃从此中自然发现于外。既非徒受外界之反感，愤激悲悯，欲学一种方法或主义以救世；亦非徒慕古人，欲蹈袭其陈迹，冀自树于功名，至于垂老无成，乃托教学著书，以期留名后世，及与当世讲学者，争持门户，独立一派别也。《论语》及《大学》、《中庸》所言，十九皆明此义。不知孔子所学为何事，第以褊狭骛外之心测孔子，宁能窥见其涯涘哉！

孔子所学，首重者曰成己，曰成人，曰克己，曰修身，曰尽己。其语殆不可以偻举，惟其以此为重，故不暇及于外，而怨天尤人之意，自无自而生。

> 《论语·宪问》："不怨天，不尤人，下学而上达，知我者其天乎！"《中庸》："正己而不求于人，则无怨。上无怨天，下不尤人。"

其遇虽穷，其心自乐，人世名利，视之淡然。

> 《论语·述而》："饭疏食饮水，曲肱而枕之，乐亦在其中矣。不义而富且贵，于我如浮云。"

自孔子立此标准，于是人生正义之价值，乃超越于经济势力之上。服其教者，力争人格，则不为经济势力所屈，此孔子之学之最有功于人类者也。人之生活，固不能不依乎经济，然社会组织不善，则经济势力往往足以锢蔽人之心理，使之屈伏而丧失其人格。其强悍者，蓄积怨尤，则公为暴行，而生破坏改革之举。今世之弊，皆坐此耳。孔子以为人生最大之义务，在努力增进其人格，而不在外来之富贵利禄，即使境遇极穷，人莫我知，而我胸中浩然，自有坦坦荡荡之乐。无所歆羡，自亦无所怨尤，而坚强不屈之精神，乃足历万古而不可磨灭。儒教真义，惟此而已。虽然，孔子之学，亦非徒为自了汉，不计身外之事也。成己必成物，立己必立人。

> 《中庸》："诚者，非自成己而已也，所以成物也。成己，仁也；成物，知也。性之德也，合外内之道也。"《论语·雍也》："夫仁者，己欲立而立人，己欲达而达人。"

故修身之后即推之于家国天下，其于道国、为政、理财、治赋之法，无一不讲求，而蕲致用于世。《论语》所记孔门师弟问答之语，时时以为政为言，即群众之经济亦必使之富足。

《论语·子路》："子适卫，冉有仆，子曰：'庶矣哉。'冉有曰：'既庶矣，又何加焉？'曰：'富之。'曰：'既富矣，又何加焉？'曰：'教之。'"《颜渊篇》："子贡问政。子曰：'足食，足兵，民信之矣。'"

此则本末兼赅，有体有用，非若二氏之专言虚寂，遗弃一切也。孔子生于周，故其政见多主用周法，然用之亦有分别，观《论语》之言自见。

《论语·卫灵公》："颜渊问为邦。子曰：行夏之时，乘殷之辂，服周之冕。"《子罕篇》："子曰：麻冕，礼也。今也纯，俭，吾从众。"

陆桴亭《思辨录》谓孔子从周，后儒宜讲当代之制："孔子动称周家法度，虽周公制作之善，亦从周故也。予每怪后儒学孔子，亦动称周家法度，而于昭代之制，则废而不讲，亦不善学孔子者矣。"其实孔子之所主张，亦不尽周法，即世俗所通行而协于人情者，亦无不可从也。

孔子之学，固不以著述重，然其著述之功，关系绝巨。史称其时礼乐废，《诗》、《书》缺，传自孔氏，始可得述。

《史记·孔子世家》："孔子之时，周室微而礼乐废，《诗》、《书》缺。追迹三代之礼，序《书传》，上纪唐、虞之际，下至秦缪，编次其事。曰：'夏礼吾能言之，杞不足征也。殷礼吾能言之，宋不足征也。足，则吾能征之矣。'观殷、夏所损益，曰：'后虽百世可知也，以一文一质。周监二代，郁郁乎文哉。吾从周。'故《书传》、《礼记》自孔氏。孔子语鲁太师：'乐其可知也。始作翕如，纵之纯如，皦如绎如也以成。"吾自卫反鲁，然后乐正，《雅》、《颂》各得其所。'古者诗三千余篇，及至孔子，去其重，取可施于礼义，上采契、后稷，中述殷、周之盛，至幽、厉之缺，始于衽席，故曰：‘《关雎》之乱，以为《风》始，《鹿鸣》为《小雅》始，《文王》为《大雅》始，《清庙》为《颂》始。’三百五篇孔子皆弦歌之，以求合《韶》、《武》、《雅》、《颂》之音，礼乐自此可得而述。”

盖其时如老子者，不以书籍所传言语为重。

《史记·老子传》：“老子曰：‘子所言者，其人与骨皆已朽矣，独其言在耳。’”

世复多不说学者，使任其放佚，则浸衰浸微，古代之文化复何从考见乎！《诗》、《书》、《礼》、《乐》皆述，《易》、《春秋》则述而兼作。

《汉书·儒林传》：“孔子晚而好《易》，读之，韦编三绝，而为之传。”⑥

《史记·儒林传》：“西狩获麟，曰：‘吾道穷矣。’故因史记作《春秋》。”

世谓孔子“述而不作”者，盖未读“十翼”及《春秋》也。《孟子》即称“孔子作《春秋》”，《公羊》明载未修春秋之原文⑦，惟杜预称《春秋》多用旧史，然亦谓有刊正处⑧。孔子传《易》修史，而合之《诗》、《书》、《礼》、《乐》，号为“六艺”，亦名为“经”。

《史记·孔子世家》：“孔子以《诗》、《书》、《礼》、《乐》教弟子，盖三千焉，身通六艺者七十有二人。”

其为教亦各有得失，孔子尝详言之。

《礼记·经解》：“孔子曰：入其国，其教可知也。其为人也，温柔敦厚，《诗》教也；疏通知远，《书》教也；广博易良，《乐》教也；絜静精微，《易》教也；恭俭庄敬，《礼》教也；属辞比事，《春秋》教也。故《诗》之失愚，《书》之失诬，《乐》之失奢，《易》之失贼，《礼》之失烦，《春秋》之失乱。其为人也，温柔敦厚而不愚，则深于《诗》者也；疏通知远而不诬，则深于《书》者也；广博易良而不奢，则深于《乐》者也；絜静精微而不贼，则深于《易》者也；恭俭庄敬而不烦，则深于《礼》者也；属辞比事而不乱，则深于《春秋》者也。”

孔子于《易》，由阴阳奇偶之对待，阐明太极之一元。

《系辞》：“易有太极，是生两仪，两仪生四象，四象生八卦，八卦定吉凶，吉凶生大业。”

谓神无方，易无体，而道在阴阳之相对。

《系辞》：“神无方而易无体，一阴一阳之谓道。”

其于形而上之原理，与老子所见正等。《易》之神妙，正赖孔子发明。（按《论语》称“子不语怪、力、乱、神”。而《易·系辞》屡言神，如“阴阳不测之谓神”，“蓍之德圆而神”，“神以知来”，“是兴神物以前民用”，“圣人以此斋戒，以神明其德夫”，“鼓之舞之以尽神”之类。）而世乃谓孔子系《易》，专重人伦日用之事，

某氏论《易》曰：“近人谓伏羲画卦，乃纯包天地万物、万事万象、有形无形，诸凡共同之大原理而言，即纯属哲理的著作。以今之新名词言之，即曰纯正哲学。文王加彖、象各辞，始由图画而附文字说明，然已由抽象的哲理，而喻以具体的事物。故可谓文王解《易》，即由纯正哲学引入于伦理学范围。以今之新名词言之，即曰伦理哲学。孔子作《文言》、《系辞》，则更将《易》象移以解释人生种种善恶行为之报应，专在策人为君子，勿为小人。故孔子解《易》，实专以伦理的眼光看《易》象，并非以宇宙人生、万象森罗之哲理眼光看《易》象。若以今之新名词言之。《易》经中孔子所明，第可曰伦理学，或曰伦理的解释。孔子圣人，决非不解《易》象之哲理。第孔子一生志向，专以对人宣明伦理一门，作入世法，至孔子之真实本领，哲理一门之出

世法，始终未欲与世人道之，此正是孔子之高大处。故至今儒家所知之孔子，第知孔子本领之半而已。”

奚足以知孔子之用心哉！孔子所言神明之德，必须洗心斋戒，退藏于密，而后可见，非腾口说、骋文辞所能指示也。至于孔子讲《易》以明人伦日用之道者，则有二义焉，曰“中”，曰“时”。

如释《乾》之九二曰“龙德而正中”，九三、九四皆曰“重刚而不中”，《坤》六五曰“君子黄中通理”，《同人》曰“中正而应”，《大有》曰“大中而上下应之”之类，皆以明“中”也。释《蒙》曰“蒙亨，以亨行，时中也”。《蹇》曰“蹇之时用大矣哉”！《益》曰“凡益之道与时偕行”之类，皆以明“时”也。

“中”以方位言，“时”以后先言，必合此二者而义乃全。且其幾至微，稍过不及，即非所谓“中”；人心之执著胶滞，皆为未喻此义也。自尧、舜以来，以“中”为立国之道，孔子祖述其说，而又加以“时”义。故孟子谓孔子为“圣之时者也”。其实，“中”之一字，已足赅括一切，加以“时”字，则所以衡其中否者益密耳。此语至平常，而又至难，原其初，须得喜怒哀乐未发前之气象。

《中庸》：“喜怒哀乐之未发，谓之中。”

推其极，则可以位天地，育万物。

《中庸》：“致中和，天地位焉，万物育焉。”

故孔子于中道系之曰“庸”，而极言其不可能，

《论语·雍也》：“中庸之为德也，其至矣乎，民鲜久矣。”《中庸》：“子曰：‘中庸其至矣乎！民鲜能久矣。’”“天下国家可均也，爵禄可辞也，白刃可蹈也，中庸不可能也。”

贤智则过，愚不肖则不及，强为貌似，则又成为乡原，三者皆病，乃取其微偏者而救正焉。

《论语·子路》：“子曰：不得中行而与之，必也狂狷乎！狂

者进取，狷者有所不为也。”

世人徒执后世乡原之儒者以病孔子，不知孔子固于此反复明辩，不容伪儒之矫饰也。论德之本曰“中”，论道之用曰“恕”，《周书》始言“恕”。

《逸周书·程典篇》：“慎德必躬恕，恕以明德。”

而未详言其法，至孔子始推演之，以为终身可行之道。

《论语·卫灵公》：“子贡问曰：‘有一言而可以终身行之者乎？’子曰：‘其恕乎！己所不欲，勿施于人。

对于子臣弟友、上下左右，一以恕待之。

《中庸》：“子曰：‘君子之道四，丘未能一焉：所求乎子，以事父未能也；所求乎臣，以事君未能也；所求乎弟，以事兄未能也；所求乎朋友，先施之未能也。’”《大学》：“所恶于上，毋以使下；所恶于下，毋以事上；所恶于前，毋以先后；所恶于后，毋以从前；所恶于右，毋以交于左；所恶于左，毋以交于右。此之谓絜矩之道。”

盖人类之相处，最难各得其平。处处以责人之心责己，则平心静气。于人毫无怨望，而人之对我亦必出于和平，充其功效，岂惟一人可行于世，使举世行之，则举世之战争、奋斗、猜疑、欺诈，种种不德皆可蠲除，而全体之人类，咸相安而遂其生矣。曾子之告其门人，谓忠恕则一贯。

《论语·里仁》：“子曰：‘参乎，吾道一以贯之。’曾子曰：‘唯’。子出，门人问曰：‘何谓也？’曾子曰：‘夫子之道，忠恕而已矣。’”

盖孔子所知所行，无不本于此，故以“而已矣”三字决之，明忠恕之外，无他道也。为人谋而不忠，亦由待人不恕。故曾子论一贯，犹兼言忠恕；孔子论终身可行之道，惟举一恕字，以恕可以赅忠也。忠恕之事，属行不属知，子贡问行，而孔子答以施；行与施皆指事为，非指一人独居讲学也。从来学者解释恕字，未有以为属于知识者，近人好为异论，乃以恕为推知。

《订孔下》（章炳麟）："心能推度曰恕，周以察物曰忠。故夫闻一以知十，举一隅而以三隅反者，恕之事也。夫彼是之辨，正处、正色、正味之位，其候度诚未可壹也。守恕者，善比类。诚令比类可以遍知者，是絜矩可以审方圆，物情之纷，非若方圆可以量度也。故用矩者困，而务比类者疑。周以察物，举其征符，而辨其骨理者，忠之事也。故疏通知远者恕，文理密察者忠。身观焉，忠也；方不障，恕也。上者寂焉不动，感而遂通天下之故，无有远近幽深，遂知来物，中之方人用法，察迩言也。下者至于原本山川，极命草木，合契比律，审曲面埶，莫不依是。《三朝记》：哀公欲学《小辨》，孔子对以力、忠、信。云：'知忠必知中，知中必知恕，知恕必知外。内思毕心曰知中，中以应实曰知恕，内恕外度曰知外。'此言以忠恕为学，则无所不辨也。周以察物，疑其碎矣。物虽小别，非无会通。内思毕心者，由异而观其同也。"

夫闻一知十，举一反三，属于知识。己所不欲，勿施于人，属于行为。二者各有分际，不可混为一谈。《大戴记·小辨篇》虽言忠有九知，然其上文明言行为：

《小辩》："明忠信之备而又能行之，则可立待也。君朝而行忠信，百官承事，忠满于中而发于外，刑于民而放于四海，天下其孰能患之？""丘言之，君发之于朝，行之于国，一国之人莫不知，何一之强避？丘闻之，忠有九知。知忠必知中，知中必知恕，知恕必知外，知外必知德，知德必知政，知政必知官，知官必知事，知事必知患，知患必知备。若动而无备，患而弗知，死亡而不知，安与知忠信！内思毕心曰知中，中以应实曰知恕，内恕外度曰知外，外内参意曰知德，德以柔政曰知政，正义辨方曰知官，官治物则曰知事，事戒不虞曰知备，毋患曰乐，乐义曰终。”

所谓明忠信之备者，知也；而又能行之者，行也。朝而行忠信，发之于朝，行之于国者，皆行也。徒明忠信而不行，得谓之忠信乎？知中、知恕、知外、知德、知政、知官、知事、知患、知备九者，皆须实行，故曰“动而无备，患而弗知，安与知忠信”？试思备患恃知乎？抑持行乎？章氏偏重知识，匪惟误解《论语》，抑亦误解《戴记》，断章取意，贻误后人，匪浅鲜也。

孔子论治之书，以《春秋》为主，而《春秋》之学，为最难讲，当时门弟子已不能赞一辞。

《史记·孔子世家》：“至于为《春秋》，笔则笔，削则削，子夏之徒，不能赞一辞。弟子受《春秋》，孔子曰：‘后世知丘者以《春秋》，而罪丘者亦以《春秋》。’”

孟子则推其惧乱贼之功：

《孟子·滕文公》：“孔子成《春秋》，而乱臣贼子惧。”

庄子则称其为先王之志：

《庄子·齐物论》：“《春秋》经世，先王之志，圣人议而不辩。

班固则谓口受弟子，弟子退而异言。

《汉书·艺文志》：“仲尼与左丘明观其史记，据行事，仍人道，因兴以立功，就败以成罚，假日月以定历数，藉朝聘以正礼乐。有所褒讳贬损，不可书见，口授弟子，弟子退而异言。丘明恐弟子各安其意，以失其真，故论本事而作传，明夫子不以空言说经也。《春秋》所贬损大人当世君臣，有威权势力，其事皆形于传，是以隐其书而不宣，所以免时难也。及末世口说流行，故有《公羊》、《穀梁》、《邹》、《夹》之《传》。”

自汉以来，三《传》传而《邹》、《夹》不传。

> 《汉书·艺文志》："四家之中，《公羊》、《穀梁》立于学官，邹氏无师，夹氏未有书。"于是说《春秋》者，各依传以为说，讫无定论。
>
> 《春秋穀梁传序》（范宁）："《春秋》之传有三，而为《经》之旨则一。臧否不同，褒贬殊致。盖九流分而微言隐，异端作而大义乖。《左传》以鬻拳兵谏为爱君，文公纳币为用礼。《穀梁》以卫辄拒父为尊祖，不纳子纠为内恶。《公羊》以祭仲废君为行权，妾母称夫人为合正。以兵谏为爱君，是人主可得而胁也。以纳币为用礼，是居丧可得而婚也。以拒父为尊祖，是为子可得而叛也。以不纳子纠为内恶，是仇仇可得而容也。以废君为行权，是神器可得而窥也；以妾母为夫人，是嫡庶可得而齐也。若此之类，伤教害义，不可强通者也。凡传以通经为主，经以必当为理。夫至当无二，而三传殊说，庸得不弃其所滞，择善而从乎！既不俱当，则固容俱失；若至言幽绝，择善靡从，庸得不并舍以求宗，据理以通经乎！……而汉兴以来，瑰望硕儒，各信所习，是非纷错，准裁靡定，故有父子异同之论，石渠分争之说。废兴由于好恶，盛衰继之辩讷，斯盖非通方之至理，诚君子之所叹息也！"

大抵孔子当时属辞比事，自有其详细解释。今所存之经文，特其辞之大纲。而其详细解释者，不可得见。三《传》所传，各有其微言大义，亦有各安其意以成口说者，不能尽以为得孔子之意，亦不能尽以为非孔子之意也。

《春秋》之义，在正名分，寓褒贬，其影响所及，有非他书可比者。观皮锡瑞之《春秋通论》可见：

> 或曰：孟子言孔子成《春秋》而乱臣贼子惧。何以《春秋》

之后，乱臣贼子不绝于世？然则孔子作《春秋》之功安在？孟子之言，殆不足信乎？曰：孔子成《春秋》，不能使后世无乱臣贼子，而能使乱臣贼子不能全无所惧。自《春秋》大义昭著，人人有一《春秋》之义在其胸中，皆知乱臣贼子人人得而诛之，虽极凶悖之徒，亦有魂梦不安之隐；虽极饰辞巧说，以为涂人耳目之计，而耳目仍不能涂，邪说虽横，不足以蔽《春秋》大义。乱贼既惧当时义士声罪致讨，又惧后世史官据事直书，如王莽者，多方掩饰，穷极诈伪，以盖其篡弑者也；如曹丕、司马炎者，妄托禅让，褒封先代，篡而未敢弑者也；如萧衍者，已行篡弑，旋知愧憾，深悔为人所误者也；如朱温者，公行篡弑，犹畏人言，归罪于人以自解者也。他如王敦、桓温谋篡多年，而至死不敢；曹操、司马懿及身不篡，而留待子孙。凡此等固由人有天良，未尽泯灭，亦由《春秋》之义深入人心。故或迟之久而后发；或迟之又久而卒不敢发；即或冒然一逞，犯天下之不韪，终不能坦怀而自安。如萧衍见吴均作史，书其助萧道成篡逆，遂怒而摈吴均；燕王棣使方孝孺草诏，孝孺大书"燕贼篡位"，遂怒而族灭孝孺。其怒也，即其惧也，盖虽不惧国法，而不能不惧公论也。

盖《春秋》之义，亦至难言，后世所执者，仅得其半，而尤严于乱臣。若以《左传凡例》论，则君臣相对，《春秋》未尝不责无道之君。

《左传》宣公四年："凡弑君称君，君无道也；称臣，臣之罪也。"杜预《释例》曰："天生民而树之君，使司牧之，群物所以系命。若高亢自肆，群下绝望，情义圮隔，是谓路人，非君臣也。人心苟离，则位号虽有，无以自固。故《传例》曰：'弑君称君，君无道；称臣，臣之罪。'称君者，唯书君命，而称国人以弑，众之所共绝也。"

孔子对齐景公以君臣并言：

《论语·颜渊》："齐景公问政于孔子。孔子对曰：'君君，臣臣，父父，子子。'公曰：'善哉！信如君不君、臣不臣、父不父、子不子，虽有粟，吾得而食诸？'"

又以忠、礼并举：

《论语·八佾》："君使臣以礼，臣事君以忠。"

初非专责人臣也。又凡《春秋》褒贬之志，止以当时之事为断，而言外尚有微恉。如《公羊》家张三世之说，则借事明义，正以寓其理想，亦非专于事实也。

《公羊传》隐公元年《解诂》曰："于所传闻之世，见治起于衰乱之中，用心尚麤觕，故内其国而外诸夏，先详内而后治外。于所闻之世，见治升平，内诸夏而外夷狄。至所见之世，著治太平，夷狄进至于爵，天下远近小大若一。"

何氏之说，虽止一家之言，然与《礼记·礼运》之言大同者颇合，

《礼运》："孔子曰：大道之行也，天下为公，选贤与能，讲信修睦。故人不独亲其亲，不独子其子，使老有所终，壮有所用，幼有所长，矜、寡、孤、独、废、疾者，皆有所养；男有分，女有归，货恶其弃于地也，不必藏于己；力恶其不出于身也，不必为己。是故谋闭而不兴，盗窃乱贼而不作，故外户而不闭，是谓大同。今大道既隐，天下为家，各亲其亲，各子其子，货力为己。大人世及以为礼，……以贤勇知，以功为己，故谋用是作，而兵由此起。"

《礼运》正论历史事实，故由大同降而小康；《春秋》悬想文明世界，故由升平而至太平。顺逆虽殊，其为孔子所怀抱之宗旨一也。若专限于事实，则禄去公室，政逮大夫，陪臣执国命，每况愈下，尚何升平、太平可言哉！

孔子理想之广大，随在可见。《论语》及《易》之言教育，皆其不分

族类，不分疆域之证也。

> 《论语·卫灵公》：“子曰：有教无类。”《易·临卦》：“象曰：君子以教思无穷，客保民无疆。”

而《中庸》之言化育，则尤进于是。

> 《中庸》：“唯天下至诚，为能尽其性；能尽其性，则能尽人之性；能尽人之性，则能尽物之性；能尽物之性，则可以赞天地之化育；可以赞天地之化育，则可以与天地参矣。”

教育之功，至于尽物性，参天地，则不独为一时一世之人群谋矣。极巨之效，由极简之法而生。所谓宇宙内事，皆性分内事也。吾国古代圣人之思想，常思以人力造天地，其功既见于此数千年之大国，而其义犹未罄万一。后人准此而行，则所谓范围天地，曲成万物者，无不可以实现，正不必以国家人类为界，而区区于知识技能，以为教育之大事者，抑又不足深论矣！

古代学校，各有祀典。

> 《礼记·文王世子》：“凡学，春官释奠于其先师，秋冬亦如之。”“凡始立学者，必释奠于先圣先师。”郑玄曰：“先圣周公若孔子。”

郑氏举孔子为例，盖就汉以后而言，汉以前未祀孔子也。历代帝王之祀孔子者，自汉高祖始。

> 《史记·孔子世家》：“高皇帝过鲁，以太牢祠焉。”
>
> 《汉书·高帝纪》：“十二年十一月，行自淮南，还。过鲁，以太牢祠孔子。”

而学校祀孔，自明帝始。

> 《后汉书·礼仪志》：“永平二年，……养三老五更于辟雍；郡、县、道行乡饮酒礼于学校，皆祀圣师周公、孔子。”

然孔子与周公并祀，非特祀也。唐、宋以降，渐次尊崇，礼等帝王，制亦数易。

《文献通考》："唐制，国子学立周公、孔子庙各一所，四时致祭。其释奠之礼，初以周公为先圣，孔子配享。贞观二年，停祭周公，升孔子为先圣，以颜回配。开元二十年，追谥'文宣王'，改西坐像为南面。诏曰：'昔周公南面，夫子西坐，今位既有殊，岂宜依旧？'其两京国子监及天下诸州，夫子南面坐，十哲等东西行列侍。"

《续通考》："宋太宗追谥孔子曰'先圣文宣王'，真宗时改谥'至圣'，元武宗加封'大成至圣文宣王'，明世宗嘉靖九年，改称'至圣先师'，易塑像为木主。"

盖自汉以来，虽已举国崇奉孔子之教，而立庙奉祀，近于宗教性质者，乃由人心渐演渐深，踵事增华之故。初非孔子欲创立一教，亦非仅一二帝王或学者，假孔子之教以愚民也。

孔子后裔，代有封号。

汉曰"褒成君"，魏曰"宗圣侯"，晋宋曰"奉圣侯"，后魏曰"崇圣大夫"，唐初曰"褒圣侯"，开元中改"文宣公"⑨。

至宋始封孔子后为"衍圣公"：

《续通考》："宋仁宗至和二年，封孔子之后为'衍圣公'。"

迄今犹存其名，此亦无足深异。然自西周至今，奕叶相传，七十余世，谱牒统系，灼然无疑，则世所仅见也。自明以后，府县学皆祀孔子，外国如琉球、日本，亦立文庙，行释奠礼，高丽自宋时即祀文宣王，此虽不足为孔子重，而其为东方文化之祖，则举世所共信也。太史公立《孔子世家》而称"至圣"，有以哉！

《史记·孔子世家》："天下君王至于贤人众矣，当时则荣，没则已焉。孔子布衣，传十余世，学者宗之。自天子王侯，中国言六艺者，折中于夫子，可谓至圣矣！"

注　释

①一九〇八年美国哥伦比亚大学出版。

②加氏所著书名见下，兹所引之一段见《支那古代史》第二四二页。

③加氏之书，系德国 Leipzig V F. A. Blockhaus 书店出版。兹所引之一段见原书第四第五页。又 *China Review* 第二十七卷第六十三页，有英文译本可参照。

④如鲁秉周礼之类。

⑤如子贡谓“君子居是邦，事其大夫之贤者，友其仁者”之类。

⑥“读”者，卦爻之词，孔子所述也；“传”者，十翼之文，孔子所作也。

⑦庄公七年，曷为谓之如雨？不修《春秋》曰：“雨星不及地尺而复。”君子修之曰：“星陨如雨。”

⑧杜预《春秋左氏传序》：“仲尼因鲁史策书成文，考其真伪，而志其典礼。上以遵周公之遗制，下以明将来之法；其教之所存，文之所害，则刊而正之，以示劝戒。其余则皆即用旧史，史有文质，辞有详略，不必改也。

⑨均见《文献通考》。

第二十六章　孔门弟子

春秋大哲，孔、老并称。老子曰："人之所教，我亦教之。"而其教育之法，则以不言之教为主，故其弟子不多。今可考者，惟文子、

> 《汉书·艺文志》："《文子》九篇。注：老子弟子，与孔子并时。

娟子、

> 《汉书·艺文志》："《蜎子》十三篇。注：名渊，楚人，老子弟子。"

关尹子、

> 《汉书·艺文志》："《关尹子》九篇。注：名喜，为关吏，老子过关，喜去吏而从之。"

数人。盖老子同非教育家也。孔子自少即教授于鲁，

> 《史记·孔子世家》："孟釐子……诫懿子曰：'今孔丘年少好礼，其达者欤！吾即没，若必师之。'及釐子卒，懿子与鲁人南宫敬叔往学礼焉。"

自周反鲁，弟子益进，其后弟子弥众。

> 《孔子世家》："孔子自周反于鲁，弟子稍益进焉。""孔子不仕，退而修《诗》、《书》、《礼》、《乐》，弟子弥众，至自远方，莫不受业焉。"

委贽者三千人，达徒七十人。

> 《吕氏春秋·遇合篇》："孔子周流海内，再干世主；如齐至卫，所见八十余君，委贽为弟子者三千人，达徒七十人。七十人者，万乘之主得一人用，可为师。"《史记·孔子世家》："孔子以《诗》、《书》、《礼》、《乐》教弟子，盖三千焉。身通六艺者，七十有二人。"

私家教授徒众之盛，自古以来，未有如孔子者也。

孔子自言"有教无类"，故三千弟子中，流品亦不齐，互乡童子、梁父大盗，

> 《吕氏春秋·尊师篇》："颜涿聚，梁父之大盗也，学于孔子。"

阳货、佛肸之类，

> 《墨子·非儒篇》："其徒属弟子，皆效孔丘。子贡、季路辅孔悝，乱乎卫，阳货乱乎鲁，佛肸以中牟叛。"据此，则墨子以为阳货、佛肸皆孔子弟子。《孔丛子·诘墨篇》曰："如此言，卫之乱，子贡、季路为之耶？斯不待言而了矣。阳虎欲见孔子，孔子不见，何弟子之有？佛肸以中弁叛，召孔子，则有之矣；为孔子弟子，未之闻也。"

传者甚多，此正见孔子之大，初无损于孔子也。然三千之数，亦不可考，《史记·仲尼弟子列传》仅载七十七人。清代朱彝尊、梁玉绳等，广采诸书，亦只得一百九人。

> 《史记志疑》（梁玉绳）："孔子弟子之数，有作七十人者，《孟子》云七十子，《吕氏春秋·遇合篇》：达徒七十人，《淮南子·泰族》及《要略训》俱言七十，《汉书·艺文志序》、《楚元王传》所称七十子丧而大义乖，是已。有作七十二人者。《孔子世家》、《文翁礼殿图》、《后汉书·蔡邕传》、鸿都画像、《水经

注》八汉鲁峻冢壁像、《魏书·李平传》学堂图，皆七十二人。《颜氏家训·诫兵篇》所称仲尼门徒升堂者七十二，是已。有作七十七人者。此《传》及《汉书·地理志》是已。《孔子家语·七十二弟子解》实七十七人，今本脱颜何，止七十六，其数无定，难以臆断。《汉书·艺文志》有《孔子徒人图法》二卷，《集解》载郑康成《孔子弟子目录》，《隋唐志》云一卷，此二书久亡。《汉书·人表》既疏略不备，而鸿都像、李平图俱失传，鲁峻石壁仅睹隶续残碑，《文翁图》在显晦之间，不尽可凭。世儒据以考弟子者，惟《史记》、《家语》。而古文《家语》已不得见，今《家语》并非王肃旧本，则《史记》又较《家语》为确。史公从孔安国受学，亲见安国撰集之古文《家语》，故曰弟子籍出孔氏古文者近是。虽然，弟子之数，岂止七十七人而已哉！若以陈亢、琴牢、牧皮、林放、仲孙何忌、仲孙说、孟武伯彘、子服何、孺悲、左丘明、公罔之裘、序点、宾牟贾、颜浊邹、颜涿聚、盆成适、鞠语、季襄、惠叔兰、常季、孔璇、阙党互乡二童子、廉瑀、左子虑、襄子孺、襄子鱼、公子虚、驷子言、颜子思、巫子、荀子三十二人，增入七十七弟子，通计一百九人。”①

而此一百九人中，有仅传姓名莫知其事实者，书阙有间，固无从悬测也。第以《史记·仲尼弟子列传》观之，亦可得孔子学派所及之地。七十七人之中，鲁人凡三十八：颜回、闵损、冉耕、冉雍、冉求、仲由、宰予、曾参、澹台灭明、宓不齐、原宪、南宫括、曾蒧、颜无繇、商瞿、漆雕开、公伯僚、有若、公西赤、巫马施、颜幸、冉孺、冉季、漆雕哆、公夏首、颜祖、申党、颜之仆、县成、左人郢、秦非、颜哙、乐欬、叔仲会、颜何、邽巽、孔忠、公西蒧。卫国六人：端木赐、高柴、奚容蒧、卜商、句井疆、廉絜。齐国六人：公冶长、公皙哀、樊须②、梁鳣、后处、步叔乘。楚国三人：公孙龙③、任不齐、秦商④。秦国二人：秦祖、壤驷赤。陈国二人：颛孙师、公良孺。晋国二人：公坚定、鄡单。宋国一人：司马耕。吴国一人：言偃。

其余不著籍者，尚不知其属于何国。观其教化所被，南及江、淮，西及山、陕。在当时各国分立，而孔子之教不分畛域如此，此岂其他诸子所可拟哉⑤！

孔子之先，已有儒名，孔子之时，多有妄命儒者，孔子尝为鲁哀公力辩之。

《小戴记·儒行》："鲁哀公问于孔子曰：'夫子之服，其儒服欤?'孔子对曰：'丘少居鲁，衣逢掖之衣；长居宋，冠章甫之冠。丘闻之也，君子之学也博，其服也乡，丘不知儒服。'哀公曰：'敢问儒行?'孔子对曰：'遽数之，不能终其物；悉数之，乃留，更仆未可终也。''儒有不陨获于贫贱。不充诎于富贵，不慁君王，不累长上，不闵有司，故曰儒。今众人之命儒也妄，常以儒相诟病。'"

且教其弟子，分辨儒之性质。

《论语·雍也》："子谓子夏曰：女为君子儒。毋为小人儒。

是孔子于儒之一字，有承认者，有不承认者，而其时之毁儒者，更为有意寻隙，未足为儒之真相也。

《史记·孔子世家》："晏婴进曰：夫儒者滑稽而不可轨法；倨傲自顺，不可以为下；崇丧遂哀，破产厚葬，不可以为俗；游说乞贷，不可以为国。"

孔子之后，学派繁衍，论者统名为儒，而又加以区别。如：

《荀子·非十二子篇》："弟佗其冠，神禫其辞，禹行而舜趋，是子张氏之贱儒也。正其衣冠，齐其颜色，嗛然而终日不言，是子夏氏之贱儒也。偷儒惮事，无廉耻而嗜饮食，必曰君子固不用力，是子游氏之贱儒也。"《韩非子·显学篇》："孔子之死也，有子张之儒，有子思之儒，有颜氏之儒，有孟氏之儒，有漆雕氏之儒，有仲良氏之儒，有孙氏之儒，有乐正氏之儒。”

大抵随意举示，不可即据以为孔子之学只分为此数派。韩非虽曰“儒分为八”，似确只此八派；若合荀卿之言计之，当曰“儒分为十”。子夏、子游皆与子张异趣，且为荀卿所摈，其别有宗派可知矣。又《荀子·非十二子》以子思、孟轲为一派。

《荀子·非十二子篇》：“略法先王，而不知其统，犹然而材剧志大，闻见杂博。案往旧造说，谓之五行，甚僻违而无类，幽隐而无说，闭约而无解。案饰其辞而祗敬之，曰此真先君子之言也。子思唱之，孟轲和之，世俗之沟犹瞀儒，嚾嚾然不知其非也，遂受而传之，以为仲尼、子弓为兹厚于后世，是则子思、孟轲之罪也，”

韩非则以子思、孟氏为两派，又未知韩非所指之孟氏，即荀卿所指之孟轲否[⑥]？故论孔门弟子之学，而据韩非之言，无当于事理也。

孔子之教诸弟子，内以期其成德，外以期其从政，故论颜回之好学，惟以不迁怒、不贰过为言。

《论语·雍也》：哀公问弟子孰为好学，孔子对曰：“有颜回者好学，不迁怒，不贰过，不幸短命死矣。今也则亡，未闻好学者也。”

观此，可知孔子所谓学，最重在修身克己，不是专门读书讲学。颜子虽称夫子“博我以文”，而孔子并不以“博文”许之，《论语》载此文。《易·系辞》又称：“颜氏之子，其殆庶几乎！有不善未尝不知，知之未尝复行也。”盖弟子之中，虽多聪明才辩之士，而即知即行，笃志克己者，无过于颜子，故孔子屡称之。不知此义，则虽读破万卷，说尽天下道理，无非为人之学，于自身了无益处，非孔子之所谓学也。而于雍、赐、由、求诸人，皆许其能临民从政。

《论语·雍也》："子曰：雍也，可使南面。""季康子问：'仲由可使从政也与？'子曰：'由也果，于从政乎何有？'曰：'赐也，可使从政也与？'曰：'赐也达，于从政乎何有？'曰：'求也，可使从政也与？'曰：'求也艺，于从政乎何有？'"

盖皆以当时实得其学之益为主，不徒期其传述六艺以教后世也。然德行一科，既多潜修之士，其他之从政者，亦多未能大用于世。故孔门弟子之有功于吾国者，惟讲学授经之人；六艺之昌，微诸弟子，未能历数千年而不绝也。

《仲尼弟子列传》述经师之传，惟商瞿最详。

《史记·仲尼弟子列传》："商瞿，鲁人，字子木，少孔子二十九岁。孔子传《易》于瞿，瞿传楚人馯臂子弘，弘传江东人矫子庸疵，疵传燕人周子家竖，竖传淳于人光子乘羽，羽传齐人田子庄何，何传东武人王子中同，同传菑川人杨何。何元朔中以治《易》为汉中大夫。"

秦火未焚，统绪灼然，而施、孟、梁丘之书皆不传，仅虞氏之说，略可窥其端绪耳。

《汉书·艺文志》："及秦燔书，而《易》为卜筮之事，传者不绝。汉兴，田何传之，讫于宣、元，有施、孟、梁丘、京氏，列于学官。"

《易经通论》（皮锡瑞）："《史记·儒林传》云：'言《诗》，于鲁则申培公，于齐则辕固生，于燕则韩太傅。言《尚书》，自济南伏生。言《礼》，自鲁高堂生。言《易》，自菑川田生。言《春秋》，于齐、鲁自胡毋生；于赵，自董仲舒。'是皆言汉初传经诸人。而申公、辕固、韩婴、伏生、高堂生等，皆不言其所授，盖史公已不能明，惟于《易》之授受独详。盖史公父谈，受《易》于杨何，故能详《易》家授受之人乃至于今，不特王同、周王孙、丁宽、服生之《易》传数篇无一字存，即施、孟、梁丘，汉立博士，授生徒以千万计，今其书亦无有存者，岂非事理之可怪，而经学之大可惜者乎！后惟虞翻注《易》，自谓五世传孟氏《易》，其注见李鼎祚《集解》稍详，近儒张惠言为之发明。此则孟氏之学，支与流裔，犹有存者，而汉儒《易》学，幸得存什一于千百也。”

《史记》称：“子夏居西河教授，为魏文侯师。”初未言其传经，而子夏之传独广，于《易》则有传。《汉志》无子夏《易传》，《隋书·经籍志》、《唐书·艺文志》均有《周易·卜商传》二卷，今其书亦不传，惟唐李鼎祚《周易集解》中引之[7]。于《诗》则有序，

《诗经正义》：“沈重云：案《郑诗谱》意《大序》是子夏作，《小序》是子夏、毛公合作，卜商意有不尽，毛更足成之。”

毛公之学，相传出于子夏。

《汉书·艺文志》：“《毛诗故训传》三十卷。”毛公之学，自谓子夏所传。

《经典释文》（陆德明）：“徐整曰：子夏授高行子，高行之授薛仓子，薛仓子授帛妙子，帛妙子授河间人大毛公。毛公为《诗故训传》，以授赵人小毛公，小毛公为河间献王博士。”陆玑曰：“子夏授曾申，申传魏人李克，克传鲁人孟仲子，孟仲子传根牟子，根牟子传赵人孙卿子，孙卿子传鲁人大毛公。”二说未知孰是。

书之传授不详，而七观之义，见于《尚书大传》，

《尚书大传》：“子夏读《书》毕，见夫子，夫子问焉。曰：‘子何为于《书》?’子夏对曰：‘《书》之论事也，昭昭如日月之代明，离离若星辰之错行。上有尧、舜之道，下有三王之义。商所受于夫子，志之于心，不敢忘也。’子曰：‘《尧典》可以观

美，《禹贡》可以观事，《咎繇》可以观治，《洪范》可以观度，六《誓》可以观义，五《诰》可以观仁，《甫刑》可以观戒。通斯七观，《书》之大义举矣。'"

是伏生之学，亦由子夏所传也。《礼》有《丧服传》，亦子夏作。

《仪礼疏》（贾公彦）："作传之人，皆云孔子弟子卜商子夏所为：其传内更云传者，是子夏引他旧传，以证己义。"

《春秋》虽莫赞一辞，而《公》、《穀》二传，皆有端绪可考。

《公羊传疏》（徐彦）引戴宏序曰："子夏传于公羊高，高传于子平，平传于子地，地传于子敢，敢传于子寿。至汉景帝时，寿乃与齐人胡毋子都著于竹帛。"《风俗通》（应劭）："穀粱子名赤，子夏弟子。"

盖今世所传五经，皆出于子夏矣。子夏之于吾国文化之关系亦大哉！

《后汉书》："徐防曰：《诗》、《书》、《礼》、《乐》，定自孔子；发明章句，始于子夏。"⑧

子夏之外，曾子所传亦广。其最著者为《孝经》。

《公羊传》哀公十四年疏引《孝经》说："孔子曰：《春秋》属商，《孝经》属参。"《孝经》序疏引《钩命决》云："孔子曰：吾志在《春秋》，行在《孝经》。"是《孝经》与《春秋》同为孔子所定也。惟《孝经》首章有"仲尼居，曾子侍"之语，宋儒疑非孔子所著，详见《困学纪闻》。

《曾子》十八篇，《汉志》列儒家，今其书不传。《大戴札记》有《立事》、《本孝》、《立孝》、《大孝》、《事父母》、《制言》上、中、下、《曾子疾病》、《天圆》十篇，盖即十八篇中之十篇也。

《经学历史》（皮锡瑞）：十篇之义，"皆极纯正，《天圆篇》尤足见大贤之学无不通云。单居离问于曾子曰：'天圆而地方者，诚有之乎？'曾子曰：'天之所生上首，地之所生下首，上首之谓圆，下首之谓方。如诚天圆而地方，则是四角之不揜也。’据曾子说，谓圆，谓方，谓其道，非谓其形。方圆同积，圆者不能揜方之四角。今地为天所揜，明地在天中。天体浑圆，地体亦浑圆，与地球之说合。”

《小戴记·曾子问篇》及《檀弓篇》多记曾子问礼、议礼之说，曾子之深于礼，殆过于子夏，而《论语》及《学》、《庸》，皆出于曾子之门人。

《论语辩》（柳宗元）上篇：“孔子弟子，曾参最少，少孔子四十六岁。曾子老而死，是书记曾子之死，则去孔子也远矣，盖乐正子春、子思之徒与为之尔。”《史记·孔子世家》：“子思作《中庸》。”

《三礼目录》（郑玄）：“名曰《中庸》者，以其记中和之为用也。庸，用也。孔子之孙子思伋作之。”《阙里述闻》：“伋字子思，从曾子舆学。尝虑当世无可传道之人，乃以其闻于曾子者，著《大学》一书；复以体验有得者，著《中庸》一书，以垂教后世。”

孔子之学，微此三书，殆无以见其集前圣之大成也。

孔子之学，兼赅文武，而不以勇力闻。

《列子·说符篇》：“孔子之劲，能拓国门之关，而不以力闻。”《淮南子·主术训》：“孔子之通，智过于苌弘，勇服于孟贲，足蹑于郊菟，力招城关，能亦多矣。然而勇力不闻，伎巧不知，专行教道，以成素王。”

即其弟子，亦多有勇于战陈者。

《左传》哀公十一年：“齐伐鲁，冉求帅左师，管周父御，樊迟为右。季孙曰：‘须也弱。’有子曰：‘就用命焉。’季氏之甲七千，冉有以武城人三百为己徒卒，……战于郊，齐师自稷曲。师不逾沟。樊迟曰：‘非不能也，不信子也，请三刻而逾之。’如之，众从之。……冉有用矛于齐师，故能入其军。孔子曰：‘义也。’”《史记·孔子世家》：“冉有为季氏将师，与齐战于郎，克之。季康子曰：‘子之于军旅，学之乎？性之乎？’冉有曰：‘学之于孔子。’”

吾国兵家多称孙、吴，而吴起实曾子弟子。

《史记》：“吴起者，卫人也。好用兵，尝学于曾子。

故孔子弟子之学，不尽限于儒家，徒以儒家目孔子弟子，亦未能尽其学也。儒有柔之训，

《三礼目录》（郑玄）：“儒之言优也，柔也，能安人，能服人。又儒者，濡也，以先王之道，能濡其身。”

而孔子颇尚刚，

《论语·公冶长》：“子曰：吾未见刚者。”《子路》又曰：“刚、毅、木、讷近仁。”《礼记·儒行》：“儒有可亲而不可劫也，可近而不可迫也，可杀而不可辱也。其居处不淫，其饮食不溽，其过失可微辨而不可面数也。其刚毅有如此者。”

《中庸》且盛言君子之强，

《中庸》：“故君子和而不流，强哉矫！中立而不倚，强哉矫！国有道，不变塞焉，强哉矫！国无道，至死不变，强哉矫！”

又言化愚柔为明强之法。

《中庸》：“博学之，审问之，慎思之，明辨之，笃行之。有弗学，学之弗能，弗措也；有弗问，问之弗知，弗措也；有弗思，思之弗得，弗措也；有弗辨，辨之弗明，弗措也；有弗行，行之弗笃，弗措也。人一能之，己百之；人十能之，己千之；果能此道矣，虽愚必明，虽柔必强。”

盖孔门虽尚《中庸》，以世人多偏于柔儒，故恒思以刚强济之，非若老子专偏于柔弱也。后世儒者，未得孔门真传，徒以乡愿为儒，而儒遂有优柔

濡滞之训，此自是汉人见解，非春秋、战国时之儒者也。近人习于非儒之言，诋毁儒家，无所不至，甚至有以曾子之战战兢兢为萎缩气象者，不知人之强毅，正由自反而缩得来，无内省慎独之功，而矫为强毅，是则客气用事，未足以入道也。即《论语》所记曾子之言观之，临大节而不可夺，任重而道远，是何等气象，恶可诋为萎缩？

> 《论语·泰伯》："曾子曰：'可以托六尺之孤，可以寄百里之命，临大节而不可夺也，君子人与？君子人也。'""士不可以不弘毅，任重而道远，仁以为己任，不亦重乎！死而后已，不亦远乎！"

蚍蜉撼树，是则至可笑者耳。

注　释

①朱彝尊《曝书亭集》有《孔子弟子考》，梁氏盖据之而又加详耳。

②郑玄云齐人，《家语》云鲁人。

③郑玄云楚人，《家语》云卫人。

④郑玄云楚人，《家语》云鲁人。

⑤墨子弟子可考者不满二十人，《吕氏春秋》称其弟子充满天下，与孔子等，然后所传甚少，可见其学之未能广被也。

⑥孔子弟子有孟懿子，则孟氏未必即孟子。

⑦据《越缦堂日记》，谓子夏《易传》为汉之邓子夏所作。

⑧章句虽依本书，未为创作，然微言大义多赖以传。

第二十七章　周末之变迁

春秋之后，是为战国。太史公作《六国表》，始于元王元年，迄秦二世，凡二百七十年。实则《春秋左传》终于元王八年，当自贞王元年始入战国[1]，而秦始皇二十七年后，即秦统一之时，亦未可附于战国。要战国之始末，自周贞王迄秦灭齐，凡二百四十八年。其曰“战国”者，亦以《国策》记其时事，刘向定其名为《战国策》，故缘书而名其时也。此期史事，颇多阙轶，顾亭林尝论之：

> 《日知录》：“春秋终于敬王三十九年庚申之岁，西狩获麟；又十四年，为贞定王元年癸酉之岁，鲁哀公出奔，二年，卒于有山氏，《左传》以是终焉。又六十五年，威烈王二十三年戊寅之岁，初命晋大夫魏斯、赵籍、韩虔为诸侯；又一十七年，安王十六年乙未之岁，初命齐大夫田和为诸侯；又五十二年，显王三十五年丁亥之岁，六国以次称王，苏秦为从长：自此以后，事乃可得而纪。自《左传》之终以至此，凡一百三十三年，史文阙轶，考古者为之茫昧，如春秋时犹尊礼重信，而七国则绝不言礼与信矣；春秋时犹宗周王，而七国则绝不言王矣；春秋时犹严祭祀，重聘享，而七国则无其事矣；春秋时犹论宗姓氏族，而七国则无一言及之矣；春秋时犹宴会赋诗，而七国则不闻矣；春秋时犹有赴告策书，而七国则无有矣。邦无定交，士无定主，此者变于一

百三十三年之间，史之阙文。而后人可以意推者也。”

按太史公作《六国表》只本《秦记》，未见周室史记。

《史记·六国表序》：“秦既得意，烧天下《诗》、《书》，诸侯史记尤甚，为其有所刺讥也。《诗》、《书》所以复见者，多藏人家，而史记独藏周室，以故灭。惜哉，惜哉！独有《秦记》，又不载日月，其文略不具。”

其文之阙轶，当以此为最大关系，又当孟子时，诸侯已去周籍。

《孟子·万章》：“北宫锜问曰：‘周室班爵禄也如之何?’孟子曰：‘其详不可得闻也，诸侯恶其害己也，而皆去其籍。’”

则秦虽不烧诸侯史记，而周家典章制度之变迁，亦未必可考。晋之亡也，其太史抱图法归周。

《吕氏春秋·先识篇》：“晋太史屠黍，见晋公之骄而无德义也，以其图法归周。”

周之衰也，太史儋西见秦伯。

《史记·周本纪》：“烈王二年，周太史儋见秦献公曰：始周与秦国合而别，别五百载复合，合十七岁，而霸王者出焉。”

史官转徙，图籍随之湮沦，则诸侯虽不去之，亦未必完全无缺也。仅就秦史所记，及其他残缺不完之书，推论当时状况，已难得其实际，而论者又多从退化方面著眼，如刘向《战国策序》有曰：

仲尼既没之后，田氏取齐，六卿分晋，道德大废，上下失序。至秦孝公捐礼让而贵战争，弃仁义而用诈谲，苟以取强而已矣。夫篡盗之人，列为侯王，诈谲之国，兴立为强，是以转相放效。后生师之，遂相吞灭，并大兼小。暴师经岁，流血满野。父子不相亲，兄弟不相安，夫妇离散，莫保其命，湣然道德绝矣。

益使人觉此期之史事无足道。然就其变迁之大概言之，有退化者，有进化者，亦不可执一而概其余也。

古代疆域之广袤，颇难质言。以春秋、战国两期较之，则战国时拓地之广，过于春秋远甚。江西、湖南之地，大半为楚、越所辟。

《史记·越世家》："庞、长沙，楚之粟也；竟陵泽，楚之材也；越窥兵通无假之关，此四邑者不上贡事于郢矣。"《正义》："楚之四邑，庞、长沙、竟陵泽也。庞、长沙出粟之地，竟陵泽出材木之地，此邑近长沙潭、衡之境，越若窥兵西通无假之关，则四邑不得北上贡于楚之郢都矣。战国时永、郴、衡、潭、岳、鄂、江、洪、饶并是东南境，属楚也；袁、吉、虔、抚、歙、宣并越西境，属越也。"

越则南及闽中，

《史记·越世家》："楚威王伐越，越以此散，诸族子争立，或为王，或为君，滨于江南海上，……后七世，至闽君摇，佐诸侯平秦。汉高帝复以摇为越王，以奉越后。东越，闽君皆其后也。"

楚则西及巴、蜀、滇、黔，

《史记·西南夷列传》："楚威王时，使将军庄跻将兵循江上，略巴、蜀、黔中以西。……跻至滇池，方三百里，旁平地肥饶数千里，以兵威定，属楚。"

秦伐楚、蜀，其地益广，

《史记·秦本纪》："惠文君九年，司马错伐蜀，灭之。……十三年，攻楚汉中，取地六百里，置汉中郡。……十四年，伐楚，取召陵。丹、犁臣蜀[②]。昭襄王三十年，蜀守若伐楚，取巫郡，及江南为黔中郡。"

西攻义渠，遂置陇西北地诸郡。

《汉书·匈奴传》："魏有西河、上郡，与戎界边。其后义渠之戎，筑城郭以自守，而秦稍蚕食之。至于惠王，遂拔义渠二十五城。惠王伐魏，魏尽入西河及上郡于秦。秦昭王时……伐灭义渠，于是秦有陇西、北地、上郡。”

燕、赵二国开拓北边，所置之郡，亦不下于秦。

《汉书·匈奴传》：“赵武灵王亦变俗胡服，习骑射，北破林胡、楼烦，自代并阴山，下至高阙为塞，而置云中、雁门、代郡。其后燕有贤将秦开，为质于胡，胡甚信之；归而袭破东胡，东胡却千余里。……燕亦筑长城，自造阳至襄平，置上谷、渔阳、右北平、辽西、辽东郡以拒胡。”

三垂之辟，皆由国大力强所致，非封建诸侯尽并而为此四五国者，未能挥斥裔夷若此之广也。

春秋以来，井田之制渐隳。

《左传》襄公三十年：“郑子产为政，使田有封洫，郑人诵之曰：‘取我田畴为伍之。孰杀子产，吾其与之。’”③

战国之初，犹有存者，故李悝作尽地力之教，犹以提封万顷为言，

《汉书·食货志》：“李悝为魏文侯作尽地力之教，以为地方百里，提封九万顷，除山泽邑居。参分去一，为田六百万亩，治田勤谨则亩益三升，不勤则损亦如之。地方百里之增减，辄为粟百八十万石矣。”“今一夫陕五口，治田百亩，岁收亩一石半，为粟百五十石，除十一之税十五石，余百三十五石。食，人月一石半，五人终岁为粟九十石，余有四十五石。石三十，为钱千三百五十；除社闾尝新春秋之祠，用钱三百，余千五十。衣，人率用钱三百，五人终岁用千五百，不足四百五十。不幸疾病死丧之费，及上赋敛，又未与此。此农夫所以常困，有不劝耕之心。”④

然自文侯至孟子时，不过百年上下（魏文侯在位三十八年，武侯十六年，惠王三十六年，襄王十六年），而各国已皆呈经界不正之象，则其变迁之速可想矣。

《孟子·滕文公》："夫仁政，必自经界始。经界不正，井地不钧，谷禄不平，是故暴君污吏必漫其经界。经界既正，分田制禄可坐而定也。"

商鞅与孟子同时，独尸开阡陌之名，

《史记·商君列传》："为田开阡陌封疆。"

《通典》："秦孝公任商鞅，鞅以三晋地狭人贫，秦地广人寡。故草不尽垦，地利不尽出。于是诱三晋之人，利其田宅，复三代，无知兵事，而务本于内，而使秦人应敌于外。故废井田，制阡陌，任其所耕，不限多少。"

《开阡陌辨》（朱子）："《汉志》言秦废井田开阡陌，说者之意，皆以为开置之开，言秦废井田，而始置阡陌也。按阡陌者，旧说以为田间之道，盖因田之疆畔，制其广狭，辨其纵横，以通人物之往来。商君以其急刻之心，行苟且之政，但见田为阡陌所束，而耕者限于百亩，则病其人力之不尽；但见阡陌之占地太广，而不得为田者多，则病其地利之有遗。又当世衰法坏之时，则其归授之际，不免有烦扰欺隐之奸。而阡陌之地，均近民田，又必有阴据以自私，而税不入于公上者。是以一旦奋然不顾，尽开阡陌，悉除禁限，而听民兼并买卖，以尽人力；垦辟弃地，悉为田畴，而不使其有尺寸之遗，以尽地利。使民有田即为永业，而不复归授，以绝烦扰欺隐之奸；使地皆为田，而田皆出税，以核阴据自私之幸。此其为计，正与杨炎疾浮户之弊，而遂破租庸以为两税者同。盖一时之害虽除，而千古圣贤传授精微之意，于此尽矣。故《秦纪》、《鞅传》皆云'为田开阡陌封疆，而赋税平'。蔡泽亦曰'决裂阡陌，以静生民之业，而一其俗'。详味其言，则所谓开者，乃破坏铲削之意，而非创置建立之名。所谓阡陌，乃三代井田之旧，而非秦之所置矣。所谓赋税平者，以无欺隐窃据之奸也。所谓静民生之业者，以无归授取予之烦也。以是数者合而证之，其理可见。”

度他国亦必仿行，而史文不具耳。

《七国考》（明董说）引《水利拾遗》云：“李悝以沟洫为墟，自谓过于周公，未知其说所本。若依此说，则魏之废沟洫，必废阡陌，其事尚早于商鞅矣。”

田制既变，人民之生计，遂至贫富相悬甚远。

《汉书·食货志》：“及秦孝公用商君，坏田井，开阡陌，急耕战之赏，……王制遂灭，僭差亡度。庶人之富者累巨万，而贫者食糟糠。”又引董仲舒说：“秦用商鞅之法，改帝王之制，除井田，民得卖买，富者田连阡陌，贫者亡立锥之地。又颛川泽之利，管山林之饶，荒淫越制，逾侈以相高；邑有人君之尊，里有公侯之富，小民安得不困？又加月为更卒，已，复为正一岁，屯戍一岁，力役三十倍于古；田租、口赋、盐铁之利，二十倍于古。或耕豪民之田，见税什五，故贫民常衣牛马之衣，而食犬彘之食。”

国有之地变为民有，其害在生计不均，其利则在以竞争而促进人之智力。经济之发展，当以此期为最大之关键矣。

春秋之时，惟《管子》有黄金一斤直食若干之语，他书未有言金粟交易之价值者。盖人皆有田，不须购粟，故亦无市价可言。至计然为越王勾践谋国，始以谷价高下相较。

《史记·货殖列传》：“计然曰：‘夫粜，二十病农，九十病末。末病则财不出，农病则草不辟矣。上不过八十，下不减三十，则农末俱利。平粜齐物，关市不乏，治国之道也。”⑤

粟石仅值二三十钱，较之今日，似为极廉。然以家有余粟之人，至于日日购米而食，亦可谓之巨变矣。史称秦并天下，始用二等之币。

《汉书·食货志》："秦兼天下，币为二等：黄金以镒为名，上币；铜钱质如周钱，文曰'半两'，重如其文。"

实则战国之时，已专用黄金，或以镒计，

《孟子·公孙丑》："于齐，王馈兼金一百……，于宋，馈七十镒而受，于薛，馈五十镒而受。"《战国策》："苏秦为赵相，白璧万双，黄金万镒。"

或以斤计，

《战国策》："姚贾出使四国，资车百乘，金千斤。""孟尝君予冯谖车五十乘，金五百斤，西游于梁。梁遣使者黄金千斤，车百乘，往聘孟尝。"

或不言斤镒，而但称金若干。

《战国策》："温囿之礼，岁八十金。""唐睢载音乐，予之五十金。"⑥

《史记·货殖列传》："朱公……善治生者，能择人而任时，十九年之中，三致千金。"

虞、夏、商、周虽有金币，未闻用金如是之多。战国之时，号为乱世，而各国用金，动辄千百斤镒者，又经济之大变也。吾意春秋百数十国，至战国时仅余数十国，各国之府藏储蓄，悉数流衍，此金多之一因也；农夫变而为商贾，治生之术日精，货币与实物交易之量骤增，二因也；僻远之地，以次开辟，矿产必多发见，三因也。史称：周显王六年，天雨金于秦之栎阳，四月至八月，秦自以为得金瑞，作畦畤于栎阳，祀白帝。世无雨金之事，此必矿产之溢出于外者，为风雨鼓荡，而飞于空，故以为雨金耳。又称：蜀王与秦伯遇，秦以金一笥遗之。又作石牛五，朝写金其后，曰"牛便金"；蜀使人请石牛，秦许之，乃遣五丁开道迎石牛，所谓"金牛道"也。此事虽近于小说，然亦可见其时秦国金多矣。世道离衰，物力进步，虽谓战国为黄金时代，非溢词也。

春秋之时，列国交兵，其数之多，不过数万，至多亦不过十万耳。至战国而竞以众胜，靡国不然，苏、张之徒，盛称其数。

> 《史记·苏秦传》："说燕文侯曰：燕地方二千余里，带甲数十万，车六百乘，骑六千匹。""说赵肃侯曰：赵地方二千余里，带甲数十万，车千乘，骑万匹，粟支数年。""说韩宣王曰：韩地方九百余里，带甲数十万。""说魏襄王曰：大王之卒，武士二十万，苍头二十万，奋击二十万，厮徒十万，车六百乘，骑五千匹。" "说齐宣王：齐地方二千余里，带甲数十万，粟如丘山。……临菑之中，七万户。臣窃度之，不下户三男子，三七二十一万，不待发于远县，而临菑之卒，固已二十一万矣。""说楚威王曰：楚地方五千余里，带甲百万，车千乘，骑万匹，粟支十年。"⑦

> 《史记·张仪传》："仪说魏王曰：魏地方不至千里，卒不过三十万。"⑧ "又说楚王曰：秦地半天下，兵敌四国，被险带河，四塞以为固，虎贲之士百余万，车千乘，骑万匹。""说韩王曰：料大王之卒，悉之不过三十万，而厮徒负养在其中矣，除守徼亭障塞，见卒不过二十万而已矣。"

其言虽夸，然实数必去所言不远。观《史表》载秦斩首之数，尤可互证。

> 《史记·六国表》："秦惠文王十三年，庶长章击楚，斩首八万。" "武王四年，拔宜阳城，斩首六万。" "昭王七年，击楚，斩首五万。" "十四年，白起击伊阙，斩首二十四万。" "二十七年，击赵，斩首三万。" "三十三年，伐魏，拔四城，斩首四万。" "三十四年，白起击魏华阳，斩首十三万，沈其卒二万人于河。" "四十七年，白起破赵长平，杀卒四十五万。"

斩杀之多如是，所将之兵之多可知。即曰秦尚首功，或多虚报，然以十为一计之，其多者亦有数万。如白起击伊阙斩首二十四万，以二万四千计之，亦春秋时二军之数矣。秦并六国，用兵尤多，攻楚一役，至六十万。

> 《史记·王翦传》："始皇问李信：'吾欲攻取荆，于将军度用几何人而足?'李信曰：'不过用二十万人。'问王翦，王翦曰：'非六十万人不可。'……王翦曰：'大王必不得已用臣，非六十万人不可。'始皇曰：'为听将军计耳。'于是王翦将兵六十万人。"

若合两方计之，则秦、楚之战，其兵不下百余万矣。吾人读史，不可徒讥其残暴，当知其平时养兵之费，教兵之法，驭兵之方，以及战时指挥调度之才若何，而后可以胜之，非惟大将著名者如起、翦、颇、牧之类，非春秋时卿士将兵者所可及，即其偏裨将校，度亦必有过人之能，而后可与于战事。观韩信论汉高将兵之才不过十万，则战国时人才之多为何如乎？

春秋之时，多世卿执政，其由布衣崛起，骤至卿相者，不数数见也。至战国而风气一变。窭人下士，抵掌游说，往往取贵族世臣之权而代之，而阶级之制遂以渐泯。盖当战国之初，篡位夺国者皆强宗世族，其人虽甘冒不韪，恒惧他人之师其故智。

> 《孟子·万章》："齐宣王曰：'请问贵戚之卿。'曰：'君有大过则谏，反复之而不听，则易位。'王勃然变乎色。曰：'王勿异也，王问臣，臣不敢不以正对。'"此即可以见当时国君之心理。

故思以好贤礼士之名，罗致疏贱之士，畀以国政，而阴削宗族大臣之权，以为其子孙地，此一因也。（按战国之初，魏文侯最好士，其事田子方、段干木，用李克、吴起、西门豹、乐羊子，皆以抑其宗族也。史称公子季成谓魏侯曰："君与子方齐礼，假有贤于子方者，君又何以加之?"魏侯曰："如子方者，非成所得议也。仁人也者，国之宝也；智士也者，国之器也；博通士也者，国之尊也。子方，仁人也；非成之所得议也。"公子季成自退于郊，三日请罪。季成为文侯弟，且为魏相，而文侯抑之如此，可以窥其隐矣。）疏贱之士，既握政柄，必与贵戚世臣不相容，恃其言听计从，则力排异己以为快，虽有因之失败如吴起、商君之类者。

《史记·吴起传》："魏侯时，公叔为相，尚魏公主，而害吴起。……吴起惧得罪，遂去，即之楚。楚悼王素闻起贤，至则相楚。明法审令，捐不急之官，废公族疏远者，以抚养战斗之士。要在强兵，……故楚之贵戚尽欲害吴起。及悼王死，宗室大臣作乱，而攻吴起，吴起走之王尸而伏之。击起之徒，因射刺吴起，并中悼王。悼王既葬，太子立，乃使令尹尽诛射吴起，而并中王尸者，坐射起而夷宗死者，七十余家。"又，《商鞅传》："商君相秦十年，宗室贵戚多怨望者。……秦孝公卒，太子立。公子虔之徒，告商君欲反，发吏捕商君。商君亡，……秦发兵攻商君，杀之于郑黾池。"又，《范睢传》："范睢因请间说曰'臣居山东时，闻齐之有田文，不闻其有王也；闻秦之有太后、穰侯、华阳、高陵、泾阳，不闻其有王也。……今自有秩以上至诸大吏，下及王左右，无非相国之人者。见王独立于朝，臣窃为王恐，万世之后，有秦国者，非王子孙也。'昭王闻之大惧。曰：'善。'于是废太后，逐穰侯、高陵、华阳、泾阳君于关外。秦王乃拜睢为相。"⑨

而游士相踵，争取高位，贵族不能一一倾之，而列国之风气，以之大变，此二因也。国家积弱，宗族大臣不能自振，则人主急于求士，士亦争往归之，此三因也。

《史记·秦本纪》："孝公时，河山以东强国六，……秦僻在雍州，不与中国诸侯之会盟，夷翟遇之。孝公于是布惠，振孤寡，招战士，明功赏。下令国中曰：'宾客群臣有能出奇计强秦者，吾且尊官，与之分土。'"又《乐毅传》："燕昭王以子之乱，而齐大败燕，昭王怨齐，未尝一日而忘报齐也。燕国小，僻远，力不能制，于是屈身下士，先礼郭隗以招贤者。”

数千年之贵族政治，以此三因，遂渐转而入于平民之手，岂非至奇之事乎?!

战国之初，惟人君好士，如魏文侯、齐宣王之类，皆其著者也。

《史记·田敬仲完世家》：“宣王喜文学游说之士，自如驺衍、淳于髡、田骈、接子、慎到、环渊之徒七十六人，皆赐列第，为上大夫，不治而议论。是以齐稷下学士复盛，且数百千人。”

其后，则大臣贵族亦以养士为高，士无贤不肖，麇聚而求食，遂成一时之风气。

《史记·孟尝君列传》：“孟尝君在薛，招致诸侯宾客及亡人有罪者，皆归孟尝君。孟尝君舍业厚遇之，以故倾天下之士。食客数千人，无贵贱，一与文等。”又《平原君传》：平原君“喜宾客，宾客盖至者数千人”。又《魏公子传》：信陵君“仁而下士，士无贤不肖，皆谦而礼交之，不敢以其富贵骄士。士以此方数千里争往归之，致食客三千人”。又《春申君传》：“春申君为楚相，客三千余人，其上客皆蹑珠履。”又《吕不韦传》称：“吕不韦家僮万人。以信陵、春申、平原、孟尝皆下士喜宾客以相倾。不韦……羞不如，亦招贤士，厚遇之，至食客三千人。”

苏轼论此事，至谓六国之所以久存，秦之所以速亡，盖出于此[10]。虽未必尽然，然亦不可谓非一因也。战国之君，权势之隆，过于周之天子。即其公卿大臣，亦不下于周之诸侯。徒以养士之风，阴弭贵贱之阶级，而王公贵人之权威，转有不敌匹夫之名誉者。

《说苑·尊贤篇》：“魏击遇田无择于途，下车趋谒，无择坐乘如故。击意不说，因问曰：‘不识富贵者骄人乎，抑贫贱者骄人乎?’无择曰：‘亦贫贱者骄人耳，富贵者安敢骄人？诸侯骄人，则失其国；大夫骄人，则失其家。士贫贱，行不合，言不用，则蹑履而适秦、楚耳，安往而不得贫贱乎？富贵者奈何能同之哉？'击乃再拜而后退。"

《战国策》："齐宣王见颜斶曰：'斶前！'斶亦曰：'王前！'宣王不悦。左右曰：'王，人君也；斶，人臣也。王曰斶前，斶亦曰王前，可乎？'斶对曰：'夫斶前为慕势，王前为趋士，与使斶为慕势，不如使王为趋士。'王忿然作色曰：'王者贵乎？士贵乎？'对曰：'士贵耳，王者不贵。'"

观战国时人之议论，可想见其时士气之盛，故战国虽为极残暴极混乱之时，然亦可谓极平等极自由之时。有挟策以干时者，有隐居而遁迹者。王公贵人不屈己以求士，士不之附；即屈己以求之，亦有终不可得而屈者。而贵贱之位乃相反，此亦他国史策所罕见者也。

战国之时，不独重士，且甚重民。盖当时有国者，虽日事战争，残民以逞，而国家常备之兵，非有百万或数十万，必不足以一战。兵出于民，民多则兵多，故恒以地狭民寡为虑，而于来民及养民之术，不惮勤求，而民遂为有国者之所重矣。

《商子·算地篇》："凡世主之患，用兵者不量力，治草莱者不度地。故有地狭而民众者，民胜其地；地广而民少者，地胜其民。民胜其地，务开。地胜其民，事来。"《徕民篇》："秦之所与邻者三晋也，所欲用兵者韩、魏也。彼土狭而民众，……此其土不足以生其民也，似有过秦民之不足以实其土也。今利其田宅，而复之三世，然则山东之民无不西者矣。"

秦既重民，三晋也知重之。观赵威后之言，尤为深识立国之本：

《战国策》："齐王使使者问赵威后，书未发，威后问使者曰：'岁亦无恙耶？民亦无恙耶？王亦无恙耶？'使者不悦曰：'臣奉使使威后，今不问王，而先问岁与民，岂先贱而后尊贵者乎？'威后曰：'不然。苟无岁，何有民？苟无民，何有君？故有舍本而问末者耶？’”

正不独《孟子》有“民贵君轻”，《吕览》有“顺民心而立功名”之说也。

《孟子·尽心》：“民为贵，社稷次之，君为轻。”

《吕氏春秋·顺民篇》：“以德得民心，以立大功者，上古多有之矣；失民心而立功名者，未之曾有也。”

国家知对外之本于民力，又由民力之盛衰，推及于政法之良否，则政法因以革新，而吏治亦必整肃，此皆相缘而为因果者也。春秋之时，惟管仲知改革政法，其余列国之卿大夫，大都因循旧制，图补敝救偏之计，或因私利而更旧制。如鲁之用田赋作丘甲之类，止可以为民病，不能有利于国与民也。战国时国家之形式，既与春秋时迥殊，故其立国之精神，亦不得不变。而凡有识之士，多致意于改革，新旧争执，相因以生。如商鞅、申不害、赵武灵王、楚怀王，皆力图改革，而秦、赵二国新旧之斗最烈。

《周季编略》：“韩申不害既相，以韩地墽民险，介于大国之间，晋国之故礼未灭，韩国之新法重出；先君之令未收，后君之令又下，新古相反，前后相缪，百官皆乱，不知所用，于是更定其法。韩侯问曰：‘行法何其难乎？’不害对曰：‘法者见功而与赏，因能而授官。今君设法而徇左右之请，此所以难行也。’韩侯曰：‘吾自今知行法矣。’”

《史记·商君传》：“孝公既用卫鞅，鞅欲变法，恐天下议己。卫鞅曰：‘疑行无名，疑事无功。且夫有高人之行者，固见非于世；有独知之虑者，必见敖于民。愚者暗于成事，知者见于未萌。民不可与虑始，而可与乐成。论至德者不和于俗，成大功者不谋于众。是以圣人苟可以强国，不法其故；苟可以利民，不循其礼。’孝公曰：‘善。’甘龙曰：‘不然。圣人不易民而教，知者不变法而治。因民而教，不劳而成功；缘法而治者，吏习而民安之。’卫鞅曰：‘龙之所言，世俗之言也。常人安于故俗，学者溺于所闻，以此两者居官守法可也，非所与论于法之外也。三代不同礼而王，五伯不同法而霸。智者作法，愚者制焉；贤者更礼，不肖者拘焉。’杜挚曰：‘利不百，不变法；功不十，不易器。法古无过，循礼无邪。’卫鞅曰：‘治世不一道，便国不法古。故汤、武不循古而王，夏、殷不易礼而亡。反古者不可非，而循礼者不足多。’孝公曰：‘善。’”又《赵世家》：“赵武灵王曰：‘吾欲胡服。’楼缓曰：‘善。’群臣皆不欲。于是肥义侍。王曰：‘……夫有高世之功者，负遗俗之累；有独智之虑者，任骜民之怨。今吾将胡服骑射以教百姓，而世必议寡人，奈何?’肥义曰：‘臣闻疑事无功，疑行无名。王既定负遗俗之虑，殆无顾天下之议矣。夫论至德者，不和于俗；成大功者，不谋于众。……愚者暗成事，智者睹未形，则王何疑焉?’王曰：‘吾不疑胡服也，吾恐天下笑我也。狂夫之乐，智者哀焉；愚者所笑，贤者察焉。世有顺我者，胡服之功未可知也。虽驱世以笑我，胡地中山吾必有之。’于是遂胡服矣。……公子成曰：‘臣闻中国者，盖聪明徇智之所居也，万物财用之所聚也，贤圣之所教也，仁义之所施也，《诗》、《书》、《礼》、《乐》之所用也，异敏技能之所试也，远方之所观赴也，蛮夷之所义行也。今王舍此而袭远方之服，变古之教，易古之道，逆人之心而拂学者，离中国，故臣愿王之图之也。……’王遂往之公子成家，因自请之，曰：‘夫服者，所以便用也；礼者，所以便事也。圣人观乡而顺宜，因事而制礼，所以利其民而厚其国也。……乡异而用变，事异而礼易，是以圣人果可以利其国，不一其用；果可以便其事，不同其礼。儒者一师而俗异，中国同礼而教离，况于山谷之便乎？……今叔之所言者，俗也；吾所言者，所以制俗也。’公子成听命，于是始出胡服令也。赵文、赵造、周袑、赵俊皆谏止王毋胡服，如故法便。王曰：'先王不同俗，何古之法？帝王不相袭，何礼之循？……谚曰：以书御者，不尽马之情；以古制今者，不达事之变。循法之功，不足以高世；法古之学，不足以制今。子不及也。'遂胡服招骑射。"又《屈原传》："怀王使屈原造为宪令，屈平属草藁，未定。上官大夫见而欲夺之，屈平不与。因谗之曰：'王使屈平为令，众莫不知，每一令出，平伐其功，曰：以为非我莫能为也。'王怒而疏屈平。"[11]

此等争执，至韩非时犹然。

《韩非子·五蠹篇》："今有构木钻燧于夏后氏之世者，必为鲧、禹笑矣；有决渎于殷、周之世者，必为汤、武笑矣。然则今有美尧、舜、禹、汤、武之道于当今之世者，必为新圣笑矣。是以圣人不期修古，不法常可，论世之事，因为之备。""故曰：事异则备变。上古竞于道德，中世逐于智谋，当今争于气力。""夫古今异俗，新故异备，如欲以宽缓之政，治急世之民，犹无辔策而御駻马，此不知之患也。"

大抵墨守故制者，不知社会变迁进化之理，其说常绌。识时知变者，又专务苟且偷薄，虽适于时，而其为法亦不能以无弊。战国之时代，盖新党竞胜旧党之时代也。后世新旧争执之议论，多不能出其范围，故备列之，以资学者考镜焉。

胡服骑射，为社会状况变革之最大者。近海宁王氏研究胡服之源流，援据甚博，兹附录之，以见古之所谓胡服者，今且视为汉人之古制矣。

《古胡服考》（王国维）："胡服之入中国，始于赵武灵王[12]。其制，冠则惠文[13]，其带具带[14]，其履鞾[15]，其服上褶下袴[16]，战国之季，他国已有效其服者[17]。至汉而为近臣及武士之服，或服其冠，或服其服，或并服焉。汉末军旅数起，服之者多，于是始有袴褶之名。魏、晋以后，至于江左，士庶服之，百官服之，天子亦服之。然但以为戎服及行旅之服而已。北朝造自戎夷，此服尤甚，至施之于妇女。后魏之初，以为常服及朝服，后虽复古衣冠，而此服不废。隋则取其冠以为天子之戎服，取其服为天子田猎豫游之服，皇太子侍从田狩之服，上下公服武官侍从之服，取其带与履，以为常服。唐亦如之。武弁之服，用其冠；平巾帻之服，用其服，常服用其带与履。唐季褶服渐废，专用常服。宋初议复之而未行，然仪卫中常用之。又自六朝至唐，武官小吏流外，多服袴褶，此胡服行于中国之大略也。”

骑射之法，实不始于赵武灵王。顾氏《日知录》尝言之。

　　《日知录》：“春秋之世，戎翟之杂居于中夏者，大抵皆在山谷之间，兵车之所不至。齐桓、晋文仅攘而却之，不能深入其地者，用车故也。中行穆子之败翟于大卤，得之毁车崇卒，而智伯欲伐仇犹，遗之大钟，以开其道，其不利于车可知矣。势不得不变而为骑，骑射所以便山谷也，胡服所以便骑射也。是以公子成之徒谏胡服，而不谏骑射，意骑射之法，必有先武灵而用之者矣。”惠栋曰：“案《韩非子》秦穆公送重耳畴骑二千，则单骑不始于六国。”

按苏秦以周显王三十五年说燕，三十六年说赵；赵肃侯之十七年也，距武灵王胡服，凡二十六年，而其言已历称某国骑几千匹，某国骑几万匹，是骑射之法，在武灵王未胡服之先已盛行矣。惟其由车战骤变而盛行骑兵之制，则未能质言其事也。

顾氏亦云六国之时始有单骑，苏秦所云车千乘，骑万匹，是也，而未考苏秦先于赵武灵王。吴起仕魏，卧不设席，行不骑乘，事在周威烈王二十三年，见《通鉴》卷一，亦先于苏秦。

注　释

①贞王介，《史记》作定王，误。兹从黄式三《周季编略》。

②《正义》：二戎号也，臣伏于蜀。蜀相杀蜀侯，并丹、犁二国降秦。在蜀西南姚府管内，本西南夷，战国时蜀、滇国，唐初置犁州、丹州也。

③据此，知子产未为政时，郑之田亩殆已久无封洫。子产欲复旧制，而郑人怨之，他国度亦如是。

④按悝之计地，既以提封为言，又以一夫百亩十一之税计算，皆周法尚存之证；惟以生计艰难，故旧法不得不变耳。

⑤当时粟一石不过数十钱，李悝论粟价，亦曰“粟三十”，可互证。

⑥此疑以斤计。

⑦《战国策》文同。

⑧按此数可与苏秦所说之数相参，一言其多，一言其少，度必不下三十五万。

⑨睢后用蔡泽之言，以商君等为鉴，故未为贵族所害。

⑩见《东坡志林》。

⑪按原为宪令，当亦因旧法未便，欲改定楚国法制，惜未成耳。

⑫《史记·六国表》：“赵武灵王十九年，初胡服。”

⑬司马彪《续汉书·舆服志》：武冠一曰武弁大冠，诸武官服之。侍中、中常侍加黄金珰，附蝉为文，貂尾为饰，谓之赵惠文冠。胡广说曰：赵武灵王效胡服，以金珰饰首，前插貂尾，为贵职。秦灭赵，以其君冠赐近臣。

⑭《赵策》：赵武灵王赐周绍胡服衣冠，具带黄金师比以傅王子也。具带者，黄金具带之略。古大带、革带皆无饰，有饰者，胡带也。

⑮《广韵》八戈引《释名》：鞾本胡服，赵武灵王所服。

⑯《史记·赵世家正义》：胡服谓今时服也，废除裘裳也。案胡服之衣，《赵策》及《赵世家》皆无文，自来亦无质言之者，惟张守节《正义》以唐之时服当之。唐之时服，有常服袴褶二种，今定以为上褶下袴，即以后世所谓袴褶服者当之。由胡服之冠带履知之也。

⑰《楚辞·大招》：小腰秀颈，若鲜卑只。《汉书·艺文志》《鹖冠子》注：楚人居深山，以鹖为冠。

第二十八章　诸子之学

子者，男子之通称，非书名也。

《白虎通》："子者，丈夫之通称也。"

以人之称称其书，殆始于申不害。

《史记·老子韩非列传》："申子之学，本于黄、老而主形名。著书二篇，号曰《申子》。"

按《史记》载诸子之书，或称其篇，或称其书，或称其著书。如《管晏列传》论"吾读管氏《牧民》、《山高》、《乘马》、《轻重》、《九府》[①]及《晏子春秋》[②]，详哉其言之也"；《老子传》"于是老子乃著书上下篇，言道德之意五千余言而去"；《庄子传》"其著书十余万言，大抵率寓言也"[③]之类，未尝言其书号曰某子，惟《申子传》称其号曰《申子》，似申子著书之时，即号曰《申子》。

至汉刘向校诸子，刘歆作《诸子略》，于是百家之学，专以子名。

《汉书·艺文志》："成帝时，诏光禄大夫刘向校经传诸子诗赋[④]。向子歆卒父业，有《诸子略》。"

至《隋书·经籍志》遂有子部之目，

《隋书·经籍志》："《汉书》有诸子、兵书、数术、方伎之略，今合而叙之，为十四种，谓之子部。"

其名虽不当，今亦无以易之也。《七略》所列诸子，始于神农、黄帝，其书既多出于伪托，亦不称子。称子之书，最古者以《鬻子》为首，次则《管子》、《晏子》、《老子》诸书。

《汉书·艺文志》："《鬻子》二十二篇[5]。《鬻子说》十九篇。"[6]

按小说家尚有《务成子》十一篇，似先于《鬻子》，然志已称其非古语，故以《鬻子》为称子之书之首。

此皆后人追题，非当时即称为某子也。自春秋以降，其书益多，且多称某子，至秦、汉而渐衰，则谓诸子之书，以战国为最盛可也。

诸子之学，各有家法，主奴是非，言人人殊。以今所传诸书考之，自战国及西汉学者评论诸子之说甚夥。如：

《孟子·滕文公》："杨朱、墨翟之言盈天下，天下之言，不归杨，则归墨。杨氏为我，是无君也；墨氏兼爱，是无父也。无君无父，是禽兽也。"《尽心》："杨子取为我，拔一毛而利天下，不为也；墨子兼爱，摩顶放踵利天下，为之。"

则专论杨子、墨子者也。

《庄子·天下篇》："墨翟、禽滑釐之意则是，其行则非也。……虽然，墨子真天下之好也，将求之不得也，虽枯槁不舍也。才士也夫！""宋钘、尹文周行天下，上说下教，虽天下不取，强聒而不舍也。故曰上下见厌而强见也。虽然，其为人太多，其自为太少。""慎到之道，非生人之行，而至死人之理，适得怪焉。田骈亦然，学于彭蒙，得不教焉。……其所谓道非道，而所言之韪，不免于非。彭蒙、田骈、慎到不知道。虽然，概乎皆尝有闻者也。”“关尹、老聃乎！古之博大真人哉！”“庄周以谬悠之说，荒唐之言，无端崖之辞，时恣纵而不傥，不以觭见之也。以天下为沈浊，不可与庄语。以卮言为曼衍，以重言为真，以寓言为广。独与天地精神往来，而不敖倪于万物，不谴是非，以与世俗处。其书虽瓌玮而连犿无伤也。其辞虽参差而諔诡可观。”“惠施多方，其书五车，其道舛驳，其言也不中。”“桓团、公孙龙辩者之徒，饰人之心，易人之意，能胜人之口，不能服人之心，辩者之囿也。惠施日以其知与人之辩，特与天下之辩者为怪，此其柢也。”

则遍论墨翟、禽滑釐、宋钘、尹文、慎到、田骈、彭蒙、关尹、老聃、惠施、桓团、公孙龙诸子，而兼述周之所独得者也。

《荀子·非十二子篇》：“纵情性，安恣睢，禽兽行，不足以合文通治；……是它嚣、魏牟也。忍情性，綦谿利跂，苟以分异人为高，不足以合大众，明大分；……是陈仲、史䲡也。不知壹天下建国家之权称，上功用，大俭约而僈差等，曾不以容辨异、县君臣，……是墨翟、宋钘也。尚法而无法，不循[7]而好作，上则取听于上，下则取从于俗，终日言成文典，反紃察之，则倜然无所归宿，不可以经国定分；……是慎到、田骈也。不法先王，不是礼义，而好治怪说，玩琦辞，甚察而不惠，辩而无用，多事而寡功，不可以为治纲纪；……是惠施、邓析也。略法先王而不知其统，犹然而材剧志大，闻见杂博。案往旧造说，谓之五行，甚僻远而无类，幽隐而无说，闭约而无解。……子思唱之，孟轲和之，……是则子思、孟轲之罪也。”《解蔽篇》：“墨子蔽于用而不知文，宋子蔽于欲而不知得，慎子蔽于法而不知贤，申子蔽于势而不知知，惠子蔽于辞而不知实，庄子蔽于天而不知人。”

则杂论它嚣、魏牟、陈仲、史鳍、墨翟、宋钘、慎到、田骈、惠施、邓析、子思、孟轲、申不害、庄周诸家者也[8]。

《韩非子·显学篇》：“世之显学，儒、墨也。儒之所至，孔丘也。墨之所至，墨翟也。自孔子之死也，有子张之儒，有子思之儒，有颜氏之儒，有孟氏之儒，有漆雕氏之儒，有仲良氏之儒，有孙氏之儒，有乐正氏之儒。自墨子之死，有相里氏之墨，有相夫氏之墨，有邓陵氏之墨。故孔、墨之后，儒分为八，墨离为三，取舍相反不同，而皆自谓真孔、墨，孔、墨不可复生，将谁使定世之学乎?”

则论孔、墨二家，兼及其徒之传其学者也。

《吕氏春秋·不二篇》：“老聃贵柔，孔子贵仁，墨翟贵廉，关尹贵清，子列子贵虚，陈骈贵齐[9]，阳生贵己[10]，孙膑贵势，王廖贵先，兒良贵后。”[11]

则论老聃、孔子、墨翟、关尹、列子、田骈、杨朱、孙膑、王廖、兒良诸子，而各以一字揭其主义者也。

《淮南子·要略》：“孔子修成康之道，述周公之训，以教七十子。使服其衣冠，修其篇籍，故儒者之学生焉。”“墨子学儒者之业，受孔子之术，以为其礼烦扰而不说，厚葬靡财而贫民，久服伤生而害事，故背周道而用夏政。”“齐桓公忧中国之患，苦夷狄之乱，欲以存亡继绝，崇天子之位，广文、武之业，故管子之书生焉。”“齐景公内好声色，外好狗马，……故晏子之谏生焉。”“六国诸侯，……力征争权，……故纵横修短生焉。”“申子者，韩昭釐之佐。韩，晋别国也，……晋国之故礼未灭，韩国之新法重出，……新故相反，前后相缪；百官背乱，不知所用，故刑名之书生焉。”“秦国之俗，贪狠强力，寡义而趋利，可威以刑而不可化以善。可劝以赏而不可厉以名，……故商鞅之法生焉。”

则论孔子、墨子、管子、晏子、申子、商子及纵横长短之学之发源也。综而观之，诸家所论，自孔、老、管、晏、史鳍、关尹、邓析之外，皆战国时之学者。按其学派，则子思、孟轲，儒家也，列子、杨朱、庄周，道家也，墨翟、禽滑釐，墨家也，慎到、申不害、商鞅，法家也，尹文、惠施、公孙龙，名家也，孙膑、兒良，兵家也。其学派不明，而可以其并举之人推测者，如《庄子》以宋钘、尹文并举，《荀子》以墨翟、宋钘并举，则宋钘之学，兼有墨家、名家之性质矣。《庄子》以田骈、彭蒙与慎到并举，《荀子》亦以田骈与慎到并举，则田骈、彭蒙为法家矣[12]。它嚣、魏牟，不知为何家，杨倞谓魏牟即《艺文志》道家之公子牟，则它嚣疑亦近于道家。桓团与惠施、公孙龙并称，亦名家也。王廖与兒良并称，亦兵家也。惟陈仲子见于《荀子》，亦见于《孟子》，而其学派无可归附耳。

诸子所论之外，则有《史记》诸子之传，老、庄、申、韩、商君等既各有传，而《孟子荀卿列传》中，复杂举驺衍、淳于髡、环渊、接子、驺奭、剧子、李悝、尸子、长卢、吁子等人，而谓世多有其书。

《史记·孟子荀卿列传》：“自驺衍与齐之稷下先生，如淳于髡、慎到、环渊、接子、田骈、驺奭之徒，各著书言治乱之事。”“赵有公孙龙，为坚白同异之辩，剧子之言；魏有李悝尽地力之教；楚有尸子、长卢；阿之吁子焉[13]。自如孟子至于吁子，世多有其书，故不论其传云。”

是又孟、荀、庄、吕，刘安所未论列，而其学皆能成家者也。然诸子所指斥及称道者，既各挟己见，未足尽当时之学派；史公作传，又以世有其书，略而不详。欲知战国诸子之学之大纲，及其源流派别，舍刘歆《诸子略》及班固所述为《艺文志》者，蔑有更备焉。予尝就《艺文志》所引诸书，国别而家析之，以期推见当时风气之梗概，为表如后。

下表皆确有国籍可考。其仅知为六国时人之书，不能定为何国何人者，如：

〔儒家〕《景子》三篇。《公孙尼子》二十八篇。《王孙子》一篇。《李氏春秋》二篇。

〔道家〕《黄帝君臣》十篇。《杂黄帝》五十八篇。《力牧》二十二篇。《孙子》十六篇。《王狄子》一篇。《官孙子》二篇。

〔阴阳家〕《公梼生终始》十四篇。《公孙发》二十二篇[14]。《乘丘子》五篇。《容成子》十四篇。《将钜子》五篇。

〔墨家〕《我子》一篇。《随巢子》六篇。《胡非子》三篇[15]。

〔农家〕《神农》二十篇。《野老》十七篇。

综计诸家之书，凡七十九家，千二百四十三篇。而屈原、宋玉之词赋，孙膑、吴起之兵法，尚不与焉[16]。何战国时人之著作，若是之盛欤！以作者言，则儒家为多；以篇章言，则阴阳家多；以国籍言，则齐人为多。而卫有商君，韩有韩非子，作者虽少，已足为其国光。辜榷诸邦，惟燕最逊，庞煖之书，合之兵家所载，仅得五篇，今亦不传（《艺文志》兵权谋十三家中，有《庞煖》三篇）。燕为晚进之国，其文化劣于中土，即此可见矣。

《庄子》谓诸子之学出于古之道术，《艺文志》称诸家皆出于官守，其言至当而不可易。其个人师授之源流，亦略可考见。墨子师史角之后。

《吕氏春秋·当染篇》："鲁惠公使宰让请郊庙之礼于天子，桓王使史角往，惠公止之。其后在于鲁，墨子学焉。"[17]

又有得于儒家[18]，禽滑釐受业于子夏，

《史记·儒林传》："如田子方、段干木、吴起、禽滑釐之属，皆受业于子夏之伦，为王者师。"

（按史称子夏之伦，未必即为子夏。孙诒让之《墨子间诂》谓其与田子方、段干木、吴起受业于子夏，故仍之。若以吴起为例，则当为曾子弟子，非子夏弟子也。）后又学于墨子，

《吕氏春秋·当染篇》："禽滑釐学于墨子。"

而为墨家大师。孟子受业子思之门人，

《史记·孟子传》："轲，邹人也。受业子思之门人。"

其门人有孟仲子，兼学于李克，授《诗》于根牟子，递传至荀卿[19]。史但称荀卿"游学于齐"，

《史记·荀卿传》："荀卿，赵人，年五十始来游学于齐。"[20]

而不言其所师何人。实则荀卿之学，远承子夏，近承孟子。其《非十二子篇》之诋孟子、子夏，及论性恶与孟子相反，犹之墨翟、禽滑釐同出于儒家，而其后自立学派，后极诋孔子也。（按荀卿之师，自根牟子之外，又有虞卿、穀梁俶、轩臂子弓诸人。刘向《别录》[21]云："左丘明授曾申，曾申授吴起，起授其子期，期授楚铎椒，椒作《钞撮》八卷授虞卿，卿作《钞撮》九卷授孙卿，卿授张苍。"是荀卿受《左传》于虞卿也。杨士勋《穀梁疏》云："穀梁子，名俶，字元始，一名赤，鲁人。受经于子夏，为

经作传，授孙卿，卿传鲁人申公。”是荀卿受《穀梁传》于穀梁子也。荀卿书累称仲尼、子弓，自唐韩愈以为子弓即《仲尼弟子列传》之馯臂子弓。）苏秦、张仪俱事鬼谷先生，

《史记·苏秦传》：“苏秦者，东周雒阳人也。东事师于齐，而习之于鬼谷先生。”《史记·张仪传》：“张仪者，魏人也。始尝与苏秦俱事鬼谷先生，学术，苏秦自以不及张仪。”

鬼符先生不知为何人，据应劭说，为六国时纵横家。

《史记集解》（裴骃）：骃按《风俗通义》：“鬼谷先生，六国时纵横家。”

世多以从横之术为仪、秦所倡，观《史记·吴起传》及苏秦之言，则秦之先已有驰说纵横者。

《史记·吴起传》：“要在强兵，破驰说之言从横者。”㉒《史记·苏秦传》：“说赵肃侯曰：夫衡人者，皆欲割诸侯之地以予秦。……又夫衡人日夜务以秦权恐愒诸侯。”㉓

鬼谷先生之为纵横家，当非悬测之言也。商君师尸佼，

《汉书·艺文志》中《尸子》二十篇注：“名佼，鲁人。秦相商君师之。鞅死，佼逃入蜀。”王应麟曰：“《史记》：‘楚有尸子。’注引刘向《别录》：‘疑谓其在蜀。’今按《尸子》书，晋人也，名佼，秦相卫鞅客也。鞅谋事画计，立法理民，未尝不与佼规也。商君被刑，佼恐并诛，乃逃入蜀，造二十篇书，凡六万余言。”王先谦曰：“注‘鲁’乃‘晋’之讹。”㉔

韩非师荀卿，

《史记·韩非传》：“非与李斯俱事荀卿，自以为不如非。

而二人者皆不说学，

《商子·农战篇》：“境内之民，皆化而好辩乐学；事商贾，为技艺，避农战。如此，则不远矣。”“虽有《诗》、《书》，乡一束，家一员，独无益于治也。”《去强》：“国有礼、有乐、有诗、有书、有善、有修、有孝、有悌、有廉、有辩。国有十者。上无使战，必削之亡；国无十者，上有使战，必兴至王。”

《韩非子·五蠹篇》：“今境内之民，皆言治，藏商、管之法者家有之，而国愈贫，言耕者众，执耒者寡也。境内皆言兵，藏孙、吴之书者家有之，而兵愈弱，言战者多，被甲者少也。”“乱国之俗，其学者则称先王之道，以藉仁义，盛容服，而饰辩说，以疑当世之法，而贰人主之心。其言古者，为设诈称，借于外力，以成其私，而遗社稷之利，……此邦之蠹也。”《显学篇》：“藏书策，习谈论，聚徒役，服文学而议说，世主必从而礼之，曰：‘敬贤士，先王之道也。’夫吏之所税，耕者也，而上之所养，学士也。耕者则重税，学士则多赏，而索民之疾作而少言谈，不可得也。”

故亦无弟子传其学。杨朱师老聃，

《列子·黄帝篇》：“杨朱南之沛，老聃西游于秦，邀于郊。至梁而遇老子。老子中道仰天而叹曰：‘始以汝为可教，今不可教也。’杨朱不答。至舍，进涫漱巾栉，脱履户外，膝行而前曰：‘向者夫子仰天而叹曰：始以汝为可教，今不可教。弟子欲请，夫子辞行不闲，是以不敢。今夫子闲矣，请问其过。’老子曰：‘而睢睢而盱盱，而谁与居？大白若辱，盛德若不足。’杨朱蹴然变容曰：‘敬闻命矣。’”

列子师壶丘子、老商氏，

《列子·黄帝篇》：“有神巫自齐来，处于郑，命曰季咸，知人生死、存亡、祸福、夭寿，期以岁、月、旬、日，如神。郑人见之，皆避而走。列子见之而心醉，而归以告壶丘子曰：始吾以夫子之道为至矣，则又有至焉者矣。”《仲尼篇》：“子列子既师壶丘子林。”《黄帝篇》：“列子师老商氏，友伯高子。进二子之道，乘风而归。”

《仲尼篇》：“子列子学也，三年之后，心不敢念是非，口不敢言利害，始得老商一眄而已。五年之后，心更念是非，口更言利害，老商始一解颜而笑。七年之后，从心之所念，更无是非，从口之所言，更无利害。夫子始一引吾并席而坐。九年之后，横心之所念，横口之所言，亦不知我之是非利害欤？亦不知彼之是非利害欤？外内进矣，而后眼如耳，耳如鼻，鼻如口，口无不同。心凝形释，骨肉都融；不觉形之所倚，足之所履，心之所念，言之所藏。如斯而已。”

其弟子甚多，

《列子·仲尼篇》：“子列子而与南郭子连墙，二十年不相谒请；……门之徒役，以为子列子与南郭子有敌，不疑。有自楚来者，问子列子曰：‘先生与南郭子奚敌？’子列子曰：‘南郭子貌充心虚，耳无闻，目无见，口无言，心无知，形无惕。往将奚为？虽然，试与汝偕往。’阅弟子四十人同行。”《天瑞篇》：“子列子适卫，食于道。从者见百岁髑髅，攓蓬而指。顾谓弟子伯丰曰：唯予与彼知而未尝生未尝死也。”

然《列子》多寓言，亦未必可尽信。

《列子·黄帝篇》：“杨朱南之沛，遇老子。”注：“杨朱不与老子同时，此皆寓言也。”

要而论之，战国时传授学术者，犹以齐、鲁为多，子思、孟子、尸佼之类，皆鲁人也。苏秦、张仪、荀卿俱至齐游学，而荀卿在齐最为老师。

《史记·荀卿传》：“齐襄王时，而荀卿最为老师。齐尚修列大夫之缺，而荀卿三为祭酒焉。”

《列子》称齐、鲁多机，明其时齐、鲁人材独多矣。

《列子·仲尼篇》：“伯丰子之从者曰：大夫不闻齐、鲁之多机乎？有善治土木者，有善治金革者，有善治声乐者，有善治书数者，有善治军旅者，有善治宗庙者，群才备也。”

诸子之学之影响及于当时者，其初以墨学为最盛，南被楚、越，

《墨子·鲁问篇》：“楚惠王将攻宋，墨子自鲁至郢止之。”“子墨子游公尚过于越，公尚过说越王，越王大说。谓公尚过曰：‘先生苟能使子墨子至于越而教寡人，请裂故吴之地方五百里以封子墨子。’”

西及秦国，

《吕氏春秋·去宥篇》：“东方之墨者谢子，将西见秦惠王，惠王问秦之墨者唐姑果。”

故其时有东方之墨者，西方之墨者，南方之墨者。

《庄子·天下篇》：“相里勤之弟子五侯之徒，南方之墨者，苦获、已齿、邓陵子之属。”

世称为显学，且曰其言盈天下，而其后遂日微。今之论者，谓由于儒家、法家反对其说，及墨家诡辩太微妙之故。吾以为别有三因焉。

一则刻苦太过，不近人情。

《庄子·天下篇》："墨翟、禽滑釐之意则是，其行则非也。将使后世之墨者，必自苦以腓无胈、胫无毛，相进而后已矣。乱之上也，治之下也。"

一则互相猜忌，争为钜子。

《庄子·天下篇》："南方之墨者，……倍谲不同，相谓别墨，以坚白同异之辩相訾，以觭偶不仵之辞相应，以钜子为圣人，皆愿为之尸，冀得为其后世，至今不决。"《吕氏春秋·去宥篇》："唐姑果恐王之亲谢子贤于己也，对曰：'谢子，东方之辩士也。其为人甚险，将奋于说以取少主也。'王因藏怒以待之。谢子至，说王。王弗听，谢子不说，遂辞而行。"

一则骛外徇名，易为世夺。

《吕氏春秋·上德篇》："墨者钜子孟胜，善荆之阳城君。阳城君令守于国，毁璜以为符，约曰：'符合听之。'荆王薨，群臣攻吴起，兵于丧所。阳城君与焉，荆罪之。阳城君走，荆收其国。孟胜曰：'受人之国，与之有符，今不见符而力不能禁，不能死，不可。'其弟子徐弱谏曰：'死而有益阳城君，死之可矣。无益也，而绝墨者于世，不可。'孟胜曰：'不然。吾于阳城君也，非师则友也，非友则臣也。不死，自今以来，求严师，必不于墨者矣；求贤友，必不于墨者矣；求良臣，必不于墨者矣[25]。死之，所以行墨者之义，而继其业者也。我将属钜子于宋之田襄子。田襄子，贤者也，何患墨者之绝世也！’徐弱曰：‘若夫子之言，弱请先死以除路。’还殁头前于孟胜，因使二人传钜子于田襄子。孟胜死，弟子死之者八十三人，二人以致令于田襄子，欲反死孟胜于荆。田襄子止之，曰：‘孟子已传钜子于我矣。’不听，遂反死之。”

此皆其骤盛于一时，而卒不能不同化于他派之故，不可专病异己者之排击也。墨学衰而法家、纵横家大盛。商君之威严，殆有过于今之督军。

《史记·商君传》：“君之出也，后车十数，从车载甲，多力而骈胁者为骖乘，持矛而操阘戟者旁车而趋。此一物不具，君固不出。”

苏秦之智术，亦几为当时天下之泰斗。

《史记·苏秦传》：“苏秦死，苏代复重于燕。燕使约诸侯从亲，如苏秦时，或从或不，而天下由此宗苏氏之从约。代、厉皆以寿死，名显诸侯。太史公曰：苏秦兄弟三人，皆游说诸侯以显名。……世言苏秦多异，异时事有类之者皆附之苏秦。”

三晋之士，人人攘臂言纵横矣。

《史记·张仪传赞》：“太史公曰：三晋多权变之士，夫言从横强秦者，大抵皆三晋之人也。”

同时与法家、纵横家颉颃者，则有阴阳家。

《史记·孟子荀卿列传》：“驺衍睹有国者益淫侈，不能尚德，若《大雅》整之于身，施及黎庶矣。乃深观阴阳消息，而作怪迂之变，《终始》、《大圣》之篇十万余言。其语闳大不经，必先验小物，推而大之，至于无垠。先序今以上至黄帝，学者所共术，大并世盛衰，因载其禨祥度制，推而远之，至天地未生，窈冥不可考而原也。先列中国名山大川，通谷禽兽，水土所殖，物类所珍，因而推之，及海外人之不能睹。称引天地剖判以来，五德转移，治各有宜，而符应若兹。以为儒者所谓中国者，于天下乃八十一分居其一分耳。中国名曰赤县神州。赤县神州内自有九州，禹之序九州是也，不得为州数。中国外如赤县神州者九，乃所谓九州也。于是有裨海环之，人民禽兽莫能相通者，如一区中者，乃为一州。如此者九，乃有大瀛海环其外，天地之际焉。其术皆此类也。然要其归，必止乎仁义节俭，君臣上下，六亲之施，始也滥耳。王公大人初见其术，惧然顾化，其后不能行之。是以驺子重于齐。适梁，梁惠王郊迎，执宾主之礼。适赵，平原君侧行撇席。如燕，昭王拥彗先驱，请列弟子之座而受业，筑碣石宫，身亲往师之。作《主运》。其游诸侯见尊礼如此，岂与仲尼菜色陈、蔡，孟轲困乎齐、梁同乎哉！”

迄汉代，其学尤盛，而儒、道二家，初未尝得权凭势而有所为，与世枘凿，王公大人不能器之。

《孟子荀卿列传》：“道既通，游事齐宣王，宣王不能用。适梁，梁惠王不果所言，则见以为迂远而阔于事情。当是之时，秦用商君，富国强兵；楚、魏用吴起，战胜弱敌；齐威王、宣王用孙子、田忌之徒，而诸侯东面朝齐。天下方务于合纵连衡，以攻伐为贤，而孟轲乃述唐、虞、三代之德，是以所如者不合。”“梁惠王谋欲攻赵，孟轲称太王去邠。此岂有意阿世俗苟合而已哉！持方枘欲内圆凿，其能入乎?”又《老庄列传》：“周尝为漆园吏，与梁惠王、齐宣王同时。其学无所不阙，然则要本归于老子之言。……其言洸洋自恣以适己，故自王公大人不能器之。”

讲学著书皆无与于当时之风气，而其及于后世之影响，乃转过于诸家，是知公理自在人心，不可徒以一时之盛衰计也。

诸子之学，大都相因而生。有因前人之学，而研之益深者；有因他人之说，而攻之甚力者。如杨朱、列御寇之学，皆出于老聃，而其言天人性命之故，则进于老子；墨翟学说，既与杨、列相反。（墨子攻击儒家最甚，攻杨子者颇少，惟《兼爱》下篇别君之言曰：“吾恶能为吾万民之身？若为吾身，此泰非天下之情也。人之生乎地上之无几何也，譬之犹驷驰而过隙也”云云，正是指斥杨家之言。）又专攻孔子，而以先圣之学，别立一宗。孟子承孔子之学，言性言政，皆进于孔子，而力辟杨、墨二家之说。然其痛恨当世穷兵黩武之风，则与墨子同。宋钘、尹文救民之斗，禁攻寝兵，似与墨同矣，而其以心为主与墨异，

《庄子·天下篇》：“语心之容，命之曰心之行，以聏合欢，以调海内，请欲置之以为主。”是宋钘、尹文之主张，专以人心之不乐战斗为主，不似墨之归本于“天志”也。

以利为言与孟异。

《孟子·告子》：“宋牼将之楚。孟子遇于石丘，曰：‘先生将何之？’曰：‘吾闻秦、楚构兵，我将见楚王，说而罢之。楚王不悦，我将见秦王，说而罢之。二王我将有所遇焉。’曰：‘轲也请无问其详，愿闻其指，说之将何如？’曰：‘我将言其不利也。’曰：‘先生之志则大矣，先生之号则不可。先生以利说秦、楚之王，秦、楚之王悦于利，以罢三军之师，是三军之士乐罢而悦于

利也。为人臣者怀利以事其君，为人子者怀利以事其父，为人弟者怀利以事其兄，是君臣、父子、兄弟终去仁义，怀利以相接，然而不亡者，未之有也。'”

庄子之学，又进于杨朱、列御寇，亦称述孔、墨，而以《齐物论》为归，然与慎到等之齐万物者又不同。（按慎到等齐万物以为首，笑天下之尚贤，非天下之大圣，庄子斥为非生人之行，而至死人之理。盖庄子之齐物，自有所谓内圣外王之道在，慎到等惟持万物平等之观，而于原始之道未有所见也。）荀子宗孔而非墨，而其言性恶，与孟子相反。其治名学，又进于孔、孟而与墨同源焉。故诸子之学。固皆角立不相下，然综合而观之，适可为学术演进之证。其所因于他人者，有正有反，正者固已究极其归宿，反者乃益搜集其賸馀，而其为进步，乃正相等也。

诸子之书，家别人异。欲究其全，当别为专书。近人喜言诸子之学，尤喜掇拾其破碎不完者，以傅会西人之说。（如清季学者，震于西人制造之学，则盛称墨子之格术。如刘岳云《墨子格术解》曰：“日光具红、黄、绿、紫、橙黄、靛、蓝七色，试以三棱透镜即见。若物尽受全日之光，则为白色：若灭其入质之线，则为黑色。照相之巧，全在用其白、黑二色，以为阴阳向背之别，而数千年前之墨子已发其理。”[271]近人习于西人逻辑之学，则又标举墨子及惠施、公孙龙等之名学，如梁启超《墨学微》曰：“墨子所谓说，即论理学所谓名辞；墨子所谓辞，即论理学所谓名题；墨子所谓说，即论理学所谓前提等。”）

而于牖民觉世之大义，或反弃之不讲。如孟子之辩义利，（孟子时功利主义极盛，如商君曰：“苟可以强国，不法其故；苟可以利民，不循于礼。”以社会进化历史变迁之理观之，固亦可成一说。然专以强利为目的。

其流极必至于不顾人道群德；易言之，则可曰：苟可以强国，不顾公理；苟可以利民，不问人格[27]。今世强国侵略主义，即此耳。孟子生其时，力持正义，如曰："行一不义，杀一不辜，而得天下，君子不为也。"又曰："枉尺而直寻者，以利言也，如以利，则枉寻直尺而利，亦可为欤?"皆极端与功利论相反。当时虽不见从，而后世服习其说，凡士大夫之所主张，皆以重义轻利为立国根本。）墨子及孟子之非攻战，（孟子、墨子皆抱非兵主义，惟墨子尚欲以器械制善战者，孟子则一律斥之，此其异也。《孟子》曰："争地以战，杀人盈野；争城以战，杀人盈城。此所谓率土地而食人肉，罪不容于死。"其言痛切极矣。后世人君，虽多有以武功立国者，而凡儒者之言论，史家之记载，文人之歌咏，恒斥其非，而专以尚德恤民为美。此亦可证之近事，而知吾民德之高尚有自来矣[28]。近世西人之误，在以国家与个人不同，日逞其弱肉强食之谋，而墨子则早见及之。其《非攻篇》曰："杀一人谓之不义，必有一死罪矣；杀十人，十重不义，必有十死罪矣；杀百人，百重不义，必有百死罪矣。今至大为攻国不义，则不之非，从而誉之谓之义。"又曰："今小为非，则知而非之。大为非攻国，则不知非，从而誉之，谓之义。可为知义与不知义之辨乎?"盖墨子以国家与个人无别，悉当以义为断，其理至明；而当时谓攻国为义者，殆亦必有如近世国家学者之说，歧国家道德与人民道德为二也。吾国兵祸之烈，极于战国，而其时之学者，即大倡反对之论，此亦可见吾民觉悟之早，与其爱好和平之性之独优矣[29]。）子思、孟子之论性，（子思作《中庸》，首揭"天命之谓性，率性之谓道"，即示人以性善也。性如不善，则率之不得为道矣。孟子畅言性善之旨，其原实出于子思。然当举世大乱之时，不因人类之残贼凶恶，而怀憎恶厌弃之意，且极力推明人皆可以为尧、舜，尤有功于教育。盖人心之观念，每因环境而变，见环境之多善人，则以人性为善；见环境之多恶人，则以人性为不善。惟究极性道之原者，能不为环境所囿，不就人心之现状及结果而论，而就第一念指示人群，使人憬然有以自勉，而绝去其自暴自弃之萌，其为功于人类何如哉！荀子言性恶，已为当世恶人所囿，而不能免于愤激，而欲以礼义教化矫之。如曰："今人之性生而有好利焉，顺是，故争夺生而辞让亡焉；生而有疾恶焉，顺是，故残贼生而忠信亡焉；生而有耳目之欲，有好声色焉，顺是，故淫乱生而礼义文理亡焉。然则从人之性，顺人之情，必出于争夺，合于犯分乱理，而归于暴。故必将有师法之化，礼义之道，然后出于辞让。合于文理，而归于治。用此观之，然则人之性恶明矣，其善者伪也。"盖荀子之时，争夺残贼淫乱之人，殆又甚于孟子之时。荀子疾其所为，因谓其性固如此，而不知是说已大悖于教育原理。使人之性本不具有辞让合理之德，虽有师法，何能动之？郝兰皋等解"伪"字作"为"字，以为荀子辩护；不知"为"字亦是强勉矫饰，非出于自然也。）列子、荀子之论学，（《列子》书中，教人为学之法最多。如壶丘子示季咸以未始出吾宗，然后列子自以为未始学而归，三年不出。又学于老商九年，然后心凝形释，既自以其为学诏人。又如《汤问篇》所述师文学琴，薛谭学讴，纪昌学射，造父学御等，皆示人以专心壹志学道之功，非徒教人以虚无诞妄之说也。荀子言性虽异于孟子，以其注重于人为，故力言积学之益。如《劝学篇》曰"真积力久则入"，《儒效篇》"积善而全尽，谓之圣人"，《强国篇》云"能积微者速成"。自《劝学篇》以下，反复譬喻，一本此旨。积则一好，一好则通类，故曰"并一而不二，所以成积也"。《修身篇》亦曰"凡治气养心之术，莫神一好"。《劝学篇》又曰："伦类不通，仁义不一，不足谓善学。”《儒效篇》又曰：“以浅持博，以古持今，以一持万，苟仁义之类也。虽在鸟兽之中，若别黑白，倚物怪变，所未尝闻也，所未尝见也。卒然起一方，则举类统而应之，无所拟怎。”为学之法，殆莫有外此者也。）列子、庄子之言宇宙原理，（列、庄之学，皆推极于无始以前，如《天瑞篇》曰：“有生不生，有化不化；不生者能生生，不化者能化化；生者不能不生，化者不能不化，故常生常化。常生常化者，无时不生，无时不化。阴阳尔，四时尔，不生者疑独。”[30]不化者往复，往复其际不可终，疑独其道不可穷。盖原始之道，不生不化，非一非多，降而至于生化，则人之所见，阴阳四时，有推迁变化之迹矣。然从往复疑独推之，仍自不可终，不可穷，世人徒以物质求之，终无是处也。《齐物论》曰：“有始也者，有未始有始也者，有未始有夫未始有始也者；有有也者，有无也者，有未始有无也者，有未始有夫未始有无也者。俄而有无矣，而未知有无之果孰有孰无也。”其言原始，既极之于未始有夫有无之时，然初非示人以无有无无也，故曰：“若有真宰，而特不得其联。”又曰：“其有真君存焉[31]。”亦日：“夫道有情有信，无为无形，可传而不可受，可得而不可见；自本自根，未有天地，自古以固存。”盖确见天地之根本，在有无胥泯之时，而仍有情有信，惟陷溺于世俗知识者，不可见耳。列、庄皆从此用功得力，故俯视一切，而自信其独与天地精神往来。不知其道者，则目之为消极，为社会学术进步之阻力。不知人人皆消极于世俗之荣辱得丧，而积极于精神之稠适上遂[32]。则人类之进步，何可限量？惟役役于世俗之荣辱得丧，自命进步，实则毫无进步可言，乃真庄、列之所悲耳。自魏、晋以来，崇拜庄、列之说者，似亦专宗其消极主义，然真能得其道者，和光同尘，泯然于言说迹象，世亦无从知之。姑就浅近立论，则列、庄之说，即无大功效，亦足使人开拓心胸，消除执滞。佛学未入中国之先，吾国有此等先觉，洵异事也。）皆大有功于人类，弃周鼎而宝康瓠，未足为善言学也。

诸子之学，既各有功于世，而其文之精美，又进于春秋之世，而各成为后世文章之宗，是亦战国之特色也。综观诸子之文，约分为五：一曰纪事，二曰笺释[33]，三曰论辩，四曰寓言，五曰韵文。战国以前之文，虽有此五体，而发挥光大，至是始盛；其尤盛者，则后之三体也。孟、墨论辩，最工设喻，已近寓言；而杜撰事实，庄、列为多。如称晏婴与管仲同时，

《列子·杨朱篇》："晏平仲问养生于管夷吾。"

孔子与柳下季为友，

《庄子·盗跖篇》："孔子与柳下季为友。"

以意为之，羌无故实；甚至古代本无此人，随意造一名字，如鸿蒙、云将、副墨、雒诵之类，尤前此之所无也。后世赋家，假设主客，小说家幻托人事，皆原于此。此则庄、列以前，文多纪实；庄、列以后，文字直分纪实与寓言为两宗矣。《老子》、《管子》已有韵文，而未别名一体；《荀子·成相篇》既为长短句之祖，赋云、赋蚕，又就诗之六艺，抽取其一而名篇。宋玉之徒，踵兴于楚，赋乃代诗而兴，是亦文章进化之关键也。《汉书·艺文志》《孙卿子》三十三篇，已著录于儒家，而《诗赋类》又列《孙卿子》十篇，明赋之始于孙卿也。观其序意与屈原并重。

《汉书·艺文志》："大儒孙卿及楚臣屈原，离谗忧国，皆作赋以讽，咸有恻隐古诗之义。"

北荀南屈，相望于列强黩武之时；而文章光焰，腾焯千古。故知个人之

力，不必为当世权势所屈矣。

注　释

①此称其书之篇名。

②此称其书名。

③此皆称其著书。

④此即以诸子为诸书之称，实即当日诸子之书。

⑤名熊，为周师，自文王以下问焉，周封为楚祖。

⑥后世所加。

⑦从王念孙说改。

⑧史鳝，春秋时人，荀子斥其言之成理，欺惑愚众，当是战国时有为史鱣之学之说者耳。

⑨陈骈即田骈。

⑩阳生即杨朱。

⑪《艺文志·兵家》有《兒良》一篇。

⑫《史记》称慎到、田骈皆学黄、老道德之术，则地第出道家。

⑬《索隐》:《别录》作“芋子”。

⑭沈钦韩疑为鲁人。

⑮叶德辉说为陈人，梁玉绳说为齐人。

⑯它嚣、桓团、陈仲子等，不知有无著述尚不在内。

⑰高诱注:“其后，史角之后也。”

⑱见前引《淮南子·要略》。

⑲见前《孔子弟子篇》。

⑳据胡元仪《荀卿别传》则五十当作十五。

㉑《左传正义》引。

㉒吴起于楚悼王二十一年，即周安王二十一年，在苏秦说六国合纵之先约四十八年。

㉓此可见苏秦未劝六国合从之时，已有衡人日夜游说。

㉔按《史记》作“楚有尸子”。《艺文志》称为鲁人，其言可通。春秋以降，鲁地渐人于越，后又人于楚，故《志》称为鲁人，而《史》称为楚人。若以鲁为晋之讹，则晋、楚相去远矣。

㉕此等见解，极卑陋可笑，皆骛外徇名之见也。

㉖指《墨经》远近临正鉴貌能黑白言。

㉗《商子・靳令篇》：“六虱，曰礼乐，曰诗书，曰修善，曰孝悌，曰诚信，曰贞廉，曰仁义，曰非兵，曰羞战。有十二者，上无使农战，必贫至削。十二者成群，此谓君之治不胜其臣。”举孝悌、诚信、贞廉、仁义诸德，一概抹杀，是即极端功利论所必至也。

㉘近年有倡为尚武之说者，谓吾国之弱，实文人不提倡尚武之精神，此亦持之有故。然西洋史家盛称亚力山大、凯撒、拿破仑诸人，而吾国人于秦始皇、汉武帝、苻坚、隋炀、金亮之类，皆致不满，盖中西人思想大相径庭之处也。究之，立国尚武功，抑尚道德，读史者可自下断语。

㉙吾国之昌言兵祸者，不独道家及儒、墨二家然也。即兵家之大师，亦以此义为前提。如孙子曰：“夫兵久而国利者，未之有也。故不尽知用兵之害者，则不能尽知用兵之利也。”又曰：“百战百胜，非善之善者也，不战而屈人之兵，善之善者也。”此皆深以穷兵黩武为戒者也。

㉚此当从杨仁山说：“一尚不立，何有对待。”

㉛皆《齐物论》语。

㉜《庄子・天下篇》：“其于宗也，可谓稠适而上遂矣。”稠，即充实不可已之谓；适，即与天地精神往来之谓；上遂，即上与造物者游之谓。

㉝如《墨子・经说》、《韩非子・解老》之类。

第二十九章　秦之统一

春秋、战国之时，已渐由封建而变为郡县。周赧王二十七年十月，秦昭王称西帝。十二月，齐湣王称东帝。虽皆复称王，天下已非周有矣。当是时，东西二周，地小力微，不足当一诸侯。

《史记·赵世家》云："赵成侯七年，与韩攻周；八年，与韩分周以为两。"

按赵成侯八年，当周显王八年，事在赧王之前。《周本纪》："赧王时，东西周分治。"盖补纪之也。东西周之别有二。平王之后，所谓西周者，丰镐也；东周者，洛阳也。显王之后，所谓西周者，河南也；东周者，洛阳也。盖河南在瀍水之西，即周初所谓王城；洛阳在瀍水之东，即周初所谓成周。赧王初居成周，后居王城，而东周则有东周君，故史称为东西二周。至秦昭襄王五十一年，而周赧王卒。庄襄王元年，而东周君卒。二周之地，尽入于秦，天下不复思周也。越二十年，秦先灭韩，以次灭魏、灭赵、灭楚、灭燕、灭齐，周之强侯尽矣。而中原有卫君角，江南有越君，西南夷有滇王，为封建之制之仅存者。

《日知录》："古封建之国，其未尽灭于秦始皇者，《卫世家》言'二世元年，卫君角为庶人'，是始皇时卫未尝亡也[①]。《赵世家》言'赵以此散，诸族子争立，或为王，或为君，滨于江南海上，服朝于楚’。《秦始皇本纪》言‘二十五年，王翦遂定荆江南地，降越君’。汉兴，有东海王摇、闽越王无诸之属，是越未尝亡也。《西南夷传》又言‘秦灭诸侯，唯楚苗裔尚有滇王’。然则，谓秦灭五等而立郡县，亦举其大势然耳。”

秦、楚之际，六国之裔复起，卒归夷灭。汉又大封宗室，至景、武之世，诸侯王始削弱焉。故封建之变为郡县，自春秋至汉，凡更五百四十五年[②]，始蜕化而臻固定。是可知论帝王之家谱，可据一氏一代而言，论政俗之变迁，万不可囿于朝代。周、秦、汉之相嬗，特元首之氏号不同耳，其全国各种社会消长盛衰之迹，固无截然之界域也。虽然，周与秦之界域，亦有截然可指之一时。秦王政二十六年，王绾、冯劫、李斯等上尊号议，谓为自上古以来未尝有。

《史记·秦始皇本纪》：“丞相绾、御史大夫劫、廷尉斯等皆曰：‘昔者五帝地方千里，其外侯服夷服，诸侯或朝或否，天子不能制。今陛下兴义兵，诛残贼，平定天下，海内为郡县，法令由一统。自上古以来未尝有，五帝所不及。”

盖嬴政称皇帝之年，实前此二千数百年之结局，亦为后此二千数百年之起点，不可谓非历史一大关键。惟秦虽有经营统一之功，而未能尽行其规划一统之策。凡秦之政，皆待汉行之。秦人启其端，汉人竟其绪。亦有秦启之而汉未竟之者。故吾论史，以秦与汉相属，而不分焉。

秦与六国并立时，其内政已完善，见称于孙卿。

《荀子·强国篇》：“应侯问孙卿子曰：‘入秦何见?’孙卿子曰：‘……入境，观其风俗，其百姓朴，其声乐不流污，其服不佻，甚畏有司而顺，古之民也。及都邑官府，其百吏肃然，莫不恭俭敦敬，忠信而不楛，古之吏也。入其国，观其士大夫，出于其门，入于公门，出于公门，归于其家，无有私事也。不比周，不朋党，倜然莫不明通而公也，古之士大夫也。观其朝庭，其朝闲，听决百事不留，恬然如无治者，古之朝也。故四世[③]有胜，非幸也。数也。'"[④]

至吞并六国，规模益大，长驾远驭，非有适应时势之法，不足以为治也。尉缭、李斯之徒，诸尝学帝之术者，（《史记·李斯传》："从荀卿学帝王之术。"）为秦立法，未尝不善。二世之亡，罪在赵高，非法之罪也。世徒以秦祚短，遂病其法。实则始皇时代之法制，实具伟大之精神，以一政府而辖制方数千里之中国，是固国家形式之进化，抑亦其时思想之进化也。

秦之政策最大者，即以诸侯之地，分为三十六郡之法。（按秦郡之数，异说甚多。据裴骃说，三十六郡者，三川、河东、南阳、南郡、九江、鄣郡、会稽、颍川、砀郡、泗水、薛郡、东郡、琅邪、齐郡、上谷、渔阳、右北平、辽西、辽东、代郡、钜鹿、邯郸、上党、太原、云中、雁门、九原、上郡、陇西、北地、汉中、巴郡、蜀郡、黔中、长沙，凡三十五郡，与内史为三十六郡。此外，又有闽中、南海、桂林、象郡，不在三十六郡之数。）盖分地过小，则稽核太繁；过大，则控制不易。秦所置郡，虽多因各国旧制，

《史记·始皇本纪》："政代立为秦王，当是之时，秦地已并巴、蜀、汉中，越宛有郢，置南郡矣；北收上郡以东，有河东、太原、上党郡；东至荥阳，灭二周，置三川郡。" "五年，攻魏，……取二十城，初置东郡。""十七年，攻韩，得韩王安，尽纳其地，以其地为郡，命曰颍川。""二十五年，定荆江南地，降越君，置会稽郡。"

然分据险要，形势厘然，非深谙地理之学者，不能规画。史屡称秦图书，

《史记·萧相国世家》：萧何入咸阳，"收秦丞相御史律令图书，……具知天下阸塞、户口多少、强弱之处"。《汉书·地理志·代郡班氏县注》："秦地图书班氏。"

是秦时丞相御史规画地域，必按地图而定，非漫漫然为因为革也。西汉之初，当国者皆无学识，猥欲参用周、秦之制，卒归于偏用秦法。又以秦郡太大，稍复开置，而分郡太多，难于检察，又并为十三部。

> 《汉书·地理志》："秦分天下作三十六郡。汉兴，以其郡太大，稍复开置，又立诸侯王国。武帝开广三边。故自高祖增二十六，文、景各六，武帝二十八，昭帝一，讫于孝平，凡郡国一百三。""至武帝攘却胡、越，开地斥境，南置交趾，北置朔方之州，兼徐、梁、幽、并，夏、周之制，改雍曰凉，改梁曰益，凡十三部，置刺史。"

盖增郡既多，不得不求以简驭繁之法。以此较之，则知秦制之精，后汉虽有增损，大致同于前汉，是亦仍秦之法也。

统一国家，不独规画区域之不易也，设官分职，亦有至大之关系。秦之官制绝简，而纲举目张，汉亦因之，特名目时有变迁耳。考秦之制，内官之要职凡三：丞相，和天子，助理万机；太尉，掌武事；御史大夫，掌副丞相，其属丞，督外官，领侍御史，受公卿奏事。外官之要职凡三：郡守，掌治郡；尉，掌佐守、典职、甲卒；监，掌监郡。盖内外官制，同一系统。丞相与守掌民事，太尉与尉掌军事，军民分治，厥谊至精。而御史与监，则纠察此治民、治军之官者也。（汉守治郡，亦兼治军，其职权大于尉。王鸣盛《十七史商榷》曰："《百官表》虽言'守治郡，尉典武职'，而实守兼掌之。韩延寿为颍川太守，传中述其都试、讲武甚备；翟义为东郡太守，以九月都试日，勒车骑材官士起事，如淳曰：'太守、都尉、令长、丞尉会都试，课殿最也。"《后汉书·耿弇传》："弇见郡尉试骑士，建旗鼓，隶驰射，由是好将帅之事。"注引《汉官仪》曰："岁终郡试之时，讲武勒兵，因以校猎，简其材力也。"弇事虽当王莽时，其实沿汉旧制，故注引《汉官仪》以明之。又《后汉书·百官志》五，李贤注引《汉官仪》云："八月，太守、都尉、令长、相丞尉会都试，课殿最。

水家为楼船，亦习战射行船。边郡太守，各将万骑行鄣塞，烽火追虏。”或言八月，或九月，或岁终，大约总在秋冬。《淮南王安传》：“安欲发兵反，先令人作旁近郡太守、都尉印。”可见守、尉互掌兵权也。）后世官制，变化繁赜，而其原理，不能出于治民、治军、监察官吏三者之外；此亦可见秦之定制，非漫然而设矣。

分天下为郡县，则内外之隔阂殊甚，且地域辽阔，非如列国时方千里之地之易理也。于是有岁计之法。考战国时，各国外吏，已以期年上计。

> 《韩非子·外储说左下》：“西门豹为邺令，清悫洁克，秋毫之端无私利也；而甚简左右，左右相与比周而恶之。居期年，上计，君收其玺。”“田婴相齐，人有说王者曰：‘终岁之计，王不一以数日之间自听之，则无以知吏之奸邪得也。’”

盖沿周岁会之法，而推及于地方长官也。秦以十月为正，每岁九月，即定来岁之预算。

> 《吕氏春秋·季秋纪》：“是月也，……天子合诸侯，制百县。为来岁受朔日，与诸侯所税于民轻重之法，贡职之数，以远近土地所宜为度，以给郊庙之事，无有所私。”

而郡县计，亦断以九月，其详可以《汉志》参之。

> 《续汉书·百官志》五：“凡群国皆掌治民、进贤、劝功、讼决、检奸，常以春行所主县，劝民农桑，振救乏绝。秋冬遣无害吏，按讯诸囚，平其罪法，论课殿最。岁尽，遣吏上计。”注引卢植《礼注》曰：“计断九月，因秦以十月为正故。”⑤

秦以各郡岁岁上计，故丞相、御史府中所藏之书，备具天下阨塞、户口多少，汉初犹沿其法。计相之职最重。

> 《汉书·张苍传》：“苍明习天下图书计籍，高祖故令以列侯居相府，领主郡国上计。”

其后计相并于丞相，而人主犹时责为相者考核名实。

> 《汉书·万石君传》："武帝责石庆曰：'今流民愈多，计文不改，君不绳责长吏，……朕失望矣。'"《汉书·宣帝纪》：黄龙元年诏曰："上计簿，文具而已；务为期谩，以避其课。三公不以为意，朕将何任？"

盖非计簿得实，不足以统计天下之盈虚得失也。

秦、汉政体，虽为君主专制，而其地方行政，犹有周代人民自治之遗意。观其县、乡官吏之制可见。

> 《汉书·百官表》："县令、长，皆秦官，掌治其县。万户以上为令，……减万户为长，……皆有丞、尉，……是为长吏。百石以下有斗食、佐史之秩，是为少吏。大率十里一亭，亭有长。十亭一乡，乡有三老，有秩、啬夫、游徼。三老掌教化。啬夫职听讼，收赋税。游徼徼循禁贼盗。县大率方百里，其民稠则减，稀则旷。乡、亭亦如之，皆秦制也。"《高帝纪》三年二月，令"举民年五十以上有修行、能率众为善，置以为三老，乡一人。择乡三老一人为县三老，与县令、丞、尉以事相教，复勿繇戍"。

顾亭林论乡亭之职，谓三代明王之治，亦不越乎此。

> 《日知录》：《汉书·百官表》云云，"此其制不始于秦、汉也，自诸侯兼并之始，而管仲、蒍敖、子产之伦，所以治其国者，莫不皆然。而《周礼·地官》，自州长以下，有党正、族师、闾胥、比长；自县正以下，有鄙师、酂长、里宰、邻长。则三代明王之治，亦不越乎此也。夫惟于一乡之中，官之备而法之详，然后天下之治，若网之在纲，有条而不紊。……柳宗元之言曰：有里胥而后有县大夫，有县大夫而后有诸侯，有诸侯而后有方伯连帅，有方伯连帅而后有天子。由此论之，则天下之治始于里胥，终于天子，其灼然者矣。故自古及今，小官多者其世盛，大官多者其世衰。兴亡之涂，罔不由此。"

夫三老出于选举，而其权可与县令、丞、尉以事相教，是固无异于今之县、市、乡自治职员矣。而汉之三老，对于天子王侯，可直接言事。

《史记·高祖本纪》二年，汉王“至雒阳、新城，三老董公庶说汉王，以义帝死故”。

《汉书·高帝纪》：“三老董公庶说汉王曰：‘臣闻顺德者昌，逆德者亡，兵出无名，事故不成。故曰明其为贼，敌乃可服。项羽为无道，放杀其主，天下之贼也。夫仁不以勇，义不以力，三军之众，为之素服，以告之诸侯，为此东伐，四海之内，莫不仰德，此三王之举也。’汉王曰：‘善。非夫子无所闻也。’”又《武五子传》：“太子兵败，亡，不得。上怒甚，群下忧惧，不知所出。壶关三老茂[⑥]上书云云。书奏，天子感悟。”

其啬夫、亭长，兼可自制科条，役使游惰。其善者，至于上掩郡、县长吏之名。

《后汉书·爰延传》：“为乡啬夫，仁化大行，民但闻啬夫，不知郡县。”《仇览传》：“为浦亭长，劝人生业，为制科令。至于果采为限，鸡豕有数。农事既毕，乃令子弟群居，还就黉学。其剽轻游恣者，皆役以田桑，严设科罚，躬助丧事，赈恤穷寡，期年称大化。”

可知秦、汉之时，人民言论甚自由，而地方之事，多由人民自主，民治且盛于官治也。呜呼！秦以专制，为世诟病，而其时人民转有自治之权。今虽号为民国，而地方自治之说，乃若为政府所骇闻，其古之民德特隆欤，抑今之执政者学识出王绾、李斯下也？

秦时道路之政最重，开通道路，无有障塞，著于《月令》。

《吕氏春秋·季春纪》：“是月也，命司空曰：时雨将降，下水上腾，循行国邑，周视原野，修利隄防，导达沟渎，开通道路，无有障塞。”

决通川防，夷去险阻，见于刻石。

《史记·秦始皇本纪》："堕坏城郭，决通川防，夷去险阻。地势既定，黎庶无繇，天下咸抚。"

而其尤有功于统一者，莫如开通四方之大道。

《史记·秦始皇本纪》："二十七年治驰道。""三十五年，除道，道九原[⑦]，抵云阳[⑧]，堑山堙谷，直通之。"

据贾山《至言》及《蒙恬传》则二十七年所治之道，为东西之道；三十五年之道，为南北之道。

贾山《至言》："秦为驰道于天下，东穷燕、齐，南极吴、楚。江湖之上，滨海之观，毕至。道广五十步，三丈而树，厚筑其外，隐以金椎，树以青松。"《史记·蒙恬传》："始皇欲游天下，道九原，直抵甘泉。乃使蒙恬通道，自九原抵甘泉，堑山堙谷千百八里。道未就，……始皇崩。""太史公曰：吾适北边，自直道归，行观蒙恬所为秦筑长城亭障，堑山堙谷，通直道，固轻百姓力矣。"[⑨]

燕、齐、吴、楚，皆为三十丈之广道，沿途植松树，其规模之大为何如乎！《方舆纪要》谓"秦驰道旧迹阔五丈余"，盖经千数百年，其道已堙耳。

《方舆纪要》（顾祖禹）："湖广永州府零陵县有驰道，阔五丈余，类大河道。《史记》：'秦始皇命天下修驰道，以备游幸。'此其旧迹也。"[⑩]

汉因秦制，亦有驰道。

《史记·滑稽列传》：褚先生记西门豹事。曰："到汉之立，而长史以为十二渠桥，绝驰道，相比近，不可。欲合渠水且至驰道，合三渠为一桥。"[⑪]

道侧植树，著于官守。

《续汉书·百官志》："将作大匠，……掌修作宗庙、路寝、宫室、陵园木土之功，并树桐梓之类，列于道侧。"

而秦时道路所不通者，复随时兴作。如张卬、唐蒙、司马相如、郑弘等，皆以开通道路，著于史策。

《史记·河渠书》："人有上书，欲通褒斜道，……天子以为然。拜张卬为汉中守，发数万人，作褒斜道五百余里。"又《平准书》："唐蒙、司马相如开路西南夷，凿山通道千余里，以广巴、蜀。"

《后汉书·郑弘传》："旧交趾七郡，贡献转运，皆从东冶泛海而至，风波艰阻，沈溺相系，弘奏开零陵、桂阳峤道，于是夷通。至今遂为常路。"

险远之地，以次交通，其策无异于今之修铁路、开国道，而劳费过之。然一举而辟数百里、千余里，此可知古人任事之力矣。

注　释

①原注：《汉书·地理志》：始皇既并天下，犹独置卫君，二世时乃废为庶人，凡四十世九百年。最后绝。

②自秦武公初县冀，至吴、楚七国乱后，约五百四十年。

③孝、惠文、武、昭四王。

④荀子儒者，而推重秦之政俗如此，知秦之兴非偶然。

⑤据此，是汉代上计之法，悉循秦制也。

⑥荀悦《汉纪》云令狐茂。

⑦今河套地。

⑧今陕西淳化县北。

⑨据此，是秦之直道，至汉世犹可通行。当蒙恬时必已成就，其曰未就者，殆虽通而未加修饰耳。

⑩据此，可知秦之驰道，南抵零陵。

⑪据此，是汉时鄚郡有驰道也。

第三十章　秦之文化

秦之文化，自周宣王时始开，

《诗·车邻·小序》：“《车邻》，美秦仲也。秦仲始大，有车马、礼乐、侍御之好焉。”《郑氏诗谱》：“周孝王为伯翳能知禽兽之言，子孙不绝，故封非子为附庸，邑之于秦谷。至曾孙秦仲，宣王又命作大夫，始有车马、礼乐、侍御之好。国人美之，秦之变风始作。”

文公时，始有史以纪事，

《史记·秦本纪》：“襄公以兵送周平王，平王封襄公为诸侯，赐之岐以西之地，……襄公于是始国，与诸侯通使聘享之礼。……十二年，伐戎而至岐，卒。生文公。……文公十三年，初有史以纪事，民多化者。十六年，文公以兵伐戎，戎败走。于是，文公遂收周余民有之，地至岐。”

足见秦民开化之迟，盖虽居周岐丰之地，而其文教实别为一系统，与周之故俗不相衔接。（如《史记》称襄公用骝驹、黄牛、羝羊各三，祠上帝西畤。文公初为鄜畤，用三牢。十九年，得陈宝。二十年，法初有三族之罪之类，皆非周之礼也。）其后之强，率以用客卿之故[①]，秦固无杰出之人也。商鞅、韩非皆务愚民，

《商子·垦令篇》：“民不贵学，则愚，愚则无外交；无外交，

则勉农而不偷。”《韩非子·五蠹篇》：“事智者众则法败，用力者寡则国贫，此世之所以乱也。故明主之国，无书简之文，以法为教；无先王之语，以吏为师。”

不用文士，惟吕不韦稍好士，尚文艺。

《史记·吕不韦传》：“是时诸侯多辩士，如荀卿之徒，著书布天下。吕不韦乃使其客人人著所闻，集论以为《八览》、《六论》、《十二纪》，二十余万言，以为备天地万物古今之事，号曰《吕氏春秋》。布咸阳市门，悬千金其上，延诸侯游士、宾客，有能增损一字者，予千金。”

然其书固类书之体，不足为一家言也。

秦既一统，始尚文教，使天下文字皆同于秦文。

《史记·始皇本纪》：“一法度衡石丈尺。车同轨，书同文。”《琅邪刻石》：“器械一量，同书文字。”

而其时作者亦辈出。《仓颉》、《爰历》、《博学》诸篇，皆秦文也。

《说文序》：“七国田畴异亩，车涂异轨，律令异法，衣冠异制，言语异声，文字异形。秦始皇帝初并天下，丞相李斯乃奏同之，罢其不与秦文合者。斯作《苍颉篇》，中车府令赵高作《爰历篇》，太史令胡毋敬作《博学篇》，皆取史籀大篆，或颇省改，所谓小篆者也。”《汉书·艺文志》：“《苍颉》一篇上七章，秦丞相李斯作。《爰历》六章，车府令赵高作。《博学》七章，太史令胡毋敬作。”

虽小篆之字不多，似不敷用。

《说文注》（段玉裁）：“李之七章，赵之六章，胡毋之七章，各为一篇。《汉志》最目，合为《苍颉》一篇者，因汉时闾里书师，合为三篇，断六十字以为一章，凡五十五章，并为《苍颉篇》故也。六十字为一章者，凡五十五，然则自秦至司马相如以前，小篆只有三千三百字耳。”

然当时书为八体，不仅用小篆一种。

《说文序》：“秦书有八体。一曰大篆，二曰小篆，三曰刻符，四曰虫书，五曰摹印，六曰署书，七曰殳书，八曰隶书。”

而隶书尤约易，便于书写。

《说文序》：“是时秦烧灭经书，涤除旧典，大发吏卒，兴戍役，官狱职务繁。初有隶书，以趣约易，而古文由此绝矣。”“左书即秦隶书，秦始皇帝使下杜人程邈所作也。”

其功不独为秦统一之用，且为数千年来中国全境及四裔小国所通用。其体势结构，可独立为美术之一品，是亦至可纪念者也。

篆隶兴而古文废，犹不足为秦重也。所奇者，金石文辞，光耀海内；文字之美，与其流传之久，皆为史记所仅见，是岂不尚文教者所能乎？《始皇纪》载刻石凡六。

《史记·秦始皇本纪》：“二十八年，上邹峄山，立石，与诸儒生议，刻石颂秦德，……乃遂上泰山，禅梁父，刻所立石。”“南登琅邪，大乐之。留三月，……作琅邪台，立石刻，颂秦德，明德意。” “二十九年，登之罘。刻石，其辞曰……其东观曰……。”“三十二年，之碣石，刻石门。”“三十七年，上会稽，祭大禹，望于南海，而立石刻颂秦德。”

至今琅邪台铭文，犹存十三行，泰山亦存十字。

《语石》（叶昌炽）：“秦始皇东巡，刻石凡六。始于邹峄，次泰山，次琅邪，次之罘，由碣石而会稽，遂有沙丘之变。今惟琅邪台一刻尚存诸城海神祠内，通行拓本皆十行，惟段松苓所拓精本，前后得十三行。翁、阮、孙三家著录者，皆是也。泰山二十九字，先在岳顶玉女池上，后移置碧霞元君庙。乾隆五年，毁于火，今残石仅存十字耳。之罘、碣石、会稽三刻久亡。峄山，唐时焚于野火，当时即有摹本，杜诗所谓‘枣木传刻肥失真’者也。”

而他石拓本钩摹影印者，世尚有之。二千一百余年之古刻，证据极确，非檀山石刻及石鼓之出于推测者可比。世人虽极斥秦，于此独宝存之，知其文字之美，为千载所共推矣。三代金文最多，至秦始尚刻石，亦可见秦之各事，皆不蹈袭前人，大书深刻，悉李斯、王绾等之意匠也。然秦以刻石著，亦非不善镂金，其权量刻文，尤极精美。

《陶斋吉金录》载秦铜权十八，椭量四，方量一。

学小篆者，近且由秦石而进言秦金。是秦之文学美术，不惟不逊于三代，甚且过之矣。顾亭林论秦刻石，谓其坊民正俗之意，未始异于三王。

《日知录》：“秦始皇刻石凡六，皆铺张其灭六王并天下之事。其言黔首风俗，在泰山则云：‘男女礼顺，慎遵职事。昭隔内外，靡不清净。’在碣石门则云：‘男乐其畴，女修其业。’如此而已。惟会稽一刻，其辞曰：‘饰省宣义，有子而嫁。倍死不贞，防隔内外。禁止淫泆，男女洁诚。夫为寄豭，杀之无罪。男秉义程，妻为逃嫁，子不得母。’感化廉清，何其繁而不杀也。考之《国语》，自越王勾践栖于会稽之后，惟恐国人之不蕃，故令壮者无取老妇，老者无取壮妻。女子十七不嫁，其父母有罪；丈夫二十不取，其父母有罪。生丈夫，二壶酒，一犬；生女子，二壶酒，一豚；生三人，公与之母；生二人，公与之饩。《内传》子胥之言亦曰：‘越十年生聚。’《吴越春秋》至谓勾践以寡妇淫泆过犯，皆输山上。士有忧思者，令游山上，以喜其意。当其时，盖欲民之多，而不复禁其淫泆。传至六国之末，而其风犹在。故始皇为之厉禁，而特著于刻石之文，以此与灭六王并天下之事并提而论，且不著之于燕、齐，而独著之于越。然则秦之任刑虽过，而其坊民正俗之意，固未始异于三王也。汉兴以来，承用秦法以至今日者多矣。世之儒者，言及于秦，即以为亡国之法，亦未之深考乎！”

观其刻辞，固可见秦之注重民俗，而辞中所言多男女并举，尤为秦俗男女平等之证。夫淫他室，杀者无罪，是秦人初不专责女子以节义也。责女子以节义，而视男子之淫泆若无睹，是鄙秦者，乃真未喻秦代法制之意也。古俗不禁女子改嫁，亦无旌表守节之事。考守节树坊之始，盖本于始皇之奖巴寡妇清。

《史记·货殖列传》：“巴蜀寡妇清，其先得丹穴而擅其利数世，家亦不訾。清，寡妇也，能守其业，用财自卫，不见侵犯。秦始皇帝以为贞妇而客之，为筑女怀清台。”

然其筑台而客之，以清能用财经营事业，为女子之杰出者，似不徒专以其为贞妇也。

秦之为世口实者，曰“焚书坑儒”。此文化史上最大之罪恶也。然刘海峰《焚书辩》为秦平反，最得事理之实。

《焚书辩》（刘大櫆）：“《六经》之亡，非秦亡之，汉亡之也。何则？李斯恐天下学者道古以非今，于是禁天下私藏《诗》、《书》百家之语，其法至于‘偶语《诗》、《书》者弃市’，而吏见知不举，则与之同罪。噫，亦烈矣！然其所以若此者，将以愚民，而固不欲以之自愚也。故曰：‘非博士官所职，诣守尉杂烧之。’然则博士之所藏具在，未尝烧也。迨项羽入关，杀秦降王子婴，收其货宝妇女，烧秦宫室，火三月不灭，而后唐、虞三代之法制，古先圣人之微言，乃始荡为灰烬。昔萧何至咸阳，收秦丞相御史律令图书，于秦博士所藏之书，独不闻其收而宝之。设使萧何能与其律令图书，并收而藏之，则项羽不烧，则圣人之全经犹在也。”

且据《汉志》，秦于诸经，亦未尽燔。

《汉书·艺文志》："秦燔书，而《易》为卜筮之事，传者不绝。……《诗》三百五篇，遭秦而全者，以其讽诵，不独在竹帛故也。"

秦之博士甚多，

《汉书·百官表》："博士，秦官。掌通古今，秩比六百石，员多至数十人。"

其遗献皆能优游论著，

《秦献考》（章炳麟）："秦博士七十人，掌通古今。识于太史公书者，叔孙通、伏生最著。仆射周青臣用面谀显，淳于越相与牴牾，衅成而秦燔书。其他《说苑》有鲍白令之斥始皇行桀、纣之道，乃欲为禅让，比于五帝[②]，其骨鲠次淳于。《汉书·艺文志》儒家有《羊子》四篇，凡书百章。名家四篇则《黄公》，黄公名疵，作歌诗，二子皆秦博士也。京房称赵高用事，有正先用非刺高死[③]。最在古传纪，略得八人，七十员者九一耳。青臣朴樕不足齿，其七人，或直言无挠辞，不即能制作，造为琦辞，遗令闻于来叶，其穷而在蒿艾。与外吏无朝籍。烂然有文采论纂者，三川有成公生，与黄公等同时。当李斯子由为三川守，而成公生游谈不仕，著书五篇，在名家。从横家有《零陵令信》一篇，难秦相李斯。然秦虽钳语烧《诗》、《书》，然自内外荐绅之士，与褐衣游公卿者，皆抵禁无所惧，是岂无说哉?!"

（按《集韵》引《炅氏谱》："桂贞为秦博士，始皇坑儒，改姓昋。"宋濂《桂氏家乘序》亦述其事。是秦博士尚有一桂贞。）及孔鲋为陈涉博士，亦秦时人也。

《史记·孔子世家》："孔鲋年五十七，为陈王涉博士，死于陈下。"

第执"焚书坑儒"一语，遽以为秦之对于古代文化摧灭无余，是实不善读史耳。

秦法，民之欲学者，以吏为师。

《史记·秦始皇本纪》："若欲有学法令，以吏为师。"

吏主行政，师主教育，二者似不可兼，且专以法令为学，学之途尤隘矣。而章实斋盛称其法，谓为三代旧典。

《文史通义》（章学诚）："以吏为师，三代之旧法也。秦人之悖于古者，禁《诗》、《书》而仅以法律为师耳。三代盛时，天下之学，无不以吏为师。《周官》三百六十，天人之学备矣。其守官举职而不坠天工者，皆天下之师资也。东周以外，君师政教不合于一，于是人之学术，不尽出于官司之典守。秦人以吏为师，始复古制，而人乃狃于所习，专以秦人为非耳。秦之悖于古者多矣，犹有合于古者，以吏为师耳。"

盖以吏为师，犹能通知当世之务，视专读古书而不知时事者，其为教犹近古而较善耳。周代教民，最重读法，汉之学童，亦籀尉律。

《说文序》："尉律，学童十七以上，始试讽籀书九千字，乃得为吏。"段玉裁曰："讽，谓能背诵尉律之文；籀书，谓能取尉律之义，推演发挥，即缮写至九千字之多。"

是周、汉皆使人民学法令，以吏为师也。秦法虽亡，其遗文犹存于汉律。

《汉书·刑法志》："萧何攈摭秦法，取其宜于时者，作律九章。"

言法律者，溯其渊源，不能外乎秦律；虽谓秦吏所授止于法令，其关系亦至巨矣。（按吾国刑法，见于《书·尧典》、《吕刑》及《周官·司寇》职文者，均刑律之渊源。春秋时复有刑书，然不名律。言律，实始于秦。按《唐律疏》，魏文侯李悝，集诸国刑典，造《法经》六篇，一盗法，二贼法，三囚法，四捕法，五杂法，六具法④。商鞅传授，改法为律⑤。汉相萧何，更加悝所造户、兴、厩三篇，谓九章之律⑥。魏因汉律为一十八篇，改汉具律为刑名第一。晋命贾充等增损汉魏律为二十篇，于魏刑名律中，分为法例律。宋、齐、梁及后魏因而不改。爰至北齐，并刑名法例为名例；后周复为刑名；隋因北齐更为名例；唐因于隋，相承不改。此吾国旧律传授之源流。自宋迄清，亦多沿唐律。至清季始改定新刑律，因吾国之习惯，采欧洲之法意，然亦未能尽变旧法也。）政府立法，恃国民之推行，民力不充，虽有良政府亦无如之何。民能自立，政府虽强暴压制，亦不能阻其进取也。吾观秦史，颇见秦民进取之迹。如：

> 《汉书·高帝纪》：“诏曰：粤人之俗，好相攻击，前时秦徙中县之民南方三郡，使与百粤杂处。会天下诛秦，南海尉它居南方，长治之，甚有文理，中县人以故不耗减，粤人相攻击之俗益止。”
>
> 《史记·货殖传》：“蜀卓氏之先，赵人也，用铁冶富。秦破赵，迁卓氏。卓氏见虏略，独夫妻推辇，行诣迁处。众迁虏少有余财，争与吏，求近处，处葭萌。唯卓氏曰：‘此地狭薄。吾闻汶山之下，沃野，下有蹲鸱，至死不饥。民工于市，易贾。’乃求远迁。致之临邛，大喜。即铁山鼓铸，运筹策，倾滇、蜀之民。”

由此推之，秦时南越、滇、蜀，皆赖中夏之民为之开化。尉佗之文理，卓氏之筹策，特其著者耳。吾国人民之优秀实冠绝于四裔，虽为政府强迫迁徙，亦能自立于边徼。故秦代谪戍移民之法，虽在当时为暴虐，而播华风于榛狉之地，使野蛮之族皆同化于中县，其所成就，正非当时政府意计所及也。

注 释

①见李斯书。

②《至公篇》。

③孟康曰："姓正名先，秦博士也。"

④注："盗法，今贼盗律；贼法，今作伪律；囚法，今断狱律；捕法，今捕亡律；杂法，今杂律；具法，今名例律是也。"

⑤注："改法为律者，谓盗律、贼律、囚律、捕律、杂律、具律也。"

⑥注："户者，户婚律；兴者，擅兴律；厩者，厩库律。"

第三十一章　汉代内外之开辟

秦室统一，才十二年，而陈、项起，战乱七年，而天下为刘氏一家所有。自高祖至平帝，凡二百零七年；光武至献帝，凡百六十五年；中隔新莽更始，凡十九年。抚略言之，西汉之世，实吾国行郡县制以后统一最久之时，故外人皆称吾国人为汉人。而吾人自夸其政俗之美，亦津津曰“两汉”。实则汉之政治，多沿秦法，间参以儒家之言。

> 《汉书·元帝纪》：“元帝柔仁好儒，见宣帝所用多文法吏，以刑名绳下。……尝侍宴，从容言：‘陛下持刑太深，宜用儒生。’宣帝作色曰：‘汉家自有制度，本以霸王道杂之，奈何纯任德教，用周政乎！’”

初无特别之建设，其风俗则各地不同，亦未可以概论。惟其时之人有功于吾国最大者，实在外拓国家之范围，内辟僻壤之文化，使吾民所处炎黄以来之境域，日扩充而日平实焉。是不可以无述也。

汉承战国及秦之后，用民之力最重，民亦习于力役，不以为苦也。其时人人习兵，为正卒。

> 《汉书·高帝纪注》：“《汉仪注》云：民年二十三为正[①]，一岁为卫士，一岁为材官骑士，习射御驰战陈。年五十六衰老，乃得免为庶民，就田里。”

给役当地，兼须戍边；不戍边而纳赋者，谓之“过更”。

《汉书·昭帝纪注》："如淳曰：更有三品，有卒更，有践更，有过更。古者正卒无常人，皆当迭为之，一月一更，是谓卒更也。贫者欲得顾更钱者，次直者出钱顾之，月二千，是谓践更也。天下人皆直戍边三日，亦名为更，律所谓繇戍也。虽丞相子亦在戍边之调。不可人人自行三曰戍，又行者当自戍三日，不可往便还，因便住一岁一更。诸不行者，出钱三百入官，官以给戍者，是谓过更也。"

论者谓汉之力役三十倍于古[②]，实尚不止三十倍也。此外，又有七科谪戍之法，

《汉书·武帝纪》："天汉四年，发天下七科谪。"注："张晏曰：吏有罪一，亡命二，赘婿三，贾人四，故有市籍五，父母有市籍六，大父母有市籍七。凡七科也。"

时时徙民于边，

《汉书·武帝纪》："元朔二年，募民徙朔方十万口。元狩五年，徙天下奸猾吏民于边。"

而人民莫之怨畔。故吾谓汉代人民，最能尽国民之义务。汉之国威膨胀，因亦迥绝古今，不可第归美于一二帝王将相也。（汉时田租十五税一，文景以后，皆三十税一，且有时全除其租，可谓轻矣。然其时人民有算赋，自十五至五十六，出钱人百二十。又有口赋，自七岁至十四，出钱人二十。又有赀算，人赀万钱。取算百二十七，贫民亦以衣履釜鬵为赀而算之。其往来徭戍者，道巾衣装悉自备，汉民负担之重，盖前此所未有也。）

战国时，燕、赵、秦、楚皆务拓地。至秦统一，尤锐意为之，而多未竞。至汉承其业，益猛进焉。今为分述于下：

（一）东方之开拓。朝鲜自周初立国，已被商、周之文化。然中间交通不盛，燕、秦筑塞至浿水，燕、齐、赵人往者益多，于是燕人卫满逐箕准而自王。吾国民之力及于朝鲜者，视周代盖已大进，至汉武帝元封三

年，朝鲜相参杀其王右渠来降，以其地为乐浪、临屯、玄菟、真番四郡。汉之疆域，遂奄有今日朝鲜京畿、江原二道以北之地。昭帝时，罢临屯、真番二郡，又置乐浪东部都尉。至东汉光武建武六年，始省都尉官，弃单单大岭以东之地，然乐浪、玄菟犹内属也。《史记·货殖列传》称燕民东绾秽貉、朝鲜、真番之利，是汉之拓东境，大有益于商业也。《后汉书·东夷传》称："自武帝灭朝鲜，倭使驿通于汉者三十许国。建武中元二年，倭奴国奉贡朝贺，光武赐以印绶。"是汉之声教，且由朝鲜而及于日本也。

（二）北方之开拓。古代北方诸族，曰匈奴，曰乌桓，曰鲜卑。秦、汉时匈奴最强，乌桓、鲜卑皆为所屏。惟吾国人能抗匈奴，始则以长城为界，继且出塞筑朔方郡[③]，又收河西地，置酒泉、武威、张掖、墩煌四郡。汉之北境，轶于秦二千余里，而匈奴或降或徙，乌桓亦为汉用焉[④]。东汉时，匈奴分为南北。南匈奴附汉，入宅河南；北匈奴为汉所破，漠北以空。而乌桓、鲜卑渐以强盛。论者多谓异族侵入中土，为汉族渐衰之端。然异族之人，实沐汉之文化。如匈奴古无文书，以言语为约束。至东汉时，单于比使人奉地图求内附，是匈奴亦如华夏，有文字图籍矣。

（三）西方之开拓。秦之西界，不过临洮，汉武置四郡，始通西域。而张骞使大夏，见邛竹杖、蜀布，知汉人之通西域久矣。汉之设官西域，自宣帝开始。天山南北、葱岭东西诸国，悉属汉之都护。治乌垒城[⑤]，实今新疆之中心也。自西汉神爵三年，至东汉永初元年，汉威远播，凡百六十载[⑥]。其后，犹设西域长史，屯柳中[⑦]，辖葱岭以东之地，虽各国自有君长，实与汉地无异。近年墩煌所出竹简，有小学、术数、方技及屯戍文牍，意汉之文教，必远及于葱岭内外。小学诸书，即其时学校课本。今所发见者，虽在燉煌，其行于墩煌以西，固可必也。

（四）西南及南方之开拓。秦、汉之间，西南各地氐、羌、蛮、夷、闽、粤诸族，与汉族错处，或辟为郡县，而其俗未化；或仍其国族，而时烦征伐，经营累世，始渐同于中夏。其事复杂，与西北二方不同，宜以今地区分而研究之。（甲）两广及安南之地。秦辟扬粤，仅置三郡。赵佗自立，役属骆越，其地始及于安南。佗传国五世，至武帝元鼎六年灭之，分置六郡。其珠崖、儋耳二郡，至元帝初元三年，复罢之。《后汉书》曰："凡交趾所统，虽置郡县，而言语各异，重译乃通，人如禽兽，长幼无别。……后颇徙中国罪人，使杂居其间，乃稍知言语，渐见礼化。光武中兴，锡光为交趾，任延守九真，于是教其耕稼，制为冠履，初设媒娉，始知姻娶，建立学校，导之礼义。"此汉人开化越南之功也。建武十八年，马援远征，随山刊道千余里，立铜柱，为汉之极界[8]。《后汉书》称援所过，辄为郡县，治城郭，穿渠灌溉，以利其民。条奏越律与汉律驳者十余事，与越人申明旧制以约束之。自后，骆越奉行马将军故事，今其民号曰"马留人"，以此也。（乙）四川云贵之地。秦、汉之时，巴蜀虽已置郡，而其地犹有巴氏蛮、板楯蛮等[9]，不尽以汉法治之也。其西南，又有夜郎、滇、莋、邛都、嶲、昆明诸国，皆曰西南夷。汉武帝使唐蒙通道夜郎，置犍为，牂柯二郡。又以邛都为越嶲郡，莋都为沈黎郡，冉駹为汶山郡，滇为益州郡[10]。后汉明帝时，又以哀牢夷地置永昌郡。于是汉郡至今云南保山县澜沧江之南，而徼外之撣人亦归化，与大秦时通商焉[11]。《汉书》称："景帝末，文翁为蜀郡守，见蜀地僻陋，有蛮夷风，欲诱进之。乃选郡县小吏，遣诣京师，受业博士，或学律令。数岁，成就还归，以为右职。又修起学官于成都市中，招下县子弟，以为学官弟子，蜀人由是大化。学于京师者，比齐、鲁焉。"《后汉书》称："章帝时，王追为益州太守，始兴起学校，渐迁其俗。桓帝时，牂柯人尹珍，自以生于荒裔，不知礼义，乃从汝南许慎、应奉受经书图纬，学成还乡里教授。于是南域始有学焉。"此四川、云南、贵州以此开化之证也。（丙）湖北湖南之地。秦昭王始置黔中郡，汉改为武陵。其地蛮族，仍各自为部落。至后汉时，犹有澧中蛮、零阳蛮、充中蛮诸名；是今之澧县及慈利、永定等地，皆当时蛮夷所居也。顺帝时，武陵太守以蛮夷率服，可比汉人，增其租赋。然其后蛮人犹时反叛，屯结深山。盖其开化反迟于川、滇之地矣。建武中，南郡蛮反，徙之置江夏，号曰沔中蛮。和帝时，又徙巫县蛮于江夏，于是江夏蛮数反，与庐江贼相接。是东汉时湖北、黄州、德安一带之地，实多蛮族，后且蔓延至于安徽也[12]。《后汉书·度尚传》："抗徐守宣城长，移深林远薮椎髻鸟语之人，置于县下。"盖其时安徽各地，亦多未开化之民矣[13]。（丁）浙江福建之地。汉初，封无诸为闽粤王，都治；又立摇为东海王，都东瓯。其后，东瓯悉众徙中国，处江淮之间，而闽粤分立东粤。未几，又徙其民于江、淮。故西汉会稽郡虽广，而自今临海、黄岩以南，殆虚无人居。东汉时，设章安、永宁[14]、侯官[15]等县，海滨之地，始渐开拓矣。

由此观之，汉之南部，虽立郡县，其文化远逊于江淮以北。经数百年，始渐同于中土。先民劳苦经营，遂告成中国大半之地。而南北风气之暌隔，亦由于开化之时有迟速之不同，读史者所最宜究心者也。又其时陕、甘之地，亦未尽开化，武帝以白马氐地，置武都郡，即今武都、宁羌等县也。宣帝时，先零羌扰河湟，赵充国以屯田之策制之。至王莽时，置西海郡，则辟地至今之青海矣。东汉之世，氐羌诸族，时服时叛，或徙其人，或置屯田，皆劳汉族之力以镇抚之，故今日甘肃各地回族，自为风气，其来有自。

《后汉书·西羌传》："湟中月氏胡，其先大月氏之别也。依诸羌居止，遂与共婚姻。月氏分散来降，与汉人错居，其被服饮食言语，略与羌同。"（按大月氏为土耳其族，湟中月氏与羌人混合，实今日甘肃回人之祖。）

而异族杂处，仍无碍于吾国郡县之制，亦可以见汉族势力之伟矣。虽然，汉代治地之法，亦有区别。《汉书·百官公卿表》曰："有蛮夷曰道。"西汉之道，凡三十二。至东汉时，有改为县者，有仍为道者；比而观之，亦可见其进化之迹焉。

西汉县道表

【地　名】	【所　属】	【沿　革】	【今　地】
翟　道	左冯翊	东汉无	中部县西北
除　道	北　地	东汉无	未　详
义渠道	北　地	东汉无	宁县西北
戎邑道	天　水	东汉无	清水西北
豲　道	天　水	东汉同	陇西东南
氐　道	陇　西	东汉无	秦县东南
羌　道	陇　西	东汉同	岷县东南
严　道	蜀　郡	东汉同	荣　经
汶江道	蜀　郡	东汉同	茂　县
刚氐道	广　汉	东汉同	平　武
武都道	武　都	东汉同	成县东
狄　道	陇　西	东汉同	今　县
略畔道	北　地	东汉无	今水庆阳
雕阴道	上　郡	东汉县	鄜县北
略阳道	天　水	东汉无	秦安东北
绵诸道	天　水	东汉无	秦县东
予　道	陇　西	东汉无	狄道西南
月氏道	安　定	东汉无	镇原东北
湔氐道	蜀　郡	东汉同	松　潘
甸氐道	广　汉	东汉同	文县东北
阴平道	广　汉	东汉同	故　道
武　都	东汉同	阴平道	广　汉
故　道	武　都	东汉同	凤县西北
平乐道	武　都	东汉无	成县西南
修成道	武　都	东汉无	成县南
僰　道	犍　为	东汉同	宜　宾
夷　道	南　郡	东汉县	宜　都

泠道	零陵	东汉县	道县
嘉陵道	武都	东汉无	礼县
下辨道	武都	东汉县	武都
灵关道	越巂	东汉同	泸山西北
营道	零陵	东汉县	宁远西南
连道	长沙	东汉县	湘邻

注释

①景帝时改为二十。

②古者役民不过三日。

③汉武帝元朔二年，收河南地，置朔方五原郡；三年，城朔方城。

④《后汉书·乌桓传》：“武帝遣骠骑将军霍去病击匈奴左地，因徙乌桓于上谷、渔阳、右北平、辽东五郡塞外，为汉侦察匈奴动静。”

⑤今库车县。

⑥中间绝不置都护者，凡六十五载。

⑦今新疆鲁克沁回城，在吐鲁番之东。

⑧马援铜柱，在今安南新州港之南，盖汉界直抵越南之南圻也。

⑨今通江、宣汉、渠县诸地。

⑩天汉四年，并沈黎于蜀郡；地节三年，又并汶山于蜀郡。

⑪《三国志》注：大秦既从海北陆道，义循海而行，与交趾七郡外夷市；又有水道，通益州、永昌，故永昌出异物。丁谦谓水道通永昌以达益州者，即缅甸伊拉瓦谛江也。

⑫《魏书》称蛮之种类，其来自久，部落滋蔓，布于数州。东连寿春，西通上洛，北接汝颍，往往有焉。是汉、晋以后，蛮且杂处河、洛也。

⑬三国时，丹杨郡多山越，时劳征伐。王鸣盛《十七史商榷》详考山越之事迹曰：“山越者，自周、秦以来，南蛮总称百越，伏处深山，故名山越。”丹杨山越顽抗，大约尤在与新都、鄱阳邻接处。今徽、宁二府，与江西饶州界。万山环绕，正山民负固不服地。

⑭章安，今临海；永宁，今永嘉。

⑮今县。

第三十二章　两汉之学术及文艺

周、秦之学术思想，至两汉而结局。凡汉人之所从事，大抵为古人作功臣，不能特别有所创造。然因古代文明之递嬗，亦能于保存之中演为新制，而国基大定，疆域辽廓，又足以生国民宏大优美之思想，未可概以因袭鄙之也。又凡汉人之著作，与其所研究者，不尽传于后，观《汉书·艺文志》及钱大昭《补续汉书艺文志》，其书之亡逸者夥矣。以今所存，遽下定论，殊为未安。姑就著于世者，比而论之，其学术文艺，犹有千门万户之观。是可知汉人于吾国之文明，既善继往，兼能开来，非如后之言汉学者，第以经义训诂为一朝之学也。

世多谓汉武帝绌诸子，崇儒学，为束缚思想之主因。然古先圣哲思想之流传，实武帝之功。以功为罪，正与事实相反。观《艺文志》，即可知其说之不然。

> 《汉书·艺文志》："汉兴，改秦之败，大收篇籍，广开献书之路。迄孝武世，书缺简脱，礼坏乐崩，圣上喟然称曰：'朕甚闵焉。'于是建藏书之策，置写书之官，下及诸子传说，皆充秘府。"

盖汉初犹存挟书之律，惠帝虽除之，

> 《汉书·惠帝纪》："四年，除挟书律。"

其民间之收藏隐秘。犹未尽敢公布。至孝武而后，诸子传说与六艺之文，始并充于秘府。恶得以董仲舒、卫绾之言，遽谓武帝“罢黜百家”乎？

《汉书·董仲舒传》：“自武帝初立，魏其、武安侯为相，而隆儒矣。及仲舒对册，推明孔氏，抑黜百家，立学校之官，州郡举茂材、孝廉，皆自仲舒发之。”又《汉武帝纪》：“建元元年，冬十月，诏丞相、御史、列侯、中二千石、二千石、诸侯相举贤良方正直言极谏之士。丞相绾奏：‘所举贤良，或治申、商、韩非、苏秦、张仪之言，乱国政，请皆罢。’奏可。”

武帝以后，学者犹兼治诸子百家之学，

《汉书·艺文志》：“成帝时，以书颇散亡，使谒者陈农求遗书于天下。诏光禄大夫刘向校经传诸子诗赋，步兵校尉任宏校兵书，太史令尹咸校数术，侍医李柱国校方技。每一书已，向辄条其篇目，撮其指意，录而奏之。会向卒，哀帝复使向子侍中奉车都尉歆卒父业。歆于是总群书而奏其《七略》。故有《辑略》，有《六艺略》，有《诸子略》，有《诗赋略》，有《兵书略》，有《术数略》，有《方技略》。”

使武帝时禁人攻习异端，则向、歆父子，何必校定诸书乎？

汉以经书立学官，亦沿古者官学之法，如《王制》所谓“乐正崇四术立四教，春秋教以礼、乐；冬夏教以诗、书”，非汉人之创制也。至平帝时，广征学者。

《汉书·平帝纪》：“元始五年，征天下通知逸经、古记、天文、历算、钟律、小学、《史篇》、方术、《本草》及以五经、《论语》、《孝经》、《尔雅》教授者，在所为驾一封轺传，遣诣京师。至者数千人。”

复不限于经生。足知西汉末年，人之为学，广出诸途，不第专以经学教授也。汉初已有博士，

《汉书·儒林传》：“辕固，齐人也。以治《诗》，孝景时为

博士。”“韩婴，燕人也。孝文时为博士。”“胡毋生，字子都，齐人也。治《公羊春秋》，为景帝博士。”《后汉书·翟酺传》：“孝文皇帝始置一经博士。”

武帝时，初置五经博士，至东汉时，凡十四家。

《宋书·百官志》：“汉武建元五年，初置五经博士，宣、成之世，《五经》家法稍增，经置博士一人，至东京凡十四人。”《续汉书·百官志》：“博士祭酒一人，六百石。本仆射，中兴转为祭酒。博士十四人，比六百石。”本注曰：“《易》四，施、孟、梁丘、京氏。《尚书》三：欧阳、大小夏侯氏，《诗》三：鲁、齐、韩氏。《礼》二：大小戴氏。《春秋》二：公羊、严颜氏。掌教弟子。国有疑事，掌承问对。本四百石，宣帝增秩。”

其任用出于保举，

《后汉书·朱浮传》注引《汉官仪》曰：“博士，秦官也。武帝初置五经博士，后增至十四人。太常差选有聪明威重一人为祭酒，总领纲纪。其举状曰：‘生事爱敬，丧没如礼；通《易》、《尚书》、《孝经》、《论语》，兼综载籍，穷微阐奥。隐居乐道，不求闻达。身无金痍痼疾，卅六属不与妖恶交通、王侯赏赐。行应四科，经任博士。’下言某官某甲保举。”

然后策试，盖重其选也。

《后汉书·朱浮传》：“旧事，策试博士，必广求详选，爰自畿夏，延及四方，是以博举明经，唯贤是登。”

学官弟子，初置五十人，后以次增至数千人。

《汉书·儒林传》：“为博士官置弟子五十人，复其身。太常择民年十八以上，仪状端正者，补博士弟子。郡国县官有好文学，敬长上，肃政教，顺乡里，出入不悖，所闻，令相长丞上属所二千石。二千石谨察可者，常与计偕，诣太常，得受业如弟子。”“昭帝时，举贤良文学，增博士弟子员满百人，宣帝末增倍之。”“元帝……更为设员千人。”“成帝末……增弟子员三千人。”“平帝时王莽秉政，增元士之子得受业如弟子，勿以为员。”①

后汉国学尤盛，顺帝以降，太学至三万余生。

《后汉书·儒林传》：“建武五年，乃修起太学，……其后复为功臣子孙、四姓末属，别立校舍，搜选高能，以受其业。”“自安帝览政，薄于艺文，博士倚席不讲，朋徒相视怠散，学舍颓敝，鞠为园蔬。”“顺帝……更修黉宇，凡所造构，二百四十房，千八百五十室。”“自是游学增盛，至三万余生。”

按东汉太学，有二百四十房，千八百五十室，是盖从古未有之大学校也。以三万余学生，居千八百室，殆六室而居百人。就《后汉书》考之，其时太学生所居之室，盖甚宽大。如《仇览传》称：“览入太学时，诸生同郡符融，有高名，与览比宇，宾客盈室。览常自守，不与融言。融乃谓曰：‘与先生同郡壤，邻房牖，守之何固！’览不与言。融以告郭林宗，因与融赍刺就房谒之，遂请留宿，林宗嗟叹，下床为拜。”是学生所居之室，日中可接宾客，夜可留宾止宿，必大于今日学校寄宿舍矣。又其时讲舍与宿舍异处，如《朱祐传》：“祐初学长安，帝往候之。祐不时相劳苦，而先升讲舍。后车驾幸其第，帝因笑曰：‘主人得无舍我讲乎！’”是其学生宿舍，与讲舍不连之证。宿舍中有客至，而学生升舍听讲，不与宾相劳苦，殆讲授有定时，不敢缺席之故欤？学生之势力，至于左右朝政，则兴学之效也。

《后汉书·党锢传》：“太学诸生三万余人，……更相褒重，……危言深论，不隐豪强。自公卿以下，莫不畏其贬议，屣履到门。”

武帝以前，郡同未有学校，而闾里自有书师②。自文翁在蜀立学堂，

《汉书·循吏传》："文翁，卢江舒人也。……景帝末，为蜀郡守。……见蜀地僻陋，有蛮夷风，文翁欲诱进之，乃选县小吏，开敏有材者张叔等十余人，亲自饬厉，遣诣京师，受业博士，或学律令。减省少府用度，买刀布蜀物，赍计吏，以遗博士。"③颜师古曰："文翁学堂，在今益州城内。"《水经注》："文翁为蜀守，立讲堂，作石室于城南。永初后，学堂遇火，后守更增二石室。"

武帝乃令天下郡国皆立学校官。王莽柄国，特尚学术，郡国乡聚，皆有学校。

《汉书·平帝纪》："元始三年，立官稷及学官。郡国曰学，县、道、邑、侯国曰校。校、学置经师一人。乡曰庠，聚曰序。序、庠置《孝经》师一人。"

东汉开国君臣，大都其时学校所养成也。

《后汉书·光武本纪》："王莽天凤中，乃之长安，受《尚书》，略通大义。"《邓禹传》："年十三，能诵《诗》，受业长安。时光武亦游学京师。"《耿纯传》："父艾，为王莽济平尹。纯学于长安，因除为纳言士。"《景丹传》："少学长安，王莽时举四科。"《卓茂传》："茂，元帝时，学于长安，事博士江生，习《诗》、《礼》及历算，究极师法，称为通儒。"《东观汉记》："光武受《尚书》于中大夫卢江许子威，资用乏，与同舍生韩子合钱买驴，令从者僦以给诸公费。"

班固《东都赋》曰："四海之内，学校如林，庠序盈门。"以《后汉书》诸传证之，北至武威，

《后汉书·任延传》："延为武威太守，……造立校官，自掾史子孙，皆令习业。"

南至桂阳，

《后汉书·卫飒传》：“为桂阳太守，……下车，修庠序之仪。”

僻壤蛮陬，并有学校。

《后汉书·李忠传》：“为丹阳太守，……以丹阳越俗，不好学，……乃为起学校，习礼容。”《金石萃编》（王昶）：“《溧阳长潘乾校官碑》云：远人聆声景附，乐受一廛。既来安之，复役三年。惟泮宫之教，反失俗之礼。构修学官，宗懿招德。”④

信其语为不诬矣。

西汉大师，弟子之多，不过千余人。

《汉书·儒林传》：“申公归鲁，退居家教，终身不出门，复谢宾客，独王命召之乃往。弟子自远方至受业者千余人。”

东汉诸儒，家居教授者，指不胜屈，其弟子之多，亦过于西汉之经师。

《后汉书·牟长传》：“诸生讲学者，常有千余人，著录前后万人。’《宋登传》：“教授数千人。”《杜抚传》：“弟子千余人。”《丁恭传》：“诸生自远方至者，著录数千人。”《楼望传》：“诸生著录九千余人。”《谢该传》：“门徒数百千人。”《蔡玄传》：“门徒常千人，其著录者万六千人。”

师各有录，载其门徒。

《后汉书·李膺传》：“膺诣诏狱考死，妻子徙边，门生、故吏及其父兄，并被禁锢。时侍御史蜀郡景毅子顾为膺门徒，而未有录牒，故不及于谴。毅乃慨然曰：‘本谓膺贤，遣子师之，岂可以漏夺名籍，苟安而已！’遂自表免归，时人义之。”

门徒之多，不能遍教，则使高业弟子，以次相传。

《后汉书·马融传》：“融才高博洽，为世通儒，教养诸生，常有千数。涿郡卢植，北海郑玄，皆其徒也。……弟子以次相传，鲜有入其室者。”《郑玄传》：“造太学受业，师事京兆第五元，先始通《京氏易》、《公羊春秋》、《三统历》、《九章算术》。又从东郡张恭祖受《周官》、《礼记》、《左氏春秋》、《韩诗》、《古文尚书》。以山东无足问者，乃西入关，因涿郡卢植事扶风马融。融门徒四百余人，升堂进者五十余生。融素骄贵，玄在门下三年，不得见，乃使高业弟子传受于玄。玄日夜寻诵，未尝怠倦。会融集诸生考论图纬，闻玄善算，乃召见于楼上，玄因从质诸疑义。”

私家传授之盛，古所未有也。

汉人讲学，必从师者，以家无书籍，传写不易，非专家之师，授以章句，无由得师而成学也。

《汉书·儒林传》：“孝文时，求能治《尚书》者，天下亡有。闻伏生治之，欲召。时伏生年九十余，老不能行，于是诏太常使掌故朝错往受之。”⑤“孟喜好自称誉，得《易》家候阴阳灾变书，诈言师田生且死时，枕喜膝，独传喜。诸儒以此耀之。”《后汉书·荀悦传》“家贫无书，每之人间，所见篇牍，一览多能诵记。”

后汉时虽已有卖书于肆者，疑亦只京师有之，而僻壤遐陬，仍苦无书。

《后汉书·王充传》：“家贫无书，常游洛阳市肆，阅所卖书，一见辄能诵忆。”

以此之故，从师受业者，往往不远千里，或佣作执苦，以助读书之资。其时书籍，尚多用简帛。

《汉书补注》（沈钦韩）：“刘向上《晏子》、《列子》奏，并云以杀青书可缮写。然则其录奏者，并先杀青书简也。《御览》六百六引《风俗通》云：刘向《别录》杀青者，直治竹作简书之耳。新竹有汗，善朽蠹，凡作简者，皆先火上炙干之，陈、楚间谓之汗。汗者，去其汁也。吴、越曰杀，杀亦治也。向为孝成皇帝典校书籍二十余年，皆先书竹，改易刊定，可缮写者，以上素也。”

《后汉书·吴祐传》：“父恢，为南海太守。祐年十二，随从到官，恢欲杀青简以写经书，祐谏曰：‘此书若成，则载之兼两。’”

后汉时，始有蔡侯纸，

《后汉书·蔡伦传》：“自古书契，多编以竹简，其用缣帛者，谓之为纸。缣贵而简重，并不便于人。伦乃造意，用树肤、麻头及敝布、鱼网以为纸。元兴元年，奏上之，帝善其能，自是莫不从用焉。故天下咸称‘蔡侯纸’。”

是实吾国文化之一大利器也[⑥]。顾传写虽便，而经籍未有定本亦难免于讹误，于是有石经之刻。

《后汉书·蔡邕传》：“邕以经籍去圣久远，文字多谬，俗儒穿凿，疑误后学，熹平四年，乃与五官中郎将堂谿典、光禄大夫杨赐、谏议大夫马日磾、议郎张驯、韩说、太史令单飏等，奏求正定《六经》文字，灵帝许之。邕乃自书丹于碑，使工镌刻，立于太学门外。于是后儒晚学，咸取正焉。及碑始立，其观视及摹写者，车乘日千余两，填塞街陌。”注引《洛阳记》曰：“太学在洛阳城南开阳门外，讲堂长十丈，广二丈。堂前《石经》四部。本碑凡四十六枚：西行，《尚书》、《周易》、《公羊传》十六碑存，十二碑毁；南行，《礼记》十五碑悉崩坏；东行，《论语》三碑，二碑毁。《礼记》碑上有谏议大夫马日磾、议郎蔡邕名。”

其议倡于蔡邕。而成于李巡等。

《金石萃编》：“《蔡邕传》称：同奏者有五官中郎将堂谿典、光禄大夫杨赐、谏议大夫马日殚、议郎张驯、韩说、太史令单飏等，而《公羊传》后别有谏议大夫赵㦸、议郎刘宏、郎中张文、

> 苏陵、傅桢；《论语》后别有博士左立、郎中孙表。疑当时同与此事者尚多，而史略不载也。考《卢植传》，植由庐江太守征拜议郎，与谏议大夫马日磾、议郎蔡邕、杨彪、韩说等并在东观，校中书《五经》传记，是杨彪、卢植亦尝同校《五经》。又《吕强传》称：汝阳李巡白帝，与诸儒共刻《五经》文于石，于是蔡邕等正定其文。则刻经之议，虽创于邕，而其得蒙诏许，实由李巡之功。”

自熹平四年至光和六年，凡九年始毕。其工之艰巨，亦自古所未有也。迄今阅千七百余年，而是经之残字犹存于世，是岂宋、元板本所可及耶！

> 《金石萃编》：“汉石经残字，共十二段。翁方纲汇摹其文，刻于南昌官舍，石经残字存者止此。而读其遗文，犹可以见鸿都之旧。”

两汉同重经学，而学术风气不同。西汉多治今文，罕治古文；东汉则今古文并立。前汉今文说，专尚微言大义，后汉治古文，多详章句训诂。此两汉经学之别也。

> 《经学历史》（皮锡瑞）：“今文者，今所谓隶书，……古文者，今所谓籀书，……隶书汉世通行，故当时谓之今文，……籀书，汉已不通行，故当时谓之古文。……许慎谓孔子写定六经，皆用古文。然则孔氏与伏生所藏书，亦必是古文。汉初发藏，以授生徒，必改为通行之今文，乃便学者诵习。故汉立博士十四，皆今文家，而当古文未兴之前，未尝别立今文之名。《史记·儒林传》云：‘孔氏有《古文尚书》，而安国以今文读之。’乃就《尚书》之今古文字而言；而鲁、齐、韩《诗》，《公羊春秋》，《史记》不云今文家也。至刘歆始增置《古文尚书》、《毛诗》、《周官》、《左氏春秋》。既立学官，必创说解。后汉卫宏、贾逵、马融又递为增补，以行于世，遂与今文分道扬镳。”

近人以孟、荀、墨、韩、吴子及司马法诸书，多与今文家说合，并引为今学。

> 《今古学考·今学书目表》[7]（廖平）：《王制》、《穀梁春秋》、《公羊春秋》、《仪礼记》、《戴记》今学各篇[8]、《孟子》、《荀子》、《墨子》、《司马法》、《韩非子》、《吴子》、《易纬》、《尚书大传》、《春秋繁露》、《韩诗外传》、《公羊何氏解诂》[9]。
>
> 又《古学书目表》[10]：《周礼》、《左氏春秋》、《仪礼经》、《戴记》古学各篇、《逸周书》、《国语》、《说文》[11]。

则今古文之范围，兼当包括诸子矣。两汉之人，多专一经；东汉则多兼通，所著解说，动辄数十万言。

> 《后汉书·周防传》：“撰《尚书杂记》三十二篇，四十万言。”《伏恭传》：“为《齐诗章句》二十万言。”《景鸾传》：“著述凡五十余万言。”

是亦学术进步之证。郑玄兼治今古文家法，遍注群经，凡百余万言。黄巾军皆知其名，不犯其境。东汉人之知重学者，亦一最美之风气也。

> 《后汉书·郑玄传》云：“凡玄所注《周易》、《尚书》、《毛诗》、《仪礼》、《礼记》、《论语》、《孝经》、《尚书大传》、《中候》、《乾象历》，又著《天文七政论》、《鲁礼谛祫义》、《六艺论》、《毛诗谱》、《驳许慎五经异义》、《答临孝存周礼难》，凡百万余言。”“建安元年，自徐州还高密，道遇黄巾贼数万人，见玄皆拜，相约不敢入县境。”

汉人之学，不专治经也。周、秦诸子之学，汉时实能综括而章明之。《七略》所载诸子，凡百八十九家，四千三百二十四篇[12]。至魏、晋以降，始次第沦佚，故有功于诸子者，莫若汉也。以两《汉书》诸传考之，有专治一家之学者，有以一家之学教授后生者，其风气盖与经学家无殊。如盖公善治黄、老，曹参请之言治[13]；司马谈习道论于黄子[14]；杨王孙学黄老之术[15]；耿况学《老子》于安丘先生[16]；淳于恭善说《老子》[17]；范升习《老子》，教授后生[18]；矫慎少学黄老[19]；是皆道家之学，不独窦太后好黄、老，楚王英喜黄、老也[20]。晁错学申、商刑名于轵张恢生所[21]；阳球好申、韩之学[22]；是申、商、韩非之学，实绵延于两汉，而汉世以法律名者尤夥，虽不尽传诸子之说，要当属于法家。（西汉以法学著者，如路温舒学律令，杜延年明法律，郑昌、郑弘皆通法律，于定国少学法于父，郑崇父宾明法律，丙吉治律令，及文翁遣小吏诣京师学律令，皆见于《汉书》诸传。东汉郭躬父弘，习小杜律，躬少传父业，讲授，徒众常数百人。自弘后数世皆传法律。侯霸从钟宁君受律，钟皓善刑律，以律教授，皆见于《后汉书》。）主父偃学长短纵横术，著书二十八篇，与蒯通、徐乐、严安、聊苍等所著之书，皆著于《艺文志》，是皆汉之纵横家也。田蚡学《盘盂》书，为杂家；而淮南王、东方朔之书，亦著于志。其农家之董安国、尹都尉、氾胜之等，皆汉人也。小说家有虞初《周说》九百四十三篇，《百家》百三十九卷。张衡《西京赋》至谓小说本自虞初[23]，则其盛可想。通计汉之学术，逊于战国者，惟名家及墨家。然汉人所见名家、墨家之书犹伙，非若今之抱残守缺，徒摭拾一二语，以断定某家性质之比也。

汉之经师，多通阴阳之学，如董仲舒以《春秋》灾异推阴阳所以错行，高相专说阴阳灾异，京房长于灾变，翼奉好律历阴阳之占，皆西汉之经学大师也。其后则由阴阳家而变为谶纬。据《后汉书·樊英传》，则谶纬之学，与《京氏易》同出于一原。

《后汉书·方术传》："樊英少受业三辅，习《京氏易》，兼明《五经》，又善风角、星算、《河》、《洛》七纬，推步灾异。"注："七纬者，《易》纬：《稽览图》、《乾凿度》、《坤灵图》、《通卦验》、《是类谋》、《辨终备》也；《书》纬：《璇玑钤》、《考灵耀》、《刑德放》、《帝命验》、《运期授》也；《诗》纬：《推度灾》、《记历枢》、《含神雾》也；《礼》纬：《含文嘉》、

《稽命征》、《斗威仪》也；《乐》纬：《动声仪》、《稽耀嘉》、《汁图征》也；《孝经》纬：《援神契》、《钩命决》也；《春秋》纬：《演孔图》、《元命苞》、《文耀钩》、《运斗枢》、《感精符》、《合诚图》、《考异邮》、《保乾图》、《汉含孳》、《佑助期》，《握诚图》、《潜谭巴》、《说题辞》也。”

后汉学者，大抵皆攻此学。

《后汉书·李通传》：“通好星历谶记。”《苏竟传》：“善图律，能通百家之言。”《翟酺传》：“尤善图谶。”《刘瑜传》：“善图谶。”《魏朗传》：“学《春秋图纬》。”《薛汉传》：“善说灾异谶纬。”《廖扶传》：“尤明天文谶纬。”《韩说传》：“尤善图纬之学。”

或以《汉书》不载纬书疑之，然自史传外，当代碑版，称述尤甚。

《说纬》（朱彝尊）：“纬谶之书，相传始于西汉哀、平之际。而《小黄门谯敏碑》称其先故国师谯赣深明典奥谶录图纬，能精征天意，传道与京君明。则是纬谶远本于谯氏、京氏也。东汉之世，以通《七纬》者为内学，通《五经》者为外学。其见于范史者无论。谢承《后汉书》称姚浚尤明图纬秘奥，又称姜肱博通《五经》，兼明星纬，载稽之碑碣。于有道先生郭泰，则云考览《六经》，探综图纬。于太傅胡广，则云探孔子之房奥。于琅邪王傅蔡朗，则云包洞典籍，刊摘沈秘。于中郎周勰，则云总《六经》之要，括《河》、《洛》之机。于大鸿胪李休，则云既综七籍，又精群纬。于国三老袁良，则云亲执经纬，隐括在手。于太尉杨震，则云明《河》、《洛》纬度，穷神知变。于山阳太守祝睦，则云七典并立，又云该洞七典，探颐穷神。于成阳令唐扶，则云综纬《河》、《洛》，咀嚼《七经》。于酸枣令刘熊，则云效《五经》之纬图，兼核其妙，七业勃然而兴。于高阳令杨著，则云穷七道之奥。于郃阳令曹全，则云甄极毖纬，靡文不综。于藁长蔡湛，则云少耽七典。于从事武梁，则云兼通《河》、《洛》。于冀州从事张表，则云该览群纬，靡不究穷。于广汉属国都尉丁鲂，则云兼究秘纬。于广汉属国侯李翊，则云通经综纬。盖当时之论，咸以内学为重。”

俞氏谓“纬在太史，不在秘书”，说颇有理。

《癸巳类稿·纬书论》（俞正燮）：“《汉书·艺文志》不载者，以纬在太史，不在秘书也。后汉，纬始入秘府。《隋书·经籍志》有纬八十一种，《唐六典·秘书郎·甲部九》曰：‘图纬，以纪《六经》谶候。’注云：‘《河图》等十三部九十二卷。’知东汉至唐皆在秘书，更魏、隋焚纬，但书民间传本，廷臣议礼，师儒说经，犹检纬，则《汉志》不载纬，无可疑也。”

欲知汉代学者之家法，不可不知纬学也。

汉人之学，兼通天人。故定儒者之名义，以通天地人为标准。

《杨子·法言》：“通天地人为儒。”

《汉志》所载天文、历谱、五行诸书，其学皆本于太古，而其书多出于汉。

《汉书·艺文志》：“天文二十一家，四百四十五卷。”“历谱十八家，六百六卷。”“五行三十一家，六百五十二卷。

汉之史官，又有世传天文之书，不在《艺文志》引诸书之内。太史公著《天官书》，史家之专门学也。

《史记索隐》：“案《天文志》，此皆《甘氏星经》文，而志又兼载石氏，……石氏名申夫，甘氏名德。”《后汉书·天文志》：“唐、虞之时，羲仲、和仲，夏有昆吾，汤则巫咸，周之史佚、苌弘，宋之子韦，楚之唐蔑，鲁之梓慎，郑之裨灶，魏石申夫，齐国甘公，皆掌天文之官，仰占俯视，以佐时政。……秦燔《诗》、《书》以愚百姓，《六经》典籍，残为灰炭，星官之书，全而不毁。……汉兴，景、武之际，司马谈，谈子迁，以世黎民之后，为太史令，迁著《史记》，作《天官书》。”

元、成之时，刘向专说灾异，撰《洪范五行传》，其说多穿凿附会。东汉诸儒，精于天文星算者尤众。如：

“杨厚受天文推步之术于父统”，“襄楷善天文阴阳之术”，“蓟瑜善天文历算之学”，“任文孙晓天官风星秘要”，“廖扶尤明天文推步”等㉔。

而张衡之制作，尤为汉代一大事。

《后汉书·张衡传》：“衡善机巧，尤致思于天文、阴阳、历算。……为太史令，遂乃研核阴阳，妙尽璇玑之正，作浑天仪，著《灵宪》、《筭罔论》，言甚详明。……阳嘉元年，复造候风地动仪。以精铜铸成，员径八尺，合盖隆起，形如酒尊，饰以篆文山龟鸟兽之形。中有都柱，傍行八道，施关发机。外有八龙，首衔铜丸，下有蟾蜍，张口承之。其牙机巧制，皆隐在尊中，覆盖周密无际。如有地动，尊则振龙机发吐丸，而蟾蜍衔之。振声激扬，伺者因此觉知。虽一龙发机，而七首不动，寻其方面，乃知震之所在。验之以事，合契若神。”同时崔瑗称之曰：“数术穷天地，制作侔造化。”

盖汉人之学，皆重实验，积往古之学说，因当时之风气，遂有发明制造之专家，恶得以其器之不传，遂谓汉学无足称哉！

吾国医药之学，其源甚远，而《本草》、《素问》等书，皆至汉始显。（“本草”之名，见于《汉书·平帝纪》，又《楼护传》有“诵医经、本草、方术数十万言”之语。）

《玉海》六十三引张仲景《伤寒卒病论》云：“撰用《素问》。”

《汉志》详载医经、经方等书：

“医经七家，二百一十六卷。” “经方十一家，二百七十四卷。”

太史公作《扁鹊仓公传》，胪举其方术，知汉人极重医学矣。秦不焚医药之书，故古书至汉俱在。

《史记·扁鹊仓公传》：“意受阳庆禁方，传黄帝、扁鹊之脉书，五色诊病。”

俞跗解剖之术，至汉末犹有能之者。

《史记·扁鹊仓公传》：“上古之时，医有俞跗，治病不以汤液醴洒。镵石挢引，案抚毒熨，一拨见病之应。因五脏之输，乃割皮解肌，诀脉结筋，搦髓脑，揲荒爪幕，湔浣肠胃，漱涤五脏，练精易形。”《后汉书·华佗传》：“佗精于方药，……针药所不能及者，乃令先以酒服麻沸散，既醉无所觉，因刳破腹背，割积聚。若在肠胃，则断截湔洗，除去疾秽，既而缝合，傅以神膏，四五日创愈，一月之间皆平复。”

盖古人精于全体之学，刳杀剖割，初非异事，与今世西人之治病相同。王莽以狱囚解剖，亦此意也。

《汉书·王莽传》：“捕得翟义党王孙庆，使太医尚方与巧屠共刳剥之，量度五脏，以竹筳导其脉，知所终始，云可以治病。”

世称《难经》出于黄帝，历传至华佗，以及黄公、曹元。

《黄帝八十一难经序》（王勃）：“岐伯以授黄帝，黄帝历九师以授伊尹，伊尹以授汤，汤历六师以授太公，太公以授文王，文王历九师以授医和，医和历六师以授秦越人，秦越人始定立章句[25]，历九师以授华佗，华佗历六师以授黄公，黄公以授曹元。”

而汉史谓佗临死烧其书，

《后汉书·华佗传》：“佗临死出一卷书与狱吏曰：‘此可以活人。’吏畏法，不敢受。佗不强与，索火烧之。”

岂所烧者止破腹断肠之法，而《难经》则先已传于人欤？后世医家独祖张机，于一切病惟恃诊脉处方之术，是汉代实古今医法变迁之枢。张机之名，不见于史，疑汉时其名并不甚著，然依其法以治病，讫今独有甚验者。知汉人之于医术，实积古代千万年之经验，而有专门之师授，初未可以厚非也。

　　《四库书目》："《金匮要略》，汉张机撰。机字仲景，南阳人。尝举孝廉。建安中，官至长沙太守。此书……上卷论伤寒，中论杂病，下载其方，并疗妇人。自宋以来，医家奉为典型，与《素问》、《难经》并重，得其一知半解，皆可以起死回生，则亦岐、黄之正传，和、扁之嫡嗣矣。"

汉时小学，兼重书算。

　　《汉书·律历志》："数者一、十、百、千、万也，所以算数事物，顺性命之理也。""其法在算术，宣于天下，小学是则，职在太史，羲和掌之。"

盖仍周代保氏教"六书九数"之法。故汉人多通算学。郑玄通《九章算术》，著于史传。

　　《后汉书·郑玄传》："通《九章算术》。"注："《九章算术》，周公作也。凡有九篇：《方田》一，《粟米》二，《差分》三，《少广》四，《均输》五，《方程》六，《旁要》七，《盈不足》八，《钩股》九。"

而《艺文志》不载《九章》，其小学十家，四十五篇，但载讲授文字之书。盖《九章算术》，职在太史，非秘书所掌，故向、歆校书，不存其目。后世不知汉代官学之系统，仅据《汉志》，目文字为小学，此学术名义所当改正者也。

汉代文字，随时增益。其初教小学之书，仅三千余字，后以次增至九千余字。

《说文序》："凡《仓颉》以下十四篇，凡五千三百四十字，群书所载，略存之矣。"段玉裁注："《仓颉》以下十四篇，谓自《仓颉》至于《训纂》，共十有四篇，篇之都数也；五千三百四十字，字之都数也。《艺文志》曰：'汉兴，闾里书师，合《仓颉》、《爰历》、《博学》三篇，断六十字以为一章，凡五十五章，并为《仓颉篇》。'此谓汉初《仓颉篇》只有三千三百字也。《志》又曰：'武帝时，司马相如作《凡将篇》，无复字。元帝黄门令史游作《急就篇》，成帝时，将作大匠李长作《元尚篇》，皆《仓颉》中正字也。《凡将》则颇有出矣。'此谓三家所作，惟《凡将》之字有出《仓颉篇》外者也。《志》又曰：'至元始中，征天下通小学者以百数，各令记字于庭中。扬雄取其有用者以作《训纂篇》，顺续《仓颉》，又易《仓颉》中重复之字，凡八十九章。'此谓雄所作《训纂》凡三十四章，二千四十字；合五十五章，三千三百字，凡八十九章，五千三百四十字也。""自扬雄作《训纂》以后，班固作十三章。和帝永元中，郎中贾鲂又作《滂喜篇》"，"怀瓘《书断》云：'《仓颉》、《训纂》八十九章，合贾广班三十四章，凡百二十章文字备矣。'按八十九章，五千三百四十字，又增三十四章，二千四十字，凡七千三百八十字。""许全书凡九千三百五十三字，盖五千三百四十字之外，他采者四千十三字。"

司马相如、扬雄、班固、贾鲂、许慎等所增之字，或出采辑，或出创造，未可断定。然四百年间，人民通用之字，增至六千五十有奇，文化之进步可想矣。汉人小学文字之书，盖有二体。一取便于记诵，《凡将》、《训纂》之类是也；一取详于解说，许慎《说文解字》是也。后世童蒙读本，以三字、四字或七字为句，皆源于汉。而研究许书者，独标汉学之名，且自诩为专门，亦未得汉人教学之全也。

段玉裁曰："自《仓颉》至彦均，章皆六十字，凡十五句。句皆四言，许引'幼子承诏'，郭注《尔雅》引'考妣延年'是也。《凡将》七言，如《蜀都赋》注引'黄润纤美宜制禅'，《艺文类聚》引'钟磬竽笙筑坎侯'是也。《急就》今尚存，前多三言，后多七言。"

秦人刻石颂始皇功德，汉代不师其制，武帝立石泰山，无文字也。近世所得石刻，以鲁孝王"五凤石刻"为西汉石刻之始。

《语石》："欧阳公《集古录》石刻无西汉文字，公于《宋文帝神道碑跋》云：'余家集古所录三代以来钟、鼎、彝、铭刻备有，至后汉以后始有碑文，欲求前汉时碑碣，卒不可得。'是则冢墓碑自后汉以来始有也。赵明诚仅收建元二年郑三益阙一种，可知其鲜矣。然刘聪、苻坚皆以建元纪年，未必为汉石也。鲁孝王五凤石刻，金明昌二年得于太子钓鱼池侧，今尚存曲阜孔庙。此外赵二十二年，群臣上寿刻石，出永年；河平三年麃孝禹刻石，出肥城；元凤中广陵王中题字，出甘泉。皆欧、赵所未见也。至居摄、坟坛二刻，及莱子侯刻石，已在新室篡汉后矣。"

而南越王胡墓木刻，则在汉武帝时，

《东方杂志》十四卷第一号载谭镳《上朱省长保存汉初木刻字书》云："台山商人黄夔石，于广州城东里许东山庙前，购得官产龟冈地一段，建筑楼房，掘土丈余，发见一南越贵人遗冢。""冢堂铺地各木端，搜索得汉初隶书木刻字，其可辨者，尚有甫五、甫六、甫七、甫九、甫十、甫十二、甫十五、甫十八、甫二十等字。'甫'为'铺'之古字，其字画方整，间有参差，不作俯仰姿势，纯为西汉隶法。其'五、七、九'字，尚沿篆体。'甫'字亦有沿篆体作山头者，异于东汉诸碑。""冢中所得古钱，据工人言，合以《钱谱》，秦大半两，约数十枚，汉吕后八铢之半两，百余，汉文帝四铢之小半两，千余，而汉武帝之五铢不过数十。此外更无别式之钱。以此推想其营葬时代，必秦半两钱未停废，而汉五铢钱已流布；其为汉武未灭南越时，越之贵人遗冢已无疑义。镳意此冢当为南越文王胡冢。”

则西汉之特色，当以刻木为首矣。东汉石刻极夥，门生故吏，为其府主伐石颂德者，遍于郡邑。

《语石》：“东汉以后，门生故吏为其府主伐石颂德，遍于郡邑。然以欧、赵诸家校郦道元《水经注》所引，仅十存四五而已；以兰泉、渊如诸家校欧、赵著录，及洪文惠《隶释》、《隶续》，十仅存二三而已。古刻沦胥，良可慨叹。然荒崖峭壁，游屐摩挲，梵刹幽宫，耕犁发掘，往往为前贤所未见。”

其书有篆有隶[11]，而隶体为多，或纵横宕逸，或谨严流丽，后之碑版，靡得而逾焉。惟其作文及书碑者，多不著名，而出钱立碑之人，往往附著碑阴，记其职掌及出钱多少。可以见其时风气，尚公而重义矣。

汉之文章，初承战国之习，有纵横之余风。文、景以后，提倡经术，其文多尔雅深厚。

《汉书·儒林传》：“诏书律令下者，明天人分际，通古今之谊，文章尔雅，训辞深厚。”

而史学大家司马迁生于武帝之世，萃《尚书》、《春秋》、《国语》、《世本》诸书之体，创为《史记》，立本纪、世家、表、书、列传之目，遂为文学、历史两家之祖。

治文学者师其义法，

《史记·十二诸侯年表序》：“约其辞文，去其烦重，以制义法。”[27]

修史策者袭其体裁，

《史通》（刘知几）：“《史记》家者，其先出于司马迁，自是

> 汉之史官所续，至梁武帝撰成《通史》，王晖业著《科录》，李延寿《南北史》诸作，皆《史记》之流也。”

是亦汉代之特色也。其后，褚少孙、扬雄、刘歆等多踵为之，而班彪及子固相继为《汉书》，遂为断代史之祖。

> 《史通》：“《汉书》家者，其先出于班固。自东汉以后，作者相仍，皆袭其名号，无所变革。惟《东观》曰‘记’，《三国》曰‘志’，然称谓虽别，而体制皆同。历观自古史之所载也。《尚书》记周，事终秦穆；《春秋》述鲁，文止哀公。《纪年》不逮于魏亡，《史记》唯论于汉始。如《汉书》者，究西都之首末，穷刘氏之废兴，包举一代，撰成一书。言皆精练，事甚该密，故学者寻讨，易为其功，自尔迄今，无改斯道。”

吾国立国数千年，而朝野上下之典章制度、风俗文物胥有可考，实赖历朝史书之记载。其专崇君主，则时代为之，不可以今日之眼光，病当时之作者也。

汉人所著子书，多沿周、秦以来之学说，不能出其范围。如《淮南子》杂出众手，既不足成一家之书，《论衡》专事诋諆，仅足以供游谈之助。

> 《汉书·淮南王传》：“安招致宾客方术之士数千人，作为《内书》二十一篇，《外书》甚众。”《后汉书·王充传》注：“袁山松书曰：‘充所作《论衡》，中土未有传者，蔡邕入吴始得之，恒秘玩以为谈助。’”

其颂述老、墨，问刺孔、孟，涂虽不同，沿袭一也。惟汉人之诗文辞赋，则多创为新体。枚乘、苏武为五言诗，武帝及诸臣为七言诗，而乐府之三言、四言诗体，亦于三百篇之外，别成一格。降及后汉，诗人益多，而《孔雀东南飞》一篇，为焦仲卿妻作者，凡千七百四十五字，实为叙事诗之绝唱，虽不知作者之名，然可以见汉之诗人，实多开创，无所谓定格成法也。诗之外，创制之体，如《答客难》、《封禅书》、《七发》之类，亦多新格。而赋体之多，尤为汉人所独擅；大之宫室都邑，小之一名一物，铺陈刻画，穷形尽相，而其瑰伟宏丽之致，实与汉之国势相应。盖人类之思想，不用于此，必注于彼。以两周之经籍、子家衡两汉，诚觉汉人之思想迥不及古，而就其所独至者观之，则前人仅构其萌芽，至汉而始发荣滋长者，亦未易偻数。故论史者贵观其通，而不可限于一曲之见也。

注 释

①《三国志·王朗传》注称西京学官博士七千余人，盖指西汉末年博士弟子也。

②见《汉书·艺文志》。

③观此，可知汉时各地学者受业博士者，须自出费。蜀中学生，由官选派，故文翁以官款买蜀物，赍计吏，以遗博士。

④今此碑尚在溧水县学。

⑤卫宏定《古文尚书》序曰："伏生老，不能正言，言不可晓也，使其女传言教错。齐人语多与颍川异，错所不知者凡十二三。略以其意属读而已。"

⑥韩愈《毛颖传》以毛笔为蒙恬所造，是亦文明利器之一。然恬传未载，不若纸之始于蔡伦，明见史传也。

⑦治今学者，只许据此表书，不得杂古学。

⑧《王制》、《千乘》、《四代》、《虞戴德》、《冠义》、《昏义》、《乡饮酒义》、《射义》、《燕义》、《聘义》、《聘礼》、《祭统》、《主言》、《哀公问》、《礼三本》、《丧服四制》。

⑨皆今存本。

⑩治古学者，只许据此表书，不得杂今学。

⑪皆今存本。

⑫据《汉书·艺文志》。

⑬见《曹参传》。

⑭《司马迁传》注："景帝时人也。"《儒林传》谓之黄生。

⑮本传。

⑯《耿弇传》。

⑰本传。

⑱本传。

⑲本传。

⑳此纯为秦以前之道家，若燕、秦、西汉之方士，则出于阴阳家，与道家不同。后汉张陵及子衡、孙鲁等，造作道书，以惑百姓，则后世道家之祖，亦非秦以前道家之学，是宜分别考之。

㉑本传。

㉒本传。

㉓虞初，河南人。武帝时以方士侍中，号黄车使者，其说以《周书》为本。

㉔均见《后汉书》本传。

㉕宋《崇文总目》即称《难经》为秦越人撰。

㉖《三公山》、《开母庙石阙》等皆篆书。

㉗此“义法”二字，本指春秋书法，后世治古文者，借以为文章组织之目，故有“义法”之名。

第三十三章　建筑工艺之进步

春秋、战国以降，建筑之进步，以城为最。周代城郭有定制[①]，兴建亦有定时。

《左传》庄公二十九年：“凡土功，龙见而毕务，戒事也；火见而致用，水昏正而栽，日至而毕。”

《春秋》纪鲁城筑，凡二十有三，率以示城筑之时否。

《左传》庄公二十九年：“冬十二月，城诸及防，书时也。”文公十二年：“城诸及郓，书时也。”

然即此亦可见当时各国都邑，初非皆有城郭，绵世历年，陆续营建，而后重要之地。始各有城耳。吴王阖闾筑城，已违周制。

《吴越春秋》：“阖闾曰：‘夫筑城郭，立仓库，因地制宜，岂有天气之数，以威邻国者乎?’子胥曰：‘有。’阖闾曰：‘寡人委计于子。’子胥乃使相土尝水，象天法地，造筑大城。周回四十七里，陆门八，以象天八风；水门八，以象地八聪。筑小城周十里，陵门三，不开东西者，欲以绝越明也；立阊门者，以象天门，通阊阖风也；立蛇门者，以象地户也。”[②]

战国时筑城，则仅为兵事计，不问城筑之时矣。如《史记·六国表》书“秦城南郑，魏城少梁”，有年而无时。盖仅以其为兵事而城，不计其时否，与《春秋》所书异趣。当时用兵注重攻城，有一举而得城数十者。

> 《史记·六国表》："楚顷襄王元年，秦取我十六城。""秦昭王十八年，客卿错击魏至轵，取城大小六十一。""秦庄襄王二年，蒙骜击赵榆次新城狼孟，得三十七城。"

墨家学者所传备城门诸法，凡敌之以临、冲、钩、梯、堙、水、穴、突、空洞、蚁傅、轒辒、轩车相攻者，胥有以制之，则攻城守城，盖为兵家专科之学矣。

战国时，内地战事，无关于民族之存亡，其筑城与攻守之法，皆不足称述。惟当时各国备御边患，竞筑长城，则为史策一大事。《说文》曰："城所以盛民也。"是城之为制，必周匝而无所缺。然至战国时之城，则有二式。一则都邑之城，仍为周匝之式；一则边境之城，变为广长之式。或缺其一面，或空其三面，不必周匝如环。盖其城纯为对外而设，绵亘千里百里，劳费已巨，其不设防之地，可不必城也。列国筑长城之事，详于顾氏《日知录》：

> 《日知录》："春秋之世，田有封洫，故随地可以设关，而阡陌之间，一纵一横，亦非戎车之利也。……至于战国，井田始废，而车变为骑，于是寇钞易而防守难，不得已而有长城之筑。《史记·苏代传》：'燕王曰：齐有长城巨防，足以为塞。'《竹书纪年》：'梁惠成王二十年，齐闵王筑防以为长城。'《续汉志》：'济北国卢[③]有长城，至东海。'《泰山记》：'泰山西有长城，缘河经泰山，一千余里至琅邪台入海。'此齐之长城也。《史记·秦本纪》：'魏筑长城，自郑[④]滨洛以北有上郡。'《苏秦传》：'说魏襄王曰：西有长城之界。'《竹书纪年》：'惠成王十二年，龙贾帅师筑长城于西边。'此魏之长城也。《续汉志》：'河南郡卷[⑤]有长城，经阳武到密。'此韩之长城也。《水经注》：'盛弘之云：叶东界有故城，始犨县，东至瀙水，达泚阳，南北数百里，号为方城，一谓之长城。'《郡国志》曰：'叶县有长城，曰方城。'

此楚之长城也。若《赵世家》：‘成侯六年，中山筑长城。’又言‘肃侯十七年，筑长城’。则赵与中山亦有长城矣。以此言之，中国多有长城，不但北边也。其在北边者，《史记·匈奴传》：‘秦宣太后起兵伐残义渠，于是秦有陇西、北地、上郡，筑长城以拒胡。’此秦之长城也。《魏世家》：‘惠王十九年，筑长城，塞固阳。’此魏之长城也。《匈奴传》又言‘赵武灵王北破林胡、楼烦，筑长城自代并阴山下至高阙为塞，而置云中、雁门、代郡。’此赵之长城也。燕将秦开袭破东胡，东胡却千余里‘燕亦筑长城，自造阳至襄平，置上谷、渔阳、右北平、辽西、辽东郡，以拒胡。’此燕之长城也。‘秦灭六国，而始皇帝使蒙恬将十万之众北击胡，悉收河南地，因河为塞，筑四十四县城，临河，徙谪戍以充之，而通直道，自九原至云阳，因边山险堑，谿谷可缮者，治之，起临洮至辽东万余里，又度河据阳山北假中。’此秦并天下之后所筑之长城也。”

世徒称始皇筑长城，不知此事之始末，故详录之。大抵七国分立时，燕、赵、魏、秦各筑长城，不相连续，秦既统一，因前人之功，而加广焉。其中之不相属者，则为合之；故能起临洮至辽东，袤延数千里。侈言之，则曰“万里长城”，实则此数千里之城，决非数年之功所可就也[6]。然即曰诸国分筑，经营百数十年之久[7]，而吾民能为国家任此重役，成此宏功，亦世界所仅见矣。自秦成长城，而汉族与北方诸族，遂以长城为绝大之界域。

《汉书·匈奴传》：“孝文帝遗匈奴书曰：先帝制，长城以北，引弓之国，受令于单于；长城以内，冠带之室，朕制之。”“乌珠留单于曰：孝宣皇帝哀怜，为作约束，自长城以南天子有之，长城以北单于有之。”

自汉以降，时加修缮。

《日知录》："汉武帝元朔二年，遣将军卫青等击匈奴，取河南地，筑朔方，复缮故秦时加官进蒙恬所为塞，因河为固。魏明元帝泰常八年二月戊辰，筑长城于长川之南，自赤城西至五原，延袤二千余里。太武帝太平真君七年五月丙戌，发司、幽、定、冀四州十万人筑城上塞围；起上谷，西至河，广袤皆千里。北齐文宣帝天保三年十月乙未，起长城，自黄栌岭北至社平戍四百余里，立三十六戍。六年，发民一百八十万，筑长城，自幽州北夏口至恒州，九百余里。先是自西河总秦戍筑长城，东至于海，前后所筑，东西凡三千余里。率十里一戍，其要害置州镇凡二十五所。八年，于长城内筑重城，自库洛拔而东至于坞纥戍凡四百余里。而《斛律羡传》云：'羡以北卤屡犯边，须备不虞，自库堆戍东距于海，随山屈曲二千余里。其间二百里中，凡有险要，或斩山筑城，或断谷起障，并置立戍逻五十余所。'周宣帝大象元年六月，发山东诸州民修长城，立亭障，西自雁门，东至碣石。隋文帝开皇元年四月，发稽胡修筑长城。五年，使司农少卿崔仲方发丁三万。于朔方、灵武筑长城，东距黄河，西至绥州，南至勃出岭，绵历七百里。六年二月丁亥，复令崔仲方发丁十五万，于朔方以东，缘边险要，筑数十城。七年，发丁男十万余人修长城。大业三年七月，发丁男百余万筑长城，西踰榆林，东至紫河。四年七月辛巳，发丁男二十余万筑长城，自榆林谷而东。此又后史所载继筑长城之事也。"

周代宫室之制，前为中堂，后为房室，与今人居宅迥异。余历考诸书，不知何时以堂后之房室移于堂之两旁，为三间五间之式。惟《礼记·儒行》有"环堵之室"之语。

《儒行》："儒有一亩之宫，环堵之室，筚门圭窬，蓬户瓮牖。"注："环堵，面一堵也。"

疑春秋战国时贫民之居，四面皆有墙，非如定制，虚其前为堂也。环堵之室，有室而无堂，不可以别内外，故于其中隔为三间；以中室为堂，而名两旁为内。至汉时平民之居，多为一堂二内之制。

> 《汉书·晁错传》：“古之徙远方，以实广虚也，……先为筑室，家有一堂、二内，门户之闭。”“张晏曰：‘二内，二房也。’”

王氏鸣盛仍以古制释之，疑未当也。

> 《十七史商榷》（王鸣盛）：“此论徙民，似指庶民居多，而容或有大夫士。盖前为堂，后为室，而室之东旁为一房，此大夫至庶人皆同者。张晏混言二房，非也。”

古代帝王，以卑宫室为孅，以峻宇雕墙为戒。至春秋诸侯，争为僭侈，楚有章华之台，

> 《国语》：“灵王为章华之台，与伍举升焉，曰：‘台美矣夫！’”《新书》（贾谊）：“翟王使使至楚，楚王夸使者以章华之台，台甚高，三休乃至。”

吴为姑苏之台。

> 《吴越春秋》“阖庐治宫室，立射台于安里。华池在平昌南城，宫在长乐。阖闾出入游卧，秋冬治于城中，春夏治于城外。治姑苏之台，旦食䱉山，昼游苏台；射于鸥陂，驰于游台；兴乐石城，走犬长洲。”

崇高壮丽，非复昔之拘于制度，陈陈相因之式矣。战国之时，诸侯宫室益盛。齐威王有瑶台[8]，梁惠王有范台[9]，楚襄王有兰台及阳云之台[10]，燕昭王有黄金台，

> 《水经注》：“易水旁有金台，台上东西八十许步，南北如减。北有小金台，台北有兰马台，并悉高数丈。栋堵咸沦，柱础尚存，雕墙败馆，尚传镌刻之石。”

而齐宣王为大室，三百户。

《吕氏春秋·骄恣篇》："齐宣王为大室，大益百亩，堂上三百户。以齐之大，具之三年，而未能成。"

足见其时之宫室，咸以高大相尚矣。七国既一，诸侯宫室之制，悉萃于秦。秦之宫殿，遂极从古未有之大观。

《史记·秦始皇本纪》："秦每破诸侯，写放其宫室，作之咸阳北阪上，南临渭，自雍门以东，至泾、渭，殿屋、复道、周阁相属。所得诸侯美人、钟鼓，以充入之。""乃营作朝宫渭南上林苑中。先作前殿阿房，东西五百步，南北五十丈，上可以坐万人，下可以建五丈旗。周驰为阁道，自殿下直抵南山。表南山之颠以为阙。为复道，自阿房渡渭，属之咸阳，以象天极阁道绝汉抵营室也。阿房宫未成；成，欲更择令名名之。作宫阿房，故天下谓之阿房宫。隐宫徒刑者七十万余人，乃分作阿房宫，或作丽山。发北山石椁，乃写蜀、荆地材皆至。关中计宫三百，关外四百余。"

虽为项羽所烧，而慈石之门，至唐犹在。

《元和郡县志》："秦慈石门，在咸阳县东南十五里。东南有阁道，即阿房宫之北门也，累慈石为之。著铁甲入者，慈石吸之不得过，羌胡以为神。"

其建筑之根于学理，经久不毁，亦可推见矣。汉代宫室之壮丽，亦不下于秦，始自萧何，

《汉书·高帝本纪》："萧何治未央宫，立东阙、北阙、前殿、武库、太仓。上见其壮丽，甚怒，谓何曰：'天下匈匈，劳苦数岁，成败未可知，是何治宫室过度也！'何曰：'天下方未定，故可因以求宫室。且夫天子以四海为家，非令壮丽，亡以重威，且亡令后世有以加也。'"

盛于武帝。其规制犹可考见。

《三辅黄图》："未央宫周回二十八里，前殿东西四十丈，深十五丈，高三十五丈。"《西京杂记》："未央宫周回二十二里，九十五步。五街道周回七十里，台殿四十三，其三十二在外，其十一在后宫。池十三，山六，池一，山一，亦在后宫。门闼凡九十五。"《水经注》："建章宫周二十余里，千门万户。其东凤阙高七丈五尺，中有神明台、井幹楼，咸高五十余丈。北有太液池，池中有渐台，高三十丈。南有璧门三层，高三十余丈，中殿十二间，阶陛咸以玉为之。铸铜凤五丈，饰以黄金。楼屋上椽首，薄以玉璧，因曰璧玉门。""其长乐宫、咸阳宫之间，有渭桥，广六丈，南北三百八十步；六十八间，七百五十柱，百二十二梁。"⑪

汉之官吏，皆有赐室。其大者，谓之"大第室"。

《汉书·高帝纪》："为列侯食邑者，皆佩之印，赐大第室⑫。吏二千石徙之长安，受小第室。"

而外戚权臣，如王氏、梁氏，其宫室亦仿像帝王之居。

《汉书·元后传》："五侯群弟争为奢侈，……大治第室，起土山渐台，洞门高廊。阁道连属弥望。""王根大治室第，第中起土山，立两市，殿上赤墀青户琐。"《后汉书·梁冀传》："冀乃大起第舍，而寿亦对街为宅，殚极土木，互相夸竞。堂寝皆有阴阳奥室，连房洞户。柱壁雕镂，加以铜漆；窗牖皆有绮疏青琐，图以云气仙灵。台阁周通，更相临望；飞梁石蹬，陵跨水道。金玉珠玑，异方珍怪，充积臧室。远致汗血名马。又广开园囿，采土筑山，十里九坂，以象二崤，深林绝涧，有若自然，奇禽驯兽，飞走其间。"

新莽之篡，建立宗庙，尤极奇伟。

《三辅黄图》："王莽时博征天下工匠，起九庙。太初祖庙，东西南北各四十丈，高十七丈，余庙半之，为铜薄栌，饰金银雕文，穷极百工之巧。”

是虽帝王借窃之侈心，未足为国民之范。然闳工巨制，一一皆出于民力，非其时物力充盛，工巧精进，亦不能遂其侈心也。

古代建筑，多为战争所毁。秦毁于项羽，

《史记·项羽本纪》：“烧秦宫室，火三月不灭。”

西汉毁于长安兵众及赤眉，

《汉书·王莽传》：“众兵发掘莽妻子父祖冢，烧其棺椁，及九庙、明堂、辟雍，火照城中。”“城中少年……趋讙并和，烧作室门，斧敬法闼，……莽避火宣室前殿。火辄随之。”“更始都长安，居长乐宫，府藏完具，独未央宫烧。”“明年，夏，赤眉樊崇等入关，攻更始，遂烧长安宫室市里，长安为虚。城中无人行，宗庙园陵皆发掘。”

东汉毁于董卓，

《后汉书·献帝纪》：“董卓焚洛阳宫庙及人家。”

《董卓传》注：“《献帝起居注》：旧时宫殿悉坏，仓卒之际，拾摭故瓦材木，工匠无法度之制，所作并无足观也。”

以惩帝皇贵族之奢荡，固当，然所毁之物力几何！累代建筑，皆天下之名材异产，非一时所能聚，又经无限之工作而后造成，非帝王贵族一人所能为也。论者谓欧人多作石室，吾国率土木构造，土木易毁，而石室难焚，故古代宫室存毁之多寡，以此而判。然吾国古代亦有石室，观《水经注》犹多载之。

《水经注·渭水篇》：“磻溪旁有一石室，盖太公所居也。”《巨洋水篇》：“寿光县有孔子石室，中有孔子像，弟子问经。”[13]《河水篇》：“龙门岠谷有三石室，因阿结牖，连局接闼，似是栖游隐学之所，昔子夏教授西河，疑即此也。又子夏陵北有子夏石室，南北有二石室，临侧河崖。”

汉有石室藏书。

《史记·太史公自序》：“紬史记石室金匮之书。”《索隐》曰：“石室金匮，皆国家藏书之处。”

盖亦预防兵火，而为保存文籍垂之久远计也。

古代宫室，多为图画，观《楚辞》可见。

《楚辞·天问序》：“屈原放逐，忧心愁悴，彷徨山泽，经历陵陆，嗟号旻昊，仰天叹息。见楚有先王之庙，及公卿祠堂，图画天地、山川、神灵、琦玮僪佹，及古贤圣怪物行事，周流罢倦，休息其下。仰见图画，因书其壁呵问之。”

战国诸子，恒记画家之事，虽属寓言，亦足证其画事之盛。

《庄子·田子方》：“宋元君将画图，众史皆至，受揖而立，舐笔和墨在外者半。有一史后至者，儃儃然不趋，受揖不立，因之舍。公使人视之，则解衣槃礴裸。君曰：‘可矣，是真画者也。’”

《韩非子·外储说》：“客为周君画筴者，三年而成，因观之，与髹筴者同状，周君大怒。画筴者曰：‘筑十版之墙，凿八尺之牖，而以日始出时，加之其上而观。’周君为之，望见其状，尽成龙蛇禽兽车马，万物之状备具，周君大悦。”“客有为齐王画者，齐王问曰：‘画孰最难者?’曰：‘犬马最难。’‘孰易者?’曰：‘鬼魅最易。夫犬马，人所知也。旦暮罄于前，不可类之，故难。鬼神无形者，不罄于前，故易之也。’”

汉时宫室，亦多有画人物故事，善恶毕备，以昭鉴戒。

《鲁灵光殿赋》（王延寿）：“图画天地，品类群生。杂物奇怪，山海神灵，写载其状，托之丹青，千变万化，事各缪形，随色象类，曲得其情。上纪开辟，遂古之初，五龙比翼，人皇九头，伏羲鳞身，女娲蛇躯，鸿荒朴略，厥状睢盱。焕炳可观，黄帝、唐、虞，轩冕以庸，衣裳有殊。下及三后，婬妃乱主，忠臣孝子，烈士贞女，贤愚成败，靡不载叙。恶以诫世，善以示后。”

或专画一二人，

《汉书·广川王去传》：“其殿门有成庆画，短衣、大袴、长剑。”又《金日磾传》：“日磾母教诲两子，甚有法度，上闻而嘉之。病死，诏图画于甘泉宫，署曰休屠王阏氏。日磾每见画，常拜，乡之涕泣，然后乃去。”

或杂画多人，

《汉书·苏武传》：“甘露三年，单于始入朝。上思股肱之美，乃图画其人于麒麟阁，法其形貌，署其官爵姓名，……凡十一人。”《后汉书·朱景王杜马刘傅坚马传论》：“永平中，显宗追感前世功臣，乃图画二十八将于南宫云台。”

甚或画猥亵之状，

《汉书》：“广川王海阳坐画屋为男女裸交接，置酒请诸父姊妹饮，令仰视画。……废徙房陵。”

足知汉时之壁画，多为人事，非若后世之写仿山水也。由壁画又进而有石刻画像，《水经注》多记之。

《水经注·济水篇》：“荆州刺史李刚墓，有石阙祠堂，石室三间，椽架高丈余，四壁隐起雕刻，为君臣官属，龟龙麟凤之文，飞禽走兽之像，作制工丽。”“汉司隶校尉鲁峻冢前，有石祠石庙。四壁皆青石隐起，自书契以来，忠臣、孝子、贞妇、孔子及七十二人形象，皆刻石记之，文字分明。”

今世所传，则有武梁祠石刻画像[14]及孝堂山石室画像[15]，古代车马衣服之制，胥可赖以考见。又有李翕黾池五瑞图[16]，刻黄龙、白鹿、嘉禾、木连理、甘露及承露人之象，则镌于山崖，而非在石室者。近年山东时有汉

画、石刻新发见者，

> 《语石》：“齐、鲁村落间，汉画时时出土。”

土人不知宝贵，恒为东西洋嗜古者购去。大抵汉画多简拙，较印度、希腊之石刻，远不及其工细。然彼土雕刻多重神教，吾国汉画则重人事，虽美术有所不逮，而理想则迥不同矣。

春秋、战国以来，工学之演进，至可惊诧，各国之专擅一技者，至于夫人能之。

> 《考工记》：“粤无镈，燕无函，秦无庐，胡无弓车。粤之无镈也，非无铸也，夫人而能为镈也。燕之无函也，非无函也，夫人而能为函也。秦之无庐也，非无庐也，夫人而能为庐也。胡之无弓车也，非无弓车也，夫人而能为弓车也。”

而记载工学之专书，如《考工记》者，即成于其时。《周礼正义》引《士冠礼疏》：“《考工记》，六国时所录。”又引江永云：“《考工记》，东周后齐人所作也。其言‘秦无庐’，‘郑之刀’，厉王封其子友，始有郑；东迁后，以西周故地与秦，始有秦。故知为东周时书。其言‘橘逾淮而北为枳，鹳鸲不逾济，貉逾汶则死’，皆齐、鲁间水。而‘终古’、‘戚速’、‘稗茨’之类，郑《注》皆以为齐人语，故知齐人所作也。”盖古者工皆世官，以业为氏。

> 《考工记·贾疏》曰：“某氏者，其义有二。一者，官有世功，则以官为氏，若韦氏、裘氏、冶氏之类是也；二者，族有世业，以氏名官，若凫氏、栗氏之等是也。”

积其经验，专其责成，又因地利、天时、人事之所重，而各地之特产以著。

> 《考工记》：“郑之刀，宋之斤，鲁之削，吴粤之剑，迁乎其地而弗能为良，地气然也。燕之角，荆之干，妢胡之笴，吴粤之金锡，此材之美者也。天有时以生，有时以杀；草木有时以生，

有时以死；石有时以泐；水有时以凝，有时以泽者，天时也。”

始则工必在官者，继则人能为工焉。

《考工记》所载之工，仅三十种：

> 攻木之工，轮、舆、弓、庐、匠、车、梓；攻金之工，筑、冶、凫、栗、段、桃；攻皮之工，函、鲍、韗、韦、裘；设色之工，画、缋、钟、筐、㡛；刮摩之工，玉、榔、雕、矢、磬；抟埴之工，陶、旊。

似未足以尽其时之工巧。观诸子所言公输、墨翟之事，

> 《墨子·鲁问篇》：“公输子削竹木以为鹊，成而飞之，三日不下，公输子自以为至巧。”《公输篇》：“公输盘为楚造云梯之械成，子墨子解带为城，以牒为械。公输盘九设攻城之机变，子墨子九距之。公输盘之攻械尽，子墨子之守圉有余。”《韩非子·外储说》：“墨子为木鸢，三年而成，蜚一日而败。”

则战国时之机械工艺，异常发达，必不仅此日用之器具已也。然墨子虽精制器，仍以适用于人为贵。

> 《墨子·鲁问篇》：“子墨子谓公输子曰：子之为鹊也，不如匠之为车辖，须臾刘三寸之木，而任五十石之重。故所谓功，利于人谓之巧，不利于人谓之拙。”

《吕览》“月令”屡以淫巧为戒。

> 《吕氏春秋·季春纪》：“是月也，命工师，令百工，审五库之量，金铁、皮革筋、角齿、羽箭干、脂胶丹漆，无或不良。百工咸理，监工日号，无悖于时，无或作为淫巧，以荡上心。”《孟冬纪》：“是月也，工师效功，陈祭器，按度程，无或作为淫巧，以荡上心，必功致为上。物勒工名，以考其诚。工有不当，必行其罪，以穷其情。”

故秦时虽犹有能为机械者，而学者弗道其法也。

《史记·秦始皇本纪》："始皇初即位，穿治郦山，及并天下，天下徒送诣七十余万人，穿三泉，下铜而致椁，宫观百官奇器珍怪徙藏满之。令匠作机弩矢，有所穿近者辄射之。以水银为百川江河大海，机相灌输。上具天文，下具地理。以人鱼膏为烛。度不灭者久之。"

观《考工记》所述，古代工艺之术，可得四义：

一曰分工之多。有一工而分数器者，如梓人为饮器，梓人为侯，梓人为筍簴；车人为耒；车人为车之类。盖虽同名一工，而为饮器之梓人，与为侯之梓人，实分工也。有一器而分数工者，如轮人为轮，轮人为盖，舆人勾车，辀人为辀，车人为车之类。一车之事，数工任之也。分工逾多，则制器逾精，可以推知。

一曰定名之密。古人精于起物，往往一器而细别为多名。如凫氏为钟，两栾谓之铣，铣间谓之于，于上谓之鼓，鼓上谓之钲，钲上谓之舞，舞上谓之甬，甬上谓之衡，钟县谓之旋，旋虫谓之干，钟带谓之篆，篆间谓之枚，枚谓之景，于上之攠谓之隧。非若后世工人制物，随意立名，而学者多不能别也。

一曰度数之精。其制一器，所定度数，皆有相连之关系。如毂人为车，轮崇、车广、衡长，参如一，谓之参称。参分车广去一以为隧；参分其隧，一在前，二在后，以揉其式。以其广之半，谓之式崇；以其隧之半。为之较崇之类。综三十官之文，言度数者居十之六七，故古器犹可考其制造之法，而秦、汉以后之器物，虽有载于史传者，反不能推明其度数，是亦可见古人之细心矣。

一曰雕刻之美。雕刻各物，必穷极形似。如梓人为筍簴，凡攫䌕援噬之类，必深其爪，出其目，作其鳞之而；深其爪，出其目，作其鳞之而，则于眡必拨尔而怒，且其匪色必似鸣矣之类。观其状况刻画之得失，可知其不得率尔从事矣。又古人治器有六法：

> 《尔雅·释器》："金谓之镂，木谓之刻，骨谓之切，象谓之磋，玉谓之琢，石谓之磨。"

竹木易朽，其所刻者不传，骨象之器亦罕见。玉器据吴氏《古玉图考》所载玉敦、琪角之类观之，其刻文之精细，已为难能可贵，而镂金之法，尤为后世所不及。

> 刘师培曰："古人之镌金其法有二。一为阳文。铸器既成，书之以漆，凡漆书所未加者，悉施镵削之工，使所书之字，隆起于其间，其形为凸，即《诗》所谓'追琢其章'也。一为阴文，铸器既成，亦书之以漆，复于所书之文，凿之使深，与近世刻石之法略同，其形为凹，荀子所谓'锲而不舍，金石可镂'也。"

观今日所传钟鼎，其器之四周，咸萦以云雷盘屈之文，皆铸成之后，始加以刻镂者。视后世镌字于范，镕金杌之，其难易迥殊矣。金玉之器，惟汉与周相上下。阮元《积古斋钟鼎款识》载汉之鼎、铲、壶、洗、镫、盘、弩、机、戈剑、符斗、钩铃八十余器，多记制作年月及作器者之姓名。吴大澂《古玉图考》载汉玉钫、玉印、刚卯之类，亦数十器，所镌文字皆极精美。而新莽之时，制作尤精。观《积古斋》所载《新莽铜权款识》及《窸斋吉金录》所载新莽残量之文，其镌刻之精细，殆突过两汉矣。（按王莽篡汉无足取，而其人极有思想，故各地人民，亦多新奇可喜之事。史称莽访有奇技术可以攻匈奴者，待以不次之位。言便宜者以万数，或以能度水，不用舟楫；或言不持斗粮，服食药物，三军不饥；或言能飞，一日千里，可窥匈奴。莽辄试之。取大鸟翮，为两翼，头与身皆著毛，通引环纽，飞数百步坠。可见其时之人，多有奇想，飞者既能通引环纽，飞数百步，其中必有机巧；惜未能引申研究，如今日之制飞机耳。）盖汉代崇尚工艺，少府有考工室，各地有工官。

> 《汉书·地理志》称河内郡怀县、南阳郡宛县、济南郡东平陵县、泰山郡奉高县、广汉郡雒县，均有工官。他若陈留郡襄邑

> 县、齐郡临淄县，有服官。南郡有发弩官，皆官工之类。而铁官之布在各地者尤多。

史称孝宣之世，政事、文学、法理之士，咸精其能。至于技巧、工匠、器械，自元、成间，鲜能及之。足知汉人之重工艺，恒以之觇政俗之盛衰，故虽非孝宣时所制者，传至今日，犹觉其制作具有古法，且见进步焉。

注　释

①见第十九章第七节。

②今苏州城犹有阊门，此城门之名流传最古者。

③今长清县。

④今华州。

⑤在郑州原武县西北七里。

⑥蒙恬城河上为塞，始于始皇三十三年，至始皇崩，凡五年。

⑦自魏惠王十九年至蒙恬作长城时，凡一百四十三年。

⑧见《说苑》。

⑨见《战国策》。

⑩均见宋玉赋。

⑪其后董卓入关，焚渭桥，魏武帝修之，广三丈六尺，盖不能复西汉之工程矣。

⑫孟康曰："有甲乙次第，故曰第也。"

⑬全祖望曰：按于钦曰《水经》之言非也，乃是仓颉墓中石室。

⑭在今嘉祥县之紫云山。

⑮在今肥城县。

⑯在今成县。

第二编　中古文化史

第一章　中国文化中衰及印度文化东来之故

自太古至秦、汉，为吾国人创造文化及继续发达之时期。自汉以降，则为吾国文化中衰之时期。虽政治教育仍多沿古代之法而继续演进，且社会事物，亦时有创造发明，足以证人民之进化者。然自全体观之，则政教大纲不能出古代之范围，种族衰弱，时呈扰乱分割之状。虽吾民亦能以固有之文化，使异族同化于吾，要其发荣滋长之精神，较之太古及三代、秦、汉相去远矣。于此时期，有一大事足纪者，即印度之文化输入于吾国，而使吾国社会思想以及文艺、美术、建筑等皆生种种之变化。且吾民吸收之力，能使印度文化变为中国文化，传播发扬，且盛于其发源之地，是亦不可谓非吾民族之精神也。

治此期之历史，所当致疑者二事：吾国文化何以中衰乎？印度文化何故东来乎？欲解此二疑问，当就种种方面推究其原因。兹举其大者数端以明之。

（一）则坏于盗贼无赖也。秦以前，创业开国者多圣哲；秦以后，起事革命者多盗贼。盗贼无赖之徒，成则为帝王，固不识治国御世之道；败则肆焚掠，尤不解保护文化之谊。故自汉以来，增进文化之力，恒不及摧毁凿削之力之强。观隋牛弘论书之“五厄”，即可推知其故。

《隋书·牛弘传》：“弘以典籍遗逸，上表请开献书之路，曰：

尧称至圣，犹考古道而言；舜其大智，尚观古人之象。《周官》，外史掌三皇五帝之书及四方之志。武王问黄帝、颛顼之道，太公曰：‘在《丹书》。’是知握符御历，有国有家者，曷尝不以《诗》、《书》而为教，因礼乐而成功也。昔周德既衰，……及秦皇驭宇，……事不师古，始下焚书之令，行偶语之刑。先王坟籍，扫地皆尽，本既先亡，从而颠复。……此则书之一厄也[①]。……及王莽之末，长安兵起，宫室图书，并从焚烬。此则书之二厄也。……及孝献移都，吏民扰乱，图书缣帛，皆取为帷囊。所收而西，裁七十余乘，属西京大乱，一时燔荡。此则书之三厄也。……属刘、石凭陵，京华复灭，朝章国典，从而失坠。此则书之四厄也。……及侯景渡江，破灭梁室，秘省经籍，虽从兵火，其文德殿内书史，宛然犹存。萧绎……平侯景，收文德之书及公私典籍，重本七万余卷，悉送荆州。故江表图书，因斯尽萃于绎矣。及周师入郢，绎悉焚之于外城，所收十才一二。此则书之五厄也。”

以官书例私家，以文籍例他事，则武人暴客，烈火利兵，实文化之大仇敌。民之憔悴呻吟于疮痍水火者，非从容休养，不能增益其文教。从容休养数百年或百数十年，即加以一大劫。如

《隋书·牛弘传》载：“牛弘曰：‘仲尼以后，迄于当今，年逾千载，数遭五厄。’”[②]

此其所以不但不能进步，而且日见退化之故也。

（二）则坏于科举利禄也。科举之制，为此时期之产物，发源于汉，而大备于唐。而其为弊亦即累积而不可返，史策所载，当时之人，论列其弊者夥矣。

《后汉书·左周黄列传》：“论曰：汉初诏举贤良方正，州郡察孝廉秀才，斯亦贡士之方也。中兴以后，复增敦朴、有道、贤

能、直言、独行、高节、质直、清白、敦厚之属，荣路既广，觖望难裁。自是窃名伪服，浸以流竞。权门贵仕，请谒繁兴。”③《旧唐书》薛登《论举人疏》：“今之举人，有乖事实。……或明制才出，试遣搜扬，驱驰府寺之门，出入王公之第。上启陈诗，唯希咳唾之泽；摩顶至足，冀荷提携之恩。故俗号举人，皆称觅举。觅为自求之称，未是人知之辞。……故选司补署，喧然于礼闱，州贡宾王，争讼于阶闼。谤议纷合，浸以成风。”又赵匡《举选议》：“国朝举选，用隋氏之制，岁月既久，其法益讹。夫才智因习就，固然之理。进士者时共贵之。主司褒贬，实在诗赋，务求巧丽，以此为贤，溺于所习，悉昧本原。欲以启导性灵，奖成后进，斯亦难矣。故士林鲜体国之论，其弊一也。又人之心智，盖有涯分，而九流七略，书籍无穷。主司征问，不立程限，故修习之时，但务钞略。比及就试，偶中是期，业无所成，固由于此。故当代寡人师之学，其弊二也。疏以释经，盖筌蹄耳。明经读书，勤劳已甚，既口问义，又诵疏文，徒竭其精华，习不急之业。而当代礼法，无不面墙，及临人决事，取辨胥吏之口而已。所谓所习非所用，所用非所习者也。故当官少称职之吏，其弊三也。”

虽科举考试，可以泯贵族平民之阶级，然以利禄诱人，奖竞召伪，大损人格，实与古代教育之义相反。夫人民止知尚利禄，而不尚道义，非独科举为害也，即行学校之制，亦足为害。班固论汉代学校，已斥其禄利劝人。

《汉书·儒林传赞》：“自武帝立五经博士，开弟子员，设科射策，劝以官禄，讫于元始，百有余年，传业者浸盛，支叶蕃滋，一经说至百余万言，大师众至千余人，盖禄利之路然也。”

宋代尝有意于学校，然亦无非以利禄诱之。

《文献通考》：“宋熙丰复立三舍之法，不过试之以浮靡之文，而诱之以利禄之途。为士者，内耻于习业之未精，外诱于荣途之可慕，其坐学之日，自不容不久。”

是学校科举，名二而实一也。论者徒谓汉以后学校科举，一本儒术，故以国家社会之不进步，归咎儒家。实则教育之根本既歧，无论崇尚何种学术，皆不能免于腐败也。

（三）则宗教信仰之缺乏也。吾国国民脱离初民之迷信最早。唐、虞、三代之圣哲，专以人事言天道，即殷人尚鬼，有似于宗教性质，然其祭祀仍专重人鬼，无宗教家荒诞之说也。后之立国者，于政治教育不能尽餍人望，又无宗教以资其维系，则人心之饥渴，乃甚于原有宗教之国家。战国以来，神仙方士之说，因之以盛。

《史记·封禅书》：“自齐威、宣之时，驺子之徒论著终始五德之运，及秦帝而齐人奏之，故始皇采用之。而宋毋忌、正伯侨、充尚、羡门高最后皆燕人、为方仙道，形解销化，依于鬼神之事。驺衍以阴阳主运显于诸侯，而燕、齐海上之方士传其术不能通，然则怪迂阿谀苟合之徒自此兴，不可胜数也。自威、宣、燕昭使人入海求蓬莱、方丈、瀛洲。此三神山者，其传在渤海中，去人不远；患且至，则船风引而去。盖尝有至者，诸仙人及不死之药皆在焉。其物禽兽尽白，而黄金银为宫阙。未至，望之如云；及到，三神山反居水下。临之，风辄引去，终莫能至云。世主莫不甘心焉。”

而其效不可睹。

《史记·封禅书》：“方士之候伺神人，入海求蓬莱，终无有验。而公孙卿之候神者，犹以大人之迹为解，无有效。天子益怠厌方士之怪迂语矣。然羁縻不绝，冀遇其真。自此以后，方士之言神祠者弥众。然其效可睹矣。”

东汉图谶、占候之学，与神仙、方技之说相混。《后汉书·方术列传》所载，有学星占图谶者[④]，有治神仙方技者[⑤]。而张角、张陵、张鲁之徒出。

《后汉书·皇甫嵩传》："钜鹿张角，自称'大贤良师'，奉事黄、老道，畜养子弟，跪拜首过，符水呪说以疗病，病者颇愈，百姓信向之。角因遣弟子八人，使于四方，以善道教化天下，转相诳惑。十余年间，众徒数十万，连结郡国，自青、徐、幽、冀、荆、扬、兖、豫八州之人，莫不毕应。遂置三十六方，……大方万余人，小方六七千，各立渠帅。讹言'苍天已死，黄天当立。岁在甲子，天下大吉'。"《三国志·张鲁传》："鲁祖父陵，客蜀，学道鹄鸣山中，造作道书，以惑百姓，从受道者出五斗米，故世号'米贼'。陵死，子衡行其道。衡死，鲁复行之。……鲁遂据汉中，以鬼道教民，自号'师君'。其来学道者，初皆名'鬼卒'。受本道已信，号'祭酒'，各领部众，多者为'治头大祭酒'。皆教以诚信，不欺诈，有病自首其过，大都与黄巾相似。诸祭酒皆作义舍，如今之亭传。又置义米肉，悬于义舍，行路者量腹取足。若过多，鬼道辄病之。犯法者，三原，然后乃行刑。不置长吏，皆以祭酒为治，民夷便乐之。"

其流为孙恩、卢循等。

《晋书·孙恩传》："世奉五斗米道。恩叔父泰，字敬远，师事钱唐杜子恭。而子恭有秘术，尝就人借瓜刀，其主求之，子恭曰：'当即相还耳。'既而刀主行至嘉兴，有鱼跃入船中，破鱼得瓜刀。其为神效，往往如此。子恭死，泰传其术，然浮狡有小才，诳诱百姓，愚者敬之如神。……泰见天下兵起，以为晋祚将终，乃扇动百姓，私集徒众，三吴士庶多从之。……会稽内史谢輶发其谋，道子诛之。恩逃于海。众闻泰死，惑之，皆谓蝉蜕登仙，故就海中资给。恩聚合亡命，得百余人，志欲复仇。会稽、吴郡等八郡，一时俱起，杀长吏以应之，旬日之中，众数十万。

……于是恩据会稽，自号‘征东将军’，号其党曰‘长生人’。刘裕大破恩于沪渎，恩遂远进海中。……恩穷蹙，乃赴海自沈。妖党及妓妾谓之水仙，投水从死者百数。余众复推恩妹夫卢循为主。”⑥

要其为术，足以惑下愚而不足以启上智。而佛教当此时流入中国，正合于中国人心渴仰宗教之潮流。其始，虽仅以神异动颛愚。

《晋书·艺术传》：“佛图澄妙通玄术，……常服气自养，能积日不食。善诵神呪，能役使鬼神。腹旁有一孔，常以絮塞之。每夜读书，则拔絮，孔中出光，照于一室。又尝斋时，平旦至流水侧，从腹旁孔中，引出五脏六腑洗之。讫，还内腹中。又能听铃音以言吉凶，莫不悬验。”“鸠摩罗什博览五明诸论及阴阳星算，莫不必尽，妙达吉凶，言若符契。”“姚兴尝谓罗什曰：‘大师聪明超悟，天下莫二，何可使法种少嗣?’遂以伎女十人，逼令受之。尔后不住僧坊，别立廨舍。诸僧多效之。什乃聚针盈钵，引诸僧谓之曰：‘若能见效食此者，乃可畜室耳。’因举匕进针，与常食不别，诸僧愧服乃止。”

其继，则以译籍开慧智，语上语下，胥可起人之信仰。此则吾国由无宗教而有宗教之故也。

（四）则东西交通之适合也。吾国东南皆滨海，以航海术之未精，往往求海上新地而不得。

《三国志》：“孙权黄龙二年，遣将军卫温、诸葛直，将甲士万人浮海。求夷洲及亶洲。亶洲在海中，长老传言，秦始皇帝遣方士徐福，将童男童女数千人入海，求蓬莱神山及仙药，止此洲不还，世相承有数万家。其上人民，时有至会稽货布。会稽东县人海行，亦有遭风流移至亶洲者。所在绝远，卒不可得至，但得夷洲数千人还。”⑦

北方沙漠苦寒，人亦多不愿往。惟西方大陆绵亘无际，城郭之国，与汉俗同。

《汉书·西域传》："西域诸国，大率土著，有城郭田畜，与匈奴、乌孙异。"

虽有身热头痛、绳行沙渡之险，

《汉书·西域传》："皮山以南，国或贫小，乞匄无所得。又历大头痛、小头痛之山，赤土、身热之阪，令人身热无色，头痛呕吐，驴畜尽然。又有三池、盘石阪，道陿者尺六七寸，长者径三十里。临峥嵘不测之深，行者骑步相持，绳索相引，二千余里乃到县度。畜坠，未半阬谷尽靡碎；人堕，势不得相收视。险阻危害，不可胜言。"

然其行也有数道。

《汉书·西域传》："自玉门、阳关出西域有两道。从鄯善傍南山北，波河西行，至莎车，为南道；南道西逾葱岭，则出大月氏、安息。自车师前王庭，随北山，波河西行至疏勒，为北道。北道西逾葱岭，则出大宛、康居、奄蔡焉。"

故自汉以降，交通不绝，而佛教自西而东，以大月氏、罽宾为转输之中心。

《后汉书·西域传》："大月氏为匈奴所灭，迁于大夏，分其国为……五部翎侯。后贵霜翎侯丘就却攻灭四翎侯，自立为王，国号'贵霜'。侵安息，取高附地，又灭濮达、罽宾，悉有其国。丘就却年八十余死，子阎膏珍代为王。复灭天竺，置将一人监领之。"《地理志考证》（丁谦）："印度史，西历纪元之初，鞑靼[⑨]在印度北境，立一大国，四邻咸服。其最名之王，名铅尼希加[⑩]，以卡希米[⑪]为都，属国甚多。南至亚格拉[⑫]及沁特[⑬]，北至耶根德[⑭]、可根德[⑮]云云，即指贵霜王父

> 子。”《东洋史要》（日本桑原骘藏）：“汉明帝永平三年，迦腻色迦王君大月氏，雅向佛法，会五百僧侣于罽宾，为四次集会⑯，佛教徒多来集于大月氏。维时，北印度为佛教之中心，自西北两印度，经中亚，囊括葱岭以东、于阗、疏勒诸国，故天山南路未几佛法遂昌。会中国汉明帝出，锐意辟疆，与西域之关系滋密，佛法与中国境，浸获东渐之机。”

西僧之来中土者，多月氏、罽宾之人，而吾民之往彼者，始则仅诣其传播之区，继则直诣其发源之地。有往还皆遵陆者，有陆往而海还者，其道孔多。故所得于西方者，为他三方所莫及焉。

注　释

①此事须与第一编所引刘大櫆《焚书辨》参看，实则秦书之焚，仍是项羽等所为也。

②自项羽烧咸阳，至周师入魏，实七百六十年（自公元前206至公元554年）。此七百年中，大劫五，小劫尚不可胜计。

③魏晋以降，多用九品中正举人，然亦常举行州郡孝秀之制，试以策问。梁沈约尝论之曰：“假使秀才对五问可称，孝廉答一策能过者，乃雕虫小道，非关理功得失。以此求才，徒虚语耳。”

④如唐檀、公沙穆、董扶之类。

⑤如费长房、蓟子训之类。

⑥循后亦为刘裕所败。

⑦《史记》言：“求三神山者，临之，风辄引去。”即缘航海术不精之故。

⑧按此惟指新疆一方而言。据《史记·西南夷传》：“蜀布、邛竹杖，从身毒国来。”则川、藏间西行之道，当时已有踪迹矣。

⑨即大月氏。

⑩即迦腻色迦之异译。

⑪即克什米尔。

⑫中印度地。

⑬西印度地。

⑭当即濮达。

⑮当即高附。

⑯其先已有集会三次。

第二章　佛教入中国之初期

印度无历史，佛书亦不以纪年为要，故佛之时世，言人人殊。

《魏书·释老志》："所谓佛者，本号释迦文者，译言能仁，谓德充道备，堪济万物也。释迦前有六佛，释迦继六佛而成道，处今贤劫。……释迦即天竺迦维卫国王之子。天竺其总称，迦维别名也。初，释迦于四月八日夜，从母右胁而生。既生，姿相超异者三十二种。天降嘉瑞以应之，亦三十二。其《本起经》说之备矣。释迦生时，当周庄王九年。《春秋》鲁庄公六年夏四月，恒星不见，夜明，是也。至魏武定八年，凡一千二百三十七年云。释迦年三十成佛，导化群生，四十九载，乃于拘尸那城娑罗双树间，以二月十五日而入般涅槃。涅槃译云灭度，或言常乐乐净，明无迁谢及诸苦累也。"《释氏稽古略》（释赞宁）："稽夫如来之生也，当此周昭王九年甲寅之四月八日。其出家也，当昭王二十七年壬申之二月八日。其成道也，当昭王三十三年之戊寅。其灭度也，当穆王三十六年壬申之二月十五日。"[①]《东洋史要》："佛教祖师名瞿昙悉达多，一作乔答摩悉达，或号为释迦牟尼，中印度迦维卫国[②]王子也。生于周灵王之十五年，约与孔子、老聃同时。释迦见人类不能离生、老、病、死四者之苦，遂出家入山，求解脱法。新辟一宗教，力反婆罗门所为，唱说平等主义，抉差别种姓之藩篱，谓一切众生，不问其所自出，但能杜绝邪欲，脱离世网，即皆可以于未来受无量福。

以周敬王四十三年，入般涅槃。”

吾国固有之佛字，惟以仿佛为义，非以称释迦也。

《说文》：“佛，仿佛也。从人，弗声。”

后世附会之说，谓孔子时已知西方有佛。

《列子·仲尼篇》：“商太宰见孔子，问：‘三王五帝圣者欤?’孔子皆答以不知。商太宰大骇，曰：‘然则孰者为圣?’孔子动容有间曰：‘西方之人有圣者焉，不治而不乱，不言而自信，不化而自行，荡荡乎民无能名焉。丘疑其为圣，弗知真为圣欤?真不圣欤?’”

其言固不足为据。即谓西汉获休屠王祭天金人，为佛道流通之渐，

《魏书·释老志》：“汉武元狩中，遣霍去病讨匈奴。至皋兰，过居延，斩首大获。昆邪王杀休屠王，将其众五万来降。获其金人，帝以为大神，列于甘泉宫。金人率长丈余，不祭祀，但烧香礼拜而已[③]。此则佛道流通之渐也。及开西域，遣张骞使大夏还，传其旁有身毒国，一名天竺，始闻有浮屠之教。”

亦不足为佛教入中国之证。

《休屠王金人考》（日本羽溪了谛）[④]：“霍去病获金人时，当元狩二年（公元前一二一年），印度尚未有佛像之制作。印度史上有名之阿育王时代（公元前二七二至前二三二年）所建佛陀伽耶之摩诃菩提寺，始有雕刻。至公元前一二世纪制作之石垣石门，均无佛像。前者惟有佛座，后者只表佛足之形。缘其时学者，以为佛之形像，神圣不可亵渎也。其后至犍陀罗美术，始有佛像之制作，实当公元后一二世纪顷。故知公元前一世纪，无所谓金身佛像也。”

佛教之入中国，盖在西汉之末，东汉之初。

《魏书·释老志》："哀帝元寿元年，博士弟子秦景宪，受大月氏王使伊存口授浮屠经。中土闻之，未之信了也。"

世或谓东汉明帝永平十年，始得佛经，说亦未确。

《释氏稽古略》："佛教流通东土之始，永平七年，帝梦金人，长大，顶有白光，飞至殿庭。旦问群臣，太学闻人傅毅奏曰：'周昭王时，西域有佛出世，其形长一丈六尺，而黄金色，陛下所梦，将必是乎？'博士王遵，推《周书》异记佐之。帝遂遣中郎蔡愔、博士秦景等十八人使西域求佛法。蔡愔等至天竺邻境月氏国，遇摄摩腾、竺法兰二人，奉佛经像来震旦，遂同东还。"⑤《魏书·释老志》："孝明帝夜梦金人，顶有白光，飞行殿庭，乃访群臣，傅毅始以佛对。帝遣郎中蔡愔、博士弟子秦景等使于天竺，写浮屠遣范。愔仍与沙门摄摩腾、竺法兰东还洛阳。中国有沙门及跪拜之法，自此始也。"

盖蔡愔等永平十年始还，

《佛教西来玄化应运略录》（宋程辉）："永平七年正月十五日，明帝梦金人，遣王遵等十八人西访佛法，水平十年丁卯十二月，回洛阳。"

而楚王英在永平八年，已祠浮屠。

《后汉书·楚王英传》："永平八年，英奉黄缣白纨赎罪。诏报曰：'楚王诵黄、老之微言，尚浮屠之仁祠，洁斋三月，与神为誓，何嫌何疑，当有悔吝？其还赎，以助伊蒲塞桑门之盛馔。'"

足知佛法之来，决非始于愔等。惟译经造寺，始此时耳。

《魏书·释老志》："愔得佛经《四十二章》及释迦立像。明帝令画工图佛像，置清凉台及显节陵上，经缄于兰台石室。愔之还也，以白马负经而至，汉因立白马寺于洛城雍关西。摩腾、法兰咸卒于此寺。”《高僧传》（释慧皎）：“摄摩腾，本中天竺人，解大、小乘经。冒涉流沙，至于雒邑。明帝甚加赏接，于城西门外立精舍以处之。腾译《四十二章经》一卷，初缄在兰台石室第十四间中。”“竺法兰，亦中天竺人。既达雒阳，与腾同止。少时便善汉言，愔于西域获经，即为翻译，所谓《十地断结》、《佛本生》、《法海藏》、《佛本行》、《四十二章》等五部。移都寇乱，四部失本，不传江左，唯《四十二章经》今见在，可二千余言。汉地见存诸经，唯此为始也。”

摄、竺东来，既受优遇，故月氏、安息之高僧，接踵而来。

《高僧传》：“安清，字世高，安息国太子也。讽持禅经，备尽其妙，游方弘化，遍历诸国。以汉桓之初，始到中夏。才悟机敏，一闻能达。至止未久，即通习华言。于是宣译要经，改梵为汉，先后所出经论，凡三十九部。”⑥“支娄迦谶，亦直云支谶，月支人。汉灵帝时，游于雒阳。以光和、中平之间，传译梵文，出《般若道行》、《般舟》、《首楞严》等三经。”“竺佛朔，天竺沙门，亦汉灵时赍《道行经》来适雒阳，即转梵为汉，弃文存质，深得经意。”“安玄，安息国人，亦以汉灵之末，游贾雒阳。以功号曰骑都尉，常以法事为己任。渐解汉言，志宣经典，常与沙门讲论道义。”“康僧会，康居人，世居天竺。其父因商贾移于交趾。会年十余岁，二亲并亡，出家。笃志好学，明解《三藏》。”“支谦，字恭明，月氏人。来游汉境，桓、灵之世，有支谶⑦译出众经。”“有支亮，字纪明，资学于谶，谦又受业于亮，博览经籍，通六国语。谦以大教虽行，而经多梵文，未尽翻译，已妙善方言，乃收集众本，译为汉语。”

翻译佛典，凡数百部：

《开元释教录》（释智昇）：“后汉明帝永平十年至献帝延康

元年，缁素一十二人，所出经律并新旧集失译诸经总二百九十二部，计三百九十五卷。”

然汉、魏之际，其教犹未盛行，虽桓帝祠浮图，历见史传，

《后汉书·桓帝纪论》：“设华盖以祠浮图、老子。”又《襄楷传》：“楷谏桓帝疏曰：闻宫中立黄、老、浮屠之祠，此道清虚，贵尚无为，好生恶杀，省欲去奢。……或以老子入夷狄为浮屠。浮屠不三宿桑下，不欲久生恩爱，精之至也。”《释氏稽古略》称桓帝永兴二年，“帝铸黄金浮图、老子像，覆以百宝盖，宫中身奉祠之。世人以金银作佛像，自此而始也。”

其视佛教，殆与道家言相等，未能区别其异同。当时惟听西域人出家，禁汉人效之。

《高僧传》：“石虎时，著作郎王度，称汉明感梦，初传其道，惟听西域人得立寺都邑，以奉其神。其汉人皆不得出家。魏承汉制，亦循前轨。”

是汉时视佛教，正如清代之视耶教，禁止内地人民之信奉。其后流传渐广，始不以种族而分宗教耳。

注　释

①此引《正宗记》语。

②今印度哥尔克波尔附近。

③此吾国祭祀神鬼，以烧香为礼之始。

④见《史林》第三卷第四号。

⑤永平十年至京。

⑥《释道安经录》：“安世高以汉桓帝建和二年至灵帝建宁中，二十余年，译出凡三十余部经。”

⑦郎支娄迦谶。

第三章　诸族并兴及其同化

自汉献帝建安元年，至隋文帝开皇九年，凡三百九十三年，为中国扰乱分裂之时。视两汉之统一，历年相若也。以帝王篡窃之氏号别之，则其中有魏、蜀、吴三国之六十年[①]，西晋统一之二十二年[②]，东晋偏安之百有三年，华夷杂糅之僭窃与晋对峙之百三十五年[③]。而南北朝截然画分，南朝之宋五十九年，齐二十三年，梁五十五年，陈三十二年。北朝之魏统一九十四年[④]，其后为西魏二十三年，东魏十六年，又为北齐二十八年，北周二十四年，而南北始归于一。治史者以此时期为最繁难，实则政治主权者转移与分裂，虽为若干界限，而民族地方之发展，不必拘拘于此界限。欲考其时民族之强弱变化，正当汇而观其通耳。此时期中，谓为异族蹂躏中夏之时期可，谓为异族同化于中夏之时期亦可。盖华夏之文化，冠绝东方，且夙具吸收异族灌输文化之力。如春秋、战国时，所谓蛮夷戎狄之地，后皆化于华夏，武力虽或不逮，而文教足使心折，是固吾国历史特著之现象也。惟汉以前，政治主权完全在夏族，而他族则以被治者而同化。汉以后政治主权不全在夏族，而他族则以征服夏族者而同化。盖夏族自太古至汉，经历若干年，已呈老大之象，而他族以骁雄劲悍之种性，渐被吾之文教，转有新兴之势。新陈代谢，相磨相镞而成两晋、南北朝之局。其变化迁嬗之迹，固可按史策而推知也。

两晋、南北朝勃兴之种族有五，世谓之五胡，其实氐、羌之类，不得谓之胡也。史称诸族之由来，多出于古代之圣哲。

《史记·匈奴列传》：“匈奴，其先祖夏后氏之苗裔也，曰淳维。”《后汉书·西羌传》：“西羌之本，出自三苗，姜姓之别也。”《晋书·载记》：“慕容廆字弈洛瑰，昌黎棘城鲜卑人也。其先有熊氏之苗裔。”又：“姚弋仲，南安赤亭羌人也。其先有虞氏之苗裔，禹封舜少子于西戎，世为羌酋。”《魏书·序纪》：“昔黄帝有子二十五人，或内列诸华，或外分荒服。昌意少子，受封北土，国有大鲜卑山，因以为号。其后世为君长，统幽都之北，广漠之野，畜牧迁徙，射猎为业，淳朴为俗，简易为化，不为文字，刻木纪契而已。世事远近，人相传授，如史官之纪录焉。黄帝以土德王，北俗谓土为拓，谓后为跋，故以为氏。其裔始均入仕尧世，逐女魃于弱水之北，民赖其勤，帝舜嘉之，命为田祖。爰历三代以及秦、汉、獯鬻、猃狁、山戎、匈奴之属，累代残暴，作害中州，而始均之裔不交南夏，是以载籍无闻焉。”

其为附会，无足深论。两汉之世，诸族颇多杂乱。

《后汉书·鲜卑传》：“和帝永元中，大将军窦宪，遣右校尉耿夔击破匈奴，北单于逃走，鲜卑因此转徙据其地。匈奴余种留者，尚有十余万落，皆自号鲜卑，鲜卑由此渐盛。”⑤《晋书·载记》：“吕光字世明，略阳氐人也。其先吕文和，汉文帝初，自沛避难徙焉，世为酋豪。”⑥其后迁徙内地，益与汉族杂居。

《晋书·匈奴传》：“前汉末，匈奴大乱，五单于争立，而呼韩邪单干失其国，携率部落，入臣于汉。汉嘉其意，割并州北界以安之。于是匈奴五千余落，入居朔方诸郡，与汉人杂处。呼韩邪感汉恩，来朝，汉因留之，赐其邸舍，犹因本号，听称单于，岁给绵绢钱谷，有如列侯。子孙传袭，历代不绝。其部落随所居郡县，使宰牧之，与编户大同，而不输贡赋。多历年所，户口渐滋，弥漫北朔，转难禁制。后汉末，天下骚动，群臣竞言胡人猥多，惧必为寇，宜先为其防。建安中，魏武帝始分其众为五部，部立其中贵者为帅，选汉人为司马以监督之。魏末，复改为帅都尉。其左部都尉所统可万余落，居于太原故兹氏县；右部都尉可六千余落，居祁县；南部都尉可三千余落，居蒲子县；北部都尉可四千余落，居新兴县；中部都尉可六千余落，居大陵县。武帝践阼后，塞外匈奴大水，塞泥、黑难等二万余落归化，帝复纳之，使居河西故宜阳城下。后复与晋人杂居。由是平阳、西河、太原、新兴、上党、乐平诸郡，靡不有焉。"《后汉书·西羌传》："建武九年，班彪上言，今凉州部皆有降羌，羌胡被发左衽，而与汉人杂处。""十一年夏，先零种寇临洮，陇西太守马援破降之，后悉归服，徙置天水、陇西、扶风三郡。"《晋书·载记》："李特，字玄休，巴西宕渠人。其先，廪君之苗裔也。……秦并天下，谓之賨人。……汉末，张鲁居汉中，以鬼道教百姓，賨人敬信巫觋，多往奉之。值天下大乱，自巴西之宕渠迁于汉中杨车坂，抄掠行旅，百姓患之，号为'杨车巴'。魏武帝克汉中，特祖将五百余家归之，魏武帝拜为将军，迁于略阳，北土复号之为巴氐。特父慕，为东羌猎将。特少仕州郡，见异当时。"

虽异族多仍故俗，犹以部落为别，

《晋书·匈奴传》："北狄以部落为类，其入居塞者，有屠各种、鲜支种、寇头种、乌谭种、赤勒种、捍蛭种、黑狼种、赤沙种、郁鞞种、萎莎种、秃童种、勃蔑种、羌渠种、贺赖种、钟跂种、大楼种、雍屈种、真树种、力羯种，凡十九种。皆有部落，不相杂错。"

且语言形貌，亦与华夏不同。

《晋书·载记》："石闵诛胡羯时，高鼻多须，至有滥死者半。”[7]《隋书·经籍志》：“后魏初定中原，军容号令，皆以夷语。后染华俗，多不能通，故录其本言，相传教习，谓之国语。”[8]

然向慕华风，交通婚媾，冒姓养子，谱谍不明者甚多。

《晋书·载记》：“初，汉高祖以宗女为公主，以妻冒顿，约为兄弟，故其子孙遂冒姓刘氏。”又：“冉闵，字永曾，小字棘奴，季龙之养孙也。父瞻，字弘武，本姓冉，名良，魏郡内黄人也。其先汉黎阳骑都督，累世牙门。勒破陈午，获瞻，时年十二，命季龙子之。……闵幼而果锐，季龙抚之如孙。”《魏书·序记》：“诘汾皇帝无妇家，力微皇家无舅家。”[9]

故谓诸族皆出于夏族者固非，谓其纯粹为异族而排斥之，亦不尽然也。

两汉之世，华戎杂居，所以徕远示恩，彰其归化之盛也。至魏武时，反倚羌胡实边助国，其势渐成为反客为主，故至晋而益不可制。观郭钦、江统诸人之论可见。

《通鉴》卷八十一：“汉魏以来，羌、胡、鲜卑降者多处之塞内诸郡。其后数因忿恨杀害长吏，渐为民患。侍御史西河郭钦上疏曰：‘戎狄强犷，历古为患。魏初民少，西北诸郡，皆为戎居，内及京兆、魏郡、弘农，往往有之。今虽服从，若百年之后有风尘之警，胡骑自平阳、上党不三日而至孟津，北地、西河、太原、冯翊、安定、上郡尽为狄庭矣。宜及平吴之威，谋臣猛将之略，渐徙内郡杂胡于边地，峻四夷出入之防，明先王荒服之制，此万世之长策也。’帝不听。”又卷八十三：“太子洗马陈留江统，以为戎、狄乱华，宜绝其原，乃作《徙戎论》以警朝庭曰：‘……秦始皇并天下，兵威旁达，攘胡，走越，当是时，中国无复四夷也。汉建武中，马援领陇西太守，讨叛羌，徙其余种于关中，居冯翊、河东空地。数岁之后，族类蕃息，既恃其肥强，且苦汉人侵之。永初之元，群羌叛乱，覆没将守，屠破城邑，邓骘败北，侵及河内，十年之中，夷、夏俱敝，任尚、马贤，仅乃克之。自此以后，余烬不尽，小有际会，辄复侵叛，中世之寇，惟此为大。魏兴之初，与蜀分隔，疆埸之戎，一彼一此。武帝徙武都氐于秦川，欲以弱寇强国，捍御蜀虏，此盖权宜之计，非万世之利也。今者当之，已受其敝矣。……当今之宜，宜及兵威方盛，众事未罢，徙冯翊、北地、新平、安定界内诸羌，著先零、罕开、析支之地，徙扶风、始平、京兆之氐，出还陇右，著阴平、武都之界，……且关中之人百余万口，率其少多，戎、狄居半。……并州之胡，本实匈奴桀恶之寇也。建安中，使右贤王去卑诱质呼厨泉，听其部落散居六郡。……今五部之众，户口数万，人口之盛，过于西戎。其天性骁勇，弓马便利，倍于氐、羌。若有不虞，风尘之虑，则并州之域可为寒心。……，朝廷不能用。”

近人论史者，专归咎于汉人之失策，盖仅知其远因，而不见近因也。

《中国历史》（夏曾佑）：“西北诸游牧族，本与中国杂居。至战国之末，诸侯力政，诸戎乃为中国所灭。余类奔进，逸出塞外。其后族类稍繁，又复出为中国患。两汉之世，竭天下之力，历百战之苦，仅乃克之。而后乌桓、鲜卑、匈奴、氐羌、西域之众，悉稽首汉廷称臣仆，汉之势可谓盛矣。然汉人之所以处置之者，其法甚异，往往于异族请降之后，即迁之内地。宣帝时纳呼韩邪，居之亭障，委以候望。赵充国击西羌，徙之于金城郡。光武时亦以南庭数万众，徙入西河，亦转至五原，连延七郡。而煎当之乱，马援迁之三辅。在汉人之意，以为迁地之后即不复为患，不知其后之患转甚于未灭时。董卓之乱，汾、晋萧然，已显大乱之象，故其时深识之士，类能知之。”

异族之祸，以永嘉末年为最甚。石勒、刘曜等所杀晋人不下数十万人，其被驱掠转徙者尚不可胜计。

《通鉴》卷八十七："永嘉五年夏四月，石勒率轻骑追太傅越之丧，及于苦县宁平城，大败晋兵，纵骑围而射之，将士十余万人相践如山，无一人得免者。……汉主聪，使前军大将军呼延晏将兵二万七千寇洛阳。比及河南，晋兵前后十二败，死者三万余人。始安王曜、王弥、石勒皆引兵会之。……六月丁酉，王弥、呼延晏克宣阳门，入南宫，升太极前殿，纵兵大掠，……士民死者三万余人。遂发掘诸陵，焚宫庙，官府皆尽。曜纳惠帝羊皇后，迁帝及六玺于平阳。"

其后冉闵之杀胡羯，数亦相等。

《晋书·载记》：石鉴僭位，以石闵为大将军。龙骧孙伏都等，结羯士三千，欲诛闵等。闵攻斩伏都，"自凤阳至琨华，横尸相枕，流血成渠，宣令内外六夷敢称兵杖者斩之。胡人或斩关，或踰城而出者，不可胜数。……令城内曰：'与官同心者住，不同心者各任所之。'敕城门不复相禁。于是赵人百里内悉入城，胡羯去者填门。闵知胡之不为己用也，班令内外赵人，斩一胡首送凤阳门者，文官进位三等，武职悉拜牙门。一日之中，斩首数万。闵躬率赵人，诛诸胡羯，无贵贱男女少长皆斩之，死者二十余万。尸诸城外，悉为野犬豺狼所食。屯据四方者，所在承闵书诛之。"⑩

四十年间，胡汉相杀，若循环然，事亦惨矣。而石虎、苻生等杀人尤极残酷，无复人理。自晋以降之史策，殆血史耳。然自文化一方观之，则诸族之布在中夏，亦多同化于中国之文教。就其大者言之，约有数端。

（一）则诸侯酋豪，多躬染中国之文学也。

《晋书·载记》："刘渊，幼好学。师事上党崔游，习《毛诗》、《京氏易》、《马氏尚书》，尤好《春秋左氏传》、孙、吴兵法，略皆诵之。《史》、《汉》、诸子，无不综览。尝谓同门生朱纪、范隆曰：‘吾每观书传，常鄙随、陆无武，绛、灌无文，道由人弘，一物之不知者，固君子之所耻也。’”“刘和，……好学夙成，习《毛诗》、《左氏传》、《郑氏易》。”“刘宣，……师事乐安孙炎，沈精积思，不舍昼夜。好《毛诗》、《左氏传》。炎每叹曰：‘宣若遇汉武，当逾于金日磾也。’学成而返，不出门间盖数年。每读《汉书》至《萧何》、《邓禹传》，未曾不反复咏之曰：‘大丈夫若遭二祖，终不令两公独擅美于前矣！’”“刘聪，幼而聪悟好学，博士朱纪大奇之。年十四，究通经史，兼综百家之言，孙、吴兵法靡不诵之。工草隶，善属文，著述怀诗百余篇、赋颂五十余篇。”“刘曜，读书志于广览，不精思章句。善属文，工草隶。……尤好兵书，略皆暗诵。常轻侮吴、邓，而自比乐毅、萧、曹。”“石勒，雅好文学，虽在军旅，常令儒生读史书而听之，每以其意论古帝王善恶。朝贤儒士听者，莫不归美焉。尝使人读《汉书》，闻郦食其劝立六国后，大惊曰：‘此法当失，何得遂成天下？’至留侯谏，乃曰：‘赖有此耳。’其天资英达如此。”“石弘，幼受经于杜嘏，诵律于续咸。”“石虎，虽昏虐无道，而颇慕经学。”“慕容皝，尚经学，善天文。”“慕容俊，博观图书，有文武干略。”“苻坚，八岁，请师就家学。祖洪曰：‘汝戎狄异类，世知饮酒，今乃求学耶！’欣而许之。坚性至孝，博学多才艺。”“苻丕，少而聪慧，好学，博综经史。”“姚襄，少有高名，好学博通，雅善谈论。”“姚兴，与舍人梁善等讲论经籍，不以兵难废业。”“姚泓，博学善谈论，尤好诗咏。”“李流，少好学。”“李庠，才兼文武。”“慕容宝，敦崇儒学，工谈论。善属文。”“秃发傉檀，与尚书郎韦宗论六国纵横之规，三家战争之略，……机变无穷，辞致清辨。宗叹曰：‘命世大才，不必华宗夏士也。’”“慕容德，博观群书，性清慎，多才艺。”“沮渠蒙逊，博涉群史，颇晓天文。”《魏书》：“明元帝好览史传，撰《新集》三十篇，采经史，该洽古传。”“景穆帝，好读经史，皆通大义。”⑪

（二）**则诸酋立国，亦多仿中国之教学也。**

《晋书·载记》：“刘曜，立太学于长乐宫东，小学于未央宫西。简百姓二十五以下十三以上神志可教者，千五百人。选朝贤、宿儒、明经、笃学以教之。”“石勒，立太学，简明经善书吏，署为文学掾，选将佐子弟三百人教之。……复又增置宣文、宣教、崇儒、崇训十余小学于襄国四门，简将佐豪右子弟百余人以教之。……称赵王后，立经学祭酒、律学祭酒、史学祭酒等官，亲临大小学，考诸生经义，尤高者赏帛有差。咸和六年，造明堂辟雍灵台于襄国城西。……命郡国立学官，每郡置博士祭酒二人、弟子百五十人。”“石虎，令诸郡国立五经博士，复置国子博士助教，又遣国子博士诣洛阳写石经。”“慕容皝，立东庠于旧宫，以行乡射之礼。每月临观，考试优劣，学徒甚盛，至千余人。”“慕容俊，立小学于显贤里，以教胄子。”“苻坚，广修学官，召郡国学生通一经以上充之，公卿以下子孙，并遣受业。……坚亲临太学，考学生经义优劣，品而第之。……行礼于辟雍，祀先师孔子，其太子及公卿大夫士之元子，皆束脩释奠焉。……以安车蒲轮、征隐士乐陵王劝为国子祭酒，……禁老、庄、图谶之学。中外四禁、二卫、四军长上将士，皆令修学。课后宫，置典学，立内司以授于掖庭，选阉人及女隶有聪识者置博士以授经。”“姚苌，令诸镇各置学官，勿有所废，考试优劣，随才擢叙。”“姚兴时，天水姜龛、东平淳于岐、冯翊郭高等，皆耆儒硕德，经明行修，各门徒数百，教授长安，诸生自远而至者，万数千人。兴每于听政之暇，引龛等于尔堂讲道艺，错综名理。凉州胡辨，苻坚之末，东徙洛阳，讲授弟子千有余人。关中后进，多赴之请业。兴敕关尉曰：‘诸生咨访道艺，修己厉身，往来出入，勿拘常限。’于是学者咸功，儒风盛焉。”“冯跋，营建太学，以长乐刘轩、营丘张炽、成周翟崇为博士郎中，简二千石以下子弟年十五以上教之。”“秃发利鹿孤，以田玄冲、赵诞为博士祭酒，以教胄子。

（三）则诸国政事，亦多仿中国之法意也。

《晋书·载记》：“石勒伪称赵王，……依春秋列国、汉初侯王每世称元，改称赵王元年。始建社稷，立宗庙，营东西宫。……遣使循行州郡，劝课农桑。……朝会常以天子礼乐飨其群下，威仪冠冕，从容可观矣。……又下书，禁国人不听报嫂及在丧婚娶，其烧葬令如本俗。……始制轩悬之乐，八佾之舞，为金根大辂，黄屋左纛，天子车旗，礼乐备矣。”“慕容廆移居大棘城，教以农桑，法制同于上国。二京倾覆，幽、冀沦陷，廆刑政修明，虚怀引纳，路有颂声。”“苻坚僭称大秦天王，……修废职，继绝世，礼神祇，课农桑，立学校。鳏寡孤独、高年不自存者，赐谷帛有差。其殊才异行，孝友忠义，德业可称者，令所在以闻。……是秋，大旱，坚减膳撤悬，金玉绮绣皆散之戎士，后宫悉去罗绮，衣不曳地。开山泽之利，公私共之。……坚起明堂，缮南北郊，祀其祖洪以配天，宗祀其伯健于明堂，以配上帝。亲耕籍田，其妻苟氏亲蚕于近郊。……以王猛为侍中、中书令、京兆尹，其中丞邓羌，性鲠直不挠，与猛协规齐志，数旬之间，贵戚强豪诛死者二十有余人。于是百寮震肃，豪右屏气，路不拾遗，风化大行。坚叹曰：‘吾今始知天下之有法也，天子之为尊也！'……王猛整齐风俗，政理称举，学校渐兴，关陇清晏，百姓丰乐。自长安至于诸州，皆夹路树槐柳，二十里一亭，四十里一驿，旅行者取给于途，工商贸贩于道。"[12]

惟其所以同化之故，亦有三因：（一）则杂居既久，习于中国之政教也。（二）则中国政教，根柢深固，虽经三国、两晋之扰乱，其为扶世翼俗之本，固天下所公认也[13]。（三）则诸酋割据，仍多用汉人为政也[14]。唐史臣称石勒"褫毡裘，袭冠带，释介胄，开庠序，邻敌惧威而献款，绝域承风而纳贡。古之为国，曷以加诸？虽曰凶残，亦一时杰也"。殆未知所以造成此时之豪杰之原因，徒美其人之姿禀耳。

诸族之兴，亦非仅同化于中夏也，其输入印度文化，亦有力焉。汉季佛教东来，初未普及。三国时，孙权、孙皓皆致疑于佛教，崇信未深。

《高僧传》："唐僧会以吴赤乌十年初达建业，营建茅茨，设像行道。时吴国以初见沙门，睹形未及其道，疑为矫异。有司奏曰：'有胡人入境，自称沙门，容服非恒，事应检察。'权即召会诘问有何灵验，会曰：'如来仙迹，忽逾千载，遗骨舍利，神曜无方。昔阿育王起塔，乃八万四千。夫塔寺之兴，以表遗化也。'权以为夸涎，乃谓会曰：'若能得舍利，当为造塔；如其虚妄，国有常刑。'舍誓期三七，果获舍利，明旦呈权，举期集观，权大嗟服，即为建塔。以始有佛寺，故号建初寺，因名其地为佛陀里。由是江左大法遂兴。至孙皓即位，法令苛虐，废弃淫祠，乃及佛寺。并欲毁坏。"《释氏稽古略》："皓有疾，请会说法悔罪。会为开示玄要，及授五戒。少顷，疾愈。由是奉会为师，崇饰寺塔。"

至石勒、石虎、苻坚、姚兴等，始敬礼佛图澄、鸠摩罗什，

《晋书·艺术传·佛图澄传》："石勒屯兵葛陂，专行杀戮，沙门遇害者甚众。……大将军郭黑略，称澄智术非常，勒召澄试

以道术，……信之。勒死，季龙僭位，倾心事澄，有重于勒。……朝会之日，引之升殿，常侍以下，悉助举舆，太子诸公，扶翼而上，主者唱大和尚，众坐皆起，以彰其尊。又使司空李农旦夕亲问，其太子诸公，五日一朝，尊敬莫与为比。”又《鸠摩罗什传》：“龟兹王闻其名，郊迎之，……广说诸经。……苻坚闻之，密有迎罗什之意。……乃遣骁骑将军吕光等率兵七万，西伐龟兹。谓光曰：‘若获罗什，即驰驿送之。’光破龟兹，乃获罗什。……还至凉州，闻坚已为姚苌所害，于是窃号河右。……罗什之在凉州积年，吕光父子既不弘道，故蕴其深解，无所宣化。姚兴遣姚硕德西伐，破吕隆，乃迎罗什，待以国师之礼。”

而译学始兴，演说亦盛。

《晋书·鸠摩罗什传》：“兴使罗什入西明阁及逍遥园，译出众经。罗什多所暗诵，无不究其义旨，既览旧经多有纰缪，于是兴使沙门僧睿、僧肇等八百余人，传受其旨，更出经论，及三百余卷。”又《姚兴传》：“兴如逍遥园，引诸沙门于澄玄堂，听鸠摩罗什演说佛经。罗什通辩夏言，寻览旧经，多有乖谬，不与胡本相应。兴与罗什及沙门僧略、僧迁、道树、僧睿、道坦、僧肇、昙顺等八百余人，更出大品，罗什持胡本，兴执旧经，以相考校，其新文异旧者皆会于理义。续出诸经并诸论三百余卷。今之新经，皆罗什所译。”

州郡化之，事佛者遂十室而九。

《晋书·姚兴传》：“兴既托意于佛道，公卿以下，莫不钦附，沙门自远而至者五千余人。起浮图于永贵里，立波若台于中宫，沙门坐禅者恒有千数。州郡化之，事佛者十室而九矣。”

释道安之传佛教于南方，亦与澄、什相表里。

《魏书·释老志》：“沙门常山卫道安，……覃思构精，神悟妙赜。……曾至邺，候浮图澄。澄见而异之。澄卒后，中国纷乱。道安乃率门徒南游新野。欲令玄宗在所流布，分遣弟子，各趣诸方。法汰诣扬州，法和入蜀，道安与慧远之襄阳。道安后入苻坚，……坚宗以师礼。时西域有胡沙门鸠摩罗什，思通法门。道安思与讲释，每劝坚致罗什，什亦承安令问，谓之东方圣人。”

盖异族之信宗教，视夏人为易。故晋世诸族迭兴，一方为吾国儒教所濡染，一方又为印度思想之媒介，不独混合各方之种族，并且混合各方之文化焉，是亦吾国自有历史以来一特别之现象也。

注　释

①汉献建安元年，曹操迁帝于许，已为曹氏之时代。惟自魏文受禅至晋武灭吴计之，凡六十年。

②晋惠帝太安二年，李特已建元。

③自永安元年至北魏灭北凉。

④自世祖太平真君元年，至孝武永熙二年。

⑤据此，是汉以后之鲜卑，为匈奴与鲜卑混合之种族矣。

⑥据此，是晋时所谓氐，亦非纯粹氐人，中间颇有汉族。

⑦据此，是胡羯多高鼻多须，与汉人形貌不同。

⑧据此，是鲜卑等族之语，入居中国后，仍沿用之。

⑨史谓诘汾遇天女生力微，实傅会之说。盖其初无谱谍，莫可稽考耳。

⑩时晋穆帝永和五年，距永嘉五年仅三十九年。

⑪孝文事详后。

⑫当时诸国法制，大抵依仿汉、晋，其不然者，史辄著之。如《李雄传》称雄为国，“无威仪，官无禄秩，班序不别，君子小人服章不殊，行军无号令，用兵无部对，战胜不相让，败不相救。攻城破邑，动以虏获为先，此其所以失也”。以此知他国之有秩序者，多仿中国之制矣。

⑬三国之时，公私学校虽逊于两汉，然亦未尽废绝。魏黄初五年，立太学，制《五

经》课试之法。太和、青龙中，太学诸生有千数。吴孙休永安元年，诏按旧制，置学官，立五经博士。蜀亦有儒林校尉、典学校尉、劝学从事、典学从事等官。据《蜀志》："谯周为劝学从事，徙典学从事。"《晋书·文立传》："立在蜀时，游太学，专《毛诗》、三《礼》，师事谯周。"是周尝教于蜀之太学也。西晋时，太学置博士十九人，太学生三千人。泰始中，太学生至七千余人。盖统一之后，学校且渐盛矣。东晋元帝置博士八人，而不立学校。成帝始立国学，孝武增之，其房屋仅百五十间，而品课无章，世多讥之。此则学校教育，因丧乱而衰替，而亦未始废绝之证也。

⑭如石勒之张宾，苻坚之王猛等皆是。《晋书·载记》备列其传，而《慕容廆传》言之尤详。廆所用之裴嶷，既有传，《廆传》又称曰："推举贤才，委以庶政。以河东裴嶷、代郡鲁昌、北平阳耽为谋主；北海逄羡、广平游邃、北平西方虔、渤海封抽、西河宋奭、河东裴开为股肱，渤海封弈、平原宋该、安定皇甫岌、兰陵缪恺，以文章才俊任居枢要；会稽朱左军、太山胡毋冀、鲁国孔纂，以旧德清望，引为宾友；平原刘讃，儒学该通，引为东庠祭酒。其世子皝率国胄束脩受业焉。"可见鲜卑之同化，首由诸汉人矣。汉人之仕异族，不足为训，而于异族不为无补。

第四章　南北之对峙

吾国疆域辽阔，国民胸襟广大，本无畛域之见。虽《中庸》有“南方之强”、“北方之强”之语，然其所谓南北，并无明确之界限。自封建变为郡县，四海之内，统于一政府，南方未开化之地，日益开辟，陕、洛之人，视楚、越之风气，固有差异，

《史记·货殖传》：“楚越之地，地广人稀。饭稻羹鱼，或火耕而水耨，果隋蠃蛤，不待贾而足。地势饶食，无饥馑之患。以故呰窳偷生，无积聚而多贫。是故江淮以南，无冻饿之人，亦无千金之家。”《汉书·吴王濞传》：“上患吴会稽轻悍。”《地理志》：“江南卑湿，丈夫多夭。”“其失巧而少信。”

然未尝排斥南人也。东汉以降，分为三国，吴之与魏，遂有南北对抗之势。

《通鉴》卷六十九：黄初三年，文帝“自许昌南征，……曹休在洞口，自陈：‘愿将锐卒虎步江南，因敌取资，事必克捷，……’帝恐休便渡江，驿马止之。侍中董昭侍侧曰：‘窃见陛下有忧色，独以休济江故乎？今者渡江，人情所难，就休有此志，势不独行。’”又卷七十：黄初六年，帝“如广陵故城，临江观兵，戎卒十余万，旌旗数百里，有渡江之志。吴人严兵固守。时天寒，冰，舟不得入江。帝见波涛汹涌，叹曰：‘嗟乎，固天所

以限南北也！’遂归。”

吴国人才，多产南土，山越之地，迭经开辟。

《吴志·诸葛恪传》：“恪以丹杨山险，民多果劲，……出之，三年可得甲士四万。众议以丹杨与吴郡、会稽、新都、鄱阳四郡邻接，周旋数千里，山谷万重，其幽邃民人，未尝入城邑[①]，对长吏，皆仗兵野逸，……征伐为难。……权拜恪抚越将军，领丹杨太守。……恪到府，移书四郡属城长吏，令各保其疆界，……分内诸将，罗兵幽阻，但缮藩篱，不与交锋，候其谷稼将熟，辄纵兵芟刈。……山民饥穷，渐出降首。……人数皆如本规。”《十七史商榷》（王鸣盛）：“山越事见《恪传》，又见吴主《孙权传》建安五年、嘉禾三年。又见太史慈、孙贲、吴主权、徐夫人、周瑜、黄盖、韩当、朱治、张温、贺齐等传中，或言镇抚，或言讨平，或言山越怀附”云云。《陈书》三卷《世祖本纪》：“授会稽太守，山越深险，皆不宾附。”《新唐书》百八十二卷《裴休传》：“贞元时，浙东剧贼栗锽，诱山越为乱。”盖山越历六朝至唐，为害未息。

南及交广，物产饶衍，故立国江东，不灭于中土也。

晋室平吴，暂复统一。吴人入洛，颇为北人所轻。

《晋书·周处传》载陈准曰：“周处吴人，有怨无援。”又《陆机传》：“范阳卢志于众中问机曰：‘陆逊、陆抗，于君近远？’机曰：‘如君于卢毓、卢珽。’志默然。既起，云谓机曰：‘殊邦遐远，容不相悉，何至于此？’机曰：‘我父祖名播四海，宁不知耶？’”《通鉴》卷八十五：“王彰谏成都王颖曰：‘陆机吴人，殿下用之太过，北土旧将皆疾之。’”

惠、愍之际，海内大乱，独江东差安。中国士民避乱，相率南徙，号曰“渡江”。元帝定都建康，而南方为汉族正统之国者二百七十余年，中州人士，侨寄不归。

《晋书·地理志》："元帝渡江，建都扬州。……是时司、冀、雍、凉、青、并、兖、豫、幽、平诸州皆沦没，江南所得，但有扬、荆、湘、江、梁、益、交、广，其徐州则有过半，豫州惟得谯城而已。……自中原乱离，遗黎南渡，并侨置牧司在广陵，丹徒南城，非旧土也。及胡寇南侵，淮南百姓皆渡江。成帝初，苏峻、祖约为乱于江、淮，胡寇又大至，百姓南渡者转多，乃于江南侨立淮南郡及诸县，又于寻阳侨置松滋郡，遥隶扬州。咸康四年，侨置魏郡、广川、高阳、堂邑等诸郡，并所统县并寄居京邑，改陵阳为广阳。孝武宁康二年，又分永嘉郡之永宁县置乐成县。是时上党百姓南渡，侨立上党郡为四县，寄居芜湖。""永嘉之乱，临淮，淮陵并沦没石氏。元帝渡江之后，徐州所得惟半，乃侨置淮阳、阳平、济阴、北济阴四郡。又琅邪国人随帝过江者，遂置怀德县及琅邪郡以统之。是时，幽、冀、青、并、兖五州及徐州之淮北流人，相帅过江、淮，帝并侨立郡县，以司牧之。割吴郡之海虞北境，立郯、朐、利城、祝其、厚丘、西隰、襄贲七县，寄居曲阿，以江乘置南东海、南琅邪、南东平、南兰陵等郡，分武进立临淮、淮陵、南彭城等郡，属南徐州，又置顿丘郡，属北徐州。明帝又立南沛、南清河、南下邳、南东莞、南平昌、南济阴、南濮阳、南太平、南泰山、南济阳、南鲁等郡，以属徐、兖二州，初或居江南，或居江北，或以兖州领州。郗鉴都督青、兖二州诸军事、兖州刺史，加领徐州刺史，镇广陵。苏峻平后，自广陵还镇京口，又于汉故九江郡界置钟离郡，属商徐州，江北又侨立幽、冀、青、并四州。穆帝时，移南东海七县出居京口。义熙七年，始分淮北为北徐州。淮南但为徐州。"

始犹以贵族陵蔑南士。

《晋书·周玘传》："玘宗族强盛，人情所归，帝疑惮之。于时中州人士，佐佑王业，而玘自以为不得调，内怀怨望，复为刁协轻之，耻恚愈甚。时镇东将军祭酒东莱王恢，亦为周顗所侮，乃与玘阴谋诛诸执政，推玘及戴若思诸南士，共奉帝以经纬世事。……谋泄，玘忧愤发背而卒。时年五十六。将卒，谓子勰曰：'杀我者诸伧子，能复之，乃吾子也。'吴人谓中州人曰'伧'，故云耳。……勰字彦和。常缄父言。时中国亡官失守之士，避乱来者，多居显位，驾御吴人，吴人颇怨。勰因之欲起兵，……豪侠乐乱者翕然附之。元帝以周氏奕世豪望。吴人所宗，故不穷治，抚之如旧。"

或以流人，志图振复。

《晋书·祖逖传》："逖字士稚，范阳遒人也。世吏二千石，为北州旧姓。……及京师大乱，逖率亲党数百家，避地淮、泗。……逖多权略，少长咸宗之，推逖为行主。达泗口，元帝逆用为徐州刺史，寻征军谘祭酒，居丹徒之京口。逖以社稷倾覆，常怀振复之志。宾客义徒，皆暴桀勇士，逖遇之如子弟。时扬土大饥，此辈多为盗窃，攻剽富室，逖抚慰问之曰：'比复南塘一出不？'或为吏所绳，逖辄拥护救解之。"又《王导传》："桓彝初过江，见朝廷微弱，谓周顗曰：'我以中州多故，来此欲求全活，而寡弱如此，将何以济？'忧惧不乐。往见导，极谈世事，遂还。谓顗曰：'得见管夷吾，无复忧矣。'过江人士，每至暇日，相要出新亭饮宴。周顗中坐而叹曰：'风景不殊，举目有江河之异。'皆相视流涕。惟导愀然变色曰：'当共勠力王室，克复神州，何至作楚囚相对泣耶！'"

洎久而相安，北人遂为南人。而留仕异族及羌胡诸种乃为北人。学问文章，礼尚风俗，从此有南北之殊矣。

晋时北方纷乱，未有定名。至宋、魏分立，画淮而治，于是南人呼北人为“索虏”，北人呼南人为“岛夷”。

《晋书·石虎传》：“吾南擒刘岳，北走索头。”[②]《宋书·索虏传》：“索虏姓拓跋氏，其先汉将李陵后也。匈奴有数百千种，各立名号，索头亦其一也。晋初，索头种有部落数万家在云中。”[③]《魏书·僭晋司马睿传》：“睿僭即大位，……都于丹阳，因孙权之旧所，即《禹贡》扬州之地，去洛二千七百里。地多山水，阳鸟攸居，厥土惟涂泥，厥田惟下下，所谓‘岛夷卉服’者也。”《通鉴》卷六十九：“司马光曰：‘汉室颠覆，三国鼎峙。晋氏失驭，五胡云扰。宋、魏以降，南、北分治，各有国史，互相排黜。南谓北为索虏，北谓南为岛夷。’”[④]

虽或通使往来，犹时致其嘲弄。

《洛阳伽蓝记》（杨衒之）云：“魏杨元慎即口含水巽梁使陈庆之曰：‘吴人之鬼，住居建康。小作冠帽，矮制衣裳。自呼阿侬，语则阿傍。菰稗为饭，茗饮作浆。呷啜莼羹，唼嗍蟹黄。手把豆蔻，口嚼槟榔。乍至中土，思忆本乡。急急远去，还尔丹阳。’”

北方之无耻者，至专以教子弟学鲜卑语为能事。

《颜氏家训》：“齐朝有一士大夫，尝谓吾曰：‘我有一儿，年已十七，颇晓书疏，教其鲜卑语及弹琵琶。稍欲通解，以此伏事公卿，无不宠爱。亦要事也。’吾时俯而不答。异哉，此人之教子也！若由此业，自致卿相，亦不愿汝曹为之。”

其文化之相悬可知。《北史》《儒林》、《文苑》传，略述当时南北学派之别。

《北史·儒林传》：“大抵南北所为章句，好尚互有不同。江左，《周易》则王辅嗣，《尚书》则孔安国，《左传》则杜元凯；

> 河洛，《左传》则服子慎，《尚书》、《周易》则郑康成，《诗》则并主于毛公，《礼》则同遵于郑氏。南人约简，得其英华；北学深芜，穷其枝叶。考其终始，要其会归，其立身成名，殊方同致矣。”又《文苑传》：“自汉、魏以来，迄乎晋、宋，其体屡变，前哲论之详矣。暨永明、天监之际，太和、天保之间，洛阳、江左，文雅尤盛，彼此好尚，雅有异同。江左宫商发越，贵于清绮；河朔词义贞刚，重乎气质。气质则理胜其词，清绮则文过其意。理深者便于时用，文华者宜于咏歌。此其南北词人得失之大较也。”

《颜氏家训》纪南北礼俗之异点尤多：

> 《颜氏家训·后娶篇》：“江左不讳庶孽，丧室之后，多以妾媵终家事。疥癣蚊虻，或未能免，限以大分，故稀斗阋之耻。河北鄙于侧出，不预人流，是以必须重娶，至于三四，母年有少于子者。后母之弟，与前妇之兄，衣服饮食，爰及婚宦，至于士庶贵贱之隔，俗以为常。身没之后，辞讼盈公门，谤辱彰道路。子诬母为妾，弟黜兄为佣，播扬先人之辞迹，暴露祖考之长短，以求直己者，往往而有。”又《治家篇》：“江东妇女，略无交游，其婚姻之家，或十数年间未相识者，唯以信命赠遗，致殷勤焉。邺下风俗，专以妇持门户，争讼曲直，造请逢迎，车乘填街衢，绮罗盈府寺，代子求官，为夫诉屈。此乃恒、代之遗风乎？南间贫素，皆事外饰，车乘衣服，必贵整齐，家人妻子，不免饥寒。河北人事，多由内政，绮罗金翠，不可废阙，羸马顇奴，仅充而已。唱和之礼，或尔汝之。”又《风操篇》：“别易会难，古人所重；江南饯送，下泣言离。……北间风俗，不屑此事。歧路言离，欢笑分首。”“凡宗亲世数，有从父，有从祖，有族祖。江南风俗，自兹以往，高秩者通呼为尊，同昭穆者虽百世犹称兄弟。

……若对他人称之，皆云族人。河北士人，虽二三十世，犹呼为从伯、从叔。梁武帝尝问一中土人曰：‘卿北人，何故不知有族？’答云：‘骨肉易疏，不忍言族耳。’”“江南丧哭，时有哀诉之言耳。山东重丧，则唯呼苍天，期功以下，则唯呼痛深。”又《书证篇》：“南方以晋家渡江后，北间传记。皆名为伪书，不贵省读。”又《音辞篇》：“南方水土和柔，其音清举而切诣，失在浮浅，其辞多鄙俗。北方山川深厚，其音沉浊而讹钝，得其质直，其辞多古语。然冠冕君子，南方为优；闾里小人，北方为愈。易服而与之谈，南方士庶，数言可辨；隔垣而听其语，北方朝野，终日难分。而南染吴越，北杂夷虏，皆有深弊，不可具论。”又《杂艺篇》：“晋、宋以来，多能书者。故其时俗，递相染尚，所有部帙，楷正可观，不无俗字，非为大损。至梁天监之间，斯风未变。大同之末，讹替滋生。萧子云改易字体，邵陵王颇行伪字（注：前上为草、能傍作长之类是也），朝野翕然，以为楷式。……北朝丧乱之余，书迹鄙陋，加以专辄造字，猥拙甚于江南。乃以百念为忧，言反为变，不用为罢，追来为归，更生为苏，先人为老。如此非一，遍满经传。”“弧矢之利，以威天下，先王所以观德择贤，亦济身之急务也。江南谓世之常射，以为兵射，冠冕儒生，多不习此。别有博射，弱弓长箭，施于准的，揖让升降，以行礼焉，防御寇难，了无所益。乱离之后，此术遂亡。河北文士，率晓兵射，非直葛洪一箭，已解追兵，三九燕集，常縻荣赐。虽然，要轻禽，截狡兽，不愿汝辈为之”

以政权之不一致文化亦分畛域。弥年历祀，相去益远，互事訾警，各从习惯。致令后之人虽在统一之时，亦受其影响，好分为南北两派之言。是则异族陵轹中夏之害也。

注　释

①《后汉书·刘宠传》:“拜会稽太守，山民愿朴，乃有白首不入市井者，颇为官吏所扰。宠简除烦苛，禁察非法，郡中大化，征为将作大匠。山阴县有五六老叟，庞眉皓发，自若邪山谷间出，人赍百钱以送宠。宠劳之曰:‘父老何自苦?’对曰:‘山奋鄙生，未尝识郡朝，今闻当见弃去，故自扶奉送。’”可与此文相证。

②索头之名，晋时已有，盖时人呼鲜卑之称也

③按拓跋氏非李陵之后，李陵降匈奴，亦未辫发《汉书·李陵传》:“卫律持牛酒劳汉使，博饮，两人皆胡服椎结”又曰:“陵墨不应，熟视而自循其发。答曰:‘吾已胡服矣。’”是匈奴之俗椎结，鲜卑之俗辫发，两种截然不同

④注:索虏者，以北人之辫发，谓之索头也。岛夷者，以东南际海，土地卑下，谓之岛中也。

第五章　清谈与讲学

东汉之季，由朴学而趋游谈，士之善谈论者辄获盛名，

《后汉书·郭太传》："博通坟籍，善谈论，美音制。乃游于洛阳，始见河南尹李膺，膺大奇之，遂相友善。于是名震京师。"又《谢甄传》："与陈留边让，并善谈论，俱有盛名。"又《符融传》："游太学，师事少府李膺。膺风性高简，每见融，辄绝它宾客，听其言论。融幅巾奋褎，谈辞如云，膺每捧手叹息。"

或为美语，相为题品，

《后汉书·党锢传》："学中语曰：天下模楷李元礼，不畏强御陈仲举，天下俊秀王叔茂。"又《儒林传》：召驯"博通书传，……乡里号之曰：德行恂恂召伯春"。[①]许慎博学经籍，"时人为之语曰：《五经》无双许叔重"。

或以核论，高下人物，

《后汉书·许劭传》："劭与靖俱有高名，好共核论乡党人物，每月辄更其品题。故汝南俗有'月旦评'焉。"

此一时之风气也。汉、魏之际，天下大乱，乘时趋势者，不以道义为重。

《魏志·武帝纪》："建安十九年十二月，令曰：'夫有行之士，未必能进取，进取之士，未必能有行也。陈平岂笃行，苏秦岂守信耶？而陈平定汉业，苏秦济弱燕。由此言之，士有偏短，

庸可废乎！有司明思此义，则士无遗滞，官无废业矣。’”裴松之注：“建安二十二年八月令曰：‘昔伊挚、傅说出于贱人，管仲，桓公贼也，皆用之以兴。萧何、曹参，县吏也，韩信、陈平负污辱之名，有见笑之耻，卒能成就王业，声著千载。吴起贪将，杀妻自信，散金求官，母死不归，然在魏，秦人不敢东向，在楚，则三晋不敢南谋。今天下得无有至德之人放在民间，及果勇不顾，临敌力战，若文俗之吏，高才异质，或堪为将守，负污辱之名，见笑之行；或不仁不孝而有治国用兵之术：其各举所知，勿有所遗。’”

旷达之士，目击衰乱，不甘隐避，则托为放逸，

《魏志》：“阮瑀子籍，才藻艳逸，而倜傥放荡，行己寡欲，以庄周为模则。……时有谯郡嵇康，文辞壮丽，好言《庄》、《老》。”《魏氏春秋》：“籍以世多故，禄仕而已。闻步兵校尉缺，厨多美酒，营人善酿酒，求为校尉。遂纵酒昏酣，遗落世事。”

而何晏、王弼等，遂开清谈之风。

《晋书·王衍传》：“魏正始中，何晏、王弼等祖述《老》、《庄》，立论以为：天地万物皆以无为为本。无也者，开物成务，无往不存者也。阴阳恃以化生，万物恃以成形，贤者恃以成德，不肖恃以免身。故无之为用，无爵而贵矣。”《日知录》：“魏明帝殂，少帝即位，改元正始，凡九年。其十年，则太傅司马懿杀大将军曹爽，而魏之大权移矣。三国鼎立，至此垂三十年。一时名士风流，盛于洛下，乃其弃经典而尚老、庄，蔑礼法而崇放达。视其主之颠危，若路人然，即此诸贤为之倡也。自此以后，竞相祖述，如《晋书》言王敦见卫玠，谓长史谢鲲曰：‘不意永嘉之末，复闻正始之音。’沙门支遁，以清谈著名，于时莫不崇敬，以为造微之功，足参诸正始。《宋书》言羊玄保有二子，太祖赐名曰咸，曰粲。谓玄保曰：‘欲令卿二子有林下正始余风。’王微与何偃书曰：‘卿少陶玄风，淹雅修畅，自是正始中人。’《南齐书》言袁粲言于帝曰：‘臣观张绪有正始遗风。’《南史》言：‘何尚之谓王球，正始之风尚在。’其为后人企慕如此。”

晋室之兴，世乱未已，向秀之徒，益尚玄风。

《晋书·向秀传》：“雅好老、庄之学。……为之隐解，发明奇趣，振起玄风，读之者超然心悟，莫不自足一时也。惠帝之世，郭象又述而广之，儒墨之迹见鄙，道家之言遂盛焉。”

名士达官，翕然倾响，不治世务，祖尚浮虚，

《晋书·王衍传》：“衍有盛才美貌，明悟若神，常自比子贡。兼声名藉甚，倾动当世。妙善玄言，唯谈老、庄为事。……衍将死，顾而言曰：‘呜呼！吾曹虽不如古人，向若不祖尚浮虚，勠力以匡天下，犹可不至今日。’”又《乐广传》：“广性冲约，有远识，寡嗜欲，与物无竞。尤善谈论，每以约言析理，以厌人之心，其所不知，默如也。……尚书令卫瓘，朝之耆旧，逮与魏正始中诸名士谈论，见广而奇之曰：‘自昔诸贤既没，常恐徽言将绝，而今乃复闻斯言于君矣。’命诸子造焉，曰：‘此人之水镜，见之莹然，若披云雾而睹青天也。’王衍自言曰：‘与人语甚简至，及见广，便觉己之烦。’其为识者所叹美如此。”

故论者谓五胡之乱，由于清谈焉。

《日知录》：“讲明文艺，郑、王为集汉之终；演说老、庄，王、何为开晋之始。以至国亡于上，教沦于下，羌戎互僭，君臣屡易，非林下诸贤之咎而谁咎哉?!”

按魏、晋人之性质，当分数种。有志世事，横受诬污，以其清高，目为浮华，一也。（何晏、邓飏等事曹爽，志在强魏之宗室。司马懿以诡谲杀爽等，而世论多集矢于何、王，非确论也。）故作旷达，以免诛戮，不守礼法，近于佯狂，二也。

> 《晋书·阮籍传》："籍本有济世志，属魏、晋之际，天下多故，名士少有全者，籍由是不与世事，遂酣饮为常。……籍嫂尝归宁，籍相见与别，或讥之，籍曰：'礼岂为我设耶！'……籍著《大人先生传》，其略曰：'世之所谓君子，惟法是修，惟礼是克。手执圭璧，足履绳墨。行欲为目前检，言欲为无穷则。少称乡党，长闻邻国。上欲图三公，下不失九州牧。独不见群虱处于裈中，逃乎深缝，匿乎坏絮，自以为吉宅也。行不敢离缝际，动不敢出裈裆，自以为得绳墨也。然炎丘火流，焦邑灭都，群虱处于裈中，而不能出也。君子之处域内，何异夫虱之处于裈中乎！'此亦籍之胸怀本趣也。"

风气既成，自矜领袖、一倡百和，以言取名，三也。正始之风，未必即肇永嘉之祸，求其因果，宜更推勘其曲折变迁，不可以一概而论也。

> 《世说新语》卷一《德行类》："晋文王称阮嗣宗至慎，每与之言，言皆玄远，未尝臧否人物。"刘孝标注引王隐《晋书》："魏末阮籍，嗜酒荒放，露头散发，裸袒箕踞。其后贵游子弟阮瞻、王澄、谢鲲、胡毋辅之之徒，皆祖述于籍，谓得大道之本。故去巾帻，脱衣服，露丑恶，同禽兽。甚者名之谓'通'，次者名之谓'达'。"据此，是阮籍以佯狂为谨慎，而晋代诸人则以狂荡为率真。其迹同，其心实大异也。

清谈者崇尚老、庄，则以任天率真为贵，推之政治，遂有鲍生无君之论。

> 《抱朴子外篇·第四十八诘鲍篇》："鲍生敬言好老、庄之书，治剧辩之言，以为古者无君，胜于今世。故其著论云：'儒者曰：天生烝民，而树之君，岂其皇天谆谆言，亦将欲之者为辞哉！'夫强者凌弱，则弱者服之矣；智者诈愚，则愚者事之矣。服之，

故君臣之道起焉；事之，故力寡之民制焉。然则隶属役御，由于争强弱而校愚智，彼苍天果无事也。夫混茫以无名为贵，群生以得意为欢。故剥桂刘漆，非木之愿；拔鹖裂翠，非鸟所欲；促辔含镳，非马之性；荷轭运重，非牛之乐。诈巧之萌，任力违真，伐生之根，以饰无用。捕飞禽以供华玩，穿本完之鼻，绊天放之脚，盖非万物并生之意。夫役彼黎烝，养此在官，贵者禄厚，而民亦困矣。夫死而得生，欣喜无量，则不如向无死也；让爵辞禄，以钓虚名，则不如本无让也。天下逆乱焉，而忠义显矣；六亲不和焉，而孝慈彰矣。曩古之世，无君无臣。穿井而饮，耕田而食，日出而作，日入而息。泛然不系，恢然自得。不竞不营，无荣无辱。山无蹊径，泽无舟梁，川谷不通，则不相并兼；士众不聚，则不相攻伐，……势利不萌，乱祸不作；干戈不用，城池不设。万物玄同，相忘于道。疫疠不流，民获考终。纯白在胸，机心不生，含铺而熙，鼓腹而游。其言不华，其行不饰。安得聚敛以夺民财？安得严刑以为坑阱？降及叔李，智用巧生，道德既衰，尊卑有序，繁升降损益之礼，饰绂冕玄黄之服。起土木于凌霄，构丹绿于棼橑，倾峻搜宝，泳渊采珠。聚玉如林，不足以极其变；积金成山，不足以赡其费。澶漫于淫荒之域，而叛其大始之本。去宗日远，背朴弥增。……造剡锐之器，长侵割之患。弩恐不劲，甲恐不坚，矛恐不利，盾恐不厚，若无凌暴，此皆可弃也。故曰：‘白玉不毁，孰为珪璋？道德不废，安取仁义？’使夫桀、纣之徒，得燔人，辜谏者，脯诸侯，葅方伯，剖人心，破人胫，穷骄淫之恶，用炮烙之虐。若令斯人，并为匹夫，性虽凶奢，安得施之？使彼肆酷恣欲，屠割天下，由于为君，故得纵意也。君臣既立，众慝日滋，而欲攘臂乎桎梏之间，愁劳于涂炭之中，人主忧栗于庙堂之上，百姓煎扰乎困苦之中，闲之以礼度，整之以刑罚。是犹辟滔天之源，激不测之流，塞之以撮壤，障之以指掌也。”②

反之者则又崇尚实务，勤于人事。

《晋书·卞壶传》：“阮孚谓壶曰：‘卿恒无闲泰，常如含瓦石，亦不劳乎？’壶曰：‘诸君以道德恢弘，风流相尚，执鄙吝者，非壶而谁？’时贵游子弟，多慕王澄、谢鲲为通达。壶厉色于朝曰：‘悖礼伤教，罪莫斯甚；中朝倾覆，实由于此。’”《晋阳秋》（邓粲）：“陶侃勤而整，自强不息，又好督劝于人。常云：‘民生在勤，大禹圣人，犹惜寸阴，至于凡俗，当惜分阴，岂可游逸！生无闻于时，死无闻于后，是自弃也。又老、庄浮华，非先王之法言而不敢行。君子当正其衣冠，摄以威仪，何有乱头养望，自谓宏达耶？’”《晋中兴书》（何法盛）：“侃尝检校佐吏，若得樗蒱博弈之具，投之曰：‘樗蒱，老子入胡所作，外国戏耳。围棋，尧、舜以教愚子。博弈，纣所造。诸君国器，何以为此！若王事之暇，患邑邑者，文士何不读书，武士何不射弓？’谈者无以易也。”

盖时当大乱，人心不宁，或愤慨而流于虚无，或忧惧而趋于笃实，皆时会所造，各因其性而出之。而理想之高，事功之成，亦分途并进，不相掩也。

清谈有尚简括者，

《晋书·阮瞻传》：“遇理而辩，辞不足而旨有余。……见司徒王戎，戎问曰：‘圣人贵名教，老、庄明自然，其旨同异？’瞻曰：‘将无同。’戎咨嗟良久，即命辟之。时人谓之‘三语掾’。”

有尚博辩者，

《世说新语》：“谢镇西少时，闻殷浩能清言，故往造之。殷……为谢标榜诸义，作数百语，既有佳致，兼辞条丰蔚，甚足以

> 动心骇听。谢注神倾意，不觉流汗交面。”

时人至以此为南北之判。

> 《世说新语》：“褚季野语孙安国云：‘北人学问渊综广博。’孙答曰：‘南人学问清通简要。’支道林闻之曰：‘圣贤固所忘言，自中人以还，北人看书，如显处视月；南人学问，如牖中窥日。’”

然自东晋以降，南方之人，实兼有南北各地之性质，不能以此断之。赵翼论六朝清谈之习，谓梁时讲经，亦染谈义之习。

> 《廿二史劄记》（赵翼）：“当时父兄师友之所讲求，专推究老、庄，以为口舌之助。《五经》中惟崇《易》理，其他尽阁束也。至梁武帝，始崇尚经学，儒术由之稍振。然谈义之习已成，所谓经学者，亦皆以为谈辩之资。”

此则清谈与讲学，颇有连带之关系，虽讲经义与谈老、庄殊科，其为言语之进化，则事属一贯。研究三国、六朝之风气者，不可不于此注意焉。

汉代有讲经之法，

> 《汉书·宣帝纪》：“甘露三年三月，诏诸儒讲《五经》同异，太子太傅萧望之等平奏其议，上亲称制临决焉。”《后汉书·章帝纪》：“建初四年，诏太常，将、大夫、博士、议郎、郎官及诸生、诸儒会白虎观，讲议五经同异，使五官中郎将魏应承制问，侍中淳于恭奏，帝亲称制临决，如孝宣甘露石渠故事，作《白虎议奏》。”

魏沿其制，人主亦尝幸太学讲经。

> 《魏志·高贵乡公传》：“帝幸太学，……讲《易》毕，复命讲《尚书》、讲《礼记》。”③

梁武之讲《孝经》，沿其例也。

> 《陈书·岑之敬传》：“梁武帝令之敬升讲座，敕中书舍人朱

异，执《孝经》，唱《士孝章》。武帝亲自论难，之敬剖释纵横，应对如响，左右莫不嗟服。”

然后汉之时，师徒教授，有解说详富者，

《后汉书·杨政传》：“善说经书，京师为之语曰：‘说经铿铿杨子行。’”

有倚席不讲者，

《后汉书·儒林传序》：“自安帝览政，薄于艺文，博士倚席不讲。”④

魏晋人之谈《易》，亦复不尚多言。

《管辂别传》：“邓飏问辂：‘君善《易》，而语初不及《易》中辞义，何也?’辂曰：‘夫善《易》者不论《易》也。’何晏含笑而赞之：‘可谓要言不烦也。’”《晋书·阮修传》：“王衍当时谈宗，自以论《易》略尽，然有所未了。……及与修谈，言寡而旨畅，衍乃叹服焉。”

南渡以后，私庭讲习论难，犹病其多。

《世说新语》：“孝武将讲《孝经》，谢公兄弟与诸人私庭讲习。车武子难苦问谢，谓袁羊曰：不问则德音有遗，多问则重劳二谢。”

其后聚徒讲说者，乃盛见于史策。讲说之法，亦多标著于史。如：

《南史·伏曼容传》：“宋明帝好《周易》，尝集朝臣于清暑殿讲学，诏曼容执经。……曼容宅在瓦官寺东，施高坐于厅事，有宾客，辄升高坐为讲说⑤，生徒常数十百人。”又《严植之传》：“兼五经博士，馆在潮沟，生徒常百数。讲说有区段次第，析理分明⑥。每当登讲，五馆生毕至，听者千余人。”又《崔灵恩传》：“灵恩聚徒讲授，听者常数百人。性拙朴，无风采，及解析经理，甚有精致。部下旧儒，咸称重之。”又《卢广传》：“为国子博士，遍讲《五经》。时北来人儒学者，有崔灵恩、孙详、蒋显，并聚徒讲说，而音辞鄙拙，惟广言论清雅，不类北人，”《沈峻传》：“《周官》一书，实为群经源本，……孙详、蒋显亦经听习，而音革楚夏，故学徒不至。惟峻特精此书，比日时开讲肆，群儒……并执经下坐，北面受业。徐勉奏峻兼五经博士，干馆讲授，听者常数百人。”又《张讥传》：“梁武帝尝于文德殿释《乾》、《坤》、《文言》，……讥整容而进，谘审循环，辞令温雅，帝甚异之。……陈天嘉中，为国子助教。时周弘正在国学，发《周易》题，弘正第四弟弘直亦在讲席。弘正屈于讥议，弘直危坐厉声，助其申理。讥……谓弘直曰：‘今日义集，辩正名理，……不得有助。’弘直曰：‘仆助君师，何为不可？’弘正尝谓人曰：‘吾每登坐，见张讥在席，使人懔然。’”[⑦]《北史·刘献之传》：“献之善《春秋》、《毛诗》，每讲《左氏》，尽隐公八年便止，云‘义例已了’，不复讲解。由是，弟子不能究竟其说。”[⑧]又《张吾贵传》：“曾在夏学，聚徒千数，而不讲《传》。生徒窃云：‘张生之于《左氏》，似不能说。’吾贵闻之曰：‘我今夏讲暂罢，后当说《传》，君等来日皆当持本。’[⑨]生徒怪之而已……三旬之中，吾贵兼读杜、服，隐括两家，异同悉举。诸生后集，便为讲之；义倒无穷，皆多新异。”又《刘兰传》：“张吾贵以聪辩过人，其所解说，不本先儒之旨，惟兰推经传之由，本注者之意，……甚为精悉。……瀛州刺史裴植，征兰讲书于州南馆，植为学主[⑩]。故生徒甚盛，海内称焉。”又《徐遵明传》：“教授门徒，每临讲坐，先持经执疏，然后敷讲。学徒至今，浸以成俗。”[⑪]又《权会传》：“性甚儒愞，似不能言，及临机答难，酬报如响，由是为诸儒所推。而贵游子弟，慕其德义者，或就其宅，或寄宿邻家，昼夜承间，受其学业。会欣然演说，未尝懈怠。”

又《樊深传》："深经学通赡，每解书，多引汉、魏以来诸家义而说之。故后生听其言者，不能晓悟，背而讥之曰：'樊生讲书多门户，不可解。'"又《熊安生传》："尹公正使齐，问所疑，安生皆为一一演说，咸究其根本，公正嗟服。"

且南北风气相同，均以敷陈义旨，演述周析为尚，是亦学术之一大进步也。

清谈所标，皆为玄理。晋、宋之际，遂有玄学之目，至立学校，以相教授。

《宋书·何尚之传》："上以尚之为丹阳尹，立宅南郭外，置玄学，聚生徒。东海徐秀，庐江何昙、黄回，颍川荀子华，太原孙宗昌、王延秀，鲁郡孔惠宣，并慕道来游，谓之南学。"《文献通考》："宋文帝雅好艺文，使丹阳尹庐江何尚之立玄学，太子率更令何承天立史学，司徒参军谢元立文学，散骑常侍雷次宗立儒学，为四学。"

谈论者为玄言，著述者为玄部。

《南史·张讥传》："讥笃好玄言，讲《周易》、《老》、《庄》而教授焉。吴郡陆元朗、朱孟博、一乘寺沙门法才、法云寺沙门慧拔、至真观道士姚绥，皆传其业。讥所撰《周易义》三十卷，……《老子义》十一卷，《庄子内篇义》十二卷，《外篇义》二十卷，《杂篇义》十卷，《玄部通义》十二卷，《游玄桂林》二十四卷。"

欲精其学，亦至不易。

《南齐书·王僧虔传》："僧虔戒子书曰：往年有意于史，取《三国志》聚置床头，百日许，复徙业就玄，自当小差于史，犹未近仿佛。曼倩有云：谈何容易。见诸玄，志为之逸，肠为之抽。专一书，转通数十家注，自少至老，手不释卷，尚未敢轻

> 言。汝开《老子》卷头五尺许，未知辅嗣何所道，平叔何所说，马、郑何所异，《指》、《例》何所明，而便盛于麈尾，自呼谈士，此最险事。”

梁世盛加提倡，玄风遂尔广播。

> 《颜氏家训·勉学篇》：“何晏、王弼，祖述玄宗，递相夸尚，景附草靡，皆以农、黄之化，在乎己身，周、孔之业，弃之度外。……洎于梁世，兹风复阐，《庄》、《老》、《周易》，总谓三玄。武皇、简文，躬自讲论。周弘正奉赞大猷，化行都邑，学徒千余，实为盛美。”

稽其理论，多与释氏相通，故自晋以来，释子盛治《老》、《庄》，

> 《世说新语》：“支遁与许询、谢安共集王濛家。谢顾谓诸人：‘今日可谓彦会，时既不可留，此集固亦难常，当共言咏，以写其怀。’许乃问主人有《庄子》不？正得《渔父》一篇，谢看题，便各使四座通，支道林先通，作七百许语，叙致精丽，才藻奇拔，众咸称善。”《高僧传》：“释慧远博综六经，尤善《庄》、《老》。”

清谈者亦往往与释子周旋。

> 《世说新语》：“僧意在瓦官寺中，王苟子来与共语，便使其唱理。意谓王曰：‘圣人有情不？’王曰：‘无。’重问曰：‘圣人如柱耶？’王曰：‘如筹算。虽无情，运之者有之。’僧意云：‘谁运圣人耶？’苟子不得答而去。”

佛教之与吾国学说融合，由是也。梁、陈讲学，或在宫殿，或在僧寺，

> 《南史·张讥传》：“后主在东宫，……令于温文殿讲《庄》、《老》，宣帝幸宫临听。……后主尝幸钟山开善寺，召从臣坐于寺西南松林下，敕讥竖义。”

或以佛与儒道诸书并称。

> 《陈书·马枢传》："枢博极经史，尤善佛经及《周易》、《老子》义。梁邵陵王纶为南徐州刺史，素闻其名，引为学士。纶时自讲《大品经》，令枢讲《维摩》、《老子》、《周易》，同日发题，道俗听者二千人。……数家学者，各起问端，枢依次剖判，开其宗旨，然后枝分流别，转变无穷。论者拱默听受而已。"

足见清谈讲学者，皆与佛教沟通，当时盛流，咸受缁衣熏染矣。

注　释

①此在东汉初。

②《抱朴子》成于东晋成帝咸和五年，鲍生之文，成于其前。

③其词甚长不录。

④注：倚席，言不施讲坐也。

⑤古者讲学皆席于地，伏置之高坐，特异于众，故史著之。

⑥此可见其时讲书贵有条理。

⑦此可见当时讲经，听者亦多问难。

⑧此可见当时讲经，须毕全部，方为究竟。

⑨此可见讲经时，学生皆持本。

⑩此可见地方讲学者有学主。

⑪据此，似遵明之前凡讲书者不持疏解，至是始变耳。

第六章　选举与世族

东汉之季世，重清议而薄朝政，贵贱荣辱，朝野相反。故至魏、晋，有九品官人之法。

《魏志·陈群传》："制九品官人之法，群所建也。"《文献通考》："延康元年[①]，尚书陈群以为天朝选用，不尽人才，乃立九品官人之法。州郡皆置中正，以定其选，择州郡之贤有识鉴者，为之区别人物，第其高下。又制郡口十万以上，岁察一人，其有秀异，不拘户口。其武官之选，俾护军主之。……州、郡、县俱置大小中正，各取本处人，在诸府公卿及各省郎吏，有德充才盛者为之，区别所管人物，定为九等。其言行修著，则升进之，或以五升四，以六升五，倘或道义亏缺，则降下之，或自五退六，自六退七矣。以吏部审定天下人才士庶，故委中正铨第等级，凭之授受，谓免乖失及法弊也。"

朝廷用人，率依中正品第。

《文献通考》："晋依魏氏九品之制，内官吏部尚书、司徒左长史，外官州有大中正，郡国有小中正，皆掌选举。凡吏部选用，必下中正，征其人居及祖父官名。"《廿二史劄记》："魏文帝初定九品中正之法，郡邑设小中正，州设大中正，由小中正品第人才以上大中正，大中正核实以上司徒，司徒再核，然后付尚书选用。”

中正定品，三年一更。

《晋书·石虎传》：“魏始建九品之制，三年一清定之。”

多设访问，助之调查，并为品状。

《晋书·孙楚传》：“王济为太原大中正，访问论邑人品状，至楚，济曰：‘此人非卿所能目，吾自为之。’乃状曰：‘天才英博，亮拔不群。’”又《刘卞传》称卞初入太学，试经，当为台吏四品，访问[2]令写黄纸一鹿车，卞不肯。访问怒，言于中正，乃退为尚书令史。

小中正有失，大中正当举发之，不得徇隐。

《晋书·卞壶传》称：“淮南小中正王式，父没，其继母终丧，归于前夫之子，后遂合葬于前夫。壶劾之，以为犯礼害义，并劾司徒及扬州大中正、淮南大中正含容徇隐。诏以式付乡邑清议，废终身。”

虽中正所黜陟，政府亦得变更之。

《晋书·霍原传》称燕国中正刘沈举霍原为二品，司徒不过[3]。沈上书，谓原隐居求志，行成名立。张华等又特奏之，乃为上品。又《张轨传》称张华素重张轨，安定中正蔽其善[4]，华为延誉，得居二品。

然被纠弹付清议者，多致废弃。

《日知录》：“九品中正之设，虽多失实，遗意未亡，凡被纠弹付清议者，即废弃终身，同之禁锢。至宋武帝篡位，乃诏有犯乡论清议，赃污淫盗，一皆荡涤洗除，与之更始。自后凡遇非常之恩赦文，并有此语。”[5]

南北朝时，其风犹然。

《文献通考》：“梁初无中正制，敬帝太平二年，复令诸州各置中正，仍旧放选举，皆须中正押上，然后量授，不然则否。……后魏州郡皆有中正，掌选举，每以季月与吏部铨择可否。其秀才对策第居中上，表叙之。正始元年，乃罢诸郡中正。”又：“南朝至于梁、陈，北朝至于周、隋，选举之法，虽互相损益，而九品及中正，至开皇中方罢。”

其制之得失，论者不一。举其得，则曰重清议（《日知录·清议》一篇言之甚详）；斥其失，则曰徇私情。

《文献通考》：“于时虽风教颓失而无典制，然时有清议，尚能劝俗。陈寿居丧，使女奴丸药，积年沈废。郤诜笃孝，以假葬违常，降品一等。其为惩劝如此。其后中正任久，爱憎由己，而九品之法渐弊。遂计官资以定品格。天下惟以居位者为贵。尚书仆射刘毅，以九品者始因魏初丧乱，是军中权时之制，非经久之典也，宜用上断，复古乡举里选之法。上疏曰：夫九品有八损，而官才有三难，皆兴替之所由也。人物难知，一也；爱憎难防，二也；情伪难明，三也。今之中正，定九品，高下任意，荣辱在手，操人主威福，夺天朝权势，爱恶随心，情伪由己。上品无寒门，下品无世族。公无考校之负，私无告诉之忌，损政之道一也。置州郡者，本取州里清议，咸所归服，将以镇异同。一言议，不谓一人之身，了一州之才，一人不审，遂为坐废。使是非之论，横于州里；嫌隙之仇，结于大臣，损政之道二也。本立格制，谓人伦有序，若贯鱼成次，才德优劣，伦辈有首尾也。今之中正，坐徇其私，推贵异之器，使在九品之下，负载不肖，越在成人之首，损政之道三也。委以一国之重，而无赏罚之防，使得纵横无所顾惮。诸受枉者，抱怨积久，独不蒙天地无私之德，长壅蔽于邪人之铨，损政之道四也。一国之士，多者千数。或流徙异邦，或给事殊方，而中正知与不知，将定品状，必采声于台府，纳毁于流言。任己则有不识之弊，听受则有彼此之偏。所知以爱憎夺其平，所不知者以人事乱其度，损政之道五也。凡所以立品设状者，求人才而论功报也。今于限当报，虽职之高，还附卑品，无绩于官，而获高叙，是为抑实功而崇虚名也，损政之道六也。凡官不同事，人不同能。今九品不状才能之所宜，而以九等为例。以品取人，或非才能之所长；以状取人，则为本品之所限。若状得其实，犹品状相妨，况不实者乎？损政之道七也。前九品诏书，善恶必书，以为褒贬。今之九品，所下不章其罪，所状不列其善。废褒贬之义，任爱憎之断，天下之人，焉得不解于德行，而锐于人事乎？损政之道八也。职名中正，实为奸府，事名九品，而有八损。臣以为宜罢中正，除九品，弃魏氏之弊法，立一代之美制。"

然其中犹有一义焉，则所谓绅士政治是也。魏、晋以降，易君如举棋，帝王朝代之号如传舍然。使人民一仰朝廷君主之所为，其为变易紊乱，盖不可胜言矣。当时士大夫，于无意中保守此制，以地方绅士，操朝廷用人之权。于是朝代虽更，而社会之势力仍固定而不为摇动，岂惟可以激扬清浊，抑亦所以抵抗君权也。

《陔余丛考》（赵翼）"论六朝忠臣无殉节者"一篇谓："自汉、魏易姓以来，胜国之臣，即为兴朝佐命，久以习为固然。其视国家禅代，一若无与于己，且转借为迁官受赏之资"云云。实则其时国家大权在绅士，不在君主，故绅士视国家禅代无与于己也。《廿二史劄记》"论南朝多以寒人掌机要"篇谓："魏正始、晋永熙以来，皆大臣当国。晋元帝忌王氏之盛，欲政自己出，用刁协、刘隗等为私人，即召王敦之祸。自后非幼君即孱主，悉听命于柄臣，八九十年，已成故事。至宋、齐、梁、陈诸君，无论贤否，皆威福自己，不肯假权于大臣。而其时高门大族，门户已成，令、仆、三司，可安流平进，不屑竭智尽心，以邀恩宠。且风流相尚，罕以物务关怀，人主遂不能借以集事，于是不得不用寒人”云云。亦可见自晋以来，绅士权力甚大，虽人君威福自己，而绅士自居高位，不屑为人主私人也。

九品中正之弊，专论门第，则高位显职，皆为世族子弟所得。虽无世袭之制，实有阶级之分。

《南史·谢弘微传》：“晋世名家，身有国封者，起家多拜员外散骑侍郎。”《梁书·张缵传》：“秘书郎有四员，宋、齐以来，为甲族起家之选，待此入补。其居职例数十百日，便迁任。”《初学记》：“秘书郎与著作郎，江左以来，多为贵游起家之选。故当时谚曰：‘上车不落，为著作；体中何如，则秘书。’”

至于位宦高卑，皆依家牒为断。

《南史·王僧孺传》：“入直西省，知撰谱事。先是，尚书令沈约以为：‘晋咸和初，苏峻作乱，文籍无遗。后起咸和二年，以至于宋，所书并皆详实，并在下省左户曹前厢，谓之晋籍，有东西二库。此籍既并精详，实可宝惜，位宦高卑，皆可依案。宋元嘉二十七年，始以七条征发，既立此科，人奸互起[⑥]，伪状巧籍，岁月滋广，以至于齐，患其不实，于是东堂校籍，置郎令史以掌之，竟行奸货，以新换故，昨日卑细，今日便成士流。……宋、齐二代，士庶不分，杂役减阙，职由于此。窃以晋籍所余，宜加宝爱。’武帝以是留意谱籍，……因诏僧孺改定百家谱。”“晋太元中，员外散骑侍郎平阳贾弼，笃好簿状，乃广集众家，大搜群族，所撰十八州一百一十六郡合七百一十二卷。凡诸大品，略无遗阙，藏在秘阁，副在左户。及弼子太宰参军匪之，匪之子长水校尉深，世传其业。太保王弘，领军将军刘湛，并好其书。弘日对千客，不犯一人之讳。湛为选曹，始撰百家以助铨序。”

州郡属吏，亦须辟引著姓。

《梁书·杨公则传》：“为湘州刺史，保己廉慎，为吏民所悦。湘俗单家以赂求州职，公则至，悉断之。所辟引皆州郡著姓，高祖班下诸州以为法。”

南朝如此，北地亦然。

《陔余丛考》（赵翼）：“当时风尚，右豪宗而贱寒畯，南北皆然，牢不可破。高允请各郡立学，取郡中清望人行修谨者为学生，先尽高门，次及中等。魏孝文帝以贡举猥滥，乃诏州郡慎所举，亦曰门尽州郡之高，才极乡闾之选。”

甚至帝王虽宠其人，而不能跻之于士大夫之例。

《陔余丛考》：“习俗所趋，积重难返，虽帝王欲变易之而不能。宋文帝宠中书舍人宏兴宗，谓曰：‘卿欲作士人，得就王球坐，乃当判尔。若往诣球，可称旨就席。’及至，宏将坐。球举扇曰：‘卿不得尔！’宏还奏。帝曰：‘我便无如此何！’他日帝以语球，欲令与之相知，球辞曰：‘士庶区别，国之常也。臣不敢奉诏。’[⑦]纪僧真自寒官历至冠军府参军主簿，宋孝武帝尝目送之曰：‘人生何必计门户？纪僧真堂堂贵人所不及也。’其宠之如此。及僧真启帝曰：‘臣小人，出自本州武吏，他无所须，惟就陛下乞作士大夫。’帝曰：‘此事由江敩、谢瀹，我不得措意，可自诣之。’僧真承旨诣敩，登榻坐定。敩命左右‘移吾床让客！’僧真丧气而退，告帝曰：‘士大夫固非天子所命。’”

其为社会中一种特殊势力，殆尤过于古代之世族[⑧]。降至唐代，其风犹存。柳芳著论，至以此为魏、晋、隋、唐治乱兴衰之征。

《新唐书·柳冲传》："初，太宗命诸儒撰《氏族志》，甄差群姓。其后门胄兴替不常，冲请修改其书。帝诏魏元忠、张锡、萧至忠、岑羲、崔湜、徐坚、刘宪、吴竞及冲，共取德、功、时望、国籍之家，等而次之。……开元初，诏冲与薛南金复加刊窜，乃定。后柳芳著论甚详，今删其要，著之左方。……魏氏立九品，置中正，尊世胄，卑寒士，权归右姓。其州大中正、主簿，郡中正、功曹，皆取著姓士族为之，以定门胄，品藻人物。晋、宋因之，始尚姓已。然其别贵贱，分士庶，不可易也。于时有司选举，必稽谱籍，而考其真伪。故官有世胄，谱有世官，贾氏、王氏谱学出焉。由是有谱局，令史职皆具。过江则为'侨姓'，王、谢、袁、萧为大；东南则为'吴姓'，朱、张、顾、陆为大；山东则为'郡姓'，王、崔、卢、李、郑为大；关中亦号'郡姓'，韦、裴、柳、薛、杨、杜首之；代北则为'虏姓'，元、长孙、宇文、于、陆、源、窦首之。……郡姓者，以中国士人差第阀阅为之制，凡三世有三公者曰'膏粱'，有令、仆者曰'华腴'，尚书、领、护而上者为'甲姓'，九卿若方伯者为'乙姓'，散骑常侍、大中大夫者为'丙姓'，吏部正员郎为'丁姓'。凡得入者，谓之'四姓'。……北齐因仍，举秀才、州主簿、郡功曹，非'四姓'不在选。故江左定氏族，凡郡上姓第一，则为右姓；太和以郡四姓为右姓；齐浮屠昙刚《类例》凡甲门为右姓；周建德氏族以四海通望为右姓；隋开皇氏族以上品、茂姓则为右姓；唐《贞观氏族志》凡第一等则为右姓；路氏著《姓略》，以盛门为右姓；柳冲《姓族系录》凡四海望族则为右姓。不通历代之说，不可与言谱也。今流俗独以崔、卢、李、郑为四姓，加太原王氏，号五姓，盖不经也。夫文之弊，至于尚官，官之弊，至于尚姓，姓之弊，至于尚诈。隋承其弊，不知其

> 所以弊，乃反古道，罢乡举，离地著，尊执事之吏。于是乎士无乡里，里无衣冠，人无廉耻，士族乱而庶人僭矣。……山东之人质，故尚婚娅，其信可与也；江左之人文，故尚人物，其智可与也；关中之人雄，故尚冠冕，其达可与也；代北之人武，故尚贵戚，其泰可与也。……管仲曰：'为国之道，利出一孔者王，二孔者强，三孔者弱，四孔者亡。'故冠婚者，人道大伦。周、汉之官人，齐其政，一其门，使下知禁，此出一孔也，故王。魏、晋官人，尊中正，立九品，乡有异政，家有竞心，此出二孔也，故强。江左、代北诸姓，纷乱不一，其要无归，此出三孔也，故弱。隋氏官人，以吏道治天下，人之行，不本乡党，政烦于上，人乱于下，此出四孔也，故亡。唐承隋乱，宜救之以忠，忠厚则乡党之行修；乡党之行修，则人物之道长；人物之道长，则冠冕之绪崇；冠冕之绪崇，则教化之风美，乃可与古参矣。"

其力崇贵族，正与今日各国盛奖平民者相反。至唐末五代，种旅混乱，不崇门阀，其风始衰替焉。

注　释

①魏文帝为魏王，改建安二十五年为延康元年，后义改为黄初元年。

②赵翼曰，助中正采访之人。

③即不准也。

④当是抑置下品。

⑤齐、梁、陈诏并云洗除先注，当日乡论清议，必有记注之目。

⑥按《宋书·索虏传》："元嘉二十七年，军旅大起，兵力不足。尚书左仆射何尚之，参议发南兖州三五民丁，父祖、伯叔、兄弟仕州居职从事，及仕北徐兖州为皇弟、皇子从事庶姓主簿，诸皇弟、皇子府参军、督护，国三令以上，相府舍者不在发例。其余悉倩暂行。"疑即所谓七条征发之法。

⑦按《宋书·王球传》："时中书舍人徐爰，有宠于上，尝命球及殷景仁与之相知。球辞曰：'士庶区别，国之章也。臣不敢奉诏。'上改容谢焉。"是球所拒者，为徐爰，非宏也。

⑧春秋时代，世族专权，如鲁三桓、郑七穆之类，虽亦具有特殊势力，然发生于封建世禄之时代，无足异也。自秦以降，社会阶级已经铲除，无所谓平民贵族之别；而汉、魏以来，复造成此种阶级之制，斯可异耳。

第七章　三国以降文物之进步

三国以降，学术风俗，均日衰替。

《三国志·董昭传》："窃见当今年少，不复以学问为本，专更以交游为业。国士不以孝弟清秀为首，乃以趋势游利为先。"《魏略》（鱼豢）："正始中，有诏议圜丘，普延学士。是时郎官及史徒领吏二万余人，而应书与议者，略无几人。又，是时朝堂公卿以下四百余人，其能操笔者未有十人，多皆饱食相从而退。嗟夫！学业沉陨，乃至于此。"《晋纪》（干宝）："论曰：朝寡纯德之人，乡乏不贰之老，风俗淫僻，耻尚失所。学者以《老》、《庄》为宗而黜《六经》；谈者以虚荡为辩而贱名检，行身者以放浊为通而狭节信，进士者以苟得为贵而鄙居正，当官者以望空为高而笑勤恪。由是毁誉乱于善恶之实，情慝奔于货欲之涂。选者为人择官，官者为身择利。世族贵戚之子弟，陵迈超越，不拘资次。悠悠风尘，皆奔竞之士；列官千百，无让贤之举。其妇女装栉织纴，皆取成于婢仆，未尝知女工丝枲之业，中馈酒食之事也。先时而婚，任情而动，故皆不耻淫佚之过，不拘妒忌之恶。父兄不之罪也，天下莫知非也。又况责之闻四教于古，修贞顺于今，以辅佐君子者哉！礼法刑政，于是大坏。"

然治经之人，亦赓续不绝，

《经学历史》（皮锡瑞）：“世传《十三经注》，除《孝经》为唐明皇御注外，汉人与魏、晋人各居其半。郑君笺《毛诗》，注《周礼》、《仪礼》、《礼记》，何休注《公羊传》，赵岐注《孟子》，凡六经，皆汉人注。孔安国《尚书传》王肃伪作，王弼《易注》，何晏《论语集解》，凡三经，皆魏人注。杜预《左传集解》，范宁《穀梁集解》，郭璞《尔雅注》，凡三经，皆晋人注。……当汉学已往，唐学未来，绝续之交，诸儒倡为义疏之学，有功于后世甚大。南如崔灵恩《三礼义宗》、《左氏经传义》，沈文阿《春秋》、《礼记》、《孝经》、《论语》义疏，皇侃《论语》、《礼记》义，戚衮《礼记义》，张讥《周易》、《尚书》、《毛诗》、《孝经》、《论语》义，顾越《丧服》、《毛诗》、《孝经》、《论语》义，王元规《春秋》、《孝经》义记；北如刘献之《三礼大义》，徐遵明《春秋义章》，李铉撰定《孝经》、《论语》、《毛诗》、三《礼》义疏，沈重《周礼》、《仪礼》、《礼记》、《毛诗》、《丧服》经义，熊安生《周礼》、《礼记》义疏、《孝经义》；皆见《南北史·儒林传》。今自皇、熊二家见采于《礼记疏》外，其余书皆亡逸。然渊源有自，唐人五经之疏，未必无本于诸家者。论先河后海之义，亦岂可忘筚路蓝缕之功乎!”

研究诸子者，亦时有之。

《魏志·杜恕传》：“疏曰：今之学者，师商、韩而上法术，竞以儒家为迂阔。”《蜀志》：“先主遗诏曰：历观诸子及《六韬》、《商君书》，益人意智。闻丞相为写《申》、《韩》、《管子》、《六韬》一通已毕。”《晋书·鲁胜传》：“其著述为世所称，遭乱遗失，惟注《墨辩》，存其叙曰：名者所以别同异，明是非，道义之门，政化之准绳也。孔子曰：‘必也正名，名不正则事不成。’墨子著书，作《辩经》以立名本，惠施、公孙龙祖述其学，以正别名显于世。孟子非墨子，其辩言正辞，则与墨同。荀卿、庄周等皆非毁名家，而不能易其论也。名必有形，察形莫如别色，故有坚白之辩。名必有分明，分明莫如有无，故有无序之辩。是有不是，可有不可，是名两可。同而有异，异而有同，是之谓辩同异。至同无不同，至异无不异，是谓辩同辩异。同异生是非，是非生吉凶，取辩于一物，而原极天下之污隆，名之至也。自邓析至秦时名家者，世有篇籍，率颇难知，后学莫复传习，于今五百余岁，遂亡绝。《墨辩》有上下《经》，《经》各有《说》，凡四篇，与其书众篇连第，故独存。今引《说》就《经》，各附其章，疑者阙之。又采诸众杂集为《刑》、《名》二篇，略解指归，以俟君子。”

论者甚至谓江左有愈于汉。

《五朝学》（章炳麟）：“魏、晋者，俗本之汉。陂陀从迹以至，非能骤溃。济江而东，民有甘节，清劭中伦，无曩时中原媮薄之德，乃度越汉时也。……尝试论之，汉之纯德，在下吏诸生间，虽魏、晋不独失也。魏、晋之侈德，下在都市，上即王侯贵人，虽汉不独亡也。……粤晋之东，下讫陈，尽五朝三百年。往恶日湔，而纯美不忒，此为江左有愈于汉。”

盖历史现象，变化繁赜，有退化者，有进化者，有蝉嫣不绝者，有中断或突兴者，固不可以一概而论也。

天算之学，后盛于前，三国以降，算书特多。今世所传《算经十书》、《九章算术》，魏刘徽所注也。

《九章算术注序》：“徽幼习《九章》，长再详览，观阴阳之割裂，总算术之根源，探赜之暇，遂悟其意。是以敢竭顽鲁，采其所见，为之作注。”

《海岛算经》，徽所著也，

《隋书·经籍志》："《九章重差图》一卷，刘徽撰。"《海岛算经跋》（戴震）："徽之书本名《重差》，初无'海岛'之目。《隋志·九章十卷》下云'刘徽撰'，盖以《九章》九卷，合此为十也。而《隋志》、《唐志》又皆有《九章重差图》一卷。盖图本单出，故别著于录。《唐·选举志》称算学生，《九章》、《海岛》共限习三年。试《九章》三条、《海岛》一条，则改题《海岛》，自唐初已然矣。"

《孙子算经》，亦汉以后人所辑。

《四库全书总目》："《孙子算经》三卷，朱彝尊《曝书亭集》有《孙子算经跋》，……以为确出于孙武。今考书内设问，有云'长安、洛阳相去九百里'，又云'《佛书》二十九章，章六十三字'。则后汉明帝以后人语。孙武，春秋末人，安有是语乎？"

晋有《夏侯阳算经》、《张丘建算经》，

《夏侯阳算经跋》（戴震）："《隋书·经籍志》有《夏侯阳算经》二卷，不言阳为何代人。《宋书·礼志》载《算学祀典》有云：'封魏刘徽淄川男，晋姜岌成纪男，张丘建信成男，夏侯阳平陆男，后周甄鸾无极男。'又《张丘建算经序》云：'夏侯阳之方仓。'则阳为晋人。"《四库全书总目》："《张丘建算经》三卷，原本不题撰人时代；《唐志》载：'《张丘建算经》一卷，甄鸾注。'则当在甄鸾之前。书首丘建自序，引及夏侯阳、孙子之术，则当在夏侯阳之后也。"

北周甄鸾撰《五经算术》，又注《孙子算经》及《五曹算经》。

《四库全书提要》："《五经算术》二卷，北周甄鸾撰。鸾精于步算，仕北周，为司隶校尉汉中郡守。尝释《周髀》等算经，不闻其有是书。而《隋书·经籍志》有《五经算术》一卷，《五经算术录遗》一卷，皆不著撰人姓名。《唐书·艺文志》则有李淳风注《五经算术》二卷，亦不言其书为谁人所撰。今考是书举《尚书》、《孝经》、《诗》、《易》、《论语》、三《礼》、《春秋》之待算方明者列之，而推算之术，悉加‘甄鸾案’三字于上，则是书当即鸾所撰。”

则自《周髀》及唐王孝通所撰之《缉古算经》外，皆此时期之人所著也[①]。所奇者南北朝对峙，各出算学大家，北有甄鸾，南有祖冲之，先后相望[②]。而祖氏所发明尤为卓绝。

《南齐书·祖冲之传》：“有机思，……又特善算，注《九章》，造《缀述》数十篇。”

《中国圆周率略史》（茅以昇）（《科学》杂志第三卷第四期）：“周三径一之率，荒古已有其说。后汉有张衡率，魏有刘徽，吴有王蕃，各求新率。徽率之精约，已无间言；至祖冲之圆率，则精雨罕俦，千古独绝。《隋书·律历志》曰：‘宋末，南徐州从事史祖冲之，更开密率法。以圆径一亿为一丈，圆周盈数三丈一尺四寸一分五厘九毫二秒七忽，朒数三丈一尺四寸一分五厘九毫二秒六忽，正数在盈朒二限之间，密率圆径一百一十三，周三百五十五，约率圆径七，周二十三。’此第五世纪世界最精之圆率也。其时印度仅有三一四一六，欧人亦才至三一四一五五二之率，视此自有愧色。祖率睥睨天下，九原有知亦自豪矣。”

孰谓南朝尚空谈，而无研究实学者乎！

算术与制造有密切之关系。汉、魏时人多治算术，故新奇之著作，亦相因而起。诸葛亮作连弩、木牛流马，世已奇其术。

《蜀志·诸葛亮传》：“亮性长于巧思，损益连弩，木牛流马，皆出其意。”《魏氏春秋》（孙盛）：“亮损益连弩，谓之‘元戎’，以铁为矢，矢长八寸，一弩十矢俱发。……《亮集》载木牛流马法曰：木牛者，方腹曲头，一脚四足，头入领中，舌著于腹。载多而行少，宜可大用，不可小使；特行者数十里，群行者二十里也。曲者为牛头，双者为牛脚，横者为牛领，转者为牛足，覆者为牛背，方者为牛腹，垂者为牛舌，曲者为牛肋，刻者为牛齿，立者为牛角，细者为牛鞅，摄者为牛鞦鞧。牛仰双辕，人行六尺，牛行四步。载一岁粮，日行二十里，而人不大劳。流马尺寸之数，肋长三尺五寸，广三寸，厚二寸二分，左右同。前轴孔分墨去头四寸，径中二寸。前脚孔分墨二寸，去前轴孔四寸五分，广一寸。前杠孔去前脚孔分墨二寸七分，孔长二寸，广一寸。后轴孔去前杠分墨一尺五分，大小与前同。后脚孔分墨去后轴孔三寸五分，大小与前同。后杠孔去后脚孔分墨二寸七分。后载克去后杠孔分墨四寸五分。前杠长一尺八寸，广二寸，厚一寸五分。后杠与等板方囊二枚，厚八分，长二尺七寸，高一尺六寸五分，广一尺六寸，每枚受米二斛三斗。从上杠孔去肋下七寸，前后同。上杠孔去下杠孔分墨一尺三寸，孔长一寸五分，广七分，八孔同。前后四脚广二寸，厚一寸五分。形制如象，靬长四寸，径面四寸三分。孔径中三脚杠，长二尺一寸，广一寸五分，厚一寸四分，同杠耳。”

而马钧之巧过之，

《魏志·杜夔传注》：“时有扶风马钧，巧思绝世。傅玄序之曰：马先生，天下之名巧也。……为博士，居贫，乃思绫机之变。不言而世人知其巧矣。旧绫机五十综者五十蹑，六十综者六十蹑，先生患其丧功费日，乃皆易以十二蹑。其奇文异变，因感而作者，犹自然之成形，阴阳之无穷。……居京都，城内有地，可以为园，患无水以灌之，乃作翻车，令童儿转之，而灌水自覆，更入更出，其巧百倍于常。此二异也。其后人有上百戏者，能设而不能动也。……受诏作之。以大木雕构，使其形若轮，平地施之，潜以水发焉；设为女乐舞象，至令木人击鼓吹箫；作山岳，使木人跳丸掷剑，缘絙倒立，出入自在。百官行署，舂磨斗鸡，变巧百端。此三异也。先生见诸葛亮连弩，曰：'巧则巧矣，未尽善也。'言作之可令加五倍。又患发石车，敌人之于楼边悬湿牛皮，中之则堕，石不能连属而至。欲作一轮，悬大石数十，以机鼓轮为常，则以断悬石飞击敌城，使首尾电至。尝试以车轮悬瓴甓数十，飞至数百步矣。"

祖冲之之巧又过之。

《南齐书·祖冲之传》："初，宋武平关中，得姚兴指南车，有外形而无机巧，每行，使人于内转之。昇明中，太祖辅政，使冲之追修古法。冲之改造铜机，圆转不穷，而司方如一马钧以来未有也。……冲之以诸葛亮有木牛流马，乃造一器，不因风水，施机自运，不劳人力。又造千里船，于新亭江试之，日行百余里。"

此虽间世一出，未足为普遍之征，然即史策所传观之，亦可见吾国人创造之能，无论何时，皆有所表现也。

三国以来，学者之务实用，不独精于算数、创制奇器已也，其于规天法地之事，亦时时推陈出新，以期致用。如王蕃、陆绩等之制浑天仪象。

《晋书·天文志》："顺帝时，张衡制浑天仪象，……其后陆绩亦造浑象。至吴时，中常侍庐江王蕃善数术，传刘洪《乾象历》，依其法而制浑仪。……古旧浑象，以二分为一度，凡周七尺三寸半分。张衡更制，以四分为一度，凡周一丈四尺六寸一分。蕃以古制局小，星辰稠概，衡器伤大，难可转移。更制浑象，以三分为一度，凡周天一丈九寸五分四分分之三也。"《隋书·天文志》："梁华林重云殿前所置铜仪，其制则有双环规相并，间相去三寸许。正竖当子午。其子午之间，应南北极之衡，各合而为孔，以象南北枢。植楗于前后以属焉。又有单横规，高下正当浑之半。皆周匝分为度数，署以维辰之位，以象地。又有单规，斜带南北之中，与春秋二分之日道相应。亦周匝分为度数，而署以维辰，并相连著。属楗植而不动。其里又有双规相并，如外双规，内径八尺，周二丈四尺，而属双轴。轴两头，出规外各二寸许，合两为一。内有孔，圆径二寸许，南头入地下，注于外双规南枢孔中，以象南极。北头出地上，入于外双规规北枢孔中，以象北极。其运动得东西转，以象天行。其双轴之间，则置衡，长八尺，通中有孔，圆径一寸，当衡之半，两边有关，各注著双轴。衡既随天象东西转运，又自于双轴间，得南北低仰。所以准验辰历，分考次度，其于揆测，唯所欲为之者也。检其镌题，是伪刘曜光初六羊，史官丞南阳孔挺所造，则古之浑仪之法者也。”“宋文帝以元嘉十三年诏太史更造浑仪。太史令钱乐之依案旧说，采效仪象，铸铜为之。五分为一度，径六尺八分少，周一丈八尺二寸六分少。地在天内，不动。立黄、赤二道之规，南北二极之规，布列二十八宿、北斗极星，置日月五星于黄道上。为之杠轴，以象天运。昏明中星，与天相符。梁末，置于文德殿前。……吴时，又有葛衡，明达天官，能为机巧。改作浑天，使地居于天中。以机动之，天动而地上，以上应晷度，则乐之之所放述也。到元嘉十七年，又作小浑天，二分为一度，径二尺二寸，周六尺六寸。安二十八宿中外官星备足。以白、青、黄等三色珠为三家星。其日月五星，悉居黄道。亦象天运，而地在其中。宋元嘉中所造仪象器，开皇九年平陈后，并入长安。大业初，移于东都观象殿。”

裴秀、谢庄等之制地图，

《晋书·裴秀传》：“以《禹贡》山川地名，从来久远，多有变易。后世说者或强索引，渐以暗昧。于是甄擿旧文，疑是则阙，古有名而今无者，随事注列，作《禹贡地域图》十八篇奏之，藏于秘府。其序曰：制图之体有六焉。一曰分率，所以辨广轮之度也。二曰准望，所以正彼此之体也。三曰道里，所以定所由之数也。四曰高下。五曰方邪。六曰迂直。此三者各因地而制宜，所以校夷险之异也。”《宋书·谢庄传》：“作《左氏经传方丈图》，随国立篇，制木为图，山川土地，各有分理。离之则州郡殊别，合之则宇内为一。

皆注重实际，非徒尚空谈也。虽有制或不精密，且其物亦都不传，无由考其法度，然亦可见其时有一部分之人，崇尚虚玄，犹有一部分之人，殚精实学矣。（按《隋书·经籍志》载天文图书凡九十七部、六百七十五卷，其大宗皆三国、六朝时人所制。中有《婆罗门天文经》二十一卷，《婆罗门竭伽仙人天文说》三十卷，《婆罗门天文》一卷，《摩登伽经说星图》一卷。盖六朝时，小但继续秦、汉以来天文家之言，兼采及印度测验天文之书也。其地理类载汉以后地图，有《洛阳图》一卷，《湘州图副记》一卷，《江图》三卷，《周地图记》一百九卷，《冀州图经》一卷，《齐州图经》一卷，《幽州图经》一卷。而挚虞、陆澄等地理书，实为研究地理之巨制，隋代因之有《区宇图志》及《诸州图经》等书焉③。）

魏、晋之世，有一最大之憾事，即古乐亡于是时也。秦、汉之际，古乐虽已失传，然制氏犹能记其铿锵鼓舞，雅乐四曲至魏犹存。永嘉之乱，始殄灭无余焉。

《隋书·音乐志》：“董卓之乱，正声咸荡。汉雅乐郎杜夔，能晓乐事，八音七始，靡不兼该。魏武平荆州，得夔，使其刊定雅律。魏有先代古乐，自夔始也。自此迄晋，用相因循，永嘉之寇，尽沦胡羯。”《晋书·乐志》：“杜夔传旧雅乐四曲，一曰《鹿鸣》，二曰《驺虞》，三曰《伐檀》，四曰《文王》，皆古声辞。及太和中，左延年改夔《驺虞》、《伐檀》、《文王》三曲，更自作声节，其名虽存，而声实异。唯因夔《鹿鸣》，全不改易。每正旦大会，太尉奉璧，群后行礼，东厢雅乐常作者是也。……永嘉之乱，海内分崩，伶官乐器，皆没于刘、石。”

魏得晋乐，不知采用，后平河西，杂以秦声。

《隋书·音乐志》：“道武帝皇始元年，破慕容宝于中山，获晋乐器，不知采用，皆委弃之。……太武帝平河西，得沮渠蒙逊之伎，宾嘉大礼，皆杂用焉。此声所兴，盖苻坚之末，吕光出平西域，得胡戎之乐，因又改变，杂以秦声，所谓《秦汉乐》也。”

降至周、隋，礼崩乐坏，所用雅乐，皆胡声也。

《隋书·音乐志》：“开皇二年，齐黄门侍郎颜之推上言：‘礼崩乐坏，其来自久。今太常雅乐，并用胡声，请冯梁国旧事，考寻古典。’高祖不从。……俄而柱国、沛公郑译奏上，请更修正。……又诏求知音之士，集尚书，参定音乐。译云：考寻乐府钟石律吕，皆有宫、商、角、徵、羽、变宫、变徵之名。七声之内，三声乖应，每恒求访，终莫能通。先是周武帝时，有龟兹人曰苏祇婆，从突厥皇后入国，善胡琵琶。听其所奏，一均之中间有七声，因而问之。答云：‘父在西域，称为知音。代相传习，调有七种。’以其七调，勘校七声，冥若合符。一曰‘娑陁力’，华言平声，即宫声也。二曰‘鸡识’，华言长声，即商声也。三曰‘沙识’，华言质直声，即角声也。四曰‘沙侯加滥’，华言应声，即变徵声也。五曰‘沙腊’，华言应和声，即徵声也。六曰‘般赡’，华言五声，即羽声也。七曰‘俟利𫓧’，华言斛牛声，即变宫声也。’译因习而弹之，始得七声之正。”

盖乐之不传，由律之不明。晋荀勖等校魏钟律，已多不谐。

《晋书·律历志》：“武帝泰始九年，中书监荀勖校太乐，八音不和，始知后汉至魏，尺长于古四分有余。勖乃部著作郎刘恭依《周礼》制尺，所谓古尺也。依古尺更铸铜律吕以调声韵。……时人称其精密，惟陈留阮咸，讥其声高。”

梁武帝自制四通，与古法迥异。

《隋书·音乐志》称武帝自制定礼乐，立为四器，名之为通，皆施三弦。一曰玄英通，二曰青阳通，三曰朱明通，四曰白藏通。

盖当时所谓知音者，仅知当时之音，不能深解古乐之本原矣。

古乐亡而音韵之学兴，语言文字之用，因以益精。是亦三国以降，异于两汉以前之一特点也。汉以前人不知反切，魏世反切始大行。

《颜氏家训》：“郑玄注六经，高诱解《吕览》、《淮南》，许慎造《说文》，刘熙制《释名》，始有譬况假借，以证音字耳。而古语与今殊别，其间轻重清浊，犹未可晓；加以内言外言、急言徐言、读若之类，益使人疑。孙叔然创《尔雅音义》，是汉末人独知反语。至于魏世，此事大行。高贵乡公不解反语，以为怪异。自兹厥后，音韵锋出。”《经典释文》（陆德明）：“古人音书，止为譬况之说，孙炎始为翻语，魏朝以降渐繁。”

既乃分别五声，

《韵纂序》（隋潘徽）：“《三仓》、《急就》之流，微存章句；《说文》、《字林》之作，唯别体形。至于寻声推韵，良为疑混。末有李登《声类》，吕静《韵集》，始别清浊，才分宫羽。”《封氏闻见记》（封演）：“魏时有李登者，撰《声类》十卷，凡一万一千五百二十字。以五声命字，不立诸部。”

又分平、上、去、入四声，

《南史·庾肩吾传》：“齐永明中，王融、谢朓、沈约，文章始用四声。”《陆厥传》：“时盛为文章，吴兴沈约、陈郡谢朓、琅邪王融以气类相推毂，汝南周彦伦善识声韵。约等文皆用宫商，将平、上、去、入四声，以此制韵。有平头、上尾、蜂腰、鹤膝。五字之中，音韵悉异；两句之内，角徵不同。不可增减，世呼为‘永明体’。”《周颙传》：“始著《四声切韵》行于时。”《沈约传》：“撰《四声谱》，以为在昔词人，累千载而未悟，而独得胸衿，穷其妙旨，自谓入神之作。”

而音韵之学兴矣。汉、魏之际，文章已趋于排偶，至晋、宋而益盛，至齐、梁而骈文之式大成，五言诗亦开后来律诗之端，是皆与声韵之学进步相关者也。世谓吾国之有字母传自西域。

《通志·七音略》（郑樵）：“切韵之学，起自西域。旧所传十四字，贯一切音，文省而音博，谓之婆罗门书。其后又得三十六字母，而音韵之道始备。”

其法始于《大般涅槃经》，

《十驾斋养新录》（钱大昕）：“《大般涅槃经》文字品，字音十四字，裒、阿、壹、伊、坞、理、厘、翳、蔼、污、暗、奥、庵、恶。比声二十五字，迦、呿、伽、咺、俄，舌根声；遮、车、阇、膳、若，舌齿声；咤、咃、茶、咤、拏，上颚声；多、他、陀、蚨、那，舌头声；婆、颇、婆、摩，唇吻声。虵、逻、罗、绛、奢、沙、婆、呵，此八字超声。此见于《一切经音义》者也，与今《华严经》四十二母殊不合。玄应《音义》首载《华严经》，终于五十八卷，初无字母之说。今所传八十一卷者，乃实叉难陀所译，玄应未及见也。然《涅槃》所载比声二十五字，与今所传见溪群疑之谱，小异而大同。前所引字音十四字，即影、喻、来诸母。然则唐人所撰三十六字母，实采《涅槃》之文，参以《中华音韵》而去取之，谓出于《华严》则妄矣。”《大藏目录》：“《大般涅槃经》四十卷，北凉昙无谶译。”“《大般涅槃经》三十六卷，宋慧严等依《泥洹经》加之。”

则音韵之学，亦受佛教东来之影响也。

古无所谓文集，自东汉以降始有之。于是有别集、总集之目。

《隋书·经籍志》：“别集之名，盖汉东京之所创也。自灵均以降，属文之士众矣，然其志尚不同，风流殊别。后之君子，欲观其体势，而见其心灵，故别聚焉，名之谓集。辞人景慕，并自记载，以成书部。年代迁徙，亦颇遗散。其高唱绝俗者，略皆俱存。”“总集者，以建安之后，辞赋转繁，众家之集，日以滋广。晋代挚虞，苦览者之劳倦，于是采摘孔翠，芟翦繁芜，自诗赋下，各为条贯，合而编之，谓之‘流别’。是后文集总钞，作者继轨，属辞之士，以为覃奥，而取则焉。”

盖古之学者以学为文，未尝以文为学。汉、魏而下，经子之学衰，而文章之术盛，作者如林，不可殚述。专就文学论，实以斯时为进化之极轨，色泽声调，均由朴拙而日趋于工丽，无间南北，翕然同声。（《北史》称：“永明、天监之际，太和、天保之间，洛阳、江左，文雅尤盛，彼此好尚，雅有异同。江左宫商发越，贵于清绮；河朔词义贞刚，重乎气质。”盖就文章气骨细晰言之，南北固有区别，而一时风气，亦未尝大相悬绝。庾信南人，仕于北朝，骈俪之文，实集大成。亦可见南北好尚之同矣。）于是有评论文章之书。

《梁书·钟嵘传》：“嵘尝品古今五言诗，论其优劣，名为诗评。”又《刘勰传》：“勰撰《文心雕龙》五十篇，论古今文体，引而次之。沈约取读，大重之，谓为深得文理。”

有选录文章之书，

《梁书·昭明太子统传》：“撰古今典诰文言，为《正序》十卷，五言诗之善者，为《文章英华》二十卷，《文选》三十卷。”

世且传为选学焉。

《旧唐书·曹宪传》："宪所撰《文选音义》，甚为当时所重。初，江、淮间为《文选》学者，本之于宪。又有许淹、李善、公孙罗复相继以《文选》教授，由是其学大兴于代。"

汉代隶、草始兴，

《书断》（张怀瓘）："章草，汉黄门吏游所作也。王愔云：汉元帝时，史游作《急就章》，解散隶体，汉俗简惰，遂以行之。"

后渐变隶为楷，

《流沙坠简释文》（罗振玉）："永和以降之竹简，楷七隶三；魏景元四年简，则全为楷书。"

而钟繇、王羲之等遂以书名。观《晋书》称羲之善隶书，知晋、唐时人犹呼楷字为隶矣。

《晋书·王羲之传》："羲之尤善隶书，为古今之冠。子凝之亦工草隶。献之工草隶，尝书壁为方丈大字，羲之甚以为能。"

晋时石刻之字，笔画多方整，及宋初犹然。如《任城太守孙夫人碑》、《齐太公吕望表》及《宁州刺史爨龙颜碑》，皆汉隶体也。《爨碑》间有楷法。而阁帖所载晋人笺帖，则多圆美。碑帖之歧，自此始矣。齐、梁碑版，传者不多。北魏、周、齐石刻极夥，其字画往往工妙。

《集古录》（欧阳修）："南朝士气卑弱，书法以清媚为佳；北朝碑志之文，辞多浅陋，又多言浮屠，其字画则往往工妙。"

近世学书者，多宗北碑，论书法之进化，自秦、汉来，当推北朝矣。北朝书家，著于史者，有张景仁、冀俊、赵文深等。

《北史·张景仁传》："幼孤，家贫，以学书为业，遂工草隶。选补内书生，……及立文林馆，总判馆事。除侍中，封建安王。……自仓颉以来，八体取进，一人而已。"又《冀俊传》："善隶书，特工模写。”又《赵文深传》：“少学楷隶，……雅有钟、王之则，笔势可观。当时碑榜，唯文深、冀儁而已。”

而不称郑道昭能书。

《魏书》及《北史》均有《郑道昭传》，仅称其“综览群言，好为诗赋，凡数十篇”。

以今日碑刻言之，则北人之书，无过于道昭者。

《语石》（叶昌炽）：“郑道昭《云峰山上下碑》及《论经诗》诸刻，上承分篆，其笔力之健，可以刲犀兕，搏龙蛇，而游刃于虚，全以神运。不独北朝书家第一，自有真书以来，一人而已。举世唉名，称右军为‘书圣’，其实右军书碑无可见，余谓道昭，书中之圣也。”

千秋论定，不在史传之赞否，可知史传之不足凭。而人之自立，但有一才一艺，独造其极，绝不患其湮没无闻也。

注　释

①《周髀注》亦甄鸾重述。

②祖先于甄约五十年。

③《志》曰：“晋世，挚虞依《禹贡》、《周官》作《畿服经》，其州郡及县、分野、封略事业、国邑、山陵、水泉、乡亭城、道里、土田、民物风俗、先贤旧好，靡不具悉。凡一百七十卷，今亡。而学者因其经历，并有记载，然不能成一家之体。齐时陆澄聚一百六十家之说，依其前后远近，编而为部，谓之《地理书》。任昉又增陆澄之书八十四家，谓之《地记》。陈时顾野王抄撰众家之言，作《舆地志》。隋大业中，普诏天下诸郡，条其风俗物产地图，上于尚书。”故隋代有《诸郡物产土俗记》一百五十一卷，《区宇图志》一百二十九卷，《诸州图经集》一百卷。其余注记甚众。

第八章 元魏之制度

南北分治之时，后魏之境域，实广于南朝。

《读史方舆纪要》（顾祖禹）："后魏起自北荒，道武珪克并州，下常山，拔中山，尽取慕容燕河北地。明元嗣时，渐有河南州郡。太武焘西克统万，东平辽西，又西克姑臧，南临瓜步。献文之世，长淮以北，悉为魏有。孝文都洛，复取南阳。宣武恪时，又得寿春，复取淮西，续收汉川，至于剑阁。于是魏地北逾大碛，西至流沙，东接高丽，南临江汉。"

由破裂而渐趋统一，而其国之制度，亦遂焕然可观。魏之制度最善者，首推均田。自秦以降，田皆民有，无复限制，议者多病之。

《汉书·食货志》："董仲舒说上曰：'秦用商鞅之法，改帝王之制，除井田，民得卖买，富者田连阡陌，贫者无立锥之地。……汉兴，循而未改，古井田法虽难猝行，宜少近古，限民名田，以赡不足；塞并兼之路，……然后可善治也。'竟不能用。"

王莽欲复古制，民皆不便，事竟不行。

《汉书·食货志》：王莽篡位，"下令曰：'更名天下田曰王田，奴婢曰私属，皆不得买卖。其男口不满八而田过一井者，分余田与九族乡党。'犯令，法至死。制度又不定，吏缘为奸，天下謷謷然。陷刑者众。后三年，莽知民愁，下诏诸食王田及私属皆得卖买，勿拘以法”。

晋武平吴之后，计丁课田，粗有限制，然亦未有授受之法。

《晋书·食货志》：“平吴之后，制户调之式：丁男之户，岁输绢三匹，绵三斤，女及次丁男为户者半输。其诸边郡或三分之二，远者三分之一。夷人输賨布，户一匹，远者或一丈。男子一人占田七十亩，女子三十亩。其外丁男课田五十亩，丁女二十亩，次丁男半之，女则不课。男女年十六以上至六十为正丁，十五以下至十三、六十一以上至六十五为次丁，十二以下六十六以上为老小，不事。远夷不课田者输义米，户三斛，远者五斗，极远者输算钱，人二十八文。其官品第一至于第九，各以贵贱占田。品第一者占五十顷，第二品四十五顷，第三品四十顷，第四品三十五顷，第五品三十顷，第六品二十五顷，第七品二十顷，第八品十五顷，第九品十顷。而又各以品之高卑，荫其亲属，多者及九族，少者三世。宗室、国宾、先贤之后，及士人子孙亦如之。而又得荫人，以为衣食客及佃客，品第六以上，得衣食客三人，第七第八品二人，第九品一人。其应有佃客者，官品第一第二者，佃客无过五十户，第三品十户，第四品七户，第五品五户，第六品三户，第七品二户，第八品、第九品一户。”

南渡以后，军国所须，须时征赋，乃无恒法定令。

《隋书·食货志》：“自东晋元帝寓居江左，……历宋、齐、梁、陈，皆因而不改。其军国所须杂物，随土所出，临时折课市取，乃无恒法定令。列州郡县，制其任土所出，以为征赋。其无贯之人，不乐州县编户者，谓之浮浪人，乐输亦无定数，任量。”

而拓跋氏兴于北荒，寀入中原，值大乱之后，民废农业，转能计口授田。

《魏书·食货志》：“太祖定中原，接丧乱之敝，兵革并起，民废农业。……既定中山，分徙吏民及徒何种人工伎巧十万余家以充京都，各给耕牛，计口授田”

盖乱世田土无主，地多入官，复由民有之制，渐变为国有之制。至孝文帝太和中，遂普行均田之法。

《魏书·食货志》：“太和九年，下诏均给天下民田：诸男夫十五以上，受露田四十亩，妇人二十亩。奴婢依良。丁牛一头，受田三十亩，限四牛。所授之田率倍之，三易之田再倍之，以供耕作及还受之盈缩。诸民年及课则受田，老免及身没则还田。奴婢、牛随有无以还受。诸桑田不在还受之限。但通入倍田分。于分虽盈，没则还田，不得以充露田之数。不足者以露田充倍。诸初受田者，男夫一人，给田二十亩，课莳余，种桑五十树，枣五株，榆三根。非桑之土，夫给一亩，依法课莳榆、枣。奴婢依良。限三年种毕，不毕，夺其不毕之地。于桑榆地分，杂莳余果及种桑榆者不禁。诸应还之田，不得种桑榆枣果，种者以违令论，地入还分。诸桑田皆为世业，身终不还，恒从见口。有盈者无受无还，不足者受种如法。盈者得卖其盈，不足者得买所不足。不得卖其分，亦不得买过所足。诸麻布之土，男夫及课，别给麻田十亩，妇人五亩，奴婢依良。皆从还受之法。诸有举户老小癃残无授田者，年十一以上及癃者，各授以半夫田，年逾七十者，不还所受。寡妇守志者虽免课，亦授妇田。诸还受民田，恒以正月。若始受田而身亡，及卖买奴婢、牛者，皆至明年正月乃得还受。诸土广民稀之处，随力所及，官借民种莳。役有土居者，依法封授。诸地狭之处，有进丁受田而不乐迁者，则以其家桑田为正田分。又不足，不给倍田；又不足，家内人别减分。无桑之乡，准此为法。乐迁者听逐空荒，不限异州他郡，惟不听避劳就逸。其地足之处，不得无故而移。诸民有新居者，三口给地一亩，以为居室，奴婢五口给一亩。男女十五以上，因其地分，口课种菜五分亩之一。诸一人之分，正从正，倍从倍，不得隔越他畔。进丁受田者恒从所近。若同时俱受，先贫后富。再倍之田，放此为法。诸远流配谪、无子孙及户绝者，墟宅桑榆，尽为公田，以供授受。授受之次，给其所亲；未给之间，亦借其所亲。诸宰民之官，各随地给公田。刺史十五顷，太守十顷，治中、别驾各八顷，县令、郡丞六顷。更代相付。卖者坐如律。”

论者谓其法异于王莽，故能久行而无弊。

《文献通考》：“或谓井田之废已久，骤行均田，夺有余以予不足，必致烦扰以兴怨讟，不知后魏何以能行？然观其立法，所受者露田，诸桑田不在还受之限。意桑田必是人户世业，是以栽植桑榆其上，而露田不栽树，则似所种者，皆荒闲无主之田，必诸远流配谪、无子孙及户绝者，墟宅桑榆，尽为公田，以供授受。则固非尽夺富者之田以予贫人也。又令有盈者无受不还，不足者受种如法，盈者得卖其盈，不足者得买所不足，不得卖其分，亦不得买过所足。是令其从便卖买以合均给之数，则又非强夺之以为公田，而授无田之人。与王莽所行异矣，此所以稍久而无弊欤？”

然推其原始，实由无主之田，争讼不决，豪强兼并，乃为均给。

《魏书·李安世传》：“时民困饥流散，豪右多有占夺。安世乃上疏曰：‘窃见州郡之民，或因年俭流移，弃卖田宅，漂居异乡，事涉数世。三长既立，始返旧墟，庐井荒毁，桑榆改植。事已历远，易生假冒。强宗豪族，肆其侵凌，远认魏、晋之家，近引亲旧之验。又年载稍久，乡老无惑，群证虽多，莫可取据。各附亲知，互有长短，两证徒具，听者犹疑，争讼迁延，连纪不判。良畴委而不开，柔桑枯而不采，侥幸之徒兴，繁多之狱作。欲令家丰岁储，人给资用，其可得乎？愚谓今虽桑井难复，宜更均量，审其径术，令分艺有准，力业相称，细民获资生之利，豪右靡余地之盈。则无私之泽，乃均播于兆庶矣。……又所争之田，宜限年断，事久难明，悉属今主。然后虚妄之民，望绝于觊觎；守分之士，永免于凌夺矣。’高祖深纳之。后均田之制起于此矣。”

又立三长，确定户籍，校比户籍，遂得其实。

《资治通鉴》齐永明四年[①]：“魏无乡党之法，唯立宗主督护。民多隐冒，三五十家始为一户。内秘书令李冲上言：‘宜准古法：五家立邻长，五邻立里长，五里立党长，取乡人强谨者为之。邻长复一夫，里长二夫，党长三夫。三载无过，则升一等。其民赋，一夫一妇，帛一匹，粟二石。大率十匹为公调，二匹为调外费，三匹为百官俸。此外复有杂调。民年八十以上，听一子不从役。孤独癃老笃疾贫穷不能自存者，三长内迭养食之。’书奏，诏百官通议。……太尉丕曰：‘方有事之月，校比户口，民必劳怨。请过今秋，至冬乃遣使者，于事为宜。’冲曰：‘民可使由之，不可使知之。若不因调时，民徒知立长校户之勤，未见均徭省赋之益，心必生怨。宜即调课之月，令知赋税之均，既悉其事，又得其利，行之差易。’群臣多言一旦改法，恐成扰乱。文明太后曰：‘立三长则课调有常准，苞荫之户可出，侥幸之人可止，何为不可？’甲戌，初立党里邻三长，定民户籍。民始皆愁苦，豪强者尤不愿。既而课调，省费十余倍，上下安之。”[②]

且丧乱多年，户口稀少，计口均给，不虞不足。两汉盛时，民户皆千数百万，口五千余万[③]。然东汉户口，犹非实数[④]。计其最盛之时，或尚不止于此。三国以降，户口锐减，后魏虽较晋为多，然亦不迨汉之盛。兹为列表以明之：

魏	663 423 户	4 432 881 口

吴	530 000 户	2 567 000 口
前燕	2 458 969 户	99 987 935 口
后魏	5 000 000 户	30 000 000 口
北周	3 590 000 户	9 009 604 口
蜀	280 000 户	1 082 000 口
西晋	2 459 804 户	16 163 863 口
宋	906 870 户	4 685 501 口
北齐	3 032 528 户	20 006 880 口
陈	500 000 户	2 000 000 口

魏之户口无确数，《魏书·地形志》谓“正光以前，时惟全盛，户口之数，比夫晋之太康，倍而余矣”。《文献通考》据此推算，谓其盛时户至五百余万，故亦准此数假定其人口为三千余万。然以一户五口计之，尚未必有此数也。故积上述之三因，遂能于周、秦以后，实行均产之策，以弭生计之不平。沿及北周、北齐，亦均仿之，

《隋书·食货志》：“北齐河清三年定令，乃命人居十家为比邻，五十家为闾里，百家为族党。男子十八以上，六十五以下为丁；十六以上，十七以下为中；六十六以上为老；十五以下为小。率以十八受田，输租调，二十充兵，六十免力役，六十六退田，免租调。京城四面，诸坊之外三十里内为公田。受公田者，三县代迁，……其方百里外及州人，一夫受露田八十亩，妇四十亩，奴婢依良人，限数与在京百官同。丁牛一头，受田六十亩，限止四牛。又每丁给永业二十亩，为桑田。其中种桑五十根，榆三根，枣五根，不在还受之限。非此田者，悉入还受之分。土不宜桑者，给麻田，如桑田法。率人一床，调绢一匹，绵八两，凡十斤绵中，折一斤作丝，垦租二石，义租五斗。奴婢各准良人之半。牛调二尺，垦租一斗，义租五升。”“后周太祖作相，创制六

官。……司均掌田里之政令。凡人口十以上，宅五亩；口九以上，宅四亩；口五以下，宅三亩。有室者，田百四十亩，丁者田百亩。司赋掌功赋之政令。凡人自十八以至六十有四，与轻癃者，皆赋之。其赋之法，有室者，岁不过绢一匹，绵八两，粟五斛；丁者半之。其非桑土，有室者，布一匹，麻十斤；丁者又半之。丰年则全赋，中年半之，下年一之，皆以时征焉。若艰札凶，则不征其赋。"

而隋、唐之制，亦渊源于魏、周焉。

魏自道武帝时，已顿知学。

《宋书·索虏传》："什翼犍子开，字涉珪。王有中州，自称曰魏，号年天赐。治代郡桑乾县之平城。立学官，置尚书曹。开颇有学问，晓天文。"

明元以降，多娶汉族女为后妃。

《魏书·皇后传》："明元密皇后杜氏，魏郡邺人。……初以良家子选入太子宫，有宠，生世祖。""文成元皇后李氏，梁国蒙县人。……生显祖。""献文思皇后李氏，中山安喜人。……生高祖。"

故至孝文，醉心华夏之礼教，深厌其国俗，禁同姓为婚，

《魏书·高祖纪》：太和七年，"诏曰：淳风行于上古，礼化用乎近叶，是以夏、殷不嫌一族之婚，周世始绝同姓之娶，斯皆教随时设，治因事改者也。皇运初基，中原未混，拨乱经纶，日不暇给，古风遗朴，未遑厘改，后遂因循，迄兹莫变。朕属百年之期，当后仁之政，思易质旧，式昭维新。自今悉禁绝之，有犯以不道论"。

罢一切淫祀，

《魏书·礼志》：太和十五年，"诏曰：国家自先朝以来，飨

祀诸神，凡有一千二百余处。今欲减省群祀，务从简约，……神聪明正直，不待烦祀也”。

建明堂太庙，

《魏书·礼志》：“魏先之居幽都也，凿石为祖宗之庙，于乌洛侯国西北。自后南迁，其地隔远，……其岁，遣中书侍郎李敞诣石室告祭。太和十五年四月，经始明堂，改营太庙。”

定车服礼乐，

《魏书·高祖纪》：“太和十年四月，始制五等公服。甲子，帝初以法服御辇，祀于西郊。……十一年正月，诏定乐章，非雅者除之。……十三年正月，车驾有事于圜丘，于是初备大驾。”

祀孔子，

《魏书·高祖纪》：“太和十三年七月，立孔子庙于京师。……十六年二月，改谥宣尼曰：‘文圣尼父’，告谥孔庙。……十九年四月，幸鲁城，亲祠孔子庙。”

立史官，

《魏书·高祖纪》：“太和十四年二月，初诏定起居注制。……十五年正月，分置左右史官。”

耕籍田，

《魂书·高祖纪》：“太和十七年二月，车驾始籍田于都南。”

制律令。

《魏书·高祖纪》：“太和元年九月，诏群臣定律令于太华殿。……十五年八月，议律令。……十六年四月，班新律令。……十七年六月，诏作《职员令》二十一卷，施行。”

一切师法中土古制，而犹以为未足。由平城迁都洛阳，

《魏书·任城王澄传》：“高祖谓澄曰：‘国家兴自北土。徙

居平城，虽有四海，文轨未一。此间用武之地，非可文治，移风易俗，信为甚难。崤、函帝宅，河、洛王里，因兹大举，光宅中原，任城意以为何如?’澄曰：‘伊、洛中区，均天下昕据，陛下制御华夏，辑平九服，苍生闻此，应当大庆。’高祖曰：‘北人恋本，忽闻将移，不能不惊扰也。’澄曰：‘此既非常之事，当非常人所知，惟须决之圣怀，此辈亦何能为也!’”《通鉴》卷百三十九：“帝谓陆睿曰：‘北人每言“北俗质鲁，何由知书!”朕闻深用怃然。今知书者甚众，岂皆圣人！顾学与不学耳。朕修百官，兴礼乐，其志固欲移风易俗。朕为天子，何必居中原！正欲卿等子孙渐染美俗，闻见广博，若永居恒北，复值不好文之主，不免面墙耳。’”

禁其国人胡服、胡语，

《魏书·高祖纪》：“太和十八年十二月壬寅，革衣服之制。”《通鉴》卷百三十九：“魏主欲变易旧风。壬寅，诏禁士民胡服。国人多不悦。”《魏书·高祖纪》：“太和十九年六月己亥，诏不得以北俗之语言于朝廷。若有违者，免所居官。”《咸阳王禧传》：“高祖曰：‘自上古以来及诸经籍，焉有不先正名，而得行礼乎?今欲断诸北语，一从正音。年三十以上，习性已久，容或不可卒革；三十以下，见在朝廷之人，语音不听仍旧。若有故为，当降爵黜官。各宜深戒。如此渐习，风化可新。若仍旧俗，恐数世之后，伊、洛之下，复成被发之人。王公卿士，咸以然不?’禧对曰：‘实如圣旨，宜应改易。’高祖曰：‘朕尝与李冲论此，冲言：四方之语，竟知谁是?帝者言之，即为正矣，何必改旧从新?冲之此言，应合死罪。’乃谓冲曰：‘卿实负社稷，合令御史牵下。’冲免冠陈谢。”

又改其姓氏，与汉族通婚姻。

《魏书·高祖纪》："太和二十年正月，诏改姓为元氏。"《通鉴》卷百四十："魏主下诏，以为：'北人谓土为拓，后为跋。魏之先出于黄帝，以土德王，故为拓跋氏。夫土者，黄中之色，万物之元也；宜改姓元氏。诸功臣旧族，自代来者，姓或重复，皆改之。'于是始改拔拔氏为长孙氏，达奚氏为奚氏，乙旃氏为叔孙氏，丘穆陵氏为穆氏，步六孤氏为陆氏，贺赖氏为贺氏，独孤氏为刘氏，贺楼氏为楼氏，勿忸于氏为于氏，尉迟氏为尉氏，其余所改，不可胜纪。魏主雅重门族，以范阳卢敏、清河崔宗伯、荥阳郑羲、太原王琼四姓，衣冠所推，咸纳其女以充后宫。陇西李冲，以才识见任，当朝贵重，所结姻娅，莫非清望；帝亦以其女为夫人。诏黄门郎、司徒左长史宋弁定诸州士族，多所升降。又诏以：'代人先无姓族，虽功贤之胤，无异寒贱；故宦达者位极公卿，其功、衰之亲，仍居猥任。其穆、陆、贺、刘、楼、于、嵇、尉八姓，自太祖已降，勋著当世，位尽王公，灼然可知者，且下司州、吏部，勿充猥官，一同四姓。自此以外，应班士流者，寻续别敕。其旧为部落大人，而皇始以来三世官在给事以上及品登王公者为姓；若本非大人，而皇始以来三世官在尚书以上及品登王公者亦为姓。其大人之后，而官不显者为族；若本非大人而官显者亦为族。凡此姓族，皆应审核，勿容伪冒。……'魏旧制：王国舍人皆应娶八族及清修之门。咸阳王禧娶隶户为之，帝深责之。因下诏为六弟聘室：'前者所纳，可为妾媵。咸阳王禧可聘故颍川太守陇西李辅女；河南王干可聘故中散大夫代郡穆明乐女；广陵王羽可聘骠骑咨议参军荥阳郑平城女；颍川王雍可聘故中书博士范阳卢神宝女；始平王勰可聘廷尉卿陇西李冲女；北海王详可聘吏部郎中荥阳郑懿女。'懿，羲之子也。时赵郡诸李，人物尤多，各盛家风，故世之言高华者，以五姓为首。"

于是胡汉混淆，不复可辨，恶异族者，恒痛斥之。

> 《读通鉴论》（王夫之）："拓跋弘之伪也，儒者之耻也。自冯后死，弘始亲政，以后五年之间，作明堂，正祀典，定祧庙，祀圜丘，迎春东郊，定次五德，朝日养老，修舜、禹、周、孔之祀；耕籍田，行三载考绩之典，禁胡服胡语，亲祠阙里，求遗书，立国子太学、四门小学，定族姓，宴国老庶老，听群臣终三年之丧，诸儒争艳称之以为荣。凡此者，《典》、《谟》之所不道，孔、孟之所不言。立学终丧之外，皆汉儒依托附会，逐末舍本，杂谶纬巫觋之言，涂饰耳目。是为拓跋弘所行之王道而已。尉元为三老，游明根为五更，岂不辱名教而羞当世之士哉！故曰儒者之耻也。"

然腥膻之族，国势已强，保其古俗，未始不可为国。而孝文当强盛之时，汲汲然自同于华夏，即所行者未尽为周、孔之道，而出于汉之说经家附会之词，亦可见文化之权威，足以折蛮野而使之同化矣。

注　释

①即魏太和十年。

②按《通鉴》永明三年载李安世疏，四年载李冲之言，是三长之立，在安世上疏之后。然李疏明云"三长既立，始返旧墟"。似三长立后，始行均田。《魏书·李安世传》未言其上疏年月，而《食货志》明云"九年下诏均田，十年李冲上言立长"。疑李安世之疏，非太和九年所上。

③《汉书·地理志》："元始二年，户 12 233 062，口 59 594 978。"《续汉郡国志》："永寿二年，户 16 070 960，口 56 486 856。"

④《后汉书》："建武十五年，诏州郡检核垦田"。"帝以天下垦田多不以实自占，又户口年纪，互有增减，乃下诏州郡检核。于是刺史、太守多为诈巧，或优饶豪右，侵刻羸弱。"是东汉时户口之数，多不实也。

第九章　佛教之盛兴

汉魏以降，佛教盛兴，西域僧徒之来华者，后先相望。兹依《高僧传》略表于下：

维祇维	天竺人	吴黄武三年	来至武昌
竺律炎	同上	同上	同上
昙坷迦罗	中天竺人	魏嘉平中	来至雒阳
康僧铠	康居人	魏嘉平末	来至雒阳
昙帝	安息人	魂正元中	来游雒阳
无罗叉	西域人	魏晋间	居河南
竺昙摩罗刹	月支人	晋武帝时	自敦煌至长安
帛尸梨蜜多罗	西域人	晋永嘉中	始到中国值乱过江
僧伽跋澄	罽宾人	苻坚建元十七年	来入关中
佛图罗刹	不知	亦当苻世	久游中土
昙摩难提	兜佉勒人	苻氏建元中	至长安
僧伽提婆	罽宾人	同上	同上[1]
僧伽罗叉	罽宾人	晋隆安中	在晋京师
昙摩耶舍	罽宾人	同上	初达广州至义熙中来长安
昙摩掘多	天竺人	晋义熙中	来关中
鸠摩罗什	天竺人	姚兴弘始三年	至长安
弗若多罗	罽宾人	秦弘始中	入关
昙摩流支	西域人	弘始七年	达关中

卑摩罗叉	罽宾人	弘始八年	达关中后至寿春复适江陵
佛陀耶舍	罽宾人	姚兴时	至长安
佛驮跋陀罗	迦维罗卫人	同上	至青州往长安复至庐山及江陵
昙无忏	中天竺人	北凉玄始中	至河西
佛驮什	罽宾人	宋景平元年	届扬州
浮陀跋摩	西域人	宋元嘉中	达西凉
求那跋摩	罽宾人	同上	至广州达建业
僧伽跋摩	天竺人	宋元嘉十年	自流沙至京邑
昙摩蜜多	罽宾人	宋元嘉中	自流沙到敦煌展转至蜀至荆州
畺良耶舍	西域人	宋元嘉初	远冒沙河至于京邑
求那跋陀罗	中天竺人	元嘉十二年	自广州至京都
僧伽达多	天竺人	元嘉中	来宋境
僧伽罗多哆	天竺人	同上	来宋境
阿那摩低	康居人	孝建中	来京师
求那毗地	中天竺人	齐建元初	同上
僧伽婆罗	扶南人	梁初	同上
菩提流支	北天竺人	魏永平初	来游东夏处永宁寺
拘那罗陀	西天竺人	梁大同中	自南海届京邑
月婆首那	中天竺人	元象中	游化东魏后又南渡
求那跋陀	于阗僧	太清二年	在梁国
须菩提	扶南人	陈初	在扬州
那连提黎耶舍	北天竺人	北齐天保中	届于京邺
阇那崛多	同上	西魏后元中	由鄯州至长安
攘那跋陀罗	波头摩国人	北周初年	在长安
达摩流支	摩勒国人	天和中	同上
阇那耶舍	摩伽陀国人	同上	同上

其他弘法之士，殆尚不止于此。《隋书·经籍志》称：“姚苌时，鸠摩罗什

至长安，大译经论。时胡僧至长安者数十辈，惟罗什才德最优。”是仅姚秦一时，胡僧已数十辈。《高僧传》所载，特其著者耳。稽其踪迹，大抵自西域入关中，至洛阳邺中者居多。其南来者，或抵青州，或届南海，随缘所至，亦无定方焉。

当此之时，中土僧俗，亦多锐意西行求法[②]。自朱士行，

《高僧传》（释慧皎）：“朱士行，颍川人。少怀远悟，脱落尘俗。出家以后，专务经典。昔汉灵之时，竺佛朔译出《道行经》，文句简略，意义未周。士行尝于洛阳讲《道行经》，觉文意隐质，诸未尽善。每叹曰：‘此经大乘之要，而译理不尽。’誓志捐身，远求大本。遂以魏甘露五年发迹雍州，西渡流沙，既至于阗，果得梵书正本，凡九十卷。遣弟子弗如檀（此言法饶），送经梵本，还归洛阳。士行遂终于阗。”[③]

至宋云、

《洛阳伽蓝记》（杨衒之）：“城北闻义里有敦煌人宋云宅。云与惠生……向西域取经，凡得一百七十部，皆是大乘妙典。”《魏书·嚈哒传》：“熙平中，明帝遣王伏子统宋云、沙门法力等，往西域求访佛经。时有沙门慧生者亦与偕行，正光中还。”

宝暹等，殆不下六七十人。

《续高僧传》（释道宣）：“齐僧宝暹、道邃、僧昙等十人，以武平六年相结同行，采经西域，往返七载。将事东归，凡获梵本二百六十部。”

其最著者，为江陵辛寺释法显。

《高僧传》：“释法显，姓龚，平阳武阳人。三岁便为沙弥。及受大戒，志行明敏，常慨经律舛阙，誓志寻求。以晋隆安三年，与同学慧景、道整、慧应、慧嵬等发自长安，西度流沙，凡所经历三十余国。后至中天竺，于摩竭提波连弗邑阿育王塔南天

王寺，得《摩诃僧祇律》，又得《萨婆多律》，抄《杂阿毗昙心线经》、《方等泥洹经》等。显留三年，学梵经、梵书，方躬自书写。于是持经像寄附商客到师子国，同旅十余，或留或亡。停二年，复得《弥沙塞律》、《长杂二含》及《杂藏》，并汉土所无。既而附商人大舶，循海而还。经十余日，达耶婆提国，停五月，复随他商东适广州。举帆二十余日，夜忽大风，合舶震惧，任风随流，忽至青州长广郡牢山南岸，遂南造京师，就外国禅师佛驮跋陀于道场寺，译出《摩诃僧祇律》、《方等泥洹经》、《杂阿毗昙心论》，垂有百余万言。后至荆州，卒于辛寺。春秋八十有六。”

而月支之僧，如竺昙摩罗刹者，先由吾国而西，既乃还归中夏，则兼两方之事而一之焉。

《高僧传》：“竺昙摩罗刹，此云法护，其先月支人。本姓支氏，世居敦煌郡。年八岁出家，事外国沙门竺高座为师。是时晋武之世，寺庙图像，虽崇京邑，而《方等》深经，蕴在葱外。护乃慨然发愤，志弘大道。遂随师至西域，游历诸国。外国异言三十六种，书亦如之，护皆遍学，贯综诂训，音义字体，无不备识。遂大赍梵经，还归中夏，自敦煌至长安，沿路传译，写为晋文。所获《贤劫》、《正法华》、《光赞》等一百六十五部，孜孜所务，惟以弘通为业，终身写译，劳不告倦。经法所以广流中华者，护之力也。”

魏	沙门五人	所出经戒羯磨	一二部	一八卷
吴	缁素五人	所出经并失译	一八九部	四一七卷
西晋	缁素十二人	所出经戒集等	三三三部	五九〇卷
魏	沙门五人	所出经戒羯磨	一二部	一八卷
吴	缁素五人	所出经并失译	一八九部	四一七卷

西晋	缁素十二人	所出经戒集等	三三三部	五九〇卷
东晋	缁素十六人	所译经律论	一六八部	四六八卷
苻秦	沙门六人	所译经律论	一五部	一九七卷
后秦	沙门五人	所译经律论	九四部	六二四卷
西秦	沙门一人	所译经律论	五六部	一一〇卷
前凉	外国优婆塞一人	所译经律论	四部	六卷
北凉	缁素九人	所译经律论	八二部	三一一卷
宋	缁素二十二人	所译经律论	四六五部	七一七卷
齐	沙门七人	所译经律论	一二部	三三卷
梁	缁素八人	所译经律论	四六部	二〇一卷
元魏	缁素十二人	所译经律论	八三部	二七四卷
北周	缁素四人	所译经律论	一四部	二九卷
北齐	缁素二人	所译经律论	八部	五二卷
共计	一一五人④	所译经律论	一五八一部	四〇四七卷

弘法之事，莫重于翻译。汉开其端，而后累朝列国踵其事，译业之盛，殆无过于此时。兹据《开元释教录》表之如下：

翻译之法，多据梵本，间凭口诵。近人谓初期译业，率无原本，但凭译人背诵。按《高僧传》："汉灵之时，天竺沙门竺佛朔赍《道行经》来适雒阳，即转梵为汉。"又："沙门昙果，于迦维罗卫国得梵本，康孟详与竺大力译为汉文。"又："支谦以大教虽行，而经多梵文，来尽翻译。己妙善方言，乃以集众本，译为汉语。"是汉、魏时译经明有梵本之证。至朱士行等求经，则梵本输入更多。译人之兼释华梵者，众共推之。

《高僧传》："竺佛念，凉州人。讽习众经，粗涉外典。其《仓》、《雅》训诂，尤所明达。少好游方，备贯风俗，家世西河，洞晓方语，华梵音义，莫不兼释。苻氏建元中，有僧伽跋澄、昙摩难提等入长安，赵正请出诸经，当时名德，莫能传译，众咸推念。于是澄执梵文，念译为晋，质疑断义，音字方明。自苻、姚二代，为译人之宗。故关中僧众，咸共嘉焉。”

至法显、法勇等，直诣西域，专学梵书梵语。

《高僧传》：“昙无竭，此云法勇。姓李，幽州黄龙人。以宋永初元年，招集同志沙门僧猛、昙朗之徒二十五人，远适西方，至罽宾国，礼拜佛钵。停岁余，学梵书梵语。”“宝云，凉州人。以晋隆安之初，远适西域，与法显、智严先后相随，遂历于阗、天竺诸国。云在外域遍学梵书，天竺诸国音字诂训，悉皆备解。晚出诸经，多云所治定。华梵兼通，音训允正，云之所定，众咸信服。”

则直接读书，胜于仅凭展转之移译矣。

魏黄初中，中国人始依佛戒，剃发为僧。

《隋书·经籍志》：“魏黄初中，中国人始依佛戒，剃发为僧。”《高僧传》：“昙柯迦罗，以魏嘉平中，来至雒阳。于时魏境虽有佛法，而道风讹替，亦有众僧未禀归戒，正以剪落殊俗耳⑤。迦罗既至，立羯磨法，受戒。中夏戒律，始自乎此。”

于是四民之外，别有出家之民。至道安时，复定以释命氏。

《高僧传》：“初，魏、晋沙门，依师为姓，故姓各不同。安以为大师之本，莫尊释迦，乃以释命氏。复获《增一阿含》，果称四河入海，无复河名。四姓为沙门，皆称释种，既悬与经符，遂为永式。”

姚兴命僧䂮为僧主，爰有僧正等秩。

《高僧传》：“姚兴下书曰：‘大法东迁，于今为盛。僧尼已多，应须纲领，宣授远规，以济颓绪。僧䂮学优早年，德芳暮齿，可为国内僧主。僧迁禅慧兼修，即为悦众。法钦、慧斌共掌僧录，给车舆、吏力。䂮资侍中秩。’传诏羊车各二人，迁等并有厚给。僧正之兴，䂮之始也”

魏道武帝以法果为道人统，绾摄僧徒，

《魏书·释老志》：“皇始中，赵郡有沙门法果，诫行精至，开演法籍。太祖闻其名，诏以礼征赴京师。后以为道人统，绾摄僧徒。”

后改为沙门统。

《魏书·释老志》：“高宗时，京师沙门师贤……为道人统。……和平初，师贤卒，昙曜代之，更名沙门统。”

又立监福曹，以断僧务。

《魏书·释老志》：“先是，立监福曹，又改为昭玄，备有官属，以断僧务。”

其寺宇则有维那、都维那等职。

《金石萃编·孙秋生等造像记跋》（王昶）：“《魏书·释老志》：‘若为三宝巡民教化者，在外赍州镇维那文移，在台者，赍都维那等印牒。然后听行，违者加罪。’又《翻译名义》南山之声论：‘翻为次第，谓知僧事之次第。’《寄归传》云、：‘华梵兼举也，维是纲维，华言也；那，是梵语，删去羯磨陀三字也。’《僧史略》云：‘梵语羯磨陀那，译为知事，亦云悦众。谓知其事，悦其众也。’《音义指归》云：‘僧如网，借有德之人为纲绳也。’《隋书·智琳传》：‘润州刺史李海游命琳为断事纲维，尔后寺立三纲：上座、维那、典座也。’此碑称维那，因附详于此”

则宗教而兼有政治之性质矣。

僧、尼衣住均与俗殊。初服赤衣，后改杂色。

《魏书·释老志》：“汉世沙门皆衣赤布，后乃易以杂色。”

袈裟梵服，虽犯嘲讥，不顾也。

《高僧传》：“或嘲支孝龙⑥曰：‘大晋龙兴，天下为家，沙门何不全发肤，去袈裟，释梵服，被绫罗？’龙曰：‘剪发毁容，改服变形，彼谓我辱，我弃彼荣。’”

东汉之季，已有浮图，至于晋世，洛中益盛。

《后汉书·陶谦传》：“笮融聚众数百，往依于谦。谦使督广陵、下邳、彭城运粮。遂断三郡委输，大起浮图寺。上累金盘，下为重楼，又堂阁周回，可容三千许人，作黄金涂像，衣以锦彩。每浴佛辄多设饮饭，布席于路，其有就食及观者且万余人。”《魏书·释老志》：“自洛中构白马专，盛饰佛图，画迹甚妙，为四方式。凡官塔制度，犹依天竺旧状而重构之，从一级至三、五、七、九。世人相承，谓之‘浮图’，或云‘佛图’。晋世，洛中佛图有四十二所矣。”

吾国建筑之式，遂增入印度制度。南北相望，竞事营构。唐杜牧诗云“南朝四百八十寺”，以金陵一地而论，已有四百八十寺之多，他可知矣。近人辑《南朝佛寺志》，博考诸书，约有二百三十有一寺[⑦]，未能语其全也。其立寺之类别，有由僧尼营建者，如长干寺本吴时尼居，宋熙寺为天竺僧伽罗多哆所造之类；有由帝王创造者，如晋简文帝造波提寺，梁武帝立同泰寺等；有由个人舍宅而成者，如庄严寺为谢尚舍宅所造，平陆寺为宋平陆令许桑舍宅建刹，因以官名名之之类；有由僧徒启乞而立者，如瓦官寺本陶瓦处，沙门慧力启乞为寺之类。有专居一僧者，如佛驮什至京诸檀越立罽宾寺；求那跋陀罗译经，特立天竺寺；摩诃至都，建外国寺以居之之类。有为人求福者，如萧惠开为父思话造禅冈寺，宋孝武帝为殷贵妃立新安寺之类。有人民为帝王而立者，如宋泰始中，京师民为孝武帝立天保寺之类。有达官以寺为家者，如法轮寺为何点家寺，何点常居其中之类。一时风尚，波起云兴。而魏之寺塔，尤盛于南。

《魏书·释老志》：“自兴光至此（太和），京城内寺新旧且百所，僧尼二千余人，四方诸寺六千四百七十八所，僧尼七万七千二百五十八人。”“至延昌中，天下州郡僧尼寺，积有一万三千七百二十七所。”“神龟中，寺至三万有余。”

《洛阳伽蓝记》载永宁寺之壮丽，可见其时建筑之宏大焉：

永宁寺，熙平元年灵太后胡氏所立。……中有九层浮图一所，架木为之，举高九十丈。有刹复高十丈，合去地一千尺。去京师百里遥已见之。……刹上有金宝瓶，容二十五石。宝瓶下有承露金盘三十重，周匝皆垂金铎。……浮图有九级，角角皆悬金铎，合上下有一百二十铎。浮图有四面，面有三户六窗，户皆朱漆。扉上有五行金钉，合有五千四百枚。……僧房楼观一千余间，雕梁粉壁，青璅绮疏，难得而言。波斯国胡人言，此寺精丽，遍阎浮所无也。

佛教之兴，首由翻译，次即讲学。当时高僧，既聚徒众，旦夕讲贯。

《高僧传》：“康法朗，在中山，门徒数百，讲法相系。”“支遁于沃洲小岭，立寺行道，僧众百余，常随禀学。”“竺法义，受业弟子常有百余。”“释道安，住受都寺，徒众数百。”“竺僧朗，立精舍于金舆谷，闻风而造者百有余人。朗孜孜训诱，劳不告倦。”“释法遇，止江宁长沙寺，讲说众经，受业者四百余人。”

复时开讲席，兼教僧俗，

《高僧传》：“竺法义，大开讲席，王导、孔敷并承风敬友。”“竺法汰形解过人，流名四远。开讲之日，黑白观听，士庶成群。及咨禀门徒，以次骈席，三吴负帙至者千数。”“释慧持，讲《法华》、《毗昙》，四方云聚，千里遥集。”

问难质疑，不惮往复。

《高僧传》：“支遁晚出山阴，讲《维摩经》。遁为法师，许询为都讲。遁通一义，众人咸谓询无以厝难；询每设一难，亦谓遁不复能通。如此至竟，两家不竭。凡在听者，咸谓审得遁旨，回令自说，得两三反便乱。”“于法开，每与支道林争即色空义。

庐江何默申明开难，高平郄超宣述林解，并传于世。……开有弟子法威，尝出都，经过山阴，支遁正讲《小品》。开语威言：‘道林讲，比汝至，当至某品中。’示语攻难数十番，云：‘此中旧难通。’威既至郡，正直遁讲，果如开言。往复多番，遁遂屈。”“道安事佛图澄为师。澄讲，安每复述，众未之惬。咸言须待后次，当难杀昆仑子。即安后更复讲，疑难锋起。安挫锐解纷，行有余力。人语曰：‘漆道人，惊四邻。’”

每有胜义，讲者恒为敛服。

《高僧传》：“沙门道恒，颇有才力，常执心无义，大行荆土。竺法汰曰：‘此是邪说，应须破之。’乃大集名僧，令弟子昙壹难之，据经引理，析驳纷纭。恒拔其口辩，不肯受屈。明日更集，慧远就席攻难数番，关责锋起；恒自觉义途差异，神色微动，麈尾扣案，未即有答。远曰：‘不疾而速，杼柚何为？’坐者皆笑。心无之义，于此而息。”“僧苞东下京师，正值祇洹寺发讲。乘驴往看，衣服垢弊，貌有风尘。堂内既迮，坐驴鞯于户外。高座举题适竟，苞致问数番，皆是先达思力所不逮。高座无以抗其辞，遂逊退而止。”

故世族学子，闻而信奉，非徒以迷信也。

《魏书·释老志》载魏世造像凿石之巨，

“兴光元年，初……铸释迦立像五，各长一丈六尺，都用赤金二十五万斤。”“昙曜白帝，于京城西武州塞，凿山石壁，开窟五所，镌建佛像各一。高者七十尺，次六十尺，雕饰奇伟，冠于一世。”“显祖又于天宫寺，造释迦立像。高四十三尺，用赤金十万斤，黄金六百斤。”“景明初，世宗诏大长秋卿白整准代京灵岩寺石窟，于洛南伊阙山，为高祖、文昭皇太后营石窟二所。初建之始，窟顶去地三百一十尺；至正始二年中，始出，斩山二十三丈。……永平中，中尹刘腾奏为世宗复造石窟一，凡为三所。从景明元年至正光四年六月已前，用功八十万二千三百六十六。”

及其度僧之多，

《魂书·释老志》：“高宗制：诸州、郡、县于众居之所，各听建佛图一区，任其财用，不制会限。其好乐道法，欲为沙门，不问长幼，出于良家，性行素笃，无诸嫌秽，乡里所明者，听其出家。率大州五十，小州四十人，其郡遥远台者十人。”“太和十六年，诏：四月八日，七月十五日，听大州度一百人为僧尼，中州五十人，下州二十人，以为常准。”“熙平二年春，灵太后令曰：年常度僧，依限大州应百人看，州郡于前十日解送三百人，其中州二百人，小州一百人，州统、维那与官及精练简取充数。”“正光以后，……僧尼大众，二百万矣。”

多本于宗教之信仰，而其推行佛教之普遍，亦至可惊。君后倡于上，士民应于下。以今日所存造像推之，其奉佛之风之盛可想。

《金石萃编》（王昶）：“造像立碑，始于北魏。迄于唐之中叶。大抵所造者，释迦、弥陀、弥勒及观音、势至为多。或刻山崖，或刻碑石，或造石窟，或造佛堪，或造浮图。其初不过刻石，其后或施以金涂彩绘，其形模之大小广狭、制作之精粗不等。造像或称一区，或称一堪，其后乃称一铺。造像必有记。凡造像人自称曰佛弟子、正信佛弟子、清信士、清信女、优婆塞、优婆夷。凡出资造像者，曰像主、副像主、东西南北四面像主、发心主、都开光明主、光明主、天官主、南面北面上堪中堪像主、檀越主、大像主、释迦像主、开明像主、弥勒像主、弥勒开明主、观世音像主、无量寿佛主、都大檀越都像主、像斋主、左右葙斋主。造塔者曰塔主；造钟者曰钟主；造浮图者曰东面、西面、南面浮图主；造灯者曰登主、登明主、世石主。劝化者曰化主、教化主、东西南北面化主、左右葙化主、都化主、大都化主、大化主、都录主、坐主、高坐主。邑中助缘者曰邑主、大都邑主、东、西面邑主、邑子、邑师、邑正、左右葙邑正、邑老、邑胥、邑谞、邑政、邑义、邑日、都邑忠正、邑中正、邑长乡正、邑平正。乡党治律，其寺职之称，曰和上、比丘、比丘尼、都维那、维那、典录、典坐、香火、沙弥、门师、都邑维那、邑维那、行维那、左右葙维那、左右葙香火，其名目之繁如此?"《语石》（叶昌炽）云："造像莫先于元魏，道俗人等，同心发愿。余所见景明三年四人造像，其最少矣，递增而有廿三人⑧、卅二人⑨、卅五人⑩，又自四十⑪、五十⑫、六十⑬、七十⑭，以至二百⑮、三百余人⑯。"

而佛经之刻石，亦相继而兴，若泰山《金刚经》、徂徕《般若经》、

《语石》："泰山有《金刚经》全部，徂徕山映佛岩有《大般若经》，钱竹汀

谓皆齐武平中王子椿所刻，其字径尺。"

《风峪华严经》等。

《语石》："风峪《华严经》，亦北齐刻。其地在太原西三里，砖甃一穴，方五丈，共石柱一百二十有六。"

其写刻之多，几过于儒家之石经矣。

注　释

①晋太元中渡江至庐山，隆安元年来游京师。

②其详见《梁任公近著》第一辑中卷《千五百年前之中国留学生》篇，商务印书馆出版。

③弗如檀亦西来之一僧，惟前表所举者多大师，此则转自中国西行僧徒之弟子耳。

④其实不止此数，当是但计主名。

⑤此可见嘉平以前，已以剪落为僧俗之别。

⑥晋初人。

⑦吴一，晋三十七，宋六十，齐二十六，梁九十六，陈十一。

⑧神龟元年杜迁等。

⑨景明三年高树、解伯都等。

⑩神龟三年赵阿欢等。

⑪孝昌三年临菑郡师僧达等。

⑫武平三年雹水村四部道俗邑义等。

⑬孝昌三年临菑邑仪。

⑭正始元年高洛周等。

⑮景明三年孙秋生等。

⑯武定二年王贰郎绾法义三百人造像，武平二年比丘僧道略三百余人造像。

第十章　佛教之反动

佛教入中国，而士、农、工、商之外，增一释氏之民：无家族，无君臣，翕然奉他国之宗教；衣食居处，举止声容，悉与吾国礼教风俗乖异，此社会一大变化也。社会当变化之际，必不能无所抵触；怀新者信其理想非吾所有，笃旧者诧其习惯为吾所无。则以观念之不同，而生事实之冲突，此势所必至也。魏、晋以来，佛教虽日盛兴，然社会中冲突之状，亦往往见于史策。约举之盖有数端。

（一）则华夷之界也。佛教初来，其势微弱，故世不之异。至其浸盛，则排之者首在华夷之界。五胡之君，自以戎神为本，而当时犹有以此为言者。

《高僧传》："佛图澄道化既行，民多奉佛，皆营造寺庙，相竞出家。真伪混淆，多生愆过。虎下书问中书曰：'佛号世尊，国家所奉，里闾小人无爵秩者，为应得事佛与不？又沙门皆应高洁贞正，行能精进，然后可谓道士。今沙门甚众，或有奸宄避役，多非其人，可料简详议真伪。'中书著作郎王度奏曰：'夫王者郊祀天地，祭奉百神，载在祀典，礼有常飨。佛出西域，外国之神，功不施民，非天子诸华所应祀奉[①]。今大赵受命，率由旧章。华戎异制，人神流别；外不同内，飨祭殊礼；华夏服祀，不宜杂错。国家可断赵人悉不听诣寺烧香礼拜，以尊典礼。其百辟卿士，下逮众隶，例皆禁之。其有犯者，与淫祀同罪。其赵人为沙门者，还从四民之服。’伪中书令王波同度所奏。虎下书曰：‘度议云，佛是外国国神，非天子诸华所可宜奉。朕生自边壤，忝当期运，君临诸夏，至于飨祀，应兼从本俗，佛是戎神，正所应奉。夫制有上行，永世作则，苟事允无亏，何拘前代？其夷赵百蛮，有舍于淫祀乐事佛者，悉听为道。

比及南朝，学者也抱此见。顾欢《夷夏论》力斥中夏之人效西戎之法。

《南史·顾欢传》：“欢著《夷夏论》：……端委搢绅，诸华之容；剪发旷衣，群夷之服。擎跽罄折，侯甸之恭；狐蹲狗踞，荒流之肃。棺殡椁葬，中夏之风；火焚水沈，西戎之俗。全形守礼，继善之教；毁貌易性，绝恶之学。……今以中夏之性，效西戎之法，既不全同，又不全异。下弃妻孥，上绝宗祀。嗜欲之物，皆以礼伸，孝敬之典，独以法屈。悖礼犯顺，曾莫之觉。”

而信佛者袁粲、谢镇之、朱昭之、朱广之及僧愍等，群起驳之[②]。或谓从道不从俗，

《南史》：“袁粲托为道人通公驳之曰，‘……清信之士，容衣不改。息心之人，服貌必变。变本从道，不遵彼俗。俗风自殊，无患其乱。’”

或谓华夷一轨，

《难夷夏论》（朱昭之）云：“以国而观，则夷虐夏温。请问炮烙之苦，岂康、竺之刑；流血之悲，讵齐、晋之子？刳剔苦害，非左衽之心；秋露含垢，匪海滨之士。推检情性，华夷一轨。”

或谓天竺即中国。

《戎华论》（僧愍）：“君责以中夏之性，效西戎之法者，子自出自井坎之渊，未见江湖之望矣。如《经》曰：‘佛据天地之

> 中，而清导十方。’故知天竺之土，是中国也。”

可见顾之持论，甚中要害，不与力辩，则不能免用夷变夏之讥也。

（二）则伦理之争也。出世法与世法殊科，其于君臣、父子、夫妇、兄弟之伦，皆所割舍。而吾国素重伦理者也。魏、晋以来，虽多蔑弃礼法之士，而礼教之信条，深入人心，大多数之人，必不以背弃君父为然。故佛教与儒教之冲突，即因而生。晋世庾冰、桓玄等，均谓沙门宜敬王者。慧远著论释之，意谓佛教无妨于忠孝。

> 《沙门不敬王者论·出家篇》（慧远）：“凡在出家，皆遁世以求其志，变俗以达其道。变俗则服章不得与世典同礼，遁世则宜高尚其迹。夫然者，故能拯溺俗于沈流，拔幽根于重劫。”“如令一夫全德，则道洽六亲，泽流天下，虽不处王侯之位，亦已协契皇极，在宥生民矣。是故内乖天属之重，而不违其孝；外阙奉主之恭，而不失其敬。”

至梁世毁佛教者，造“三破论”，仍主伦理以破之。

> 《灭惑论》（刘勰）：“或造三破论。第一破曰：入国而破国者。诳言说伪，兴造无费，苦克百姓，使国空民穷，不助国生人减损。况人不蚕而衣，不田而食，国灭人绝，由此为失。日用损费，无纤毫之益；五灾之害，不复过此。第二破曰：入家而破家者。使父子殊事，兄弟异法，遗弃二亲，孝道顿绝，优娱各异，歌哭不同，骨肉生仇，服属永弃，悖化犯顺，无昊天之报。五逆不孝，不复过此。第三破曰：入身而破身者。人生之体，一有毁伤之疾，二有髡头之苦，三有不孝之逆，四有绝种之罪，五有亡体从诫。唯学不孝，何故言哉！诫令不跪父母，便竞从之；儿先作沙弥，其母复作阿尼，则跪其儿：不礼之教，中国绝之，何可得从。”

唐、宋诸儒，反对佛教，亦无非因此等根本不同，遂深恶而痛绝。比之夷

夏之辩，为尤重矣

（三）则宗教之歧也。老子本非宗教，而自汉以来，即以黄、老与浮屠并称，且有老子入夷狄为浮屠之说。（《后汉书·襄楷传》即有“或言老子入夷为浮屠”之语。）晋世信天师道者多，而其教理不敌佛教。于是道士作《老子化胡经》，谓其出于道教。

《高僧传》：“法祖与祭酒王浮每争邪正，浮屡屈，既瞋不自忍，乃作《老子化胡经》，以诬谤佛法。”

其后南北朝之学道者，多扬其波而事争辩。

《南史·顾欢传》：“文惠太子、竟陵王子良并好释法。吴兴孟景翼为道士，太子召入玄圃，众僧大会。子良使景翼礼佛，景翼不肯。子良送《十地经》与之，景翼造《正一论》，大略曰：《宝积》云‘佛以一音广说法。’《老子》云：‘圣人抱一，以为天下式。’一之为妙，空玄绝于有境，神化赡于无穷。为万物而无为，处一数而无数。莫之能名，强号为一。在佛曰‘实相’，在道曰‘玄牝’。道之大象，即佛之法身。……旷劫诸圣，共遵斯一。老、释未始尝分，迷者分之而未合。”“司徒从事中郎张融作《门律》云：‘道之与佛，逗极无二。吾见道士与道人战儒墨，道人与道士辨是非。昔有鸿飞天首，积远难亮，越人以为凫，楚人以为乙。人自楚、越，鸿常一耳。’”《续高僧传·昙无最传》：“元魏正光元年，明帝加朝服大赦，请释、李两宗上殿。斋讫，侍中刘胜宣敕，请诸法师等与道士论义。时清通观道士姜斌与最对论。帝问：‘佛与老子同时不?’斌曰：‘老子西入化胡成佛。佛以为侍者，文出老子《开天经》，据此明是同时。’……帝遣尚书令元义宣敕，令斌下席；又议《开天经》是谁所说。中书侍郎魏收、尚书郎祖莹就观取经，太尉萧综等读讫，奏云：‘老子止著五千文，余无言说。’”

此则因释排道，而道家欲援释以为重，虽似沟通教理，实则争持门户，此吾国历史上宗教之竞争也。

佛教既盛，愚智同归，游食之徒，避役之氓，皆可假托以为生，是亦社会之变相也。晋世桓玄已主沙汰。

《弘明集》（僧佑）："桓玄与僚属沙汰僧众教。……京师竞其奢淫，荣观纷于朝市，天府以之倾匮，名器为之秽渎。避役钟于百里，逋逃盈于寺庙，乃至一县数千，猥成屯落。邑聚游食之群，境积不羁之众，伤治害政，尘滓佛教，彼此俱弊，实污风轨。便可严下在此诸沙门，有能伸述经诰、畅说义理者；或禁行修整、奉戒无亏、恒为阿练若者；或山居养志、不营流俗者，皆足以宣寄大化，亦所以示物以道。弘训作范，幸兼内外，其有违于此者，皆悉罢道，所在领其户籍。严为之制，速申下之。"

义熙之季，目为"五横"：

《弘明集·释驳论》："晋义熙之年，江左袁、何二贤，商略治道，讽刺时政，发五横之论。……世有五横，而沙门处其一焉。大设方便，鼓动愚俗，一则诱谕，一则迫胁。云行恶必有累劫之殃，修善便有无穷之庆。敦厉引导，逼强切勒，上减父母之养，下损妻孥之分，会同尽馐膳之甘，寺庙极壮丽之美，割生民之珍玩，崇无用之虚费，罄私家之年储，阙军国之资实。"

而北魏太武，因信道教，兼恶沙门不法，遂盛加诛戮。

《魏书·释老志》："世祖得寇谦之道，以清净无为，有仙化之证，遂信行其术。时司徒崔浩，博学多闻，帝每访以大事。浩奉谦之道，尤不信佛，与帝言，数加非毁，常谓虚诞，为世费害。……会盖吴反杏城，关中骚动，帝乃西伐，至于长安。先是，长安沙门种麦寺内，御驺牧马于麦中，帝入观马。沙门饮从官酒，从官入其便室，见大有弓矢矛楯，出以奏闻，帝怒曰：

‘此非沙门所用。’……命有司案诛一寺，阅其财产，大得酿酒具及州、郡牧守富人所寄藏物，盖以万计。又为窟室，与贵室女私行淫乱。帝既忿沙门非法，浩时从行，因进其说。诏诛长安沙门，焚破佛像，敕留台下四方令，一依长安行事。……又诏曰：‘自王公以下，有私养沙门者，皆送官曹，不得隐匿。限今年二月十五日，过期不出，沙门身死，容止者，诛一门。’……又下诏曰：‘自今以后，敢有事胡神及造形像泥人、铜人者，门诛。虽言胡神，问今胡人，共云无有。皆是前世汉人无赖子弟刘元真、吕伯强之徒，接乞胡之诞言，用老、庄之虚假，附而益之，皆非真实。……有司宣告征镇诸军、刺史，诸有佛图形像及胡经，尽皆击破焚烧，沙门无少长悉坑之。’是岁真君七年三月也。”

然宋、魏对峙，宋不之禁，沙门多避难南来。

《高僧传》：“僧导立寺于寿春，会虏灭佛法，沙门避难投之者数百，悉给衣食。其有死于虏者，皆设会行香，为之流涕哀恸。”

至魏文帝时，复弛其禁。

《魏书·释老志》：“高宗践极，诏诸州、郡、县各听建佛图一区，往时所毁图寺，仍还修矣。佛像经论，皆复得显。”

明帝正光初，释、李之辩，释氏优胜，李宗遂屈焉。

齐、周对峙之时，道、释之争尤烈。齐尚佛教，令道士皆染剃。

《续高僧传》：“文宣受禅，齐祚大兴。天保年中，释、李二门，交竞优劣。会梁武启运，天监三年，下敕舍道，道士陆修静不胜其愤，遂与门人亡命，叛入北齐，倾散金玉，赠诸贵游，托以襟期，冀兴道法。帝惑之，乃敕召诸沙门与道士对校道术，昙显对之，帖然无验，诸道士等相顾无颜。文宣处座，自验臧否。

其徒尔日皆舍邪从正，求哀济度；未发心者，敕令染剃。”

周崇儒术，辩论频年。

《北周书·武帝纪》：“天和三年八月癸酉，帝御大德殿，集百僚及沙门、道士等，亲讲《礼记》。”“四年二月戊辰，帝御大德殿，集百僚道士沙门等讨论释老义。”“建德二年十二月癸巳，集群臣及沙门、道士等，帝升高座，辩释三教先后。以儒教为先，道教为次，佛教为后。”

后遂断佛、道二教，罢沙门、道士，并令还民。

《北周书·武帝纪》：“建德三年五月丙子，初断佛、道二教，经像悉毁，罢沙门、道士，并令还民。并禁诸淫祀，礼典所不载者，尽除之。”《续高僧传》：“天和四年，岁在己丑，三月十五日，敕召有德众僧、名儒道士、文武百官二千余人于正殿。帝升御座，亲量三教优劣废立，众议纷纭，各随情见，较其大抵，无与相抗者。至其月二十日，又依前集，众论乖咎，是非滋生，并莫简帝心，索然而退。至四月初，敕又广召道俗，令极言陈理，又敕司隶大夫甄鸾，详佛道二教，定其先后浅深同异。鸾乃上《笑道论》三卷。至五月十日，帝又大集群臣，详鸾上论，以为伤蠹道士，即于殿庭焚之。……至建德三年，岁在甲午，五月十七日，乃普灭佛、道二宗。”“帝遂破前代关山东西数百年来官私佛寺，扫地并尽、融刮圣容，焚烧经典。《禹贡》八州，见成寺庙出四十千，并赐王公，充为第宅，三方释子，减三百万，皆复军民，还归编户。”

然犹立通道观，以阐教义。

《北周书·武帝纪》：“建德三年六月戊午，诏曰：三墨八儒，朱紫交竞；九流七略，异说相腾。道隐小成，其来旧矣。不有会归，争驱靡息，今可立通道观。圣哲微言，先贤典训，金科玉箓，秘迹玄文，所以济养黎元，扶成教养者，并宜弘阐，一以贯之。”《续高僧传》：“别置通道观，简释、李有名者，普著衣冠，为学士焉。”

视魏太武之肆行诛戮者有别。盖自佛教输入以来，疑信杂出，绵历岁年，至是遂成三教鼎立之势。

《旧唐书·经籍志》：“《齐三教论》七卷，卫元嵩撰。”③

其诋诃排挤者，虽以道家为当，然至隋世，道教仍屈于佛焉。

《隋书·经籍志》：“汉时诸子、道书之流有三十七家，大旨皆去健羡、处冲虚而已，无上天官符箓之事。其《黄帝》四篇，《老子》两篇，最得深旨。故言陶弘景者，隐于句容，好阴阳五行、风角星算，修辟谷导引之法，受道经符箓，武帝素与之游。及禅代之际，弘景取图谶之文，合成‘景梁’字以献之，由是恩遇甚厚。又撰《登真隐诀》，以证古有神仙之事。又言神丹可成，服之则能长生，与天地永毕。帝令弘景试合神丹，竟不能就，乃言中原隔绝，药物不精故也。帝以为然，敬之尤甚。然武帝弱年好事，先受道法，及即位，犹自上章，朝士受道者众。三吴及边海之际，信之逾甚。陈武世居吴兴，故亦奉焉。后魏之世，嵩山道士寇谦之，自云尝遇真人成公兴，后遇太上老君，授谦之为天师，而又赐之《云中音诵科诫》二十卷。又使玉女授其服气导引之法，遂得辟谷，气盛体轻，颜色鲜丽。弟子十余人，皆得其术。其后又遇神人李谱，云是老君玄孙，授其《图箓真经》劾召百神，六十余卷，及销炼金丹云英八石玉浆之法。太武始光之初，奉其书而献之。帝使谒者奉玉帛牲牢，祀嵩岳，迎致其余弟子，于代都东南起坛宇，给道士百二十余人，显扬其法，宣布天下。太武亲备法驾，而受符箓焉。自是道业大行，每帝即位，必受符箓，以为故事，刻天尊及诸仙之像而供养焉。迁洛已后，置道场于南郊之傍，方二百步。正月、十月之十五，并有道士哥人百六人拜而祠焉。后齐武帝迁邺，遂罢之。文襄之世，更置馆宇，选其精至者使居焉。后周承魏，崇奉道法，每帝受箓，如魏之旧，寻与佛法俱灭。开皇初，又兴，高祖雅信佛法，于道士蔑如也。”④

注 释

①中述汉、魏之制见前。

②其论见《南史》及《弘明集》中。

③据此，是三教之名，始于周世。

④《魏书·释老志》纪道士之事甚详，然限于魏世，故引此《志》略述其梗概。

第十一章　隋唐之统一及开拓

自隋文帝开皇九年至唐玄宗天宝十四年，为中世史第一次统一之时（中间虽有隋末群雄之乱，不过十年），肃、代以后，遂成藩镇割据之局，唐祚虽仍延至百五十余年，其实不得谓之统一也。然隋、唐统一之时，亦不过一百六十七年，比之汉室则远不逮。此亦可见幅员既广，则破裂易而整理难，非有特殊之才德及适当之法制，而又值群众心理厌乱思治，能以向心力集中于一政府者，未易统治此泱泱大国也。吾国疆域至秦、汉时已极廓大，然三国、两晋以降，未始不继续开拓，如吴平山越，蜀定南蛮，

《蜀志·诸葛亮传》："建兴三年春，亮率众南征，其秋悉平。军资所出，国以富饶。"《李恢传》："先主以恢为庲降都督，使持节领交州刺史住平夷县。（裴松之注：庲降，地名，去蜀二千余里，时未有宁州，号为南中，立此职以总摄之。晋泰始中，始分为宁州。）……恢钮尽恶类，徙其豪帅于成都，赋出叟、濮耕牛、战马、金银、犀革，充继军资，于时费用不乏。"

氐杨之辟仇池，

《魏书·氐传》："汉建安中，有杨腾者，为部落大帅，勇健多计略，始徙居仇池。仇池方百顷，因以为号，四面斗绝，高七里余，羊肠蟠道三十六回，其上有丰水泉，煮土成盐。腾后有名千万者，魏拜为百顷氐王。千万孙名飞龙，渐强盛。……养外甥

令狐茂搜为子。晋惠帝元康中，茂搜自号辅国将军、右贤王，群氐推以为主。关中人士流移者多依之。”

鲜卑之开青海，

《隋书·吐谷浑传》：“吐谷浑本辽西鲜卑徒何涉归子也。……涉归死，……吐谷浑与弟若洛廆不协，遂西度陇，止于甘松之南，洮水之西，南极白兰山，数千里之地，其后遂以吐谷浑为国氏焉。当魏、周之际，始称可汗，都伏俟城，在青海西十五里，……其器械衣服，略与中国同。”

爨氏之居曲靖、龙和，

《文献通考》：“西爨蛮，自云本安邑人。七世祖晋南宁太守，中国乱，遂王蛮中。宋元帝时，南宁州刺史徐文盛召诣荆州，有爨瓒者据其地，延袤二千余里，土多骏马、犀象、明珠。既死，子震玩分统其众。隋开皇初，遣使朝贡。”

麴氏之王高昌、焉耆，

《隋书·高昌传》：“高昌国者，汉车师前王庭也。……其地有汉时高昌垒，故以为国号。初蠕蠕立阚伯周为高昌王，伯周死，子义成立，为从兄首归所杀。首归自立为高昌王，又为高车阿伏至罗所杀。以敦煌人张孟明为主，孟明为国人所杀，更以马儒为王，以巩顾、麴嘉二人为左右长史。儒又通使后魏，请内属。内属人皆恋土，不愿东迁，相与杀儒，立嘉为王。嘉字灵凤，金城榆中人，既立，……属焉耆为挹怛所破，众不能自统，请主于嘉。嘉遣其第二子为焉耆王，由是始大，益为国人所服。其风俗政令，与华夏略同。”

或前代所未经营，或昔时未隶疆索者，皆由华人或他族分途竞进，以为后来统一之预备。于是隋若唐袭累世之成劳，集合其地，又加之以恢廓，而造成空前之版图焉。据隋、唐二《志》之言，以较之汉地有过有不及。

《隋书·地理志》："东西九千三百里，南北万四千八百一十五里，东南皆至于海，西至且末，北至五原。隋氏之盛，极于此。"《新唐书·地理志》："太宗元年，因山川形便，分天下为十道：一曰关内，二曰河南，三曰河东，四曰河北，五曰山南，六曰陇右，七曰淮南，八曰江南，九曰剑南，十曰岭南。至十三年定簿，凡州府三百五十八，县一千五百五十一。明年，平高昌，又增州二、县六。其后北殄突厥颉利，西平高昌，北逾阴山，西抵大漠，其地东极海，西至焉耆，南尽林州南境，北接薛延陀界。东西九千五百一十一里，南北一万六千九百一十八里。"

举唐之盛时，开元、天宝之际，东至安东，西至安两，南至日南，北至单于府。盖南北如汉之盛，东不及而西过之。然高宗时，高丽、百济皆属唐。开元中，始以萨水以南地界新罗，则其东界亦轶于汉矣。

中国南北之分，以江、河为最大之界限。故欲通南北，必先通江、淮以为之枢。春秋时吴将伐齐，先城邗沟，通江、淮。

《左传》哀公九年："秋，吴城邗沟，通江、淮。"《春秋大事表》（顾栋高）："春秋列国地形口号：连属江、淮、沂、济波，积成今日转漕河。夫差争长黄池岁，却已功成半又过。"（哀公九年，"吴城邗沟，通江、淮"。杜注："通粮道也，今广陵邗江是。"又哀公十三年，"会于黄池"。杜注："在封丘县南，近济水。"《国语》："夫差起师北征，阙为深沟，通于商、鲁之间，北属之沂，西属之济，以会晋公午于黄池。"案：邗沟，今日漕河。起于扬州府城东南二里，历邵伯、高邮、宝应诸湖。北至黄浦，接淮安界。其合淮处曰末口，在淮安府北五里。自江达淮，南北共长三百余里。又十三年既沟通江、淮，遂帅舟师，自淮入泗，自泗入沂，复穿鲁、宋之境。连属水道有不通者，凿而通之，以达于封丘之济，即杜氏所云近济水也。盖吴人沟通之路，由今考城过杞县北境，历兰阳而至于封丘。今日漕河由淮而北，连合沂、泗、汶、洸及山东诸泉，以济运都，放其遗法。《漕河沿革考》曰："漕河之北段，即元人之会通河；其南段，春秋吴子所开之邗沟也。"）

历秦、汉至南北朝，其道渐湮而迹犹存，故隋世屡开之。

《隋书·文帝纪》："开皇七年夏四月，于扬州开山阳渎，以通运漕。"胡身之曰："春秋吴城邗沟，通江、淮，山阳渎通于广陵尚矣。隋特开而深广之，将以伐陈也。"（炀帝开邗沟详下。）

而通济、永济二渠，江南之河，皆与邗沟衔接。

《通鉴》："大业元年，营建东京，发河南、淮北诸郡民，前后百余万，开通济渠。（杜佑曰：陈留郡城西有通济渠，炀帝开以通江、淮漕运，兼引汴水，即莨荡渠也。）自西苑引穀、洛水达于河，复自板渚引河历荥泽入于汴。又自大梁之东，引汴水入泗达于淮。又发淮南民十余万开邗沟，自山阳至扬子入江。渠广四十步，渠旁皆筑御道，树以柳。自长安至江都，置离宫四十余所。""大业四年，发河北诸军百余万穿永济渠，引沁水南达于河，北通涿郡。""大业六年，敕穿江南河，自京口至余杭，八百余里，广十余丈。"

于是南至余杭，北至涿郡，西至洛阳，胥可以舟航直达。此隋、唐之所以能统一中国之一大主因也。

《通鉴》："大业七年，讨高丽，诏总征天下兵，无问远近，俱会于涿。又发江、淮以南水手一万人，弩手三万人，岭南排镩手三万人，于是四远奔赴如流。五月，敕河南、淮南、江南造戎车五万乘送高阳，供载衣甲幔幕，令兵士自挽之，发河南、北民夫以供军需。秋，七月，发江、淮以南民夫及船运黎阳及洛口诸仓米至涿郡，舳舻相次千余里。"

此皆可见南北交通之便。

汉都长安，旧有运渠与渭并行，东抵潼关。隋时修之，名为广通渠。

《通鉴》："陈至德二年（开皇五年），隋主以渭水多沙，深浅不常，漕者苦之。六月，壬子，诏太子左庶子宇文恺帅水工凿渠，引渭水，自大兴城东至潼关三百余里，名曰广通渠。漕运通利，关内赖之。"

唐天宝初，韦坚为水陆运使，又开广运潭与通渠。而四方之舟，遂可毕萃于长安城下。

《旧唐书·韦坚传》："天宝元年，为水陆转运使。自西汉及隋，有运渠自关门西抵长安，以通山东租赋。奏请于咸阳拥渭水作兴成堰，截灞、浐水，傍渭东注至关西永丰仓下与渭合。于长安城东九里长乐坡下浐水之上，架苑墙。东面有望春楼，楼下穿广运潭，以通舟楫，二年而成。坚预于东京、汴水，取小斛底船三二百只，置于潭侧，其船皆署牌表之。若广陵郡船，即于栿背上堆积广陵所出锦、镜、铜器、海味；丹阳郡船，即京口绫衫段；晋陵郡船，即折造官端绫绣；会稽郡船，即铜器、罗、吴绫、绛纱；南海郡船，即玳瑁、真珠、象牙、沉香；豫章郡船，即名瓷、酒器、茶釜、茶铛、茶碗；宣城郡船，即空青石、纸笔、黄连；始安郡船，即蕉葛、蚺蛇胆、翡翠。船中皆有米，吴郡即三破糯米、方丈绫。凡数十郡，驾船人皆大笠子、宽袖衫、芒屦，如吴、楚之制。"

有唐一代财赋，悉仰给于东南。使非累世经营，通达江、淮、河、渭之路，何能使舟航无阻乎？

《新唐书·食货志》："唐都长安，而关中号称沃野，然其土地狭，所出不足以给京师，备水旱，故常转漕东南之粟。高祖、太宗之时，用物有节而易赡，水陆漕运，岁不过二十万石，故漕事简。自高宗以后，岁益增多，而功利繁兴，民亦罹其弊。”“韦坚开广运潭，岁漕山东粟四百万石。”“刘晏为盐铁使，吴、越、扬、楚盐廪至数千，……岁得钱百余万缗，以当百余州之赋。”“元和中，供岁赋者浙西、浙东、宣歙、淮南、江西、鄂岳、福建、湖南八道，户百四十四万，比天宝才四之一。兵食于官者八十三万，加天宝三之一，通以二户养一兵。京西北、河北以屯兵广，无上供。”

国内统一，则其力足以外竞，隋、唐其明证也。炀帝之伐高丽，世多讥之。而发见流求，

《隋书·东夷传》：“大业三年，炀帝令羽骑尉朱宽入海访求异俗，……因到流求国。”“明年，帝遣武贲郎将陈稜、朝请大夫张镇州，率兵自义安浮海击之。”

通使倭国，

《隋书·东夷传》：“大业三年，倭王思利北孤遣使朝贡。使者曰：‘闻海西菩萨天子重兴佛法，故遣朝拜，兼沙门数十人来学佛法。’……明年，遣文林郎裴清使于倭国。”

南招赤土，

《隋书·南蛮传》：“炀帝即位，募能通绝域者。大业三年，屯田主事常骏，虞部主事王君政等，请使赤土。帝大悦，赐骏等帛各百匹，时服一袭而遣，赍物五千段以赐赤土王。其年十月，骏等……至赤土国。其王以船来迎至王宫，骏等宣诏讫，王诏骏曰：‘今是大国中人，非复赤土国矣。’寻遣那邪迦随骏贡方物。”

西达波斯，

《隋书·西域传》：“炀帝遣云骑尉李昱使通波斯。寻遣使随昱贡方物。

皆其时之可纪者也。裴矩之撰《西域图记》，虽亦出于逢君之恶，然周知四国、招徕远人，亦贤哲所当为，正不可以闭关自守之见斥之也。

《隋书·裴矩传》："时西域诸蕃，多至张掖与中国交市。帝令矩掌其事。矩知帝方勤远略，诸商胡至者，矩诱令言其国俗山川险易，撰《西域图记》三卷，入朝奏之。其序曰：……臣既因抚纳，监知关市，寻讨书传，访采胡人，或有所疑，即详众口。依其本国服饰仪形，王及庶人，各显容止，即丹青模写，为《西域图记》，共成三卷，合四十四国。仍别造地图，穷其要害。从西顷以去，北海之南，纵横所亘，将二万里。""帝复令矩往张掖，引致西蕃，至者十余国。……及帝西巡，次燕支山，高昌王、伊吾设等，及西蕃胡二十七国，谒于道左。皆令佩金玉，被锦罽，焚香奏乐，歌舞喧噪。复令武威、张掖士女，盛饰纵观，骑乘填咽，周亘数十里，以示中国之盛。……矩以蛮夷朝贡者多，讽帝令都下大戏。征四方奇技异艺，陈于端门街，衣锦绮、珥金翠者，以十数万。又勒百官及民士女，列坐栅阁而纵观焉。皆被服鲜丽，终月乃罢。又令三市店肆，皆设帷帐，盛列酒食，遣掌蕃率蛮夷与民贸易，所至之处，悉令邀延就坐，醉饱而散。蛮夷嗟叹，谓中国为神仙。"

唐太宗、高宗时，国威之隆，尤无伦比，

《东洋史要》（桑原骘藏）："唐太宗、高宗两朝，国势之盛，旷古无两。虽力征经营，专属东西北三面，于南徼或未暇及，而威声所播，南方诸小国先后朝贡称藩。如占城（今交趾）、真腊（今柬埔寨）、扶南（今暹罗）、婆利（今婆罗洲）、阇婆（今爪哇）、室利佛逝（今苏门答剌）诸国，以及东谢（今四川涪陵县）、西赵（今云南凤仪县）、牂柯（今贵州思南县）诸蛮，皆于其时来廷。于是唐威令所行，东综辽海，北跨大碛，西被达曷水（今仾格里河），南极天竺，暨海洋洲中诸小国。既拥此广土，欲筹所以统理之者，乃即其部落列置州县，其大者为都督府，以其首领为都督刺史，皆得世袭。虽贡赋版籍多不上户部，然声教所暨，皆边州都督、都护所领，著于令式。其突厥、回纥、党项、吐谷浑隶关内道者，凡府二十九，州九十；突厥别部及奚（东部鲜卑宇文之别种，据今内蒙喀喇沁部地）、契丹、靺鞨、降胡、百济、高丽隶河北道者，凡府十四、州四十六；突厥、回纥、党项、吐谷浑之别部及自于阗以西、波斯以东十六国隶陇右道者，凡府五十一、州百九十八；羌蛮隶剑南道者，凡州二百六十一；蛮隶江南道者，凡州五十一；隶岭南道者，凡州九十三；又有党项州二十四，不知其隶属。大凡府、州八百五十六，号为羁縻云。都督府为数较多，又分并置罢不常，兹不具载。都护府例置大都护一、副大都护各二，皆由唐廷特简。其治所及所统如下：（一）安西都护府，统西域天山南路至波斯以东，治西州（今吐鲁番），后徙龟兹（今库车）；（二）燕然都护府，统漠北，治天德军（今吴喇忒西北黄河北岸）；（三）单于都护府，统阴山之阳黄河之北，治振武军（今托克托西北）；（四）瀚海都护府，统漠南，治云中（今大同）；（五）昆陵都护府，统西突厥五咄陆部落，治碎叶川东；（六）濛池都护府，统西突厥五弩失毕部落，治碎叶川西；（七）安东都护府，统高丽、百济、降户，治平壤，后徙新城；（八）北庭都护府，统金山以西及天山北路，治庭州（今乌鲁木齐）；（九）安南都护府，统诸蛮，治交州（今安南东京）；（十）峰州都护府，统蜀爨蛮，治嘉宁（今安南太原）。”

突厥、回纥之酋长，并列于朝，

《旧唐书·突厥传》：“太宗用温彦博计，于朔方之地，自幽州至灵州，置顺、祐、化、长四州都督府，又分颉利之地六州，左置定襄都督府，右置云中都督府，以统其部众。其酋首至者，皆拜为将军、中郎将等官，布列朝廷，五品以上百余人，因而入居长安者数千家。”《回纥传》：“显庆元年，程知节等大破贺鲁于阴山，尽收所据之地，执贺鲁送洛阳。以贺鲁种落分置州县，西尽波斯。加婆闰右卫大将军兼瀚海都督。”（婆闰，故回纥酋长吐迷度之子，初官右屯卫大将军翊左郎将。）

新罗、日本之生徒，骈罗于学，

《旧唐书·新罗传》：“贞观二十二年，金春秋请诣国学观释奠及讲论，太宗因赐以所制温汤及晋祠碑，并新撰《晋书》，将归国。”“开元十六年，其王兴光上表，请令人就中国学问经教。上许之。”（黄遵宪《日本国志》载唐高祖、太宗时，并有日本学生，详东亚史。）

碑版照耀于绝域，

《语石·平百济碑》（叶昌炽）：“显庆五年，贺遂亮文，权怀素书，厂估王某渡海精拓，并拓得刘仁愿《纪功碑》。亦初唐之佳构，此二碑皆在忠清道扶余县。”《金石萃编·姜行本纪功碑》（王昶）：“今在哈密城北，天山之麓，土人名阔石图，汉之碑岭也。考《唐书·姜行本传》，高昌之役，磨去古刻，更刊颂陈国威灵，即此碑也。案唐代纪功碑，东西相望，至今尚存，实为国光。其尤可宝贵者，蒙古突厥故庭，亦有唐碑。叶昌炽《语石》曰：俄人于娑陵水上，访得回鹘故宫。又于鄂勒昆河，访得突厥旧庭。又访得唐碑三，一为《苾伽可汗碑》，开元廿三年李融文；一为《阙特勤碑》，开元廿年御制；一为《九姓回鹘可汗碑》，断为五石，亦唐刻。此三碑虽非太宗、高宗时所立，然亦可证唐代文教之远。”

诏书震动于殊方。

> 《旧唐书·天竺传》："贞观十五年，尸罗逸多自称摩伽佗王，遣使朝贡。太宗降玺书慰问，尸罗逸多大惊，问诸国人曰：'自古曾有摩诃震旦使人至吾国乎？'皆曰：'未之有也。'乃膜拜而受诏书。"

观太宗自夸之词，

> 《通鉴》："太宗尝谓侍臣曰：自古帝王，虽平定中夏，不能服戎狄。朕才不逮古人，而成功过之。所以能及此者，自古皆贵中华贱夷狄，朕独爱之如一，故其种落皆依朕如父母。"

及其时蕃将之盛，

> 《陔余丛考》（赵翼）："唐初多用蕃将，史大奈本西突厥特勒，冯盎本高州土酋，阿史那社尔本突厥处罗可汗之子，阿史那忠本苏尼失之子，契苾何力本铁勒莫贺可汗之孙，黑齿常之本百济西部人，泉男生本高丽盖苏文之子，李多祚亦靺鞨酋长之后，论弓仁本吐蕃族，尉迟胜本于阗国王，尚可孤本鲜卑别种。他如李光弼、浑瑊、裴玢等，亦皆外蕃久居中国者。"

知唐时初非专恃强大，黩武开边，其于抚绥夷落，怀柔远人，实有一视同仁之概，故视隋为尤盛焉。

第十二章　隋唐之制度

三国以降，世乱如棼丝。凡百政治，苟且补苴，无所谓经制也。北朝元魏，颇有善制，孝文以后，复不能继续进步。嬖倖擅国，以至于亡。北周继魏，有志复古。苏绰、卢辩等，咸有制作。

《周书·苏绰传》：“太祖召绰，拜大行台右丞，参典机密。绰始制文案程式，朱出墨入及计帐户籍之法。”“又为六条诏书，奏施行之。其一先治心，其二敦教化，其三尽地利，其四擢贤良，其五恤狱讼，其六均赋役。太祖令百司习诵之，其牧守、令长非通六条及计帐者，不得居官。”《卢辩传》：“除太常卿、太子少傅。孝武西迁，朝章礼度泯坠咸尽。辩因时制宜，皆合轨度。”“初，太祖欲行《周官》，命苏绰专掌其事。未几而绰卒，令辩成之。于是依《周礼》建六官，置公、卿、大夫、士，并撰次朝仪，车服器用多依古礼，革汉、魏之法。事并施行。”“辩所述六官，太祖以魏恭帝三年始命行之。自兹厥后，世有损益。宣帝嗣位，事不师古，官员班品，随意变革。”“于时虽行《周礼》，其内外众职又兼用秦、汉等官。”

然徒务复古，而无古人之精神，又不能尽革时弊，未足语于善制也。惟隋承周而唐承隋，因革损益，亦当远溯其源焉。

《隋书·经籍志》史部有旧事、官职、仪注、刑法四篇，皆六代之典制，惜其书多不传。然其纲要，则散见于五代史志中。

> 《隋书考证》："唐武德五年，起居舍人令狐德棻奏请修五代史。十二月，诏中书令封德彝、舍人颜师古修隋史。绵历数载，不就而罢。贞观三年，续诏秘书监魏徵修隋史。十年正月，徵等诣阙上之。""十五年，又诏左仆射于志宁、太史令李淳风、著作郎韦安仁、符玺郎李延寿同修五代史志，凡勒成十志，三十卷。显庆元年上进，诏藏秘阁。后又编第入《隋书》，其实别行，亦呼为《五代史志》。"

盖隋兼承南北，故南述梁、陈，北纪齐、周，以明其统系也。学者欲知自汉以来一切制度之变迁，当详览《隋志》，兹篇不能偻述，节录《百官志序》以见一斑：

> 汉高祖除暴宁乱，轻刑约法，而职官之制，因于嬴氏。……光武中兴，聿遵前绪。唯废丞相与御史大夫，而以三司综理众务。洎于叔世，事归台阁。论道之官，备员而已。魏、晋继及，大抵略同。爰及宋、齐，亦无改作。梁武受终，多循齐旧。然而定诸卿之位，各配四时，置戎秩之官，百有余号。陈氏继梁，不失旧物；高齐创业，亦遵后魏。台省位号，与江左稍殊。……有周创据关右，日不暇给。洎乎克清江、汉，爰议宪章。酌酆镐之遗文，置六官以综务。详其典制，有可称焉。高祖践极，百度伊始。复废周官，还依汉、魏。唯以中书为内史、侍中为纳言，自余庶僚，颇有损益。炀帝嗣位，意存稽古，建官分职，率由旧章。大业三年，始行新令。于时三川定鼎，万国朝宗，衣冠文物，足为壮观。既而以人从欲，待下若仇；号令日改，官名月易。寻而南征不复，朝廷播迁，图籍注记，多从散佚。今之存录者，不能详备焉。

唐之制度，亦多变迁。综其一代，未可概论。然欲考求有唐一代良法美意，莫若先治《唐六典》。盖《六典》成于开元中，正唐室全盛之时。弘纲巨旨，粲然明备，足与《周官》颉颃。而宋以后所行之法，亦多孕育于其中。

> 《唐六典序》（王鏊）：“周之后莫善于唐，唐有《六典》可追仿《周礼》。”“国家官制，则象《周官》，于唐制固若未暇，而亦未尝遗之。盖唐以中书、门下、尚书三省参领天下之务，今六部虽分，顾犹尚书省之旧。而内阁则隐然中书，通政、给事则门下之遗也。其余寺监府院以分众职，品爵勋阶以叙群材，尚多唐旧。”

虽书中所云，亦未尽使用。

> 《四库全书提要》：“《唐六典》卅卷，其书以三师、三公、三省、九寺、五监、十二卫，列其职司官佐，叙其品秩，以拟《周礼》。《书录解题》引韦述《集贤记》注曰：开元十年，起居舍人陆坚被旨修是书。帝手写白麻纸六条曰：理、教、礼、政、刑、事，令以类相从。”“二十六年，奏草上，迄今在直院，亦不行用。程大昌《雍录》则曰：唐世制度，凡最皆在《六典》。”“草制之官，每入院必首索《六典》，则时制尽在故也。二说截然不同。考《吕温集》有《代郑相公请删定施行六典开元礼状》一篇，称‘宣示中外，星周六纪，未有明诏施行’，……与韦述之言相合。唐人所说，当无讹误。……疑当时讨论典章，亦相引据，而公私科律，则未尝事事遵用，如明代之《会典》也云尔。”

然考求吾国人立国之法，自《周官》外，无逾是书者矣。

《周官》所重，体国经野。《唐六典》则惟重设官分职，而其体国经野之法，则具于户部职中。

> 《唐六典》：“户部尚书、侍郎，掌天下户口井田之政令。”

“郎中、员外郎，掌领天下州、县户口之事。凡天下十道，任土所出，而为贡赋之差，分十道以总之。一曰关内道，凡二十有二州，东距河，西抵陇坂，南据终南之山，北边沙漠。厥赋：绢、绵、布、麻，厥贡：岱赭盐、山角弓，龙须席、苁蓉、野马皮、麝香。二曰河南道，凡二十有八州，东尽于海，西距函谷，南濒于淮，北薄于河。厥赋：绢、絁、绵、布，厥贡：紬絁、文绫、丝葛、水葱、蕉心席、瓷石之器。三曰河东道，凡十有九州，东距恒山，西据河，南抵首阳、太行，北边匈奴。厥赋：布襺，厥贡：扇扇、龙须席、墨蜡、石英、麝香、漆、人参。四曰河北道，凡二十有五州，东并于海，南迫于河，西距太行、恒山，北通渝关、蓟门。厥赋：绢、绵及丝，厥贡：罗绫、平紬、丝布、丝紬、凤翮、苇席、墨。五曰山南道，凡三十有三州，东接荆，西抵陇蜀，南控大江，北据商、华之山。厥赋：绢、布、绵、紬，厥贡：金、漆、蜜蜡、蜡烛、钢铁、芒硝、麝香、布、交梭、白縠、紬纻、绫葛、彩纶、兰干。六曰陇右道，凡二十有一州，东接秦，西逾流沙，南连蜀及吐蕃，北界朔漠。厥赋：布、麻，厥贡：麸金、砺石、碁石、蜜蜡、蜡烛、毛毼、麝香、白氎及鸟、兽之角、羽毛、皮革。七曰淮南道，凡一十有四州，东临海，西抵汉，南据江，北距淮。厥赋：絁、绢、绵、布，厥贡：交梭、纻絺、孔雀熟丝布、青铜镜。八曰江南道，凡五十有一州，东临海，西抵蜀，南极岭，北带江。厥赋：麻、纻，厥贡：纱编、绫纶、蕉葛、练麸金、犀角、鲛鱼、藤、朱砂、水银、零陵香。九曰剑南道，凡三十有三州。东连牂柯，西界吐蕃，南接群蛮，北通剑阁。厥赋：绢、绵、葛、纻，厥贡：麸金、罗绫、绵紬、交梭、弥牟布、丝葛、麝香，羚羊、犛牛角尾。十曰岭南道，凡七十州。东南际海，西极群蛮，北据五岭。厥赋：蕉纻、落麻，厥贡：金、银、沈香、甲香、水马、翡翠，孔雀、象牙、犀角、龟壳、鼍鼊、丝、藤、竹布。”[①]

其地方分州、县两级，其下有乡里村坊之别。

《唐六典》：“四万户以上为上州，三万户以上为中州，不满为下州。六千户以上为上县，二千户以上为中县，一千户以上为中下县，不满一千户皆为下县。百户为里，五里为乡。两京及州县之廓内分为坊，郊外为村里及村坊，皆有正以司督察。四家为邻，五家为保，保有长，以相禁约。”

其民有计帐、户籍，

《唐六典》：“凡男女始生为黄，四岁为小，十六为中，二十有一为丁，六十为老。每一岁一造计帐，三年一造户籍。县以籍成于州，州成于省，户部总而领焉。”[②]

分等而载之，计年而比之。

《唐六典》：“凡天下之户，量其资产，定为九等。每定户以中年[③]，造籍以季年[④]。州县之籍，恒留五比，省籍留九比。”

计口授田，度地之肥瘠宽狭而居之。

《唐六典》：“凡天下之田，五尺为步，二百有四十步为亩，百亩为顷。度其肥瘠宽狭，以居其人。凡给田之制有差，丁男、中男以一顷[⑤]，老男、笃疾、废疾以四十亩，寡妻妾以三十亩，若为户者则减丁之半。凡分田为二等，一曰永业，一曰口分。丁之田，二为永业，八为口分。凡道士给田三十亩，女冠二十亩，僧尼亦如之。凡官户受田，减百姓口分之半。凡天下百姓给园宅地者，良口，三人以上给一亩，三口加一亩，贱口，五人给一亩，五口加一亩，其口分、永业不与焉。凡给口分田，皆从便近。居城之人本县无田者，则隔县给受。凡应牧授之田，皆起十月，毕十二月。凡授田，先课后不课，先贫后富，先无后少。凡州县界内所部受田悉足者为宽乡，不足者为狭乡。”（按其法盖多沿魏、周及隋之制而变通之也。）《文献通考》：“隋代中男、丁男永业露田，皆遵后齐之制。”“开皇九年，任垦田千九百四十四万四千二百六十七顷。开皇十二年，文帝以天下户口岁增，京辅及三河地少而人众，衣食不给，议者咸欲徙就宽乡，帝乃发使四出，均天下之田。其狭乡每丁才至二十亩，老少又少焉。至大业中，天下垦田五千五百八十五万四千四十顷。”“隋文帝颁新令，男女三岁以下为黄，十岁为小，十七岁以下为中，十八岁以上为丁，以从课役。六十为老，乃免。开皇三年，乃令人以二十一成丁。炀帝即位，户口益多，男子以二十二为丁。高颎奏人间课税，虽有定分，年恒征纳，除注常多，长吏肆情，文帐出没，既无簿籍，难以推校，乃定输籍之样，请遍下诸州。每年正月五日，县令巡人各随近五党三党共为一团，依样定户上下。帝从之，自是奸无所容。”

虽人户之数，隋、唐相等，

《文献通考》：“炀帝大业二年，户八百九十万七千五百三十六，口四千六百一万九千九百五十六。”《通典》：“天宝十四载，管户总八百九十一万九千三百九，口五千二百九十万九千三百九。”

尚未可以比于汉室，然论者颇称其法焉。

《文献通考》载苏轼曰：“自汉以来，丁口之蕃息，与仓廪府库之盛，莫如隋。其贡赋输籍之法，必有可观者。然学者以其得天下不以道，又不过再世而亡，是以鄙之而无传焉。”

唐之设官，大抵皆以隋故，

《新唐书·百官志》：“唐之官制，其名号爵秩，虽因时增损，而大抵皆沿隋故。其官司之别，曰省、曰台、曰寺、曰监、曰卫、曰府，各统其属，以分职定位。其辨贵贱、叙劳能，则有品、有爵，有勋、有阶，以时考核而升降之。”

其格令定于开元二十五年。

《文献通考》：“开元二十五年，刊定职次，著为格令。尚书省以统会众务，举持绳目；门下省以侍从献替，规驳非宜；中书省以献纳制册，敷扬宣劳；秘书省以监录图书；殿中省以供修膳服；内侍省以承旨奉引；御史台以肃清僚庶；九寺⑥、五监⑦以分理群司；六军⑧、十六卫⑨以严其禁御。一詹事府，二春坊，三寺⑩，十率⑪，俾乂储宫，牧守督护，分临畿服。设官以经之，置使以纬之⑫，自六品以下，率由选曹，居官者以五岁为限。”

论者谓门下省给事中之掌封驳，为一代极善之制。

《唐六典》：“给事中侍奉左右，分制省事。凡百官奏钞，侍中审定，则先读而署之，以驳正违失。凡制敕宣行大事，则称扬德泽，褒美功业，复奏而请施行，小事则署而颁之。凡国之大狱，三司详决，若刑名不当，轻重或失，则援法例，退而裁之。凡文武六品以下授职，所司奏拟，则校其仕历深浅，功状殿最，访其德行，量其材艺。官若非其人，理失其事，则白侍中而退量焉。凡天下冤滞未申及官吏刻害者，必听其讼，与御史及中书舍人同计其事宜而申理之。”

《日知录》卷九：“人主之所患，莫大乎唯言而莫予违。……汉哀帝封董贤，而丞相王嘉封还诏书。后汉钟离意为尚书仆射，数封还诏书。自是封驳之事，多见于史，而未以为专职也。唐制，凡诏敕皆经门下省，事有不便，得以封还，而给事中有驳正违失之掌，著于六典。如袁高、崔植、韦弘景、狄兼谟、郑肃、韩佽、韦温、郑公舆之辈，并以封还敕书，垂名史传。亦有召对慰谕，如德宗之于许孟容；中使嘉劳，如宪宗之于薛存诚者。而元和中，给事中李藩在门下，制敕有不可者，即于黄纸后批之。吏请别连白纸，藩曰：‘别以白纸，是文状也。何名批敕?’宣宗以右金吾大将军李燧为岭南节度使，已命中使赐之节。给事中萧倣封还制书，上方奏乐，不暇别召中使，使优人追之，节及燧门而返。人臣执法之正，人主听言之明，可以并见。五代废弛。宋太宗淳化四年，始复给事中封驳。而司马池犹谓门下虽有封驳之名，而诏书一切自中书以下，非所以防过举也。明代虽罢门下省长官，而独存六科给事中，以掌封驳之任。旨必下科，其有不便，给事中驳正到部，谓之科参。六部之官，无敢抗科参而自行者。故给事中之品卑而权特重。”

盖汉代人主及大臣之于政务，多与群僚会议。自三国以降，君主及大臣之权漫无限制。故唐以门下省给事中掌封驳，使纠正其违失。沿及明、清，犹存其制之遗意，孰谓君主之世皆专制哉！

魏、晋以来，国之人政，多总于中书。中书舍人掌撰制诰，其职尤重。唐代因之，诸官莫比。

《文献通考》：“中书省自魏、晋始，梁、陈时，凡国之政事，并由中书省。隋初改为内史省，唐武德三年，复中书省。”“隋内史舍人专掌诏诰。武德三年，改为中书舍人，专掌诏诰，侍从署敕，宣旨劳问，授纳诉讼，敷奏文表，分制省事。自永淳以来，天下文章道盛，台阁髦彦，无不以文章达。故中书舍人为文士之极任，朝廷之盛选，诸官莫比焉。”

而尚书省奉行政令，分立六部，后世多因此以分职，迄清末始改。盖自汉置五曹，至隋置六部，历经研究，始定此政务之大纲（隋置吏、礼、兵、刑、民、工六部尚书，唐与之同，惟民部曰户部），敛而行政之法，遂详备焉。六部行政，各有区别。就其总者言之，如官司之奏报，文牍之施行，皆有定式，是亦可觇唐制之善矣。

> 《唐六典》："尚书都省掌举诸司之纲纪，与其百僚之程式，以正邦理。凡内外百司所受之事，皆印其发日，为之程限。一日受，二日报。小事五日，中事十日，大事二十日，狱案三十日，其急务者不与焉。小事判句经三人以下者给一日，四人以上给二日；中事每经一人给二日，大事各加一日。内外诸司咸率此。若诸州计奏达于京师，量事之大小多少以为之节，二十条以上，二日；倍之，三日；又倍之，四日；又倍之，五日。虽多，不是过焉。凡制敕施行，京师诸司有符移关牒，诸下州者，必由于都省以遣之。凡文案既成，勾司行朱讫，皆书其上端，记年月日，纳诸库。凡施行公文应印者，监印之官考其事目，无或差谬，而后印之。必书于历，每月终，纳诸库。""凡内外百僚，日出而视事，既午而退，有事则直官省之，其务繁不在此例。"

天下大政，曰财，曰兵。其制度之变迁，则以唐为古今大判之枢。唐行授田之法，其赋役亦因以定制为租、调、庸、徭四目。

> 《唐六典》："凡赋役之制有四：一曰租，二曰调，三曰役，四曰杂徭。课户每丁租粟二石，其调随乡土所产绫、绢、絁各二丈，布加五分之一。输绫、绢、絁者绵三两，输布者麻二斤，皆书印焉。凡丁岁役二旬，无事则收其庸，每日三尺。有事而加役者，旬有五日，免其调，三旬则租调俱免。凡庸、调之物，仲秋而敛之，季秋发于州。租则准上收获早晚，量事而敛之，仲秋起输，孟春而纳毕。"

其取于民也均。开元以后，法度废弊，又经大乱，版籍难定，于是有杨炎两税之法。

> 《文献通考》："租庸调法以人丁为本。开元后，久不为版籍，

法度废弊，丁口转死，田亩换易，贫富升降，悉非向时，而户部岁以空文上之。……天宝中，王鉷为户口使，务聚敛，乃按旧籍，除当免者。积三十年，责其租庸，人苦无告，法遂大弊。至德后，天下兵起，人口凋耗，版图空虚。赋敛之司，莫相统摄，纲纪大坏。王赋所入无几，科敛凡数百名。……德宗时，杨炎为相，遂作两税法。夏输无过六月，秋输无过十一月，置两税使以总之。凡百役之费，先度其数而赋之于民，量出制入。户无主客，以见居为簿，人无丁中，以贫富为差。不居处而行商者，在所州县，税三十之一，度所取与居者均，使无侥利，其租、庸、杂徭悉省，而丁额不废。其田亩之税，以大历十四年垦田之数为定，而均收之。

后世专重田赋，分为夏、秋两税。又不计土壤高下，沿各地所收旧数而高下之，皆本杨炎之法，而古者均地均赋之义亡矣。

唐之兵制，亦因周、隋设府兵。

《文献通考》：“周太祖辅西魏时，用苏绰言，始仿周典置六军，籍六等之民。择魁健材力之士，以为之首。尽蠲租调，而刺史以农隙教之，合为百府。每府一郎将主之，分属二十四军，开府各领一军。”《新唐书·兵志》：“府兵之制，起自西魏、后周而备于隋，唐兴因之。”“诸府总曰折冲府，凡天下十道，置府六百三十四，皆有名号，而关内二百六十有一皆以隶诸卫。凡府三等，兵千二百人为上，千人为中，八百人为下。”“凡民年二十为兵，六十而免。”“其隶于卫也，左右卫皆领六十府，诸卫领五十至四十。”“凡当宿卫者番上，兵部以远近给番。五百里为五番，千里为七番，千五百里八番，二千里十番，外为十二番，皆一月上。若简留直卫者，五百里为七番，千里八番，二千里十番，外为十二番，亦月上。”

实即今日所谓征兵之制，亦即古者兵农不分之意。

《文献通考》："府兵平日皆安居田亩，每府有折冲领之。折冲以农隙教习战阵，国家有事征发，则以符契下其州及府，参验发之。"

开元之后，改为募兵，而从来征兵之制不可复矣。

《文献通考》："自开元之末，张说始募长征兵，谓之'彍骑'。其后益为六军。及李林甫为相，奏诸军皆募人为兵，兵不土著，又无宗族，不自重惜，忘身徇利，祸乱自生。"

唐代京师学校，皆隶于国子监，沿隋制也。其学校有六：一曰国子，二曰太学，三曰四门，四曰律学，五曰书学，六曰算学。其学生以阶级分之。

《唐六典》："国子博士掌教文武官三品以上及国公子孙从二品以上曾孙之为生者，……太学博士掌教文武官五品以上及郡县公子孙三品曾孙之为生者，……四门博士掌教文武官七品以上及侯伯子男之为生者，若庶人子为俊士生者，……律学博士、书学博士、算学博士掌教文武官八品以下及庶人子之为生者。"

各有定额及专业年限。

《新唐书·选举志》："国子学，生三百人；太学，生五百人；四门学，生千三百人[13]；律学，生五十人；书学，生三十人；算学，生三十人。……凡生，限年十四以上、十九以下；律学十八以上、二十五以下。"《唐六典》："国子生五分其经以为之业，习《周礼》、《仪礼》、《礼记》、《毛诗》、《春秋左氏传》，每经各六十人，余经亦兼习之。习《孝经》、《论语》，限一年业成；《尚书》、《春秋穀梁》、《公羊》各一年半；《周易》、《毛诗》、《周礼》、《仪礼》各二年；《礼记》、《左氏春秋》各三年。其习经有暇者，命习隶书，并《国语》、《说文》、《字林》、《三仓》、《尔雅》。”“太学生五分其经以为之业，每经各百人。”“四门分经同太学。”“律学生以律令为专业，格式法例亦兼习之。”“书学生以《石经》、《说文》、《字林》为专业，余字书亦兼习之。《石经》三体书限三年业成，《说文》二年，《字林》一年。”“算学生二分其经以为之业，习《九章》、《海岛》、《孙子》、《五曹》、《张丘建》、《夏侯阳》、《周髀》十有五人，习《缀术、》、《缉古》十有五人。《孙子》、《五曹》共限一年业成，《九章》、《海岛》共三年，《张丘建》、《夏侯阳》各一年，《周髀》、《五经算》共一年，《缀术》四年，《缉古》三年。”

入学有束脩，每旬有考试。

《唐六典》：“其生初入，置束帛一篚、酒一壶、脩一案，号为束脩之礼。每旬前一日，则试其所习业。”

业成者上于监，无成者免。

《唐六典》：“凡六学生每岁有业成上于监者，丞以其业与司业祭酒试之。明经，帖经口试策经义；进士，帖一中经，试杂文策时务征事。其明法、明书算，亦各试所习业。登第者上于尚书，礼部主簿掌印句检监事。凡六学生有不率师教者，则举而免之。其频三年下第九年在学及律生六年无成者，亦如之。”⑭

其地方之学校学生，亦有定额。

《新唐书·选举志》：“京都学生八十人，大都督、中都督府、上州各六十人，下都督府、中州各五十人，下州四十人，京县五十人，上县四十人，中县、中下县各三十五人，下县二十人。”

设博士、助教等教之。

《唐六典》：“京兆、河南、太原三府及各州，皆有经学博士一人，助教二人或一人。”⑮

别有弘文、崇文馆学生，讲习经业，兼学书法。

《唐六典》："门下省弘文馆学生三十人[16]，太子崇文馆学生二十人，其课试举送如弘文馆。"

当太宗时，学风最盛。

《新唐书·选举志》："自高祖初入长安，开大丞相府，下令置生员，自京师至于州县皆有数。既即位，又诏秘书外省别立小学，以教宗室子孙及功臣子弟。其后又诏诸州明经、秀才、俊士、进士，明于理体为乡里称者，县考试，州长重覆，岁随方物入贡。吏民子弟学艺者，皆送于京学，为设考课之法，州县乡皆置学焉。及太宗即位，益崇儒术，乃于门下别置弘文馆，又增置书、律学，进士加读经史一部。十三年，东宫置崇文馆。自天下初定，增筑学舍至千二百区。虽七营飞骑，亦置生，遣博士为授经。四夷若高丽、百济、新罗、高昌、吐蕃，相继遣子弟入学，遂至八千余人。"

天宝后，学校遂衰，员额均减于旧。

《新唐书·选举志》："自天宝后，学校益废，生徒流散。"元和二年，"始定生员，西京国子馆生八十人，太学七十人，四门三百人，广文六十人[17]，律馆二十人，书、算馆各十人；东都国子馆十人，太学十五人，四门五十人，广文十人，律馆十人，书馆三人，算馆二人而已。"

而学风之坏，亦颇为时人所讥焉。

《与太学诸生书》（柳宗元）："仆少时，尝有意游太学，受师说，以植志持身。当时说者咸曰：'太学生聚为朋曹，侮老慢贤，有堕窳败业而利口食者，有崇饰恶言而肆斗讼者，有凌傲长上而谇骂有司者，其退然自克，特殊于众人者无几耳。'仆闻之，遂退托乡闾家塾，考厉志业。过太学之门，而不敢跼顾。"

唐代重科举，其学校亦科举之一法，非专为讲学之地。天宝中，尝令举人专由国学及郡县学，后又复乡贡。

《新唐书·选举志》："举人旧重两监，后世禄者以京兆、同、华为荣，而不入学。天宝十二载，敕天下罢乡贡，举人不由国子及郡县学者勿举送。……十四载，复乡贡。"

故终唐之世，人悉骛于科名，而唐之科目亦特备。

《新唐书·选举志》："唐制，取士之科，多因隋旧，然其大要有三。由学馆者曰生徒，由州县者曰乡贡，皆升于有司而进退之。其科之目，有秀才，有明经，有进士，有俊士，有明法，有明字，有明算，有一史，有三吏，有开元礼，有道举，有童子。而明经之别，有五经，有三经，有二经，有学究一经，有三礼，有三传，有史科。此岁举之常选也。其天子自诏者曰制举，所以待非常之才焉。"

士皆怀牒自列于有司，

《新唐书·选举志》："每岁仲冬，州、县、馆、监举其成者送之尚书省，其不繇馆选者，谓之乡贡，皆怀牒自列于州、县。试已，长吏以乡饮酒礼，会属僚，设宾主，陈俎豆，备管弦，牲用少牢，歌《鹿鸣》之诗，因与耆艾叙长少焉。既至省，皆疏名列到，结款通保及所居，始由户部集阅，而关于考功员外郎试之。"

各科之试法不同，要以明经、进士二科为重。

《新唐书·选举志》："凡秀才，试方略策五道，以文理通粗为上上、上中、上下、中上，凡四等为及第。凡明经，先帖文，然后口试，经问大义十条，答时务策三道，亦为四等。凡《开元礼》，通大义百条、策三道者，超资与官；义通七十、策通二者，及第。散、试官能通者，依正员。凡三传科，《左氏传》问大义五十条，《公羊》、《穀梁传》三十条，策皆三道，义通七以上、策通二以上为第，白身视五经，有出身及前资官视学究一经。凡史科，每史问大义百条、策三道，义通七、策通二以上为第。能通一史者，白身视五经、三传，有出身及前资官视学究一经；三吏皆通者，奖擢之。凡童子科，十岁以下能通一经及《孝经》、《论语》，卷诵文十，通者予官，通七，予出身。凡进士，试时务策五道，帖一大经，经、策全通者为甲第；策通四、帖过四以上为乙第。凡明法，试律七条、令三条，全通为甲第，通八为乙第。凡书学，先口试，通，乃墨试《说文》、《字林》二十条，通十八为第。凡算学，录大义本条为问答，明数造术，详明术理，然后为通。试《九章》三条，《海岛》、《孙子》、《五曹》、《张丘建》、《夏侯阳》、《周髀》、《五经算》各一条，十通六，《记遗》、《三等数》帖读十得九，为第。试《缀术》、《缉古》录大义为问答者，明数造术，详明术理，无注者，合数造术，不失义理，然后为通。《缀术》七条、《缉古》三条，十通六，《记遗》、《三等数》帖读十得九为第。落经者，虽通六，不第。”又：“开元二十九年，始置崇玄学，习《老子》、《庄子》、《文子》、《列子》，亦曰道举。其生，京、都各百人，诸州无常员。官秩、荫第同国子，举送、课试如明经。”

其得第者，大抵百分之一。

《文献通考》：“开元以后，四海晏清，士耻不以文章达。其应诏而举者，多则二千人，少不减千人，所收百才有一。”

世多病其法之不善，然九品中正之弊，致成贵族政治。矫之以科举，而平民与贵族乃得均享政权，是亦未始无关于国家社会之进化也。

隋都长安，以洛阳为东都。唐室因之，以长安为两京，洛阳为东京。

两京城坊之壮丽，轶于前世，《两京城坊考》（徐松）详述之。

《两京城坊考》："唐西京初曰京城，隋之新都也。开皇二年所筑[18]。唐天宝元年为西京。""宫城东西四里，南北二里二百七十步，周十三里一百八十步。其崇三丈五尺，南即皇城。"[19]"傅宫城之南面曰皇城，亦曰子城。东西五里一百一十五步，南北三里一百四十步，周十七里一百五十步。城中南北七街，东西五街。左宗庙，右社稷，百寮廨署，列于其间。"[20]"外郭城隋曰大兴城，唐曰长安城，亦曰京师城。前直子午谷，后枕龙首山，左临灞岸，右抵沣水。东西一十八里一百一十五步，南北一十五里一百七十五步，周六十七里。其崇一丈八尺，面各三门，郭中南北十四街，东西十一街，其间列置诸坊，有京兆府万年、长安二县所治，寺观邸第编户错居焉。当皇城南，面朱雀门，有南北大街，曰朱雀门街，东西广百步，万年、长安二县以此街为界；万年领街东五十四坊及东市；长安领街西五十四坊及西市。""东京一名东都，始筑于隋大业元年，谓之新都。唐显庆二年，曰东都。""宫城在皇城北，东西四里一百八十八步，南北二里八十五步，周一十三里二百四十一步。其崇四丈八尺。""皇城傅宫城南，东西五里一十七步，南北三里二百九十八步，周一十三里二百五十步。高三丈七尺。城中南北四街，东西四街。""东京城，隋大业元年筑，曰罗郭城。唐长寿二年李昭德增筑，改曰金城。前直伊阙，后倚邙山，东出瀍水之东，西出涧水之西。雒水贯都，有河汉之象焉。周五十二里，南东各三门，北二门，城内纵横各十街。凡坊一百十三，市三。"

日本之平安京，即仿唐之长安城，彼国至今犹盛称之。考史者所宜资以比较者也。唐之都会，民居与市廛不杂，故商店悉聚于两市，

《两京城坊考》："西京东市，隋曰都会市，东西南北各六百

步。四面各开二门，四面街各广百步。北街当皇城南之大街，东出春明门，广狭不易于旧。东西及南面三街向内开，壮广于旧。街市内货财二百二十行，四面立邸。四方珍奇，皆所积集。”“西市，隋曰利人市，南北尽两坊之地。市内店肆，如东市之制。长安县所领四万余户，比万年为多。浮寄流寓，不可胜计。”“东都南市，隋曰丰都市。唐以其在雒水南，故曰南市。东西南北居二坊之地，其内一百二十行，三千余肆。四壁有四百余店，货贿山积。”（其西市、北市之制未言，当亦等于南市。）

而掌以市令。

《唐六典》：“京都诸市令，掌百族交易之事。丞为之贰，以二物平市[21]。以三贾均市[22]。凡与官交易，及悬平赃物，并用中贾。其造弓矢长刀，官为立样，仍题工人姓名，然后听鬻，诸器物亦如之。以伪滥之物交易者没官，短狭不中量者还主。凡卖买奴婢牛马，用本司本部公验以立券。凡卖买不和而榷固及更出开闭，共限一价。若参市而规自入者并禁之。凡市以日午击鼓三百声，而众以会；日入前七刻，击钲三百声，而众以散。”

其地方亦各有市令焉。

《唐六典》：“汉代诸郡国，皆有市长。晋、宋以来，皆因之。隋氏始有市令。皇朝初，又加市丞。户四万以上者省补市令，州市令不得用本市内人，县市令不得用当县人。”

唐人之居室，以贵贱为差等。其制掌于左校令。

《唐六典》：“左校令掌供差构梓匠之事，致其杂材，差其曲直，制其器用，程其功巧。丞为之贰。凡宫室之制，自天子至于士庶，各有差等。”[23]

后世民居，多则五间，少则三间，沿唐制也。

衣服之制，别之以色，则起于隋。

《通鉴》卷一百八十一："大业六年十二月，上以百官从驾，皆服袴褶，于军旅间不便。是岁始诏从驾涉远者，文武官皆戎衣。五品以上，通著紫袍；六品以下，兼用绯丝，胥使以青，庶人以白，屠商以皂，士卒以黄。"

其礼服兼用历代之制，

《唐六典》："乘舆之服，则有大裘冕㉔、衮冕㉕、鷩冕㉖、毳冕㉗、絺冕㉘、玄冕、通天冠、武弁、弁服、黑介帻、白纱帽、平巾帻、翼善冠之服㉙。百官有朝眼、公服、弁服、平巾帻服、袴褶之服。"

常服则用袍，

《唐六典》："凡常服，亲王三品以上、二王后服用紫，饰以玉；五品以上服用朱，饰以金；七品以上服用绿，饰以银；九品以上用青，饰以鍮石；流外庶人服用黄，饰以铜铁。"

其阔狭长短均有定例。

《唐会要》（王溥）："袍袄衫等曳地不得长二寸以上，衣袖不得广一尺三寸以上。妇人制裙，不得阔五幅以上，裙条曳地不得长三寸以上，襦袖不得广一尺五寸以上。"

然各地风气，亦有变迁，奢侈者往往流于长阔焉。

《唐会要》："开成四年，淮南观察使李德裕奏管内妇人，袖先阔四尺，今令阔一尺五寸，裙先曳地四五寸，今令减五寸。"

唐人之饮食，亦有阶级。观其膳部所掌官吏食料，可以考见唐人饮食之材料及其节日之所尚。

《唐六典》："膳部郎中，掌邦之牲豆酒膳，辨其品数。凡亲王以下，常食料各有差㉚，三品以上食料九盘㉛，四品五品常食料七盘㉜，六品以下、九品以上常食料五盘㉝，凡诸王以下，皆有小食料。午时粥料各有差，复有设食料、设会料，每时皆有常食料。又有节日食料。”[34]

《六典》载珍羞署有饧匠，良酝署有酒匠，皆唐所特置。此可见唐人之嗜饧与酒矣。

《唐六典》：“珍羞署饧匠五人[35]，良酝署酒匠三十人。”[36]

唐之交通，均有定法。按驿程定其迟速，

《唐六典》：“驾部郎中，掌邦国之舆辇车乘，及天下之传驿厩牧官私马牛杂畜之簿籍，司其名数，凡三十里一驿，天下凡一千六百三十有九所[37]。又度支郎中，掌水陆道路之利。凡陆行之程，马，日七十里；步及驴，五十里；车，三十里。水行之程，溯河，日三十里，江，四十里；沿流之舟，河，日一百五十里，江，百里；余水，七十里。”

其运价亦有定数，

《唐六典》：“河南、河北、河东、关内等四道诸州运租、庸、杂物等脚，每驮一百斤，一百里一百文；山阪处一百二十文。车载一千斤，九百文。黄河及江水并从幽州运至平州，上水十六文，下水六文；余水上十五文，下五文。从澧、荆等州至扬州四文。其山陵险难驴少处，不得过一百五十文；平易处不得下八十文。”

各地长官，皆置进奏院于京师，以通文报。

《两京城坊考》：“崇仁坊有东都、河南、商、汝、汴、淄、青、淮南、兖州、太原、幽州、冀州、丰州、沧州、天德，荆南、宣歙、江西、福建、广、桂、安南、邕宁、黔南进奏院。”

京师之事，亦有日报达于四方。

《读开元杂报》（孙樵）：“樵曩于襄、汉间得数十幅书，系日条事，不立首末。其略曰：某日，皇帝亲耕籍田。某日，百僚行大射礼于安福楼内。某日，安北诸蕃长请扈从封禅。某日，宣政门宰相与百寮廷争十刻罢。如此凡数十百条。樵当时未知何等书，有知者曰：‘此开元政事。’及来长安，日见条报朝廷事者，徒曰今日除某官，明日授某官；今日幸于某，明日幸于某。”㊳

故其疆域虽广，而内外贯通，无隔阂之虞也。

自汉时创常平仓，

《汉书·食货志》：“五凤中，岁数丰穰。大司农中丞耿寿昌奏令边郡皆筑仓，以谷贱时增其价而籴，以利农谷，贵时减价而粜，名曰常平仓。”

历代因之，借以利民。

《文献通考》：“后汉明帝永平五年，作常平仓。”“晋武帝泰始二年，立常平仓。”

至隋又立社仓，由军民共立。

《文献通考》：“开皇五年，工部尚书长孙平，奏请令诸州百姓及军人劝课当社共立义仓。收获之日，随其所得，劝课出粟及麦于当社，造仓窖贮之，即委社司执帐检校。每年收积，勿使损败。若时或不熟，当社有饥馑者，即以此谷赈给。由是诸州储峙委积。”“十六年，诏社仓准上、中、下三等税。上户不过一石，中户不过七斗，下户不过四斗。”

唐代并置常平仓及义仓。常平积谷或钱，而义仓惟积谷。亩别征之，以备荒年。

《唐六典》：“凡王公以下，每年户别，据已受田及借荒等具所种苗顷亩，造青苗簿。诸州以七月以前申尚书省，至征收时，亩别纳粟二升，以为义仓。凡义仓之粟，唯荒年给粮，不得杂用。”《文献通考》：“太宗诏亩税二升粟麦粳稻土地所宜，宽乡敛以所种，狭乡据青苗簿而督之。田耗十四者免其半，耗十七者

> 皆免。商贾无田者，以其户为九等出粟，自五石至五斗为差。下下户及夷獠不取。岁不登则以赈民，或贷为种，至秋而偿。其后洛、相、幽、徐、齐、并、秦、蒲州又置常平仓，粟藏九年，米藏五年。下湿之地，粟藏五年，米藏三年，皆著于令。”“开元七年，敕关内、陇右、河南、河北五道及荆、扬、襄、夔、绵、益、彭、蜀、资、汉、剑、茂等州并置常平仓，其本上州三千贯，中州二千贯，下州一千贯，每籴具本利与正仓帐同申。”

维持民食，调节经济，使谷价常平，而人民知思患预防，且食互助之益，一善制也。天宝中，天下诸色米积九千六百余万石，而义仓得六千三百余万石。可见人民合力之所积，愈于官吏之所储矣。

注　释

①《新唐书·地理志》:“开元二十一年，又因十道分山南、江南为东西道，增置黔中道及京畿、都畿，置十五采访使检察，如汉刺史之职。”

②诸造籍起正月，毕三月。所须纸笔装潢轴帙，皆出当户内，口别一钱。计帐所须，户别一钱。

③子、卯、午、酉。

④丑、辰、未、戌。

⑤中男年十八以上者，亦依丁男给。

⑥太常、光禄、卫尉、宗正、太仆、大理、鸿胪、司农、太府为九寺。

⑦少府、将作、国子、军器、都水为五监。

⑧左右羽林、左右龙武、左右神武为六军。

⑨左右卫、左右骁卫、左右武、左右威、左右领军、左右金吾、左右监门、左右千牛为十六卫。

⑩家令寺、率更寺、太仆寺。

⑪左右卫、左右司御、左右清道、左右监门、左右内侍，凡十率府。

⑫按察、采访等使以理州县，节度、团练等使以督府军事，租庸、转运、盐铁、青

苗、营田等使以毓财货。其余细务，因事置使者，不可悉数。

⑬内八百人，以庶人之俊异者为之。

⑭假违程限及作乐杂戏亦同，惟弹琴、习射不禁。

⑮魏、晋以下，郡国并有文学，即博士、助教之任，并皇朝置。

⑯置讲经博士，考试经业，准试贡举，兼学书法。

⑰天宝九载，始置广文馆于国学。

⑱原注：按周、汉皆都长安，而皆非隋、唐之都城。文王作丰，在今西安府鄠县。武王宅镐，在今咸阳县西南。汉都城在唐城西北十三里，自刘聪、刘曜、石勒、苻健、苻坚、姚苌所据，皆汉城也。隋开皇二年，始移于龙首原。

⑲隋时规建，先筑宫城，次筑皇城，次筑外郭城。

⑳自两汉以后，至于晋、齐、梁、陈，并有人家在宫阙之间。隋文帝以为不便于事，于是皇城之内，惟列府寺，不使杂居，公私有辨。

㉑秤以格，斗以概。

㉒精为上贾，次为中贾，粗为下贾。

㉓天子之宫殿，皆施重栱藻井。王公诸臣三品以上九架，五品以上七架，并厅厦两头，六品以下五架。其门舍三品以上五架、三间，五品以上三间两厦，六品以下及庶人一间两厦。五品以上得制乌头门，若官修者，左校为之。私家自修者制度准此。

㉔王公第一品服之。

㉕二品服之。

㉖三品。

㉗四品。

㉘五品。

㉙六品至九品服爵弁。

㉚每日细白米二升，粳米、粱米各一斗五升。粉一升，油五斤，盐一升，醋二升，蜜三合，粟一斗，梨七颗，酥一合，干枣一升，木橦十根，炭十斤，葱韭豉蒜姜椒之类各有差。每月给羊二十口，猪肉六十斤，鱼三十头，各一尺，酒九斗。

㉛每日细米二升二合，粳米八合，面二升四合，酒一升半，羊肉四分，酱四合，醋四合，瓜三颗，盐豉葱姜葵韭之类各有差。木橦春二分，冬三分五厘，炭春三斤，冬五斤。

㉜每日细米二升，面二升三合，酒一升半，羊肉三分，瓜两颗，余并同三品。若断屠

及决囚日停肉，给油一合，小豆三合，三品以上亦同此。

㉝每日白米二升，面一升一合，油三勺，小豆一合，酱三合，醋三合，豉盐葵韭之类各有差。木橦春二分，冬三分。

㉞冑寒食麦粥，正月七日、三月三日煎饼，正月十五日并晦日膏糜，五月五日粽䊦，七月七日斫饼，九月九日麻葛糕，十月一日黍臛，皆有等差，各有配食料。

㉟皇朝置。

㊱皇朝置。郢州出美酒，张去奢为刺史，进其法。今则取郢州人为酒匠，以供御及时燕赐。

㊲二百六十所水驿，一千二百九十七所陆驿，八十六所水陆相兼。

㊳樵为此文，在大中五年。是唐自开元至大中，日日有朝报也。世以新闻纸创自泰西，实则吾国早有此制。特朝报只载朝廷之事，不纪民间社会之状况，且不著议论，与今之报纸不同。然其性质之为传播消息，使人易于周知，则一也。

第十三章　隋唐之学术文艺

吾国文化，自汉以来，虽迭因兵燹而遭摧毁，然治乱相间，亦时时有人整理而绍述之。即以书籍而论，牛弘所举五厄，自破坏方面言之也；而与此五厄相错者，则自荀勖因《中经》著《新簿》，始分四部，至隋、唐而分析益密。目录之学，远绍刘《略》、班《志》之绪。

《隋书·经籍志》："魏氏代汉，采掇遗亡，藏在秘书中外三阁。魏秘书郎郑默，始制《中经》，秘书监荀勖，又因《中经》更著《新簿》，分为四部，总括群书。一曰甲部，纪六艺及小学等书；二曰乙部，有古诸子家、近世子家、兵书、兵家、术数；三曰丙部，有史记、旧事、皇览簿、杂事；四曰丁部，有诗赋、图赞、《汲冢书》。大凡四部，合二万九千九百四十五卷。但录题及言，盛以缥囊，书用缃素。至于作者之意，无所论辩。惠、怀之乱，京华荡覆。渠阁文籍，靡有孑遗。东晋之初，渐更鸠聚。著作郎李充，以勖旧簿校之，其见存者，但有三千一十四卷。充遂总没众篇之名，但以甲乙为次。自尔因循，无所变革。其后中朝遗书，稍流江左。宋元嘉八年，秘书监谢灵运造《四部目录》，大凡六万四千五百八十二卷。元徽元年，秘书丞王俭又造《目录》，大凡一万五千七百四卷。俭又别撰《七志》，一曰《经典志》，纪六艺、小学、史记、杂传；二曰《诸子志》，纪今古诸子；三曰《文翰志》，纪诗赋；四曰《军书志》，纪兵书；五曰《阴阳志》，纪阴阳图纬；六曰《术艺志》，纪方技；七曰《图谱志》，纪地域及图书。其道、佛附见，合九条。然亦不述作者之意，但于书名之下，每立一传，而又作九篇条例，编乎首卷之中。……齐永明中，秘书丞王亮、监谢朏，又造《四部书目》，大凡一万八千一十卷。齐末兵火，延烧秘阁，经籍遗散。梁初，秘书监任昉，躬加部集，又于文德殿内，列藏众书，华林园中，总集释典，大凡二万三千一百六卷，而释氏不预焉。梁有秘书监任昉、殷钧《四部目录》，又《文德殴目录》。其术数之书，更为一部，使奉朝请祖暅撰其名。故梁有《五部目录》。普通中，有处士阮孝绪，沈静寡欲，笃好坟史，博采宋、齐以来王公之家凡有书记，参校官簿，更为《七录》：一曰《经典录》，纪六艺；二曰《记传录》，纪史传；三曰《子兵录》，纪子书、兵书；四曰《文集录》，纪诗赋；五曰《技术录》，纪数术；六曰《佛录》；七曰《道录》。其分部题目，颇有次序。”

计其都数，隋唐最盛。

《隋书·经籍志》：“中原……文教之盛，苻、姚而已。宋武入关，收其图籍，府藏所有，才四千卷。”“后魏始都燕、代，南略中原，粗收经史，未能全具。孝文徙都洛邑，借书于齐，秘府之中，稍以充实。暨于尔朱之乱，散落人间。”“后周始基关右，外逼强邻，戎马生郊，日不暇给。保定之始，书止八千，后稍加增，方盈万卷。周武平齐，先封书府，所加旧本，才至五千。隋开皇三年，秘书监牛弘，表请分遣使人，搜访异本。每书一卷，赏绢一匹，校写既定，本即归主。于是民间异书，往往间出。及平陈以后，经籍渐备。……内、外之阁，凡三万余卷。”“唐武德五年，克平伪郑，尽收其图书及古迹焉，命司农少卿宋遵贵载之以船，溯河西上，将致京师，行经底柱，多被漂没，其所存者，十不一二其《目录》亦为所渐濡，时有残缺。今考见存，分为四部，合条为一万四千四百六十六部，有八万九千六百六十六卷。”

《新唐书·艺文志》：“自汉以来，史官列其名氏篇第，以为六艺、九种、七略；至唐始分为四类，曰经、史、子、集。而藏之盛，莫盛于开元。其著录者，五万三千九百一十五卷，而唐之学者自为之书，又二万八千四百六十九卷。”“初，隋嘉则殿书三十七万卷，至武德初，有书八万卷，重复相糅。王世充平，得隋旧书八千余卷，太府卿宋遵贵监运东都，浮舟溯河，西致京师，经砥柱舟覆，尽亡其书。”“两都各聚书四部，以甲、乙、丙、丁为次，列经、史、子、集四库。其本有正有副，轴带帙签，皆异色以别之。而安禄山之乱，尺简不藏。元载为宰相，奏以千钱购书一卷。……至文宗时，……四库之书复完，分藏于十二库。”

分写副本，尤极精美。

《隋书·经籍志》：“平陈所得，多太建时书，纸墨不精，书亦拙恶。于是总集编次，存为古本。召天下工书之士，京兆韦霈、南阳杜頵等，于秘书内补续残缺，为正副二本，藏于宫中，其余以实秘书内、外之阁，凡三万余卷。”“炀帝即位，秘阁之书，限写五十副本，分为三品：上品红琉璃轴，中品绀琉璃轴，下品漆轴。于东都观文殿东西厢构屋以贮之，东屋藏甲、乙，西屋藏丙、丁。”《新唐书·艺文志》：“贞观中，魏徵、虞世南、颜师古继为秘书监，请购天下书，选五品以上子孙工书者为书手，缮写藏于内库，以宫人掌之。玄宗命左散骑常侍、昭文馆学士马怀素为修图书使，与右散骑常侍、崇文馆学士褚无量整比。会幸东都，乃就乾元殿东序检校。无量建议：‘御书以宰相宋璟、苏颋同署，如贞观故事。’又借民间异本传录。及还京师，迁书东宫丽正殿，置修书院于著作院。其后大明宫光顺门外，东都明福门外，皆创集贤书院，学士通籍出入。太府月给蜀郡麻纸五千番，季给上谷墨三百三十六丸，岁给河间、景城、清河、博平四郡兔千五百皮为笔材。”《唐六典》：“四库之书，两京各二本，共三万五千九百六十一卷，皆以益州麻纸写。其经库书钿白牙轴黄带红牙签，史库书钿青牙轴缥带绿牙签，子库书雕紫檀轴紫带碧牙签，集库书绿牙轴朱带白牙签，以为分别。”

典校装写，并设专官。

《唐六典》：“秘书省监一人，从三品，掌邦国经籍图书之事。”“少监二人，从四品上。”“秘书郎四人，从六品上，掌四部之图籍，分库以藏之，以甲、乙、丙、丁为之部目。”“校书郎八人，正九品上，正字四人，正九品下，掌雠校典籍，刊正文字，皆辨其纰缪，以正四库之图史。”“令史四人、书令史九人、典书八人、楷书手八十人、熟纸装潢匠各十人、笔匠六人。”“弘文馆学士无员数，掌详正图籍。”“书郎二人，掌校理典籍，刊正错缪。典书二人，拓书手三人，笔匠三人，熟纸装潢匠九人。”“集贤殿学士掌刊辑古今之经籍。”“知书官八人。”“书直及写御书一百人，拓书手六人，装书直十四人，造笔直四人。”

所贮副本，并以赐人。

《唐六典》：“凡四部之书，必立三本，曰正本、副本、贮本，以供进内及赐人。凡敕赐人书，秘书无本，皆别写给之。”①

此帝王之以国力保存文化者也。

其士大夫之藏书者，自晋以来，多著称于史策。

《晋书》：“张华雅爱书籍，身死之日，家无余财，惟有文史，溢于几箧。尝徙居，载书三十乘，秘书监挚虞撰定官书，皆资华之本以取正焉。天下奇秘，世所希有者，悉在华所。”《南史》：

“张缵好学，兄缅有书万卷余，昼夜披读，殆不辍手。”“沈约聪明过人，好坟籍，聚书至二万卷，都下无比。”“任昉博学，于书无所不见。家虽贫，聚书至万余卷，率多异本。及卒后，武帝使学士贺纵共沈约勘其书目，官无者就其家取之。”“王僧孺好坟籍，聚书至万余卷，率多异本，与沈约、任昉家书埒。”

至唐而藏书者尤多，

《旧唐书》：“吴兢家聚书颇多，尝自录其卷帙，号《吴氏西斋书目》。”② “韦述少聪敏，笃志文学，家有书二千卷。述为儿童时，记览皆遍，人骇异之。述澹于势利，家聚书二万卷，皆自校定铅椠，虽御府不逮也。兼古今朝臣图，历代知名人画，魏、晋以来草隶真迹数百卷，古研、古器、药方、格式、钱谱、玺谱之类，当代名公品题，无不毕备。”“蒋乂代为名儒，而又史官吴兢之外孙，以外舍富坟史。幼便记览不倦，手不释卷，老而弥笃，旁通百家，尤精历代沿革。家藏书一万五千卷。”“田弘正于府舍起书楼，聚书万余卷。”“李磎聚书至多，手不释卷，时人号曰李书楼。”“韦处厚聚书逾万卷，多手自刊校。”“苏弁聚书至二万卷，皆手自刊校。至今言苏氏书，次于集贤、秘阁焉。”《送诸葛觉往随州读书诗》（韩愈）：“邺侯家多书，插架三万轴。一一题牙签，新若手未触。为人强记览，过眼不再读。”《寄许孟容书》（柳宗元）：“家有赐书三千卷，尚在善和里旧宅。宅今已三易主，书存亡不可知。”

好学者率手自抄录。

《旧唐书》：“柳仲郢厩无名马，衣不熏香。退公布卷，不舍昼夜。九经、三史一抄，魏晋以来南北史再抄，手抄分门三十卷，号《柳氏自备》。又精释典，《瑜伽》、《智度大论》皆再抄，自余佛书，多手记要义。小楷精谨，无一字肆笔。”

此隋、唐所以能赓续前绪，使文教翼进而不坠者也。

有唐一代，为文学美术最盛之时，而其他学术亦时有树立。其于经，有《经典释文》、《五经正义》等书。而南北之学，以之统一。

《经学历史》（皮锡瑞）：“学术随世运为转移，亦不尽随世运为转移。隋平陈，而天下统一，南北之学，亦归统一，此随世运为转移者也。天下统一，南并于北，而经学统一，北学反并于南，此不随世运为转移者也。”“经学统一之后，有南学，无北学，南学北学，以所学之宗主分之，非以其人之居址分之也。……《隋书·经籍志》于《易》云：‘梁、陈，郑玄、王弼二注，列于国学。齐代，唯传郑义。至隋，王注盛行，郑学浸微。’于《书》云：‘梁、陈所讲，有郑、孔二家。齐代唯传郑义。至隋，孔、郑并行，而郑氏甚微。’于《春秋》云：‘《左氏》唯传服义，至隋，杜氏盛行，服义浸黴。’是伪孔、王、杜之盛行，郑、服之浸微，皆在隋时。故天下统一之后，经学也统一，而北学从此绝矣。”“唐太宗以儒学多门，章句繁杂，诏国子祭酒孔颖达与诸儒撰定五经义疏，凡一百七十卷，名曰《五经正义》。颖达既卒，博士马嘉运驳其所定义疏之失。有诏更定，未就。永徽二年，诏诸臣复考证之，就加增损。永徽四年，颁孔颖达《五经正义》于天下。每年明经，依此考试。自唐至宋，明经取士皆遵此本。”“其所定《五经疏》，《易》主王注，《书》主孔传，《左氏》主杜解。郑注《易》、《书》，服注《左氏》，皆置不取。”“其时同修《正义》者，《周易》则马嘉运、赵乾叶，《尚书》则王德韶、李子云，《毛诗》则王德韶、齐威，《春秋》则谷那律、杨士勋，《礼记》则朱子奢、李善信、贾公彦、柳士宣、范义頵、张权。标题孔颖达一人之名者，以年辈在先，名位独重耳。”（按《周易正义》十六卷，《尚书正义》二十卷，《毛诗正义》四十卷，《礼记正义》七十卷，《春秋正义》三十六卷，是为《五经正义》。此外贾公彦有《周礼疏》五十卷，《仪礼疏》五十卷，杨士勋有《春秋穀梁传疏》十三卷，皆成于唐初。惟徐彦《公羊传疏》二十八卷，不详其时代。）“前乎唐人义疏，经学家所宝贵者，有陆德明《经典释文》[③]。《经典释文》亦是南学，其书创始于陈后主元年，成书在未入隋以前。而《易》主王氏，《书》主伪孔，《左》主杜氏，为唐人义疏之先声。”

于史有《晋》、《梁》、《陈》、《周》、《齐》、《隋》诸书，及《南》、《北》二史。而五朝之事，得无失坠。

《旧唐书·艺文志》载：“《晋书》一百三十卷，许敬宗等撰。”“《梁书》五十卷，姚思廉撰。”[④]“《陈书》三十六卷，姚思廉撰。”“《后周书》五十卷，令狐德棻撰。”“《北齐书》五十卷，李百药撰。”“《隋书》八十卷，魏徵等撰。”

“《南史》八十卷，李延寿撰。”“《北史》一百卷，李延寿撰。”

外此，如李鼎祚《周易集解》、司马贞《史记索隐》、张守节《史记正义》、颜师古《汉书注》等，皆有考证辑录之功。其见于《唐志》而不传者尚多，无俟具论。比而观之，唐之史学盛于经学。如刘子玄著《史通》讥评古今。

《史通自序》（刘知几）：“三为史臣，再入东观，其所载削，皆与俗浮沈。虽自谓依违苟从，然犹大为史官所嫉，退而私撰《史通》，以见其志。”“《史通》之为书也，盖伤当时载笔之士，其义不纯，思欲辨其指归，殚其体统。夫其书虽以史为主，而余波所及，上穷王道，下掞人伦，总括万殊，包吞千有。其为义也，有与夺焉，有褒贬焉，有鉴诫焉，有讽刺焉。其为贯穿者深矣，其为网罗者密矣，其所商略者远矣，其所发明者多矣。”

杜佑撰《通典》，条贯事类。

《通典序》（李翰）：“京兆杜公君卿，雅有远度，志于邦典。采五经群史，上自黄帝，至于有唐天宝之末，每事以类相从，举其始终，历代沿革废置及当时群士论议得失，靡不条载，附之于事。如人支脉散缀于体，凡有八门，号曰《通典》。”

皆史家之创制，迄今人犹诵法之。

其读经者，多务速成，罕治大经。

《唐会要》：“开元八年，国子司业李元瓘言：今明经所习务在出身，《礼记》文少，人皆竞读。《周礼》、《仪礼》、《公羊》、《穀梁》历代宗习，今两监及州县以独学无友，四经殆绝。事资训诱，不可因循。”“开元十六年，国子祭酒杨玚言：今明经习《左氏》者十无一二，又《周礼》、《仪礼》、《公羊》、《穀梁》殆将绝废，亦请量加优奖。”

虽有壁书五经，石刻九经，而名儒不窥。讹误甚多，世盛讥之焉。

《唐会要》：“刘禹锡《国学新修五经壁记》：大历中名儒张参为司业，始详定五经，书于论堂东西厢之壁。”“文宗太和七年，敕于国子监讲学论堂两廊，创立石壁九经并《孝经》、《论语》、《尔雅》共一百五十九卷。”⑤《旧唐书·文宗纪》：“石经立后数十年，名儒皆不窥之。”

隋承南朝之绪，注重天文历算之学。其历、天文、漏刻、视祲，各有博士及生员。

《隋书·百官志》：“秘书省领著作、太史二曹，……太史曹置令、丞各二人，司历二人，监候四人。其历、天文、漏刻、视祲，各有博士及生员。”又《天文志》：“高祖平陈，得善天官者周坟以为太史令。坟博考经书，勤于教习。自此太史观生，始能识天官。”

唐因其制，设官益多。

《唐六典》：“太史局令二人，从五品下，掌观察天文，稽定历数。凡日月星辰之变，风云气色之异，率其属而占候焉。丞二人，从七品下；司历二人，从九品上；保章正一人，从八品上；历生三十六人，装书历生五人，监候五人，从九品下；天文观生九十人，云台郎二人，正八品下；天文生六十人，挈壶正二人，从八品下；司辰十九人，正九品下。漏刻典事十六人，漏刻博士六人，漏刻生三百六十人，典钟二百八十人，典鼓一百六十人。”

故精于测算制作者，不乏其人。王孝通著《缉古算经》，为后世立天元术所本。

《畴人传》（阮元）：“王孝通武德九年为算术博士，复为通直郎太史丞，著《缉古算经》一卷，并自为之注。”“李锐曰：算书以《缉古》为最深，学之未易通晓。惟以立天元术御之，则其中条理秩然。”阮元曰：“孝通《缉古》，实后来立天元术之所本也。”

李淳风、梁令瓒等制仪象，史称其精博，后世不能过。

《新唐书·天文志》云：“星经、历法，皆出于数术之学。唐兴，太史李淳风、浮图一行，尤称精博，后世未能过也。”

“贞观初，太宗诏淳风为浑仪。七年，仪成。表里三重，下据准基，状如十字，末树鳌足，以张四表。一曰六合仪，有天经双规、金浑纬规、金常规，相结于四极之内。列二十八宿、十日、十二辰、经纬三百六十五度。二曰三辰仪，圆径八尺，有璇玑规、月游规，列宿距度，七曜所行，转于六合之内。三曰四游仪，玄枢为轴，以连结玉衡游筩，而贯约矩规。又玄枢北树北辰，南矩地轴，傍转于内。玉衡在玄枢之间，而南北游，仰以观天之辰宿，下以识器之晷度，皆用铜。”

“开元九年，一行受诏，改治新历，率府兵曹参军梁令瓒以木为游仪，一行是之，乃奏：‘……请更铸以铜铁。’十一年仪成。……玄宗又诏一行与令瓒等更铸浑天铜仪，圆天之象，具列宿赤道及周天度数，注水激轮，令其自转，一昼夜而天运周。外络二轮，缀以日月，令得运行。每天西旋一周，日东行一度，月行十三度十九分度之七，二十九转有余而日月会，三百六十五转而日周天。以木柜为地平，令仪半在地下，晦明朔望，迟速有准。立木人二于地平上，其一前置鼓以候刻，至一刻则自击之；其一前置钟以候辰，至一辰而自撞之。皆于柜中各施轮轴，钩键关锁，交错相持。”

而瞿昙罗、瞿昙悉达等，以西域人制历译书。

《畴人传》（阮元）：“瞿昙罗官太史令，神功二年甲子南至，改《元圣历》，命瞿昙作《光宅历》。将颁用，三年罢之。”“瞿昙悉达开元六年官太史监，受诏译《九执术》。上言：臣等谨案九执术法，梵天所造，五通仙人承习传授，肇自上古。”“臣等谨凭天旨，专精钻仰，凡在隐秘，咸得解通。”“其算法用字乘除，一举札而成，凡至十进入前位，每空位处，恒安一点。”

世谓即今西法所自出，是尤唐代历算学之特色矣。

阮元曰：“九执术即今西法之所自出，名数虽殊，理则无异。惟《九执》译于唐时，其法尚疏，后人精益求精，故今之西法为更密合耳。”

唐人于地理之学，亦甚注重。州府三年一造地图，鸿胪有外国山川风土图。

《唐六典》：“职方郎中员外郎，掌天下之地图及城隍镇戍烽候之数，辨其邦国都鄙之远迩及四夷之归化者。凡地图，委州府三年一造，与板籍偕上省。其外夷每有番客到京，委鸿胪讯其人本国山川风土为图以奏焉，副上于省。其五方之区域，都鄙之废置，疆场之争讼者，举而正之。”

《唐书·经籍志》载《长安十道图》、《开元十道图》等，当即其时州府所上，惜其后不传耳。

《旧唐书·经籍志》：“《长安四年十道图》十三卷。”“《开元三年十道图》十卷。”

高宗时，许敬宗等撰《西域图志》。按其卷数，当更详于裴矩之《西域图记》。

《新唐书·艺文志》：“《西域图志》六十卷，高宗遣使分往康国、吐火罗，访其风俗物产，画图以闻，诏吏官撰次。许敬宗领之，显庆三年上。”

而制作之法未闻。德宗时，贾耽画《陇右山南图》及《海内华夷图》，史载其折算及题色之法。

《旧唐书·贾耽传》：“耽好地理学，凡四夷之使及使四夷还者，必与之从容，讯其山川土地之终始。是以九州之夷险，百蛮之土俗，区分指画，备究源流。自吐蕃陷陇右积年，国家守于内地，旧时镇戍，不可复知。耽乃画《陇右山南图》，兼黄河经界远近，聚其说，为书十卷，表献曰：陇右一隅，久沦蕃寇，职方失其图记，境土难以区分。辄扣课虚微，采掇舆议，画关中、陇右及山南九州等图一轴。……诸州诸军，须论里数人额，诸山诸水，须言首尾源流，图上不可备书，凭据必资记注，谨撰《别录》六卷。又黄河为四渎之宗，西戎乃群羌之帅，臣并研寻史牒，剪弃浮词，罄所闻知，编为四卷，通录都成十卷。……贞元十七年，又撰成《海内华夷图》及《古今郡国县道四夷述》四十卷，表献之曰：兴元元年，伏奉进止，令臣修撰国图，间以众务，不遂专门。近乃力竭衰病，思殚所闻见，聚于丹青，谨令工人画《海内华夷图》一轴，广三丈，从三丈三尺，率以一寸折成百里。别章甫左衽，奠高山大川，缩四极于纤缟，分百郡于作绘。……并撰《古今郡国县道四夷述》四十卷，中国以《禹贡》为首，外夷以《班史》发源，凡诸疏舛，悉从厘正。其古郡国题以墨，今州县题以朱，今古殊文，执习简易。”

后世图书，分别朱墨，所由昉也。耽之图世犹传其模本，而书亦不传。今所存唐人地理书，惟李吉甫《元和郡县图志》，为后世地志之祖。

《元和郡县图志序》（李吉甫）：“前上元和国计簿，审户口之丰耗；续撰《元和郡县图志》，辨州域之疆理。起京兆府，尽陇右道，凡四十七镇，成四十卷。每镇皆图在篇首，冠于序事之前，并目录两卷，总四十二卷。”⑥

其书详载四至八到，及开元、元和户数、乡数之比较，不独资当时之实用，且可供后世之考证焉。

唐人尚文学，学者必精熟《文选》。

《困学纪闻》（王应麟）：“李善精于《文选》，为注解。因以讲授，谓之‘《文选》学’。少陵有诗云‘续儿诵《文选》’，又训其子‘熟精《文选》理’，盖选学自成一家。”

然唐人能变选文之文，而自开风气，由模仿而创造，备极文章之能事。故论文与诗，莫盛于唐。虽其风气迭变，作者代出，未可以一概论。

《新唐书·文艺传》云：“唐有天下三百年，文章无虑三变。高祖、太宗大难始夷，沿江左余风，绨句绘章，揣合低卬，故王、杨为之伯。玄宗好经术，群臣稍厌雕琢，索理致，崇雅黜浮，气益雄浑，则燕、许擅其宗。是时，唐兴已百年，诸儒争自名家。大历、贞元间，美才辈出，擩道真，涵泳圣涯，于是韩愈倡之，柳宗元、李翱、皇甫湜等和之，排逐百家，法度森严，抵轹魏、晋，上轧汉、周，唐之文完然为一王法，此其极也。若侍从酬奉，则李峤、宋之问、沈佺期、王维，制册则常衮、杨炎、陆贽、权德舆、王仲舒、李德裕，言诗则杜甫、李白、元稹、白居易、刘禹锡，谲怪则李贺、杜牧、李商隐，皆卓然以所长为一世冠，其可尚已。”

要以杜甫、李白之诗，韩愈、柳宗元之文，极雄奇深秀之致，前无古人，后无来者，足为有唐一代之特色。至其体制，由排偶而单行，由浮华而质朴。而律诗、绝诗诸体，又以谐协声律擅长，虽齐、梁人之讲声律者，尚不之逮，则进化之表见于文艺者也。

隋唐之世，书法亦益进化，世称隋碑为古今书学大关键。

《语石》（叶昌炽）：“隋碑上承六代，下启三唐，由小篆八分，趋于隶楷。至是而巧力兼至、神明变化，而不离于规矩，诚古今书学大关键也。”

唐初书家，欧、虞皆尝仕隋，则隋、唐之书法，亦难画分界域也。按隋始置书学博士，唐代因之。

《唐六典》：“隋置书学博士一人，从九品下，皇朝加置二人。”

以书为教，故善书者特多。不但著名之书家，卓然各成家法，即寻常流传文字，亦皆雅健深厚。近世发见敦煌石室之经卷，多唐人书，虽其不经意之作，今人亦鲜能及焉。唐太宗好书法，躬撰《晋书·王羲之传论》，自谓“心慕手追”，

《晋书·王羲之传》：“制曰：详察古今，研精篆素，尽善尽美，其惟王逸少乎！观其点曳之工，裁成之妙，烟霏露结，状若断而还连；凤翥龙蟠，势如斜而反直。玩之不觉为倦，览之莫识其端，心慕手追，此人而已。其余区区之类，何足论哉！”

临终至以《兰亭序》殉葬。

> 《法书要录》："贞观二十三年，圣躬不豫。临崩，谓高宗曰：'吾欲从汝求一物。'高宗流涕听受制命。太宗曰：'吾所欲碍《兰亭》，可与我将去。'后随仙驾入玄宫矣。"

《唐书》以二王等书载之小学类，

> 《新唐书·艺文志》："二王、张芝、张昶等书一千五百一十卷。"（太宗出御府金帛，购天下古本，命魏徵、虞世南、褚遂良定真伪。凡得羲之真行二百九十纸，为八十卷。又得献之、张芝等书，以"贞观"字为印。草迹命遂良楷书小字以影之。其古本多梁、隋官书。梁则满骞、徐僧权、沈炽文、朱异；隋则江总、姚察署记。帝令魏、褚卷尾各署名。开元五年，敕陆玄悌、魏哲、刘怀信检校，分益卷轶。玄宗自书"开元"字为印。）

故知唐人之工书，不第由学校教授。且经贞观、开元之提倡，视其他艺术为独尊也。古碑无行书，至唐始有之。

> 《语石》（叶昌炽）："隋以前碑无行书。以行书写碑，自唐太宗《晋祠铭》始。开元以后，李北海、苏灵芝皆以此体擅长。"

草书亦至唐而盛，张旭、怀素并称草圣，颜真卿传旭笔法。

> 《新唐书·张旭传》："后人论书，欧、虞、褚、陆皆有异论，至旭无非短者。传其法惟崔邈、颜真卿云。"

真书行草，集篆籀分隶之大成。

> 《宣和书谱》："论者谓颜真卿书点如坠石，画如夏雨，钩如屈金，戈如发弩。篆籀分隶而下，同为一律，号为大雅，岂不宜哉！"

自宋及清，学书者无不师颜，亦可证张旭之所诣矣。

与书学并进者，又有绘事。隋置宝迹台以藏画，与妙楷台之藏书并重。

《隋书·经籍志》："炀帝聚魏以来古迹名画，于观文殿后起二台。东曰妙楷台，藏古迹[7]；西曰宝迹台，藏古画。"

至唐而集贤殿书院有画直。

《唐六典》："画直八人。"[8]

画直之画，且志之于史籍。

《新唐书·艺文志》："杨昇画《望贤宫图》、《安禄山真》；张萱画《伎女图》、《乳母将婴儿图》、《按羯鼓图》、《秋千图》，并开元馆画直。"[9]

是皆可为隋、唐注重绘事之证。前代绘画多重人物，如晋之顾恺之、梁之张僧繇等，皆以画人物擅名。宋之宗炳，始画山水于壁，以供卧游。

《名画录》："宋宗炳，字少文，善书画，好山水。西涉荆巫，南登衡岳，因结宇衡山，以疾还江陵，叹曰：'老疾俱至，名山恐难遍游，当澄怀观道，卧以游之。'凡所游历，皆画于壁，坐卧向之。"

至唐而王维、李思训、吴道子等，始画山水著名。

《唐画断》："王右丞维，画山水松石，风标特出。今京都千福寺西塔院有掩障，一画枫戍，一画辋川，山谷郁盘，云水飞动，意出尘外，怪生笔端。" "又曰：山水松石，妙上上品。" "开元中，诸卫将军李思训，子昭道为中合，俱得山水之妙。时人云大李将军、小李将军是也。思训格品高奇，山川妙绝，鸟兽草木，皆极其能。中舍之图，山水鸟兽甚多，繁巧智思，笔力不及也。天宝中，玄宗召思训画大同殿壁兼掩障。异日因奏断诏云：'卿所画掩障，夜闻水声，通神之佳手，国朝山水第一。'思训神品，昭道妙上品。" "吴道玄字道子，年未弱冠，穷丹青之妙。玄宗天宝中，忽思蜀中嘉陵江山水，遂假吴生驿递，令往写貌。及回日，帝问其状，奏云：'臣无粉本，并记在心。'遣于大同殿图之，嘉陵江三百里山水一日而毕。时有李将军山水擅名，亦画大同殿壁，数月方毕。玄宗云：‘李思训数月之功，吴道玄一日之迹，皆极其妙也。’”

然亦兼工人物，不专画山水。

《唐画断》：“吴道子画人物、佛像、鬼神、禽兽、山水、台殿、草木，皆神妙也，国朝第一。”

若阎立本、韩幹等，尤专以人物著。《唐志》所载，皆人物图也。

《新唐书·艺文志》：“阎立本画《秦府十八学士图》、《凌烟阁功臣二十四人图》。”“韩幹画《龙朔功臣图》、《姚宋及安禄山图》、《相马图》、《玄宗试马图》、《宁王调马打球图》。”

近年敦煌石室发见唐画，皆极工细之人物。

《石室秘宝》载唐画五：一画壁《弥陀法会图》、一藻井画《佛堂内诸佛图》、一画壁《千佛岩图》、一画壁《明王像》、一画壁《太子求佛舍利图》。

故知唐画专以工细象形为主，非若后世之写意画，潦草简率，谓得神似矣。

唐人学艺之精者，自诗文、书画外，复有二事：曰音乐、曰医药。观其制度，盖皆以为专门之学，广置师弟以教之。教乐则有太乐署，

《唐六典》：“太乐令掌教乐人，调合钟律，以供邦国之祭祀飨燕，丞为之贰。”“凡习乐立师以教，每岁考其师之课业，为上、中、下三等，申礼部。十年大校之，若未成，则又五年而校之，量其优劣而黜陟焉。若职事之为师者，则进退其考，习业者亦为之限，既成得进为师。凡乐人及音声人应教习，皆著簿籍，核其名数，而分番上下[10]，皆教习检察以供其事。”

教医则有太医署。

《唐六典》：“太医令掌诸医疗之法，丞为之贰。其属有四：

曰医师、针师、按摩师、咒禁师，皆有博士以教之。其考试登用，如国子监之法。”“医博士掌以医术教授诸生，习《本草》、《甲乙脉经》。分而为业：一曰体疗，二曰疮肿，三曰少小，四曰耳、目、口、齿，五曰角法。”“针博士掌教针生，以经脉孔穴，使识浮沉涩滑之候。又以九针为补泻之法，凡针疾，先察五脏有余不足而补泻之。凡针生习业者教之，如医生之法。”“按摩博士掌教按摩生，以消息导引之法，以除人八疾：一曰风，二曰寒，三曰暑，四曰湿，五曰饥，六曰绝，七曰劳，八曰逸。凡人支节府藏积而疾生，导而宣之，使内疾不留，外邪不入，若损伤折跌者，以法正之。”“咒禁博士掌教咒禁生，以咒禁拔除邪魅之为厉者。”（其京兆府各大都督府各州，皆有医学博士及助教学生等。诸州每年任土所药物可用者，随时收采以给人之疾患。）

故唐之精于音乐者特多，上自帝王卿相[11]，下至优伶工人[12]。虽其所工与古之雅乐并趣，而言梨园者必始于唐。

《旧唐书·音乐志》：“玄宗于听政之暇，教太常乐工子弟三百人为丝竹之戏。音响齐发，有一声误，玄宗必觉而正之，号为皇帝弟子。”“梨园子弟以置院近于禁苑之梨园，太常又有别教院教供奉新曲。太常每凌晨鼓笛乱发于太乐别署，教院廪食常千人。”

至医药专家，则有甄权、孙思邈等。

《旧唐书·方伎传》：“甄权撰《脉经针方》、《明堂人形图》各一卷。”“孙思邈撰《千金方》三十卷。”

世虽属之方伎，然与袁天纲观相，李虚中之推命，固有学术之殊焉。

注　释

①如武后赐新罗吉凶礼，并文辞五十篇等，皆秘书所写也。

②《渊鉴类函》引鸿书吴兢西斋书一万三千四百余卷。

③三十卷。

④实五十六卷。

⑤开成二年始成。

⑥宋时图已亡，独志存。

⑦按楷书之名当始于此，隋秘书省有楷书员二十人，唐亦有楷书手。

⑧开元七年，敕缘修杂图访取二人。八年，又加六人。十九年，院奏定为直院。

⑨前史不志图画，《唐志》始载之子部艺术类。自汉王元昌画《汉贤王图》，至周昉画《扑蝶图》凡四十余种，亦可见唐之重画矣。

⑩短番散乐一千人，诸州有定额。长上散乐一百人，太常自访召关外诸州者分为六番，关内五番京兆府四番，并一月上。一千五百里外两番并上，六番者上番日教至申时，四番者上番日至午时。

⑪如玄宗、汝阳王琎、宋璟、杜鸿渐等。

⑫如李龟年、黄幡绰等，皆有特殊之艺。

第十四章　工商进步之特征

唐代工商进步之特征有四：其一曰飞钱。飞钱者，纸币及汇兑之滥觞也。欲知其制之发生，当先知唐以前货币行使之沿革。秦、汉币制，黄金与铜钱并用。汉武、新莽广为货币，率未尽行[①]。东汉以降，各地自为风气，不尽用钱。王莽乱后，货币杂用布帛金粟。至建武十六年，始行五铢钱。三国时，吴、蜀均用钱，而魏文帝罢五铢钱，使百姓以谷帛为市。晋太始中，河西荒废不用钱，裂匹以为货。安帝元兴中，桓玄辅政，议欲废钱，用谷帛，朝议以为不可，乃止。宋、齐两代，皆尝铸钱。梁初惟京师及三吴、荆、郢、江、襄、梁、益用钱，其余州郡则杂以谷帛交易。交广之域，则全以金银为货。后魏孝文帝时，始诏天下用钱，而河北诸州犹以他物交易，钱略不入市[②]。盖执政者率不知钱币之原理，随时补苴而已。隋、唐之时，天下统一，悉行当时官铸之钱。而人口日增，商业日盛，行铸之钱，往往不周于用。唐开元中，屡敕禁民用钱。

> 《唐会要》（王溥）："开元十三年，敕绫罗、绢布、杂货等皆令通用。如闻市肆，必须见钱，深非通理。自今后与钱货并用，违者准法罪之。""开元廿二年，敕货物兼通，将以利用。自今以后，所有庄宅交易，并先用绢布、绫罗、丝绵等，其余市价至一千以上，亦令钱物兼用，违者科罪。"

德宗、宪宗时，迭申钱禁，而飞钱之制以兴。

《新唐书·食货志》："贞元初，骆谷、散关禁行人以一钱出者。""民间钱益少，缯帛价轻，州县禁钱不出境，商贾皆绝。浙西观察使李若初请通钱往来。而京师商贾，赍钱四方贸易者，不可胜计，诏复禁之。二十年，命市井交易以绫罗、绢布、杂货与钱兼用。""宪宗以钱少，复禁用铜器。时商贾至京师，委钱诸道进奏院及诸军、诸使富家，以轻装趋四方，合券乃取之，号飞钱。京兆尹裴武请禁与商贾飞钱者，廋索诸坊，十人为保。"

嗣因商民之利，遂准其于官府飞钱。

《新唐书·食货志》："自京师禁飞钱，家有滞藏，物价寝轻。判度支卢坦、兵部尚书判户部事王绍、盐铁使王播，请许商人于户部、度支、盐铁三司飞钱，每千钱增给百钱。然商人无至者，复许与商人敌贯而易之，然钱重帛轻如故。宪宗为之出内库钱五十万缗市布帛，……而富家钱过五千贯者死，王公重贬，没入于官，以五之一赏告者。"

盖钱币专重流通，流通则其数虽少而若多，不通则虽多而若少。然苟明于汇兑之理，则一纸即可代钱，视挟赀以远行为便。当时政府不知研究钱币与商业之关系，创立新法，而商贾独能发明此理，则唐时商贾之智，高于政府中人多矣。

其二曰瓷器。唐、虞之时，即有陶器。不过今之盆、盎之类，无细瓷也。日用饮食之物，大都用竹木，后又进而用铜。至唐禁铜器，而陶器之业以盛。

《新唐书·食货志》："开元十一年，诏所在禁卖铜锡及造铜器者。"③"文宗病币轻钱重，诏方镇纵钱谷交易。时虽禁铜为器，而江淮岭南列肆鬻之，铸千钱为器，售利数倍，宰相李珏请加炉铸钱。于是禁铜器，官一切为市之。"

瓷之兴，盖自晋至北魏而渐多。

《景德镇陶录》："东瓯陶。瓯，越也。昔属闽地，今为浙江温州府。自晋已陶，其瓷青，当时著尚。杜育《荈赋》所谓'器泽陶简，出自东瓯'者也。""关中窑。元魏时所烧。出关中，即今西安府咸阳等处，陶以供御。""洛京陶。亦元魏烧造，即今河南洛阳县也。初都云中，后迁都此，故亦曰洛京所陶，皆供御物。"

其见于史策者，则自隋之何稠始。

《隋书·何稠传》："稠性极巧，有智思，览博古图，多识旧物。时中国久绝琉璃之作，匠人无敢厝意。稠以绿瓷为之，与真不异。"

唐时制瓷之地，如河南邢州、豫章等处，既见于史志，

《新唐书·地理志》："河南府贡埏埴盎缶。""邢州贡瓷器。"《唐六典》："河南府贡瓷器。""邢州贡瓷器。"《新唐书·韦坚传》："豫章瓷饮器、茗铛、釜。"

而寿州、洪州、越州、鼎州、婺州、岳州、邛州，均产名陶，

《景德镇陶录》："寿窑、洪州窑、越窑、鼎窑、婺窑、岳窑、蜀窑，均唐代所烧造。"

其品第见于陆羽《茶经》。

《茶经》："碗，越州为上。其瓷类玉类冰，青而益茶，茶色绿，邢瓷不如也。鼎州瓷碗次于越器，婺器次于鼎，岳器次于婺，寿瓷色黄最下。洪州瓷褐，令茶色黑，品更次寿州。"

其昌南镇之瓷，则今之景德镇瓷器之祖也。

《景德镇陶录》："陶窑，唐初器也。土惟白壤，体稍薄，色素润。镇钟秀里人陶氏所烧造。邑志云：唐武德中，镇民陶玉者，载瓷入关中，称为假玉器，且贡于朝，于是昌南镇瓷名天下。"

综历代之用器观之，竹笾、木豆、瓦簋、铜槃，渐变而为瓷碗、瓷盂，而

精美轻细，不止于适用而已。此非化学工艺之进步乎？迄今世界各国，犹推吾国之瓷为首。故自隋、唐迄今，直可谓之瓷器时代。

其三曰茶盐。茶之兴，后于盐。而言唐之征商者，多以茶、盐并举，是二者皆唐之大商业也。古无茶字，故《孟子》称冬日则饮汤，夏日则饮水，未尝言饮茶也。茶、茗之称，始于三国。

> 《吴志·孙皓传》："韦曜素饮酒，不过三升，初见礼异时，常易裁减，或密赐茶茗以当酒。"

至晋而饮者犹少，

> 《世说新语》："王濛好饮茶，人至辄饮之。士大夫每往，必云今日有水厄。"

《新唐书·陆羽传》称其时尚茶成风，且以之与外国市易。

> 《新唐书·陆羽传》："羽嗜茶，著《茶经》三篇，言茶之原，茶之法，茶之具尤备。天下益知饮茶矣。时鬻茶者，至陶羽形置炀突间，祀为茶神。其后尚茶成风，回纥入朝，始驱马市茶。"

知饮茶之风，至唐始盛，而茶可为商品，则产之多可知矣。白居易《琵琶行》称茶商重利，而《唐书》载其时茶税特重。

> 《新唐书·食货志》："初，德宗纳户部侍郎赵赞议，税天下茶、漆、竹、木，十取一，以为常平本钱。及出奉天，乃悼悔，下诏罢之。""贞元八年，以水灾减税。明年，诸道盐铁使张滂奏：出茶州县若山，及商人要路，以三等定估，十税其一。自是岁得钱四十万缗。""穆宗即位，盐铁使王播图宠以自幸，乃增天下茶税，率百钱增五十。江、淮、浙东西、岭南、福建、荆襄茶，播自领之，两川以户部领之。天下茶加斤至二十两，播又奏加取焉。其后王涯判二使，置榷茶使，徙民茶树于官场，焚其旧积者，天下大怨。""武宗即位，盐铁转运使崔珙，又增江淮茶税。是时茶商所过州县有重税，或掠夺舟车，露积雨中，诸道置

邸以收税，谓之‘拓地钱’，故私贩益起。大中初，盐铁转运使裴休著条约：私鬻三犯皆三百斤，乃论死；长行群旅，茶虽少皆死；雇载三犯至五百斤，居舍侩保四犯至千斤者，皆死；园户私鬻百斤以上，杖背，三犯，加重徭；伐园失业者，刺史、县令以纵私盐论。庐、寿、淮南皆加半税，私商给自首之帖，天下税茶增倍贞元。江淮茶为大摸，一斤至五十两。诸道盐铁使于悰每斤增税钱五，谓之‘剩茶钱’，自是斤两复旧。”

官税愈严，私贩愈伙，知茶为利溥矣。今日国货之销于域外者，尚以茶为大宗。溯其权舆，固当详稽唐之茶法也。

吾国自唐、虞以来，久知食盐之利。其后太公、管子及汉之刘濞、孔仅等，多以盐为富国之本。

《史记·齐太公世家》：“太公至国，……通商工之业，便鱼盐之利，而人民多归齐，齐为大国。”《管子·海王篇》：“海王之国，谨正盐筴。十口之家，十人食盐，百口之家，百人食盐。终月大男食盐五升少半，大女食盐三升少半，吾子食盐二升少半，此其大历也。盐百升而釜，令盐之重升加分强。釜五十也，升加一强；釜百也，升加二强；釜二百也，钟二千。十钟二万，百钟二十万，千钟二百万，万乘之国，人数开口千万也。禺筴之商，日二百万，十日二千万，一月六千万，万乘之国，正九百万也。月人三十钱之籍，为钱三千万，今吾非籍之诸君吾子，遂有二国之籍者六千万。”《汉书·吴王濞传》：“吴有豫章郡铜山，即招致天下亡命盗铸钱，东煮海水为盐，以故无赋，国用饶足。”《汉书·食货志》：“东郭咸阳、孔仅为大农丞，领盐铁事。……元狩五年，仅、咸阳言：‘山海、天地之藏，宜属少府，陛下弗私，以属大农佐赋。愿募民自给费，因官器作鬻盐，官与牢盆。浮食奇民，欲擅斡山海之货，以致富羡，役利细民。其阻事之议，不可胜听。敢私铸铁器鬻盐者，钛左趾，没入其器物。'使仅、咸阳乘传举行天下盐铁，作官府，除故盐铁家富者为吏，吏益多贾人矣。"

而言盐法者，多推刘晏。

《新唐书·食货志》云："乾元元年，盐铁铸钱使第五琦初变盐法，就山海井灶近利之地置监院，游民业盐者为亭户，免杂徭。盗鬻者论以法。及琦为诸州榷盐铁使，尽榷天下盐，斗加时价百钱而出之，为钱一百一十。自兵起，流庸未复，税赋不足供费，盐铁使刘晏以为因民所急而税之，则国足用。于是上盐法轻重之宜，以盐吏多则州县扰，出盐乡因旧监置吏，亭户粜商人，纵其所之。江、岭去盐远者，有常平盐，每商人不至，则减价以粜民，官收厚利，而人不知贵。"

盖管子、孔仅及第五琦等，皆用官专卖法。而晏则用就场征税之法，视盐与其他商货相等。粜之商人，听其所之，故盐商之业甚盛。天下之赋，盐利居半。

《新唐书·食货志》："晏之始至也，盐利岁才四十万缗。至大历末，六百余万缗。天下之赋，盐利居半。宫闱服御、军饷、百官禄俸皆仰给焉。"

而淮、浙之盐利，迄今远过于齐、鲁、晋、蜀者，亦自晏开之焉。

《新唐书·食货志》："（晏）随时为令，遣吏晓导，倍于劝农。吴、越、扬、楚盐廪至数千，积盐二万余石。有涟水、湖州、越州、杭州四场，嘉兴、海陵、盐城、新亭、临平、兰亭、永嘉、大昌、侯官、富都十监，岁得钱百余万缗，以当百余州之赋。"

其四曰互市。自汉以降，久与外国通商。

《汉书·地理志》："自日南障塞，徐闻、合浦船行可五月，有都元国；又船行可四月，有邑卢没国；又船行可二十余日，有谌离国；步行可十余日，有夫甘都卢国。自夫甘都卢国船行可二月余，有黄支国，民俗略与珠崖相类。其州广大，户口多，多异物。自武帝以来，皆献见。有译长，属黄门，与应募者俱入海，市明珠、壁流离，奇石异物，赍黄金、杂缯而往。所至国皆禀食为耦，蛮夷贾船转送致之。”《后汉书·西域传》：“大秦王常欲通使于汉，而安息欲以汉缯彩与之交市，故遮阂不得自达。至桓帝延熹九年，大秦王安敦遣使自日南徼外献象牙、犀角、玳瑁，始乃一通焉。”《梁书·诸夷传》：“孙权黄武五年，有大秦贾人字秦伦，来到交趾。太守吴邈遣使送诣权，……权差吏会稽刘咸送伦，咸于道物故，伦乃迳返本国。”

交、广诸州最称富饶者，以有互市之利也。然其商市率掌于地方官吏，未有专官司其事者，至隋始有互市专官。

《唐六典》：“汉、魏以降，缘边郡国，皆有互市，与诸蕃交易。致其物产也，并郡县主之，而不别置官吏，至隋诸缘边州置交市监。”

《隋书·职官志》称四夷使者各一，掌其方国及互市事。其属有监置、互市监、参军事等。监置掌安置其驼马车船，并纠察非违；互市监掌互市；参军事掌出入交易。唐亦设互市监，掌诸蕃交易。

《唐六典》：“诸互市监各掌诸蕃交易之事，丞为之贰。凡互市所得马、驼、驴、牛等，各别其色，具齿岁、肤第以言于所隶州府。”

而广州复有市舶使，

《国史补》（李肇）：“南海舶外国船也，每岁至安南、广州。师子国舶最大，梯上下数丈，皆积宝货。至则本道奏报，郡邑为之喧阗。有蕃长为主，领市舶使籍其各物，纳舶价，禁珍异。”《文献通考》：“唐有市舶使，以右威卫中郎将周泽为之。”④“唐代宗广德元年，有广州市舶使吕太一。”

知岭南商业尤盛于诸边矣。西历九世纪，阿剌伯人伊宾戈尔他特宾（Ibn Khordabeh）著一书，曰《道程及郡国志》，中述唐代商港凡四。

《伊宾戈尔他特宾所述支那贸易港考》（桑原骘藏）：“唐时支那与大食之间，海上之交通，极其繁盛。当时模哈麦特教徒之来航于支那之贸易港者尤多。西历九世纪之半顷，阿剌伯地理学者伊宾戈尔他特宾尝记之于《道程及郡国志》。此书之著作年代，颇多异说。英国学者认为西历八百六十四年顷之作，德国学者认为西历八百四十六年之作，法人认为西历八百四十四年乃至四十八年之作，要之必在西历九世纪之半顷也。……其书之关于支那之贸易港者，略曰：支那之最初贸易港曰龙编[⑤]，有支那上等之铁器、瓷器及米谷等。次则广府，距龙编海程约四日，陆行约二十日。此地所产果实及野菜、小麦、大麦、米及甘蔗等甚夥。自广府行八日而达胶府[⑥]。其地之物产，亦同于广府。自胶府行六日至扬州，其产物亦与前两地相同。此等支那之贸易港，外人皆得航行，其城市皆临大河之口，而河水通流，亦不受潮水涨落之影响。河中多鹅、鸭及其他之鸟类云。”

今人所拟定者，曰广州，日扬州。于广州，则知其地有犹太、波斯人等十余万。

《中国历史研究法》（梁启超）：“九世纪时，阿剌伯人所著《中国见闻录》[⑦]中一节云，有广府 Confu 者，为商舶荟萃地。纪元二百六十四年[⑧]，叛贼黄巢 Punzo 陷广府，杀回、耶教徒及犹太、波斯人等十二万。其后有五朝争立之乱，贸易中绝。”

于扬州，则以文宗德音证之。知南海蕃舶，可直达扬州也。

《全唐文》卷七十五“文宗大和八年疾愈德音”：“南海蕃舶，本以慕化而来，固在接以恩仁，使其感悦。其岭南、福建及扬州蕃客，宜委节度观察使常加存问。除舶脚收市进奉外，任其往来通流，自为交易，不得重加率税。”

然《唐书》称边境走集最要者七：

《新唐书·地理志》：“入四夷之路与关戍走集最要者七：一曰营州，入安东道。二曰登州，海行入高丽、渤海。三曰夏州，塞外通大同、云中道。四曰中受降城，入回鹘道。五曰安西，入西域道。六曰安南，通天竺道。七曰广州，通海夷道。”

则中外之商业，亦不仅广东番舶一途。唐之京师，贾胡荟萃。

《通鉴》：“大历十四年，诏回纥诸胡在京师者，各服其服，无得效华人。先是回纥留京师者常千人，商胡伪服而杂居者又倍之。县官日给饔饩，殖产赀，开第舍，市肆美利皆归之。日纵贪横，吏不敢问。或衣华服，夸取妻妾，故禁之。”

怀柔远人，至给饔饩，使殖资产，不徒官吏存问仅收市脚而已。盖当时之政见，以天朝上国自居，不屑与外夷较利害。故待之极宽大，不似今之讲国际商业者，以国家为商贾之行为，而外商遂辐辏于吾国之通都大市，迄今犹称中国人曰唐人，知唐人所以来远人者，感之深矣。

注　释

①其详见《汉书·食货志》。

②参诸史及《文献通考》。

③以钱少之故。

④见柳泽《劾庆立疏》。

⑤即安南之河内。

⑥此译音，尚不知何地。

⑦即桑原氏所译《道程及郡国志》。

⑧此回教历。

第十五章　隋唐之佛教

佛教之入中国，蝉嫣五六百年，至于隋、唐之时，遂成为极盛时代。隋虽短祚，特崇译学。西来大德，中土僧俗，飙起云兴，赍经译梵。

《续高僧传》（释道宣）："那连提黎耶舍，隋言尊称，北天竺乌场国人。天保七年，届于京邺。文宣礼遇隆重，安置天平寺中，请为翻经。三藏殿内梵本千有余夹，敕送于寺，又敕昭玄大统沙门法上等二十余人，监掌翻译。沙门法智、居士万天懿传语，初翻众经五十余卷。有隋御字，重隆三宝。开皇之始，梵经遥应，爰降玺书，请来弘译。二年七月，住大兴善寺，敕昭玄统沙门昙延等三十余人，令对翻传，凡前后所译经论一十五部、八十许卷，即《菩萨见实》、《月藏》、《日藏》、《法胜毗昙》等是也。并沙门僧琛、明芬、给事李道宝等度语笔受，昭玄统沙门昙延、昭玄都沙门灵藏等二十余僧，监护始末。""时又有同国沙门毗尼多流支，隋言灭喜，开皇三年，于大兴善寺译《象头精舍》、《大乘总持经》二部，给事李道宝传语，沙门法纂笔受。""阇那崛多，隋言德志，北贤豆犍陀啰国人，以周明帝武成年初届长安，渐通华语。""有齐僧宝暹、道邃、僧昙等十人，以武平六年，采经西域，往返七载，凡获梵本二百六十部。""大隋受禅，暹等赍经来。开皇元年季冬，届至京邑。""开皇五年，大兴善寺沙门昙延等三十余人，请敕延崛多来还京阙。寻敕敷译新至梵本，或经或书，且内且外，诸有翻传，必以崛多为主。”“尔时耶舍已亡，专当元匠于大兴善，更召婆罗门僧达摩笈多，并敕居士高天奴、高和仁兄弟等同传梵语。又置十大德沙门僧休、法粲、法经、慧藏、洪遵、慧远、法纂、僧晖、明穆、昙迁等监掌翻事，铨定宗旨。沙门明穆、彦琮重对梵本，再审复勘。”“循历翻译，合三十七部，一百七十六卷。”“高祖又敕崛多共西域沙门若那竭多、开府高恭、恭息都督天奴、和仁及婆罗门毗舍达等，于内史内省，翻梵古书及乾文。至开皇十二年，书度翻讫，合二百余卷。”“时又有达摩般若，隋言法智，本中天竺国人。妙善方言，执本自传，不劳度语，译《业报差别经》等。”“达摩笈多，隋言法密，本南贤豆罗啰国人。开皇十年，入京。奉敕翻经，处之兴善。所翻经论七部，合三十二卷。”

炀帝置翻经馆及翻经学士，

《续高僧传》：“炀帝定鼎东都，敕于洛水南滨上林园内，置翻经馆，撰举翘秀，永镇传法。”“大业二年，东都新治。彦琮与诸沙门诣阙朝贺，因即下敕，于洛阳上林园，立翻经馆以处之。”“新平林邑，所获佛经，合五百六十四夹，一千三百五十余部，并昆仑书多黎树叶，有敕送馆，付琮披览。并使编叙目录，以次渐翻。”“时有翻经学士成都费长房，妙精玄理，撰《三宝录》一十五卷，始于周庄之初。上编甲子，下录年号，并诸所翻经部卷目。”“又有翻经学士泾阳刘冯，撰《内外旁通比校数法》一卷。”

沙门彦琮尤精译事，

《续高僧传》：“释彦琮，俗缘李氏，赵郡柏人人也。周武平齐，延谈玄籍，敕预通道观学士。”“开皇三年，西域经至，敕琮翻译，住大兴善。”“琮专寻教典，日诵万言。《大品》、《法华》、《维摩》、《楞伽》、《摄论》、《十地》等，皆亲传梵书，受持读诵，每日暗阅，要周乃止。”“仁寿二年，敕撰众经目录，乃分为五例，谓单译、重翻、别生、疑伪、随卷有位。”“寻又敕令撰《西域传》，前后译经合二十三部，一百许卷。”

妙体梵文，以垂译式。所举八备，世多称之焉。

《续高僧传》：“琮晚以所诵梵经四千余偈十三万言，七日一遍，用为常业。”“著《辩正论》，以垂翻译之式。”“经不容易，理借名贤，常思品藻，终惭水镜。兼而取之，所备者八：诚心爱法，志愿益人，不惮久时，其备一也；将践觉场，先牢戒足，不染讥恶，其备二也；筌晓三藏，义贯两乘，不苦暗滞，其备三也；旁涉坟史，工缀典词，不过鲁拙，其备四也；襟抱平恕，器量虚融，不好专执，其备五也；耽于道术，澹于名利，不欲高衒，其备六也；要识梵言，乃闲正译，不坠彼学，其备七也；薄阅《苍》、《雅》，粗谙篆隶，不昧此文，其备八也。八者备矣，方是得人。”

唐代译业，尤盛于隋。道宣《续高僧传》、赞宁《高僧传》三集，译经篇中所载西来高僧，不下数十人：

波罗颇迦罗蜜多罗	中天竺人	武德九年	由突厥入京
那提三藏	中印度人	永徽六年	由南海来
伽梵达磨	西印度人	永徽中	
阿地瞿多	中印度人	永徽三年	自西印度届长安
佛陀波利	罽宾国人	仪凤元年	涉流沙来华
释地婆诃罗	中印度人	仪凤初	
那跋陀罗	波凌国人	仪凤三年	由交州入唐
菩提流志	南天竺人	永淳二年	
释提云般若	于阗国人	永昌元年	

阿你真那	迦湿弥罗人	长寿二年	
实叉难陀	于阗人	证圣元年	由于阗来
般刺蜜帝	中印度人	神龙中	由南海来
弥陀山	覩货逻人	天后时	
输波迦罗（善无畏）	中印度人	开元四年	自北印至长安
阿目佉跋折罗（不空）	北天竺人		幼随叔父来华
释跋日罗菩提（金刚智）	摩赖耶国人	开元七年	由狮子国来
般刺若	北天竺人	贞元二年	由狮子国来
牟尼宝利	北印度人	贞元十六年	
佛陀多罗	罽宾人		
释勿提提羼鱼	龟兹人		
尸罗达摩	于阗人	贞元中	
释莲华	中印度人	兴元元年	
般若	罽宾人	宪宗时	
满月	西域人	开成中	

以上皆有专传者。外此如《义净传》有吐火罗沙门达磨末磨、中印度沙门拔弩、罽宾沙门达磨难陀、居士东印度首领伊舍罗、居士中印度李释迦度颇多、居士东印度瞿昙金刚等；《释无极高传》有中印度大菩提阿难律、木叉师、迦叶师等；《释极量传》有乌苌国沙门弥伽释迦；《日照传》有沙门战陀般若提婆；《菩提流志传》有天竺沙门波若屈多，亦皆有功于译业者也。他若神策军正将罗好心，为般刺若之表兄；金满郡公尉迟智严，为于阗国质子；以及迦湿弥罗国王子阿顺，为义净证译，均可见唐时西域僧俗来居中国者之多矣。

其西行求经者，有玄奘、

《旧唐书·僧玄奘传》："僧玄奘，姓陈氏，洛州偃师人。大业末出家，博涉经论。尝谓翻译者多有讹谬，故就西域广求异本，以参验之。贞观初，随商人往游西域。玄奘既辩博出群，所在必为讲释论难，蕃人远近咸尊伏之。在西域十七年，经百余国，悉解其国之语，仍采其山川谣俗、土地所有，撰《西域记》十二卷。贞观十九年，归至京师。太宗见之，大悦，与之谈论。于是诏将梵本六百五十七部，于弘福寺翻译。"《慈恩传》（释慧立、彦琮）："法师于西域所得《大乘经》二百二十四部，《大乘论》一百九十二部，《上座部经律论》一十五部，《三弥底部经律论》一十五部，《弥沙塞部经律论》二十二部，《迦叶臂耶部经律论》一十七部，《法密部经律论》四十二部，《说一切有部经律论》六十七部，《因明论》三十六部，《声论》一十三部，凡五百二十夹，六百五十七部"

义净、

《续高僧传三集》（释道宣）："义净，姓张氏，范阳人也。慕玄奘之风，欲游西域。咸亨二年，年三十有七，方遂发足。初至番禺，得同志数十人，及将登舶，余皆罢退。净奋励孤行，备历艰险，所至之境，皆洞言音。""经二十五年，历三十余国。以天后证圣元年乙未仲夏，还至河洛，得梵本经律论近四百部，合五十万颂。"

不空，

《续高僧传三集》："释不空，梵名阿目佉跋折罗，华言不空金刚。幼失所天，随叔父观光东国。开元二十九年，附昆仑舶离南海，至诃陵国界，达狮子国，广求密藏及诸经论五百余部。次游五印度境，至天宝五载还京。"

及会宁、

《续高僧传二集》："麟德年中，成都沙门会宁泛舶西游，路经波凌国，与智贤同译《涅槃后分》二卷，寄达交州，宁方之西域。”

悟空等。

《续高僧传二集》：“释悟空，京兆云阳人，姓车氏。天宝十年，随使臣西去，留健陀罗，投舍利越摩。落发后，巡历数年，回及龟兹，翻成《十地回向轮经》，以贞元五年己巳达京师。”

其翻译之规模，远轶前代。

《旧唐书·僧玄奘传》：“玄奘于弘福寺翻译，敕右仆射房玄龄、太子左庶子许敬宗，广召硕学沙门五十余人，相助整比。高宗在东宫，为文德太后追福，造慈恩寺及翻经院。内出大幡，敕九部乐及京城诸寺幡盖众伎，送玄奘及所翻经像、诸高僧等入住慈恩寺。显庆元年，高宗又令左仆射于志宁、侍中许敬宗、中书令来济、李义府、杜正伦、黄门侍郎薛元超等，共润色玄奘所定之经，国子博士范义硕、太子洗马郭瑜、弘文馆学士高若思等助加翻译。凡成七十五部，……后移于宜君山故玉华宫。六年卒。”《续高僧传二集》：“贞观十九年五月，奘师于弘福寺创开翻译，召沙门慧明、灵润等以为证义，沙门行友、玄赜等以为缀缉，沙门智证、辩机等以为录文，沙门玄模以证梵语，沙门玄应以定字伪。”“自前代以来，所译经教，初从梵语，倒写本文，次乃回之，顺同此俗，然后笔人观理文句，中间增损，多坠全言。今所翻传，都由奘旨，意思独断，出语成章，词人随写，即可披玩。”《慈恩传》：“麟德元年，法师属纩，嘉尚法师具录所翻经论，合七十四部，总一千三百三十五卷。”“《续高僧传三集》：“义净自天后久视，迄睿宗景云，都翻出五十六部、二百三十卷。又出《说一切有部跋窣堵》约七十八卷。”“不空译经，起于天宝，迄大历六年，凡一百二十余卷，七十七部。”

而玄奘之论胜异邦，

《续高僧传二集》："戒日王于曲女城，大会沙门、婆罗门一切异道，请奘升座，标举论宗，命众征核。竟十八日，无敢问者。王大嗟赏，施银钱三万、金钱一万、上氎衣一百具。仍令大臣执奘袈裟，巡众唱言支那法师论胜，十八日来，无敢问者，并宜知之。"

译华为梵，尤前此所未有也。

《续高僧传二集》："敕令翻《老子》五千文为梵言，以遗西域。奘乃召诸黄巾，述其玄奥，令叠词旨，方为翻述。"①

自晋至唐，中土之讲佛学者，各有宗派，近人综为十宗。诸宗有至唐而已微者，有至唐而始盛者。三论、成实，则至唐而已微者。

《十宗略说》（杨文会）："《成实论》译于姚秦罗什三藏，六朝名德专习者众，别为一宗。至唐而渐衰，后世则无闻焉。""《中论》、《百论》、《十二门论》，是为三论，亦在性空宗。文殊师利实为初祖，马鸣、龙树、清辨等菩萨继之。鸠摩罗什至秦，盛弘此道，一时学者宗之。生、肇、融、睿，并肩相承。生公门下，昙济大师辗转传持，以至唐之吉藏，专以此宗提振学徒。三论之旨，于斯为盛。天台亦提《中论》，其教广行于世，而习三论者鲜矣。"

俱舍、贤首、慈恩、律、密诸宗，皆盛于唐。

《十宗略说》："世亲菩萨造《俱舍论》，陈真谛三藏译出，并作疏释之。唐玄奘法师重译三十卷，门人普光作记，法宝作疏，大为阐扬。当时传习有专门名家者，遂立为一宗焉。""《华严》为经中之王，秘于龙宫，龙树菩萨乘神通力，诵出略本，流传人间。有唐杜顺和尚者，文殊师利化身也，依经立观，是为初祖。继其道者，云华、智俨、贤首、法藏，以至清凉、澄观，而纲目备举。”“天竺有性、相二宗，性宗即前之三论，相宗则从《楞伽》、《深密》、《密严》等经流出，有《瑜伽显扬》诸论。而其文约义丰，莫妙于《成唯识论》。以弥勒为初祖，无著、天亲护法等菩萨相继弘扬。唐之玄奘至中印度，就学于戒贤论师，精通其法，归国译传，是为慈恩宗。窥基、慧沼、智周，次第相承。”《印度哲学概论》（梁漱溟）：“律宗从所主律藏得名，远祖为优波离尊者，此方开宗者唐道宣，律有《大、小乘》，宣公以《小乘律》释通《大乘》，立为圆宗戒体。所弘通者为《四分律》，著述甚多，其《行事钞》等称五大部。宋有元照，复作《资持记》等释之，中兴律宗。”“真言宗一曰密宗，以秘密真言为宗，故名。奉《大日经》等为本，大日如来传金刚萨埵，再传龙树，龙树授之龙智，再授之金刚智。金刚智唐时来中国，偕者有不空。不空能汉语，共译经论。既受其传，更还天竺，亲接龙智。密宗之弘，在此师也。”②

净土则始于晋而盛于唐，世或分为二流。

《佛学大纲》（谢无量）：“净土宗持念佛法门，实三根普被之要路也。念佛缘因，出于《起信论》，继则龙树、天亲亦间论念佛。而震旦开宗，实始于东晋慧远。慧远姓贾氏，雁门楼烦人。博极群书，尤善《老》、《庄》，为道安法师之高弟，专倡净土法门，道俗皈依。共结莲社。”“魏昙鸾，雁门人，家近五台。历观圣迹，发心出家，逢天竺三藏菩提流支以《观无量寿经》授之，鸾遂作《往生论注》二卷，莲宗著述推为巨擘。”“唐道绰姓卫，并州汶水人。十四岁出家。讲《大涅槃经》二十四遍，景慕昙鸾净土之业，继其后尘，住玄中寺。道俗赴者弥众，讲《观无量寿经》将二百遍，瑞应甚多。著有《安乐集》二卷。”“善导者，不知何处人。见禅师九品道场讲论《观经》，大喜曰：‘此真入佛之津要也。’人见其念佛一声，有一光明从口中出；百声千声，亦复如是。著有《观经疏》及各种净土典籍传世。”

《印度哲学概论》：“净土宗从其皈依净土得名，以《无量寿经》、《观无量寿经》、《阿弥陀经》为本。在天竺则马鸣造《起信论》，劝修净土；龙树造《十住论》，而宏念佛；世亲造《净土论》而乐往生。中土则有二流：一为晋之远公，结莲社于匡庐；一为唐之善导，化俗众于长安。中间昙鸾、道绰，制作最宏。”

天台则倡于齐而继于唐，说复分为三部。

《印度哲学概论》：“天台宗从智者大师所栖天台山得名，此宗《法华经》为本，而以《智度论》为指趣，以《涅槃经》为辅翼，以《大品经》为观法，专习禅定。先是北齐惠文，悟一心三观，以授南岳惠思，惠思传智顗，即大师。大师以为道有传行，亦必有说，于是由一法华说为三部：一玄义以判教相，二文句以解名义，三止观以示观行。中唐有荆溪作《释签》疏记辅行，如次第，以释三部，大振其宗。”

而禅宗六祖，唐居其三。

《佛学大纲》：“佛之心印，即是般若波罗蜜，五祖令人诵《金刚般若经》，六祖称为学般若菩萨，皆以般若为心印也。后人名为禅宗，是出世间上上禅。世尊在灵山会上，拈花示众，是时众皆默然，惟迦叶尊者破颜微笑。世尊曰：‘吾有正法眼藏，涅槃妙心，实相无相，微妙法门，不立文学，教外别传，付嘱摩诃迦叶。’故迦叶为禅宗第一祖。”“二十八祖菩提达摩尊者，为中华初祖。尊者本南天竺国香至王第三子，得法于般若多罗尊者。承师遗命，泛海达广州，在梁普通元年。广州刺史萧昂馆之，表闻于朝，武帝迎至金陵。尊者知机不契，遂渡江届洛阳，止于嵩山少林寺。而壁坐九年，人莫能测，终为东土禅宗之初祖。”“二祖慧可，武牢姬氏子，参初祖于少林，勤恳备至，后付袈裟，以表传法，并为说偈。又付《楞伽》四卷，令诸众生开示悟入。”“三祖僧灿，住舒州皖公山，往来于太湖县司空山，作《信心铭》六百言，流传于世。”“四祖名道信，蕲州人，姓司马氏。三祖付以衣法，后住蕲春破头山。”“五祖名宏忍，黄梅人，前生为破头山栽松道者，再来为浣衣女子弃子。四祖识其法器，令出家，付以衣法，住破头山。后迁黄梅东山，宗风大振。”“六祖名慧能，姓卢，岭南新州人。家贫，鬻薪供母。闻人诵《金刚经》，问所由来，遂往黄梅参五祖。祖令入碓坊舂米。人称卢行者。经八月，述一偈曰：‘菩提本无树，明镜亦非台；本来无一物，何处惹尘埃？’五祖即付嘱心传，并授袈裟，且曰：‘衣至汝身，不复传。’六祖至岭南，经十五载，一日至广州法性寺升座说法，闻者倾心。别传之道，由此大行。”

南岳、青原分开五派。今之佛寺禅宗，皆传自唐者也。

《释氏稽古略》（释觉岸）：“六祖弟子最著者，衡州怀让、吉州行思，是为南岳、青原二宗。唐末，南岳复分为沩仰[③]、临济[④]二派，青原又分为曹洞[⑤]、云门[⑥]、法眼[⑦]三派。”

有唐一代，自诗文书画而外，其宗派林立超轶前世者，殆无过于宗教哲学矣。

唐之佛教寺庙，掌于礼部。据《唐六典》，开元中，天下寺总五千三百五十八所。

《唐六典》：“凡天下寺总五千三百五十八所[⑧]，每寺上坐一人、寺主一人、都维那一人，共纲统众事。而僧持行有三品：一曰禅，二曰法，三曰律。大抵皆以清净慈悲为宗。凡僧尼之簿籍，三年一造。”[⑨]

至武宗时，增至四万余所。

《通鉴》："会昌五年，祠部奏报天下寺四千六百，兰若四万，僧尼二十六万五百。"

以道士之毁，遂大汰僧尼。

《通鉴》："会昌五年，上恶僧尼耗蠹天下，欲去之。道士赵归真等复劝之，乃先毁山野招提兰若，敕上都、东都两街各留二寺，每寺留僧三十人。天下节度观察使治所及同、华、商、汝州各留一寺。分为三等，上等留僧二十人，中等留十人，下等五人。余僧及尼，并大秦穆护僧祆，皆勒归俗。寺非应留者，立期令所在毁撤，仍遣御史分道督之。财货地产并没官，寺材以葺公廨驿舍，铜像钟磬以铸钱。"

世谓北魏太武帝、周武帝及唐武宗为三武，皆反对佛教最力者也。然不数年，所毁者尽复。

《通鉴》："大中元年闰月，敕应会昌五年所废寺，有僧能营葺者，听自居之，有司毋得禁止。是时君相务反会昌之政，故僧尼之弊，皆复其旧。"

故至唐末，禅宗之盛，转轶于前焉。

唐代之于佛教，不独译经求法、分宗立寺为最盛也，即整理佛教经籍，亦以唐为最大。藏经之确定，即缘于开元释教之目录。

《大藏经雕印考》（常磐大定）："自后汉之末叶，至元之初期，佛典传译之时期，前后通计千三百有余年。当时及其后之多数学者，整理此极纷杂之典籍，调撰目录，达六十次以上。今其存者二十余部，此皆调查《大藏经》内容之变迁，所不可或缺之材料也。""多数目录中，最可贵重者，前有《隋录》，中有《开元录》，后有《至元录》。此三种者，诸目录中之尤最也。而三录又以《开元录》为中心。自汉以至五代，仅有缮写之藏经，至宋初雕印《大藏》，于是为《大藏经》划一时期。而为宋初雕印之基础者，《开元录》也。故《大藏经》有种种之经过，至唐有《开元录》，而后完全因之。自目录上研究《大藏》，亦遂可谓至《开元录》而结束矣。”

《开元目录》，释智昇撰，体例最善。

《大藏经雕印考》：“《开元录》者，自后汉永平十年，至开元十八年，六百六十四年间之传译者，百七十六人，所出大小二乘之三藏及集传并失译，总计二二七八部、七〇四六卷。至是而《大藏经》之本体，始确定不动矣。……智昇之分类法，定《大乘经》为《般若》、《宝积》、《大集》、《华严》、《涅槃》五大部，其外开重译、单译各门。《大乘论》中，开释义、集义二门；《小乘经》中，开根本四阿含、四阿含中别译及四阿含外重译、单译各门。《小乘律》中，开正及、眷属二门；《小乘论》中，开有部根本、身足支派二门。《贤圣集》中，开梵本翻译，此方撰述二门，秩序整然，殆达于目录完成之域。”

贞元间虽有新定释教目录，实不逮其整备也。

《大藏经雕印考》：“后世刻经，不据新定《贞元录》，而仰范《开元录》以成宋之刻藏，故此录有左右《大藏》之力。”

唐代译经，文义之美，既极其盛，而禅宗语录，又别开一俗释典之例。观六祖《坛经》所载问答之语，

《坛经》：“怀让禅师至曹溪礼拜，师曰：甚处来？曰：嵩山。师曰：什么物？恁么来？”“一僧问师云：‘黄梅意旨甚么人得？’师曰：‘会佛法人得。’僧云：‘和尚还得否？’师曰：‘我不会佛法。’”

为宋代儒家语录之祖，亦为今之倡语体文者所称道也。大抵诸宗学派，皆尚文言，惟禅宗六祖徒恃慧力，不用功于文字，故其后别成一种风气。而

佛典之优美，与语录之鄙俚，实不可以一律视之也。

唐代宗教之盛，自佛教外，首推道教。盖唐出李氏，崇拜老子，故盛倡道教。

《旧唐书·礼仪志》："开元二十九年正月己丑，诏两京及诸州各置玄元皇帝庙一所，并置崇玄学。其生徒令习《道德经》及《庄子》、《列子》、《文子》等，每年准明经例举送。……天宝元年，诏《古今人表》玄元皇帝升入上圣，庄子号南华真人，文子号通玄真人，列子号冲虚真人，庚桑子号洞虚真人。改《庄子》为《南华真经》，《文子》为《通玄真经》，《列子》为《冲虚真经》，《庚桑子》为《洞虚真经》。两京崇玄学，各置博士、助教，又置学生一百员。"

其道观亦掌于祠部。

《唐六典》："凡天下观总一千六百八十七所[10]。每观观主一人、上座一人、监斋一人，共纲统众事。而道士修行有三号：其一曰法师，其二曰威仪师，其三曰律师。其德高思精，谓之炼师。而斋有七名：其一曰金录大斋；其二曰黄录斋；其三曰明真斋；其四曰三元斋；其五曰八节斋；其六曰涂炭斋；其七曰自然斋。而禳谢复三事：其一曰章；其二曰醮；其三曰理沙。大抵以虚寂自然无为为宗。""凡道士、女道士之簿籍，亦三年一造。"

此外则有祆教、摩尼教、景教等[11]。

《通典·职官门》："视流内有正五品萨宝，从七品萨宝府祆正。又视流外有勋品萨宝府祓祝，四品萨宝府率，萨宝府史。"[12]《旧唐书·宪宗纪》："元和六年正月，回纥请于河南府、太原府置摩尼寺。许之。""八年十二月二日，宴归国回鹘摩尼八人。""长庆元年五月，回鹘宰相、都督、公主、摩尼等五百七十三人入朝。"又《回鹘传》："元和初，以摩尼至，其法，日晏食，饮水茹荤，屏湩酪。可汗常与其国摩尼至京师，岁往来西市，商贾颇与囊橐为奸。武宗初年，命有司收摩尼书若像，烧于道，产赀入之官。”

武宗之排佛也，大秦寺[13]、摩尼寺皆废罢。京城女摩尼七十人皆流回纥，于道死者大半。景教僧、祆僧二千余人，并放还俗[14]，故惟道、佛二教，流衍至宋焉。

注　释

①《彦琮传》：“有王舍城沙门，远来谒帝，将还本国，请《舍利瑞图经》及《国家祥瑞录》。敕令琮翻隋为梵，合成十卷，赐者西域。”此译华为梵之始。然琮所译，为当世之文，玄奘所译，为古哲之说，其难易当有别。

②善无畏先来，未开宗。

③灵佑，福州长谿人，居潭州沩山。传慧寂，韶州怀化人，居袁州仰山。是为沩仰宗。

④义玄，曹州人，居镇州临济寺。是为临济宗。

⑤良价，越州会稽人，居豫章高安之洞山。其弟子本寂，泉州莆田人，改山名曰曹。是为曹洞宗。

⑥文偃，浙西秀水人，居韶州云门山。是为云门宗。

⑦文益，余杭人，居金陵清凉寺，谥法眼禅师。是为法眼宗。

⑧三千二百四十五所僧，二千一百一十三所尼。

⑨其籍一本送祠部，一本送鸿胪，一本留于州县。

⑩一千一百三十七所道士，五百五十所女道士。

⑪景教详第三编。

⑫杜佑自注：祆者，西域天神，佛经所谓摩醯首罗也。武德四年，置祆祠及官。

⑬即景教寺。

⑭详见《唐会要》。